Ertl
Finanzmanagement in der Unternehmenspraxis

# Finanzmanagement in der Unternehmenspraxis

Das Handbuch für
Ertragsoptimierung,
Liquiditätssicherung und
Risikosteuerung

von

Dipl.-Betriebswirt Dr. Manfred Ertl

Bereichsleiter Corporate Finance, München

Ertl, Manfred:
Finanzmanagement in der Unternehmenspraxis : das Handbuch für
Ertragsoptimierung, Liquiditätssicherung und Risikosteuerung /
von Manfred Ertl. - München : Beck, 2000
   ISBN 3 406 46742 3

ISBN 3 406 46742 3

© 2000 Beck Wirtschaftsverlag in:
Verlag C. H. Beck oHG
Wilhelmstraße 9, 80801 München

Druck: Kösel GmbH & Co, Wartenseestraße 11, 87435 Kempten
Satz: Jung Satzcentrum GmbH, Lahnau
Umschlaggestaltung: Bruno Schachtner, Grafik-Werkstatt, Dachau
Gedruckt auf säurefreiem, alterungsbeständigem Papier
(hergestellt aus chlorfrei gebleichtem Zellstoff)

## Vorwort

Die Anforderungen an das Finanzmanagement eines Unternehmens haben sich in den letzten Jahren gravierend verändert. Aus der Notwendigkeit zur Liquiditätssicherung, Risikominimierung sowie Rentabilitätsmaximierung heraus werden zunehmend Bestrebungen erkennbar, Finanzaktivitäten einen höheren Stellenwert zuzuordnen sowie professioneller zu gestalten. Parallel stellen auch die Finanzmärkte den Unternehmen immer wieder neue Management-Techniken und Instrumente zur Lösung dieser Probleme zur Verfügung.

In diesem sich rasch verändernden Umfeld ist es für die Leitung eines Unternehmens sowie die Finanzverantwortlichen wichtig, den Überblick zu behalten. Eine laufende Informationsversorgung und Weiterbildung ist deshalb unerlässlich. Gerade bei kleinen und mittelständischen Unternehmen werden oftmals die Prioritäten mangels Know-how und Personalausstattung noch auf andere betriebliche Bereiche gelegt.

Zum Thema Finanzmanagement existieren eine Vielzahl von Publikationen und Schriften. Diese sind in den meisten Fällen für den unter Zeitdruck stehenden Praktiker auf Grund der starken theoretischen Ausrichtung nur bedingt brauchbar oder gehen nicht wirklich auf Problemlösungen ein. Wenn Problemlösungen angeboten werden, stellt die rasche Auffindbarkeit der entsprechenden Schriftstücke ein weiteres Hindernis dar.

Ausgehend von diesen Schwächen wurde nachstehendes Handbuch vom Praktiker für den Praktiker entwickelt. Konzipiert für den täglichen Gebrauch im Unternehmen gibt es – eingesetzt als Nachschlagewerk, Handlungsanweisung oder Handbuch – dem Interessenten einen ganzheitlichen, problembezogenen Überblick über die Finanzmaterie. Die verbalen Ausführungen werden dabei ergänzt um zahlreiche praxisbezogene Checklisten und Mustervordrucke. Der Inhalt ist leicht lesbar, verständlich und übersichtlich auch für den nicht finanztechnisch "vorbelasteten" Interessenten aufgebaut. Bewusst wurde deshalb auf umfangreiche theoretische Ausführungen verzichtet; diese sollen den entsprechenden Werken vorbehalten bleiben. Anstelle dessen wird kurzen, pragmatischen Lösungsvorschlägen der Vorzug gegeben.

Mittels des Stichwortverzeichnisses lassen sich Begriffe und deren Erläuterungen schnell auffinden. Die Ausführungen im Buch werden durch eine CD-ROM (🛇) ergänzt, auf der zahlreiche Formulare, Mustertexte und Excel-Dateien enthalten sind. Auf Grund der Aktualität lassen sich diese Unterlagen durch geringfügige Änderungen sofort für den eigenen Bedarf einsetzen.

Bedanken möchte sich der Autor beim Beck-Wirtschaftsverlag München für die Gelegenheit, dieses Werk zu veröffentlichen. Ein besonderer Dank dient dem betreuenden Lektor Herrn Gamp für seine Unterstützung in der Vorbereitungsphase.

Rosenheim, im September 2000                                        Manfred Ertl

## Leser-Hinweise:

Die Symbole im Werk haben folgende Bedeutung:

          Dieser Text findet sich auf der CD-ROM.

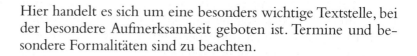 Hier handelt es sich um eine besonders wichtige Textstelle, bei der besondere Aufmerksamkeit geboten ist. Termine und besondere Formalitäten sind zu beachten.

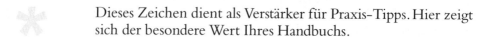 Dieses Zeichen dient als Verstärker für Praxis-Tipps. Hier zeigt sich der besondere Wert Ihres Handbuchs.

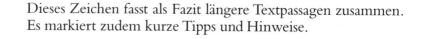 Dieses Zeichen fasst als Fazit längere Textpassagen zusammen. Es markiert zudem kurze Tipps und Hinweise.

# Inhaltsübersicht

Inhaltsverzeichnis.................................................. IX
Abkürzungsverzeichnis ............................................. XXV

**1. Kapitel Grundlagen** ............................................ 1
1 Welche Rahmenbedingungen sind zu beachten? ................. 1
2 Anforderungen an die Aufbau-Organisation .................... 17
3 Informationsbeschaffung und -verarbeitung ................... 35
4 Systemunterstützung (Treasury-Logistik) ..................... 38

**2. Kapitel Finanzwesen und operative Funktionen** ............... 47
1 Cash-Management ............................................. 47
2 Kapitalanlagen/Portfoliomanagement ..........................139
3 Kapitalbeschaffung ..........................................198
4 Finanzierung im Konzernverbund .............................. 277
5 Bankenpolitik ............................................... 314
6 Mergers & Akquisitions (M&A) ................................ 342

**3. Kapitel Risikomanagement im Industrieunternehmen** ......... 357
1 Der Aufbau eines ganzheitlichen Risikomanagement-Systems .... 357
2 Debitorenmanagement ......................................... 373
3 Fremdwährungs- (Devisen) -management ........................ 404
4 Zinsmanagement im Unternehmen ............................... 516

**4. Kapitel Finanzcontrolling** ................................... 567
1 Finanz-Controlling als Steuerungsinstrument im Unternehmen .. 567
2 Wertorientierte Unternehmensführung ......................... 573
3 Rentabilitätsorientiertes Bilanzstrukturmanagement .......... 592
4 Planung ..................................................... 628
5 Leistungsmessung im Finanzbereich durch Benchmarking ........ 668
6 Reporting und Berichterstattung ............................. 680
7 Die Installation eines internen Kontroll-Systems ............ 691

**Stichwortverzeichnis** ........................................... 705
**Hinweise zur CD-ROM** ............................................ 719

# Inhaltsverzeichnis

**Abkürzungsverzeichnis** .................................... XXV

**1. Kapitel  Grundlagen** ...................................... 1

1   Welche Rahmenbedingungen sind zu beachten? ................. 1
    1.1 Finanzgeschäfte und Management-Philosophie ............ 3
    1.2 Finanzwirtschaftliche Ziele und Grundsätze ............ 5
    1.3 Management-Ansätze im Finanzbereich ................... 9
        1.3.1 Passives Finanzmanagement ....................... 9
        1.3.2 Aktives, jedoch konservativ ausgerichtetes
              Finanzmanagement ............................... 10
        1.3.3 Aktives, jedoch progressiv ausgerichtetes
              Finanzmanagement ............................... 11
        1.3.4 Aktives, jedoch spekulativ ausgerichtetes
              Finanzmanagement ............................... 12

2   Anforderungen an die Aufbau-Organisation .................. 17
    2.1 Organisatorische Einordnung im Unternehmen
        (Zentralisierung versus Dezentralisierung) ........... 17
        2.1.1 Zentrale Konzepte .............................. 18
        2.1.2 Shared Services ................................ 23
    2.2 Cost- oder Profit-Center ............................. 28
        2.2.1 Cost-Center .................................... 28
        2.2.2 Profit-Center .................................. 29
    2.3 Personelle Ausgestaltung/Zuständigkeiten ............. 29
        2.3.1 Stellenbeschreibungen .......................... 30
        2.3.2 Kompetenzen im Innen- und Außenverhältnis ...... 30
        2.3.3 Fachliche Qualifikation der Mitarbeiter ........ 34

3   Informationsbeschaffung und -verarbeitung ................. 35
    3.1 Schnittstellen ....................................... 38

4   Systemunterstützung (Treasury-Logistik) ................... 38
    4.1 Überblick finanzwirtschaftlicher Systeme ............. 39
    4.2 Systemauswahl und Implementierung .................... 40

## 2. Kapitel  Finanzwesen und operative Funktionen ............ 47

1 Cash-Management ................................................. 47
   1.1 Vorbemerkungen ............................................. 47
   1.2 Ziele und Aufgaben des Cash-Management ................. 50
   1.3 Liquiditätspolitik im Unternehmen .......................... 53
      1.3.1 Ausgestaltung einer Liquiditäts- und Mehrjahres-
           finanzplanung ........................................... 53
      1.3.2 Bestandteile eines Planungs- und Frühwarn-Systems ...... 57
           1.3.2.1 Erster Bestandteil: Der Liquiditätsstatus .......... 59
           1.3.2.2 Zweiter Bestandteil: Die kurzfristige Einzahlungs-/
                  Auszahlungsrechnung (Liquiditätsplanung) ....... 61
           1.3.2.3 Dritter Bestandteil: Die Bewegungsbilanz
                  (= mittel- bzw. langfristige Finanzplanung) ....... 64
      1.3.3 Strategien und Maßnahmen zur Sicherstellung der
           Liquidität im Unternehmen .......................... 65
   1.4 Technik der Gelddisposition ................................ 78
      1.4.1 Die Kontodisposition .................................... 81
      1.4.2 Clearing-Techniken und zentrale Steuerungskonzepte ..... 91
           1.4.2.1 Einstufiges lokales Cash-Concentration mit einer
                  Bankverbindung ................................. 99
           1.4.2.2 Einstufiges lokales/internationales Cash-
                  Concentration mit einer Bankverbindung ........ 100
           1.4.2.3 Einstufiges lokales/internationales Cash-
                  Concentration mit einer Bankverbindung
                  (für Zahlungszwecke) ........................... 101
           1.4.2.4 Zweistufiges nationales/internationales Cash-
                  Concentration mit mehreren Bankverbindungen
                  (sog. overlay-Struktur) ........................... 101
           1.4.2.5 Mehrstufiges nationales/internationales Cash-
                  Concentration mit mehreren Bankverbindungen
                  (sog. overlay-Struktur mit pre-pooling) .......... 102
           1.4.2.6 Cash-Pooling (fiktive Saldenverdichtung) ......... 104
           1.4.2.7 Zinsoptimierung ................................. 104
   1.5 Die Zahlungsverkehrssteuerung ............................. 107
      1.5.1 Begriff, Bedeutung und Ziele des Zahlungsverkehrs ....... 107
      1.5.2 Organisation des Zahlungsverkehrs im Unternehmen ..... 109
      1.5.3 Steuerung von Zahlungsein-/-ausgängen ................ 114
      1.5.4 Zahlungsformen und Techniken ........................ 115
           1.5.4.1 Der nicht-dokumentäre Zahlungsverkehr ........ 121
           1.5.4.2 Der dokumentäre Zahlungsverkehr .............. 132
   1.6 Die Gestaltung von Zahlungsbedingungen in Verträgen ....... 136

## Inhaltsverzeichnis

| | |
|---|---|
| 2 Kapitalanlagen/Portfoliomanagement | 139 |
| 2.1 Vorbemerkungen | 139 |
| 2.2 Aufgaben und Ziele | 140 |
| 2.3 Anlagekriterien | 143 |
|     2.3.1 Kriterium Sicherheit | 143 |
|     2.3.2 Kriterium Liquidität | 144 |
|     2.3.3 Das Kriterium Rentabilität | 144 |
|     2.3.4 Das „magische" Dreieck der Vermögensanlage: Auflösung der Konfliktsituation | 147 |
| 2.4 Anlageinstrumente | 147 |
|     2.4.1 Festverzinsliche Wertpapiere | 148 |
|         2.4.1.1 Die Duration | 150 |
|         2.4.1.2 Die modifizierte Duration (Volatilität) | 150 |
|         2.4.1.3 Die wichtigsten Merkmale von festverzinslichen Wertpapieren | 151 |
|     2.4.2 Aktien | 155 |
|         2.4.2.1 Grundlagen | 155 |
|         2.4.2.2 Die Rechte des Aktionärs | 156 |
|         2.4.2.3 Die Ausgestaltung von Aktien | 156 |
|     2.4.3 Genussscheine | 157 |
|     2.4.4 Investmentanteilscheine | 158 |
|         2.4.4.1 Marktüberblick | 160 |
|         2.4.4.2 Grundtypen | 160 |
|         2.4.4.3 Kennzeichen offener Investmentfonds | 163 |
|         2.4.4.4 Arten von offenen Investmentfonds | 164 |
|     2.4.5 Optionsscheine (warrants) | 165 |
|         2.4.5.1 Grundlagen | 165 |
|         2.4.5.2 Funktionsweise | 165 |
|         2.4.5.3 Bewertung von Optionsscheinen | 166 |
|         2.4.5.4 Optionsscheinformen | 167 |
| 2.5 Kapitalanlage und Risiko | 168 |
|     2.5.1 Grundsätzliche und allgemeine Risiken | 168 |
|         2.5.1.1 Konjunkturelle Risiken | 168 |
|         2.5.1.2 Kaufkraftrisiken | 169 |
|         2.5.1.3 Politisches Risiko | 169 |
|         2.5.1.4 Kontrahentenausfallrisiko (Bonitätsrisiko) | 170 |
|         2.5.1.5 Fremdwährungsrisiko | 172 |
|         2.5.1.6 Liquiditätsrisiko | 173 |
|         2.5.1.7 Risiko der Psychologie der Märkte | 174 |
|     2.5.2 Individuelle Risiken von Kapitalanlage-Instrumenten | 174 |
|         2.5.2.1 Risiken bei festverzinslichen Wertpapieren | 174 |

2.5.2.2 Risiken bei Aktienanlagen .................. 175
2.5.2.3 Risiken bei Genussscheinen ................. 176
2.5.2.4 Risiken bei Investmentanteilscheinen .......... 177
2.5.2.5 Risiken bei Optionsscheinen ................ 178
2.6 Die Grundsätze modernen Portfoliomanagements ........... 179
  2.6.1 Portfoliostrukturierung ........................ 179
  2.6.2 Theorie des Portfoliomanagements ................ 180
    2.6.2.1 Asset Allocation ........................ 180
    2.6.2.2 Die modernen Portfoliotheorie ............. 181
    2.6.2.3 Die Bedeutung von Benchmarks
            (vgl. auch Kapitel 4, Abschnitt 5) .............. 184
  2.6.3 Die Absicherung von Wertpapierportfolios
        gegen Wertverluste ........................... 187
    2.6.3.1 Instrumente und Techniken ................ 187
    2.6.3.2 Die Absicherung von Anleihe-Portfolios ....... 189
    2.6.3.3 Die Absicherung von Aktienportfolios ........ 189
2.7 Der Management-Prozess ............................ 190
2.8 Anlagestrategien und Grundsätze ....................... 193
  2.8.1 Kapitalanlagen und Spekulation (Arbitragegeschäfte) ...... 194
  2.8.2 Die Organisation des Portfoliomanagements ........... 195
  2.8.3 Die Formulierung allgemein gültiger Anlagegrundsätze .... 196
    2.8.3.1 Sicherheit ............................ 196
    2.8.3.2 Liquidität ............................ 197
    2.6.3.3 Rentabilität ........................... 197

3 Kapitalbeschaffung .................................... 198
3.1 Vorbemerkungen ................................... 198
3.2 Bestimmungsfaktoren der Kapitalnachfrage ................ 201
  3.2.1 Was bedeuten Kapital und Kapitalbedarf? ............. 201
  3.2.2 Bestimmungsfaktoren ......................... 202
  3.2.3 Die Ermittlung des Kapitalbedarfes ................ 204
    3.2.3.1 Kapitalbedarf für Investitionen des Anlage-
            vermögens ............................ 205
    3.2.3.2 Kapitalbedarf für Investitionen des Umlauf-
            vermögens ............................ 206
    3.2.3.3 Umschlagshäufigkeit und Kapitalbedarf ....... 208
3.3 Quellen der Kapitalbeschaffung ........................ 210
  3.3.1 Die Außenfinanzierung ........................ 211
    3.3.1.1 Die Beteiligungsfinanzierung .............. 211
    3.3.1.2 Der Prozess der Kreditprüfung ............. 218
    3.3.1.3 Die kurzfristige Kreditfinanzierung .......... 219

# Inhaltsverzeichnis

3.3.1.4 Die langfristige Kreditfinanzierung .............. 226
3.3.1.5 Mischform zwischen Beteiligungs- und
Fremdfinanzierung: Der Genussschein ........... 234
3.3.2 Die Innenfinanzierung ........................... 236
3.3.2.1 Möglichkeiten der Innenfinanzierung ........... 236
3.3.2.2 Die Selbstfinanzierung ...................... 238
3.3.2.3 Sonstige Instrumente der Innenfinanzierung ...... 239
3.3.3 Asset Backed Securies: Die Verbriefung von
Vermögensgegenständen ........................ 242
3.3.4 Eine Sonderform der Finanzierung: Leasing .......... 244
3.3.4.1 Operate Leasing ........................... 244
3.3.4.2 Finance Leasing ........................... 244
3.3.4.3 Steuerrechtliche Behandlung des Leasing ......... 246
3.4 Abschließende Betrachtung: Eigen- und Fremdkapital ......... 248
3.5 Sicherheitenpolitik im Unternehmen ..................... 251
3.6 Öffentliche Subventionspolitik und -hilfen ................. 252
3.6.1 Vorbemerkungen .............................. 252
3.6.2 Fördervoraussetzungen ......................... 253
3.6.3 Der Förderweg ................................ 254
3.6.4 Förderarten .................................. 255
3.6.5 Förderprogramme ............................. 257
3.7 Projektfinanzierungen ................................ 260
3.7.1 Welche Merkmale sind kennzeichnend? .............. 261
3.7.2 Beteiligte .................................... 261
3.7.3 Projektabhängige Risiken ........................ 262
3.7.4 Der Projektfinanzierungsvertrag ................... 264
3.8 Die Außenhandelsfinanzierung ......................... 265
3.8.1 Die kurzfristige Außenhandelsfinanzierung ........... 266
3.8.1.1 Exportfinanzierung ......................... 266
3.8.1.2 Die Importfinanzierung ..................... 267
3.8.2 Mittel- und langfristige Außenhandelsfinanzierung ...... 267
3.8.2.1 Hermes-Kreditversicherungs Aktiengesellschaft .... 267
3.8.2.2 Die AKA-Ausfuhrkredit-Gesellschaft mbH ....... 269
3.8.3 Sonderformen der internationalen Handelsfinanzierung ... 270
3.8.4 Internationale Finanzierungen .................... 271
3.8.5 Eine Sonderform der Finanzierung: Der Avalkredit ...... 272
3.9 Finanzierungsgrundsätze ............................. 273
3.9.1 Rahmenbedingungen ........................... 273
3.9.2 Organisatorische Voraussetzungen ................. 275
3.9.3 Der Auswahlprozess einer Finanzierung .............. 276

4 Finanzierung im Konzernverbund ........................... 277
  4.1 Vorbemerkungen ..................................... 277
  4.2 Inhalt und Aufgaben ................................. 278
  4.3 Zentralisierungsgrad und Umfang der Konzernfinanzierungs-Aktivitäten ................................................ 280
  4.4 Kapitalausstattung der Tochtergesellschaften ................ 284
    4.4.1 Überlegungen zur Eigenkapitalausstattung ............ 284
    4.4.2 Dividenden-/Gewinnverwendungspolitik ............... 287
  4.5 Instrumente und Techniken der Konzernfinanzierung .......... 288
    4.5.1 Gesamtüberblick ................................ 289
    4.5.2 Das Instrumentarium der Konzernfinanzierung .......... 290
      4.5.2.1 Der Intercompany-loan ..................... 290
      4.5.2.2 Geldleihe in Form des kurzfristigen Liquiditätsausgleiches ................................ 293
      4.5.2.3 Zahlungszielpolitik ......................... 297
      4.5.2.4 Kredit-Leihe (verbale Finanzierungshilfen) ....... 301
      4.5.2.5 Zusammenfassung der Vorteile ............... 303
  4.6 Finanzierungsgrundsätze ............................... 304
    4.6.1 Einflussgrößen auf die Eigenkapitalausstattung für Beteiligungen ....................................... 304
    4.6.2 Qualitative und Quantitative Finanzierungsgrundsätze ..... 304
  4.7 Funktionsweise, Aufgaben und Ausweis von Eventualverbindlichkeiten ................................... 305
    4.7.1 Schuldverhältnisse und gesetzliche Grundlagen ......... 306
    4.7.2 Umfang der Vermerkpflicht ......................... 306
    4.7.3 Ausweis von Verbindlichkeiten aus der Begebung und Übertragung von Wechseln ............................. 308
    4.7.4 Ausweis von Verbindlichkeiten aus Bürgschaften, Wechsel- und Scheckbürgschaften ....................... 308
    4.7.5 Ausweis von Verbindlichkeiten aus Gewährleistungsverträgen ............................................. 309
    4.7.6 Ausweis von Haftungsverhältnissen aus der Bestellung von Sicherheiten für fremde Verbindlichkeiten ........... 313
    4.7.7 Zusammenfassung ................................ 314

5 Bankenpolitik ............................................. 314
  5.1 Das gegenwärtige Bankenumfeld ........................ 315
    5.1.1 Retail Banking ................................... 316
    5.1.2 Direktbanken .................................... 317
    5.1.3 Firmenkreditgeschäft .............................. 317
    5.1.4 Investment Banking ............................... 317

## Inhaltsverzeichnis

      5.1.5 Asset Management . . . . . . . . . . . . . . . . . . . . . . . . . . . . 318
      5.1.6 Zusammenfassung . . . . . . . . . . . . . . . . . . . . . . . . . . . . 318
  5.2 Die Beziehung zwischen Bank und Unternehmen . . . . . . . . . . . . 320
      5.2.1 Vorbemerkungen . . . . . . . . . . . . . . . . . . . . . . . . . . . . . 320
      5.2.2 Gestaltung und Steuerung der Bankverbindungen im
           Unternehmen . . . . . . . . . . . . . . . . . . . . . . . . . . . . . . . . 320
      5.2.3 Die finanzwirtschaftlichen Ziele . . . . . . . . . . . . . . . . . . . 321
           5.2.3.1 Ziel: Liquiditätserhaltung . . . . . . . . . . . . . . . . . . 322
           5.2.3.2 Ziel: Rentabilitätsmaximierung . . . . . . . . . . . . . . 322
           5.2.3.3 Ziel: Finanzwirtschaftliche Risiken minimieren . . . . 324
  5.3 Formulierung der Rahmenbedingungen . . . . . . . . . . . . . . . . . . . 324
      5.3.1 Unternehmensphilosophie und Leitlinien . . . . . . . . . . . . . 324
           5.3.1.1 Formulierungsbeispiele zur
                  Unternehmensphilosophie . . . . . . . . . . . . . . . . . . 326
           5.3.1.2 Definition sonstiger Ziele . . . . . . . . . . . . . . . . . . 326
           5.3.1.3 Orientierung der Bankenpolitik . . . . . . . . . . . . . . 327
      5.3.2 Der Bedarf des Unternehmens . . . . . . . . . . . . . . . . . . . . 328
      5.3.3 Bestimmungsfaktoren der Wettbewerbsposition einer Bank . 329
           5.3.3.1 Allgemeines Anforderungsprofil . . . . . . . . . . . . . 329
           5.3.3.2 Individuelles Anforderungsprofil . . . . . . . . . . . . . 329
           5.3.3.3 Gesamtüberblick und Checkliste . . . . . . . . . . . . . 330
  5.4 Die Instrumente der Bankenpolitik . . . . . . . . . . . . . . . . . . . . . . 332
      5.4.1 Definition von einheitlichen Richtlinien . . . . . . . . . . . . . . 332
      5.4.2 Allgemeine Round-Table-Gespräche
           (Strategie-Gespräche) . . . . . . . . . . . . . . . . . . . . . . . . . . 332
      5.4.3 Regelmäßige Follow-up-Gespräche . . . . . . . . . . . . . . . . . 332
      5.4.4 Bonitätsbeurteilung der Banken . . . . . . . . . . . . . . . . . . . 335
      5.4.5 Informationspolitik gegenüber Kreditinstituten . . . . . . . . . 336
  5.5 Erfolgreiche Bankverhandlungen . . . . . . . . . . . . . . . . . . . . . . . 336
      5.5.1 Allgemeine Vorgehensweise . . . . . . . . . . . . . . . . . . . . . 337
      5.5.2 Die Konditionenverhandlung . . . . . . . . . . . . . . . . . . . . 338
  5.6 Banken-Controlling (Laufende Bewertung bestehender
      Bankverbindungen) . . . . . . . . . . . . . . . . . . . . . . . . . . . . . . . . 339
  5.7 Zusammenfassung . . . . . . . . . . . . . . . . . . . . . . . . . . . . . . . . 341

6 Mergers & Akquisitions (M&A) . . . . . . . . . . . . . . . . . . . . . . . . . . 342
  6.1 Vorbemerkungen . . . . . . . . . . . . . . . . . . . . . . . . . . . . . . . . . 342
  6.2 Motive für Unternehmensübernahmen . . . . . . . . . . . . . . . . . . . 343
  6.3 Projektorganisation . . . . . . . . . . . . . . . . . . . . . . . . . . . . . . . . 343
  6.4 Die Phasen des Akquisitionsprozesses . . . . . . . . . . . . . . . . . . . . 344
      6.4.1 Die Vorbereitungsphase . . . . . . . . . . . . . . . . . . . . . . . . 344

       6.4.2 Die Transaktionsphase .................... 345
       6.4.3 Die Integrationsphase ..................... 347
    6.5 Die Unternehmensbewertung ....................... 350
       6.5.1 Die Verfahren ............................ 350
       6.5.2 Die Informationsbeschaffung ................ 352
       6.5.3 Die Methodik der Unternehmensbewertung ..... 353
    6.6 Der M&A-Berater ................................. 356

## 3. Kapitel  Risikomanagement im Industrieunternehmen ....... 357

1 Der Aufbau eines ganzheitlichen Risikomanagement-Systems ....... 357
    1.1 Vorbemerkungen ................................... 357
    1.2 Begriffsdefinition „Risiko" ...................... 358
       1.2.1 Schwachstellen derzeitiger Risiko-Management-Praxis .... 359
       1.2.2 Risikomanagement gesetzlich gefordert ....... 360
    1.3 Einfluss des Risikos auf Kapitalkosten und Unternehmenswert ... 362
    1.4 Aktivitätenplan zur Einrichtung eines Risikomanagement-
        Systems .......................................... 364
       1.4.1 Risiko-Analyse (Identifikation und Bewertung) ......... 366
       1.4.2 Risikoplanung und -steuerung ................ 369
       1.4.3 Risiko-Controlling .......................... 372

2 Debitorenmanagement ..................................... 373
    2.1 Vorbemerkungen ................................... 373
    2.2 Forderungsaufbau und Konsequenzen ................ 375
       2.2.1 Betrachtung der Forderung von der handelsrechtlichen Seite . 375
       2.2.2 Forderungsaufbau und Ursachen ............... 376
       2.2.3 Forderungsaufbau und Folgen ................. 377
    2.3 Debitorenmanagement im Unternehmen ............... 379
       2.3.1 Ziele und Aufgaben .......................... 379
       2.3.2 Organisatorische Gestaltung ................. 379
       2.3.3 Debitorenmanagement und EDV-Unterstützung ... 381
       2.3.4 Die Einräumung von Kreditlimiten ............ 382
           2.3.4.1 1. Schritt: Die Ermittlung des Kreditbedarfes ..... 382
           2.3.4.2 2. Schritt: Die Bonitätsprüfung ................. 384
           2.3.4.3 3. Schritt: Die Kreditentscheidung .............. 385
           2.3.4.4 4. Schritt: Die Kreditüberwachung ............... 387
           2.3.4.5 5. Schritt: Maßnahmen bei Kreditlimitüber-
                   schreitungen .................................. 393
       2.3.5 Die Bedeutung des Mahnwesen für das
             Debitorenmanagement ......................... 396

## Inhaltsverzeichnis

    2.3.6 Die Warenkreditversicherung als Instrument der
Risikoabsicherung .................................. 397
2.4 Maßnahmenkatalog zur Beschleunigung des Geldeinganges ...... 399
2.5 Der Aufbau eines Internen Kontrollsystems –
Eine Zusammenfassung ................................ 400
2.6 Debitorenmanagement und Outsourcing .................... 401
2.7 Die Bedeutung der Zahlungsbedingungen .................. 403

3 Fremdwährungs- (Devisen) -management ...................... 404
  3.1 Volkswirtschaftliche Rahmenbedingungen .................. 404
      3.1.1 Der Begriff „Währung" .......................... 404
      3.1.2 Internationale Währungspolitik ..................... 407
      3.1.3 Wechselkurspolitik ............................. 408
          3.1.3.1 Definition des Begriffes „Wechselkurs" ......... 408
          3.1.3.2 Die Devisenmärkte ...................... 409
          3.1.3.3 Arten von Wechselkurssystemen ............. 409
  3.2 Risikodefinition ..................................... 412
      3.2.1 Allgemeine finanzwirtschaftliche Risiken .............. 412
      3.2.2 Klassifikation von Risiken ........................ 413
          3.2.2.1 Nicht abwälzbare Risiken .................. 413
          3.2.2.2 Abwälzbare Risiken ...................... 414
      3.2.3 Das Wechselkursveränderungsrisiko ................. 416
          3.2.3.1 Ursachen für Veränderungen der Wechselkurse .... 417
          3.2.3.2 Die Klassifizierung von Fremdwährungsrisiken .....419
          3.2.3.3 Die klassischen Fremdwährungsrisiken ......... 422
          3.2.3.4 Fremdwährungschancen und neue Risikoformen ... 425
  3.3 Die Prognose von Fremdwährungsentwicklungen .............. 426
      3.3.1 Die Fundamentalanalyse ......................... 427
      3.3.2 Die technische Analyse .......................... 428
      3.3.3 Die Quantitative Analyse ......................... 431
      3.3.4 Neuronale Netze ............................... 431
  3.4 Devisenmanagement und Sicherungsinstrumente ............. 432
      3.4.1 Interne Techniken und Instrumente .................. 432
          3.4.1.1 Wahl der Fakturierungswährung .............. 432
          3.4.1.2 Leading und Lagging ..................... 433
          3.4.1.3 Netting ............................... 435
          3.4.1.4 Währungsgleitklauseln .................... 437
      3.4.2 Externe Absicherungsinstrumente und -techniken ........ 438
          3.4.2.1 Devisenkassa-Geschäfte ................... 438
          3.4.2.2 Devisentermingeschäfte ................... 440
          3.4.2.3 Der Währungs-Swap ...................... 446

3.4.2.4 Fremdwährungsanlagen .................... 450
3.4.2.5 Fremdwährungs-Kreditaufnahme ............ 451
3.4.2.6 Factoring .............................. 452
3.4.2.7 Forfaitierung .......................... 453
3.4.2.8 Devisenoptionen ........................ 453
3.5 Der Risikomanagement-Ansatz ........................ 458
  3.5.1 Vorbemerkungen ............................... 458
  3.5.2 Struktur und Organisation des Risikomanagements ....... 463
  3.5.3 Risikopolitische Grundsätze ....................... 465
    3.5.3.1 Definition der Fremdwährungsphilosophie ....... 465
    3.5.3.2 Definition von Zielen, Aufgaben und Grundsätzen .. 466
    3.5.3.3 Organisatorische Voraussetzungen ............. 467
3.6 Prozess des Risikomanagements ...................... 470
  3.6.1 Risikoanalyse ................................ 470
    3.6.1.1 Planung der Fremdwährungsrisiken ............ 470
    3.6.1.2 Erfassung und Verwaltung der Risikoexposure ..... 471
    3.6.1.3 Kalkulation und Budgetierung der Währungs-
            exposure .................................. 473
    3.6.1.4 Die Vorgabe von Kalkulationskursen ............ 473
    3.6.1.5 Die Budgetierung der Fremdwährungsexposure ... 474
  3.6.2 Risikoanalyse und -bewertung .................... 476
    3.6.2.1 Die Marktrisiko-Bewertung (VAR) ............. 477
    3.6.2.2 Sensitivitäts- und Szenarioanalysen ............ 479
  3.6.3 Risikosteuerung .............................. 481
    3.6.3.1 Risikodefinition und Sicherungsumfang ......... 482
    3.6.3.2 Der Zeitraum der Wechselkursabsicherung ....... 483
    3.6.3.3 Einzel- oder Pauschalabsicherung .............. 485
    3.6.3.4 Kurssicherungsumfang ..................... 486
    3.6.3.5 Sicherungsinstrumente ..................... 488
    3.6.3.6 Zusatzoptimierung ........................ 489
    3.6.3.7 Der Wechsel von Sicherungsinstrumenten ....... 489
    3.6.3.8 Sicherstellung von Kalkulationskursen in der
            Angebotsphase ............................. 490
    3.6.3.9 Kontrahierungswährung .................... 491
    3.6.3.10 Einbezug der Marktfaktoren in die Kurssicherungs-
             politik ................................... 492
  3.6.4 Risikocontrolling und -Kontrolle ................... 493
    3.6.4.1 Grundsätze für das Verhalten am Markt ......... 493
    3.6.4.2 Anforderungen an die Ablauforganisation ....... 496
    3.6.4.3 Das interne Kontrollsystem (vgl. hier auch Kapitel 4,
            Abschnitt 7) ............................... 497

# Inhaltsverzeichnis XIX

    3.6.4.4 Internes Kontrollsystem: Inhalt der Leitlinien ...... 499
    3.6.4.5 Zusammenfassung: Check-Liste für den Aufbau
        eines internen Kontrollsystems ................ 505
    3.6.4.6 Die Nachkalkulation ....................... 506
 3.7 Zusammenfassung: Arbeitsplan zum Aufbau eines Management-
   Systems .................................................. 507
 3.8 Beispiele für Kurssicherungsstrategien ..................... 508
   3.8.1 Absicherung eines konkreten Exportgeschäftes ......... 509
   3.8.2 Absicherung in der Angebotsphase .................. 511
   3.8.3 Die Absicherung eines Import-Geschäftes ............. 512
 3.9 Devisengeschäfte und handelsrechtliche Bewertung ........... 513
   3.9.1 Bewertungsgrundsätze ............................ 513
   3.9.2 Allgemeine handelsrechtliche Umrechnungsvorschriften ... 514
   3.9.3 Die Bildung von Rückstellungen für Sicherungsgeschäfte ... 515
   3.9.4 Aufbewahrungsfristen von Unterlagen ................ 515

**4 Zinsmanagement im Unternehmen** ............................ 516
 4.1 Vorbemerkungen ........................................ 517
 4.2 Risiken ................................................. 518
 4.3 Die Zinskurve .......................................... 520
   4.3.1 Definition ...................................... 520
   4.3.2 Theorien zur Bildung von Zinskurven ................ 522
 4.4 Absicherungsinstrumente ................................. 525
   4.4.1 Derivate ....................................... 526
   4.4.2 Zinsterminkontrakte .............................. 527
      4.4.2.1 Zinsswap ............................... 527
      4.4.2.2 Forward Rate Agreement (FRA) ............. 530
      4.4.2.3 Cross-Currency-Swap ..................... 534
      4.4.2.4 Financial Futures ......................... 535
   4.4.3 Optionskontrakte ................................ 537
      4.4.3.1 Cap und Floor ........................... 537
      4.4.3.2 Der Collar ............................... 540
      4.4.3.3 Der Korridor ............................. 540
      4.4.3.4 Die Swaption ............................ 541
   4.4.4 Zusammenfassung ............................... 543
 4.5 Der Zinsmanagement-Prozess ............................. 545
   4.5.1 Identifikation und Analyse der Zinsrisiken ............. 546
   4.5.2 Bewertung der Zinsrisiken ......................... 548
      4.5.2.1 Simulationsanalysen ....................... 548
      4.5.2.2 Analyse mit Hilfe Schichtenbilanzen .......... 551
      4.5.2.3 Die Durationsanalyse ..................... 554

      4.5.3 Die Steuerung von Zinsrisiken ....................... 555
            4.5.3.1 Ziele und Strategien ......................... 555
            4.5.3.2 Analyse der Zinslandschaft ................... 557
            4.5.3.3 Der Einsatz von Instrumenten ................ 558
      4.5.4 Controlling und Berichterstattung .................... 560
            4.5.4.1 Performance und Benchmarking (vgl. hierzu auch Kapitel 4, Abschnitt 6) ........................ 560
            4.5.4.2 Das interne Kontrollsystem ................... 561
  4.6 Gesamtüberblick/Zusammenfassung Zinsmanagement .......... 563
  4.7 Handelsrechtliche Erfassung ............................... 564
      4.7.1 Aufzeichnungen ................................... 564
      4.7.2 Bewertung ........................................ 565
      4.7.3 Handelsrechtliche Behandlung von Instrumenten ........ 566

# 4. Kapitel  Finanzcontrolling ........................ 567

1 Finanz-Controlling als Steuerungsinstrument im Unternehmen ..... 567
  1.1 Finanz-Controlling und Ziele .............................. 567
  1.2 Finanz-Controlling und Aufgaben .......................... 567
  1.3 Finanz-Controlling und Umfang ........................... 569
      1.3.1 Verschiedene Aufgabengebiete ....................... 569
      1.3.2 Cash-Controlling (vergleiche Kapitel 2, Abschnitt 1) ...... 569
      1.3.3 Kredit-Controlling (vergleiche Kapitel 2, Abschnitte 1 und 3) 570
      1.3.4 Risiko-Controlling (vergleiche Kapitel 3) ............... 571
  1.4 Wirkungszusammenhang Finanzmanagement – Finanz-Controlling: ...................................... 572

2 Wertorientierte Unternehmensführung ........................ 573
  2.1 Vorbemerkungen ....................................... 573
  2.2 Das Shareholder-value-Konzept ........................... 574
      2.2.1 Begriffsdefinition .................................. 574
      2.2.2 Der Bewertungsansatz .............................. 575
  2.3 Shareholder-value und Ziele .............................. 579
  2.4 Der Management-Ansatz ................................. 581
      2.4.1 Allgemeine/übergeordnete Management-Maßnahmen .... 581
      2.4.2 Konkrete Maßnahmen zur Steigerung des Unternehmenswertes ............................... 583
            2.4.2.1 Ansatz: Die Bilanz ........................... 583
            2.4.2.2 Ansatz: Die finanzwirtschaftlichen Ziele ......... 584
            2.4.2.3 Ansatz: Die Informationspolitik des Unternehmens . 586
            2.4.2.4 Gehaltsmanagement ......................... 586

## Inhaltsverzeichnis

    2.5 Investor Relations .................................. 587
        2.5.1 Definition Investor Relations .................. 587
        2.5.2 Umsetzung des Konzeptes im Unternehmen ........... 588
        2.5.3 Zuständigkeiten .............................. 589
        2.5.4 Grundsätze/Ziele ............................. 589
        2.5.5 Aufgaben ..................................... 590
    2.6 Zusammenfassung .................................. 591

3 Rentabilitätsorientiertes Bilanzstrukturmanangement .............. 592
    3.1 Vorbemerkungen zum Bilanzstrukturmanagement .......... 592
    3.2 Die Bedeutung der Bilanz ........................... 592
    3.3 Negative Auswirkungen unkoordinierter Bilanzentwicklungen ... 593
    3.4 Aktives Bilanzstrukturmanagement .................... 594
        3.4.1 Bilanzstruktur-Management und Ziele ........... 595
        3.4.2 Der Management-Prozess im Gesamtüberblick ....... 597
            3.4.2.1 Darstellung der Bilanzstruktur ............. 597
            3.4.2.2 Planung von Bilanzpositionen .............. 598
            3.4.2.3 Bilanzstruktur-Kennzahlen zur Findung der „optimalen" Bilanzstruktur .................. 600
            3.4.2.4 Benchmarking und Bilanzstruktur (vgl. auch Kapital 4, Abschnitt 5) ............. 602
            3.4.2.5 Allgemeine Kennzahlen als Hilfsmittel ......... 603
            3.4.2.6 Exkurs: Der Leverage-Effekt ............... 608
    3.5 Bilanzstrukturmanagement und Instrumente ............. 609
        3.5.1 Instrumente der Bestandsplanung ................ 611
        3.5.2 Instrumente der Entwicklungsplanung ............. 613
            3.5.2.1 Optimierung der Anlagendeckung (EK + LFK: AV) ............................. 613
            3.5.2.2 Optimierung der Eigenkapital-Quote (EK:BS) beziehungsweise des Verschuldungsgrades ....... 614
    3.6 Zusammenfassung .................................. 615
    3.7 Aktive Planung, Steuerung und Kontrolle des Finanzergebnisses .. 616
        3.7.1 Problemstellung ............................... 616
        3.7.2 Der Inhalt des Finanzergebnisses ................ 617
        3.7.3 Die Bedeutung der Finanzierung für den betrieblichen Leistungsprozess .............................. 618
        3.7.4 Die Ursachen für verschenkte Ergebnispotenziale ...... 619
        3.7.5 Maßnahmenkatalog zur Steuerung des Finanzergebnisses ... 621
            3.7.5.1 Festlegung der Rahmenbedingungen (1. Schritt) ... 622
            3.7.5.2 Budgetierung der Aufwands- und Ertragspositionen (2. Schritt) ................................ 623

　　　　　3.7.5.3 Anwendung strategischer Instrumente auf der
　　　　　　　　 Grundlage des Soll-/Ist-Vergleiches (3. Schritt) .... 625
　　　　　3.7.5.4 Nutzung unternehmensweiter Optimierungs-
　　　　　　　　 potenziale (4. Schritt) .......................... 626
　　　　　3.7.5.5 Optimale Preisstruktur für Bankdienstleistungen
　　　　　　　　 (5. Schritt) ................................... 627
　　　　　3.7.5.6 Nutzung von Synergien (6. Schritt) ............. 627

4　Planung ................................................... 628
　4.1　Vorbemerkungen ...................................... 628
　4.2　Gesamt-Überblick Planungssystematik .................. 629
　　　4.2.1 Zusammenhang zwischen strategischer und operativer
　　　　　　Planung ........................................ 629
　　　4.2.2 Operative Planung und Ziel-/Wirtschaftspläne ......... 631
　　　4.2.3 Die Teilpläne der operativen Planung ................ 633
　　　4.2.4 Abweichungsanalyse und Kontrolle .................. 635
　　　4.2.5 Jahreshochrechnungen (Forecasts) .................. 637
　4.3　Die strategische Planung ............................... 639
　　　4.3.1 Ausgangssituation und Aufgaben .................... 639
　　　4.3.2 Zeitlicher Ablauf .................................. 640
　　　4.3.3 Planungsprämissen ................................ 641
　　　　　4.3.3.1 Externe Planungsprämissen ................. 641
　　　　　4.3.3.2 Interne Planungsprämissen ................. 642
　　　4.3.4 Definition von Zielen/Analyse der Ist-Situation ......... 643
　　　4.3.5 Die strategische Planung und deren Hilfsinstrumente ... 644
　　　　　4.3.5.1 Die Produktlebenszyklus-Analyse ............ 644
　　　　　4.3.5.2 Das Wettbewerbsvorteil-Marktattraktivität-
　　　　　　　　　Portfolio ................................. 645
　　　4.3.6 Die Kapitalplanung ................................ 646
　4.4　Die mittelfristige Planung .............................. 647
　　　4.4.1 Verbindung mittelfristige Planung/Jahresplanung ...... 648
　　　4.4.2 Die Terminplanung ................................ 648
　　　4.4.3 Die Planungsprämissen ............................. 649
　　　4.4.4 Die Zielplanung ................................... 651
　　　4.4.5 Die Finanzplanung ................................ 651
　4.5　Die Jahresplanung .................................... 653
　　　4.5.1 Verbindung mittelfristige/Jahresplanung ............. 653
　　　4.5.2 Terminplanung ................................... 654
　　　4.5.3 Planungsprämissen ................................ 655
　　　4.5.4 Zielplanung ...................................... 655
　　　4.5.5 Die Finanzplanung ................................ 657

# Inhaltsverzeichnis

   4.5.5.1 Aufgaben und Ziele der Finanzplanung . . . . . . . . . . 657
   4.5.5.2 Die Methode der direkten Finanzplanung
      (Liquiditätsplanung) . . . . . . . . . . . . . . . . . . . . . . . . . 658
   4.5.5.3 Die Methode der indirekten Finanzplanung . . . . . . . 662
 4.6 Die Planbilanz . . . . . . . . . . . . . . . . . . . . . . . . . . . . . . . . . . . . . . . . 664
 4.7 Kennzahlen . . . . . . . . . . . . . . . . . . . . . . . . . . . . . . . . . . . . . . . . . 667

5 Leistungsmessung im Finanzbereich durch die Methode
 des Benchmarking . . . . . . . . . . . . . . . . . . . . . . . . . . . . . . . . . . . . . . . 668
 5.1 Begriffsdefinition . . . . . . . . . . . . . . . . . . . . . . . . . . . . . . . . . . . . . 668
 5.2 Benchmarking und Performance . . . . . . . . . . . . . . . . . . . . . . . . 668
  5.2.1 Der Benchmark-Prozess . . . . . . . . . . . . . . . . . . . . . . . . . . . 669
  5.2.2 Anwendungen im Portfolio-Management . . . . . . . . . . . . . 670
   5.2.2.1 Die Benchmark als Steuerungsinstrument . . . . . . . . 670
   5.2.2.2 Welche Benchmarks stehen zur Verfügung? . . . . . . . 672
  5.2.3 Anwendungsbeispiele . . . . . . . . . . . . . . . . . . . . . . . . . . . . 673
  5.2.4 Benchmarking im Risikomanagement . . . . . . . . . . . . . . . 674
 5.3 Benchmarking und Kostenmanagement . . . . . . . . . . . . . . . . . . . 676
  5.3.1 Kostenanalyse im Finanzbereich . . . . . . . . . . . . . . . . . . . . 676
  5.3.2 Der Benchmarking-Prozess . . . . . . . . . . . . . . . . . . . . . . . 677
   5.3.2.1 Definition von Prozessen und Techniken . . . . . . . . . 677
   5.3.2.2 Auswahl Benchmark-Partner . . . . . . . . . . . . . . . . . 678
   5.3.2.3 Datenabgleich . . . . . . . . . . . . . . . . . . . . . . . . . . . . 679
   5.3.2.4 Auswertung und Maßnahmen . . . . . . . . . . . . . . . . 679

6 Reporting und Berichterstattung . . . . . . . . . . . . . . . . . . . . . . . . . . . . 680
 6.1 Umfang, Ziele und Grundsätze . . . . . . . . . . . . . . . . . . . . . . . . . 681
 6.2 Die Datenverarbeitung . . . . . . . . . . . . . . . . . . . . . . . . . . . . . . . . 683
  6.2.1 Plandaten . . . . . . . . . . . . . . . . . . . . . . . . . . . . . . . . . . . . . 683
  6.2.2 Ist-Daten . . . . . . . . . . . . . . . . . . . . . . . . . . . . . . . . . . . . . . 683
  6.2.3 Die Datenaufbereitung . . . . . . . . . . . . . . . . . . . . . . . . . . . 684
  6.2.4 Zeitraum und Intervalle . . . . . . . . . . . . . . . . . . . . . . . . . . 684
  6.2.5 Die Empfänger . . . . . . . . . . . . . . . . . . . . . . . . . . . . . . . . . 685
 6.3 Der Inhalt des Finanzberichtes . . . . . . . . . . . . . . . . . . . . . . . . . . 687
  6.3.1 Headlines . . . . . . . . . . . . . . . . . . . . . . . . . . . . . . . . . . . . . 687
  6.3.2 Reporting zur Liquidität . . . . . . . . . . . . . . . . . . . . . . . . . . 687
  6.3.3 Rentabilität . . . . . . . . . . . . . . . . . . . . . . . . . . . . . . . . . . . . 689
  6.3.4 Risiko . . . . . . . . . . . . . . . . . . . . . . . . . . . . . . . . . . . . . . . . 690

7  Die Installation eines internen Kontroll-Systems .................. 691
   7.1 Aufgaben und Ziele ...................................... 692
   7.2 Das interne Kontrollsystem ............................... 693
   7.3 Inhalt und Aufbau der Kontrollrichtlinie ................... 695
       7.3.1 Wichtigster Grundsatz: Die Funktionentrennung ........ 695
       7.3.2 Beispielhafter Aufbau einer Richtlinie ................ 696
             7.3.2.1 Präambel ................................... 696
             7.3.2.2 Der Handel (Front-Office) ................... 696
             7.3.2.3 Die Kontrollstelle (Risikocontrolling) ........ 700
             7.3.2.4 Die Finanzbuchhaltung (Abwicklung) .......... 703

**Stichwortverzeichnis** ...................................... 705

**Hinweise zur CD-ROM** ...................................... 719

# Abkürzungsverzeichnis

| | |
|---|---|
| a. a. O. | am angegebenen Ort |
| AB | Anfangsbestand |
| Abb. | Abbildung |
| Abs. | Absatz |
| AfA | Abschreibung für Abnutzung |
| AGB | Allgemeine Geschäftsbedingungen |
| AKA | Ausfuhrkredit Gesellschaft mbH |
| Anl. | Anlage |
| Anm. | Anmerkung |
| Anz. | Anzahl |
| Art. | Artikel |
| AUD | Australischer Dollar |
| AV | Anlagevermögen |
| AW | Arbeitswert |
| BAB | Betriebsabrechnungsbogen |
| BE | Betriebseinnahmeergebnis |
| Best | Bestände |
| BGH | Bundesgerichtshof |
| BGN | betriebsgewöhnliche Nutzungsdauer |
| bspw. | beispielsweise |
| bzw. | beziehungsweise |
| CAD | Kanadischer Dollar |
| CHF | Schweizer Franken |
| DAX | Deutscher Aktienindex |
| DB | Der Betrieb (Zeitschrift) |
| DB(R) | Deckungsbeitrag(srechnung) |
| Deb. | Debitoren |
| DEM | Deutsche Mark |
| DFÜ | Datenfernübertragung |
| d. h. | das heißt |
| DIN | Deutsches Institut für Normung |
| DKK | Dänische Krone |

DV .................. Datenverarbeitung

EBDIT ............... Einkommen vor Abschreibung, Zinsen und Steuern
EDV ................. Elektronische Datenverarbeitung
EG .................. Europäische Gemeinschaft
EK .................. Eigenkapital, Einzelkosten
etc. ................ et cetera
EUR ................. Euro (Währung)
evtl. ............... eventuell
EWU ................. Europäische Wirtschaftsunion
EZB ................. Europäische Zentralbank

F&E ................. Forschung & Entwicklung
f. .................. folgende
ff. ................. fortfolgende
FGK ................. Fertigungsgemeinkosten
FK .................. Fremdkapital
FL .................. Fertigungslohn(kosten)
FRA ................. Forward Rate Agreement
FTAM ................ File Transfer and Access Management
FM .................. Fertigungsmaterial(kosten)

G ................... Gewinn
GAAP ................ Generally Accepted Accounting Principles
GB .................. Geschäftsbereich
GBP ................. Pfund Sterling
GewSt ............... Gewerbesteuer
ggf. ................ gegebenenfalls
GK .................. Gemeinkosten
GoB ................. Grundsätze ordnungsmäßiger Buchführung
GoR ................. Grundsätze ordnungsmäßiger Rechnungslegung
G+V ................. Gewinn- und Verlust-Rechnung

HGB ................. Handelsgesetzbuch

i. d. F. ............ in der Fassung
i. d. R. ............ in der Regel
i. e. S. ............ im engeren Sinn
IAS ................. International Accounting Standards
ISDN ................ Internationaler Standard zur Datenübermittlung
Investor Relations . Aktionärspflege

# Abkürzungsverzeichnis

| | |
|---|---|
| JPY | Japanischer Yen |
| | |
| K | Kapitalwert |
| KAGG | Gesetz über Kapitalanlagegesellschaften |
| kalk. | kalkulatorisch |
| kfr. | kurzfristig |
| KGV | Kurs-/Gewinnverhältnis |
| KK | Kontokorrent |
| KONTRAG | Gesetz zur Kontrolle und Transparenz im Unternehmensbereich |
| KSt | Körperschaftssteuer |
| KStG | Körperschaftssteuergesetz |
| kum. | kumuliert |
| KWG | Kreditwesengesetz |
| | |
| lfr. | langfristig |
| L + L | Lieferungen und Leistungen |
| LoI | Letter of Intent (Absichtserklärung) |
| lt. | laut |
| | |
| m. E. | meines Erachtens |
| max. | maximal |
| MIS | Management Information System |
| MPT | Software-Hersteller |
| | |
| ND | Nutzungsdauer |
| n. F. | neue Fassung |
| | |
| o. a. | oben angegeben |
| OPD | Offene-Posten-Buchhaltung |
| | |
| PC | Personal Computer |
| p. a. | per anno |
| PGK | Projektgemeinkosten |
| PK | Plankosten |
| PMI | Projekt Management Institute |
| | |
| RAP | Rechnungsabgrenzung |
| rd. | rund |
| ROI | Return on Investment |

| | |
|---|---|
| S. | Seite |
| SAP | Software-Hersteller |
| SEK | Schwedische Krone |
| SWIFT | Society for Worldwide Interbank Financial Telecommunication |
| | |
| TDM | Tausend Deutsche Mark |
| TWA | Teilwertabschreibung |
| | |
| u. a. | unter anderem |
| USD | US-Dollar |
| u. U. | unter Umständen |
| | |
| v. a. | vor allem |
| VAR | Value at Risk (Preisveränderungsrisiko) |
| vgl. | vergleiche |
| | |
| WACC | Weighted Average Cost of Capital |
| WG | Wirtschaftsgut |
| Wj. | Wirtschaftsjahr |
| WW | Wiederverkaufswert |
| | |
| z. B. | zum Beispiel |
| Ziff. | Ziffer |
| z. T. | zum Teil |
| ZVDFÜ | Zahlungsverkehrsdatenübertragung |
| z. Z. | zurzeit |

# 1. Kapitel Grundlagen

## 1 Welche Rahmenbedingungen sind zu beachten?

Zur Wettbewerbsfähigkeit eines Unternehmens tragen eine Reihe von Einflussgrößen bei. Wichtigste Voraussetzung ist eine ausgereifte und am Markt gut eingeführte Produkt- und Dienstleistungspalette. Daneben haben auch die so genannten Verwaltungsbereiche eine nicht zu unterschätzende Bedeutung. Deren wichtigste Aufgabe ist es, die operativen Geschäftseinheiten hinsichtlich der Ziel-Erreichung effizient zu unterstützen.

*Wettbewerbsfähigkeit sichern!*

In den zurückliegenden Jahren wurden Maßnahmen zur Steigerung der Effizienz hauptsächlich auf den Bereich der Betriebsmittel sowie auf den Faktor Arbeit ausgerichtet. Zukünftig wird ein Unternehmen nicht umhin kommen, auch dem Faktor Kapital eine größere Aufmerksamkeit zu widmen und dieses knappe Gut wesentlich effizienter einzusetzen. Mit wachsender Unternehmensgröße, bedingt durch zunehmende Internationalisierung und Globalisierung, nimmt diese Aufgabe überproportional an Bedeutung zu.

Die Verantwortung für die Durchführung der Finanzgeschäfte liegt in Abhängigkeit zur Unternehmensgröße entweder bei einer Person oder einer ganzen Abteilung. In der Vergangenheit lag das Hauptaugenmerk dabei auf der klassischen Aufgabe der Liquiditätssicherung und -bereitstellung. Unter **Liquidität** versteht man hierbei die Fähigkeit eines Unternehmens, die zu einem Zeitpunkt zwingend fälligen Zahlungsverpflichtungen uneingeschränkt zu erfüllen. Diese Forderung stellt für den Unternehmer einen äußerst strengen Anspruch dar, da bei Nichterfüllung (Illiquidität) nach geltendem Recht Konkurs (§§ 102, 207, 209 Konkursordnung) oder gerichtlicher Vergleich (§§ 2, 108 Vergleichsordnung) drohen.

*Liquidität erhalten*

Die neue Insolvenzordnung sieht in § 17 die Zahlungsunfähigkeit als Eröffnungsgrund für die Eröffnung des Insolvenzverfahrens vor.

Der **Liquiditätserhalt** stellt demnach ein zentrales Entscheidungsziel dar, dem sich alle anderen Finanzziele unterzuordnen haben.

**Neue Risiken steuern**

In jüngster Zeit sind neue Schwerpunkte im Finanzbereich erkennbar. So haben die teilweise erheblichen Schwankungen der Finanzmärkte in den letzten Jahren dazu geführt, dass neue Finanzrisiken in nicht gekanntem Umfang die Unternehmen bedrohen. Bemühungen sind erkennbar, diese Risiken entsprechend zu planen, zu steuern und zu kontrollieren. Beispielsweise kann hier die Einführung des Gesetzes zur Kontrolle und Transparenz im Unternehmen (KONTRAG; zunächst ausgerichtet auf die Rechtsform der Aktiengesellschaft) angeführt werden.

**Ertragspotentiale nutzen**

Neben Risiken bestehen jedoch auch Ertragspotenziale, die zur Ausnutzung zur Verfügung stellen. Diese Überlegungen nehmen an Bedeutung zu, da immer mehr Unternehmen sich an den Grundsätzen des **share-holder-value** orientieren (man versteht darunter alle Maßnahmen, die auf eine langfristige Maximierung der Wertentwicklung des Unternehmens ausgerichtet sind). Vor allem für börsennotierte Unternehmen bietet sich eine an den Wünschen der Kapitalgeber orientierte finanzwirtschaftliche Zielausrichtung an. Bedingung hierfür ist jedoch eine in hohem Maß finanzmarktorientierte Geschäftspolitik. Damit einher geht eine geänderte Struktur und Stellung der betrieblichen Finanzwirtschaft. Diese wird grundsätzlich durch folgende Konflikt-Situation gekennzeichnet:

**Konfliktsituation im Finanzmanagement:**

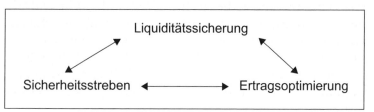

# 1 Welche Rahmenbedingungen sind zu beachten?

Hierzu ist anzumerken, dass die Sicherung der Liquidität nicht als unternehmerisches Oberziel betrachtet werden darf, sondern nicht mehr als eine notwendige Nebenbedingung darstellt. Keine Unternehmung wird mit der Absicht betrieben, Liquidität zu erzielen.

Vor allem bei international tätigen Unternehmen ist es deshalb nicht mehr vertretbar, dass diese Finanz-Aufgaben vom Rechnungswesen oder Controlling sozusagen „nebenher" als routinemäßige Vewaltungsaufgaben abgedeckt werden. Die Abwicklung der Finanzgeschäfte in einer eigenen Funktion sowie aktives Finanzmanagement gewinnen damit an Bedeutung. Die historisch bedingte Verwaltungsfunktion wandelt sich zunehmend in eine Management-Funktion.

*Von Verwaltungs- zu Management-Funktion*

## 1.1 Finanzgeschäfte und Management-Philosophie

Ein Unternehmen muss versuchen, das Bewusstsein der direkt oder indirekt von der Führung der Finanzgeschäfte betroffenen Mitarbeiter und Vorgesetzten für das Problemfeld „Finanzen" zu sensibilisieren. So sind Überzeugungen und Werte, die von allen Betroffenen geteilt und beachtet werden, in schriftlicher Form als Management-Philosophie zu fixieren.

Zweckmäßig ist es hierbei, diese **Finanz-Philosophie** an der allgemeinen Firmenphilosophie auszurichten. Zielsetzung ist es, den Willen der Geschäftsleitung und/oder des Firmeninhabers im Hinblick auf die Planung, Steuerung und Kontrolle der Finanzgeschäfte auszudrücken. Auf der Grundlage der allgemein festgelegten Philosophie gelingt es damit wesentlich besser, ein wirksames Finanzkonzept aufzubauen. Fehlt ein schriftlich formuliertes Unternehmensleitbild als Vorgabe, wird sich der Strategieansatz an bisherigen Praktiken, Handlungsweisen und Interpretationen anlehnen.

*Festlegung Finanz-Philosophie*

Die grundsätzliche Zielvorgabe für das Management sollte durch die Geschäftsleitung unter Einbeziehung der Aufsichtsgremien erfolgen. Die Formulierung erfolgt zweckmäßigerweise durch den fachkompetenten Finanzbereich.

Prüfend und unterstützend können interne Revision und ggf. der Wirtschaftsprüfer eingeschaltet werden.

Das Konzept, das idealerweise aus der allgemeinen Unternehmensphilosophie bzw. den allgemeinen Unternehmenszielen als Subziel abgeleitet wird, liefert die Grundlage für folgenden **Handlungsrahmen**:

**Definition des Handlungsrahmens**

- Einstellung des Unternehmens zu den Bereichen Risiko und Rentabilität,
- Schaffung und Regelung der aufbau- und ablauforganisatorischen Voraussetzungen,
- Eindeutige Schaffung, Definition und Abgrenzung von Zuständigkeiten und Kompetenzen der betroffenen Bereiche und Personen,
- Regelung der allgemeinen Bestimmungen für die Abwicklung der Finanzgeschäfte im Unternehmen,
- Grundlage für schriftliche Vorgaben und Richtlinien im Unternehmen,
- Flexible Arbeitsanweisung für die betroffenen Mitarbeiter,
- Dokumentation für Prüfungs- und Kontrollzwecke.

**Rahmenbedingungen für die Finanzstrategie:**

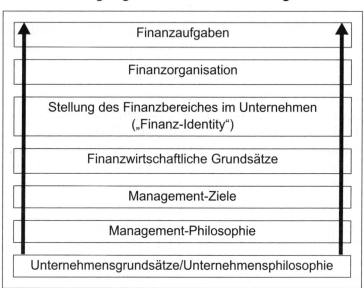

# 1 Welche Rahmenbedingungen sind zu beachten?

**Praxis**

Die Management-Finanz-Philosophie kann beispielsweise wie folgt definiert werden:

- „Optimale Verwendung der verfügbaren finanziellen Ressourcen des Unternehmens unter Berücksichtigung der allgemeinen Unternehmensziele durch den Einsatz aktiven Finanzmanagements bei gleichzeitiger Sicherstellung des finanzwirtschaftlichen Gleichgewichtes",
- „Analoge Übertragung der in den Unternehmensgrundsätzen festgeschriebenen Grundgedanken auf die Durchführung der Finanzgeschäfte",
- „Das Wohl des Gesamtunternehmens geht vor dem Wohl der einzelnen Gesellschaft/des Geschäftsbereiches".

## 1.2 Finanzwirtschaftliche Ziele und Grundsätze

Mit der Abwicklung der Finanzgeschäfte im Unternehmen werden abhängig von der Unternehmensgröße eine oder mehrere Personen betraut. Die Führung dieser Mitarbeiter wird in der gegenwärtigen Systemumgebung eines Unternehmens immer komplexer.

*Komplexität in der Führung*

**Ursachen hierfür sind:**

- Eine zunehmende Anzahl von Aktivitäten im einzelnen Führungsprozess.
- Die Berücksichtigung einer Vielzahl von unterschiedlichen Interessenlagen.
- Ein gewisser Konfliktgehalt hinsichtlich der Interessen.
- Entscheidungen werden immer problembehafteter.
- Die Beziehungen zwischen den Aktivitäten werden immer vielfältiger und komplizierter.

Damit ein wirksames Finanz- und damit Management-Konzept aufgestellt werden kann, ist es als Voraussetzung unumgänglich, **finanzwirtschaftliche Ziele und Grundsätze** zu definieren. Diese sind für eine Person oder Personengruppe bindend – alle müssen sich daran einheitlich ausrichten und verfolgen die gleichen Ziele. Die Ziele müssen so gefasst werden, dass einerseits dem Mitarbeiter ein abgegrenzter Handlungsrahmen zur Verfügung gestellt wird, dieser aber andererseits genügend Freiraum für Kreativität, Selbstverwirklichung und Unabhängigkeit enthält.

**Festlegung von Zielen unumgänglich**

Dem kommt eine besondere Bedeutung zu, da – wie bereits betont wurde – im Finanzbereich eine ständige Konfliktsituation zwischen Sicherheitsdenken, Liquiditätsbereitstellung und -sicherung sowie Ergebnisoptimierung besteht.

Keine Aufgabe/Funktion ohne Zielvorgaben!

**Wer legt die Ziele fest?**

- Die Ziele müssen durch die Geschäftsleitung des Unternehmens definiert werden („Chef"-Sache!).
- Es kann erforderlich sein, auch die Aufsichtsgremien des Unternehmens mit einzubeziehen.

**Woraus werden die Ziele abgeleitet?**

- Die finanzwirtschaftlichen Ziele werden i. d. R. aus den übergeordneten Unternehmenszielen bzw. Unternehmensgrundsätzen abgeleitet.
- Fehlen diese, bedient man sich bereits bestehender Praktiken, Handlungsweisen und Interpretationen.

**Wie werden die Ziele festgelegt?**

- Die Ziele müssen kurz, prägnant, verständlich, klar und eindeutig formuliert werden,
- Die Ziele müssen realistisch im Hinblick auf den Zielerreichungsgrad festgelegt werden,
- Bei den Zielen müssen Prioritäten gesetzt werden,
- Informelle Zielfestlegungen sind wegen einer späteren Beweisfindung zu vermeiden,
- Schriftliche Fixierung und Mitteilung an die Entscheidungsträger ist sinnvoll,
- Bei Festlegung ist darauf zu achten, dass die Ziele entweder quantitativ oder qualitativ gemessen werden können.

# 1 Welche Rahmenbedingungen sind zu beachten?

## Was beinhalten die Ziele?

- Sie beschreiben zu erreichende Wunschgrößen im finanzwirtschaftlichen Bereich wie z. B. hinsichtlich der Erfassung und Ausschaltung von Finanzrisiken,
- Sie legen eine für alle Betroffenen bindende einheitliche Vorgehensweise fest,

Die nach vorgenanntem Schema erstellten Ziele dienen des Weiteren dazu, einen Ist-Zustand in regelmäßigen Zeitabständen laufend zu überprüfen und zu messen (vgl. Kapitel 4, Abschnitt 4.2.4). Sinnvoll kann es sein, die Ziele durch finanzwirtschaftliche Grundsätze zu ergänzen.

Bei mittelständischen Unternehmen ist weitgehend die Liquiditätssicherung und -Bereitstellung oberstes Ziel. Mit steigender Unternehmensgröße verschiebt sich dieser Schwerpunkt in Richtung Rentabilität und finanzieller Unabhängigkeit (diese Aussage bezieht sich auf die Bankenpolitik des Unternehmens; vgl. hierzu auch Kapitel 2, Abschnitt 5). Die Kunst eines erfolgreichen Finanzmanagements besteht zunehmend darin, den richtigen Weg zwischen diesen konkurrierenden Zielen zu finden.

*Unterschiedliche Ziele in Abhängigkeit zur Unternehmensgröße*

*Konfliktsituation: Unabhängigkeit/ Rentabilität*

## Praxis

In Abhängigkeit von Unternehmensgröße und -Organisation können so beispielsweise folgende **Ziele und Grundsätze** aufgestellt werden:

- Aufrechterhaltung der jederzeitigen Zahlungsbereitschaft des Unternehmens,
- Erhaltung von finanzieller Sicherheit durch Risikovorsorge,
- Erhaltung von finanzieller Unabhängigkeit und Kreditwürdigkeit,
- Erhaltung einer hohen Kapitalrentabilität,
- Bestmögliche Gestaltung der Kapitalstruktur (Verhältnis Eigen- zu Fremdkapital) im Rahmen der Unternehmensziele, orientiert an den Bedürfnissen der Kapitalgeber,
- Liquiditätssicherung geht vor Rentabilitätssteigerung,

- Risikovorsorge geht vor Chancenkreativität und Rentabilität,
- Maximale Identifikation, Bewertung, Steuerung und Kontrolle von Finanzrisiken,
- Genereller Bezug von Finanzgeschäften zum kommerziellen Grundgeschäft, d. h. keine Spekulations- und Finanzgeschäfte,
- Durch effiziente Steuerung der Finanzströme minimieren der Refinanzierungskosten sowie maximieren der Finanzerträge,
- Durchführung und Abwicklung der Finanzgeschäfte unter Wahrung von Chancen an den Finanzmärkten,
- Konzernweit abgestimmte einheitliche Bankenpolitik,
- Größtmögliche Beachtung von Kontroll- und Revisionsgesichtspunkten bei der Durchführung der Finanzgeschäfte,
- Nutzung weltweiter Finanzierungsresourcen (z. B. bei Großunternehmen).

Zusammenfassung der Vorteile von **schriftlich definierter Management-Philosophie bzw. Finanz-Zielen:**

- Sensibilisierung der betroffenen Mitarbeiter und Vorgesetzten,
- Fixierung und allgemeine Verbreitung des Willens der Geschäftsleitung,
- Einbezug der Führungsebene in die Management-Verantwortung,
- Eindeutige Zielvorgabe zur späteren Leistungsmessung und Beurteilung,
- Eindeutige Regelung des Konfliktkreises Sicherheit, Risiko und Rentabilität.

# 1 Welche Rahmenbedingungen sind zu beachten?

## 1.3 Management-Ansätze im Finanzbereich

Aus der Handhabung in der Praxis kristallisieren sich vier allgemein gültige Strategieansätze heraus. Diese unterscheiden sich insbesondere hinsichtlich der Einstellung im Bezug auf Rentabilität und Risiko (vgl. hierzu auch Kapitel 1, Absatz 2.2). Auch die Größe des Unternehmens und damit der Umfang an Finanztransaktionen (z. B. bei der Anwendung von Cash-Management-Systemen) spielt eine wichtige Rolle.

*Allgemein gültige Strategieansätze*

### 1.3.1 Passives Finanzmanagement

Finanztransaktionen werden unter dem Gesichtspunkt „Verwaltung" mit dem minimalsten Zeit- und Sachaufwand abgewickelt. Die Ursachen für diesen Ansatz liegen oftmals in gänzlicher oder teilweiser Unsicherheit/ Unkenntnis der Sachlage sowie der knappen personellen Ausstattung. Der Umfang der Finanztransaktionen (z. B. Zins- und Währungsrisiken) ist nicht oder nicht vollständig bekannt; andererseits fehlt die Kenntnis über Finanztechniken und -instrumente (z. B. Electronic-Banking-Produkte). Bewusst oder unbewusst werden Aufrechnungspotenziale in Anspruch genommen (z. B. bei Fremdwährungen, Geldbedarf und Geldüberschuss). Dieser Ansatz führt oftmals zu einer subjektiven Markteinschätzung hinsichtlich zukünftiger Finanzmarktentwicklungen und damit zu einer falschen oder willkürlich festgelegten Kalkulationsbasis. Ein derartiger Management-Ansatz birgt unlimitierte Risiko- aber auch Chancenpotenziale in sich.

*Finanzmanagement als Verwaltungsaufgabe*

**Vorteile:**

- geringer Zeit- und Kostenaufwand,
- unbegrenzte Realisierung von Chancen-Potenzialen.

**Nachteile:**

- fehlende Kalkulations- und Ergebnisbasis,
- unbegrenzte Risikopotenziale.

### 1.3.2 Aktives, jedoch konservativ ausgerichtetes Finanzmanagement

**Unterstützung des Kerngeschäftes**

Bei diesem Ansatz stehen in der Regel neben ausreichenden personellen auch technische Resourcen (z. B. Systemunterstützung) zur Verfügung. Es ist ein mehr oder weniger ausgeprägtes Finanz-Know-how vorhanden. Finanztransaktionen werden ausschließlich in Verbindung mit exakt definierten Grundgeschäften getätigt (z. B. Währungsabsicherungen). Es kommt häufig zur Bildung von geschlossenen Bewertungseinheiten (das Risiko aus einem Grundgeschäft, z. B. ein Zahlungseingang auf Fremdwährungsbasis, wird exakt durch ein Gegengeschäft, z. B. ein Devisentermingeschäft, „geschlossen"). Der Vorteil bei diesem Ansatz liegt in der Schaffung einer festen und verlässlichen Kalkulations- und Ergebnisbasis. Chancen bei positiven Finanzmarktveränderungen werden nicht wahrgenommen. Demzufolge sind keine Finanz- und Spekulationsgeschäfte erlaubt. Finanzmarktgeschäfte sollen das laufende Kerngeschäft des Unternehmens nur unterstützen; eigene Ergebnisbeiträge sind nicht gefordert. Ziel ist eine kostengünstige Bereitstellung von Finanzdienstleistungen für die operativen Einheiten. Sinnvoll ist diese Vorgehensweise jedoch erst ab einer bestimmten Unternehmensgröße.

**Vorteile:**

- Transparenz über den Finanzbereich,
- Agieren anstatt Reagieren,
- Feste und verlässliche Kalkulationsbasis,
- Service-Leistung steht im Vordergrund.

**Nachteile:**

- Erhöhter Zeit- und Kostenaufwand,
- Erst ab einer bestimmten Unternehmensgröße sinnvoll,
- Keine Wahrnehmung von Chancen bei positiven Entwicklungen am Finanzmarkt.

# 1 Welche Rahmenbedingungen sind zu beachten?

## 1.3.3 Aktives, jedoch progressiv ausgerichtetes Finanzmanagement

Es sind die gleichen Grundvoraussetzungen wie bei aktivem, konservativ ausgerichtetem Finanzmanagement vorhanden. Über die Absicherung und Unterstützung der Grundgeschäfte hinaus wird, wenn die Finanzmärkte sich positiv entwickeln, ein aktiver Leistungsbeitrag erwartet. Dies wird i. d. R. durch den alternativen Einsatz von Finanzinstrumenten und Techniken sichergestellt. Auch so genannte Derivate kommen teilweise zum Einsatz. So können grundgeschäftsbezogen positive Entwicklungen an den Finanzmärkten teilweise oder vollständig mit vollzogen werden. Dieser Ansatz stellt erhöhte Anforderungen an die personelle und technische Ausstattung des Finanzbereiches sowie an die Risikoüberwachungs- und Kontrollsysteme. Die Wahrnehmung von Chancen bei positiven Finanzmarktentwicklungen (z. B. im Fremdwährungs- und Zinsbereich) wird grundsätzlich durch eine erhöhte Risikobereitschaft bzw. durch erhöhte Kosten „erkauft".

**Aktiver Leistungsbeitrag wird erwartet**

**Vorteile:**

- Messbarer Gewinnbeitrag,
- Mitpartizipieren von positiven Entwicklungen an den Finanzmärkten,
- Erhöhte Transparenz im Finanzbereich,
- Nutzung von Synergiepotenzialen.

**Nachteile:**

- Erhöhte Ansprüche an Personal und Technik,
- Erhöhte Anforderungen an Kontroll- und Überwachungssysteme,
- Kontrollierte Zunahme von Finanzrisiken,
- Sinnvoll erst ab einer bestimmten Unternehmensgröße.

### 1.3.4 Aktives, jedoch spekulativ ausgerichtetes Finanzmanagement

**Rentabilitäts-Maximierung im Vordergrund**

Dieser Management-Ansatz hat zum Ziel, einen permanenten Ergebnisbeitrag über die grundgeschäftsbezogene Abwicklung hinaus abzuliefern. Das Unternehmen setzt die Prioritäten eindeutig in Richtung Rentabilitäts- und Ertragsmaximierung. Ein derartiger Ansatz stellt ebenfalls erhöhte Anforderungen an Systeme, Techniken und Qualifikation der Mitarbeiter. Häufig werden Finanzinnovationen (Derivate) eingesetzt. Da sich durch das unkontrollierte Eingehen von Finanzpositionen erhebliche Risiken ergeben können, werden an Risikoüberwachungs- und Kontrollsysteme maximalste Anforderungen gestellt. Der Umfang der Finanztransaktionen lässt bei großen Unternehmen oftmals den Vergleich mit Bankgeschäften („**corporate Bank**") zu. Der Ansatz wird deshalb von großen Konzernen oftmals in Richtung einer **Inhouse-Bank** oder sogar eigenen Bank weiterentwickelt.

Bei einer **Inhouse-Bank** fungiert der Finanzbereich als zentraler Ansprechpartner für alle Gesellschaften der Unternehmensgruppe gegenüber externen Banken.

**Es werden folgende Aufgaben übernommen:**

- Abwicklung sämtlicher Fremdwährungstransaktionen,
- Liquiditäts- und Risikosteuerung,
- Steuerung des konzerninternen Finanzierungsbedarfs,
- Ausgleich von Forderungen und Verbindlichkeiten der verschiedenen Tochtergesellschaften,
- Aufbau leistungsfähiger Cash-Management-Systeme.

Bei einer Ausgliederung und rechtlichen Verselbstständigung des Finanzbereiches kommen die Richtlinien des Kreditwesengesetzes (KWG) zur Anwendung. Neben der Abwicklung der Finanzgeschäfte für das Unternehmen können dann aber auch Geschäfte für Dritte abgewickelt werden.

**Vorteile:**

- Eigenes Rentabilitätsstreben,
- Vollständige Transparenz,

# 1 Welche Rahmenbedingungen sind zu beachten?

- Kostensenkung (Personal, Systeme),
- Verbesserte Kontrolle.

**Nachteile:**

- Erhöhte Risikobereitschaft und damit Verlustmöglichkeiten,
- Maximale Anforderungen an Kontroll- und Überwachungssysteme.

Darüber hinaus können Inhouse-Banken auch die Aufgabe der **steuerlichen Optimierung** erfüllen. Je nach Rechtsform bzw. Sitz der Inhouse-Bank lassen sich deutliche steuerliche Vorteile durch Verlagerungen von Einkünften aus Finanzgeschäften und -transaktionen in so genannte Niedrigsteuerländer durch Gründung einer lokalen Finanzierungsgesellschaft erzielen (z. B. belgisches Coordination-Center, Internationales Finanz-Service-Center in Irland oder Finanzierungsgesellschaft in Holland). Die steuerlichen Vorteile können vorerst jedoch nur bis zum Jahr 2006 (für Belgien) und 2005 (für Irland) bei Erfüllung bestimmter Voraussetzungen in Anspruch genommen werden (weitere Aussagen vgl. Kapitel 2, Abschnitt 1.4.2). Da die Gründung einer operativen Gesellschaft vorausgesetzt wird, müssen entsprechende Verwaltungskosten (Miete, Kommunikation, Personal) kalkuliert werden. Diese Konstruktion rechnet sich damit erst ab entsprechenden Transaktionsvolumen.

*Steuerliche Optimierung möglich*

**Praxis**

Vergleichsrechnung: Finanzierungsgesellschaft Holland versus Besteuerung von Einkünften in Deutschland

| Prämissen: | Einkünfte aus Finanzierungsgeschäften EURO 2 000 000/Verwaltungskosten EURO 300 000 (Steuerstand 2000) | |
|---|---|---|
| **a. Besteuerung in Holland** | | **EURO** |
| Zinseinkünfte vor Quellensteuer | | 2 000 000 |
| abzüglich Verwaltungskosten | | 300 000 |
| Zwischensumme | | 1 700 000 |
| abzüglich Rücklage für Finanzrisiken (80%) | | 1 360 000 |

| | |
|---|---:|
| Einkommensteuerpflichtig (Körperschaftssteuer) | 340 000 |
| Niederländische Körperschaftssteuer 35% | 119 000 |
| **Ergebnis nach Körperschaftssteuer** | **221 000** |
| **b. Hinzurechnungsbesteuerung bei deutscher Gesellschaft** | |
| Zwischeneinkünfte mit Kapitalanlagecharacter | 1 700 000 |
| davon 60% | 1 020 000 |
| hierauf Körperschaftssteuer Deutschland 40% | 408 000 |
| abzüglich anrechenbare niederländische KSt | 119 000 |
| **in Deutschland verbleibende KSt-Last** | **289 000** |
| **c. Besteuerung vergleichbarer Erträge in Deutschland** | |
| Zinserträge vor Quellensteuer | 2 000 000 |
| abzüglich GewSt (z. B. Hebesatz 490) | 393 600 |
| Körperschaftssteuerpflichtig | 1 606 400 |
| abzüglich Körperschaftssteuer Deutschland 40% | 642 560 |
| **Ergebnis nach Steuern Deutschland** | **963 840** |
| **d. Betrachtung der gesamten Steuerbelastung** | |
| Niederländische KST | 119 000 |
| Deutsche KST nach Anrechnung | 289 000 |
| **Steuerbelastung mit Finanzierungsgesellschaft** | **408 000** |
| GewSt Deutschland | 393 600 |
| Körperschaftssteuer Deutschland | 642 560 |
| **Steuerbelastung ohne Finanzierungsgesellschaft** | **1 036 160** |
| **Steuervorteil Holland zu Gunsten Deutschland** | **628 160** |

# 1 Welche Rahmenbedingungen sind zu beachten?

**Zusammenfassung:**

Das in Deutschland seit dem 1.1.99 geltende **KONTRAG** (Gesetz für Kontrolle und Transparenz im Unternehmen; ausgerichtet auf Aktiengesellschaften; so genannte best-practice-Wirkung für große GmbH's zu erwarten) wird die Unternehmen zunehmend sensibilisieren, sich über gewisse Mindestanforderungen hinsichtlich finanzwirtschaftlicher Risiken Gedanken zu machen. Hierin wird der Vorstand aufgefordert, eine Systematik zur Erkennung und Bewertung von unternehmensgefährdenden Risiken im Unternehmen einzurichten.

Ein derartiges Risiko-Management-System beinhaltet folgende Bestandteile (vgl. hierzu auch Kapitel 3, Abschnitt 1):

- Risiko-Identifikation/Analyse,
- Risiko-Bewertung,
- Risiko-Steuerung,
- Risiko-Kontrolle.

Parallel vollzieht sich bei entsprechender Unternehmensgröße damit der notwendige Wandel von der passiven Strategie der Finanzmittelbeschaffung und -verwaltung hin zu einem auf Risikomanagement und Gewinnerzielung ausgerichteten aktiven und entscheidungsorientierten Verhalten in der betrieblichen Finanzwirtschaft. Zukünftig werden Prioritäten damit auch verstärkt im Bereich des Risikomanagements (Währungen/Zinsen etc.) liegen.

*Finanzmanagement im Umbruch*

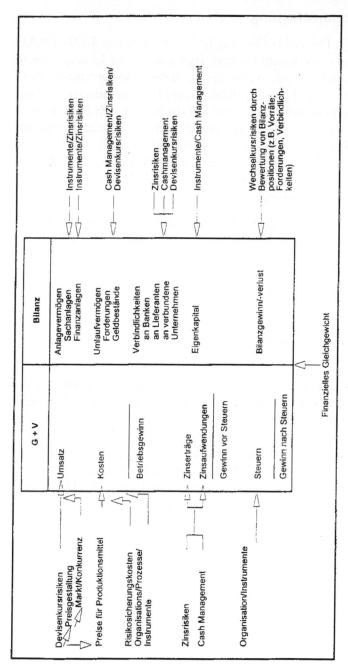

Abbildung 1: „Bedeutung eines modernen Treasury"
(Quelle: ADB Treasury-Beratung, München)

# 2 Anforderungen an die Aufbau-Organisation

In den letzten Jahren hat sich die Stellung des Finanzbereiches tiefgreifend verändert. Früher war der Finanzbereich häufig dem Leiter des kaufmännischen Rechnungswesens unterstellt, wobei eine Trennung von Finanz- und Rechnungswesen als sinnvoll erachtet wurde. Der Finanzleiter war außer bei sehr großen Konzernen relativ selten in der obersten Leitungsebene zu finden. Auf Grund des veränderten Anforderungsprofils sowie einer zunehmenden Bedeutung der Aufgabe ist mittlerweile der Finanzmanager in der Regel im obersten Leitungsgremium bzw. der Geschäftsleitung etabliert.

*Finanzaufgabe im Wandel*

## 2.1 Organisatorische Einordnung im Unternehmen (Zentralisierung versus Dezentralisierung)

Bei divisional organisierten Unternehmen, die zumeist auch über rechtlich selbstständige Tochtergesellschaften verfügen, werden durch die Festlegung des **Zentralisierungsgrades** der Finanzaktivitäten die Zuständigkeiten im Vorfeld eindeutig geregelt.

*Zentralisierungsgrad bestimmt Zuständigkeiten*

Es bieten sich folgende organisatorischen **Ausprägungsformen** an:

- **Zentrales Konzept:** Das zentrale Finanzmanagement verfolgt alle finanzwirtschaftlichen Ziele des Unternehmensverbundes,

- **Gemischtes Konzept:** Zentrales und dezentrales Finanzmanagement teilen sich die Zielerreichung auf; die Planung, Steuerung und Kontrolle wird zentral wahrgenommen,

- **Shared Services:** Gleichartige Prozesse aus den Finanz- und Servicebereichen mehrerer Business Units werden herausgelöst und in einem wirtschaftlich und/oder rechtlich selbstständigen Verantwortungsbereich zusammengefasst.

- **Dezentrales Konzept:** Finanzaktivitäten werden ausschließlich dezentral wahrgenommen.

### 2.1.1 Zentrale Konzepte

Die zunehmende Bedeutung der Ziele Rentabilität und Sicherheit sowie Transparenzgründe fordern eine möglichst zentrale Stellung des Finanzbereiches. Dies trifft vor allem bei großen, international tätigen Unternehmen zu.

**Zentrale Steuerung sinnvoll**

Übersichtlichkeit, rasch verfügbare Informationen, Effizienz und schnelle Handlungsfähigkeit werden in Anbetracht der teilweise hektischen Schwankungen an den Finanzmärkten (z. B. bei Zinsschwankungen) für den Erfolg zunehmend wichtiger.

Somit sprechen für eine zentral geführte Finanzwirtschaft neben der vorherrschenden zentralen Aufgabe der Liquiditätssicherung noch folgende **Vorteile**:

- Freistellung der operativen Einheiten von Finanzgeschäften und damit bessere Konzentration auf deren Basisgeschäft (z. B. beim Abschluss von Exportgeschäften auf Fremdwährungsbasis),
- Optimale Überschaubarkeit und Transparenz (jederzeitige Übersicht über Unternehmens-Liquidität, Risikoposition),
- Kürzere und schnellere Entscheidungswege (z. B. bei Kreditaufnahmen, Risikoabsicherungsmaßnahmen),
- Synergieeffekte und Kostenvorteile (z. B. bei Geldanlagen),
- Interne Kompensation von Risikopositionen (z. B. Export- und Importgeschäfte in einer Währung),
- Reduzierte Aufwendungen für die Infrastruktur (z. B. Bedarf an Cash-Management-Systemen),
- Verringerung des Personals (Personalaufwand nur einmal für zentrales Treasury erforderlich),
- Einheitliche Bankenpolitik (zentrale Auswahl und Steuerung der Geschäftsbanken, orientiert am Bedarf des Unternehmens),

## 2 Anforderungen an die Aufbau-Organisation

- Zentralisierung der Bankverbindungen (Zusammenarbeit mit einem begrenzten Kreis von Geschäftsbanken; nur ein Ansprechpartner),
- Bessere Fähigkeit, Marktvergleiche anzustellen (optimaler Marktüberblick, Kontakte zu mehreren Banken),
- Grundlegende Senkung der Bankkosten (größere Volumina, Skaleneffekte),
- Effizientere Steuerung der Zahlungsströme (zentrales Cash-Management),
- Kostengünstigere Kapitalbeschaffungsmöglichkeiten durch höhere Volumina (effiziente Kreditverhandlungen mit wenigen Bankpartnern, Volumen-Effekte),
- Steueroptimierungsmöglichkeiten (Standortverlagerungen),
- Bessere Kontrolle (Einrichtung eines internen Kontroll-Systems, wenig Aufwand für Steuerung und Kontrolle).

**Nachteile:**

- Nicht termingerechte und unvollständige Erfassung von Finanzrisiken (z. B. falsche Meldung von Risikopositionen),
- Probleme hinsichtlich Koordinierungs- und Abstimmungsaufgaben (größere Komplexität, Schnittstellenproblematik),
- Mangelnde Motivation bei dezentralen Einheiten (erhöhter Informations- und Aufklärungsaufwand durch zentrale Treasury).

Unterstützt und beschleunigt werden Zentralisierungstendenzen durch neue vom Finanzmarkt zur Verfügung gestellte Möglichkeiten und Techniken. Beispielsweise sind hier modular aufgebaute Electronic-Banking-Systeme bzw. Cash- und Treasury-Managementsysteme zur Unterstützung des Treasury zu nennen. Äußerst wirksam und effizient können hier auch hochspezialisierte Mitarbeiter und Entscheidungsträger eingesetzt werden. So hat sich beispielsweise in den letzten Jahren das Berufsbild des Cash-Managers etabliert.

**Neue Finanzinstrumente fördern Zentralisierung**

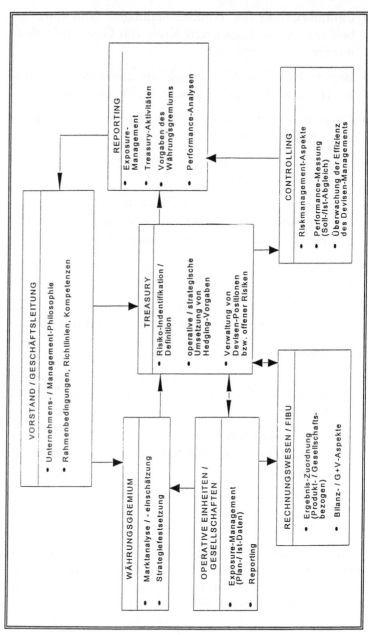

Abbildung 2: „Treasury im Unternehmen"
(Quelle: ADB Treasury-Beratung, München)

## 2 Anforderungen an die Aufbau-Organisation

**Selbstverständnis:**

Der zentrale Finanzbereich versteht sich dabei oftmals als **Service-Bereich** oder **Service-Center**, der ausschließlich an den Finanzierungsbedürfnissen der operativen Einheiten auf Grund deren operativer Betätigung unter Beachtung von Kosten- und Sicherheitsgedanken sowie deren Optimierung ausgerichtet ist. Durch die Konzentration von Dienstleistungsfunktionen an einer zentralen Stelle sollen die operativen Einheiten bewusst von der finanziellen Verantwortung entbunden werden. Diese können sich somit verstärkt auf ihren eigentlichen Geschäftszweck konzentrieren. Diese Stellung darf jedoch nicht als Monopol-Situation aufgefasst und ausgenutzt werden. Vielmehr ist durch einen permanenten Marktvergleich bei Konditionen und Dienstleistungen die Leistungsfähigkeit des zentralen Finanzbereiches laufend zu überprüfen. Vergleiche mit dem Leistungsspektrum von Dritten (Geschäftsbanken) bieten sich an (vgl. Kapitel 4, Abschnitt 5, „Benchmarking"). Akzeptanz bei den Gruppengesellschaften ist Voraussetzung, um erfolgreich als Dienstleister im Unternehmen auftreten zu können.

**Service-Gedanke im Vordergrund**

### Praxis

Beispiel einer Treasury-Organisation:

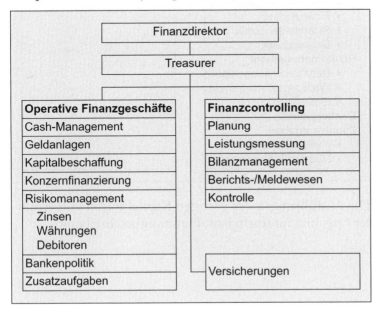

Mit zunehmender Unternehmensgröße findet man den Versicherungsbereich des Unternehmens dem Finanzbereich angegliedert. In diesem Fall würde es sinnvoller sein, den Gesamtbereich als „corporate finance" zu benennen.

**Praxis**

Finanzorganisation und Inhalte:

Die Ausführungen der nächsten Kapitel folgen vorgenannter Organisationsform bzw. Funktionsbeschreibung.

## 2.1.2 Shared Services

Wie unter 2.1.1 ausgeführt, bietet der Ansatz der totalen Zentralisierung bei Finanzgeschäften sowohl Vor- als auch Nachteile. Gleiches gilt auch für das dezentrale Konzept (Nachteile: z. B. Errichtung autonomer „Fürstentümer", Redundanzen in Prozessen; Vorteile: z. B. erhöhte Motivation, Nähe zum operativen Geschäft) oder gemischte Konzepte (Nachteile: z. B. Synergien bleiben ungenutzt, Kompetenzenprobleme).

*Interne Kundenorientierung im Vordergrund*

Die Lösung kann durch die Organisationsform eines Shared Service Center gefunden werden. Gleiche Prozesse werden aus den Finanz- und Servicebereichen der Business-Units herausgelöst und in einem wirtschaftlich und/oder rechtlich selbstständigen Verantwortungsbereich zusammengefasst. Hier werden die Vorteile der Zentralisierung genutzt sowie die Nachteile der Dezentralisierung vermieden. Das Konzept bringt eine wesentlich bessere interne und externe Kundenorientierung mit sich. Die Zielsetzung besteht darin, eine Reihe von Organisationseinheiten zu unterstützen sowie den Resourceneinsatz zu optimieren.

Dieser Ansatz eignet sich vor allem dort, wo gleichartige Prozesse in einem Unternehmen an mehreren regionalen, nationalen oder internationalen Standorten durchgeführt werden.

*Geeignet für gleichartige Prozesse*

**Funktionsweise:**

- Planung und Kontrolle bleiben bei den dezentralen Einheiten,

- Es werden Verrechnungspreise und Umfang der Service-Leistung festgelegt,

- Für die operativen Einheiten existiert die freie Wahl des Servicebezuges; damit wird ein Wettbewerbsdruck auf das Shared Service Center erzeugt.

**Organisationsbeispiel:**

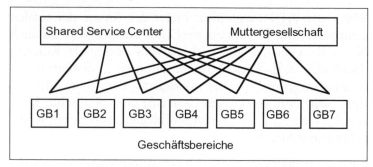

Die Ausgestaltung kann entweder als eigenständige Organisationseinheit oder durch Zusammenarbeit mit anderen Unternehmen erfolgen.

Die Zusammenlegung von Leistungen einerseits und Prozessen andererseits in einer übergeordneten Dienstleistungsfunktion bringt eine Reihe von Vorteilen mit sich.

**Beispielsweise:**

- **Strategische Vorteile:**
  - Die Geschäftseinheiten können sich besser auf ihr Kerngeschäft ausrichten,
  - Der Informationsfluss wird optimiert,
  - Nur an einer einzigen Stelle wird Know-how aufgebaut,
  - Shared Service Center lassen sich als Profit-Center besser steuern.

- **Rentabilitätssteigerung:**
  - Unternehmensweite Synergien werden genutzt,
  - Prozesse werden standardisiert,
  - Personalkosten können reduziert werden,
  - Mengenvorteile werden genutzt,
  - Standortvorteile (beispielsweise steuerliche Optimierung) werden wahrgenommen.

## 2 Anforderungen an die Aufbau-Organisation

- **Verbesserung der Qualität der Leistungen:**
  - Förderung kundenbezogenen Denkens,
  - Durchgängig hohes Service-Niveau,
  - Reduzierung von Verwaltungsaufwand.

**Welche finanzwirtschaftlichen Leistungen lassen sich zusammenlegen?**

- Bestelleingang,
- Fakturierung,
- Debitorenverwaltung,
- Zahlungsein- und -ausgänge,
- Überprüfung der Kundenkreditlimite,
- Mahnwesen,
- Disposition der liquiden Mittel,
- Risikoabsicherung (Zinsen/Währungen),
- Berichts- und Meldewesen.

### 2.1.3 Insourcing/Outsourcing

Unter **Insourcing** von Finanzdienstleistungen versteht man die Delegation von speziellen Finanzaufgaben innerhalb eines Unternehmensverbundes z. B. von Tochtergesellschaften an die Muttergesellschaft oder eine Finanz-(und/oder Management-)Holding. Diese Entwicklung kann auch mit dem Begriff „Zentralisation der Finanzgeschäfte" umschrieben werden.

*Insourcing = Zentralisation*

Unter **Outsourcing** versteht man die Verlagerung von einzelnen Finanzdienstleistungen an außenstehende Dritte (z. B. Beratungsunternehmen oder Banken). Für diese Entscheidung sprechen oftmals folgende Argumente:

*Outsourcing kann Vorteile bieten*

- Entwicklungen auf den Finanzmärkten erfordern ein spezielles, laufend angepasstes Know-how; dies kann effizienter von einem Spezialisten erbracht werden, dessen Tagesgeschäft im zur Verfügung stellen von Finanzdienstleistungen besteht,

- Das Unternehmen kann sich auf seine Kernkompetenzen konzentrieren und damit flexibler auf veränderte Marktgegebenheiten reagieren.
- Durch Auslagerung können die Kosten fest kalkuliert werden.
- Der Auftragnehmer kann diese Kosten auf mehrere Auftraggeber verteilen, damit Synergieeffekte erzielen und diese Vorteile in Form von reduzierten Kosten wieder zurückgeben.
- Aus fixen werden variable Kosten.

Im Finanzbereich wären beispielsweise folgende Dienstleistungen geeignet, diese an einen kompetenten Dritten gegen Leistung einer festen Abrechnungspauschale oder Stückgebühr abzugeben:

- Bearbeitung von Dokumentenakkreditiven,
- Auslagerung des Fremdwährungsmanagements (Absicherung des Wechselkurs-Veränderungsrisikos),
- Auslagerung des Zinsmanagements (Absicherung des Zinsveränderungsrisikos).
- Auslagerung der Vermögensverwaltung.

Der Geschäftsleitung gehören in der Regel die Leiter der einzelnen Geschäftsfelder sowie der Leiter des Verwaltungsbereiches an.

## 2 Anforderungen an die Aufbau-Organisation

**Beispiel einer divisionalisierten Organisationsform:**

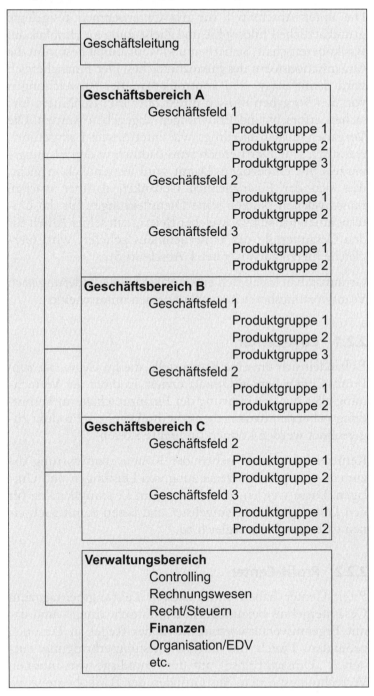

## 2.2 Cost- oder Profit-Center

**Bestimmung der Organisationsform**

Die unter Abschnitt 1 für das Unternehmen festgelegte grundsätzliche Philosophie und Zielsetzung im Hinblick auf Risikobereitschaft, Sicherheit und Rentabilität bestimmt die Organisationsform des Finanzbereiches. Der Finanzbereich wird damit mess- und kontrollierbar. Bei Abweichungen von den Vorgaben müssen direkt oder im Nachhinein Ursachen erforscht und Erklärungen abgegeben werden. Die Vorgaben müssen allerdings, wie unter Absatz 1 ausgeführt, realistisch sein. Der Bereich wird dadurch in den Planungsprozess mit einbezogen. Damit wird letztendlich erreicht, dass sich der Finanzbereich Gedanken darüber machen muss, welchen Nutzen seine Dienstleistungen für das Unternehmen haben bzw. welcher Beitrag mit seiner Arbeit für den Gesamterfolg des Unternehmens geliefert wird (vergleiche hierzu auch Kapitel 4, Abschnitt 5).

Grundsätzlich lassen sich entsprechend der Gliederung nach Veantwortungsbereichen zwei Formen unterscheiden:

### 2.2.1 Cost-Center

**Verrechnung indirekter Kosten**

Es handelt sich um eine Kostenstelle, die im Gegensatz zum Profit-Center keinen Umsatz erzielt. Es dient der Verrechnung aller mit der Führung der Finanzgeschäfte in Verbindung stehenden Kosten, die nicht direkt auf ein Produkt zugerechnet werden können (indirekte Kosten).

Kennzeichnend sind neben der Kostenverantwortung die zumeist transparente Darstellung von Leistungen und Umlagen. Diese werden oftmals in einem Leistungskatalog für den Leistungsnehmer aufgelistet und lassen damit auch einen externen Drittvergleich zu.

### 2.2.2 Profit-Center

**Aktiver Leistungsbeitrag**

Profit-Center haben einen aktiven Leistungsbeitrag zum Gesamtergebnis beizusteuern. Die Entscheidungs- und damit Ergebnisverantwortung ist in der Regel an Personen gebunden. Durch die interne Leistungserbringung entstehen „Umsatz-Erlöse" auf der Grundlage von internen Verrechnungspreisen. Aus Gründen der Risikobegrenzung

## 2 Anforderungen an die Aufbau-Organisation

können Profit-Center so selbstständig entwickelt werden, dass diese in die juristische Eigenständigkeit führen. Wie unter Abschnitt 1.3 ausgeführt erbringt ein Profit-Center seine Dienstleistung dann nicht nur ausschließlich intern, sondern nimmt auch Aufträge von Dritten entgegen (z. B. Geldanlagegeschäfte).

**Vorteile:**

- Schnellere und praxisorientierte Entscheidungsprozesse,
- Ausgeprägtere Flexibilität,
- Bessere Entscheidungsbereitschaft und Motivation (häufig über Bezahlung) bei den Mitarbeitern (unmittelbare Beteiligung am Leistungsprozess),
- Verstärkte „kundenorientierte" Denkweise,
- Stark ausgerichtet an den Service-Bedürfnissen der operativen Bereiche.

**Nachteile:**

- Größere Bereitschaft zur Übernahme von Risiken,
- Kurzfristiges Erfolgsdenken hemmt Investitionsbereitschaft.

### 2.3 Personelle Ausgestaltung/Zuständigkeiten

Der überwiegende Anteil der Kosten für die Führung der Finanzgeschäfte entfällt auf den Faktor Personal. Auf die Auswahl sowie die Weiterentwicklung qualifizierter Mitarbeiter ist deshalb größter Wert zu legen.

*Qualifiziertes Personal notwendig*

#### 2.3.1 Stellenbeschreibungen

Diese regeln in schriftlicher und damit eindeutiger Form die Ausgestaltung einer Position im Unternehmen.

**Inhalt:**

- Aufgabe der Stelle,
- Ziel der Stelle,
- Unter-/Überstellungen,

- Stellvertretung,
- Entscheidungsbefugnis und Verantwortung,
- Übernahme öffentlich rechtlicher Verpflichtungen,
- Aktivitätenkatalog.

Muster von Stellenbeschreibungen finden Sie auf ® unter Nr. 1.

**Führen durch Vorgabe von Zielen**

Vor dem Hintergrund eines jährlich stattfindenden Mitarbeiter-Beurteilungsgespräches kommt insbesondere der Festlegung von Zielvorgaben größte Bedeutung zu. Darüber hinaus wird dem Funktionsinhaber exakt seine Aufgabenstellung zugewiesen.

### 2.3.2 Kompetenzen im Innen- und Außenverhältnis

Entsprechend den Organisationsvorgaben des Unternehmens sind die im Finanzbereich tätigen Mitarbeiter mit den entsprechenden Kompetenzen sowohl im Innen- als auch im Außenverhältnis auszustatten und zu authorisieren.

**Im Einzelnen:**

- Definition der zum Handel zugelassenen Personen,
- Vertretungsregelungen im Verhinderungsfall des Funktionsinhabers,
- Unterschriftsvollmachten im Innenverhältnis,
- Interne Handelsbestätigungen (Unterschrift des Bearbeitenden/Abzeichnung durch den Vorgesetzten),
- Interner Schriftverkehr (Unterschrift des Bearbeitenden/Abzeichnung durch den Vorgesetzten in Abhängigkeit der Bedeutung des Schriftverkehrs),
- Interne Anweisungen (Unterschrift des Bearbeitenden/Abzeichnung durch den Vorgesetzten),
- Unterschriftsvollmachten im Außenverhältnis
  - gegenüber Banken (entsprechend den Bankvollmachten; generell 4-Augen-Prinzip, d. h. Gemeinschaftsanstelle Einzelzeichnungsberechtigung),

## 2 Anforderungen an die Aufbau-Organisation

- sonstiger Schriftverkehr (4-Augen-Prinzip entsprechend der Organisationsvorgabe des Unternehmens),
- Schriftliche Dokumentation der Kompetenzen gegenüber den Kontrahenten (= Banken),
- Handlungsvollmacht oder Prokura.

Bei der Beschreibung des internen Kontroll- und Überwachungssystems wird später noch im Einzelnen auf die wichtigsten Punkte wie z. B. 4-Augen-Prinzip, Funktionentrennung etc. näher eingegangen (vgl. Kapitel 4, Abschnitt 7).

**Bestandteil des internen Kontrollsystems**

Zur Vermeidung von **Konfliktsituationen** bzw. **Kompetenzüberschreitungen** müssen Zuständigkeiten und Verantwortlichkeiten eindeutig geregelt werden (Wer ist für Was zuständig!):

| | |
|---|---|
| Aufsichtsgremium | Abstimmung der Gesamtstrategie |
| Gesamtgeschäftsführung | Strategische Grundkonzeption; laufende Überprüfung der operativen Umsetzung |
| Geschäftsführung | Erarbeitung, Prüfung und Verabschiedung der Grundkonzeption |
| Finanzen | regelmäßige Überprüfung der Aktivitäten; Festlegung von Kompetenzen; Genehmigung von Limitabweichungen |
| Revision | Prüfung der Gesamtkonzeption; stichprobenhafte Einzelgeschäftskontrolle; Systemüberprüfung; Limitüberwachung |
| Rechnungswesen | Abwicklung, Buchung und Kontrolle der Handelsaktivitäten; Limitüberprüfungen |
| Vertrieb/Einkauf | Fristgerechte Exposure-Meldungen |
| Finanz-Gremium | Markteinschätzung, Ergebnisüberwachung, Limitfestlegung und Strategiefestlegung |

| | |
|---|---|
| Leitung Finanzen | Erarbeitung der Grundkonzeption; regelmäßige Überprüfung der Handelsaktivitäten; Verantwortlich für Umsetzung der Vorgaben und Erreichung bzw. Einhaltung der Finanzziele |
| Fremdwährungsmanagement | Expose-Erfassung, Budgetierung, Absicherung, Verwaltung und Abrechnung |
| Finanz-Controlling | Systemüberwachung, Risiko-Controlling, Finanzberichterstattung |
| Wirtschaftsprüfer | Überprüfung der Aktivitäten auf Grundlage handelsrechtlicher Erfordernisse (Jahresabschluss, Sonderprüfungen) |

Die Zuweisung von Aufgaben und Verantwortlichkeiten lässt sich in einer so genannten Entscheidungs- und Kompetenzenmatrix ideal abbilden. Speziell die Aufgabenbereiche des Treasury können so entsprechend zugeordnet und damit personifiziert werden.

## 2 Anforderungen an die Aufbau-Organisation

**Darstellung: Regelung der Kompetenzen**

| Aufgabe | Geschäfts-führung | Finanz-direktor | Bereichs-leiter | Treasurer | Finanz-gremium |
|---|---|---|---|---|---|
| Org. Anweisungen | × | × | × | | |
| Kreditaufnahmen | | | | | |
| kleiner 1 Jahr | | | × | × | |
| größer 1 Jahr | × | × | | | |
| Sicherheiten | | × | × | | |
| Geldanlagen | | | × | × | |
| Aufnahme Bankverbindung | | × | × | | |
| Limitfestlegung | | | × | | × |
| Limitänderung | | | × | | × |
| Währungssich. | | | × | × | |
| Zinssicherungen etc. | | | × | × | |

### Entscheidung im Team (Das Finanz-Gremium)

Zur Erhöhung der Transparenz, objektiveren Entscheidungsfindung sowie Verteilung der Verantwortung auf mehrere Personen kann ein **Finanzgremium** installiert werden. Laufende Treffen dieses „Experten"-Fachkreises sind sinnvoll. Dessen Aufgabenbereich kann umfassen:

- Erarbeitung von Finanzmarktprognosen,
- Überprüfung der Aktivitäten/Ergebnisse des Finanzbereiches,
- Festlegung/Anpassung von Handelslimiten an die operativen Gegebenheiten,
- Gemeinsame Entscheidungsfindung im Hinblick auf Hedge-(=Absicherungs-)maßnahmen sowie Strategien

*Entscheidung im Team*

unter Berücksichtigung von Zielen, Vorgaben und Rahmenbedingungen,

- Festhalten der Ergebnisse in Protokollform und unverzügliche zeitnahe Information der Gesamtgeschäftsführung.

Die Zusammensetzung des Teams sollte zweckmäßigerweise nach unternehmensindividuellen Gesichtspunkten erfolgen:

- Verantwortliches Mitglied der Geschäftsleitung,
- Leiter des Finanzbereiches,
- Leiter Rechnungswesen und/oder Controlling,
- Nach Bedarf: Vertreter Vertrieb/Einkauf,
- Nach Bedarf: Wirtschaftsprüfer, Revision,
- Nach Bedarf: externer Berater, Vertreter von Banken.

### 2.3.3 Fachliche Qualifikation der Mitarbeiter

**Qualifizierte Mitarbeiter notwendig**

Die komplizierte Materie des Finanzgeschäftes setzt den Einsatz qualifizierter Mitarbeiter voraus. Die Unternehmen haben hierzu Sorge zu tragen, dass

- **entsprechend qualifizierte Mitarbeiter ausgewählt werden:** Das finanzwirtschaftliche Hintergrundwissen wird am ehesten durch ein betriebswirtschaftliches Studium und/oder eine Bankausbildung abgedeckt. Letztere ist von Vorteil, da infolge der häufigen Bankkontakte damit auch „die Gegenseite" bekannt ist.

- **diese Mitarbeiter wissensmäßig laufend an die Erfordernisse des Fachgebietes angepasst werden:** Die schnelle Entwicklung der Finanzmarktprodukte macht laufende interne und externe Schulungsmaßnahmen erforderlich; an externen Weiterbildungsmaßnahmen steht ein breites Spektrum von (allerdings nicht immer preiswerten) Fachseminaren, abgestimmt auf die individuellen Erfordernisse, zur Verfügung. Alternativ können Kurz-Trainee-Programme bei der Hausbank besucht werden. Auch der intensive Meinungsaustausch mit anderen Unternehmen bietet sich an (z. B. über gemeinsame Benchmarkt-Projekte; vgl. hierzu Kapitel 4, Abschnitt 5).

**Ziele und Umsetzung externer Weiterbildungsmaßnahmen:**

- Aktueller Überblick über Marktgeschehen/Techniken/ Systeme/Organisationsformen,
- Teilnahme in Abhängigkeit zum Bedarf,
- Nach Bedarf strategisch/operativ ausgerichtet,
- Der eigene Entwicklungsstand des Finanzbereiches wird erkennbar (feed-back),
- Nutzung des Wissens und Entwicklungsstandes anderer Unternehmen.

# 3 Informationsbeschaffung und -verarbeitung

Interne und externe Stellen (Finanzmärkte) liefern täglich eine Flut von Informationen und Nachrichten, die in unkoordinierter Form im Finanzbereich eingehen. Eine effiziente Beschaffung und -aufbereitung von Finanzinformationen ist dringend notwendig, damit

*Informationsaufbereitung notwendig*

- die Markttransparenz erhöht wird (z. B. Preisvergleiche),
- die Meinungsbildung und Entscheidungsfindung unterstützt wird,
- das Finanzmanagement kurzfristig auf Veränderungen des Finanzmarktes in zielgerichteter Weise reagieren und Chancen nutzen und Risiken ausschalten kann,
- auf interne und externe Einflussfaktoren reagiert werden kann.

**Ziele der Informationspolitik:**

- Unterstützung bei der Vorbereitung und Erarbeitung von strategischen und operativen Managemententscheidungen,

- Erkennen und Ausnutzen von Marktveränderungen/-trends und Umsetzen in konkrete strategische und operative Handlungsweisen,

- Aufrechterhaltung bzw. Steigerung des Ausbildungs-/Wissenspotenzials der betroffenen Mitarbeiter,

- Gezielter Einsatz für Kontroll- und Revisionszwecke.

**Bedarfsgerechte Informationsaufbereitung**

Das Informationsbedürfnis der Finanzverantwortlichen ist auf folgende Bereiche ausgerichtet:

- Zinsentwicklungen: Geld-/Kapitalmärkte,
- Devisenkursentwicklungen,
- Zins- und Devisenderivate,
- Aktien/Rentenmärkte,
- Finanzmarktbeeinflussende Nachrichten (z. B. Politik),
- Allgemeine volkswirtschaftliche Rahmendaten und deren historische und zukünftige Veränderungen,
- Länderanalysen/Berichte.

Als technische Hilfsmittel zur Informationsbeschaffung stehen eine Reihe von PC-gestützten Finanz-Informationssystemen, die überwiegend Real-Time funktionieren, zur Verfügung. Als Informations-Lieferanten treten entweder Banken oder private Nachrichtendienste (zumeist kostenpflichtig) auf. Informationswege sind oftmals Datex-/ISDN-Leitungen/Telefax-Übermittlungen oder das Internet.

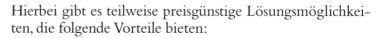

Hierbei gibt es teilweise preisgünstige Lösungsmöglichkeiten, die folgende Vorteile bieten:

- Laufende zeitnahe Versorgung mit aktuellen Informationen,
- Mehrplatzfähigkeit durch Nutzung hauseigener Netzwerk-Konfigurationen,
- Nutzung bereits vorhandener PC-Systeme,
- Durch alternative Anwendungen bessere Auslastung der PC-Hardware,
- Kostenpflichtig in Abhängigkeit des Nutzungsgrades.

# 3 Informationsbeschaffung und -verarbeitung

Als neue Quelle der Informationsbeschaffung kann das Internet benutzt werden. Insbesondere Banken richten hier eigene, laufend On-line gepflegte Finanzmarktseiten ein. Diese sind teilweise frei, teilweise nur mit Kennwort zugänglich. An Kosten fallen i. d. R. nur die Leitungskosten an.

Zur Informationsbeschaffung via Internet siehe auf ⌨ unter Nr. 2.

Darüber hinaus kann zurückgegriffen werden auf:

- Diverse Bankpublikationen,
- Fachzeitschriften,
- Tagespresse etc.

**Vorteile:**

- Preisgünstige Informationsbeschaffung,
- Nutzung der Fachkompetenz/Ressourcen der publizierenden Stellen,
- Weitgehend unabhängige, sachliche und neutrale Stellungnahmen,
- Zielgerichtete Bedarfsauswahl durch umfangreiches Angebot,
- Hohe Informationstiefe,
- Hoher Aktualisierungsgrad.

**Excurs: Der externe Berater**

Größere Unternehmen bedienen sich häufig eines externen Finanzberaters. Dieser hat folgende Aufgaben bzw. bietet folgende Vorteile:

**Vorteile durch externe Berater**

- Erarbeitung individuell zugeschnittener Lösungen,
- Outsourcing/Delegation von Aufgaben (z. B. Urlaub, Krankheit),
- Effektive Nutzung von Spezial-Know-how,
- Bankenunabhängige neutrale Beratertätigkeit (nicht geprägt von betrieblichen Vorgaben/„Betriebsblindheit"/Eigeninteressen),

- Abgeltung der Leistungen auf Honararbasis (Festhonorar und/oder erfolgsabhängiges Honorar).

## 3.1 Schnittstellen

Im Hinblick auf die Kommunikation zwischen Unternehmen und Banken sind gewisse Standardisierungsentwicklungen erkennbar. Diesen steht eine Flexibilisierung der unternehmensinternen Schnittstellen gegenüber, die dem allgemeinen Trend zur Dateneinmalerfassung und Datenintegration Ausdruck verleihen.

Eingehende und ausgehende Datenströme aus internen und externen Systemen müssen über entsprechende Schnittstellen gesteuert werden. Diese sind dabei so auszurichten, dass eine Anpassung an immer häufigere Neuorganisationen insbesondere bei multinationalen Unternehmen bewerkstelligt werden können. Im Mittelpunkt stehen dabei als Informationslieferanten/-empfänger das Controlling (zweckmäßig Management-Informationssystem MIS zur Planung, Erfassung und Weiterverarbeitung von internen Daten) bzw. die Finanzbuchhaltung (Buchhaltungssoftware zur handelsrechtlichen Abwicklung sämtlicher Geschäftsvorfälle).

**Nutzung zentraler Datenbanken**

Dieser Systematik liegt in der Regel das Prinzip der Trennung der Informationseingabe (vor Ort) von der Informationsverarbeitung (zentral) zu Grunde. Dadurch gelingt es, die Qualität der Daten zu optimieren und den Informationsfluss über entsprechende Schnittstellen schneller und zuverlässiger zu machen. Der Finanzbereich braucht nicht mehr auf Informationen seiner lokalen Geschäftsbereiche/Tochtergesellschaften zu warten, sondern erhält sie durch Abfragen der zentralen Datenbanken.

## 4 Systemunterstützung (Treasury-Logistik)

**aktuelle Entwicklungen im Finanzbereich**

Rationalisierungsbestrebungen machen auch vor dem Finanzbereich nicht halt. Diese werden durch drei in den letzten Jahren festzustellende Entwicklungen erheblich beeinflusst:

# 4 Systemunterstützung (Treasury-Logistik)

- Ein Wandel in der Finanzorganisation insbesondere größerer Unternehmen (vgl. hierzu Kapitel 1, Abschnitt 2.2) von einer verwaltenden zu einer gestaltenden Funktion,

- Ein Generationenwechsel in der Führung von Unternehmen und damit die Öffnung hin zu computergestützter Entscheidungsunterstützung sowie dem Einsatz neuer Finanzinstrumente (vgl. hierzu Kapitel 1, Abschnitt 2.3),

- Die rasante Entwicklung neuer Informations- und Kommunikationstechnologien eröffnet neue Möglichkeiten für das Finanzmanagement.

Rationalisierung, Schnelligkeit, Dispositionssicherheit, integrierte Verarbeitung und Transparenz (kontrollierte Vorgänge) kennzeichnen damit die Anforderungen eines Unternehmens an System-Unterstützung für den Finanzbereich.

*Anforderungen an System-Unterstützung*

## 4.1 Überblick finanzwirtschaftlicher Systeme

Zielsetzung für jedes Unternehmen muss es sein, sich eine Systemlösung aufzubauen, die optimal auf die individuellen Bedürfnisse (Aktivitäten und Volumina) zugeschnitten ist. Im Mittelpunkt steht dabei die Frage, welches Unternehmen welches System benötigt.

*Welches System ist erforderlich?*

Am Markt sind derzeit Systeme erhältlich, die folgende Funktionen im Finanzbereich schwerpunktmäßig abdecken:

- Cash-Management (Kontodisposition/Zahlungsverkehrssteuerung),
- Liquiditätsplanung (Planung der kurzfristigen Ein- und Auszahlungen),
- Aktiv-/Passiv-Management (Anlage-/Kredit-Management),
- Fremdwährungs-/Zinsmanagement (Planung, Erfassung, Steuerung und Kontrolle von Risiken),
- Marktinformationssysteme.

Hinsichtlich der Unternehmensgröße können die Systeme wie folgt klassifiziert werden:

- Geeignet für **kleine Unternehmen:**
  **Electronic-Banking-Systeme** (Unter Electronic Banking versteht man alles, was mittels neuer, auf EDV-Entwicklungen basierender Technologie im Verkehr zwischen Bank und Bankkunde angeboten wird); Produkt-Beispiele: DB-DIALOG, DRECASH, COTEL, EURO-DIRECT,

- Geeignet für **mittelständische Unternehmen:**
  **Cash-Management-Systeme** (Cash-Management umfasst prinzipiell alle finanzwirtschaftlichen Entscheidungen mit einem kurzfristigen Zeithorizont); Produkt-Beispiele: CERG-Finance, CMFC, SAP-Cash-Management, Euro-Cash, WinMoneta, Liplan, Fides, IT II,

- Geeignet für **Großunternehmen:**
  **Treasury-Management-Systeme** (Zusammenfassung mehrerer Funktionsunterstützungen wie z. B. Electronic-Banking, Cash-Management, in einem ganzheitlichen System); Produkt-Beispiele: SAP CMTR, LiPlan, ICMS,

- Geeignet für **Konzerne:**
  **Treasury-/Risk-Management-Systeme** (Erweiterung der Treasury-Management-Systeme um Risiko-Management-Funktionen wie z. B. im Bereich des Fremdwährungs- und Zinsveränderungsrisikos); Produkt-Beispiele: SAP TR-TM-MRM, Globe $.

## 4.2 Systemauswahl und Implementierung

Die Systemauswahl ist von einer Reihe von unternehmensexternen sowie -internen Einflussfaktoren abhängig:[1]

**Unternehmensexterne Einflussfaktoren:**

- Zahlungsverkehrssystem (Anzahl und Volumina der Transaktionen),
- Bankengesetzgebung,
- Steuergesetze,
- Kapitalverkehrsbestimmungen,

---

[1] Cash-Management-Systeme, Universität Heidenheim, 1994

# 4 Systemunterstützung (Treasury-Logistik)

- Wechselkursentwicklungen,
- Zinsentwicklungen,
- Geld- und Kapitalmarktspezifika.

**Unternehmensinterne Einflussfaktoren:**

- Kunden- und Lieferantenstruktur,
- Wettbewerbsstruktur,
- Regionale Diversifizierung (Unternehmen, Kunden, Lieferanten),
- Umsatz,
- Unternehmensstruktur,
- Unternehmensgrundsätze,
- Kapitalstruktur,
- Genehmigtes Investitionsbudget,
- Aufgabenumfang/Komplexität der verwendeten Finanz-Instrumente,
- Ausbildungsstand der Mitarbeiter,
- Geplante Veränderungen im Finanzbereich.

Des Weiteren stellt sich die Frage, ob es sinnvoller ist, unternehmenseigene Systemlösungen aufzubauen oder bereits fertige Systemlösungen zu erwerben.

**Make or Buy?**

Häufig wird der Fehler begangen, eine bestehende Organisation an ein neues System anzupassen. Dies sollte möglichst vermieden werden. Sinn gibt es, im Zusammenhang mit der Implementierung eines Systems die vorhandene Organisations-Struktur, die Strategie, Funktionsverteilung und die Transaktionen einer grundsätzlichen Überprüfung zu unterziehen.

Bevor mit dem Auswahlprozess begonnen wird, sollte deshalb (in Anlehnung an Kapitel 1, Abschnitte 1 und 2) folgende Vorgehensweise bzw. Klärung von Sachverhalten durchgeführt werden:

- Grundlegende Analyse der Ist-Situation (Risiko-Größen: Zins-/Währungs-/Liquiditäts-/Kundenausfall-/Kontrahentenrisiken; Bilanz- und Finanzierungsstruktur) und Festlegung von Stellenwerten für welche Geschäftsart,

- Festlegung der unternehmensindividuellen Finanzstrategie (Philosophie, operationale Ziele),
- Schaffung der aufbauorganisatorischen Voraussetzungen,
- Umsetzung der Finanz-Strategien in operationale Abläufe und Handlungsweisen.

**Prozess der Systemauswahl**

Erst danach ist es sinnvoll und möglich, den Prozess der Auswahl und Implementierung eines geeigneten Finanz-Systems einzuleiten.

Dieser wird in strukturierter und an einem Projektplan angelehnten Form wie folgt durchgeführt:

**1. Schritt: Aufstellung eines Anforderungsprofiles; Definition des gewünschten Aufgabenumfanges (unbedingt notwendig, notwendig, „nice to have") in Form eines Pflichtenkataloges.**

Beispiel eines Anforderungskataloges:

- Konsolidierter laufend gepflegter Datenbestand,
- Einbindung der elektronischen Bankkontenverarbeitung (Automatisierung der Buchungen der Bankbuchhaltung und Ausziffern der offenen Debitorenposten),
- Automatisches Einlesen der Kontoauszüge,
- Tägliches Erstellen einer Dispositionsliste,
- Automatischer, halbautomatischer und manueller Kontenabgleich,
- Ermittlung der offenen Posten, der abgestimmten Posten sowie der valutarischen Salden,
- Manuelles und automatisiertes Konten-Clearing,
- Hinterlegung und Berechnung vereinbarter Zinskonditionen (Zinsstaffel),
- Abbildung aller an den Finanzmärkten gehandelter Produkte,
- Berücksichtigung sowohl des **Marktpreis-Risikos** (Veränderungen des Wertes von Finanzinstrumenten in

# 4 Systemunterstützung (Treasury-Logistik)

Abhängigkeit von Veränderungen z. B. des Fremdwährungskurses/von Zinssätzen) als auch des Adressenausfallrisikos (Risiko der Erfüllung von Finanzkontrakten durch den Bankpartner),

- Prozesssicherheit (Trennung von Handel, Abwicklung und Verbuchung),
- Schnelligkeit (Zugriff auf integrierter Datenbasis),
- Transparenz (Dokumentation und Kontrolle der Geschäftsvorfälle),
- Ausreichender Funktionsumfang,
- Permanter Weiterentwicklungsprozess.

## 2. Schritt: Erstellung einer Kosten-Nutzenanalyse

Da weitgehend alle Systeme in modularer Form angeboten werden, treten große Kostenunterschiede hinsichtlich der Minimal- und Maximal-Konfiguration auf. Zu den Anschaffungskosten müssen noch Kosten für Schulung und Installation gerechnet werden. Darüber hinaus muss in der Regel noch ein kostenpflichtiger Wartungsvertrag abgeschlossen werden, der auch regelmäßige Up-Dates einschließt.

**Große Kostenunterschiede**

Für die Kommunikation mit den Banken kommen noch die nutzungsabhängigen Kosten der Datenfernübertragung hinzu. Diese Kosten können sich für internationale Datenübertragungen deutlich erhöhen.

### Kostenüberblick:

| Kostenaufstellung/Systeme | A | B | C | D |
|---|---|---|---|---|
| • Anschaffungskosten | | | | |
| • Weiterentwicklungskosten | | | | |
| • Installationskosten | | | | |
| • Schulungskosten | | | | |
| • Wartungskosten | | | | |
| • Hotline/Service | | | | |

Den Kosten können Nutzen gegenübergestellt werden, die in erster Linie aus Personal- und Sacheinsparungen sowie möglicherweise Zentralisierungseffekten resultieren. Hier sind auch positive Ergebniseffekte auf Grund schnellerer und effizienterer Reaktionsmöglichkeiten (z. B. im Bereich der Geldanlagen) zu berücksichtigen.

### 3. Schritt: Auswahl von möglichen System-Anbietern

**Erstellung eines Pflichtenheftes**

Zur Auswahl des geeigneten System-Anbieters wird am besten ein Pflichtenheft erstellt und an den Kreis potenzieller Anbieter versandt.

Nach Rücklauf des Pflichtenheftes erfolgt eine Grobauswahl, die sich an folgenden Ausschluss-Kriterien orientieren kann:

- Nicht vorhandene Funktionen,
- Nicht kompatible Hardware-Umgebung,
- Keine Schnittstellen zur Eingliederung in vorhandene Systeme,
- Keine individuelle Anpassung an Unternehmenswünsche.

### 4. Schritt: Einholung von Referenzauskünften/Systementscheidung

**Installationsprozess auf Grundlage Projektplan**

Aus einer einzigen Präsentation kann kein vollständiger und objektiver Überblick über die Leistungsfähigkeit eines Systems gewonnen werden. Dies lässt sich nur durch die Praxis-Anwendung feststellen. Nach Möglichkeit sollte deshalb eine Test-Installation eingerichtet und/oder Referenz-Adressen nach deren Erfahrungen befragt werden. Nach Entscheidung für einen Systemanbieter kann im letzten Schritt die Implementierung erfolgen. Zur Ausschaltung des Systemrisikos (ordnungsgemäße Funktion eines Systems) sollte der Installationsprozess auf der Grundlage einer exakten, zeitlich fixierten Projektplanung erfolgen.

## 4 Systemunterstützung (Treasury-Logistik)

**Beispiel eines Pflichtenheftes für die Systemanbieter:**[2]

- **Geschäftsfallerfassung** (Allgemeine Stammdaten, Instrumente, Kurse...)
- **Laufende Auswertungen** (Welche Standardberichte gibt es oder soll es geben? – Status, Planungen, Portefeulles...)
- **Bewertungsmethoden** (Zins- und Fremdwährungsbewertung, Limitanrechnung)
- **Limitverfolgung** (Händler-, Positions-, Verlust-, Kontrahentenlimite)
- **Spezifische Auswertungen und Simulationen** (Liquidität, Zinsen, Währungen, Szenariotechniken...)
- **Schnittstellen und Integrationsmöglichkeiten** (Informationssysteme, PC-Software wie Excel, Lotus oder Access, Netzwerksoftware, Integration mit Cash-Management-System)
- **Buchhaltungsbewertungen, -abstimmungen und -übergaben** (Informationsgehalt und Schnittstellenproblematik)
- **Technische Systemanforderungen** (Hardware, Netzwerksoftware)
- **Generelle Systemanbieterinformationen** (erfolgreiche Einführungen im deutschsprachigen Raum bzw. Europa, Referenzkunden, Betreuungskapazität bzw. -standort, Schulungstage...)
- **Anforderungen einen genauen Projektplan für eine Einführung beizugeben** (Kosten, die nicht im Kaufpreis enthalten sind, Zeitdauer, externer Zeitaufwand)
- **Anschaffungs- und laufende Kosten**

---

[2] Treasurylog 4/1996

**Praxis**

Nachstehend soll beispielhaft der Projektplan für die Systemauswahl dargestellt werden:

Phase 1: Risikoanalyse & Risikomanagement-Konzept erarbeiten,

Phase 2: Systemerwartung für Risiko-Management detaillieren,

Phase 3: Detailliertes Pflichtenheft erstellen,

Phase 4: Vorauswahl Systemanbieter,

Phase 5: Einladung der in Phase 4 ausgewählten Systemanbieter,

Phase 6: Auswertung der ausgefüllten Pflichtenhefte,

Phase 7: Präsentation der in Phase 6 ausgewählten Systeme,

Phase 8: Endgültige Systembewertung und -entscheidung,

Phase 9: Projektplan für Implementierung erstellen,

Phase 10: Technische Infrastruktur schaffen,

Phase 11: Technische Schulung und Training,

Phase 12: Technische Installation des Systems,

Phase 13: Inhaltliches Systemtraining,

Phase 14: Inhaltliche Installation des Systems,

Phase 15: Feinabstimmung für Testbetrieb, Customizing,

Phase 16: Testbetrieb für 1. Teil der Systemabnahme,

Phase 17: Technische und inhaltliche Überarbeitung,

Phase 18: Echtbetrieb (eventuell Parallelbetrieb),

Phase 19: Echtbetriebsevaluation mit 2. Teil, Systemabnahme.

# 2. Kapitel Finanzwesen und operative Funktionen

## 1 Cash-Management

### 1.1 Vorbemerkungen

Starke Schwankungen an den Finanzmärkten (Zinsen, Wechselkurse) haben dazu geführt, dass in den letzten Jahren Rationalisierungspotenziale im Finanzbereich eines Unternehmens deutlich in den Mittelpunkt des Interesses gerückt sind.

*Rationalisierungspotentiale nutzen*

Die zunehmende Bedeutung wird grundsätzlich durch vier Entwicklungen beschleunigt und unterstützt:

- Ein Generationenwechsel innerhalb der Führungsebene von Unternehmen verbunden mit einer offeneren Einstellung gegenüber technischen Systemen und Innovationen der Finanzmärkte.

- Ein Wandel in der Finanzorganisation insbesondere von international tätigen Unternehmensgruppen weg von einer passiven Verwaltungsfunktion hin zu einer aktiven Gestaltungsfunktion (neben Sicherstellung der Liquidität auch Leistung eines aktiven Beitrages zum Unternehmenserfolg).

- Eine dynamische Entwicklung von neuen Finanzmarktinstrumenten, die den Unternehmen wesentlich mehr Möglichkeiten zur individuellen Ergebnisverbesserung bzw. Risikoabsicherung zur Verfügung stellen.

- Die Entwicklung neuer Informations- und Kommunikationstechnologien, die den Unternehmen mittlerweile Möglichkeiten zur zeitnahen und zentral organisierten Informations- und Datenverarbeitung geben und dem Finanzmanagement damit neues Rationalisierungspotenzial eröffnen.

Unter **Cash-Management** versteht man alle Entscheidungen, die auf die zielgerichtete Steuerung der Liquidität eines Unternehmens ausgerichtet sind.

**Was umfasst Liquidität?**

Der Begriff „**Liquidität**" umfasst dabei den Kassenbestand und täglich fällige Bankguthaben (so genannte „Primärliquidität") sowie die von Banken zugesagten Kreditlinien, Temingeldanlagen, Geldmarktpapiere und Wertpapiere mit Laufzeiten bis zu einem Jahr (so genannte „Sekundärliquidität").

- **Abgrenzung nach dem Zeithorizont:**
  Cash Management umfasst damit alle Maßnahmen der kurzfristigen Finanzdisposition, die sich in den von der an Liquiditätserhaltung und Kapitalstrukturoptimierung ausgerichteten langfristigen Finanzplanung vorgegebenen Handlungsrahmen einfügen müssen (hierarchische Unterordnung der kurzfristigen Maßnahmen unter die langfristigen Vorgaben).[3]

- **Abgrenzung nach dem Inhalt:**
  Das Aufgabenspektrum des Cash-Management umfasst alle finanzwirtschaftlichen Entscheidungen mit einem kurzfristigen Zeithorizont.[4] Als solche können aufgelistet werden:

  - Liquiditätsplanung und -sicherung,
  - Konten- und Gelddisposition,
  - Zahlungsverkehrssteuerung.

**Cash-Management und Systeme**

Die Aufgabe Cash-Management wird durch entsprechende computergestützte Systeme unterstützt. Cash-Management-Systeme dürfen dabei nicht mit dem Begriff „Electronic-Banking" verwechselt oder gleichgesetzt werden.

Unter **Electronic-Banking** versteht man alles, was mittels neuer, auf EDV-Entwicklungen basierender Technologie im Verkehr zwischen Bank und Kunde angeboten wird.[5] Elec-

---

[3] Pausenberger/Völker, Finanzmanagement, 1985, S. 57
[4] Kettern, Cash Management, 1987, S. 65
[5] Benn, Electronic Banking, 1987, S. 76

# 1 Cash-Management

tronic Banking kennzeichnet damit nur einen Teilbereich des vorhandenen Leistungspotenzials moderner Cash-Management-Systeme. Dies geht über die rein bankbezogene Unterstützung deutlich hinaus.

## Cash Management und Historie

Cash Management hat seine Ursprünge Ende der sechziger Jahre in den USA. Die Mellon-Bank gilt als erster Anbieter auf dem Gebiet der elektronischen Bankdienstleistungen. Es wurde die Möglichkeit der zeitnahen Abfrage von Kontoständen angeboten. Bereits Ende der siebziger Jahre hatte jede US-Bank Cash-Management-Systeme in der Angebotspalette. Ergänzend zu der Abfrage von Kontoinformationen war bald die Möglichkeit der Transaktionsinitiierung (Bank-Kunde/Kunde-Bank) möglich. Anfang der achtziger Jahre wurden derartige Systeme auch von US-Banken in Deutschland angeboten. Dies veranlasste die deutschen Großbanken, vergleichbare Produkte in ihre Dienstleistungspalette aufzunehmen, die allerdings noch nicht multibankfähig waren. Auf Grund der hohen laufenden Kosten kamen zu Beginn nur einige wenige deutsche Großkonzerne als Kunden in Betracht.

**Relativ junge Entwicklungsgeschichte**

Der Durchbruch hin zu einer flächendeckenden Anwendung stellte sich durch das Angebot von bankübergreifenden, auf dem preisgünstigen Post-Kommunikationsmedium Btx (Bildschirmtext) beruhenden Cash-Management-Systemen ein. Diese Systeme konnten Btx-fähige Konten automatisch anwählen, die Kontoinformationen in einem einheitlichen Datenformat in den PC übertragen und anschließend weiterverarbeiten. Gleichzeitig mit der Einführung dieses PC-basierten Systems wurde auch bei den Anbietern internationaler Cash Management Systeme der Schritt zu einer neuen Generation vollzogen. Die „Treasury Workstation" schloss an eine an den Aufgaben des Cash Management im Unternehmen orientierte Computerunterstützung an, da die Weiterverarbeitung gelieferter Kontoinformationen und die Verknüpfung mit unternehmensinternen Daten möglich wurde.[6]

---

[6] Glaum, Cash-Management-Systeme, 1987, S. 15

Auf Grund der mangelnden individuellen Anpassung an unternehmensspezifische Erfordernisse entwickelten deshalb große Unternehmen aufwendige Eigen-Systeme (Beispiele: Hewlett-Packard's System „HP-CASH" oder „ICMS" der BMW AG).

**Auch für kleine Unternehmen geeignet**

Als wichtige Erkenntnis aus der historischen Entwicklung ist festzuhalten, dass eine wirtschaftliche Systemunterstützung mittlerweile nicht nur für große Unternehmen, sondern auch für kleinere und mittlere Unternehmensgrößen gegeben ist.

## 1.2 Ziele und Aufgaben des Cash-Management

**Einbindung in Zielsystem**

Eine isolierte Betrachtung der Ziele des Cash Management ist nicht möglich; vielmehr müssen diese im Zusammenhang mit den unternehmenspolitischen Zielen betrachtet werden. Eine Einbindung in das Zielsystem der Gesamtunternehmung ist damit unerlässlich. Unter den generellen Unternehmenszielen sind vor allem für das Finanzmanagement von Bedeutung:

- das Streben nach Gewinn,
- das Streben nach Sicherheit,
- der Erhalt der Unabhängigkeit.

Das Unabhängigkeitsstreben zielt auf die Erhaltung unternehmerischer Dispositionsfreiheit und damit auf die Kapitalstrukturgestaltung ab, während das Sicherheitstreben dem Risiko hoher, aber unsicherer Gewinne gegenübersteht.[7] Die Ziele Sicherheit und Unabhängigkeit beschränken demzufolge das Gewinnstreben.

Die Ziele von Cash-Management können wie folgt zusammengefasst werden:

- Sicherung der jederzeitigen Zahlungsfähigkeit,
- Minimierung der Kassenhaltungskosten,
- Minimierung der Zahlungsstromkosten,

---

[7] Peridon/Steiner, Finanzwirtschaft, 1986, S. 17 f.

# 1 Cash-Management

- Minimierung der Finanzierungskosten,
- Maximierung der Geldanlageerlöse.

Cash Management stellt damit ein Optimierungsproblem zwischen den finanzwirtschaftlichen Zielen der Liquidität, der Rentabilität und der Sicherheit dar.[8]

**Cash Management als Optimierungsproblem**

Die Aufgaben von Cash Management umfassen im Einzelnen:

- Prognose der zu erwartenden Zu- und Abgänge an liquiden Mitteln,
- Gestaltung des Zahlungsverkehrs,
- zinsoptimierte Anlage überschüssiger Mittel,
- zinsoptimierte Aufnahme fehlender Mittel,
- laufende Kontrolle zur Effizienzsteigerung.

## Einflussfaktoren auf das Cash-Management von Unternehmen

Die Anforderungen an den Umfang der Aktivitäten hängen von einer Reihe von unternehmensinternen sowie externen Faktoren ab. Als solche sind zu nennen:

- **Die absolute Größe eines Unternehmens:** der Umsatz stellt beispielsweise oftmals die Ausgangsbasis für Kosteneinsparungen dar; daran orientiert sich häufig auch die organisatorische Ausgestaltung des Finanzbereiches. Auch spielt es eine Rolle, ob der Umsatz durch wenige Großgeschäfte oder viele kleine Einzelgeschäfte generiert wird,
- **Die Branchenzugehörigkeit:** von Branche zu Branche unterschiedliche Zahlungsgewohnheiten beeinflussen Cash-Management-Aktivitäten in erheblichem Maße (z. B. in der Automobilindustrie Lastschrifteinzüge),
- **Der Internationalisierungsgrad:** gerade bei großen international tätigen Konzernen werden durch Cash Management erhebliche Rationalisierungspotenziale eröffnet.

---

[8] Westphal, Cash-Management, 1984, S. 94

Die Einflussgrößen lassen sich in unternehmensexterne, dem für alle Unternehmen gleichen Umfeld zuzuordnenden Rahmenbedingungen auf der einen und unternehmensinterne Merkmale auf der anderen Seite einteilen:[9]

- Unternehmensexterne Einflussfaktoren:
  - das Zahlungsverkehrssystem,
  - die Steuergesetzgebung,
  - die Kapitalverkehrsregelungen,
  - das Bankensystem,
  - die Zinshöhe und die Zinsschwankungen,
  - die Schwankungen der Wechselkurse,
  - Geld-/Kapitalmarktspezifische Rahmenbedingungen,
- Unternehmensinterne Einflussfaktoren:
  - die Kundenstruktur,
  - die Lieferantenstruktur,
  - die Wettbewerbsstruktur,
  - die regionale Diversifikation der Kunden, Lieferanten und des Unternehmens,
  - die Unternehmensgröße,
  - die Unternehmensstruktur,
  - die finanzwirtschaftlichen Grundsätze des Unternehmens.

**Cash-Management und Organisationsform**

Cash-Management-Aktivitäten können in größeren Unternehmensgruppen/Konzernen zentral oder dezentral abgewickelt werden. Häufig findet man auch Mischformen. Bei Abwägung der beiden Organisationsalternativen überwiegen i. d. R. die Vorteile eines zentralisierten Cash-Managements:

---

[9] Jetter, Cash Managment Systeme 1984, S. 132

# 1 Cash-Management

**Vorteile zentrales Cash-Management:**

- Optimale Ausnutzung von zentralisiertem Finanz-Know-How,
- Übersicht über gruppenweite Cash- und Zinsposition,
- Minimierung der Kassenhaltungskosten,
- Zinsoptimale Anlage/Aufnahme von Mitteln,
- Bessere Konditionen durch zentrales Bankenmanagement und Volumenvorteile,
- Kürzere und schnellere Entscheidungen,
- Erhöhte Sicherheit.

**Vorteile dezentralisiertes Cash-Management:**

- Unabhängigkeit der Gruppengesellschaften,
- Maximale Delegation der Verantwortung,
- Ego der Verantwortlichen,
- Kontakte zu lokalen Banken,
- Kenntnis der entsprechenden Finanzmärkte,
- Bessere Prognose der Zahlungsflüsse.

## 1.3 Liquiditätspolitik im Unternehmen

### 1.3.1 Ausgestaltung einer Liquiditäts- und Mehrjahresfinanzplanung

Fehlende Management-Instrumente können sich zu existenzbedrohenden Problemen entwickeln. Der häufigste Grund für Unternehmens-Insolvenzen war in den letzten Jahren immer die Zahlungsunfähigkeit (Illiquidität). Hiervon betroffen sind überwiegend kleine und mittelständische Unternehmen, die oftmals in expandierenden und schnell wachsenden Märkten tätig sind. Zu wenig berücksichtigt wird dabei oftmals die Tatsache, dass zur Abwicklung größerer Auftragsvolumina entsprechend in Vorleistung (u. a. Materialkosten, Personalaufwand) getreten werden muss.

**Planung ist wichtiger Bestandteil**

Der sich daraus ergebenden Vorfinanzierungsbedarf wird unterschätzt und entwickelt sich dann zu einem ernsthaften und existenzbedrohenden Problem. Verschiedentlich sind auch neu gegründete Unternehmen davon betroffen, die anfängliche Geschäftserfolge nicht durch eine entsprechende Finanz- und Liquiditätsplanung absichern.

**Praxis**

Die Ursachen hierfür liegen oftmals darin, dass

- die unternehmerischen Kräfte häufig ausschließlich auf das operative Geschäft gebündelt werden (stark technisch orientiert; Zeitknappheit/Überlastung; oftmals keine Arbeitsteilung; Aufgaben- und Funktionshäufung bei den Führungskräften);
- der Kenntnis über die zukünftige Liquiditätsentwicklung zu wenig Aufmerksamkeit gewidmet wird (fehlendes Bewusstsein; falsche Prioritäten);
- geeignete Instrumente zur Liquiditätssicherung im Sinne eines Planungs- und Frühwarn-Systems nicht vorhanden sind (fehlendes Controlling; unzureichendes Berichtswesen).

**Liquiditätssicherung von strategischer Bedeutung**

Daraus lässt sich ableiten, dass die Sicherstellung der jederzeitigen Zahlungsfähigkeit für das operative Geschäft sowie für geplante Investitionen die wichtigste Aufgabe für das Finanzmanagement eines Unternehmens darstellt. Dem Zugang zu ausreichender Liquidität für die Liquiditätssicherung kommt damit eine zentrale strategische Bedeutung zu.

**Dieser Prozess lässt sich in vier Stufen darstellen:**

- Analyse und Bewertung des Risikos,
- Definition von Strategien zur Sicherung der Liquidität,
- Ergreifen von Maßnahmen zur Sicherung der Liquidität,
- Kontrolle und Berichterstattung im Rahmen einer Plan-/Ist-Abweichungsanalyse.

# 1 Cash-Management

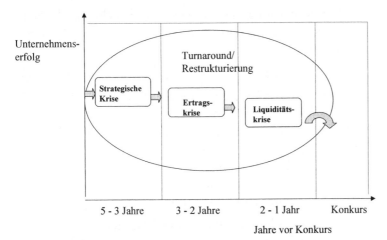

Abbildung 3: Stadien von Unternehmenskrisen

## Interne Anforderungen und Gründe für die Implementierung einer strategischen und operativen Planung als Management-Instrument

Eine effiziente Unternehmenssteuerung kann nur dann betrieben werden, wenn dem Management entsprechende Informationen über die gegenwärtige und zukünftige Verfügbarkeit von liquiden Mitteln (Prognose zukünftiger Ein- und Auszahlungen) rechtzeitig vorliegen. Diese Aussage gilt nicht nur für Unternehmen, die sich bereits in der Krise befinden. Auch in Wachstumsphasen bzw. im Rahmen des normalen Geschäftsbetriebes sind mit der Zielsetzung Liquiditätssicherung und Rentabilitätssteigerung entsprechende Instrumentarien einzusetzen und anzuwenden.

> Liquiditätssicherung speziell in Wachstumsphasen erforderlich

Zusammenfassend lassen sich folgende Vorteile für die Implementierung einer entsprechenden Planung skizzieren:

- Mit dem Wissen über zukünftige Liquiditätsentwicklungen (bzw. -engpässe) kann sich das Unternehmen den entsprechenden zeitlichen Handlungsspielraum verschaffen, um entsprechende Maßnahmen zur Liquiditätssicherung auszuwählen und zu ergreifen (z. B. Gespräche mit Banken bezüglich Kontokorrent-Linien),

- Externe Partner (z. B. Banken) haben ein gesteigertes Informationsbedürfnis. Durch die Vorlage einer Finanz-

und Liquiditätsplanung kann eine entsprechende Vertrauenssituation (Zuverlässigkeit des Managements) aufgebaut werden,

- Bad-Case und Worst-Case-Szenarien können planerisch durchgespielt werden (z. B. geplante Investitionen, drohende Forderungsausfälle).

**Rentabilitätssteigerung durch Planung**

Die Rentabilität kann aus dem Wissen über Zeitpunkte und Fristigkeiten von Geldüberschüssen und Geldbedarf beispielsweise dadurch optimiert werden, dass keine hohen Liquiditätsreserven zur Erfüllung unerwarteter Zahlungsverpflichtungen gehalten werden müssen.

**Externe Anforderungen an Planungssysteme**

Von Dritten werden ebenfalls Anforderungen an das Unternehmen gestellt, ein funktionsfähiges Planungs- bzw. Frühwarnsystem einzurichten. Seit kurzem geltende neue bzw. geänderte rechtliche Rahmenbedingungen sowie erhöhte Anforderungen der kreditgebenden Banken sind hier aufzuführen.

**Im Einzelnen:**

- Ab dem 1. Mai 1998 eingeführtes Gesetz zur Kontrolle und Transparenz im Unternehmensbereich (KONTRAG): Die Unternehmen werden hier verpflichtet, geeignete Risikomanagement-Systeme zur Erkennung unternehmensgefährdender Risiken zu implementieren. Neben den betrieblichen (z. B. Abhängigkeit von Lieferanten/Kunden, Projektrisiken) und finanzwirtschaftlichen Risiken (Zins- und Fremdwährungsveränderungen) muss auch das hier angesprochene Liquiditätsrisiko als unmittelbares Bestandsrisiko erfasst und abgebildet werden. Das KONTRAG gilt vorerst nur für Aktiengesellschaften; eine Ausweitung auf die GmbH im Sinne einer best-practice ist jedoch zu erwarten,.

- Im Rahmen der neuen Insolvenzordnung (Ablösung per 1. 1. 99 der bestehenden Konkurs-/Vergleichs- und Gesamtvollstreckungsordnung) Einführung des neuen Insolvenztatbestandes der „drohenden Zahlungsunfähigkeit". Diese kann nur abgewendet werden, wenn die Entwicklung der Liquidität laufend beobachtet und gesteuert wird.

# 1 Cash-Management

- Deutlich erhöhte Anforderungen der kreditgebenden Banken: Kreditentscheidungen, Risikobeurteilungen, Risiko-Klassifizierung und Kreditmargen hängen zunehmend stärker von der zukünftigen Entwicklung und Beurteilung des Unternehmens ab. Die Banken sind gemäß Kreditwesengesetz (KWG) verpflichtet, sich laufend Informationen über die wirtschaftliche Situation der Kreditnehmer zu besorgen. Zur nachvollziehbaren Dokumentation eignen sich am besten Bilanz- und G+V-Zahlen, aktuelle Zwischenberichte sowie Planungsunterlagen.

Interne und externe Gründe ergeben damit zusammen die dringende Forderung an das Management insbesondere von mittelständischen und kleinen Unternehmen, ein entsprechendes **Planungs- (und Frühwarn-)system** einzuführen, um die zukünftige Geschäftsentwicklung sicherzustellen und dem gestiegenden Informationsbedürfnis nachkommen zu können. Das häufig praktizierte Management durch Fingerspitzengefühl muss durch an den Unternehmensumfang angepasste Managementinstrumente ersetzt werden.

*Planungs- und Frühwarnsystem überlebensnotwendig*

## 1.3.2 Bestandteile eines Planungs- und Frühwarn-Systems

Zielsetzung eines effizienten Planungs- und Frühwarnsystems ist es, die sich zu einem bestimmten Zeitpunkt ergebende aktuelle Liquiditätssituation zu ermitteln. Auf der Grundlage der Unternehmens- bzw. daraus abgeleiteten Finanzplanung ist diese Stichtagsbetrachtung in eine systematische und ableitbare Hochrechnung der zukünftigen finanziellen Entwicklung (im Sinne einer Kontenliquiditätsvorschau) überzuleiten. Der Planungshorizont umfasst damit nur die zukünftige Planperiode, die einigermaßen genau geplant werden kann, da mit Zunahme der zeitlichen Reichweite auch die Unsicherheit der Zeitpunktprognose ansteigt.

Die Liquiditätsplanung wird aus der jährlich einmal zu erstellenden Unternehmensplanung abgeleitet. Sie stellt dabei die Schnittstelle zwischen der Unternehmensentwicklung in der Vergangenheit sowie der erwarteten Entwicklung in der Zukunft dar. Aus Transparenzgründen sollte demzufolge

*Ableitung aus der Unternehmensplanung*

eine Unternehmensplanung immer auch einen entsprechenden Vergleichszeitraum in der Vergangenheit mit abbilden. Dieser wird in der Regel vor den Plandaten dargestellt.

**Unternehmensplanung und Liquiditätsplanung (vgl. auch Kapitel 4, Abschnitt 4)**

3-Jahres-Zeitraum

Unternehmensplanungen sind weitgehend strategisch ausgerichtet und umfassen daher meist den Zeitraum von mindestens drei Jahren. Sie gliedern sich in eine Reihe von Einzelplänen, wie z. B. Vertriebs- und Absatzplanung, Personalplanung, Zins- und Tilgungspläne.

**Die Planungszeiträume**

Die Liquiditätsplanung lässt sich im Hinblick auf das Kriterium „Zeithorizont" in das Planungssystem eines Unternehmens wie folgt integrieren:

- **Strategische (= langfristige) Planung:** hier wird ein Zeitraum von mindestens 3 Jahren oder mehr abgebildet; erfasst werden neben dem geplanten Cash-Flow (Unternehmensergebnis zuzüglich Abschreibungen) auch Investitionen in Sach- und Finanzanlagen (z. B. Maschinenkäufe, Unternehmens-Beteiligungen), Veränderungen des Umlaufvermögens (z. B. Aufbau von Forderungen, Vorräten) sowie Kapitalmaßnahmen (z. B. Eigenkapitalmaßnahmen, Aufnahme von Bankkrediten),

- **Operative (= mittelfristige) Planung:** die operative Planung (i. d. R. ein Geschäftsjahr) stellt eine Weiterentwicklung des ersten Planungsjahres der strategischen Planung dar,

- **Dispositive (= kurzfristige) Planung (Liquiditätsplanung):** der Planungszeitraum wird weiter in einzelne Perioden (z. B. Monate, Wochen, Tage) zerlegt.

**Praxis**

Damit die Planung einen hohen Zuverlässigkeitsgrad erreicht, müssen sämtliche beteiligten Funktionsbereiche im Unternehmen einbezogen werden. Zumeist wird der Planungsprozess in der Praxis nach der Zweistrom-Methode „bottom-up/top-down" aufgebaut. Die Geschäftsführung gibt Rahmenbedingungen, Prämissen und quantitative/

# 1 Cash-Management

qualitative Zielvorgaben vor, die den planenden Funktionsbereichen als Grundlagen für die nunmehr bottom-up zu erstellenden Einzelpläne dienen.

**Beispiel für Rahmendaten:**

- Prämissen: Zunahme Bruttosozialprodukt 2%, Inflationsrate 1,5%, Wechselkurserwartungen 1,10 USD/ EURO,
- Quantitative Zielvorgaben: Absatz von x Stück; Betriebsergebnis y; Umsatz z.

Wichtig ist es, die von der Planung betroffenen Mitarbeitern so zu sensibilisieren (z. B. durch Workshops, Kommunikation), dass sich diese mit den in der Planung festgelegten quantitativen und qualitativen Zielen identifizieren können.

**Sensibilisierung der Mitarbeiter**

### 1.3.2.1 Erster Bestandteil: Der Liquiditätsstatus

**Praxis**

Die gegenwärtige, zeitpunktbezogene Liquiditätssituation wird am besten in einem Liquiditätsstatus abgebildet. Hierbei wird die vorhandene Liquidität (Wertpapiere, Banksalden, Kassenbestände, Forderungen) den kurzfristig zu erfüllenden Zahlungsverpflichtungen (Terminkredite, Kontokorrent-Ausnutzungen, Wechselverbindlichkeiten, Lieferantenverbindlichkeiten) gegenübergestellt. Sinnvoll ergänzt werden kann diese Darstellung noch durch die dem Unternehmen durch Banken eingeräumten Kreditlinien.

**Erfassung der zeitpunktbezogenen Liquiditätssituation**

**Beispiel Liquiditätsstruktur zum Monatsultimo 02/2000:**

|  | Ist 12/99 | Ist 02/00 | Abweichung | Plan 12/00 |
|---|---|---|---|---|
| **Positionen Aktiva** | | | | |
| 1. Schecks, Kasse, Banksalden | | | | |
| 2. Sonstige Wertpapiere | | | | |
| 3. Forderungen aus L+L | | | | |
| 4. **Flüssige Mittel 1. Ordnung:** 1–3 | | | | |
| 5. Roh-/Hilfs- und Betriebsstoffe | | | | |
| 6. Unfertige Erzeugnisse | | | | |
| 7. Fertige Erzeugnisse | | | | |
| 8. Geleistete Anzahlungen | | | | |
| 9. **Flüssige Mittel 2. Ordnung:** 5–8 | | | | |
| 10. **Liquidität 1. Ordnung:** 4+9 | | | | |
| **Positionen Passiva** | | | | |
| 11. Bankverbindlichkeiten | | | | |
| 12. Erhaltene Anzahlungen | | | | |
| 13. Verbindlichkeiten aus L+L | | | | |
| 14. Wechselverbindlichkeiten | | | | |
| 15. **Liquidität 2. Ordnung:** 10–14 | | | | |
| 16. Freie Kreditlinien | | | | |
| 17. **Liquiditätsreserve:** 15+16 | | | | |

**Aussage über Zusammensetzung der Liquidität**

Mit dieser Darstellung können bereits sehr detaillierte und zuverlässige Informationen über Verfügbarkeit und Struktur der direkten Liquiditätspositionen sowie der liquiditätsnahen Bilanzpositionen gewonnen werden.

# 1 Cash-Management

## 1.3.2.2 Zweiter Bestandteil: Die kurzfristige Einzahlungs-/Auszahlungsrechnung (Liquiditätsplanung)

**Praxis**

Zur Ermittlung der kurzfristigen Liquiditätsentwicklung (bis zu einem Jahr) bietet sich das Instrument der Einzahlungs-/Auszahlungsrechnung an. In Form einer monatlichen, wöchentlichen oder gar täglichen Betrachtungsweise werden die im Planungszeitraum erwarteten Einzahlungen den erwarteten Auszahlungen gegenübergestellt. Die Liquiditätsplanung sollte für die Zielsetzungen des Cash-Management den Anforderungen

- Taggenauigkeit,
- Betragsgenauigkeit und
- Vollständigkeit

gerecht werden, um durch die exakte Bestimmung zukünftiger Liquiditätserfordernisse eine opportunitätskostenminimale Kassenhaltung zu ermöglichen.[10,11]

Wichtig ist hierbei eine liquiditätswirksame Darstellung der Geschäftsvorgänge, d. h. die kassenwirksame Erfassung von Ein- und Auszahlungen. Im Bereich der Kosten- und Leistungsrechnung sowie der Finanzbuchhaltung werden synonyme Begriffe verwendet, die sich wie folgt voneinander abgrenzen:

**Bestands- und Bewegungsgrößen:**

| Bewegungsgrößen (Zugänge) | | Bestandsgrößen | | Bewegungsgrößen (Abgänge) |
|---|---|---|---|---|
| Einzahlungen | → | Kasse | ← | Auszahlungen |
| Einnahmen | → | Geldvermögen | ← | Ausgaben |
| Erträge | → | Gesamtvermögen | ← | Aufwendungen |
| Leistungen | → | Betriebsnotwendiges Vermögen | ← | Kosten |

---

[10] Jetter, a. a. O.
[11] Kettern, Cash-Management, 1987, S. 59

Damit die Zahlungsströme einigermaßen zuverlässig ermittelt werden können, müssen eine Reihe von Einzelheiten bekannt sein.

**Beispielsweise sind dies**

- Zahlungsziele und insbesondere Zahlungsgewohnheiten der Kunden,
- Saisonaler Verlauf der Verkäufe und Einkäufe,
- Inanspruchnahme von Zahlungszielen bei den Lieferanten.

**Rollierende Planung sinnvoll**

Mit zunehmender Zeitdauer nimmt die Zuverlässigkeit der Planung naturgemäß ab. Dem kann dadurch begegnet werden, dass die Planung rollierend, das heißt fortlaufend (z. B. monatlich) an neue Erkenntnisse angepasst wird. Auf diese Art und Weise erfolgt ein permanentes „Tuning" der Plan-Daten für die Planperiode.

**Zeitraster einer einjährigen Liquiditätsplanung:**

| 1 Jahr | | | | | | | | | | | |
|---|---|---|---|---|---|---|---|---|---|---|---|
| 1. Quartal | | | | | | | | | 2. Qu | 3. Qu | 4. Qu |
| 1. Monat | | | | | | | | 2. Mo | 3. Mo | | |
| 1. Woche | | | | | 2. Wo | 3. Wo | 4. Wo | | | | |
| Mo | Di | Mi | Do | Fr | | | | | | | |

**Die Gesamtheit der Zahlungsströme eines Unternehmens lässt sich aus Transparenzgründen beispielsweise in drei Bereiche zerlegen:**

- Operativer (d. h. betrieblicher) Bereich: frei verfügbarer Cash-Flow nach Zinsen und Steuern (z. B. Umsatzerlöse, Material-/Personalaufwand),
- Investiver Bereich: Verwendung des Cash-Flow (z. B. Erweiterungs-, Rationalisierungs-, Ersatzinvestitionen),
- Finanzieller Bereich: Verwendung bzw. Herkunft des Cash-Flow (z. B. Kredittilgungen bzw. -aufnahmen).

# 1 Cash-Management

**Beispiel einer Einzahlungs-/Auszahlungsrechnung:**

| Nr. | Position | Ist | Plan 2000 | | | | | | | |
|---|---|---|---|---|---|---|---|---|---|---|
| | | Dez | Jan | Feb | Mär | Apr | Mai | Jun | ... Dez | Σ |
| **Betrieblicher Bereich** | | | | | | | | | | |
| 1. Umsatzerlöse<br>2. Materialbezüge<br>3. Personalaufwand<br>4. Steuerzahlungen<br>5. Zinszahlungen<br>6. Sonstige Einnahmen<br>7. Sonstige Ausgaben | | | | | | | | | | |
| **8. Σ Betr. Bereich (1–7)** | | | | | | | | | | |
| **Investiver Bereich** | | | | | | | | | | |
| 9. Sachanlagen<br>10. Finanzanlagen<br>11. Verkäufe Anlagen | | | | | | | | | | |
| **12. Σ Inv. Bereich (9–11)** | | | | | | | | | | |
| **Finanzierungs-Bereich** | | | | | | | | | | |
| 13. Tilgung Bankkredite<br>14. Zugang Bankkredite<br>15. Tilgung Wechselkred.<br>16. Zugang Wechselkred. | | | | | | | | | | |
| **17. Σ Fin. Bereich (13–16)** | | | | | | | | | | |
| **Unter-/Überdeckung (8+12+17)** | | | | | | | | | | |
| Deckungsausgleich Veränderung flüssige Mittel | | | | | | | | | | |

Die Liquiditätsplanung liefert für einen kurzfristigen Planungszeitraum in transparenter Form Informationen über Liquiditätsüberhänge bzw. -bedürfnisse. Sie gibt allerdings keinen Aufschluss über die mittel- und langfristige Entwicklung von liquiditätsrelevanten aktiven und passiven Bilanzpositionen wie z. B.

*Liquiditätsplanung nur bedingt brauchbar*

- Anlagevermögen,
- Vorräte (Roh-Hilfs- und Betriebsstoffe, unfertige-/fertige Erzeugnisse),
- Forderungen.

**Ergänzung durch mittel- und langfristige Planung**

Damit über den kurzfristigen Liquiditätsbedarf hinaus der langfristige Kapitalbedarf (insbesondere im Hinblick auf zu tätigende Investitionen) rechtzeitig und einigermaßen zuverlässig ermittelt werden kann, ist es unbedingt erforderlich, den kurzfristigen Ausblick durch ein mittel- bzw. langfristiges Planungsinstrument zu ergänzen.

#### 1.3.2.3 Dritter Bestandteil: Die Bewegungsbilanz (= mittel- bzw. langfristige Finanzplanung)

**Planung von Bilanzpositionen**

Die zahlenmäßigen Unterschiede von Bilanzpositionen zwischen zwei Bilanzstichtagen werden in einer so genannten **Bewegungsbilanz** dargestellt. In transparenter Form wird die Verwendung der Mittel (z. B. Investitionen in Sach-/Finanzanlagen, planmäßige Rückzahlung von Verbindlichkeiten, Erhöhung Vorräte) der Herkunft der Mittel (z. B. Unternehmensergebnis, Abschreibungen) gegenübergestellt. Aus der Darstellung wird des Weiteren ersichtlich, in welchem Umfang der Bedarf aus Erträgen aus dem laufenden Geschäft (Selbstfinanzierung) gedeckt werden kann bzw. in welchem Umfang zusätzliche Mittel in Form von Eigen- oder Fremdkapital aufgenommen werden müssen.

**Beispiel einer Bewegungsbilanz:**

| Nr. Position | Ist 1999 | Plan 2000 | Plan 2001 | Plan 2002 |
|---|---|---|---|---|
| 1. Finanzmittelbestand zu Beginn der Planungsperiode | | | | |
| **Mittelbedarf** | | | | |
| 2. Investitionen<br>  Zugänge Sachanlagen<br>  Zugänge Finanzanlagen<br>3. Erhöhung Umlaufvermögen<br>  Vorräte<br>  Forderungen aus L+L<br>4. Verminderung Verbindlichkeiten<br>  Kredit-Tilgungen<br>  Wechselverbindlichkeiten<br>  Verbindlichkeiten aus L+L<br>5. Gewinnverwendung<br>  Ausschüttung an Gesellschafter<br>  Steuerzahlungen | | | | |
| **6. Mittelbedarf gesamt (2–5)** | | | | |

# 1 Cash-Management

| Nr. Position | Ist 1999 | Plan 2000 | Plan 2001 | Plan 2002 |
|---|---|---|---|---|
| **Mittelherkunft** | | | | |
| 7. Cash-Flow<br>   Ergebnis vor Steuern<br>   Abschreibungen<br>   Zuweisung Pensionsrückstell.<br>8. Verminderung Umlaufvermögen<br>   Vorräte<br>   Forderungen aus L+L<br>9. Erhöhung Verbindlichkeiten<br>   Langfristige Kredite<br>   Wechselverbindlichkeiten<br>   Verbindlichkeiten aus L+L | | | | |
| **10. Mittelherkunft gesamt (7–9)** | | | | |
| **11. Über-/Unterdeckung** | | | | |
| Finanzmittelbestand zum Ende der Planperiode (1+11) | | | | |

Auf Grundlage der Bewegungsbilanz erfolgt die Feststellung und Steuerung der langfristigen Kapitalausstattung des Unternehmens (z. B. Aufnahme von Bankkrediten) sowie die Maßnahmen, die zur Liquiditätsausstattung und -sicherung ergriffen werden müssen (z. B. Vereinbarung von Kontokorrent-Linien bei Banken).

**Bewegungsbilanz Grundlage für Steuerungsmaßnahmen**

Es sollte stets der Grundsatz gelten, dass Liquiditätssicherung rechtzeitig und immer dann betrieben werden soll, wenn das Unternehmen keinen akuten Bedarf hat und aus der Position der Stärke heraus mit den Kreditgebern verhandeln kann.

## 1.3.3 Strategien und Maßnahmen zur Sicherstellung der Liquidität im Unternehmen

Kein Unternehmen wird mit dem Hauptziel betrieben, Liquidität zu schöpfen oder sicherzustellen. Die Aufrechterhaltung der jederzeitigen Zahlungsbereitschaft stellt hinsichtlich der Durchführung des betrieblichen Prozesses allerdings eine unabdingbare Nebenbedingung im Sinne einer „Conditio sine qua non" dar. Da sämtliche unternehmerischen Entscheidungen sofort oder mit Zeitverzug die

**Rechtzeitiges Erkennen von Liquiditätsengpässen**

Liquiditätssituation beeinflussen, bedarf es, um Liquiditätsengpässe rechtzeitig erkennen und entsprechende Gegenmaßnahmen ergreifen zu können, eines strukturierten und gut durchdachten, stufenweisen Entscheidungsprozesses.

Nach dem ersten Schritt „Aufbau eines Planungs- und Frühwarnsystems" sind die nächsten Maßnahmen im Hinblick auf Strategieplanung, Umsetzung und Kontrolle der Aktivitäten zur Liquiditätssicherung zu ergreifen. Diese Aufgabe stellt einen Teilbereich der Gesamtaufgabe „ertragsorientierte Steuerung der Unternehmensliquidität" dar, die im Einzelnen die Planung, Disposition und Kontrolle der Liquidität im Unternehmen sowie damit verbunden die effektive Handhabung und Absicherung von Vermögenspositionen und Schulden umfasst. Die Vorgehensweise wird allgemein unter dem Sammelbegriff „Cash Management" eingeordnet.

**Liquiditätsmanagement: Strategischer und operativer Ansatz**

**Formulierung eines finanziellen Leitbildes**

Zweckmäßig ist es, im Unternehmen eine Art finanzielles Leitbild zu formulieren, das auf die langfristige Liquiditätssicherung als wichtigste Nebenbedingung Bezug nimmt. Dieses im Rahmen einer grundsätzlichen Finanzstrategie aufzustellende Schaubild sollte im Zusammenhang mit den Unternehmensleitlinien oder besser noch mit eigenen Finanz-Richtlinien festgelegt werden (vgl. Kapitel 1, Abschnitt 1.2).

**Praxis**

**Formulierungsbeispiel:**

> **Unternehmensleitlinie besagt:** „Wir wollen angemessene Gewinne erzielen und das Unternehmen langfristig sichern".
>
> **Finanzrichtlinie besagt:** „Optimale Verwendung der verfügbaren finanziellen Resourcen des Unternehmens unter Berücksichtigung der allgemeinen Unternehmensziele durch den Einsatz aktiven Finanzmanagements bei gleichzeitiger Sicherstellung des finanzwirtschaftlichen Gleichgewichtes".

# 1 Cash-Management

Die des Weiteren erforderliche Definition der finanzwirtschaftlichen Rahmenbedingungen sollte aus Transparenzgründen nicht verbal sondern schriftlich festgelegt werden. Im nächsten Schritt muss diese Strategie im Unternehmen den Verantwortungsträgern und Beteiligten kommuniziert und zweckmäßigerweise durch quantitative Zielvorgaben ergänzt werden. Die Zielvorgaben sind laufend der Ist-Entwicklung gegenüber zu stellen. Insbesondere negativen Abweichungen und deren Ursachen muss konsequent nachgegangen werden. Wichtig ist hierbei auch ein zeitnahes, konsistentes und übersichtliches Reporting an die Verantwortungsträger im Unternehmen über den Prozess der Liquiditätssicherung.

**Schriftliche Formulierung der Rahmenbedingungen**

**Wichtig auch: Berichterstattung**

„The easiest way to make money is stopp losing it". Diesem Ausspruch folgend sind als erste Maßnahme strategische Überlegungen zur Liquiditätssicherung anzustellen. Hierbei darf Liquidität nicht als statisches Verhältnis des mit unterschiedlicher Liquiditätsdauer ausgestatteten Umlaufvermögens (z. B. Vorräte, Forderungen) zu den kurzfristigen Verbindlichkeiten betrachtet werden (= Liquidität 1. bzw. 2. Grades). Vielmehr muss Liquidität als dynamischer Faktor verstanden werden, der, losgelöst von der reinen Kassenhaltung, entsprechend zu planen und zu steuern ist. Diesem Tatbestand tragen bereits viele Unternehmen durch erhöhte Sensibilität gegenüber den finanziellen Konsequenzen von Management-Entscheidungen Rechnung.

Im Rahmen der jährlich durchzuführenden Planung geben die finanziellen Resourcen des Unternehmens zumeist eine „natürliche" Begrenzung im Sinne eines „bottle-neck" vor. Dies wirkt sich direkt beispielsweise auf die Investitionsmöglichkeiten des Unternehmens oder indirekt auf strategische Überlegungen im Hinblick auf Märkte und Produkte aus. Auch Entscheidungen im finanzwirtschaftlichen Bereich (Börsengang, Investitionen/Desinvestitionen des Beteiligungs-/Produktportfolios) sind davon betroffen. Nach Abschluss der Strategiefindung folgt daraus als zweite Maßnahme die operative Umsetzung im Rahmen von tagespolitischen Finanzdispositionen (z. B. Geldanlagen/-aufnahmen).

**Begrenzung der Ausgaben durch finanzielle Resourcen**

## Liquidität und Einflussfaktoren

Bevor Strategien zur Liquiditätssicherung aufgestellt werden, ist es sinnvoll, sich mit den Einflussfaktoren sowie Steuerungsmöglichkeiten kurz zu beschäftigen:

**Cash-Flow marketinggetrieben**

- **Cash-Flow:** Dieser wird hauptsächlich durch Marketing-Maßnahmen, für die insbesondere Einkauf und Verkauf verantwortlich sind, getrieben (z. B. Produktentwicklungen, Preiserhöhungen, Veränderung von Herstell- und Verwaltungskosten). Anderseits wirken finanzpolitische Maßnahmen (z. B. Reduzierung Working-Capital, schnellerer Kapitalumschlag),

Der **Cash-Flow im engeren Sinn** wird dabei wie folgt berechnet:

| |
|---|
| Nicht entnommener Gewinn |
| + Abschreibungen |
| + neu gebildeter langfristiger Rückstellungen |
| + Pauschalwertberichtigungen |
| = Cash-Flow im engeren Sinn |

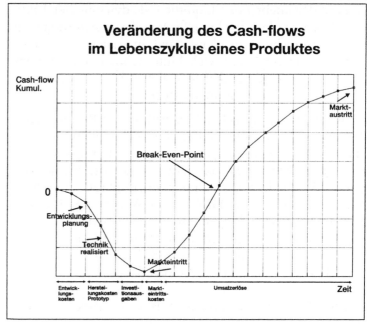

Abbildung 4: Veränderung des Cash-flows im Lebenszyklus eines Produktes

# 1 Cash-Management

**Direkte Ermittlung:**
Saldo von Erträgen und Aufwendungen, die in der gleichen Periode zu Einzahlungen und Auszahlungen führen:

Ertragseinnahmen
./. Aufwandsausgaben
= Cash Flow

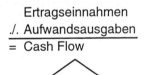

| finanzwirtschaftliche Perspektive: | erfolgswirtschaftliche Perspektive: |
|---|---|
| Überschuß nicht nur "wirklich verdient", sondern auch in flüssigen Mitteln "tatsächlich realisiert" | Überschuß aus dem marktwirtschaftlichen Engagement, der sich auf rein geldliche, nicht auf güterliche Überlegungen gründet |

**Indirekte Ermittlung:**

    Jahresüberschuß
+ Abschreibungen
+ Zunahme der Pensionsrückstellungen
= "Elementar-Cash-Flow"
./. außerordentliche Erträge
+ außerordentliche Aufwendungen
./. sonstige betriebliche Erträge
= "Ordentlicher Unternehmens-Cash-Flow"

Abbildung 5: Ermittlung des Cash-Flow
(Quelle: Prof. Dr. Wolfgang Becker, BWL kompakt)

Der Cash-Flow kann wiederum unterteilt werden in:

**Operating Cash-Flow** (= Einzahlungen abzüglich betriebliche Auszahlungen sowie Steuern),

**Netto Cash-flow** (= Operating Cash-Flow abzüglich Auszahlungen für Investitionen) und

**Free Cash-Flow** (= Netto Cash-Flow abzüglich Fremdkapitalzinsen); der Free Cash-Flow zeigt damit auf, wie viel dem Unternehmen zur Dividendenausschüttung bzw. zur Veränderung der flüssigen Mittel zur Verfügung bleibt.

*Maßgebliche Größe für Liquiditätsveränderungen*

- **Vorratspolitik:** Diese ist abhängig von der Lagerlogistik, den Bestellmengen sowie dem Fertigungsprozess (z. B. binden häufig Sicherheitsläger unnötig Liquidität),

- **Forderungsbestand:** Dieser wird hauptsächlich von der Kundenstruktur sowie der Kreditpolitik des Unternehmens beeinflusst (z. B. Zahlungsziele, Warenversand, Fakturierung, Mahnwesen, Skontopolitik),

- **Kassenhaltung:** Aus strategischen Überlegungen heraus werden häufig so genannte „Kriegskassen" gehalten. Hierzu werden oftmals Instrumente und Techniken eingesetzt, die es ermöglichen, vorhandene Vermögenspositionen im Rahmen eines Aktivtausches in Liquidität zu überführen (z. B. Sale-and-lease-back),

- **Investitionspolitik:** Erweiterungs-/Ersatz- und Rationalisierungsinvestitionen führen mehr oder weniger stark zu Liquiditätsabflüssen. Grundsätzlich sollten deshalb nur Investitionen getätigt werden, die das Kriterium Wirtschaftlichkeit im Sinne des Erreichens einer Mindestverzinsung erfüllen (Instrument beispielsweise die discounted cash-flow-Analyse),

- **Steuer- und Abgabenpolitik:** Zahlungsverpflichtungen sind an festgelegten Stichtagen zu erfüllen. Hier sollten Möglichkeiten zur Steuerstundung bzw. die Inanspruchnahme von so genannten Karenztagen bei Fälligkeit der Steuerschuld genutzt werden.

### Entwicklung von Strategien zur Liquiditätssicherung

*Rollierende Planung sinnvoll*

Der Finanzplan gibt Auskunft über die Mittelverwendung (= Kapitalbedarf) sowie die zu erwartende Mittelherkunft (= Kapitalmittel). Es handelt sich dabei in der Regel um eine dynamische Betrachtung, da die ursprünglichen Planwerte im Rahmen von Hochrechnungen laufend an veränderte und aktuelle Erkenntnisse angepasst werden. Als Ergebnis

# 1 Cash-Management

erhält man, mit einem bestimmten zeitlichen Vorlauf, Erkenntnisse über die Entwicklung der Liquidität im Planungszeitraum, insbesondere über temporäre oder dauerhafte finanzielle Engpässe.

Nach dem Grad der Bedeutung kann unterschieden werden zwischen saisonalen und grundsätzlichen (d. h. strukturellen) Liquiditätsproblemen. Erstere treten in bestimmten Zeitintervallen auf, nivellieren sich jedoch wieder im Verlauf der weiteren Planung. Sie stellen keine ernsthafte Gefährdung dar und können mit einfachen Instrumenten gesteuert werden (z. B. Zwischenfinanzierungen, Aufnahme von kurzfristigen Terminkrediten, Verschiebungen von Auszahlungen, Vorverlagerung von Einzahlungen). Bedenklicher sind strukturelle Liquiditätsengpässe, da sich diese als unternehmensgefährdend entwickeln können. Ein frühzeitiges Gegensteuern mit den passenden Instrumenten kann überlebensnotwendig sein (z. B. rechtzeitige Gespräche mit Banken über die Aufnahme von Kreditlinien).

**Strukturelle Liquiditätsprobleme bedrohen Unternehmensbestand**

Strategien zur Liquiditätssicherung sind grundsätzlich auf folgende Ziele hin abzustimmen:

- Fristenkongruente Deckung des Kapitalbedarfes (z. B. Maschinenkäufe finanziert durch langfristige Bankkredite),
- Kontinuierliche Kapitaldeckung im Hinblick auf Fristigkeit und Kündbarkeit (z. B. beim Maschinenkauf Kreditlaufzeit ausgerichtet an der betriebsgewöhnlichen Nutzungsdauer; Kreditlinien zur Finanzierung des Umlaufvermögens mit einem festen Zusagezeitraum),
- Schaffung eines ausreichenden Finanzierungsspielraumes (z. B. für den Fall von unvorhersehbar eintretendem Kapitalbedarf infolge saisonaler Schwankungen Schaffung von ausreichenden Kreditlinien).

Im Rahmen der Fremdfinanzierung steht den Unternehmen eine reichhaltige Palette an Instrumenten zur Verfügung (vgl. Kapitel 2, Abschnitt 3). Im Hinblick auf die Fristigkeit können dabei die Instrumente wie folgt eingesetzt werden:[12]

**Reichhaltige Palette an Instrumenten**

---

[12] Frotzler, Cash Management, S. 231

## Instrumente und Fristigkeiten:

| Art des Finanzbedarfs: | Deckung durch: |
|---|---|
| Spitzen-Ausgleich | Kontokorrentkredite |
| Tagesdisposition | Tagegeld-Aufnahme/-Anlage Barvorlagen, Callgeld, Geldmarkt |
| saisonale Schwankungen (unterjährig) | Roll-over-Kredite über den Inlands-/Euro-Geldmarkt, Wechselfinanzierungen |
| Investitionen Anlage/Umlaufvermögen | Finanzierung aus Cash-Flow/Beteiligungen, Kapitalmarktfinanzierungen |

**Herkunft der Mittel**

Aus Sicht des Unternehmens kann Liquidität über folgende Quellen generiert werden:[13]

### Quellen der Liqiditätsschöpfung:

| Mittelherkunft | Instrument/Technik |
|---|---|
| Kreditinstitute: | • Erhöhung des Kreditrahmens<br>• Umschuldung<br>• Zahlungsaufschub<br>• Zahlungsaufschub/Moratorium<br>• Zeitlich begrenzter (für Zinsen) oder dauerhafter Forderungsverzicht (Kapital)<br>• Umwandlung Fremd- in Eigenkapital |
| Lieferanten: | • Zahlungsaufschub<br>• Schuldenumwandlung (z. B. Kommissions-/Wechselschuld) |

---

[13] Friedrich/Lubos, Aus der Krise zum Erfolg, 1997

# 1 Cash-Management

| Mittelherkunft | Instrument/Technik |
|---|---|
| Staat: | • Stundungen von Steuern<br>• Inanspruchnahme von Zuschüssen<br>• Zinsgünstige Darlehen<br>• Bürgschaften |
| Arbeitnehmer: | • temporäre/dauerhafte Lohn-/Gehaltskürzungen<br>• Kürzung freiwilliger Leistungen<br>• Reduzierung von Pensionsansprüchen |

## Praktische Umsetzung im Unternehmen: Die Kreditplanung

Die Finanzplanung gibt Auskunft über Verwendung und Herkunft der Mittel und zeigt die in der Planperiode entstehende Unter- bzw. Überdeckung auf. Dem Ziel der Fristenkongruenz folgend (die Nutzungsdauer von Vermögensgegenständen sollte der Kapitalbindungsdauer entsprechen) ist nunmehr die Finanzierung, ausgerichtet an vorgenannten Möglichkeiten, im Rahmen einer detaillierten Kreditplanung darzustellen:

*Finanzplanung als Grundlage für Entwicklungen*

### Beispiel einer Kreditplanung:

|  | Ist 1999 | Plan 2000 | Plan 2001 | Plan 2002 |
|---|---|---|---|---|
| Summe Mittelverwendung |  |  |  |  |
| Summe Mittelherkunft |  |  |  |  |
| **Unter- bzw. Überdeckung** |  |  |  |  |
| **Deckungsausgleich durch:** |  |  |  |  |
| Kurzfristige Kontokorrentkredite<br>Terminkredite (Euro/Inland)<br>Diskontkreditlinie<br>Langfristige Bankkredite<br>Leasing-Finanzierungen |  |  |  |  |

**Praxis**

Beispiel für die Ermittlung der fristenkongruenten Finanzierung des Jahres 2000:

| Prämissen: | |
|---|---|
| Gesamte Unterdeckung in der Planperiode | 1 000 000 EURO |
| Investitionen in Sach- und Finanzanlagen | 1 600 000 EURO |
| Abschreibungen | 1 200 000 EURO |
| **Ergebnisse:** | |
| langfristig zu deckender Kapitalbedarf (1 600 000 – 1 200 000 EURO) | 400 000 EURO |
| kurzfristig zu deckender Kapitalbedarf (1 000 000 – 400 000 EURO) | 600 000 EURO |

**Wichtig: Kreditlinienplanung**

Aus der Kreditplanung erfolgt im nächsten Schritt eine Verifizierung und weitere Verfeinerung im Hinblick auf die einzelnen Kreditgeber. Hierbei spielt neben der Bankenpolitik (vgl. Kapitel 2, Abschnitt 5; Zuweisung von Geschäftsvolumen) auch die Kreditwürdigkeit (= Bonität) des Unternehmens eine große Rolle. Zu Vermeiden ist einerseits eine zu große Abhängigkeit von wenigen Banken, andererseits sollte das Geschäftsvolumen nicht zu sehr aufgesplittet werden, um in den Genuss von erstklassigen Konditionen zu kommen. Entsprechende Maßnahmen sind immer abhängig von der jeweils unternehmensindividuellen Situation (Größe, Standing etc.) zu ergreifen.

**Beispiel: Kreditlinienplanung durch den Abschluss von Rahmenvereinbarung mit Geschäftsbanken**

| | Ist 1999 | befristet bis | Plan 2000 | Plan 2001 | Plan 2002 |
|---|---|---|---|---|---|
| Bank A | | | | | |
| Bank B | | | | | |
| Bank C | | | | | |
| Bank D | | | | | |

# 1 Cash-Management

|        | Ist 1999 | befristet bis | Plan 2000 | Plan 2001 | Plan 2002 |
|--------|----------|---------------|-----------|-----------|-----------|
| Bank E |          |               |           |           |           |
| Bank N |          |               |           |           |           |

Nur mittel- bis langfristig vereinbarte Kreditlinien weisen einen echten Sicherheitscharakter auf. Allerdings ist bei Zusagen, die über den Zeitraum eines Jahres hinausgehen, i.d.R. die Bank gezwungen, eine Bereitstellungsprovision in Rechnung zu stellen (für die Bank Kostenfaktor auf Grund Eigenkapitalgrundsatz I). Damit ergibt sich für das Unternehmen hinsichtlich der Liquiditätssicherung die Konfliktsituation Sicherheit versus Rentabilität, die zu Gunsten der Liquiditätssicherung zu lösen wäre.

**Beispiel für eine langfristige Kreditplanung:**

|        | Volumen gesamt TEURO | Zinsbindung fest/variabel | Laufzeit/Fälligkeit | Plan 2000 TEURO | Plan 2001 TEURO | Plan 2002 TEURO |
|--------|----------------------|---------------------------|---------------------|-----------------|-----------------|-----------------|
| Bank A |                      |                           |                     |                 |                 |                 |
| Bank B |                      |                           |                     |                 |                 |                 |
| Bank C |                      |                           |                     |                 |                 |                 |
| Bank D |                      |                           |                     |                 |                 |                 |

## Der Finanzreserveplan

Die Finanzplanung liefert Informationen, die sich an zukünftig in Zahlungskraft überführten Bilanzpositionen orientieren. In Ergänzung mit der Kreditplanung stellt der Finanzplan somit die Finanzierung zukünftig geplanter Investitionen dar. Diese wurden auf der Grundlage von getroffenen Annahmen (z.B. Verkaufergebnisse, Prognosen für Fremdwährungen) entwickelt.

*Planung von Bilanzpositionen noch nicht ausreichend*

Diese Art der Planung gibt aber keinen Aufschluss über mögliche Liquiditätsreserven und deren Zeitpunkt der Verfügbarkeit, auf die im Falle von Fehlentwicklungen zurückgegriffen werden kann. Es ist aus diesem Grund sinnvoll, den Finanzplan durch einen sogenanten **Finanzreserveplan** zu ergänzen.

**Folgende Fragen können damit beantwortet werden:**

- In welcher Höhe können zusätzliche Mittel beschafft werden?
- Aus welchen Quellen können die Mittel realisiert werden?
- In welchem Zeitraum lassen sich die Mittel verfügbar machen?
- Über welche Maßnahmen, Instrumente und Techniken kann dies erreicht werden?

**Beispiel eines Finanzreserveplanes:**

| Vermögens-position | geschätzter Verkehrs-wert | Zeitraum der Realisierung in Tagen | | |
|---|---|---|---|---|
| | | bis 30 | bis 90 | bis 180 | größer 180 |
| Anlagevermögen | | | | |
| Grundstück A | | | | |
| Grundstück B | | | | |
| Lagerhalle | | | | |
| Bürogebäude | | | | |
| Geschäftsaus-stattung | | | | |
| Wertpapiere | | | | |
| Rohstoffe | | | | |
| Hilfsstoffe | | | | |
| etc. | | | | |
| Summe | | | | |

### Liquiditätsschöpfung aus der Reduzierung des gebundenen Vermögens

**Instrumente der Liquiditäts-schöpfung**

Neben einem grundsätzlichen Investitions- und Ausgabenstopp stehen verschiedene Instrumente für die Verflüssigung von in Aktiva gebundenen Mitteln zur Verfügung:

# 1 Cash-Management

| | |
|---|---|
| Grundstücke/ Gebäude: | Immobilien-Leasing (klassisch oder sale-and lease-back) |
| Maschinen/ Geschäftsausstattung: | Mobilienleasing (klassisch oder sale-and lease-back) |
| Roh-, Hilfs- und Betriebsstoffe: | Konsignationslager, Abverkauf |
| Halb- und Fertigerzeugnisse: | Räumungsverkauf |
| Forderungen aus Lieferungen und Leistungen: | Forfaitierung, Factoring |
| Wertpapiere: | Beleihung, Verkauf |

Diese Betrachtung ist als Ergänzung zum Finanzreserveplan in erster Linie auf die kurzfristige Liquidation von Vermögen ausgerichtet. Mithilfe dieser Methode lassen sich zusätzlich auch gute Kenntnisse über die Struktur des Anlage- und Umlaufvermögens (betriebsnotwendiges/nicht betriebsnotwendiges Vermögen) sowie Verschiebungen in der Vermögensstruktur gewinnen.

*Zusätzliche Erkenntnisse über Bilanzstruktur*

Insbesondere der Position **Working Capital** (kurzfristiges Umlaufvermögen ./. kurzfristige Verbindlichkeiten) sollte eine erhöhte Aufmerksamkeit gewidmet werden, da hier oftmals unnötig Liquidität gebunden wird. Die Reichweite des Umlaufvermögens in seinen verschiedenen Teilkomponenten Material, Fertigwaren und Forderungen liefert zusätzlich Hinweise auf das Niveau von Produktionsplanung und -steuerung, Materialwirtschaft und Effizienz des Mahnwesens (Anteil überfälliger Forderungen am Gesamtbestand der Forderungen) sowie die Verkaufsfähigkeit von Fertigwaren. Eine hohe bzw. steigende Reichweite (z. B. Forderungsreichweite: Kundenforderungen/Umsatz × 365) signalisiert Risikomomente hinsichtlich einer Liquiditätsanspannung sowie ggf. einer nicht mehr ausreichenden Fremdmittelverfügbarkeit. Addiert sich hierzu noch eine verschlechterte Zahlungsmoral, bedingt durch eine schwierige Gesamtkonjunkturlage, ergibt dies eine zusätzliche Belastung für die Unternehmensliquidität.

*Working Capital als Kostenfaktor*

*Forderungsbestand oftmals zu hoch*

### Existiert eine optimale Liquidität?

**Maximierung von Rentabilität und Sicherheit**

Unter optimaler Liquidität versteht man die jederzeitige Zahlungsbereitschaft verbunden mit minimalen Kosten in einem ausgewogenen Verhältnis zwischen Rentabilität und Sicherheit. Unter- als auch Überliquidität verursachen demzufolge gegenüber dem Normalzustand Mehrkosten und sollten grundsätzlich vermieden werden. Unterliquidität führt beispielsweise zur Nichtausnützung von Skonto sowie zu kleinen Losgrößen beim Einkauf. Überliquidität drückt sich dagegen in fehlenden Investitionen in höher rentierlichen (betrieblichen) Anlagen aus.

**Zusatzrendite durch Fremdkapitalaufnahme**

Diese Situation ist einerseits unternehmensindividuell bestimmbar, andererseits hängt sie in sehr starkem Maße von der Rentabilität des Eigenkapitals bzw. des Gesamtkapitals ab. Hier gilt die Aussage, dass die Liquiditätsschöpfung aus Fremdkapital so lange zu einer Zusatzrendite führt, als die Zinskosten für das Fremdkapital geringer sind als die erzielten zusätzlichen Erträge. Das Fremdkapital wirkt hier wie ein Rentabilitätshebel – bezogen auf das Eigenkapital wird dessen Rendite durch die Hebelwirkung entsprechend größer.

Dieser Hebeleffekt wird in der Literatur allgemein **als Leverage-Effekt** bezeichnet.

## 1.4 Technik der Gelddisposition

**Steuerung der Geldströme notwendig**

Die technologische Weiterentwicklung in Verbindung mit der kostengünstigen Verfügbarkeit entsprechender Systeme einerseits sowie der Einsatz bankmäßigem Know-how's andererseits schaffen optimale Bedingungen für Cash-Management-Aktivitäten im Unternehmen. Mit zunehmender Unternehmensgröße und Internationalisierung steigt die Anzahl von Bankkonten und damit die Gefahr von ungenutzten Bodensatzgeldern, teuren Kontoüberziehungen oder gleichzeitiger Aufnahme und Anlage von Geldern. Entgangene Zinserträge oder zu viel bezahlte Zinsen sind die Folge. Hier greift die Technik der Gelddisposition.

Unter **Gelddisposition** wird die tägliche Optimierung der sich auf den Bankkonten befindlichen Liquidität verstanden.

# 1 Cash-Management

Grundlage für die Entscheidungen über die effiziente Verwendung von Geldüberschüssen oder -bedarf sind die aus der eigenen Liquiditätsplanung gelieferten Informationen sowie die von Banken zur Verfügung gestellten Buchungsunterlagen. Durch aktive Disposition werden die Salden der Kontokorrent-Konten täglich so beeinflusst, dass in zinsoptimaler Weise der Liquiditätszustand des Unternehmens in einer Netto-Kreditnehmer- oder Netto-Anleger-Situation zum Ausdruck gebracht wird. Betrachtet werden im Gegensatz zur Zahlungsteuerung (vgl. Abschnitt 1.5) damit Bestandsgrößen.

*Kostenverdichtung notwendig*

Die Aufgaben der Gelddisposition (= Kassenhaltungsoptimierung) lassen sich wie folgt zusammenfassen:

- Vornahme des Liquiditätsausgleichs zwischen den einzelnen Bankkonten,
- Zinsgünstige Veranlagung kurzfristiger Liquiditätsüberschüsse,
- Zinsgünstiger Ausgleich von kurzfristigem Liquiditätsbedarf.

## Der Einfluss der Wertstellung

Entscheidend bei dieser Betrachtung ist die **Wertstellung** von Zahlungsein- bzw. -ausgängen auf den Bankkonten. Man versteht im Gegensatz zum Buchungsdatum darunter den Zeitpunkt, ab dem die Verzinsung des Geldes einsetzt. Die Banken, deren Buchungssysteme zunehmend real-time arbeiten, erwirtschaften aus Wertstellungsdifferenzen (dem so genannten Float) Erträge, die weitgehend nicht an den Kunden weitergeben werden. Wichtig für Unternehmen ist es deshalb, mit den Banken über Wertstellungspraktiken – sowohl auf der Geldeingangs- als auch -ausgangsseite – zu sprechen und entsprechende Valuta-Standards zu vereinbaren. Jede Transaktionsart sollte, um eine zuverlässige Disposition zu gewährleisten, mit dem entsprechenden Wertstellungsdatum bewertet werden.

*Verzinsung orientiert sich an der Wertstellung*

*Verhandlungen über Wertstellungspraktiken*

## Praxis

**Beispiele:**

| | |
|---|---|
| • Konzernzahlungen: | valutagleich |
| • Lohn-/Gehaltszahlungen: | 1 Valutatag |
| • Lieferantenzahlungen: | 1 Valutatag |
| • Scheckeinreichungen Inland: | 1 Valutatag |
| • Scheckeinreichungen Ausland: | in Abhängigkeit des Landes. |

### Die Planung von Zahlungsein- bzw. -ausgängen

**Planung von Zahlungen notwendig**

Zielsetzung muss es sein, Zahlungseingänge und -ausgänge möglichst exakt valutarisch zu erfassen und zu planen. Bei Zahlungsausgängen mittels Überweisungen (manuell oder maschinell) lässt sich dies exakt erfassen. Bei Scheckzahlungen wird mit Hilfe einer so genannten Scheckrücklauf-Statistik das Einlösungsverhalten der Lieferanten bzw. der beteiligten Banken rechnerisch ermittelt. Die über einen längeren Betrachtungszeit gewonnenen Erfahrungswerte werden jeweils auf die aktuelle Scheckausstellungssumme angewandt, d. h. in der Liquiditätsplanung erfasst und am Fälligkeitstag mit disponiert. Eine laufende Überarbeitung der Statistiken ist notwendig, um zukünftige Dispositionsfehler zu vermeiden.

## Praxis

**Beispiel:**

| Gesamtvolumen des Schecklaufes x-Tag EUR 1 000 000 | | |
|---|---|---|
| Statistischer Rücklauf nach | | |
| 1 Tag | 0% | EUR 0 |
| 2 Tagen | 18% | EUR 180 000 |
| 3 Tagen | 47% | EUR 470 000 |
| 4 Tagen | 25% | EUR 250 000 |
| 5 Tagen | 8% | EUR 80 000 |
| größer 5 Tagen | 2% | EUR 20 000 |

# 1 Cash-Management

Ein ähnliches Verfahren kann auch auf der Eingangsseite durch das Verfahren der Debitorenanalyse angewendet werden. Damit Kundenzahlungen einigermaßen zuverlässig erfasst und damit für die Liquiditätsplanung und Gelddisposition verwendet werden können, bieten sich folgende Möglichkeiten an:

*Planung von Kundenzahlungen*

- In Abhängigkeit der Marktposition Lastschrifteinzug,
- Zahlungsavise für größere Kundenzahlungen,
- On-line-Verbindung zur Bank/Bankkonto bis zum Buchungsschnitt,
- Debitoren-Zahlungsverhaltens-Analyse und Statistik.

Unternehmensindividuell kann je nach vorhandener Kundenstruktur eine Untergliederung in Kundengruppen durchgeführt werden (z. B. Inland/Ausland). Diese Gruppe lässt sich weiter untergliedern in

*Strukturierung der Kunden sinnvoll*

- Fristgerechte Nettozahler,
- Nicht fristgerechte Nettozahler,
- Skontozahler etc.

Neben Informationen über Geldströme können diese Informationen auch wertvolle Hinweise auf die Zusammensetzung der Debitoren liefern. Gleichzeitig stellt dies einen ersten Schritt in Richtung eines funktionsfähigen Debitorenüberwachungs-Systems dar (vgl. Kapitel 3, Abschnitt 2.).

*Erweiterung in Richtung Debitorenmanagement*

## 1.4.1 Die Kontodisposition

Der zeitliche Ablauf der täglich in einem Unternehmen stattfindenden Gelddisposition stellt sich wie folgt dar:[14]

- maschinelle Erfassung der jeweils aktuellsten Buchsalden pro Bankkonto,
- maschinelle Errechnung des valutarischen Saldos,
- manuelles/maschinelles Abgleichen von Ist- und Planumsätzen und Aktualisierung der Liquiditätsplanung,

---

[14] Jetter, Cash-Management, 1988, S. 190

- maschinelle Errechnung des Dispositionssaldos für jedes Konto sowie das gesamte Unternehmen,
- manuelles Durchführen des Kontenausgleiches und Abschluss von Geldmarktgeschäften,
- Berichterstattung und Kontrolle.

**Kontoauszug als Dispositionsgrundlage ungeeignet**

Bevor Entscheidungen über den Kontenausgleich getroffen werden, ist der Informationsfluss zwischen Bank und Unternehmen zu organisieren. Aus Zeit- und Kostengründen ist der Einsatz eines Electronic-Banking-Produktes am sinnvollsten, um täglich die Konten abgreifen zu können. Die Basis „Kontoauszug" ist als Grundlage für die Tagesdisposition wegen der Postlaufzeit (mindestens ein Tag Differenz zwischen Buchungs- und Bearbeitungstag) ungeeignet.

Die Anforderungen der Unternehmen an Electronic Banking-Produkte von Banken hinsichtlich Funktionalität, Ausgestaltung, Sicherheit und Kosten lassen sich in Kurzform wie folgt beschreiben:

- Bereitstellung von Dienstleistungen zur weltweiten zins- und zeitoptimierten Steuerung der Kapital- und Zahlungsströme,
- Währungsübergreifend,
- Bankübergreifend,
- Modular aufgebaut.

**Modularer Aufbau sinnvoll**

Bei der Anschaffung eines derartigen Systems sollte darauf geachtet werden, dass insbesondere ein modularer Aufbau z. B. hinsichtlich der Erweiterung von Cash-Management oder Zahlungsverkehr Inland/Ausland möglich ist.

Als Standard-Software hat sich in Deutschland hierzu das Produkt „**MultiCash**" etabliert – ein multibankfähiges Instrument, bei dem die Kommunikation über BCS (banking communication standard) erfolgt. Dieses Produkt erfordert folgende technischen Mindestvoraussetzungen (Stand: 03/2000):

- PC Industriestandard mit serieller Schnittstelle,
- Diskettenlaufwerk: 3,5 Zoll (DD oder HD)/1,44 MB

# 1 Cash-Management

- Freier Arbeitsspeicher: mindestens 16 MB,
- Prozessor: 80 486 und höher,
- Festplatte: 30 MB freier Platz,
- Bildschirm: Monochrom- bzw. Farbbildschirm,
- CD-ROM-Laufwerk,
- Drucker: IBM-Zeichensatz (80–136 Zeichen).

Neben einmaligen Anschaffungskosten fallen geringfügige monatliche Nutzungskosten an. Um einen unerlaubten Dateizugriff zu vermeiden, gibt es mehrere Identifikationsprüfungen und bestimmbare Zugangsprofile für jeden einzelnen Benutzer (User). So müssen pro Bank entsprechende Identifikationsdaten (Teilnehmernummer, Verfüger, persönliche Identifikationsnummer – PIN –, Transaktionsnummer – TAN –) beantragt werden. Als Kommunikationsmedium sollte aus Kostengründen eine ISDN-Leitung (Alternative: Modem plus Datex-P-Leitung) verwendet werden. Die Daten werden in dem internationalen Format SWIFT (MT-101, MT-104, MT-942) zur Verfügung gestellt. Bei der Datenfernübertragung stehen fünf Verfahren zur Auswahl: T-Online, FTAM, FTP, MCDFÜ und ZVDFÜ.

Die von den Banken eingeholten Kontostand- und Umsatzinformationen können nach zahlreichen Kriterien aufbereitet werden:

**Informationsaufbereitung nach verschiedenen Kriterien**

- Gesamtinhalt Tagesauszug,
- Auszug in Kurzform,
- Saldo/Konto-Gegenüberstellung,
- Gebuchte Umsätze,
- Umsatzanzeige einzeln,
- Entwicklung der Valutensalden pro Konto,
- Valutensalden bankübergreifend pro Währung.

Die Buchsalden der auf diese Weise von den Banken übermittelten Kontoauszüge sind in zweierlei Hinsicht kritisch zu bewerten:

- Erstens sind die Wertstellungsunterschiede der gebuchten Umsätze mit in die Betrachtung einzubeziehen. Es ist somit nachträglicher und zeitaufwendiger Bearbeitungsaufwand notwendig, um den valutarischen Kontosaldo täglich abzubilden.

- Zweitens wird durch die erfassten Bankinformationen, bedingt durch die Buchungsschnitte der Banken, nur der Stand des Vortages dargestellt.

**Optimitimierung bei Gelddisposition**

Die Gelddisposition setzt auf dem Saldo pro Konto, dem valutarisch aufbereiteten Bankbuchungen sowie den unternehmensinternen Planungsdaten auf. Damit ein höherer Präzisionsgrad hinsichtlich des zu erreichenden Zieles – Vermeidung von unverzinslichen Kontoguthaben/teueren Kontoüberziehungen – erreicht wird, bietet es sich an, sich von der Bank größere Zahlungen z. B. per Telefax avisieren zu lassen. Als ergänzende Maßnahme sollte grundsätzlich mit der Bank über eine Mindestverzinsung (Bodensatzverzinsung) der laufenden Konten (z. B. tagesgeldnahe Verzinsung) verhandelt werden.

**Valutarische Tagesdisposition:**

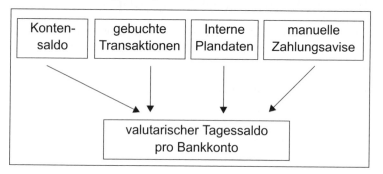

**Zeitlicher Ablauf der Gelddisposition**

Durch eine bereits im System enthaltene Zeitschaltuhr kann die morgendliche Kontenabfrage zeitlich gesteuert werden. Die deutschen Banken bieten in der Regel den Zugriff auf Kontodaten bereits ab 6 Uhr an. Ein früher Rundruf wird zwingend notwendig, wenn Weiterverarbeitungsdateien für die Finanzbuchhaltung (z. B. SAP) erstellt werden müssen. Das Abrufen der Kontoauszüge sollte als Einzelabruf und so

# 1 Cash-Management

genannter Rundruf (Batch-Routing) über alle zu disponierenden Banken eingerichtet werden. Eine tägliche Kontrolle der Abrufroutine ist notwendig. Das System zeigt hierzu getrennt nach Einzelabruf und Rundruf Datum und Uhrzeit der letzten Abfrage an.

Um den Dispositionssaldo zu bestimmen, muss durch einen Abgleich zwischen Ist-Umsätzen und Plan-Umsätzen die Liquiditätsplanung aktualisiert werden. Damit wird die Doppelerfassung von Umsätzen, die zu einem falschen Dispositionssaldo führen würde, vermieden. Die Qualität der Disposition hängt damit von der Bereitstellung sowohl der aktuellen Bankstände als auch der Valutasalden in Form eines elektronischen Kontoauszuges ab. Dieser muss genau dem später erstellten Kontoauszug entsprechen. Mit welcher Zielgenauigkeit disponiert wurde, stellt sich erst später durch die von der Bank zur Verfügung gestellte Zinsstaffel für den jeweiligen Tag heraus.

**Aktualisierung der Liquiditätsplanung**

**Überprüfung mittels Zinsstaffel**

Die Disposition setzt sich fort mit Ausgleichsüberträgen zwischen Konten mit positiven Salden und Konten mit negativen Salden. Die Überträge können telefonisch, schriftlich (per Telefax) oder mittels Datenfernübertragung initiiert werden. Damit der Zweck des täglichen Kontoausgleiches erreicht wird, muss sichergestellt sein, dass diese Überträge auch gleichtägig von Bank zu Bank ausgeführt werden. Dies hat in der Regel erhöhte Abwicklungskosten zur Folge. In Abhängigkeit der Anzahl der zu disponierenden Bankkonten kann hierbei der Weg entweder direkt von Bank zu Bank oder unter Einschaltung einer zentralen Clearing-Bank gewählt werden. Letztgenannte Vorgehensweise hat den Vorteil, dass eine gewisse Anonymität gewahrt wird, da die verschiedenen Banken nur mit der Clearing-Bank kommunizieren:

**Einschaltung einer Clearing-Bank**

**Disposition unter Einschaltung einer zentralen Clearing-Bank:**

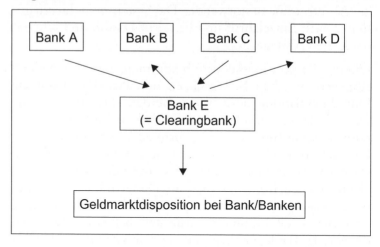

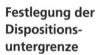

**Festlegung der Dispositionsuntergrenze**

Da gleichtägige Überträge Kosten verursachen, sollte geprüft werden, ab welchen Beträgen ein Kontoausgleich sinnvoll ist. Hierzu sind die pro Einzeltransaktion anfallenden Bankgebühren dem zu erwartenden Zinseffekt gegenüberzustellen. Aus der aktuellen Zinskonstellation am Geldmarkt kann somit eine betragliche Dispositionsuntergrenze errechnet werden.

**Beispiel:**

| Prämissen: | Kontoübertrag kosten EUR 5,00 | |
|---|---|---|
| | Geldanlagen bringen aktuell | 3% p. a. |
| | Geldaufnahmen kosten aktuelle | 6% p. a. |
| | Zeitraum: 1 Werktag | |

Aus der Zinsformel errechnet sich eine Betragsuntergrenze von EUR 60 000,00 für Unternehmen, die sich auf der Anlageseite sowie EUR 30 000,00 für Unternehmen, die sich auf der Aufnahmeseite befinden. Erst ab diesen Beträgen ist es wirtschaftlich sinnvoll, einen Kontoübertrag durchzuführen.

Der so gebildete zentrale Saldo wird zinsoptimal in Form von einem oder mehreren Geldmarktgeschäften – entweder als Anlage oder Aufnahme – verwendet. Als Ziel einer optimalen Disposition sollte der Nullsaldo auf jedem in die Disposition einbezogenen Konto erreicht werden.

# 1 Cash-Management

**Gesamtüberblick:**

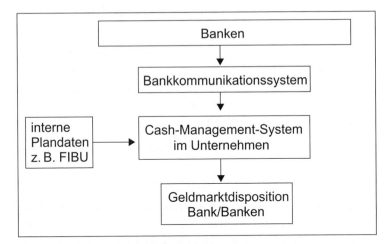

## Geldanlagen/Geldaufnahmen

Nach erfolgtem Kontoausgleich ist es wirtschaftlich sinnvoll, einen zur Verfügung stehenden Dispositionsüberschuss vorrangig zur Rückführung kurzfristig aufgenommener Kredite zu verwenden. Darüber hinaus stehen am nationalen und internationalen Geldmarkt hinsichtlich Geldanlage und Geldaufnahme eine ganze Palette von Finanzinstrumenten mit unterschiedlichen Fristigkeiten zur Verfügung (Sämtliche Abschlüsse sind in Schriftform zu erfassen und zu dokumentieren. Einzelheiten zur Dokumentation von Geldmarktgeschäften finden Sie auf ✋ unter Nr. 3):

*Finanzinstrumente für Liquiditätsausgleich*

### Geldanlagen:

- **Tagegelder:** Man versteht darunter Geldanlagen mit täglicher Kündigungsfrist. Gehandelt werden in der Regel Beträge ab EURO 1 Mio aufwärts. Tagegeldanlagen dienen der Überbrückung kurzfristiger Liquiditätsüberschüsse. Eine Prolongation der Tagesgeldanlage wird täglich neu unter Berücksichtigung eventueller Konditionsänderungen abgesprochen.

- **Termingelder:** Es handelt sich um Geldanlagen bis zu einem Jahr. Die Festgeldanlage wird ab einem im Voraus festgelegten Termin ohne Kündigung wieder frei. Geldanlagen sind möglich am Inlands- bzw. Euromarkt (Unterschied bezüglich der Zinsberechnungsmethode). Referenzsatz ist der **EURIBOR** (Unterbankensatz für kurzfristig gehandeltes Geld). Es handelt sich um tiefe und sehr liquide Märkte.

- **Call-Money:** Es handelt sich um Kündigungsgelder, die erst fällig werden, nachdem sie mit der vereinbarten Frist gekündigt wurden. Es wird der Laufzeitbeginn, nicht aber die Endfälligkeit festgelegt. Vorab werden nur die Kündigungsfristen festgelegt.

- **Schatzwechsel:** Von Bund/Ländern werden **Schatzwechsel** mit einer Laufzeit bis zu 6 Monaten und Schatzanweisungen von 6 Monaten bis zu 2 Jahren begeben.

- **Einlagenzertifikate (Certificates of Deposit/CD's):** Es handelt sich um verbriefte und damit handelbare Sicht- und Termingeldeinlagen bei Banken. Die Laufzeit beträgt zwischen 14 Tage und 6 Monaten.

- **Commercial Paper (CP's):** Commercial Papers sind kurzfristige Schuldtitel, die von großen Industrie- und Finanzunternehmen erstklassiger Bonität mit Hilfe von Banken am Geldmarkt platziert werden.

- **Bankakzepte:** Es handelt sich um akzeptierte Wechsel von Banken, die zum Privatdiskont zugelassen sind. Die Aussteller sind Banken unzweifelhafter Bonität. Sie dienen meist der Finanzierung von grenzüberschreitenden Handelsgeschäften.

- **Liquiditätsfonds:** Das Unternehmen erwirbt Anteilsscheine an einem Geldmarktfonds. Es gelten für dessen Anlagepolitik die unter Abschnitt 2.2 Portfoliomanagement getätigten Aussagen. Die Laufzeit geht meist von 1 Monat bis zu einem Jahr.

**Geldaufnahmen:**

Ein Gesamtüberblick wird unter Kapitel 2, Abschnitt 3 „kurzfristige Finanzierungsinstrumente" gegeben.

**Wettbewerb unter Banken nutzen**

Aus Konditionengründen sollten grundsätzlich immer mindestens zwei Banken um Quotierungen angefragt werden. Bestimmte Banken verfügen oftmals über entsprechende Geldmarkt-Gegenpositionen, so dass diese in der Lage sind, besonders günstige Konditionen zu stellen.

# 1 Cash-Management

Volumen und Zeitraum werden durch die aus der Liquiditätsplanung vorliegenden Informationen vorgegeben. Ebenso von Bedeutung ist das Außmaß der Zentralisation der Kassenhaltung innhalb einer Unternehmensgruppe für die Höhe der anzulegenden Beträge, der Fristigkeiten und damit den erzielbaren Konditionen bei Banken. Eine detaillierte Vorschau zukünftiger Liquiditätsengpässe oder -überhänge kann damit über eine frühzeitige Beschaffung oder Veranlagung von Zahlungsmitteln zu optimaleren Konditionen führen. Neben der Aufgabe der täglichen Gelddisposition ist eine möglichst korrekte Vorausprojektion aller zukünftig zu erwartenden kurzfristigen Geldbewegungen notwendig, um zeitgerechte und effiziente Geldanlage- bzw. Geldaufnahmeüberlegungen zu treffen.

**Liquiditätsvorschau bringt Vorteile**

## Der Tagesfinanzstatus

Um sich nach Abschluss der Tages-Disposition einen (unternehmensweiten) Überblick über die Liquidität des Unternehmens zu verschaffen, empfiehlt es sich, einen **Finanzstatus** zu erstellen. Dieser stellt eine Tagesbetrachtung aller Bestandsgrößen, aus denen sich letztendlich die Liquiditätsposition des Unternehmens zusammensetzt, dar. Ergänzt wird die Betrachtung durch eine Auflistung der Finanzschulden sowie der eingeräumten und in Anspruch genommenen Kreditlinien. Erhöhte Aussagekraft erlangt der Status durch Ergänzung der erzielten Zinssätze.

**Abschluss der Tagesdisposition**

### Beispiel: Finanzstatus per 05/2000

| | Zinssatz | Ist 12/99 | Ist 04/00 | Ist 05/00 | Plan 12/00 |
|---|---|---|---|---|---|
| **1. Finanzvermögen** <br> Sonstige Bankstände <br> Geldmarktanlagen <br> Geldmarktfonds <br> Festverz. Wertpapiere <br> Aktien <br> Sonstige Ausleihungen | | | | | |
| **gesamt 1.** <br> **2. Finanzschulden** <br> kurzfr. Terminkredite <br> Wechselkredite <br> Sonstige Kredite | | | | | |

|  | Zins-satz | Ist 12/99 | Ist 04/00 | Ist 05/00 | Plan 12/00 |
|---|---|---|---|---|---|
| **gesamt 2.** | | | | | |
| **3. Finanzstand (1+2)** | | | | | |
| **Veränderungen gegen 12/99** | | | | | |
| **4. Kreditlinien**<br>schriftlich zugesagt<br>bankintern zugesagt<br>ausgenutzt KK-/Avalkredite | | | | | |

**Dispositions-überwachung notwendig**

### Bankencontrolling

Eine laufende Überwachung und Kontrolle des Dispositionserfolges (Zielsetzung: Null-Disposition auf allen Kontokorrent-Konten) im Zeitablauf ist notwendig und wichtig, um Verbesserungsmaßnahmen in der Zukunft durchführen zu können. Zusätzlich sollten im Rahmen der Tagesarbeit die mit Banken abgwickelten Transaktionen auf Einhaltung der Zins-/Konditions- und Valuta-Absprachen überprüft werden.

### Prüfmechanismen:

- Zinsstaffel-Kontrolle (Vergleich interner/externer Zinsstaffeln),

- Gebühren-Kontrolle (laufende Überwachung der Gebührenabrechnungen z. B. durch Finanzbuchhaltung); hierzu ist die Anfertigung einer Gebührenübersicht – Bankendienstleistungen und Bankgebühren – hilfreich (vgl. Kapitel 2, Abschnitt 5 „Bankenpolitik),

- Stichprobenhafte Überprüfung der Wertstellung von Zahlungseingängen und -ausgängen,

- Lückenlose Überprüfung der Wertstellung von Kontoüberträgen,

- Anfertigung von individuellen Umsatzstatistiken im Zusammenhang mit der geplanten/tatsächlich realisierten Zuweisung von Geschäftsvolumen an die Banken (vgl. Kapitel 2, Abschnitt 5.).

# 1 Cash-Management

## 1.4.2 Clearing-Techniken und zentrale Steuerungskonzepte

Zur Vereinfachung und Effizienzsteigerung der täglichen Disposition stehen eine Reihe von Techniken und Instrumenten zur Verdichtung der Liquidität im Gesamtunternehmen (und damit zur Zinsoptimierung) zur Verfügung. Hinter der „Schlüsseltechnik" verbirgt sich das Grundprinzip, überschüssige Liquidität bei einer zentralen Stelle abzuliefern oder auftretenden Kapitalbedarf durch diese Stelle abzudecken. Der Liquiditätsausgleich kann entweder physisch durch direkten Geldtransfer auf ein oder mehrere Zielkonten (sogenannes „master-account") oder durch fiktive Zusammenfassung (d. h. nur zu Zwecken der Zinsoptimierung werden positive und negative Salden zusammengefasst und saldiert) durchgeführt werden.

*Zielsetzung: Verdichtung der Liquidität*

### Begriffsdefinitionen:[15]

| | |
|---|---|
| **Cash-Concentrating:** | Vorstufe des Cash-Pooling; bei Partnerbanken geführte Konten werden zunächst auf Landesebene verdichtet. Anschließend erfolgt die Übertragung dieser Konten auf ein Hauptkonto. |
| **Cash-Pooling:** | Zusammenführung der liquiden Mittel durch „Abräumen" der Nebenkonten auf ein Zielkonto als elektronische Bankdienstleistung. Es werden physische Zahlungsvorgänge ausgelöst, die in der Regel auf Basis Real-Time-Informationen erfolgen. |
| **Zero-Balancing:** | Zusammenführung von Kontensalden auf einem Hauptkonto. Die Nebenkonten werden valutarisch auf Saldo Null gestellt. Kontoabschluss erfolgt über Hauptkonto. Der Zahlungsverkehr wird anschließend über das Hauptkonto abgewickelt. Die Nebenkonten dienen lediglich als Eingangskonten. |

---

[15] Fleischer, Zeitschrift Creditreform 9/99, S. 19

| | |
|---|---|
| **(Notional)-Pooling:** | Fiktive Zusammenfassung von Kontensalden einer oder verschiedener zu einer Unternehmensgruppe gehörender Gesellschaften bei einer Bank auf einem Hauptkonto zum Zwecke der Zinskompensation; keine physischen Kontoüberträge. Zinsvorteile werden durch Verrechnung von positiven mit negativen Salden erreicht; jedes Konto wird einzeln verzinst. |
| **Cross-Currency-Pooling:** | Positive und negative Kontosalden bleiben in der ursprünglichen Währung; Guthaben und Kreditinanspruchnahmen werden täglich verrechnet und fiktiv in eine Basiswährung getauscht. Es finden keine physischen Kontoüberträge sowie Devisengeschäfte statt. Damit bleibt die Unabhängigkeit der individuellen Konten gewährleistet. Jedes Konto wird separat verzinst; es existiert nur ein Zinssatz pro Währung. |
| **Netting:** | Synonymer Begriff für Clearing bzw. Konzernclearing. Bilaterale oder multilaterale Verrechnung von Zahlungsströmen der Mitglieder einer Unternehmensgruppe nach Umrechnung in eine Basiswährung mit anschließendem Ausgleich der Spitzenbeträge. |
| **Matching:** | Im Vergleich zum Netting werden beim Matching nicht nur Forderungen und Verbindlichkeiten, die innerhalb der Firmengruppe bestehen, aufgerechnet, sondern es werden auch Forderungen und Verbindlichkeiten an außenstehende Dritte in diesen Prozess mit einbezogen. |

# 1 Cash-Management

## Anwendungsbereiche

Die Basis-Techniken werden von international agierenden Banken zur Verfügung gestellt. Diese Dienstleistungen sind insbesondere für größere Unternehmensgruppen sinnvoll, bei denen die einzelnen Konzerngesellschaften ein oder mehrere Konten bei einer oder verschiedenen lokalen Banken unterhalten oder aber wenn das Unternehmen insgesamt aus vertriebspolitischen Gründen eine Vielzahl von Konten unterhalten muss.

**Sinnvoll für große Unternehmen**

## Zusammenfassung der Einflussfaktoren:

- Größe des Gesamtunternehmens,
- Anzahl der Bankverbindungen,
- Anzahl der Bankkonten,
- Internationale Verteilung der Bankkonten,
- Von den Banken angebotene Dienstleistungen,
- Rechtliche Rahmenbedingungen.

## Zielsetzung/Aufgaben

Zielsetzung ist es hierbei, den Saldo der Unternehmensgruppe entweder bei einer Bank oder über mehrere Banken hinweg täglich möglichst auf automatisierten Weg zu verdichten und auf einem Zielkonto abzubilden.

**Verdichtung der Liquidität auf Zielkonto**

Dieser Technik sollte allerdings die Strategie vorausgehen, innerhalb der Unternehmensgruppe Zahlungen aus Liefer- und Leistungsverpflichtungen möglichst durch die Systematik des Netting zu vermeiden und damit kostenintensive „intercompany-Zahlungen" auf ein Minimum zu beschränken (vgl. Kapitel 2, Abschnitt 4). Die beteiligten Tochtergesellschaften müssen (Andienungspflicht) oder können (Andienungsrecht) ihre entstandenen Liquiditätsüberschüsse an den gemeinsamen Pool abführen. Von dort werden diese Guthaben wiederum anderen Konzerneinheiten zum Ausgleich von Liquiditätsdefiziten zur Verfügung gestellt. Der maschinelle bzw. manuelle Umbuchungsaufwand wird somit auf ein Minimum beschränkt.

**Vermeidung von intercompany-Zahlungen**

**Techniken nach Bedarf anwendbar**

Diese Techniken können für eine Rechtspersönlichkeit (Muttergesellschaft) oder für mehrere unterschiedlichen Rechtspersonen (Tochtergesellschaften), über eine Währung oder währungsübergreifend angewandt werden. Juristisch betrachtet werden von den Teilnehmern an einem derartigen Pool damit nicht mehr Forderungen und Verbindlichkeiten an Kreditinstitute, sondern Forderungen bzw. Verbindlichkeiten an Gesellschafter begründet. Die Vorgänge werden in der Regel auf internen Verrechnungskonten erfasst, die entsprechend den Marktverhältnissen zu verzinsen sind.

**Vorteile zentrale versus dezentrale Cash-Steuerung:**

- Bündelung von regionalen Cash-Flows,
- Konzentration des Auslandszahlungsverkehrs auf weniger Einheiten,
- Erhöhung der Planbarkeit von zentralen/dezentralen Cash-Flows,
- Reduzierung von Cross-Border-Zahlungen,
- Reduzierung von grenzüberschreitenden manuellen Kontoüberträgen,
- Reduzierung der Anzahl von Banken und damit zu disponierender Konten; Wegfall lokaler Kreditrahmen,
- Bündelung von Zahlungsströmen in Fremdwährungen (ersetzen von Auslandszahlungen durch Inlandszahlungen) und damit reduzieren von Zahlungsverkehrsgebühren,
- Wenige feste und kompetente Ansprechpartner für alle Anforderungen und Problemstellungen (kein direkter Kontakt mit ausländischen Filialen),
- Höheres Service-Niveau,
- Gleiche Kontoeröffnungsunterlagen, weniger Schreibarbeit, einfache und schnelle Abwicklung,
- Ein einheitliches Electronic-Banking-System,
- Erhöhte Transparenz/Überblick über die Systemkosten,
- Einfache (individuelle) Preisgestaltung,

# 1 Cash-Management

- Transparente Abrechnungen incl. separater monatlicher Gebührenauflistungen,
- Erhöhte Transparenz über die laufende Liquiditätssituation,
- Effiziente Verwaltung und Kontrolle,
- Verringerung der zur Liquiditätssicherung notwendigen Reserven insbesondere bei den Tochtergesellschaften,
- Deutliche Reduzierung der Cash-Flow-Volatilität des gesamten Unternehmens als dies bei den Einzelgesellschaften der Fall ist.

**Nachteile:**

- Bei hohem Automatisierungsgrad starkes Abhängigkeitsverhältnis vom Bankpartner,
- Technische Anfälligkeit von Systemen (Aufbau Notfallmanagement erforderlich),
- Haftungserweiterung, da die beteiligten Gesellschaften gesamtschuldnerisch im Obligo stehen.

**Vertragliche/rechtliche Anforderungen**

Der Aufbau eines Cash-Managements ist in der Regel mit dem Abschluss einer Reihe von Verträgen verbunden. Insbesondere zwischen zentraler Pool-Bank und Unternehmen müssen die Rahmenbedingungen vertraglich sauber geregelt und definiert werden. Wird der Pool auch auf Tochtergesellschaften ausgedehnt, müssen diese sowie ggf. lokale Pool-Banken vertraglich mit eingebunden werden. Die Banken greifen hier zumeist auf Standard-Verträge zurück. Da durch die Einbindung in einen derartigen Pool die Tochtergesellschaften nicht mehr (wie vor Einbindung in den Pool) den Beschränkungen lokaler Kreditlinien unterliegen (der Finanzbedarf wird automatisch über die Muttergesellschaft ausgeglichen), ist es dringend erforderlich, Kreditlinien für die Teilnehmer im Rahmen des Pool-Vertrages einzuräumen. Der Umfang einer Kreditlinie hat sich an der im Vorfeld aufzustellenden jährlichen Finanzplanung zu orientieren (vgl. Kapitel 4, Abschnitt 4). Auch sollte auf den Zinsberechnungsmodus sowie die Art der Zinsberechnung Bezug genommen werden.

*Vertragliche Gestaltung notwendig*

*Wichtig: Festlegung von Kreditlinien*

### Steuerrechtliche/gesellschaftsrechtliche Fragen

Bevor ein derartiger Pool aufgebaut werden kann, muss vorrangig geklärt werden, in welchem Land das Zielkonto (Master-Account) verwaltet werden soll. In diesem Land werden in der Regel auch die positiven Effekte erzielt. In den meisten Fällen wird dies mit dem Sitzland der Konzernmutter zusammenfallen. Die nach wie vor bestehenden großen Unterschiede hinsichtlich der Besteuerung von Erträgen können jedoch zu der Überlegung führen, eine spezielle Finanzierungsgesellschaft in einem anderen Land (z. B. Irland) zu gründen. Diese Finanzierungsgesellschaft sollte allerdings nur dort ihren Sitz haben, wo ein Doppelbesteuerungsabkommen mit dem Sitzland der Muttergesellschaft existiert, das keinen oder nur einen geringen Quellensteuerabzug beinhaltet. Allerdings werden an diese Konstruktionen erhöhte Anforderungen hinsichtlich des Ortes der Geschäftsführung/der Entscheidungsfindung gestellt (vgl. bezüglich Missbrauch, § 42 AO). Sollte diese Konstruktion von den Steuerbehörden nicht anerkannt werden, hat dies zur Folge, dass die Gewinne der steuerlichen Bemessungsgrundlage der im Inland ansässigen Muttergesellschaft hinzugerechnet werden. Dies geschieht dann unabhängig davon, ob die Ergebnisse ausgeschüttet oder nicht ausgeschüttet worden sind (vgl. hierzu auch Kapitel 1, Abschnitt 2).

**Große Unterschiede hinsichtlich der Besteuerung**

**Landesspezifika beachten**

Beim Aufbau eines derartigen Systems sind des weiteren landesrechtliche Restriktionen (Steuer- und Devisenrecht), ggf. auch eine Mindestreservehaltung der Banken zu beachten. So fallen in einigen Ländern auf die Vorteile aus der Zinskompensation Quellensteuern an. Deren Abzugshöhe hängt vom jeweiligen Steuerrecht des Quellenlandes sowie von einem bestehenden Doppelbesteuerungsabkommen (DBA) ab. In den meisten Fällen können Quellensteuern bei der Steuerposition der Muttergesellschaft wieder gegengerechnet werden. Auch auf andere Belastungen muss hingewiesen werden. So existiert beispielsweise in Österreich für Kreditvereinbarungen mit Nichtansässigen (so genannten „non-residents") eine 0,8%-ige Rechtsgeschäftsgebühr.

Auch muss darauf hingewiesen werden, dass in den meisten Ländern Regelungen zur Beschränkung der Gesellschafter-Fremdfinanzierung von Kapitalgesellschaften bestehen (so

# 1 Cash-Management

genannte „**thin-capitalisation-rules**"). Zinszahlungen aus Gesellschafterdarlehen werden steuerlich nicht zum Betriebsausgabenabzug zugelassen, sofern ein bestimmtes Verhältnis zwischen Eigen- und Fremdkapital bei der Tochtergesellschaft überschritten wird. Beispielsweise beträgt dieses Verhältnis in Deutschland 1 Teil Eigenkapital zu 3 Teile Fremdkapital (vgl. § 8a KStG; gilt für Darlehen mit gewinnunabhängiger Verzinsung), in Frankreich 1:1,5, in Spanien 1:3.

**Verhältnis Eigenkapital/ Fremdkapital beachten**

Grundsätzlich ist es erforderlich, die an einem derartigen System teilnehmenden Gesellschaften nach dem so genannten „**at-the-arms-lenght-principle**" zinsmäßig aus Sicht der Muttergesellschaft so wie außenstehende Dritte zu behandeln (d. h. Geldströme so zu verzinsen, wie dies auch mit fremden Dritten vereinbart werden würde). Die Verzinsung nach Marktgesichtspunkten schließt auch ein, dass vergleichbare Referenzzinssätze (z. B. EURIBOR) verwendet werden. Auch bei der Festlegung von Verrechnungspreisen für Finanzdienstleistungen im Konzern muss dafür gesorgt werden, dass eine schuldrechtlich anzuerkennende Vertragsbeziehung zwischen den Pool-Teilnehmern begründet wird. Ansonsten handelt es sich um eine Beziehung auf gesellschaftsrechtlicher Ebene mit der Folge, dass entweder eine verdeckte Kapitalzuführung oder eine verdeckte Gewinnausschüttung (mit entsprechenden steuerlichen Konsequenzen) anzunehmen wäre.

**Tochtergesellschaften wie außenstehende Dritte behandeln**

Sollten mehrere Rechtspersönlichkeiten an einem derartigen Pool teilnehmen, ist eine vertragliche Bindung daher unumgänglich. Des Weiteren sind auch landesspezifische kreditwirtschaftliche Meldeverpflichtungen zu berücksichtigen. Auch auf (insbesondere international unterschiedliche) gesetzliche Aufbewahrungsfristen für Buchführungsunterlagen und Handelsbücher ist hinzuweisen. Bei der Einrichtung eines derartigen Systems sollte rechtzeitig geprüft werden, welche Organe des Unternehmens in den Genehmigungsprozess mit einzubeziehen sind.

**Vertragliche Bindung sinnvoll**

### Kriterien für die Auswahl der Pool-Bank

- Anpassung an vorhandene Banken- bzw. Cash-Management-Strukturen (ggf. Weiternutzen der Kompetenzen und Stärken lokaler Banken),
- Minimierung des Umstellungsaufwandes,
- Verfügbarkeit eines eigenen Netzwerkes,
- Hohe Kompetenz im internationalen Cash-Management,
- Präsenz und Stärke bei Einbindung von Tochtergesellschaften vor Ort,
- Modularer/multibankfähiger Aufbau der Pool-Systematik,
- Rechts- und Steuerberatungsleistungen.

### Clearing-Konzepte und Steuerungstechniken

**Individuelle Anpassung an das Unternehmen**

Die Liquiditäts- und Zinsoptimierung kann, jeweils auf die unternehmensindividuelle Situation abgestimmt, in mehreren Ausprägungen und Stufen durchgeführt werden. Insbesondere für multinationale Unternehmen können Mischformen sinnvolle Lösungen darstellen. Die Möglichkeiten und Grenzen eines derartigen Systems werden in erster Linie durch die Unternehmensstruktur sowie den Zentralisationsgrad des Unternehmens bestimmt.

### Überblick über die wichtigsten Grundsystematiken:

- Cash-Concentration-Systeme (Grundlage: physischer Übertrag von Kontensalden),
- Einstufiges lokales Cash-Concentration mit einer Bankverbindung,
- Einstufiges lokales/internationales Cash-Concentration mit einer Bankverbindung (für Liquiditätssammelzwecke),
- Einstufiges lokales/internationales Cash-Concentration mit einer Bankverbindung (für Zahlungszwecke),
- Zweistufiges nationales/internationales Cash-Concentration mit mehreren Bankverbindungen (sog. overlay-Struktur),

# 1 Cash-Management

- Mehrstufiges nationales/internationales Cash-Concentration mit mehreren Bankverbindungen (sog. overlay-Struktur mit pre-pooling),
- Cash-Pooling (fiktive Saldenverdichtung),
- Zins-Optimierung.

### 1.4.2.1 Einstufiges lokales Cash-Concentration mit einer Bankverbindung

- Einfacher täglicher Transfer von Kontensalden einer/ mehrerer Rechtspersönlichkeiten (Zero-Balancing) auf ein Zielkonto (regionaler Liquiditätsausgleich: nur das Zielkonto ist damit zu disponieren),
- Im Falle dezentraler Zahlungsabwicklung müssen zur valutarischen Saldenermittlung jeweils Planumsätze an den Pool-Führer gemeldet werden,
- Am weitesten verbreiteste, einfach einzurichtende und preiswerte Form der lokalen Liquiditätsverdichtung,
- Für die Bildung von lokalen Cash-Pools (z. B. in Deutschland) geeignet.

**Systematik lokales Cash-Concentration:**

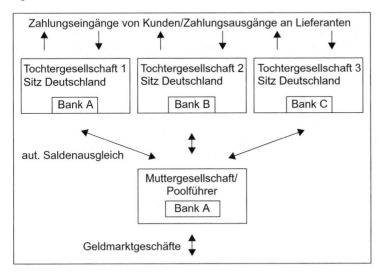

### 1.4.2.2 Einstufiges lokales/internationales Cash-Concentration mit einer Bankverbindung

- Einfacher täglicher lokaler/internationaler Transfer von Kontensalden eines Unternehmens/unterschiedlicher Rechtspersönlichkeiten auf ein Zielkonto (nur das Zielkonto ist damit zu disponieren),
- Ausschließlich zu Liquiditäts-Sammelzwecken für lokale Kundenzahlungen in verschiedenen Ländern,
- Zentrale Zahlungsabwicklung vom Pool-Führer in lokalen Währungen bzw. internationale Zahlungen,
- In einer Währung (z. B. Euro-Cash-Pool: Führung der Konten in lokaler Währung/EURO; Cash-concentration in EURO auf das Zielkonto),
- Lokales Collecting ist preiswerter als grenzüberschreitendes Sammeln/deutliche Reduzierung von Cross-Border-Zahlungen.

**Systematik einstufiges lokales/internationales Cash-Concentration:**

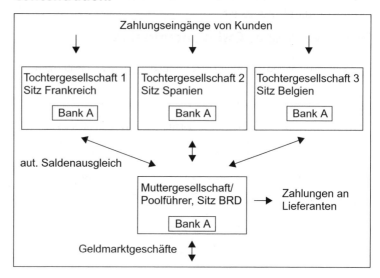

# 1 Cash-Management

## 1.4.2.3 Einstufiges lokales/internationales Cash-Concentration mit einer Bankverbindung (für Zahlungszwecke)

- Einfacher täglicher lokaler/internationaler Transfer von Kontensalden eines Unternehmens/unterschiedlicher Rechtspersönlichkeiten auf ein Zielkonto (nur das Zielkonto ist damit zu disponieren),
- Dezentrale Zahlungsabwicklung von Pool-Gesellschaften in lokalen Währungen bzw. internationale Zahlungen,
- Lokales Sammeln von Zahlungseingängen,
- Lokales Sammeln von Kundenzahlungen sowie Zahlen von Lieferantenverpflichtungen ist i. d. R. preiswerter als grenzüberschreitender Zahlungsverkehr.

**Systematik einstufiges Cash-Concentration für Zahlungszwecke:**

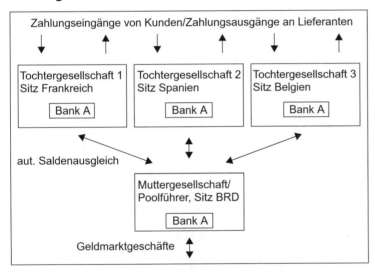

## 1.4.2.4 Zweistufiges nationales/internationales Cash-Concentration mit mehreren Bankverbindungen (sog. overlay-Struktur)

- In der ersten Stufe manueller Saldenübertrag von verschiedenen lokalen Banken auf lokales Cash-Pool-Konto; anschließend automatischer Transfer des Konto-Saldos auf ein Zielkonto,

- Für Unternehmensgruppen mit einer Gesellschaft im jeweiligen Land geeignet,
- Lokale Bankverbindungen können beibehalten werden,
- Lokaler Cash-Pool wird entweder zentral durch Muttergesellschaft oder dezentral durch Landesgesellschaft gesteuert (Bildung von Regional Finance Centres),
- Konzentration des Auslandszahlungsverkehrs auf wenige Einheiten; dadurch deutliche Erhöhung der Planbarkeit des lokalen/zentralen Cash-Flows,
- Erhöhter manueller Arbeitsaufwand.

**Systematik zweistufiges Cash-Concentration:**

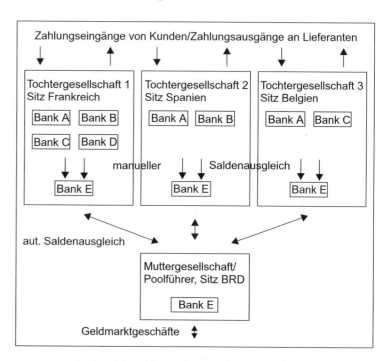

### 1.4.2.5 Mehrstufiges nationales/internationales Cash-Concentration mit mehreren Bankverbindungen (sog. overlay-Struktur mit pre-pooling)

- in der ersten Stufe Verdichtung der Kontosalden mehrere Landesgesellschaften auf lokales Cash-Pool-Konto durch

# 1 Cash-Management

manuelle Überträge; anschließend automatischer Transfer des lokalen Cash-Pool-Kontos auf zentrales Zielkonto,

- Für Unternehmensgruppen mit mehreren Gesellschaften im jeweiligen Land geeignet,
- Lokales Poolkonto kann von Landesgesellschaft (regionale Finanzholding) oder Muttergesellschaft geführt werden,
- Tochtergesellschaften können lokale Bankverbindungen beibehalten,
- Führung der lokalen Cash-Pools in Landeswährung; übergreifendes Cash-Concentration in einer Einheitswährung (z. B. USD oder EURO).

## Systematik mehrstufiges Cash-Concentration:

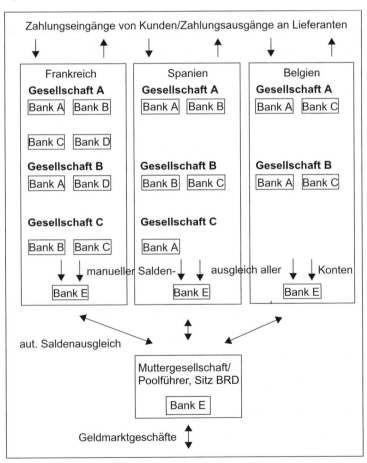

### 1.4.2.6 Cash-Pooling (fiktive Saldenverdichtung)

- Taggleiches Zusammenführen der positiven und negativen Salden von mehreren Konten einer oder mehrerer Rechtspersönlichkeiten auf ein zentrales Abwicklungskonto,
- Zinsmäßige Kompensation der Salden der betreffenden Konten,
- Sinnvoll dann, wenn mehrere Konzerngesellschaften oder die Muttergesellschaft mehrere Konten bei einer Bank unterhalten,
- Kann nur mit einer Bank durchgeführt werden,
- Nur für lokale Anwendung in der jeweiligen Landeswährung,
- Keine Auslösung physischer Zahlungsvorgänge und damit Vermeidung von Konzernforderungen oder -verbindlichkeiten,
- Keine steuerlichen Auswirkungen,
- Kein Meldewesen,
- Keine tägliche Dispositionsarbeit erforderlich,
- Zinseffekte werden direkt mit den Poolmitgliedern verrechnet,
- Die Pool-Bank übernimmt die gesamte Administration,
- Pooling lässt sich nicht in allen Ländern frei gestalten.

### 1.4.2.7 Zinsoptimierung

**Zinsoptimierung nicht um jeden Preis**

Eine vollständige Zinskompensation über verschiedene Konten eines Unternehmens als ideale Lösung ist nur dann möglich, wenn diese Kompensation

- zwischen Konten der gleichen Währung
- innerhalb des gleichen Landes
- der gleichen Bank
- und der gleichen Rechtsperson

# 1 Cash-Management

durchgeführt wird. Wenn nur eine dieser Bedingungen nicht erfüllt wird, kann keine Aufrechnung sondern nur noch eine Zinsoptimierung durchgeführt werden. Als Kostenfaktoren bei der Bank treten dann folgende Punkte auf und beeinflussen die Marge gegenüber dem Unternehmen:[16]

- Grundsatz I Belastung der Eigenkapitalquote,
- Risk-Weighted-Asset-Rules der BIZ (Bank für int. Zahlungsausgleich),
- Mindestreserve,
- Einlagensicherung,
- Opportunitätskosten.

Derartige anwendergerechte Lösungen werden im Markt derzeit beispielsweise von der Deutschen Bank („Interest Optimization"), der Dresdner Bank („Margin Compensation") bzw. ABN-AMRO ((„Cross border interest optimization") angeboten. Es handelt sich dabei im Prinzip um einen Zinsrabatt, der von der Höhe der Aufrechenmöglichkeiten der Soll- und Habensalden bestimmt wird.

*Zinsrabatt in Abhängigkeit des Aufrechnungsverhältnisses*

**Funktionsweise:**

- Bei der Pool-Bank wird für jede Tochtergesellschaft ein Konto eröffnet (Vorteil einheitliches Formularwesen),
- Die Konten werden an einen Referenz-Zinssatz gebunden verzinst (z. B. Referenzsatz +/− 0,30% p. a.),
- Von der Zentral-Stelle der Pool-Bank werden täglich die valutarischen Soll- und Habensalden der lokalen Tochtergesellschaften abgefragt und zu einem Gruppensaldo zusammengefasst,
- Fremdwährungssalden werden mit dem Kassakurs am Erfassungstag in die Leitwährung des Pools (z. B. USD oder EURO) umgerechnet,
- Es ergibt sich daraus ein bestimmtes prozentuales Aufrechnungsverhältnis von Soll und Haben,
- Wenn alle Salden auf einer Seite liegen = 1, wenn Soll und Haben sich genau ausgleichen = 0,

---

[16] Deutsche Bank, Global Cash Management

- In Abhängigkeit des Aufrechnungsverhältnisses errechnet sich ein Zinsrabatt, die die vereinbarte Maximal-Marge auf eine vorher vereinbarte Minimalmarge (z. B. 0,10% p. a.) schrumpfen lässt,

- Die täglich ermittelte Margenverbesserung wird auf den beteiligten Konten einmal monatlich im Rahmen der Zinsabrechnung berücksichtigt,

- Zinsgutschriften und -belastungen erfolgen direkt auf jedem Konto (Zinsstaffeln werden mitgeliefert).

**Vorteile der Systematik:** [17]

- Kein täglicher Ausgleich der Kontensalden über ein Pool-Hauptkonto,
- Keine täglichen grenzüberschreitenden Zahlungen,
- Kein Übertrag von Kontensalden und damit keine Buchung konzerninterner Forderungen und Verbindlichkeiten,
- Keine steuerlichen Auswirkungen/kein Meldewesen,
- Kein Problem der Zeitzonen (weltweites Optimieren möglich),
- Keine tägliche Dispositionsarbeit erforderlich,
- Zinseffekte werden direkt mit den Poolmitgliedern verrechnet.

**Systematik der Zinsoptimierung:**

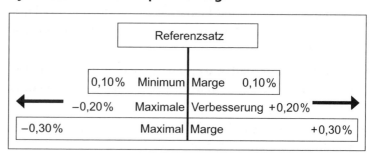

---

[17] Treasurylog 6/99, S. 10

# 1 Cash-Management

**Beispiel:** Aufrechnungspotenzial zwischen Geldaufnahme und Geldanlage 60%; damit tatsächlich zur Anwendung kommende Marge +/− 0,18% vom Referenzsatz.

## 1.5 Die Zahlungsverkehrssteuerung

Der gesamte Zahlungsverkehr zwischen den Banken und Kreditinstituten wird ab dem 1. 1. 1999 nur noch im **EURO** abgewickelt. Für die gesamte Wirtschaft gilt nach dem Grundsatz des Madrider Abkommens (keine Behinderung, kein Zwang), dass bis Ende 2001 der Zahlungsverkehr und die Kontoführung sowohl in EURO als auch in DEM möglich sind. Der EURO ist in diesem Übergangszeitraum bereits das gesetzliche Zahlungsmittel; die nationalen Währungen wie die DEM stellen dazu eine Unter- bzw. Recheneinheit dar.

*Zwei Währungen in der Übergangsphase*

Das Zusammenwachsen von Ländern und regionalen Wirtschaftsblöcken führt unweigerlich zu einer weiteren Liberalisierung des Handels. Dadurch verringern sich für viele Unternehmen ökonomische, technische und rechtliche Barrieren. Sie können relativ leicht auf ausländischen Märkten Fuß fassen. Da dieser Prozess global einsetzt, führt dies zu einem verstärkten Wettbewerb zwischen den Anbietern. Gleichzeitig kommt es zu einem Mehr an Wachstumsdynamik. Die Unternehmen können geschickt grenzübergreifende Preis- und Kostenunterschiede nutzen. Dieser Prozess wird sich in einer weiter steigenden Bedeutung des Zahlungsverkehrs widerspiegeln.

*Steigende Bedeutung des Zahlungsverkehrs*

### 1.5.1 Begriff, Bedeutung und Ziele des Zahlungsverkehrs

Unter dem Begriff „**Zahlungsverkehr**" ist grundsätzlich die Übertragung von Zahlungsmitteln zu verstehen:

- Zahlungsausgänge an Lieferanten- und sonstige Dritte, Lohn- und Gehaltszahlungen an Mitarbeiter,
- Zahlungseingänge von Kunden (nicht nur postalisch oder per Banktransfer, sondern auch physisch direkt am point-of-sale).

**Instrument zur Kundenbindung**

Zuverlässige Ausführung, rechtzeitige Verfügbarkeit sowie kostengünstige Abwicklung sind Eigenschaften, die bei jeder Geldtransaktion wichtig sind. Für das Unternehmen stellen zudem die Zahlungsbedingungen (Definition des Zahlungsinstrumentes sowie der Form der Zahlung) zur Bindung und Gewinnung von Kunden im Rahmen des vorhandenen Marketing-Mix einen wichtigen Wettbewerbsfaktor dar.

**Zahlungsbedingungen und Einflussfaktoren:**

- Bonität und Marktstellung von Käufer und Verkäufer,
- Politische/wirtschaftliche Situation im Land des Käufers bzw. Verkäufers,
- Branchen-Usancen und Devisenbestimmungen,
- Möglichkeiten und Kosten der Kreditaufnahme.

**Optimierung des Zahlungsverkehrs**

Die verstärkte Konkurrenzsituation, eingeleitet durch das weltweite Zusammenwachsen der Märkte, zwingt die Unternehmen dazu, durch den Einsatz von Informationstechnologie sowie neuen Abwicklungsformen nach rationellen Verfahren zur Durchführung von zeitkritische Großbetragszahlungen sowie zeit- und valutenunkritischen Klein- und Kleinstbetragszahlungen (sog. „Bulk"-Zahlungen) zu suchen.

**Zielsetzung der Zahlungsverkehrssteuerung ist es,**

- die effiziente Abwicklung von Zahlungsausgängen durch eine optimale Auswahl der Instrumente, des Zahlungsweges, des Zahlungszeitpunktes sowie einer weitgehend automatisierten Verarbeitung sicherzustellen,
- Zahlungseingänge durch Organisationsformen, Systeme und Instrumente so zu beschleunigen, das das Unternehmen möglichst schnell über Liquidität verfügen kann,
- und damit die Refinanzierungskosten/Gebührenstruktur des Unternehmens (Ertragsoptimierung/Aufwandsminimierung) positiv beeinflusst wird.

# 1 Cash-Management

## 1.5.2 Organisation des Zahlungsverkehrs im Unternehmen

In Abhängigkeit der Struktur (Größe, Internationalisierungsgrad) sowie des Zentralisierungsgrades der Finanzgeschäfte muss geregelt werden, welche Organisationseinheit (en) für die Koordination, Steuerung und Überwachung des Zahlungsverkehrs verantwortlich sind. Diese Entscheidung hängt eng mit der grundsätzlichen Ausrichtung der Cash-Management-Aktivitäten im Unternehmen (zentral, dezentral oder gemischt) zusammen. Die Konzentration der Cash-Management-Aktivitäten führt bei vielen Unternehmen dabei auch zu einer Zentralisierung der Zahlungsverkehrsabwicklung.

*Organisation des Zahlungsverkehrs*

**Demzufolge bieten sich für größere Unternehmensgruppen zwei Grundformen an:**

- Dezentrale Abwicklung bei den Tochtergesellschaften (im Rahmen deren Ergebnisverantwortung; auch abhängig von der EDV-technischen Ausstattung); die Muttergesellschaft übernimmt dabei die übergeordnete Koordination wie beispielsweise Definition der Zahlungsverkehrsbanken (Anzahl der Banken/Kontenstruktur), Gebührenverhandlungen mit den Banken (konzerneinheitliche Regelungen) sowie Festlegung der Instrumente und Zahlungswege,
- Zentrale Abwicklung und Kontrolle: hierbei wird zunehmend eine so genannte Settlement-Bank benutzt (Vorteile: Vermeidung einer Vielzahl von Kommunikationsbeziehungen zu lokalen Banken; ein kompetenter Ansprechpartner).

**Der Zahlungsverkehr als Kostenfaktor – optimale Gebührengestaltung**

Die Banken stellen für die Ausführung des Zahlungsverkehrs in Abhängigkeit des Umfanges der erbrachten Dienstleistungen unterschiedliche Gebührensätze in Rechnung. Allgemein bekannt ist dabei die Situation, dass die Banken in diesem Bereich zumeist nicht kostendeckend arbeiten. Zu unterscheiden ist zwischen direkten (d. h. in der G+V als Aufwand erfassten) und indirekten (nicht in der G+V erfassten) Gebühren.

*Unterschiedliche Bankgebühren*

**Transparente Darstellung erforderlich**

Bevor mit den Banken über die Gebührengestaltung verhandelt wird, sollte eine Übersicht erstellt werden, die die gesamten Kosten des Zahlungsverkehrs, aber auch andere Kriterien wie z. B. Rahmenausnutzungen aufzeigt:[18]

### Übersicht Kosten für Bankdienstleistungen:

| Übersicht Bankzinsen und Spesen per ....... | | | | | |
|---|---|---|---|---|---|
| Angaben in TDM | | Bank A | Bank B | Bank C | gesamt |
| Kontokorrent-Kreditrahmen<br>Wechselkreditrahmen<br>Kreditrahmen gesamt<br>Zinsen lfd. Jahr kumuliert in<br>durchschnittlicher Außenstand<br>durchschnnittliche Ausnutzung in % | | | | | |
| Zinssätze in %: | KK Soll<br>KK Haben<br>Geldmarkt Soll<br>Geldmarkt Haben<br>Wechsel | | | | |
| Gebühren | Bereitst. Provision<br>Kontoführ. Gebühr<br>Posten-Gebühr<br>Pooling<br>Electronic Banking<br>Überziehungsprov.<br>Inkassi<br>Akkreditive<br>Abschlussspesen<br>**Gebühren gesamt** | | | | |
| Umsätze: | absolut<br>in % | | | | |
| Valutastandard: | Zahlungseingänge (Tage)<br>Zahlungsausgänge (Tage) | | | | |

### Wer trägt die Kosten von Zahlungen?

Im Inlandszahlungsverkehr werden die Kosten in der Regel dem Auftraggeber belastet. Im Auslandszahlungsverkehr können hierzu individuelle Regelungen (Gebührentrennung/alle Gebühren zu Lasten Auftraggeber bzw. Empfän-

---

[18] Frotzler, Cash Management, S. 231

# 1 Cash-Management

ger) getroffen werden. Auch kann individuell vereinbart werden, ob die Gebühren vom zu überweisenden Betrag abgezogen oder aber gesondert in Rechnung gestellt werden.

Ein Hauptaugenmerk sollte auch auf die so genannten „fremden Gebühren" gerichtet werden. Häufig werden bei Zahlungseingängen aus dem Ausland diese Gebühren pauschal zusätzlich zu den eigenen Gebühren in Rechnung gestellt. Wichtig ist hierbei der Tatbestand, dass das Unternehmen auf die Höhe dieser Gebühren keinen Einfluss hat. Grundsätzlich sollte deshalb von Seiten des Vertriebes bzw. im Liefer- und Leistungsvertrag eine saubere Gebührentrennung vereinbart werden.

**Gebührenteilung sinnvoll**

**Formulierungsbeispiel:**

> „All bank charges and commissions at buyers bank are for buyers account, whereas all bank charges at sellers bank are for sellers account"

### Als Kostenblöcke fallen beim Auslandszahlungsverkehr an:

- Die Dienstleistungen der auftraggebenden Bank,
- Eine eventuelle Währungskonvertierung,
- Die Bereitstellung des Gegenwertes im Ausland,
- Die Kosten der empfangenden Bank.

Neben den direkten Bankgebühren sind auch indirekte Gebühren in Form von Zeitverlusten (so genannten Wertstellungstagen) bei der Ausführung von Zahlungen festzuhalten. Dies betrifft insbesondere eingehende Inlands- und Auslandszahlungen. Gerade bei größeren Beträgen kann durch den Verlust eines Valutatages oftmals eine höhere indirekte Gebühr anfallen, als dies bei der direkten Gebühr der Fall ist. Ein Tag Zinsgewinn durch schnellere Verfügung über die Liquidität schlägt sich bereits deutlich in einer Verbesserung des Zinsergebnisses nieder.

**„Versteckte" Kostenbelastung**

Grundsätzlich ist es den Kreditinstituten freigestellt, den Zeitpunkt der Gutschrift einer eingetroffenen Kundenzahlung festzulegen. Das ab 1999 geltende Überweisungsgesetz

**Buchungsschnitt der Banken beachten**

schränkt allerdings diesen Handlungsspielraum ein. Als Buchungsschnitt werden dabei (in Abhängigkeit der Zahlungsform) unterschiedliche Zeiten festgelegt; dies heißt, dass danach eingehende Gutschriften nicht mehr Valuta taggleich gestellt werden. Zahlungsaufträge werden in der Regel einen Tag nach Einreichung dem Konto belastet. Zu beachten ist deshalb der Buchungsschnitt der Bank (so genannter „Cut-off-time"). Hier sind im Vorfeld eindeutige Absprachen mit den Banken zu treffen.

Bei den Gebührenverhandlungen mit der Bank sollte deshalb unter Berücksichtigung des Standings des Unternehmens, der Volumina sowie der gesamten mit der Bank abgewickelten Geschäfte (Quersubventionierung) folgendermaßen vorgegangen werden. (Dabei sollte auch an die später unbedingt durchzuführende Kostenkontrolle gedacht werden):

- **Inlandszahlungsverkehr:** aus Transparenzgründen Vereinbarung einer Stückgebühr oder einer zeitabhängigen Pauschale,

- **Auslandszahlungsverkehr:** Vereinbarung eines Promille-Satzes, der auf den jeweiligen Überweisungsbetrag berechnet wird; Festlegung einer Minimum- und Maximumgebühr; gleichzeitig Vereinbarung eines Mindest- sowie Höchstbetrages pro Überweisung.

**Jährliche Überprüfung notwendig**

Die Gebührenregelung sollte jährlich auf der Grundlage der Ist-Werte sowie der allgemeinen Zusammenarbeit mit der Bank zusammen mit dem Kundenbetreuer überarbeitet werden. Zweckmäßig ist es auch, Konkurrenzangebote einzuholen. Bestehende Bankverbindungen sind in diesem Zusammenhang genau zu überdenken, da jede Verbindung Aufwand und Kosten verursacht. Eine Bankverbindung sollte deshalb sowohl nach geschäftspolitischen (z. B. Einräumung von Kreditlinien) als auch kaufmännischen Gründen aufrechterhalten werden.

**Hierbei sind folgende Auswahl-Kriterien wichtig:**

- Leistungsfähigkeit der Bank,
- Angebot von Dienstleistungen,
- Qualität der Dienstleistungen,

# 1 Cash-Management

- Zuverlässigkeit in der Ausführung,
- Flexibilität,
- Preisstruktur.

Rationalisierungspotenziale liegen dabei oftmals nicht nur in einer optimalen Gebührengestaltung, sondern können auch durch eine Reduzierung der Transaktionen selbst erreicht werden. Dies kann beispielsweise durch die Veränderung der gegenüber den Kunden festgelegten Zahlungsbedingungen erreicht werden.

**Kostenminimierung möglich**

**Beispiel:**

Bisherige Zahlungskondition: 30 Tage netto; zukünftige Zahlungskondition: am 15. des der Lieferung folgenden Monats.

Im Durchschnitt entspricht die neue Regelung der alten Kondition; die Anzahl der Zahlungseingänge kann jedoch damit deutlich reduziert werden. Durch die Zusammenfassung zu größeren Zahlungsbeträgen wird insbesondere für Zahlungseingänge aus dem Ausland der Grenzbetrag der Normalkondition (z. B. 0,4‰, max. DM 200,–) überschritten, so dass eine deutliche Reduzierung des Gebührensatzes erreicht wird. Zudem wird interner Verwaltungsaufwand durch die Erfassung und Bearbeitung von weniger Zahlungsvorgängen eingespart.

Des Weiteren fällt in diesen Bereich auch eine Verringerung des konzerninternen Zahlungsverkehrs. Wie bereits bei den Clearing-Techniken ausgeführt, können durch Netting (verrechnen statt zahlen) von Forderungen und Verbindlichkeiten der Konzerngesellschaften Zahlungstransaktionen vermieden und damit auch Transaktionskosten eingespart werden. Der Zahlungsverkehr kann sich hier auf beispielsweise einmal monatlich stattfindende Ausgleichszahlungen beschränken. Auch hierfür sollten Sonderabsprachen mit den Banken (z. B. hinsichtlich Stückgebühren und Wertstellungstagen) getroffen werden.

**Weitere Optimierung durch Netting**

### 1.5.3 Steuerung von Zahlungsein-/-ausgängen

**Unternehmens-liquidität schonen**

Zusätzlich gilt es, die Liquidität des Unternehmens zu schonen und damit positive Zinseffekte zu generieren (Zielsetzung: Liquiditätssicherung, Rentabilitätsmaximierung, Risikoreduzierung).

**Dies bedeutet grundsätzlich:**

- Auszahlungen unter Ausnutzung höchstmöglicher Skontovorteile möglichst lange durch den Einsatz geeigneter Instrumente und Techniken hinaus zu zögern (**Lagging**). Eine fristgerechte Zahlung muss jedoch stets gewährleistet sein,

- Zur Realisierung von Forderungen ist ein möglichst rasches Versenden der Rechnungen notwendig, ein möglichst früher Zeitpunkt, ab dem die Zahlungsfrist zu laufen beginnt sowie geeignete Zahlungstechniken und Kontoorganisationen (**Leading**).

**Beispiel:**

Ein Lieferant hat folgende Zahlungsbedingungen: 2% Skonto bei Zahlung innerhalb von 10 Tagen, zahlbar spätestens 30 Tage nach Rechnungserhalt.

Formel:

$$\text{Jahreszins} = \frac{\text{Skontosatz} \times 360}{\text{Zahlungsziel} - \text{Skontofrist}}$$

$$p = \frac{2\% \times 360}{30-10} = 36\%$$

Ergebnis: Ein Verzicht auf Skonto bringt dem Unternehmen zwar 20 Tage Zinsgewinn, kostet jedoch auf das Jahr hochgerechnet 36% p. a.
Schlussfolgerung: wenn möglich Zahlungen unter höchstmöglicher Skontoausnutzung vornehmen!

# 1 Cash-Management

## 1.5.4 Zahlungsformen und Techniken

### Zahlungsverkehr und Euro

In der EURO-Übergangsphase können Zahlungsaufträge wahlweise in DEM oder EURO erteilt werden. Dies geschieht unabhängig davon, ob die Konten der Beteiligten in DEM oder EURO geführt werden. Es muss allerdings aus dem Auftragsbeleg eindeutig hervorgehen, in welcher Währung der Auftrag auszuführen ist. Aufträge ohne Währungsangabe werden grundsätzlich erst nach Rückfrage ausgeführt. Bei der Einreichung von Zahlungen muss darauf geachtet werden, dass EURO-Zahlungsaufträge und DEM-Zahlungsaufträge in getrennten Datenträgern eingereicht werden. Auch sollte der Grundsatz gelten, dass eingehende Lieferantenrechnungen immer in der fakturierten Währung bezahlt werden sollten. Damit ist sichergestellt, dass der Geschäftspartner genau den Betrag gutgeschrieben bekommt, den er auch in Rechnung gestellt hat.

*Spezielle Handhabung in der Übergangsphase*

### Standardisierung

Zur Vereinfachung der Auftragserteilung im internationalen Zahlungsverkehr hat das europäische Kreditgewerbe über das ECBS (European Committee for Banking Standards) die **International Bank Account Number (IBAN)** entwickelt. Sie wird gleichzeitig weltweit als ISO-Norm veröffentlicht. Die IBAN enthält u. a. das 2-stellige ISO-Länderkennzeichen (für Deutschland beispielsweise DE) und eine 2-stellige Prüfziffer, die nach einem einheitlichen Algorithmus gebildet und berechnet wird. In Deutschland ist die IBAN 22-stellig, neben Länderkennzeichen und Prüfziffer folgt die Bankleitzahl (8-stellig) sowie die Kontonummer (10-stellig, ggf. linksbündig mit Nullen ausgefüllt). Die IBAN soll zukünftig für den grenzüberschreitenden Zahlungsverkehr eine einheitliche strukturierte Angabe von Bankidentifikation und Kontonummer, eine eindeutige Identifikation des kontoführenden Landes und eine einheitliche Absicherung des Gesamtbegriffes gewährleisten, ohne dass Änderungsmaßnahmen im nationalen Zahlungsverkehr notwendig werden.

*Standardisierung im Zahlungsverkehr*

Die Entwicklung einer einheitlichen internationalen Bankleitzahl stellt ein weiteres Bindeglied hin zu einer Standardi-

**Weitere Standardisierung notwendig**

sierung im Zahlungsverkehr dar. Damit eine automatische Erfassung und Bearbeitung bei allen Beteiligten (Banken, Auftraggeber, Empfänger) möglich ist, müssen noch weitere Bereiche vereinheitlicht werden:

- Eindeutige Kunden- und Lieferantennummernsysteme,
- Eindeutige Rechnungsnummern,
- Eindeutige Referenzierung von Bestellanfrage über Lieferung bis zur Rechnung und Zahlung.

**Clearingverfahren**

**Drei leistungsfähige Abrechnungssysteme**

Seit Januar 1999 stehen Banken für die Abwicklung innereuropäischer Großzahlungen drei leistungsfähige Euro-Zahlungssysteme sowie diverse Abrechnungssysteme von Bankorganisationen zur Verfügung:

- **TARGET** (Trans-european Automated Real-time Gross settlement Express Transfer system): Dieses von der Europäischen Zentralbank (EZB) entwickelte Zahlungsverkehrssystem soll den Liquiditätsausgleich (insbesondere Großbetragszahlungen) zwischen den unterschiedlichen europäischen Finanzplätzen gewährleisten. Es wurde im Wesentlichen geschaffen, um für eine reibungslose Abwicklung der Geldpolitik der EZB zu sorgen. Target ist als Echtzeit-Bruttozahlungssystem konzipiert, dass die einzelnen nationalen Systeme miteinander verbindet. Einzelne Zahlungen werden unverzüglich bilateral verbucht. Bei dieser Systematik werden Zahlungen nur ausgeführt, wenn sie durch Kontoguthaben oder durch pfandgesicherte Innertags-Kreditlinien gedeckt sind. Sie werden mit der Buchung auf dem Konto endgültig. Die frühe Endgültigkeit der Zahlung ist der entscheidende Sicherheitsvorteil gegenüber den Nettosystemen. Ein wesentlicher Vorteil bei diesem System sind noch die langen Betriebszeiten; das System steht EU-weit von 7 Uhr bis 17 Uhr für Kundenzahlungen bereit.

- **EAF** (Euro Access Frankfurt): Es handelt sich hierbei um die eurofähige Version eines schon seit Jahren von der Deutschen Bundesbank betriebenen Clearingsystems, zu dem mittlerweile zahlreiche deutsche und ausländische Banken Zugang haben. Es eignet sich für alle Arten von

# 1 Cash-Management

Zahlungen. Als Betreiber tritt die Landeszentralbank in Hessen auf.

- **Euro 1 der EBA** (European Banking Association): Parallel gibt es seit dem Dezember letzten Jahres das von 62 Banken getragene privatwirtschaftliche transeuropäische Zahlungsverkehrssystem. Das EURO-Zahlungssystem EBA wurde zusammen mit dem internationalen Datenübertragungssystem zur Verrechnung von Zahlungen zwischen Banken SWIFT entwickelt. Dabei stellt SWIFT speziell für die EBA einen Clearing-Computer bereit, über den die Banken ihre Zahlungen im Nettoverfahren minütlich abwickeln können. Durch die direkte Verbindung unter den teilnehmenden Banken werden Zahlungen schneller ausgeführt, da keine Korrespondenzbanken mit einbezogen werden müssen. Durch den Vorteil, Zahlungen zusammenzufassen, sind die Banken in der Lage, die Kosten des Zahlungsverkehrs deutlich zu minimieren.

- **Sonstige Systeme:** Neben diesen Großbetragszahlungssystemen haben auch Geschäftsbanken eigene Zahlungsverkehrssysteme für die Abwicklung des Auslandszahlungsverkehrs entwickelt bzw. nutzen weiter das Netz der Korrespondenzbanken. So sei beispielsweise das System TIPANET des genossenschaftlichen Verbundes oder S-Interpay der Sparkassen genannt.

Den Banken stehen damit mehr Übertragungskanäle zur Weiterleitung von Auslandsüberweisungen zur Verfügung als vor der Währungsunion.

*Erweiterte Übertragungsmöglichkeiten*

## Exkurs: SWIFT

SWIFT ist die Abkürzung für Society for Worldwide Interbank Financial Telecommunication, unter der der internationale Zahlungsverkehr durch ein vollautomatisches und beleglose Datenfernübertragungssystem durchgeführt wird. Die Banken geben dabei die Daten der Zahlungsaufträge an einen internationalen Konzentrator nach Frankfurt weiter. Von dort werden die Daten an die zentrale Schaltstelle von SWIFT in Holland weitergeleitet. Anschließend werden sie über den nationalen Konzentrator im Empfängerland oder über eine weitere Schaltzentrale an die genannte Empfängerbank weitergeleitet. Die SWIFT-Nachricht erscheint bei der Empfängerbank am Terminal. Für die Bezeichnung von Währungen werden dreistellige ISO-Codes (z. B. DM = DEM oder US-Dollar = USD) verwendet. Alle Mitgliedsinstitute haben eine 8stellige SWIFT-Adresse.[19]

**Der Einsatz von Electronic Banking**

*Elektronische Abwicklung sinnvoll*

Für ausgehende Zahlungen sollte aus Effizienzgründen der Grundsatz gelten, möglichst keine beleghaften Zahlungen mehr vorzunehmen, sondern auf elektronische Verfahren umzustellen. Besonders rationell ist hierbei der Einsatz der Datenfernübertragung. Transportzeiten sowie erhöhter Bearbeitungsaufwand für die Einreichung von Datenträgern in Form von Papierbelegen sowie Disketten entfallen bzw. werden minimiert. Damit wird zusätzlicher personeller und materieller Aufwand bei den Banken eingespart, der sich in entsprechend attraktiven Konditionen gegenüber den Auftraggebern niederschlägt. Hier bieten sich insbesondere bei vielen mittelständischen und kleinen Unternehmen noch große Rationalisierungspotenziale.

**Electronic Banking** hilft dabei, die wesentlichen Fakten transparent zu machen. Dies geschieht durch Übermittlung von elektronischen Datensätzen – sei es bei Bankorders und Bankinformationen oder bei sonstigen Marktinformationen. Man bedient sich dabei der Zahlungsformate DTAUS bzw. DTAZV sowie internationaler SWIFT-Zahlungsformate. Als Kommunikationsstandard hat sich für Unternehmen die Datenfernübertragung (Datex-P bzw. J oder ISDN) als kostengünstige, zuverlässige und schnelle Lösung etabliert. Daneben besteht noch die Möglichkeit des Datenträgeraustausches (z. B. per Magnetband oder Diskette) insbesondere für sensible Zahlungen mit entsprechendem Sicherheitshintergrund.

*Elektronische Freigabe der Zahlungen*

Bei der Datenfernübertragung stellt sich dabei grundsätzlich die Frage nach der Authorisierung des Auftraggebers. Zunehmend werden schriftliche Authorisierungen (z. B. per Telefax) durch digitale Signaturen (= **elektronische Unterschrift**) abgelöst. Es stellt sich bei diesem Verfahren allerdings die Frage, wie eindeutig es ist, dass der Kunde wirk-

---

[19] Bank-Akademie, Auslandsgeschäfte 1990, Teil 5, Kapitel 6.1, S. 7

## 1 Cash-Management

lich der Absender war und dass der Antrag auf dem Übertragungsweg nicht verändert wurde. Neben dem Vorhandensein moderner kryptografischer Verfahren werden deshalb auch hohe Anforderungen an die Gestaltung signaturfähiger Geräte und an die konkreten Umstände einer Signaturerstellung (z. B. PIN-Codes) gestellt.

Die übermittelten Daten dienen nicht nur dem Informationsfluss zwischen Kunde und Bank. Mit **EDIFACT (Electronic Data Interchange for Administration, Commerce and Transport)** wurde ein weltweit gültiger, branchenübergreifender Nachrichtenstandard zur elektronischen Übermittlung von Geschäftsnachrichten geschaffen. Dahinter steht der Grundgedanke, Zahlungsverkehrsdaten, die in den Finanzbuchhaltungsprogrammen vorhanden sind, ohne Doppelerfassung mit Zahlungsverkehrs- und Cash-Management-Programmen automatisiert zu nutzen. EDIFACT ermöglicht neben der Übermittlung von Zahlungsverkehrsangaben deshalb gleichzeitig die Übertragung von Verwenderangaben, die zum Beispiel in das Bestellwesen eingespeist werden können.

**International gültiger Nachrichtenstandard**

Sofern beide Geschäftspartner EDIFACT nutzen, ist ein durchgängiger Datenfluss zwischen Auftraggeber und Empfänger gewährleistet. Die Daten werden im strukturierten Format MT940 empfangen und können damit über eine Schnittstelle in der Finanzbuchhaltung weiterverarbeitet werden. Durch die beleglose Weiterleitung von Daten wird ein wesentlicher Schritt des Unternehmens in Richtung Informationsgesellschaft vorgenommen. Für das Unternehmen ergibt sich durch die Übernahme der Daten (Finanzbuchhaltung, Analysesysteme) ein hoher Weiterverarbeitungsnutzen.

**Durchgängiger Datenfluss möglich**

**Überweisungsauftrag an die Bank mittels DFÜ:**

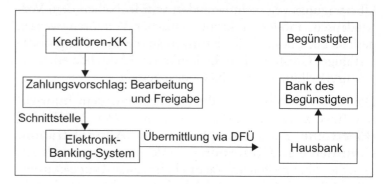

Bei Auswahl der Zahlungsformen sollte nach folgenden Grundsätzen vorgegangen werden:

- Anzustreben ist immer die Auswahl der Zahlungsart mit der günstigsten Wertstellung,
- Minimierung des Bearbeitungsaufwandes durch maximale Nutzung automatisierter Systeme,
- Speziell bei kostenintensiven Zahlungsformen (Auslandszahlungen, Akkreditive, Inkassi) vereinbaren günstiger Spesen-Sätze,
- Berücksichtigung des Zahlungszeitpunktes sowie der Skontoausnützung (Lagging),
- Bei Bedarf kombinieren der Zahlungsfunktion mit einer günstigen Kreditfinanzierung (z. B. Wechsel),
- Maximale Ausnutzung des Serviceangebotes diverser Banken.

**Die Zahlungsinstrumente können im Hinblick auf die Form der Zahlung wie folgt geordnet werden:**

- Girale Zahlungen
    - Bankscheck
    - Überweisung
    - Bankeinzug
    - Debitkarte
    - Kreditkarte

# 1 Cash-Management

- Bare Zahlungen
  - Münzen und Noten (materielle Zahlungsmittel)
  - Reisescheck
  - Vorausbezahlte Wertkarte (z. B. Telefonkarte)
  - Digitales Bargeld (immateriell)

Im Hinblick auf die Sicherstellung der Zahlung kann der Zahlungsverkehr in zwei Gruppen untergliedert werden:

- Nicht gesicherte, nicht dokumentäre oder reine Zahlungen (so genannte „clean-payments"),
- Gesicherte bzw. dokumentäre Zahlungen.

### 1.5.4.1 Der nicht-dokumentäre Zahlungsverkehr

Es handelt sich hierbei um Zahlungen, an deren Ausführung keine besonderen Bedingungen geknüpft werden. Der Zahlungsempfänger wird hierbei im Unklaren gelassen, ob der Zahlungsverpflichtete seinen Zahlungsverpflichtungen nachkommen wird. Diese Zahlungsform setzt daher einerseits ein großes Vertrauen in den Geschäftspartner; andererseits ein weitverzweigtes Bankenkorrespondenz-System voraus. Die ungesicherte (oder reine) Zahlung basiert in der Regel auf folgenden Zahlungsbedingungen:

**Einfachste Form der Zahlungsausführung**

- Voraus- oder Anzahlung,
- Zahlung gegen offene Rechnung,
- Zahlung gegen offenes Zahlungsziel.

Neben dem im Unternehmen auftretenden Standard-Zahlungsverkehr (Lieferantenzahlungen, Personalzahlungen etc.) soll nachstehend auch auf Zahlungsformen, die am so genannten „point-of-sales" zur Anwendung kommen, eingegangen werden.

**Die Bargeldzahlung:**

Bargeld ist nach wie vor das beliebteste Zahlungsmittel der Einzelhandelskunden.

**Es entstehen für den Händler jedoch erhebliche Kosten hinsichtlich**

- des Vorhaltens von Wechselgeld,
- der Verwaltung des Geldes: zählen, kontrollieren, bündeln, verpacken,
- dem Auftreten von Kassendifferenzen,
- der Gefahr von Falschgeldannahme,
- möglichen Diebstahles, Raubes,
- der Organisation von internen Transporten,
- der Versicherung sowie des externen Transportes,
- der Bankgebühren bei der finalen Einzahlung.

**Durch die Umstellung von DEM auf EURO werden einzelne Branchen besonders betroffen:**

- Einzelhandel
- Banken
- Hotel- und Gaststättengewerbe
- Automatenaufsteller
- Tankstellen

**Handlungsbedarf entsteht dabei wie folgt:**

- Es müssen größere Kapazitäten für die Bargeldhaltung DEM und EURO vorgehalten werden (z. B. Tresore),
- Größere Bargeldbestände bedingen auch größere Risiken und daher höhere Versicherungsprämien,
- Der Bedarf an Liquidität steigt zwangsläufig und erhöht damit die Kapitalbindung,
- Sämtliche Ladestationen für Plastikgeld sowie Bargeld-Automaten müssen rechtzeitig umgestellt werden. Bereits bei der Anschaffung neuer Automaten sollte der Formatwechsel deshalb vorgesehen werden.

# 1 Cash-Management

### Der kartengestützte Zahlungsverkehr: Die Kreditkarte

Die Kreditkarte erfreut sich zunehmender Beliebtheit, obwohl die Kosten dieses Zahlungsinstrumentes absolut die höchsten sind (3–5 % des über die Karte abgewickelten Umsatzes). Es existiert für den Zahlungsempfänger durch die Garantie der Kartenorganisation kein Zahlungsausfallrisiko. Ein entscheidender Vorteil gegenüber sämtlichen anderen Zahlungsinstrumenten liegt darin, dass dem Auftraggeber ein größerer Kreditrahmen zur Verfügung steht. Die Kreditkarte kommt bei großvolumigen Zahlungen im Einzelhandel und dort, wo entsprechende Handelsspannen zur Verfügung stehen, zum Einsatz.

*Kartenzahlung zunehmend beliebter*

### Der Einsatz von Kreditkarten ist jedoch aus folgenden Gründen begrenzt:

- Diese Zahlungsform ist für die Zahlung von Kleinstbeträgen zu teuer,
- Es fehlt die Anonymität,
- Die Marktpartner müssen die entsprechenden technischen Voraussetzungen schaffen,
- Die Menge der Kunden, die über keine Karten verfügt, kann nicht erschlossen werden.

### Der kartengestützte Zahlungsverkehr: ec-Cash

Die ec-Karte wirkt bei der Bezahlung über Electronic-Cash wie eine Kreditkarte. Die Gebühren sind allerdings deutlich geringer. Während bei der Kreditkarte die Bestätigung mittels Unterschrift erfolgt, wird dies bei der ec-Karte durch die Eingabe einer Geheimnummer (PIN) wahrgenommen. Die Zahlung wird on-line vom Konto des Auftraggebers abgebucht. Voraussetzung ist, dass der Händler über eine Leitungsverbindung verfügt.

*Vorteile durch ec-Cash*

### Der kartengestützte Zahlungsverkehr: Das Lastschriftverfahren

Der Zahlungsbetrag wird hier nicht per Telefon direkt über die ec-Karte gebucht, sondern es wird nur ein Beleg (die Lastschrift) erstellt. Es ergeben sich deutlich niedrigere Transaktionskosten als bei Kreditkarten- und ec-Karten-

**Risiko für den Einzelhändler**

Zahlung. Weist das Konto des Kunden allerdings keine Deckung auf, wird die Lastschrift zurückgegeben; der Einzelhändler trägt damit das Zahlungsausfall- und Kreditrisiko in vollem Umfang. Durch den Abschluss von Kreditversicherungen kann hier teilweise Abhilfe geschaffen werden. Das Ausfallrisiko hängt damit weitgehend von der Kundenstruktur des Einzelhändlers ab.

### Der kartengestützte Zahlungsverkehr: Die Geldkarte

**Alternative zum Bargeld**

Als zusätzliche Anwendung wird seit zwei Jahren auf der ec-Karte eine elektronische Geldbörse implementiert. Konzipiert wurde dieses System als echte Alternative zum Bargeld und damit als Zahlungsverkehrsverfahren speziell für kleine Beträge. Das System ist auf Multifunktionalität hin ausgerichtet, d. h. mehrere Anwendungen können nebeneinander laufen. In elektronischer Form können bis zu DEM 400 auf dem Chip gespeichert werden. Nach dem Kaufvorgang wird der Gegenwert mittels eines Lesegerätes auf den Händler übertragen, der diesen wiederum bei seinem Kreditinstitut einreicht. Mit Hilfe eines Taschenkartenlesers kann sich der Geldkarteninhaber dabei jederzeit über den Inhalt seiner elektronischen Geldkarte überzeugen sowie die letzten 15 Transaktionen abrufen.

### Zahlungen mittels Scheck

Scheckzahlungen waren bisher ein beliebtes Instrument, um einerseits der Zahlungsverpflichtung rechtzeitig nachzukommen. Die Zahlung gilt dabei in dem Moment als erwirkt, in dem sich der Scheck körperlich im Besitz des Zahlungsempfängers befindet (z. B. im Briefkasten/Postfach). Andererseits werden noch zusätzliche Effekte durch Floatgewinne erzielt. Hierbei handelt es sich um den Zinsgewinn, der aus der zeitlichen Differenz zwischen Eingang beim Empfänger und Belastung auf dem Konto des Auftraggebers resultiert.

Durch ein schnelleres Clearing der Schecks werden allerdings die Scheckrücklaufzeiten zwischenzeitlich stark verkürzt; hinzu kommt das seit einiger Zeit anhaltende niedrige Zinsniveau sowie das mit einer Scheckzahlung und deren Disposition verbundene umständliche Handling. Die Deckung vorgelegter Schecks auf dem Konto kann dabei

# 1 Cash-Management

entweder durch statistische Erfassung oder nach Absprache mit der Bank durch rückwirkendes Tagegeld disponiert werden. Die Banken können die Information über Scheckeinlösungen in der Regel elektronisch oder mittels Disketten an das Unternehmen weitergeben. Dadurch wird eine vollautomatische Weiterbearbeitung (Auszifferung im Kreditorenkontokorrent) ermöglicht.

**Automatisierte Auszifferung möglich**

Die Entscheidung, ab welchem Betrag eine Scheckzahlung wirtschaftlich sinnvoll ist, kann nur durch eine Gegenüberstellung der Kosten und des Nutzens aus der Scheckzahlung erfolgen.

**Beispiel: Kosten-/Nutzen-Rechnung der Scheckzahlung**

| Sachkosten | EDV-Ausdruck/Kuvert | 0,03 EUR |
|---|---|---|
| | Abschreibung Maschinen | 0,15 EUR |
| | Porto (Brief) | 0,55 EUR |
| Personalkosten | Bearbeitungsaufwand | 1,25 EUR |
| **Gesamtaufwand pro Scheck** | | **1,98 EUR** |

Unterstellt man bei einem aktuellen Zinsniveau von 6 % p. a. einen Floatgewinn von durchschnittlich 2 Zinstagen, so wird eine Scheckzahlung erst ab einem Betrag von

EUR 5 940

wirtschaftlich. Bei diesem Betrag entsprechen die Kosten exakt dem erzielten Floatgewinn.

Scheckzahlungen können entweder mit Briefdrucksache, normalem Brief oder (bei größeren Beträgen) per Einschreiben versandt werden. Im Zusammenhang mit dem Versand haben sich in der jüngsten Vergangenheit Betrugsfälle mit Verrechnungs- und Orderschecks (Entwendung und Versuch der unberechtigten Einlösung) ereignet. Dieses Risiko hat viele Unternehmen veranlasst, auf taggenaue Zahlung ihrer Lieferantenverbindlichkeiten per Überweisung umzusteigen.

**Erhöhte Manipulationsgefahr**

**Bei hohen Stückzahlen sollte die Scheckbearbeitung weitestgehend automatisiert werden im Hinblick auf**

- EDV-gestützte Scheckerstellung,
- Faksimile-Unterschrift,
- Kuvertierung und Versand,
- statistischer Scheckdisposition oder rückwirkendes Tagegeld,
- Scheckrücklauf und Auszifferung aus dem Kreditorenkontokorrent.

*Schnelle Bearbeitung eingehender Schecks*

**Eingehende** Schecks sollten zügig bearbeitet und möglichst umgehend auf dem Bankkonto eingereicht werden. Von den Banken wird der Gegenwert in der Regel e. V. (Eingang vorbehalten) gutgeschrieben. Die Wertstellung der Gutschrift (Differenz zwischen Einreichungs- und Wertstellungstag) richtet sich hierbei nach der Art des Schecks, ob dieser auf ein Kreditinstitut in Deutschland oder im Ausland gezogen sowie in lokaler Währung oder in Fremdwährung ausgestellt worden ist.

*Verwendung des Orderschecks*

Die beiden wichtigsten Arten bei der Scheckzahlung im Verkehr mit Lieferanten und Kunden sind der **Orderscheck** (Weitergabe/Einreichung nur mit Indossament des Begünstigten) und der **Verrechnungsscheck** (formlose Weitergabe/Einreichung). Aus Sicherheitsgründen gebietet es sich, ausschließlich Orderschecks zu verwenden. An dieser Stelle sei darauf hingewiesen, dass die Bank nicht verpflichtet ist, die Ordnungsmäßigkeit der Indossamente zu überprüfen. Sie kann bei Unregelmäßigkeiten nur in die Haftung genommen werden, wenn ihr grobe Fahrlässigkeit nachgewiesen wird.

**Euroschecks** werden im Zahlungsverkehr in der Regel meist als Bargeldersatz beim Einkauf für Beträge zwischen 50 und 400 DM (= von der Bank garantierter Einlösungsbetrag) verwendet. Der Zahlungsvorgang gestaltet sich jedoch beim Zahlungspflichtigen auf Grund des umständlichen Handlings (Ausfüllen, Prüfen etc.) recht umständlich. Die Kosten für den Begünstigten sind annähernd die gleichen wie bei der Bargeldabwicklung.

## Ausblick

Scheckzahlungen werden zukünftig an Attraktivität zu Gunsten kartengestützter bzw. bargeldloser Zahlungen verlieren. Damit dürfte auch die Popularität des EURO-Schecks ihren Höhepunkt in der Gunst des Verbrauchers überschritten haben. Für Unternehmen, bei denen der physische Zahlungsverkehr eine große Rolle spielt (z. B. Verbrauchermärkte) sollte geprüft werden, ob sich Scheckzahlungen an der Kasse nicht durch Kartenzahlungssysteme ersetzen lassen. Die Sicherheit wird dadurch wesentlich erhöht sowie die umständliche Handhabung von Schecks vermieden.

*Scheckzahlung verliert an Attraktivität*

## Der Zahlungsverkehr mittels Überweisung

Die Zahlungsverpflichtung gilt als erwirkt, wenn sich der geschuldete Betrag physisch auf dem Konto des Begünstigten befindet. Überweisung werden dem Konto des Auftraggebers entweder am gleichen Tag der Vorlage oder einen Tag später (muss verhandelt werden) belastet. Daraus resultiert im Vergleich zur Scheckzahlung ein Verlust an Wertstellungs- und damit Zinstagen. Diesem Valutanachteil steht jedoch ein deutlich niedrigerer Bearbeitungsaufwand sowie ein erhöhter Sicherheitsstandard gegenüber. Überweisungen können entweder in Belegform als auch belegloser Form ausgestellt werden.

*Überweisung pünktlicher und sicherer*

## Neues Überweisungsgesetz

Seit dem 14. 8. 1999 gelten in Deutschland neue Regelungen für den grenzüberschreitenden Zahlungsverkehr in Länder der Europäischen Union. Darin werden Überweisungsvorgänge bis zu einer Höhe von EURO 50 000 geregelt und damit mehr Transparenz für die Anwender geschaffen.

*Regelung von Überweisungsvorgängen*

## Als wichtigste Neuerungen sind festzuhalten:

- **Geregelt Laufzeiten:** Überweisungen sollen innerhalb von 5 Werktagen dem Konto des Begünstigten gutgeschrieben werden,

- **Zinsen bei Verspätungen:** Sollte es zu Überschreitungen der Ausführungsfristen kommen, zahlt die Bank des Überweisenden Zinsen in Höhe von 5% über dem Basissatz der Deutschen Bundesbank auf den Überweisungsbetrag,

- **Klare Entgeltregelung:** Falls der Überweisende keine andere Weisung gibt, trägt er sowohl die Entgelte und Auslagen bei seiner Bank, als auch die übrigen anfallenden Entgelte und Auslagen (Alternativen: Entgeltteilung oder alle Entgelte zu Lasten des Begünstigten),

- **Klare Haftung:** Sollte der Überweisungsbetrag weder innerhalb der Ausführungsfrist von fünf Tagen noch innerhalb einer Nachfrist von 14 Tagen auf dem Konto des Begünstigten eingegangen sein, haftet die Bank bis zu einem Betrag von EURO 12 500. Ausgeschlossen sind Fälle, in denen die Angaben zum Zahlungsauftrag fehlerhaft sind oder ein Fall von höherer Gewalt vorliegen.

### Der Zahlungsverkehr mittels Wechsel

**Kombiniertes Zahlungs-/ Finanzierungsinstrument**

Der Wechsel genießt als kombiniertes Zahlungs-/Finanzierungsinstrument eine Sonderstellung. Wechselzahlungen waren in der Vergangenheit ein beliebtes Refinanzierungsinstrument im kurzfristigen Bereich. Durch den Wegfall des **Diskontsatzes** (= Ankaufssatz der Deutschen Bundesbank) ab 1. 1. 1999 hat der Wechsel allerdings an Attraktivität als Zahlungs- und Refinanzierungsinstrument verloren. Für Kreditinstitute ist es nicht mehr möglich, Handelswechsel bei der Bundesbank zu rediskontieren und sich damit zinsgünstig zu refinanzieren. Die Wechsel können jedoch als Pfand hinterlegt werden.

**Zinsen vorschüssig fällig**

Der Handelswechsel bleibt dennoch für die Unternehmen als Sicherungs-, Zahlungs- und Finanzierungsmittel erhalten. Zu beachten ist, dass die Diskont-Zinsen grundsätzlich vorschüssig bei Verkauf des Wechsels an die Bank in Rechnung gestellt werden.

In der EURO-Übergangsphase tritt an die Stelle des Diskontsatzes der so genannte Übergangszinssatz, der geldmarktnah festgelegt wird. Damit gilt, dass Handelswechsel weiter bei der Bank diskontiert werden können – allerdings dann zu Geldmarktkonditionen. Damit ist für viele Unternehmen die Möglichkeit, sich zinsgünstig kurzfristig Liquidität zu beschaffen, entfallen. Erleichtert wurden in diesem

# 1 Cash-Management

Zusammenhang allerdings die gesetzlichen Anforderungen an die Erstellung eines Wechsels.

**Kriterien für Wechselerstellung**

## Folgende Kriterien hat die Bundesbank für den Handelswechsel festgelegt:

- Mindestlaufzeit 1 Monat,
- Maximale Restlaufzeit 6 Monate,
- Mindestbetrag nicht erforderlich,
- Währung: auf Euro oder nationale Währung lautend,
- Sitz des Schuldners: Deutschland,
- Bonitätsbeurteilung des Unternehmens: mindestens ein Wechselmitverbundener muss von der Deutschen Bundesbank als notenbankfähig eingestuft sein,
- Bewertungsabschlag: 2 Prozent,
- Weitere Bedingung: Wechselinkasso durch die Deutsche Bundesbank.

## Exkurs: Das Scheck-/Wechselverfahren

Der Käufer übersendet dem Verkäufer einen Scheck und gleichzeitig einen vom Verkäufer zu vervollständigenden Wechsel in der gleichen Höhe. Der Verkäufer hat den Wechsel als Aussteller zu unterschreiben und an den Käufer zurückzusenden. Der Käufer reicht den Wechsel nach Unterzeichnung als Bezogener bei seiner Hausbank zum Diskont ein. Er verschafft sich auf diese Art und Weise für eine Laufzeit von normalerweise 3 Monaten einen Diskontkredit. Dieses Verfahren setzt jedoch ein enges Vertrauensverhältnis zwischen den Geschäftspartnern voraus, da der Verkäufer bis zur Fälligkeit des Wechsels in der Haftung (Wechselstrenge, Ausstellerhaftung) steht.

**Instrument zur Refinanzierung**

### Systematik der Scheck-/Wechsel-Zahlung:

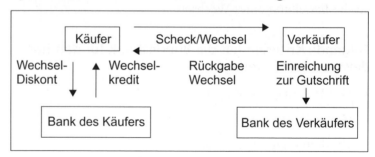

### Der Zahlungsverkehr mittels Lastschrift

**Zahlungsinitiierung durch Geldempfänger**

Beim Lastschriftverfahren zieht der Begünstigte vom Konto des Zahlungspflichtigen den geschuldeten Betrag in Belegform oder beleglos (z. B. mittels Datenfernübertragung) ein.

### Es muss zwischen zwei Verfahren unterschieden werden:

- **Einzugsverfahren:** Dem Zahlungsempfänger liegt eine Einzugsermächtigung des Zahlungsverpflichteten in schriftlicher Form vor; dieses Verfahren wird häufig für Einzelzahlungen verwendet,

- **Abbuchungsauftrag:** Der Bank des Zahlungspflichtigen liegt dessen Einzugsermächtigung in schriftlicher Form vor; wird häufig bei regelmäßigen und wiederkehrenden Zahlungen verwendet.

**Risiko durch Rückgaberecht**

In beiden Fällen hat jedoch der Zahlungsverpflichtete das Recht, die Lastschrift 6 Wochen nach Abbuchung wieder zurückzugeben. Daraus ergibt sich für den Zahlungsempfänger ein nicht unerhebliches Erfüllungsrisiko.

### Zahlungsverkehr im Datennetz: Elektronisches Geld

Der klassische Markt der unbaren Zahlungsmittel wird ergänzt durch elektronische Zahlungsformen im Internet. Dabei spielen kartengestützte Zahlungssysteme mittlerweile eine große Rolle. Der Vorteil netztauglicher Zahlungsmittel aus der Sicht des Kunden liegt dabei im Komfort eines umfassenden „home-shopping", verbunden mit einem entsprechenden (in Abhängigkeit des Zahlungsmittels) Sicherheits-Standard.

# 1 Cash-Management

**Aus der Sicht des Händlers stellen sich die Vorteile wie folgt dar:**

- Sofortiger Umsatzerlös,

- Globales Anbieten verbunden mit geringen Marktbarrieren,

- Effizienz im Bereich der Distribution,

- Wegfall der Kosten des Cash-Handling.

**Im Datennetz haben sich seit kurzer Zeit folgende Zahlungsformen etabliert:**

- **Klassische Kreditkartenbezahlung:** Kreditkartennummer und Name des Karteninhabers werden unverschlüsselt im Internet weitergegeben. Damit ist Missbrauch potenziell möglich: Diese Zahlungsform wird häufig bei On-line-Transaktionen verwendet,

- **Kreditkartenbezahlung mit telefonischer Bestätigung:** Die Karteninformation wird einmalig per Post oder Telefon übermittelt. Der Kunde erhält eine PIN-Nr. zur Durchführung von Käufen. Der Kauf wird erst nach Bestätigungsanruf beim Kunden freigegeben,

- **Kreditkartenbezahlung nach SET-Standard:** Die wichtigste Basis für Kreditkartenzahlungen bildet dabei der offene Standard „Secure Transaction" (SET). Damit ist die sichere Abwicklung von Kaufvorgängen von der Bestellung, über die Bezahlung bis zur Quittung möglich. Von der Bank wird dem Karteninhaber dabei ein digitales Zertifikat zur Verfügung gestellt. Diese Zahlungsform ist auf Grund der Mindestgebühren erst für Beträge ab EURO 25 sinnvoll. Problematisch ist auch der Aspekt des so genannten „gläsernen Kunden",

- **Geldbörsensysteme:** Beim Geldkartensystem verfügen Kunde und Händler über Terminals, die über das Internet verbunden sind. Das Terminal des Kunden ist zusätzlich mit einer Aufnahmefunktion der Geldkarte ausgestattet. Der Zahlungsvorgang besteht aus der Authentisierungs- (Händler gegenüber Geldkarte bzw. Bonität der Geldkarte gegenüber Händler) sowie Zahlungsphase (das Terminal des Händlers generiert die Umsatzdaten, fügt die Adresse des Händlers sowie die Geldkartennummer hinzu, setzt die Geldkarte des Kunden entsprechend herab und legt die Umsatzdaten in einer entsprechenden Datei ab),

- **CyberCash Internet Wallet:** Es handelt sich dabei um einen Geldtransfer von einem Bankkonto in das so genannte „Internet Wallet". Damit stehen „Cyber-Coins" für Mikro-Zahlungsvorgänge (10 EURO) zur Verfügung. Größere Zahlungen werden verschlüsselt über die Kreditkarte mit spezieller Software ausgelöst,

- **Virtuelles Geld von Digicash:** Der Kunde fordert per Internet Geld bei seiner Bank an, die ihm eine verschlüsselte Datei mit dem entsprechenden Geldbetrag übersendet. Gleichzeitig wird das Bankkonto belastet. Eine Zahlung wird dadurch geleistet, dass die Datei an den Empfänger kopiert wird. Der Empfänger prüft die Datei und akzeptiert. Der Empfänger könnte diese nun seinerseits auf die Festplatte oder Diskette speichern und für einen nächsten eigenen Zahlungsvorgang benutzen oder die erhaltenen Dateien an die Bank mit dem Ziel senden, dort Gutschrift zu erhalten.

### 1.5.4.2 Der dokumentäre Zahlungsverkehr

**Zahlungsverkehr in Verbindung mit Dokumenten**

Dokumente dienen im grenzüberschreitenden Handel als Nachweis über die Lieferung der Ware durch den Exporteur. Sie stellen rechtlich gesehen Beweisurkunden (z. B. Fakturen, Frachtbriefe), Legitimationsurkunden (z. B. Versicherungspolicen) oder Wertpapiere in Form der Orderpapiere (z. B. Ladeschein) dar. In den einheitlichen Richtlinien für Inkassi werden beispielsweise Zahlungspapiere und Handelspapiere unterschieden.

**Nachstehend beschriebene Instrumente weisen folgende Funktionen auf:**

- Zahlungsfunktion,
- Sicherungsfunktion (Zahlungssicherung für den Verkäufer/Leistungssicherung für den Käufer),
- Kredit- bzw. Finanzierungsfunktion,
- Dokumentations- und Beweisfunktion (Dokumentation

# 1 Cash-Management 133

von Zahlungsansprüchen über die reine Buchforderung hinaus).

## Die Zahlungsform des Inkasso

Ein Kreditinstitut (Einreicherbank) wird vom Verkäufer beauftragt, einen geschuldeten Betrag beim Käufer über dessen Kreditinstitut gegen Übergabe bestimmter Dokumente einzuziehen (Zug-um-Zug-Geschäft). Es kommen die einheitlichen Richtlinien für Dokumenteninkassi zur Anwendung. Nach deutschem Recht handelt es sich um einen Geschäftsbesorgungsvertrag nach § 675 BGB. Eingezogen werden einfache Handelspapiere wie z. B. Wechsel, Schecks und Quittungen.

**Verkäufer zieht Geldschuld ein**

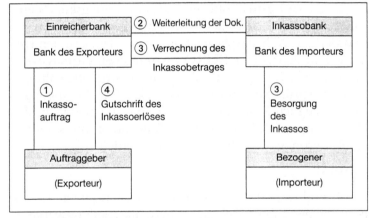

Abbildung 6: Ablauf eines Inkassos „Dokumente gegen Zahlung"
(Quelle: Bank-Akademie, Auslandsgeschäft 1990, Teil 5, Kapitel 8.3, Seite 1)

## Die Zahlungsform des Akkreditives

Beim Akkreditiv handelt es sich um ein abstraktes Schuldversprechen. Ein Kreditinstitut verpflichtet sich im Auftrag des Importeurs, dem Exporteur eine bestimmte Leistung (Zahlung/Akzeptierung) zu erbringen, wenn dieser anhand von Dokumenten den erfolgreichen Versand der Ware oder die erbrachten Dienstleistung nachweist. Die Warenlieferung oder Dienstleistung hat innerhalb einer festgesetzten Frist zu erfolgen. Die Auszahlung, Akzeptierung erfolgt nur,

**Abstraktes Schuldversprechen**

wenn die geforderten Dokumente innerhalb des vorgeschriebenen Termins vorgelegt werden. Zu Grunde gelegt werden auf internationaler Ebene bei der Abwicklung von Akkreditiven die von der Internationalen Handelskammer (ICC) in Paris herausgegebenen „Einheitlichen Richtlinien und Gebräuche für Dokumenten-Akkreditive" (ERA).

### Auswirkungen des EURO auf Akkreditive

**Besonderheit: Dokumentenstrenge**

Bei Akkreditiven ergibt sich eine besondere Behandlung auf Grund der **Dokumentenstrenge** – die Dokumentenvorlage wird in der Akkreditivwährung verlangt. Akkreditive mit Lauf- und Abwicklungszeiten in den Übergangszeitraum hinein müssen zusätzlich zur Betragsangabe in DEM oder in einer EWU-Teilnehmerwährung eine Klausel („oder EURO gemäß offiziellem Umrechnungskurs") enthalten. Dies erlaubt es dem Akkreditivbegünstigten, wenn erforderlich, Währungsbezeichnung und Betrag in den Dokumenten alternativ in EURO auszudrücken. Grundsätzlich müssen deshalb eingehende Akkreditive sorgfältig dahingehend überprüft werden, ob sie die Akkreditiv-Bedingungen auch bezüglich Währungsbezeichnung und Betrag in den Dokumenten erfüllen können. Wenn nötig, muss zeitnah ein Änderungsauftrag herbei geführt werden.

### Ausblick

**Weitere Standardisierung des Zahlungsverkehrs**

Die Einführung des EURO bringt Auswirkungen auf alle Bereiche des Zahlungsverkehrs sowie alle Zahlungsverkehrsprodukte mit sich. Die Entwicklung neuer Techniken und Systeme wird sich dadurch erheblich beschleunigen. Der Zahlungsverkehr wird weiterhin zunehmend standardisiert und hinsichtlich der Sicherheit verbessert werden. Dies bedeutet, dass nationale zurzeit noch unterschiedliche Standards angepasst und die Clearing-Systeme untereinander verknüpft werden. Im internationalen Zahlungsverkehr wird sich die bereits auf nationaler Ebene schon weitgehend verbreitete Elektronisierung durchsetzen

Typisch deutsche Instrumente (z. B. die Geldkarte bzw. die Lastschrift) werden sich auch im Euro-Raum durchsetzen. Online-Dienste und das Internet werden als Transaktionswege für bestimmte Leistungen wie z. B. Homebanking weiter an Bedeutung gewinnen. Online-Banking (auch T-

# 1 Cash-Management 135

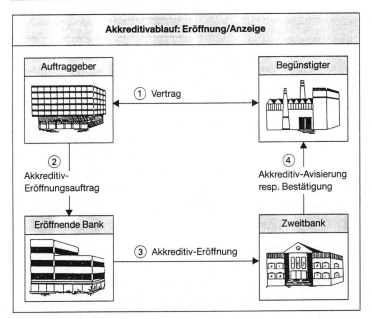

Abbildung 7: „Akkreditivablauf: Eröffnung"
(Quelle: Bankakademie, Auslandsgeschäft 1990, Teil 5, Kapitel 9.2, Seite 1)

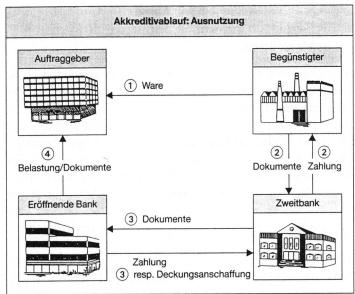

Abbildung 8: „Akkreditablauf: Ausnutzung"
(Quelle: Bankakademie, Auslandsgeschäft 1990, Teil 5, Kapitel 9.2, Seite 2)

Online genannt) eröffnet dabei erhebliche Rationalisierungspotenziale für Unternehmen. Es wird zu einem weiteren Wettbewerb um Transaktionslösungen für Netze zwischen Banken und Systemanbietern kommen. Analog zur Entwicklung von der Dienstleistungs- zur Informationsgesellschaft wandelt sich parallel die Rolle der Banken vom Finanzdienstleister hin zum Informationsdienstleister. Die persönliche Einstellung zum Umgang mit Geld, im privaten sowie im beruflichen Bereich wird damit zunehmend von Kosten- und Ertragsbewusstsein beeinflusst. Auf Grund der Einführung des EURO wird es zu strukturellen Verschiebungen zwischen den einzelnen Zahlungsmitteln und -arten kommen.

*Moderne Zahlungssysteme verdrängen Bargeld und Scheck*

Moderne Zahlungsformen, die durch Electronic Banking und Internet unterstützt werden sowie kartengestützte Zahlungsverkehrssysteme werden tendenziell konventionelle Systeme wie Bargeld und Scheckzahlung ersetzen. Diese Entwicklung muss von den Unternehmen bei der Planung und Gestaltung der zukünftige Zahlungsabwicklung beachten werden.

## 1.6 Die Gestaltung von Zahlungsbedingungen in Verträgen

*Exakte Vertragsgestaltung notwendig*

Bei Export- und Außenhandelsverträgen bestehen für beide Vertragsparteien erhebliche Unsicherheiten hinsichtlich des Umfanges und Inhaltes der vertraglichen Verpflichtungen. Größte Bedeutung kommt in diesem Zusammenhang einer exakten vertraglichen Regelung sämtlicher Verpflichtungen zwischen den Vertragspartnern zu. Die Bedingungen können dabei sowohl durch die Allgemeinen Geschäftsbedingungen als auch durch einen individuellen Vertrag geregelt werden.

Auf folgende Punkte ist einzugehen:

- **Rechtswahlklausel** (Formulierungs-Beispiel: „Die Rechtsbeziehungen der Vertragspartner bestimmen sich nach deutschem Recht"),

- **Einbeziehung des UN-Kaufrechts** (Formulierungsbeispiel: „Das UN-Kaufrecht findet Anwendung" alter-

# 1 Cash-Management

nativ „Die Anwendung des UN-Kaufrechtes ist ausgeschlossen"),

- **INCO-Terms und sonstige internationale Vertragsklauseln** (Regelung von Kosten-, Gefahren- und Eigentumsübergang; Beipiele: CIF, FOB).
- **Eigentumsvorbehalt** (Formulierungsbeispiel: „Der Verkäufer behält sich bis zur vollständigen Kaufpreiszahlung das Eigentum an der Vertragsware vor").
- **Gerichtsstandklausel** (Formulierungsbeispiel: „Für alle Streitigkeiten aus und im Zusammenhang mit dem vorliegenden Vertrag liegt der ausschließliche Gerichtsstand am Sitz des Verkäufers").
- **Schriftform** (Formulierungsbeispiel: „Änderungen oder Ergänzungen dieses vorliegenden Vertrages bedürfen zu Ihrer Wirksamkeit der Schriftform. Dies gilt auch für Abänderungen dieser Schriftformklausel sowie für alle sonstigen vertragserheblichen Erklärungen der Parteien, wie z.B. Kündigungen, Aufhebungserklärungen, Mängelrügen und Fristsetzungen").
- **Salvatorische Klausel** (Formulierungsbeispiel: „Sollten eine oder mehrere Bestimmungen des vorliegenden Vertrages unwirksam sein, berührt dies nicht die Wirksamkeit der übrigen Klauseln oder des gesamten Vertrages. Die Vertragsparteien verpflichten sich für diesen Fall, eine Ersatzregelung zu finden, die der unwirksamen Regelung wirtschaftlich möglichst nahe kommt").
- **Sicherung der Kaufpreiszahlung** (Formulierungsbeispiele siehe auf ⊛ unter Nr. 4).

**Muster 1:** Clean-payment

**Muster 2:** Clean-payment

**Muster 3:** Lieferantenkredit

**Muster 4:** Lieferantenkredit gegen Stellung von Sicherheiten

**Muster 5:** Supplier credit (promissory-notes bank avalized)

**Muster 6:** Hermes-gedeckter Bestellerkredit auf Akkreditiv-Basis

Muster 7: Hermes-gedeckter Bestellerkredit

Muster 8: Zahlung gegen Akkreditiv

Muster 9: Bank-to-bank-credit covered by Hermes

Muster 10: Zahlung auf Basis eines bestätigten Akkreditives (Restzahlung ablösbar gegen Gewährleistungsgarantie)

Muster 11: Letter of credit confirmed

Muster 12: Letter of credit confirmed

Muster 13: Lieferantenkredit auf Wechselbasis (mit anschließender Möglichkeit der Forfaitierung)

Muster 14: Zahlung Inkasso auf Wechselbasis

Muster 15: Lieferantenkredit auf Wechselbasis auf der Grundlage des Dokumenteninkassi

Muster 16: Request to open a letter of credit

Muster 17: Warranty Obligations

Muster 18: Payment Guarantee

Muster 19: claim assignment

Muster 20: Forderungsabtretungsvertrag

# 2 Kapitalanlagen/Portfoliomanagement

## 2.1 Vorbemerkungen

Die Art und Weise, wie Kapital angelegt und Vermögen anschließend verwaltet wird, hat sich in den letzten Jahren sowohl aus der Sicht des Privatanlegers als auch der von Unternehmen dramatisch gewandelt.

*Wandel in der Geldanlagepolitik*

Grundsätzlich werden an den Umgang mit Geld durch

- das Zusammenwachsen von weltweiten Kapitalmärkten (keine isolierte Betrachtung einzelner Märkte mehr),
- durch eine transparente und sehr gut funktionierende Kommunikationstechnologie (Börsendienste, Internet),
- durch die Verfügbarkeit von Finanzmarktinstrumenten (z. B. derivative Finanzinstrumente) sowie einer empirisch-wissenschaftlich abgesicherten Kapitalmarkttheorie (u. a. Markowitz),
- sowie einer Veränderung in der Anlegerstruktur (z. B. institutionelle Anleger) und Anlegerverhalten,

neue und höhere Anforderungen gestellt.

Die Strukturierung von Anlagen sowie die Verwaltung von Vermögen wird überwiegend nicht mehr auf der Grundlage von Emotionen, allgemein verfügbaren Börsentipps, Gerüchten oder Lieblingstiteln durchgeführt, sondern es werden systematische und nachvollziehbare Kriterien zugrundegelegt. Diese Vorgehensweise wird mit dem Begriff „**Portfoliomanagement**" umschrieben.

*Systematische/ nachvollziehbare Geldanlagen*

Im Rahmen des Portfoliomanagements werden eine Reihe von objektiven Maßstäben, Kriterien sowie Entscheidungshilfen zur Beurteilung und Auswahl verschiedener Anlageformen von Kapital herangezogen. Portfoliomanagement zielt damit in erster Linie auf die mittel- und langfristige Anlage von Kapital (Kapitalmarkt). So wird sich beispielsweise in den nächsten Jahren noch großer Bedarf aus Sicht der Unternehmen im Hinblick auf Modelle der Altersversorgung (echtes bzw. unechtes Outsourcing von Pensionsverpflichtungen) ergeben. Die Steuerung der kurzfristigen Unternehmens-Liquidität ist dagegen eine Aufgabe, die dem Cash-Management zugerechnet wird (vgl. Abschnitt 2.1). Das Management richtet sich dabei zunehmend nicht mehr auf einzelne Instrumente und Techniken aus (so genanntes „stock picking"), sondern verfolgt einen ganzheitlichen Ansatz hinsichtlich der Kapitalanlage.

**Ganzheitlicher Ansatz bei der Kapitalanlage**

Die Finanzmärkte stellen hierzu dem kapitalanlegenden Unternehmen entsprechende Instrumente und Techniken zur Verfügung. Gewichtung, Vorteilhaftigkeit, Nutzen und Einsatz werden jedoch letztendlich von den individuellen Vorstellungen und Zielen des geldanlegenden Unternehmens entschieden.

**Mit „Geld" Geld verdienen**

Aus der Sicht der Unternehmen gewinnt der Ansatz, sozusagen „mit Geld Geld zu verdienen" vor dem Hintergrund eines verstärkten Shareholder Value-Denkens enorm an Bedeutung. Unter **Shareholder Value** versteht man die langfristige positive Entwicklung des Unternehmenswertes. Zunehmend „zwingen" Eigentümer (z. B. Aktionäre) die Geschäftsleitung von Unternehmen dazu, das unternehmerische Handeln stärker am Marktwert des Unternehmens sowie an den Renditeforderungen der Kapitalgeber auszurichten. Daraus folgt, dass neben den im Mittelpunkt der strategischen Überlegungen stehenden Kundenansprüchen auch alternative Ergebnispotenziale, wie beispielsweise resultierend aus Geldanlagen, so weit wie möglich wahrgenommen werden sollten (vergleiche auch Kapitel 4, Abschnitt 2).

## 2.2 Aufgaben und Ziele

Häufig werden bei der Geldanlage folgende Fehler begangen (nachstehende Ausführungen vgl. auch „Basisinformationen für Wertpapiere" 1994):

**Fehler bei der Geldanlage**

- Es existiert keine Zielsetzung bzw. eine Geldanlagestrategie (u. a. Regelung der Konfliktsituation Risiko/Sicherheit),

- Den Finanzverantwortlichen fehlt das notwendige Knowhow (trifft sehr häufig bei kleinen und mittelständischen Unternehmen zu),

## 2 Kapitalanlagen/Portfoliomanagement

- Die Märkte werden nicht permanent beobachtet; Trendänderungen werden übersehen (z. B. Zinswende in Deutschland 1999),
- Grundsätzlich bestehen Befürchtungen vor innovativen Finanzinstrumenten (z. B. Aktienanlagen, Investmentfonds),
- Aus Unkenntnis werden die falschen Wertpapiere gekauft (z. B. hochverzinsliche, jedoch auch hochrisikoreiche „Junk-Bonds"),
- Die Auswahl der Wertpapiere wird zu wenig diversifiziert (Aufbau überproportional großer Chancen- aber auch Risikopotenziale),
- Die Auswahl der Wertpapiere wird zu stark diversifiziert (der Überblick geht verloren),
- Gewinnmitnahmen werden zu früh getätigt (eine Börsenregel besagt hierzu: „The trend is your friend"),
- Bei drohenden Verlusten werden keine Absicherungen vorgenommen (insbesondere durch Indices stehen Absicherungsmöglichkeiten für ganze Portfolios zur Verfügung; z. B. DAX-Index),
- Es bestehen unrealistische Ertrags-Erwartungen (Erträge lassen sich nur parallel mit zunehmendem Risiko steigern),
- Es existieren keine oder mangelnde Steuerkenntnisse (hinsichtlich der Besteuerung gibt es beispielsweise Unterschiede, ob ein Zerobond oder eine Anleihe mit permanenter Zinszahlung gekauft wird).

Vorgenannte Fehler lassen sich weitgehend dadurch vermeiden, dass moderne Portfolio-Ansätze auf die Kapitalanlagepolitik des Unternehmens angewendet werden. Unter **Portfoliomanagement** versteht man deshalb in erster Linie eine Optimierungsaufgabe. Diese Aufgabe ist in einem Umfeld durchzuführen, das einerseits von teilweise hektischen Zins- und Wechselkursveränderungen bestimmt wird. Andererseits steht den Unternehmen eine breite Palette von Finanzinstrumente sowie Mess- und Auswahlkriterien zur Verfügung. Das Ziel besteht nunmehr darin, die für das Un-

*Portfoliomanagement ist Optimierungsaufgabe*

**Maximale Wertzunahme! Kalkulierbares Risiko!**

ternehmen optimale Kombination von Anlageinstrumenten sowie Anlagehorizonten herauszufinden. Kapitalanlagen sind letztendlich durch Ausnutzung vorhandener Anlageinstrumente so zu strukturieren, dass maximale Wertsteigerungen bei überschaubarer und kalkulierbarer Risikozunahme erreicht werden.

Die Erarbeitung und Umsetzung von Anlagestrategien ist in Übereinstimmung mit den aus der Planung gewonnenen Erkenntnissen sowie in Übereinstimmung mit den strategischen Unternehmenszielen vorzunehmen. Die speziellen Ziele von Portfolio-Management stimmen daher weitgehend mit den allgemeinen finanzwirtschaftlichen Zielen überein:

- Rentabilitätsmaximierung: Maximierung der Anlageerträge,
- Liquiditätssicherstellung: Schnelle Liquidierbarkeit von Anlagen,
- Sicherheit: Minimierung von Risiken aus Geldanlagen.

Bei Optimierung der Finanzerträge mittels Einsatz bzw. Kombinationen verschiedener Finanzinstrumente ist auch auf das steuerliche Umfeld Rücksicht zu nehmen.

Entscheidungen sollten sich jedoch nicht ausschließlich an steuerlichen Gegebenheiten orientieren, sondern in erster Linie vor dem betriebswirtschaftlichen Hintergrund getroffen werden. Als Vergleichsmaßstab hinsichtlich des Erreichens einer Mindest-Rendite kann beispielsweise das Ergebnis herangezogen werden, dass ein durchschnittlicher Anleger mit seinen freien Mitteln auch erreichen würde.

**Einfache und transparente Anlagestrategie**

Renditemaximierung sollte auch durch Ausnutzung besonderer Entwicklungen auf bestimmten Märkten, jedoch immer unter Berücksichtigung der Risikovorgaben, betrieben werden. Abschließend sei hier noch bemerkt, dass grundsätzlich auf eine einfache und transparente Gestaltung von Anlagestrategien sowie der eingesetzten Instrumente geachtet werden sollte.

# 2 Kapitalanlagen/Portfoliomanagement

**Grundsatz:**

Es sollte keine Anlagestrategie bzw. kein Instrument, das nicht vollständig hinsichtlich der Funktionsweise (Chancen/Risiken) verstanden wird, eingesetzt werden. Hierzu gehören auch mögliche Auswirkungen auf Bilanz sowie Gewinn- und Verlustrechnung (z. B. bei der Bewertung von Finanzinstrumenten zum Bilanzstichtag).

*Nur „verstandene" Instrumente einsetzen*

## 2.3 Anlagekriterien

Für Kapitalanlagen sind unternehmensinterne Richtlinien, die unter anderem auch die Anlagestrategie formulieren sollten, in schriftlicher Form aufzustellen. Zur Risikostrukturierung des Anlage-Portfolios ist es notwendig, sich mit Risiken (aber auch mit Chancen) sowie der Funktionsweise der Instrumente intensiv auseinander setzen. Die unter Kapitel 2, Abschnitt 2.8 behandelte Anlagestrategie bestimmt die Anlageentscheidung des Unternehmens und löst den Zielkonflikt gegenüber nachstehenden Kriterien auf:

*Wichtig: Formulierung der Anlagestrategie!*

### 2.3.1 Kriterium Sicherheit

Unter Sicherheit wird – ganz allgemein ausgedrückt – die Erhaltung des angelegten Vermögens verstanden. Die Sicherheit einer Kapitalanlage hängt damit von den Risiken ab, denen diese ausgesetzt wird. Als klassische Risiken zählen hierzu beispielsweise

*Sicherheit: Erhalt des Vermögens*

- das **Kontrahentenausfallrisiko** (Fähigkeit des Schuldners, seinen Verpflichtung bei Fälligkeit nachzukommen),
- das Zins- und damit Kursveränderungsrisiko (steigende Zinsen bedeuten fallende Kurse von festverzinslichen Wertpapieren),
- sowie das Wechselkursveränderungsrisiko.

Eine Risikominimierung kann durch eine ausgewogene Aufteilung der Kapitalanlagen erreicht werden. Zu Möglichkeiten der Diversifizierung (Streuung in unterschiedliche Wertpapierformen sowie Vermögensanlagen in verschiedenen Branchen, Ländern und Währungen) wird später noch Stellung genommen.

## 2.3.2 Kriterium Liquidität

**Wichtig: Liquidierbarkeit und Bewertung**

Die Liquidität einer Kapitalanlage hängt davon ab, wie schnell in einen bestimmten Wert investierte Gelder wieder zurück in Bargeld bzw. Bankguthaben umgewandelt werden können (= **Liquidierbarkeit** bzw. **Fungibilität**). Neben einer raschen Verwertbarkeit ist auch größter Wert auf eine laufende und schnelle Bewertung (z. B. zum Jahresultimo) zu legen.

Das Risiko besteht darin, in Werte mit einem engen Markt zu investieren (z. B. Schuldscheine), die wenig liquide sind. Im Falle eines raschen Verkaufes müssen teilweise große Preisabschläge hingenommen werden. Dies gilt ganz besonders in Zeiten, in denen so genannte „**disorderly markets**" vorliegen, d. h. in denen der Marktmechanismus durch externe Einflüsse gestört wird (vgl. Börsencrash USA 1987 oder Südost-Asienkrise 1998).

**Investieren in liquiden Märkten**

Das Risiko lässt sich relativ einfach dadurch umgehen, dass nur in Wertpapiere, die an Börsen gehandelt werden und die über einen relativ breiten Markt (hinsichtlich des Emissionsvolumens) verfügen, investiert wird.

## 2.3.3 Das Kriterium Rentabilität

Die Rentabilität einer Wertpapieranlage ergibt sich aus deren Ertrag. Der Ertrag eines Wertpapiers setzt sich zusammen aus Zins-, Dividendenzahlungen und sonstigen Ausschüttungen sowie Wertsteigerungen in Form von Kursveränderungen. Die Erträge können nach Art der Vermögensanlage laufend zufließen, nicht ausgeschüttet oder angesammelt werden.

**Verhältnis Ertrag/ Kapitaleinsatz = Rendite**

Die Rendite (bzw. **Effektivverzinsung**) stellt eine Kennzahl dar, die mithilft, die Ertragskraft unterschiedlicher Wertpapiere vergleichbar zu machen. Man versteht darunter das Verhältnis des jährlichen Ertrages bezogen auf den Kapitaleinsatz unter Berücksichtigung einer eventuellen Restlaufzeit der Geldanlage.

Effektivverzinsung bei einer Anleihe:

$$R = ((r + (K_n - K_0)/n)/K_0) \times 100$$

## 2 Kapitalanlagen/Portfoliomanagement

R = Effektivverzinsung, r = Nominalzins (Kupon), $K_n$ = Rückzahlungskurs, $K_0$ = Anschaffungskurs, n = Laufzeit
(Siehe Excel-Tabelle auf ⓐ unter 5)

> **Beispiel:** Ausgabekurs 98,50, Rückzahlung 100, Laufzeit 5 Jahre, Kupon 5%
>
> **Effektivverzinsung = 5,38%**

Die Effektivverzinsung (Rendite) von festverzinslichen Wertpapieren verändert sich in Abhängigkeit von Zinsbewegungen. Zinserhöhungen haben fallende Anleihe-Kurse und damit steigende Renditen, Zinssenkungen steigende Anleihe-Kurse und damit fallende Renditen zur Folge.

*Zinsbewegungen beeinflussen Effektivverzinsung*

Bei Errechnung der Rendite sind neben dem Kupon und Kursgewinnen (bzw. -verlusten) grundsätzlich auch die Transaktions- (Bankspesen) und Verwaltungskosten (Depotgebühren) zu berücksichtigen.

Diese Kosten können wie folgt minimiert werden:

- Neu emittierte, börsennotierte oder privat plazierte festverzinsliche Wertpapiere kaufen, da diese netto (ohne Gebühren) verkauft werden,
- Spezielle Bankprovisionen (insbesondere bei größeren Volumina) aushandeln,
- Die Bankprovision wird immer vom Nennwert berechnet; bei niedrig notierenden Wertpapieren schlägt sich dies in einem überproportional hohen Gebührensatz nieder,
- Möglichst Kleinaufträge vermeiden, da die Mindestgebühr die Rendite erheblich beeinträchtigen kann,
- Beim Erwerb von Wertpapieren anstelle der Verwaltung in Streifbandverwahrung (0,03 EURO pro Wertpapier) Girosammelverwahrung (0,015 EURO pro Wertpapier) wählen,
- Wertpapiere möglichst beim ausgebenden Institut führen zu deutlicher Gebührenersparnis bezüglich Kauf/Verkauf und Verwaltung.

**Rendite nach Steuern ausschlaggebend**

Aus Sicht des Unternehmens sollte zusätzlich zur Effektivverzinsung immer auch die Rendite nach Steuern betrachtet werden.

**Beispiel: Besteuerung einer Kapitalanlage** (Veranlagungszeitraum 1999 und 2000)

| | | |
|---|---|---:|
| Investierter Betrag | EUR | 2 000,00 |
| Bruttozinsertrag 5% | EUR | 100,00 |
| ./. Gewerbeertragssteuer (z. B. Hebesatz 490) 19,68% von EUR 100 | EUR | 19,68 |
| Körperschaftssteuerliches Einkommen | EUR | 80,32 |
| **Alternative 1: Ausschüttung** | | |
| ./. Körperschaftssteuer 40% | EUR | 32,13 |
| Ergebnis nach Ertragssteuern | EUR | 48,19 |
| **Alternative 2: Thesaurierung** | | |
| ./. Körperschaftssteuer 30% | EUR | 24,10 |
| Ergebnis nach Ertragssteuern | EUR | 56,22 |

**Steuerzahlungen hinausschieben**

Da Erträge aus Wertpapieren versteuert werden müssen, sollte überlegt werden, wie der Zeitpunkt der Versteuerung hinausgeschoben werden kann. Dies lässt sich beispielsweise durch den Kauf von Renten unter pari (z. B. Nominalwert 100, Kurswert 95) erzielen, da hier ein Teil der Erlöse (und zwar der Kursgewinn) erst bei Einlösung am Ende der Laufzeit zu versteuern ist. Interessant sind in diesem Zusammenhang die so genannten Zero-Bonds.

**Verlagerung von Einkünften sinnvoll**

Auch durch die Verlagerung von Einkünften können Steuern eingespart werden. Hierzu bieten sich eine Reihe von Optimierungsansätzen an (z. B. Gründung einer Finanzierungsgesellschaft im Ausland; vgl. Kapitel 1, Abschnitt 1.3.4), die allerdings im Rahmen der internationalen Steuerpolitik des Unternehmens gelöst werden müssen.

## 2.3.4 Das „magische" Dreieck der Vermögensanlage: Auflösung der Konfliktsituation

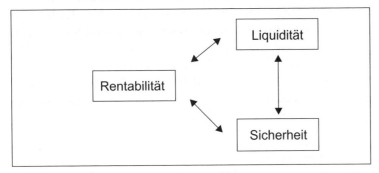

Die Kriterien Sicherheit, Liquidität und Rentabilität lassen sich nicht alle gleichzeitig optimieren bzw. maximieren. Das Unternehmen ist gezwungen, Kompromisse einzugehen:[20]

**Kompromisse sind unumgänglich**

- Einerseits besteht ein Spannungsverhältnis zwischen Sicherheit und Rendite. Dies resultiert daraus, dass zur Erzielung eines möglichst hohen Grades an Sicherheit tendenziell eine geringere Rendite in Kauf genommen werden muss. Überdurchschnittliche Renditen sind dagegen nur mit der Inkaufnahme von höheren Risiken möglich,

- Andererseits ergibt sich häufig ein Zielkonflikt zwischen Liquidität und Rentabilität, da hohe Anlagezinsen oft mit wenig liquiden Anlagen verbunden sind.

Diese Konfliktsituation kann vom Unternehmen nur dadurch aufgelöst werden, dass individuelle Anlageziele gesetzt und möglichst in schriftlicher Form definiert werden (vgl. Abschnitt 2.8).

**Prioritäten setzen!**

## 2.4 Anlageinstrumente

Nachfolgend werden aktuellen Instrumente in der Anlageform von Wertpapieren näher beschrieben. Jedes Wertpapier verfügt dabei über spezifische Merkmale und Wirkungsweisen und kann damit speziell auf die unternehmensindividuellen Bedürfnisse hin eingesetzt werden.

---

[20] Basisinformationen über Wertpapiere 1994, S. 11.

### 2.4.1 Festverzinsliche Wertpapiere

**Schuldverschreibungen als Sammelbegriff**

Unter diesem Sammelbegriff werden oftmals Anleihen, Renten, Bonds oder Obligationen verstanden. Es handelt sich um **Schuldverschreibungen**, die entweder auf den Namen des jeweiligen Inhabers oder eines bestimmten Inhabers lauten. Laufzeit und Rückzahlung sind fest definiert. Die Verzinsung kann sowohl fix als auch variabel gestaltet sein. Der Schuldner des Wertpapieres (= Emittent) hat gegenüber dem Käufer (= Gläubiger) eine Geldschuld.

Wertpapiere sind dadurch gekennzeichnet, dass der Ertrag (**Performance**) in Form von laufenden Zinserträgen sowie durch Kursgewinne (Differenz zwischen Kaufkurs und Verkaufs- bzw. Rücknahmepreis) zu Stande kommt. Neben realisierten Erträgen sind auch nicht realisierte Erträge (z. B. Wechselkursgewinne) sowie Spesen und Aufwendungen zu berücksichtigen. Des Weiteren sollten noch die ertragsabhängigen Steuern berücksichtigt werden.

**Beispiel: Es stehen 2 Anleihen zur Auswahl**

| Kriterien | A | B |
|---|---|---|
| Laufzeit | 4 Jahre | 4 Jahre |
| Kupon | 5,90% | 7,00% |
| Kurs | 90,75 | 100,00 |
| Rendite | 7,06% | 7,00% |

Anleihen werden bei Neu-Emittierung entweder **zu pari** (= Ausgabekurs 100%), **über pari** oder **unter pari** ausgegeben. Die Differenz zum Ausgabekurs 100% wird als **Agio** (bei Ausgabe über pari) bzw. als **Disagio** (bei Ausgabe unter pari) bezeichnet. Des Weiteren werden festverzinsliche Wertpapiere in Form von effektiven Stücken (= Einzelurkunden) oder in Form einer Sammelurkunde verbrieft (entsprechende Hinterlegung beim Deutschen Kassenverein zur Girosammelverwahrung).

Anleihen können grundsätzlich auf EURO bzw. DEM oder eine andere Landeswährung lauten.

## 2 Kapitalanlagen/Portfoliomanagement

**Hinsichtlich des Sitzes des Emittenten unterscheidet man:**

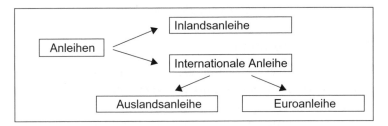

Anleihen können von verschiedenen Emittenten begeben werden. Deren Finanzkraft und Bonität wirkt sich auf die Sicherheit der Anleihe (Rückzahlungswahrscheinlichkeit) und damit direkt auf die Konditionen (insbesondere die Verzinsung) aus.

**Rückzahlungswahrscheinlichkeit bestimmt Konditionen**

Anleihen in Fremdwährung sowie von ausländischen Emittenten sind eher für risikofreudigere Anleger geeignet. Im Hinblick auf Währung, Zinsgestaltung sowie Schuldnerbonität ist ein selektives Vorgehen unumgänglich. Des Weiteren müssen diese risikobehafteten Anlagen laufend überwacht werden.

**Man unterscheidet hinsichtlich des Emittenten folgende Gruppen:**

- Emissionen des Bundes:
  - Bundesanleihen (Laufzeit 10–30 Jahre),
  - Bundesobligationen (Laufzeit 5 Jahre),
  - Bundesschatzbriefe Typ A (Laufzeit 6 Jahre, Emission und Rückzahlung zu pari, Zinszahlung jährlich nachträglich),
  - Bundesschatzbriefe Typ B (Laufzeit 7 Jahre, Emission zu pari, Zinsen werden über die Laufzeit gesammelt und mit dem Kapitalbetrag zurückbezahlt),
  - Finanzierungsschätze (kurzfristige Schuldverschreibungen, bei denen keine laufende Zinszahlung erfolgt; Verkaufskurs beinhaltet ein Disagio; Rückzahlung zu pari),
- Bankschuldverschreibungen,

- Industrieanleihen/corporate bonds (bzw. -obligationen),
- Schuldverschreibungen ausländischer Emittenten (Staaten, Provinzen, supranationale Institutionen etc.).

#### 2.4.1.1 Die Duration

**Mittlere Kapitalbindungsdauer = Duration**

Bei jedem festverzinslichen Wertpapier kann die mittlere Kapitalbindungsdauer (= **Duration**) ermittelt werden. Man versteht darunter den Teil der Laufzeit, bei dem die Gesamtheit aller Zahlungsströme aus dem Rentenwert, jeweils abgezinst auf den Barwert, genau im Gleichgewicht ist. Die Barwerte des Zahlungsstromes werden mit der Laufzeit gewichtet.

**Beispiel: Ermittlung der Duration (vgl. dazu auf ⓐ unter Nr. 6)**

Laufzeit der Anleihe 6 Jahre, Kurs 100, Nominal-Zins 5%, Rendite = 5%; Abzinsungsfaktor 4%

| Jahr | Nominal-Zins | Barwert | Duration |
|---|---|---|---|
| 1 | 5,00 | 4,81 | 0,0481 |
| 2 | 5,00 | 4,62 | 0,0924 |
| 3 | 5,00 | 4,44 | 0,1332 |
| 4 | 5,00 | 4,27 | 0,1708 |
| 5 | 5,00 | 4,11 | 0,2055 |
| 6 | 5,00 | 3,95 | 0,2370 |
| 6 | 100,00 | 79,03 | 4,7418 |
| Summe | 130,00 | 105,23 | 5,6289 |

**Ergebnis: Die Anleihe hat eine durchschnittliche Laufzeit von 5,6 Jahren**

Anmerkung: Die Gewichtung errechnet sich aus Einzelbarwert dividiert durch Summe Barwert. Desto niedriger die Nominalverzinsung einer Anleihe ist, desto mehr verlängert sich die Duration.

#### 2.4.1.2 Die modifizierte Duration (Volatilität)

**Preisempfindlichkeit gegenüber Zinsänderungen**

Beim Kauf einer Anleihe stellt sich oftmals die Frage, wie sich der Kaufkurs der Anleihe verändert, wenn sich die Zinsen um einen bestimmten Prozentsatz verändern. Bei dieser Anlageform ist es deshalb interessant, deren Preisempfind-

# 2 Kapitalanlagen/Portfoliomanagement

lichkeit gegenüber Zinsänderungen zu kennen. Diese Frage beantwortet die Duration in modifizierter Form, ausgedrückt in einer Kennzahl.

**Aus vorstehendem Beispiel kann die Volatilität wie folgt berechnet werden:**

| | |
|---|---|
| Duration / (1 + Nominal-Verzinsung) | = Volatilität |
| 5,629 / (1 + 0,05) | = 5,361 |

Anschließend lässt sich damit beispielsweise folgende Frage beantworten: „Wie ändert sich der Kaufkurs der Anleihe, wenn die Zinsen von 5% auf 5,25% steigen"?

| | |
|---|---|
| Volatilität × Zinsänderung | = Kaufkursänderung |
| 5,361 × 0,25 | = 1,3403 aufgerundet 1,34 |
| Kaufkurs = 100 − 1,34 | = 98,66 |

Bis zum Zeitpunkt der mittleren Laufzeit ist eine Zinsänderung unbedenklich, da der tatsächliche Wert des Zahlungsstromes mindestens dem geplanten Zahlungsstrom entspricht. Diese Aussage gilt unabhängig von der Zinsänderungsrichtung. Der so genannte „Immunisierungszeitpunkt" einer Anleihe wird damit durch die Duration als wichtigen Indikator ausgedrückt.

**Immunisierungszeitpunkt wird durch Duration ausgedrückt**

### 2.4.1.3 Die wichtigsten Merkmale von festverzinslichen Wertpapieren

**Laufzeit:**

Der Zeitraum zwischen Beginn der Verzinsung und dem Rückzahlungstermin wird als Laufzeit bezeichnet. Anleihen mit einer kurzen Restlaufzeit fallen bei steigenden Zinsen wesentlich weniger stark im Kurs als langlaufende Anleihen.

**Beispiel: Ermittlung des Kurswertes bei einem Zinsrückgang von 6,75% auf 5%**

| Restlaufzeit | Kupon 6,75% | Kupon 5,00% |
|---|---|---|
| 3 Jahre | 100,00 | 104,75 |
| 7 Jahre | 100,00 | 110,00 |
| 14 Jahre | 100,00 | 117,30 |

**Rückzahlung/Tilgung:**

Anleihen werden entweder planmäßig (d. h. zum vereinbarten Rückzahlungstermin), in mehreren gleich bleibenden Jahresraten zumeist nach einer tilgungsfreien Vorlaufzeit (Annuitäten-Anleihen) oder im Rahmen einer Auslosung (Auslosungsanleihen) vom Schuldner zurückbezahlt. Des Weiteren besteht noch die Möglichkeit, dass sich der Emittent (allerdings unter Ankündigung einer Kündigungsfrist) ein außerordentliches Kündigungsrecht vorbehält.

**Verzinsung:**

Hinsichtlich der Zinsgestaltung existieren neben dem klassischen Festzinssatz eine Reihe von Mischformen:

**Darstellung: Überblick Anleihefomen**

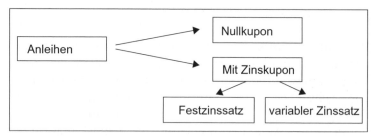

**Anleihen mit fester Verzinsung (= straight bonds):**

Kennzeichen dieser Anleiheform (= straight bonds) ist eine über die gesamte Laufzeit gehende Festsatz-Verzinsung. Zinszahlungen erfolgen in Deutschland zumeist jährlich (z. B. USA: halbjährlich).

**Variabel verzinsliche Anleihen (= floating rate notes):**

Diese oftmals als Floater bezeichneten Wertpapiere werfen keinen festen, sondern einen variablen Zinsertrag ab. Der Zinssatz orientiert sich in regelmäßigen Abständen (z. B. alle 6 Monate) meist am aktuellen Geldmarktsatz (z. B. **EURIBOR**: = Geldmarktsatz unter Banken am Finanzplatz Frankfurt). Auf dem Basisinstrument der Floating rate note basieren eine Reihe von speziellen – hinsichtlich der Art der Verzinsung unterschiedlichen – Instrumenten wie z. B

- **Cap-Floater:** variabel verzinsliche Anleihe mit einer Maximal-Verzinsung,

## 2  Kapitalanlagen/Portfoliomanagement

- **Floor-Floater:** variabel verzinsliche Anleihe mit einer Mindestverzinsung,

- **Collared Floater:** Kombination zwischen Maximal- und Minimalverzinsung,

- **Reverse-Floater:** variabel verzinsliche Anleihen, deren Zinszahlung durch die Differenz zwischen einem festen Zinssatz und einem variablen Zinssatz ermittelt wird.

Der Markt stellt hier Instrumente zur Verfügung, die für den Anleger insbesondere bei steigenden Zinsen interessant sind. Durch die variable Verzinsung kann mit einer gewissen Zeitverzögerung mitpartizipiert werden. Auch bei **inversen Zinsstrukturen** (Geldmarktzinsen sind höher als Kapitalmarktzinsen) bieten diese Instrumente Vorteile gegenüber der Festsatzverzinsung.

### Null-Kupon-Anleihen (= zero-bonds):

Diese Anleihen sind nicht mit einem Zinskupon ausgestattet. An die Stelle laufender, jährlicher Zinszahlungen tritt die Differenz zwischen dem Kauf- bzw. Emissionskurs und dem Rückzahlungskurs. Bei einem Zerobond erfolgt deshalb nur eine Zahlung: der Tilgungserlös bei Fälligkeit oder der Verkaufserlös bei einem vorzeitigen Verkauf. Diese Anleiheform wird mit einem hohen Disagio (Abschlag) ausgegeben und am Fälligkeitstag mit pari (= 100%) zurückgezahlt. Je höher der Zinssatz der Anleihe ist bzw. je länger die Anleihe läuft, desto niedriger ist der Kauf- bzw. Emissionskurs.

Der Zero-Bond kann ein interessantes Anlageinstrument bei fallenden Zinsen darstellen, da sich der Kurswert dann überproportional erhöht. Bei dieser mehr spekulativ ausgerichteten Strategie wird der Bond nicht bis zur Endfälligkeit gehalten sondern mit Kursgewinn früher verkauft. Konservativ ausgerichtete Anleger halten den Bond (Anspar- bzw. Vorsorgezwecke) bis zur Endfälligkeit.

**Interessantes Anlageinstrument bei fallenden Zinsen**

### Anleihe-Mischformen zwischen fester/variabler Verzinsung/Zero-Bonds:

- **Stripped Bonds:** Es handelt sich um eine Sonderform des Zero-Bonds, bei dem die Zinskupons von der in einer Anleihe verbrieften Hauptforderung abgetrennt werden.

- **Kombizins-Anleihen:** Die Anleihe wird in der Regel zu pari emittiert und zurückgezahlt. Nach einigen zinslosen Jahren wird für die restliche Laufzeit ein überdurchschnittlich hoher Kupon festgelegt.

- **Stepp-up-Anleihen:** Zu Beginn der Laufzeit wird ein niedriger, zum Ende der Laufzeit ein hoher Kupon gezahlt. Die Anleihe wird zu pari emittiert und zurückgezahlt.

- **Zinsphasen-Anleihen:** Sie sind gekennzeichnet von einer langen Laufzeit (mindestens 10 Jahre). Zu Beginn wird ein fester Kupon bezahlt; es folgt ein Zeitraum mit einem variablen Kupon; dieser wird gegen Ende der Laufzeit wieder gegen einen Festsatzzins ausgetauscht.

**Sonderformen von Anleihen**

- **Doppelwährungsanleihen:** Kapitalrückzahlung und/oder Zinszahlung können in verschiedenen Währungen erfolgen. Das Wahlrecht wird teilweise dem Emittenten, teilweise dem Anleger eingeräumt.

- **Wandelanleihen:** Es handelt sich um ein festverzinsliches Wertpapier, das von Aktiengesellschaften begeben wird. Dem Anleger wird zu einem fest vereinbarten Zeitpunkt oder während der Laufzeit das Recht eingeräumt, die Anleihe in einem bestimmten Verhältnis gegen Aktien des Emittenten zu tauschen.

- **Optionsanleihen (Warrants):** Es handelt sich um festverzinsliche Wertpapiere, die das Recht zum Erwerb von Aktien in einem von der Anleihe abgetrennten Optionsschein verbriefen. Sowohl Anleihe als auch Optionsschein können selbstständig gehandelt werden

- **Zinsoptionsanleihe:** Der abtrennbare Optionsschein verbrieft das Recht, eine bestimmte andere Anleihe zu einem festgelegten Kurs zu kaufen (Call) bzw. zu verkaufen (Put).

- **Devisenoptionsanleihen:** Der abtrennbare Optionsschein verbrieft das Recht, einen bestimmten Währungsbetrag zu einem festgelegten Kurs zu kaufen (Call) bzw. zu verkaufen (Put).

- **Indexanleihen:** Der Rückzahlungsbetrag und/oder die Zinszahlung sind nicht fest bestimmt, sondern an den Stand einer bestimmten Bezugsgröße (z. B. ein Aktienindex) am Tilgungs- und Zinstermin gebunden. Es kann auf steigende Kurse („Bull"-Anleihe) sowie auf fallende Kurs („Bear"-Anleihe) gesetzt werden.

### 2.4.2 Aktien

Es handelt sich um Anteils- oder Teilhaberpapiere. Diese geben dem Aktionär ein Mitgliedsrecht an einer Aktiengesellschaft, das in einer eigenen Urkunde verbrieft wird. Damit wird der Aktionär Teilhaber am Aktienkapital und damit Mitinhaber des Vermögens der Aktiengesellschaft.

**Aktien sind Anteilspapiere**

#### 2.4.2.1 Grundlagen

- Der Aktionär ist kein Gläubiger, sondern vielmehr Teilhaber an der Aktiengesellschaft. Daraus resultieren neben Rechten auch Pflichten, wie z. B. die Einlage auf das Grundkapital zu erbringen.

- Der **Nennwert** einer Aktie stellt die Höhe des Anteils am Grundkapital dar. Der Nennwert kann auf EURO 1 oder ein Vielfaches lauten. Seit Einführung des EUROS sind auch Stückaktien zugelassen; diese weisen keinen Nennwert auf sondern verbriefen nur einen Anteil am Grundkapital der Gesellschaft. Der **Kurswert** einer Aktie weicht regelmäßig vom Nennwert ab, da er nach Angebot und Nachfrage gebildet wird und die gegenwärtige bzw. zukünftig erwartete Vermögenssituation des Unternehmens widerspiegelt.

- Die Erträge aus Aktienanlagen setzen sich einerseits aus Dividendenausschüttungen, anderseits aus Kursgewinnen (bzw. auch -verlusten) zusammen. Dividenden und Kurserträge sind nicht garantiert, so dass mit dem Kauf von Aktien ein Risiko verbunden ist.

### 2.4.2.2 Die Rechte des Aktionärs

Der Besitzer einer Aktie hat auf Grund Aktiengesetz und Satzung der betroffenen Aktiengesellschaft besondere Vermögens- und Verwaltungsrechte. Hierzu gehören:

- Anspruch auf Dividende (in der Regel betragliche Unterschiede bei so genannten neuen oder jungen Aktien und alten Aktien),

- Anspruch auf **Bezugsrechte** (Recht, bei einer Kapitalerhöhung junge Aktien in einem bestimmten Bezugsverhältnis zu beziehen; Bezugsrechte sind während der Bezugsfrist selbstständig an der Börse handelbar),

- Anspruch auf Zusatz- oder Berichtigungsaktien (Ausgabe oftmals in Verbindung mit einer Kapitalerhöhung aus Gesellschaftsmitteln),

- Recht auf Teilnahme an der Hauptversammlung,

- Auskunftsrecht,

- Stimmrecht (entweder persönliche Ausübung oder Vollmachtserteilung).

### 2.4.2.3 Die Ausgestaltung von Aktien

Hinsichtlich der Übertragbarkeit sowie hinsichtlich der Gewährung von Rechten gibt es unterschiedliche Aktienformen:

- **Namensaktien:** Sie lauten auf den Namen einer bestimmten natürlichen oder juristischen Person. Der Name wird im Aktienbuch der Gesellschaft registriert.

- **Vinkulierte Namensaktien:** Die Übertragung auf einen neuen Aktionär ist nur mit Zustimmung der Gesellschaft möglich.

- **Inhaberaktien:** Diese lauten jeweils auf den Inhaber der Aktie. Ein Eigentumswechsel ist ohne Formalitäten jederzeit möglich.

- **Stammaktien:** Es handelt sich um die Normalform der Aktie, die dem Aktionär die gesetzlichen und satzungsmäßigen Rechte zubilligt.

- **Vorzugsaktien:** Diese Form ist mit bestimmten Privilegien, insbesondere z. B. hinsichtlich Verteilung des Gewinns ausgestattet.

Die Entscheidung, in Aktien zu investieren, hängt einerseits von der Risikobereitschaft des Unternehmens, andererseits vom Anlagezeitraum ab. Nachweislich erbringen Aktienanlagen im Langfristvergleich gegenüber festverzinslichen Wertpapieren einen deutlichen Renditevorteil. Häufig werden Aktien entsprechend der Risikobereitschaft des Anlegers einem Anlageportfolio anteilig beigemischt (z. B. 70% Renten/30% Aktien).

*Langfristige Renditevorteile von Aktienanlagen*

Bei Auswahl der Papiere ist eine detaillierte Bewertung erforderlich. Letztendlich wird über die Aktie an der Entwicklung eines Unternehmens, einer speziellen Branche sowie an der gesamten Wirtschaft eines Landes in Form von Kurssteigerungen mitpartizipiert.

*Sorgfältige Bewertung erforderlich*

**Folgende Selektionskriterien müssen unter anderen beachtet werden:**

- Individuelles Wachstumspotenzial des Unternehmens,
- Kapital- und Finanzstruktur,
- Kurs-/Gewinnverhältnis (KGV),
- Dividendenrendite,
- Positionierung des Unternehmens innerhalb der Branche,
- Entwicklung der gesamten Branche.

### 2.4.3 Genussscheine

Der Begriff des Genussscheins ist im Aktiengesetz erwähnt, wird allerdings nicht gesetzlich definiert. Das Fehlen einer Legaldefinition von Genussscheinen hat zu einem sonst im Wertpapierbereich nicht anzutreffenden Gestaltungsspielraum geführt. Diese besondere Form der Flexibilität wird vom Emittenten im Hinblick auf Art, Zweck und Einsatz als spezielles Finanzierungsinstrument genutzt.

*Besondere Gestaltungsvielfalt*

**Genussscheine** verbriefen Vermögensrechte, die vom Emittenten individuell vorgegeben werden. Es handelt sich um Gläubigerpapiere, die auf einen Nominalwert lauten sowie mit einem Gewinnanspruch versehen sind. Dagegen werden Rechte wie beispielsweise Teilnahme an der Hauptversammlung und Stimmrecht nicht verbrieft. Genussscheine können auch am Verlust der Gesellschaft durch Herabsetzung des Rückzahlungsbetrages beteiligen.

**Sowohl Eigen- als auch Fremdkapitalcharakter**

Aus Sicht des Emittenten handelt es sich damit um handelsrechtlich als auch steuerlich flexible Finanzierungsinstrumente, die je nach Ausstattung als Eigen- oder Fremdkapital gelten (steuerrechtlich Fremdkapital; handelsrechtlich Eigenkapital). Erträge werden endbesteuert wie Dividenden bzw. Forderungswertpapiere (z. B. Anleihen).

**Typen von Genussscheinen:**

- Genussscheine mit fester Ausschüttung,
- Genussscheine mit variabler Ausschüttung,
- Genussscheine mit Wandel- oder Optionsrechten.

Genussscheine eignen sich eher für den risikofreudigeren Anleger, da neben einer festen Verzinsung auch eine Partizipation am Unternehmenserfolg erfolgen kann (speziell bei Wandelgenussscheinen). Der Börsenkurs dieser Genussscheine lehnt sich eng an die Kursentwicklung der Aktien des emittierenden Unternehmens an. Verzichtet der Anleger auf die Wandlung (weil die Aktien durch direkten Erwerb günstiger zu kaufen sind), behält er die Gläubigerrechte bis zur Rückzahlung.

### 2.4.4 Investmentanteilscheine

Bei **Investmentanteilscheinen** (Investmentzertifikaten) handelt es sich nach deutschem Recht um Wertpapiere, die Anteile an einem Investmentfonds verbriefen. Eine Kapitalanlagegesellschaft stellt einen Fonds zusammen, dessen Vermögen aus Wertpapieren besteht. Es kann sich um reine Anleihe- oder Aktienfonds oder gemischte Fonds handeln. Das Fonds-Vermögen wird in Anteile aufgeteilt und die Anteilscheine Investoren zum Kauf angeboten.

## 2 Kapitalanlagen/Portfoliomanagement

Damit wird durch den Kauf eines Anteilsscheines ein Anteil am Fondsvermögen erworben. Der Wert orientiert sich am Gesamtvermögen (Inventarwert), das durch die Anzahl der ausgegebenen Anteilsscheine dividiert wird. Damit erreicht der Anleger, das in seinem Sinne indirekt professionelle Vermögensanlage getätigt wird.

**Indirekte professionelle Vermögensanlage**

**Vorteile:**

- Individuelle Risikostreuung des Anlegers,
- Deutliche Reduzierung des internen Verwaltungsaufwandes,
- Nur eine Wertpapierposition (das Investmentzertifikat) anstelle zahlreicher Aktien oder festverzinslicher Wertpapiere; damit Reduzierung der Bankgebühren,
- Kleine Stückelungen sind möglich,
- Sofortige Liquidierbarkeit, da eine Rückkaufverpflichtung des Emittenten besteht,
- Steuerliche Vorteile durch Steuerfreiheit von Kursgewinnen, die thesauriert werden.

**Als Nachteile sind aufzuführen:**

- Verlängerte Reaktionszeiten bei Marktveränderungen, da die Fondsstrukturen festgeschrieben sind (nur Möglichkeit, das Investmentzertifikat zu verkaufen),
- Der Investor kann keinen Einfluss auf die Gewinnausschüttung ausüben,
- Teilweise deutliche Differenz zwischen Ausgabe- und Rückkaufkurs (= Ausgabeaufschlag).

Kursgewinne, die im Fonds erwirtschaftet und nicht ausgeschüttet werden, bleiben steuerfrei und führen zu einer Werterhöhung des Fondsanteils. Eine Besteuerung tritt erst dann ein, wenn die Anteile verkauft werden. Zinserträge aus festverzinslichen Wertpapieren werden dagegen, egal ob ausgeschüttet oder thesauriert, dem zu versteuerndem Einkommen des Investors hinzugerechnet.

**Kursgewinne bleiben steuerfrei**

### 2.4.4.1 Marktüberblick

**Anteil an Sondervermögen**

**Deutsche Investmentgesellschaften** unterliegen dem Gesetz über Kapitalanlagegesellschaften (KAGG). Sie haben den Status von Kreditinstituten und bedürfen zur Aufnahme der Geschäfte einer Erlaubnis durch das zuständige Bundesaufsichtsamt. Durch den Kauf eines Anteilsscheines wird der Investor kein Mitgesellschafter an der Kapitalanlagegesellschaft, sondern es wird ein Anteil an einem verwalteten Sondervermögen gehalten. Wichtig ist hierbei, dass dieses Sondervermögen rechtlich vom Vermögen der Kapitalanlagegesellschaft getrennt gehalten wird und damit beispielsweise nicht für Schulden der Kapitalanlagegesellschaft haftet.

**Ausländische Investmentgesellschaften** unterscheiden sich je nach Herkunftsland hinsichtlich der Rechtskonstruktion sowie der gesetzlichen Grundlage. Beispielsweise beteiligen Kapitalanlagegesellschaften, die in der Rechtsform einer AG auftreten, den Anleger nicht über Zertifikate an der Wertentwicklung, sondern durch den Kauf von Aktien, die an der Börse gehandelt werden.

### 2.4.4.2 Grundtypen

**Geschlossene Fonds**

Hier wird nur eine bestimmte Anzahl von Anteilscheinen ausgegeben, bis eine fest vorgegebene Anlagesumme erreicht worden ist. Der Fonds wird nach Erreichen dieses Limits geschlossen. Die Kapitalanlagegesellschaft übernimmt keine Verpflichtung, Anteile zurückzunehmen. Damit verbleibt nur die Möglichkeit, diese über die Börse an Dritte weiterzuverkaufen, wobei sich der Preis nach Angebot und Nachfrage bildet.

Eine derartige Fondskonstruktion ist in Deutschland nur vor dem Hintergrund steuerlicher Überlegungen für Immobilien üblich.

**Offene Fonds**

Die Anzahl der Anteile ist von Beginn an nicht limitiert. Neue Anteile werden nach Bedarf ausgegeben bzw. wieder zurückgenommen. Die Kapitalanlagegesellschaft kann jedoch die Ausgabe von Anteilen teilweise beschränken, aussetzen oder endgültig einstellen. Investmentzertifikate werden nicht an Börsen gehandelt. Es wird aber ein offizieller Rücknahmepreis (Rücknahmeverpflichtung!) öffentlich bekanntgegeben.

## Publikumsfonds

Sie unterliegen in Deutschland dem Gesetz über Kapitalanlagegesellschaften. Die Fondsanteile werden öffentlich angeboten. Ein Kauf ist grundsätzlich durch jeden Geldanleger möglich.

## Spezialfonds

Auch Spezialfonds unterliegen dem Gesetz über Kapitalanlagegesellschaften. Die Fondsanteile werden hier allerdings nur von einem bestimmten institutionellen Anleger (z. B. Unternehmen, Pensionskasse, Sozialversicherungsträger) gehalten. Er ist nicht für natürliche Personen konzipiert.

*Anlageinstrument für Unternehmen*

Der Anleger überträgt einen bestimmten Gegenwert (in Deutschland Untergrenze bei ca. EURO 10 Mio) an eine Kapitalanlagegesellschaft, die das Kapital unter bestimmten Prämissen anlegt und verwaltet. Bei der Auswahl der Kapitalanlagegesellschaft sind höchste Maßstäbe anzulegen. Grundsätzlich sollten mehrere Gesellschaften in Form einer offenen Ausschreibung angesprochen und letztendlich der geeignete Partner über einen Fragebogen vorselektiert und schließlich im Rahmen eines „beauty-contest" ausgewählt werden.

Folgende Kriterien sollten abgefragt werden:

- Zahlenmäßige Entwicklung der Gesellschaft über die letzten Jahre (z. b. Höhe des betreuten Vermögens),
- Kompetenz der Portfoliomanager,
- Investmentphilosophie,
- Art und Form des Entscheidungsprozesses,
- Investment-Performance über die letzten Jahre,
- Kosten der Fonds-Verwaltung.

**Ein Fragebogen könnte beispielhaft folgende Fragen enthalten:**

- Welches Gesamtvolumen wird durch die Gesellschaft verwaltet?
- Wie hat sich dieses Volumen in den letzten 5 Jahren verändert?
- Wie viele Fondsmanager betreuen wie viele Kunden?
- Verfügt die Gesellschaft über ein eigenes Research?
- Listen Sie Ihre Stärken in Kürze auf?
- Wie wird der Entscheidungsprozess hinsichtlich Konsistenz und Systematik betrieben?
- Wie war die Performance in den letzten Jahren?
- Welche Umschlagshäufigkeit existiert im Durchschnitt?
- Wie stetig sind die Ergebnisbeiträge?
- Wie groß ist die Erfahrung des Portfoliomanagements?
- Welchen Aufgaben- und Verantwortungsbereich hat der Fonds-Manager?
- Welche Informationsquellen/Datenbanken werden benutzt?
- Wie unabhängig ist das Portfoliomanagement?
- Welche direkten und indirekten Kosten treten bei der Portfolioverwaltung auf?

**Übersicht: Bewertung des Fragebogens „Auswahlkriterien Kapitalanlagegesellschaft"**

| Gesellschaft | Punkte für Fragen Nr. 1–x |
|---|---|
| | 1  2  3  4  5  ...  x |
| A | |
| B | |
| C | |
| D | |
| E | |
| F | |
| G | |
| Gesamtsumme | |

## 2 Kapitalanlagen/Portfoliomanagement

**Mit einem Spezialfonds werden folgende Effekte angestrebt:**

- Optimierung der G+V-Darstellung,
- Maximierung der Anlageerträge,
- Steuerliche Optimierung,
- Reduzierung interner Verwaltungsaufwand.

**Beim Aufbau eines Spezialfonds fallen eine Reihe von Zusatzgebühren an:**

- Verwaltungskostenbeitrag für die Kapitalanlagegesellschaft,
- Gründungskosten, Prüfungskosten,
- Depotgebühren,
- Transaktionskosten.

### 2.4.4.3 Kennzeichen offener Investmentfonds

Die Investmentgesellschaft legt das Fondsvermögen nach dem Grundsatz der Risikomischung an. Einen Mindestgrad an Risikomischung fordert das Gesetz über Kapitalanlagegesellschaften.

*Anlage nach dem Grundsatz der Risikomischung*

Da bei der Gesellschaft Vertriebskosten anfallen, wird in der Regel bei der Ausgabe von Anteilen ein **Ausgabeaufschlag** erhoben. Dieser wird in Prozent des Rücknahmepreises ausgedrückt.

Der **Rücknahmewert** errechnet sich aus dem Gesamtwert des Fondsvermögens, das durch die Anzahl der ausgegebenen Anteile dividiert wird. Da sich der Wert des Fondsvermögens durch Schwankungen an den Finanzmärkten täglich verändert, steigt oder fällt der Rücknahmepreis täglich. Der Kurs eines Investmentzertifikates wird demzufolge nicht nach dem Marktmechanismus (Angebot/Nachfrage) gebildet, sondern entsprechend der Entwicklung des Fondsvermögens.

*Maßgebliche Entwicklung des Fondsvermögens*

### 2.4.4.4 Arten von offenen Investmentfonds

Der Anleger kann entsprechend seiner Bedürfnisse (Risikoneigung, Anlagezeitraum, Volumina etc.) zwischen einer Vielzahl von Publikumsfonds wählen.

**Beispiele:**

- **Offene Wertpapierfonds:** Schwerpunkt der Geldanlage in festverzinslichen Wertpapieren, Beteiligungspapieren, Genussscheinen,

- **Offene Immobilienfonds:** Die angelegten Gelder werden in gewerblich genutzten Grundstücken und Gebäuden investiert,

- **Geldmarktfonds:** Der Fonds investiert im Geldmarkt (Tages-/Termingelder) oder in geldmarktnahen Papieren.

Investmentfonds werden mit begrenzter Laufzeit oder unbefristet aufgelegt. Für das eingelegte Kapital wird teilweise auch eine Garantie durch die Fondsgesellschaft übernommen.

*Unterschiedliche Ausschüttungspolitik*

**Hinsichtlich der Ausschüttung bestehen zwei Varianten:**

- **Ausschüttungsfonds:** Diese schütten regelmäßig (jährlich) einen bestimmten Betrag aus; der Anteilspreis des Investmentzertifikates reduziert sich am gleichen Tag um den ausgeschütteten Betrag,

- **Thesaurierende Fonds:** Erträge werden nicht ausgeschüttet, sondern zur Wiederanlage verwendet.

Von den Fondsgesellschaften können reine Aktienfonds (z. B. Branchen-Schwerpunkte), Rentenfonds (z. B. Staatsanleihen), gemischte Fonds oder Spezialitätenfonds aufgelegt werden. Auch kann der Anlagehorizont durch Investitionen in verschiedenen Regionen (z. B. Euro-Land, Südost-Asien) oder auf Fremdwährungen ausgedehnt werden.

# 2 Kapitalanlagen/Portfoliomanagement

## 2.4.5 Optionsscheine (warrants)

Für spekulative Anleger bietet sich der Erwerb von Optionsscheinen an.

**Für spekulative Anleger**

### 2.4.5.1 Grundlagen

**Optionsscheine** verbriefen das Recht, nicht aber die Verpflichtung, eine bestimmte Menge an Aktien (oder Anleihen, Währungen, Rohstoffe, Indizes) zu kaufen (**Call-Optionsscheine**) oder zu verkaufen (**Put-Optionsscheine**).

In vielen Fällen sehen die Bedingungen des Optionsscheines einen Barausgleich bei Optionsausübung vor. Dies ist überall dort der Fall, wo eine Übertragung des Basiswertes (z. B. bei einem Index) nicht durchgeführt werden kann. Bei einem Barausgleich (**Cash-Settlement**) wird der Differenzbetrag zwischen dem im Optionsschein vereinbarten Preis und dem aktuellen Marktpreis des Basiswertes ermittelt und an den Optionsscheininhaber ausgezahlt.

**Hinsichtlich der Ausübung unterscheidet man**

- Optionsscheine amerikanischen Typs (**american style**): hier kann das Optionsrecht jederzeit (d. h. an jedem Bankarbeitstag) während der Laufzeit der Option ausgeübt werden,

- Optionsscheine europäischen Typs (**european style**): das Optionsrecht kann hier nur am Laufzeitende (am so genannten settlement-day) ausgeübt werden.

Optionsscheine weisen eine **feste Laufzeit** auf.

### 2.4.5.2 Funktionsweise

Dem Optionsschein liegt ein bestimmtes **Bezugsverhältnis** Optionsschein: Aktie zu Grunde. Für diese Hebelwirkung muss der Käufer eine entsprechend hohe Prämie (= Aufgeld) bezahlen. Der Preis für den Optionsschein ergibt sich aus der Relation Angebot zu Nachfrage.

Da Kurssteigerungen bei Veränderung des zu Grunde liegenden Basiswertes bei viel geringerem Kapitaleinsatz linear mitgemacht werden, ist der Hebel (= Wertveränderung des Scheines) besonders groß. Der Hebel wird bei Aktienopti-

**Durch Hebel starke Wertveränderungen**

onsscheinen beispielsweise aus der Relation Aktienkurs und Kurs des Optionsscheines berechnet.

| **Beispiel:** | Aktienkurs | = 125 Euro |
| | Optionsscheinkurs | = 27 Euro |
| | Hebel | = 4,6 |

**Überproportionale Gewinn-/Verlust-Chancen**

Als Optionsscheininhaber partizipiert man deshalb überproportional an Veränderungen des Basiswertes, und zwar sowohl positiv als auch negativ, mit.

Daraus leitet sich ab, dass der Käufer eines Call-Optionsscheines Kurssteigerungen des Basiswertes erwartet. Das Optionsrecht gewinnt bei Eintreten dieses Sachverhaltes überproportional an Wert. Wird dagegen ein Sinken des Basiswertes erwartet, sollte in einen Put-Optionsschein investiert werden. Tritt wiederum dieser Fall ein, dann gewinnt der Optionsschein an Wert, da er mit dem Papier das Recht besitzt, zu einem höheren Basiswert als der vergleichbare Marktpreis zu liefern.

Die Motivation für Optionsscheinkäufer liegt in erster Linie nicht darin, den Optionsschein bis zur Fälligkeit zu halten, sondern bereits während der Laufzeit mit Gewinn zu verkaufen.

### 2.4.5.3 Bewertung von Optionsscheinen

Bei der Bewertung von Optionsscheinen orientiert man sich an folgenden Kriterien:

- **Innerer Wert:** Dieser ergibt sich aus der Differenz zwischen Basispreis und dem Kurs des Basiswertes unter Berücksichtigung des Bezugsverhältnisses. Man unterscheidet drei Möglichkeiten:

  - „In the money": Der aktuelle Kurs des Basiswertes liegt über (Call-Option) bzw. unter (Put-Option) dem im Optionsschein vereinbarten Basispreis,

  - „At the money": Basispreis und aktueller Kurs sind identisch,

  - „Out of the money": Der aktuelle Kurs des Basiswertes liegt unter (Call-Option) bzw. über (Put-Option) dem im Optionsschein vereinbarten Basispreis.

## 2 Kapitalanlagen/Portfoliomanagement

- **Zeitwert:** Er errechnet sich aus der Differenz zwischen Optionsscheinkurs und innerem Wert. Der Zeitwert stellt damit einen Unsicherheitsaufschlag dar, der unter anderem die Wahrscheinlichkeit von Kursschwankungen des Basiswertes bis zur Fälligkeit des Optionsscheines widerspiegelt,

- **Aufgeld:** Das Aufgeld gibt an, um wie viel teurer der Erwerb eines Basiswertes durch Kauf (Call-Optionsschein) bzw. Verkauf (Put-Optionsschein) und sofortige Ausübung des Optionsrechtes zum Betrachtungszeitraum im Verhältnis zum direkten Erwerb des Basiswertes ist.

### 2.4.5.4 Optionsscheinformen

**Grundsätzlich können Optionsscheine in zwei Gruppen unterschieden werden:**

- **Traditionelle Optionsscheine:** Diese werden in Verbindung mit einer Optionsanleihe begeben,

- **Naked Warrants:** Diese werden ohne gleichzeitige Emission einer Optionsanleihe begeben (Unterform so genannte „Covered Warrants").

Optionsscheine können im Zusammenhang mit verschiedenen Basiswerten ausgegeben werden. Sie verbriefen grundsätzlich das Recht für den Käufer zur Abnahme (Call) bzw. Lieferung (Put) eines bestimmten Basiswertes

**Arten von Optionsscheinen:**

- Aktien-Optionsscheine,
- Zins-Optionsscheine,
- Währungs-Optionsscheine,
- Rohstoff-Optionsscheine,
- Index-Optionsscheine,
- Basket-Optionsscheine (Berechtigung zum Kauf eines Korbes an Basiswerten),
- Turbo-Optionsscheine (Berechtigung zum Kauf von anderen Optionsscheinen).

## 2.5 Kapitalanlage und Risiko

**Enge Korrelation zwischen Ertrag und Risiko**

Grundsätzlich ist mit dem Erwerb von Wertpapieren eine mehr oder weniger große Risikoübernahme verbunden. Bei den meisten Instrumenten korreliert eine Ertragssteigerung deshalb gleichzeitig auch mit einer Risikozunahme. Nachstehend sollen die wichtigsten Basis-Risiken dargestellt werden, denen Unternehmen bei Geldanlagen ausgesetzt sind.

### 2.5.1 Grundsätzliche und allgemeine Risiken

#### 2.5.1.1 Konjunkturelle Risiken

Die Erfahrungen der letzten Jahrzehnte haben gezeigt, dass sich die Konjunktur in Zyklen bewegt: Wirtschaftsaufschwung und Wirtschaftsabschwung wechseln sich in zeitlich befristeten Perioden ab.

- **1. Phase:** Konjunkturboom,
- **2. Phase:** Abschwung, Abgleiten in eine Rezession,
- **3. Phase:** Ende der Rezession, Depression,
- **4. Phase:** Wirtschaftlicher Aufschwung und Erholung.

**Kein Schutz vor Kursverlusten möglich**

Die Gefahr von Kursverlusten wird für den Kapitalanleger deutlich größer, wenn Anlageentscheidungen in einer Phase einer ungünstigen Wirtschaftsentwicklung getroffen werden. Hierunter fallen auch endogene Entwicklungen wie Streiks, politische Entscheidung etc. Die Wertpapierkurse werden in der Regel von der wirtschaftlichen Entwicklung entweder mit einer Vorlaufzeit oder zeitversetzt (mit einer Nachlaufzeit) erfasst. Eine vollständige Immunisierung ist nicht möglich.

Dem zeitlichen „timing" einer Anlage (Zeitpunkt der Kaufentscheidung) sowie der Selektion der einzelnen Wertpapiere kommt damit größte Bedeutung zu.

Als eine Maßnahme zur Gegensteuerung auf dem Aktienmarkt in Zeiten drohender oder bereits eingetretener Wirtschaftsschwäche bietet sich beispielsweise der Kauf von antizyklischen oder konjunkturunabhängigen Werten an.

### 2.5.1.2 Kaufkraftrisiken

Die Notenbanken der großen Industrieländer haben sich seit geraumer Zeit die Inflationsbekämpfung als eines der obersten volkswirtschaftlichen Ziele gesetzt. Dieser Ansatz geschieht nicht ohne Grund, denn die Inflation bedroht zum einen den Realwert vorhandener Vermögen, andererseits auch den realen Ertrag, der mit dem Vermögen erwirtschaftet wird.

Wichtig ist es deshalb bei Anlageentscheidungen, sich an der **Realverzinsung** auszurichten. Man versteht darunter bei festverzinslichen Wertpapieren die Differenz zwischen Nominalverzinsung einer Anleihe und Inflationsrate. Über die letzten Jahre hinweg war in Deutschland bei der Betrachtung vor Steuern ein positiver Realzins zu beobachten. Die Aktie als indirekter Sachwert bietet dem Geldanleger nicht den erwarteten Schutz vor Geldentwertung, da zumeist der Ertragswert und nicht der Substanzwert im Vordergrund steht.

**Auswirkung der Realverzinsung**

In Zeiten mit hoher Geldentwertung (z. B. nach den beiden Weltkriegen) können Sachwerte (Immobilien, Gold, Kunstgegenstände etc.) dem Kapitalanleger einen größeren Schutz geben. Der Anleger musste allerdings dazwischen immer wieder längere Phasen in Kauf nehmen, in denen Geldwertanlagen grundsätzlich mehr als Sachwerte abgeworfen haben.

### 2.5.1.3 Politisches Risiko

Bei Kapitalanlagen im Ausland geht der Anleger das Risiko ein, dass der Schuldner, obwohl die Zahlungsfähigkeit und -willigkeit gegeben ist, auf Grund politischer Restriktionen seine Zins- und Tilgungszahlungen nicht pünktlich oder überhaupt nicht mehr erbringen kann. Dieses Risiko hat seine Ursachen einerseits in der politischen andererseits in der wirtschaftlichen Stabilität eines Landes.

**Risiko der Zahlungsfähigkeit und -willigkeit**

So ist es beispielsweise möglich, dass Zahlungen auf Grund von Devisenmangel nicht mehr erfolgen können (z. B. Rußlandkrise 1998) oder über das Land ein grundsätzliches Embargo (z. B. Irak 1990) verhängt wird. Als Ursachen für eine wirtschaftliche und politische Destabilisierung sind Revolutionen, politische Umstürze, Krisensituationen (Krieg) sowie auch durch natürliche Ereignisse ausgelöste Störungen (z. B. Erdbeben) zu nennen.

**Bonitätsprüfung sinnvoll**

Sicherungsinstrumente können gegen das **Transferrisiko** nicht eingesetzt werden. Eine gründliche individuelle Bonitäts- und damit Risikoprüfung sowie die von internationalen Ratingorganisationen (z. B. Moodys) oder nationalen Institutionen (z. B. Hermes Kreditversicherungs-AG) zur Verfügung gestellten **Länderratings** bzw. individuellen Länderbeurteilungen können als Entscheidungshilfe hinzugezogen werden.

### 2.5.1.4 Kontrahentenausfallrisiko (Bonitätsrisiko)

**Sicherheit bei Geldanlagen wichtig**

Bei Geldanlagen spielt die Sicherheit eine große Rolle. Das Risiko besteht darin, dass der Schuldner zahlungsunfähig bzw. illiquide wird und damit seinen Zins- und Tilgungsverpflichtungen entweder nicht termingerecht oder überhaupt nicht nachkommen kann bzw. will. Dem Bonitätsrisiko unterliegen grundsätzlich alle Emittenten (z. B. auch Staaten).

**Als Ursachen für eine Verschlechterung der Bonität können genannt werden:**

- Politische Veränderungen, die direkt auf die Zahlungsfähigkeit (z. B. eines Landes) Auswirkungen haben (z. B. Rußlandkrise),

- Individuelle Veränderungen in der wirtschaftlichen Situation von Ländern oder Unternehmen (z. B. hohe Staatsdefizite, Missmanagement bei Unternehmen),

- Allgemeine wirtschaftliche Veränderungen, die auf Ergebnis- und Vermögenssituation des Schuldners (sowohl eines Landes als auch eines Unternehmens) einen so großen Einfluss ausüben, dass dessen Rückzahlfähigkeit eingeschränkt wird (z. B. Ecuador).

## 2 Kapitalanlagen/Portfoliomanagement

Das Ausfallrisiko zeichnet sich in den meisten Fällen bereits geraume Zeit vorher in einem starken Rückgang der Wertpapierkurse (egal ob Aktien oder festverzinsliche Wertpapiere) ab (z. B. DEM-Auslandsanleihe der Ukraine).

Gegen dieses Risiko gibt es in der Regel keine Absicherungsinstrumente. Demzufolge kommt einer intensiven Prüfung der Rückzahlfähigkeit des Schuldners große Bedeutung zu. Zur Beurteilung der Rückzahlfähigkeit eines Schuldners können sich Unternehmen den Ratings unabhängiger Rating-Agenturen bedienen.

**Permanente Überwachung notwendig**

Unter **Rating** versteht man die Bewertung der Wahrscheinlichkeit der fristgerechten Rückzahlung von Zins- und Tilgungszahlungen eines speziellen Schuldners. Diese Bonitätsprüfungen werden von Rating-Agenturen (die beiden bekanntesten sind Standard & Poor's sowie Moody's) durchgeführt und anschließend veröffentlicht. Zur Transparenz werden Rating-Symbole verwendet, die es einem Anleger auf den ersten Blick ermöglichen, den Risikogehalt einer Geldanlage zu ermitteln.

**Bestimmung des Risikogehaltes einer Geldanlage**

### Rating-Symbole der Firmen Standard + Poor's (S & P) und Moody's (Quelle: Handelsblatt)

| Bonitätsbewertung | Rating-Symbol | |
| --- | --- | --- |
| | Moody's | S & P |
| **Sehr gute Anleihen** | | |
| Hohe Qualität, geringstes Ausfallrisiko | Aaa | AAA |
| Hohe Qualität, aber etwas größeres Risiko | Aa1 | AA+ |
| als die Spitzengruppe | Aa2 | AA |
| | Aa3 | AA- |
| **Gute Anleihen** | | |
| Gute Qualität, viele gute Investmentattribute, | A1 | A+ |
| aber auch Elemente, die sich bei veränderter | A2 | A |
| Wirtschaftsentwicklung negativ auswirken | A3 | A- |
| können. | | |
| Mittlere Qualität, aber mangelnder Schutz | Baa1 | BBB+ |
| gegen die Einflüsse sich verändernder Wirt- | Baa2 | BBB |
| schaftsentwicklung. | Baa3 | BBB- |
| **Spekulative Anleihen** | | |
| Spekulative Anlage, nur mäßige Deckung für | Ba1 | BB+ |
| Zins- und Tilgungsleistungen | Ba2 | BB |
| | Ba3 | BB- |

| Bonitätsbewertung | Rating-Symbol | |
|---|---|---|
| | Moody's | S & P |
| Sehr spekulativ, generell fehlende Charakteristika eines wünschenwerten Investments, langfristige Zinszahlungserwartung gering | B1<br>B2<br>B3 | B+<br>B<br>B- |
| **Junk Bonds** (hochverzinslich, spekulativ) Niedrigste Qualität, geringster Anlegerschutz in Zahlungsverzug oder in direkter Gefahr des Verzugs. | Caa<br>Ca<br>C | CCC<br>CC<br>C |

Aus Sicht des Emittenten wirkt sich ein Rating (kostenpflichtig) positiv aus, da der Emittent damit – positive Bonität vorausgesetzt – in den Genuss günstiger Anleihekonditionen kommt. Aus der Sicht des Anlegers bedeutet dies, dass mit einer Zunahme des Risikos der Ertrag aus der Anlage proportional oder überproportional zunimmt.

### 2.5.1.5 Fremdwährungsrisiko

**Hohe Chancen, hohe Risiken**

Anlagen in ausländischer Währung versprechen oftmals wesentlich höhere Renditen als vergleichbare Anlagen in lokaler Währung. Allerdings kann die Wertentwicklung einer Währung sehr schnell einen zu Beginn bestehenden Renditevorsprung aufzehren oder sich sogar in eine Verlustsituation umkehren. Am Ende wird dann auch das Vermögen teilweise angegriffen. Das Risiko besteht immer dann, wenn Wertpapiere in einer Fremdwährung gehalten werden und der Kurs dieser Währung gegen die heimische Währung an Wert verliert.

Der Devisenkurs wird von einer Reihe von fundamentalen Faktoren (z. B. Inflationsrate, Zinsdifferenz zum Ausland) beeinflusst. Aber auch Argumente wie die Sicherheit der Geldanlage sowie die politische Situation des Landes spielen eine Rolle. Nicht zu unterschätzen sind auch psychologische Kriterien wie das Vertrauen in die politische Führung eines Landes.

## 2 Kapitalanlagen/Portfoliomanagement

Abbildung 9: USD und DAX
(Quelle: Datastream [902/G1MA])

### 2.5.1.6 Liquiditätsrisiko

Unter dem Liquiditätsrisiko wird die jederzeitige Verfügbarkeit (= Verkaufsmöglichkeit) eines speziellen Wertpapieres oder eines Wertpapierportfolios verstanden. Ganz besonders ist auch darauf zu achten, dass faire Preise gestellt werden.

**Jederzeitige Verfügbarkeit wichtig**

Dies ist immer dann der Fall, wenn es sich um einen Markt oder Papiere

- mit einer bestimmten Breite (nicht nur kleine, sondern auch hohe Transaktionsvolumen),

- und Tiefe (viele Verkaufsaufträge bzw. Kaufaufträge, die zu Preisen unmittelbar am aktuellen Kursniveau ausgeführt werden) handelt.

Bei engen und nicht liquiden Wertpapieren kommen oftmals tagelang keine Umsätze zu Stande. Diese Papiere sind entweder durch einseitige Nachfrage (**Geldkurs**) oder einseitiges Angebot (**Briefkurs**) gekennzeichnet. Die Durchführung von Kauf- oder Verkaufsaufträgen gestaltet sich bei diesen Papieren oftmals problematisch; entweder wird nur ein Teilbetrag der Order oder nicht unmittelbar bei Aufgabe des Auftrages oder zu nachteiligen Kursen ausgeführt.

#### 2.5.1.7 Risiko der Psychologie der Märkte

*Phsychologie spielt oftmals große Rolle*

Die Börse (speziell die Aktienbörse) wird oftmals von nicht greifbaren Faktoren deutlich beeinflusst. Hierzu gehören Gerüchte, Stimmungen und Meinungen. Ein deutlicher Kursrückgang kann die Folge sein, obwohl die fundamentale Situation (z. B. gegenwärtige und zukünftige Ertragssituation der Unternehmen) keine Veränderung erfahren hat.

### 2.5.2 Individuelle Risiken von Kapitalanlage-Instrumenten

Bei jeder Form der Kapitalanlage treten individuelle Risiken auf. Die wichtigsten Ausprägungen sollen nachstehend kurz beschrieben werden.

#### 2.5.2.1 Risiken bei festverzinslichen Wertpapieren

*Moderates Risiko bei festverzinslichen Wertpapieren*

Festverzinsliche Wertpapiere gehören zu den Anlageformen, die dem Kapitalanleger eine relativ hohe Sicherheit bieten. Trotzdem treten Risiken auf, von denen nachstehend die wichtigsten erwähnt werden:

- **Zinsänderungsrisiko:** Der Kurswert bei festverzinslichen Wertpapieren verändert sich in Abhängigkeit der (nicht prognostizierbaren) Zinsentwicklung am Kapitalmarkt. Die Entwicklung hängt einerseits von der Nominalverzinsung, andererseits vom aktuellen Kapitalmarktzins ab.

- **Kontrahentenausfallrisiko:** Die Rückzahlfähigkeit von Zinsen und Kapitaldienst wird mit Zeitverzug oder vollständig ganz oder teilweise in Frage gestellt.

- **Kündigungsrisiko:** Häufig werden Anleihen nicht endfällig gestellt, sondern der Emittent räumt sich das Recht zur vorzeitigen Kündigung und Rückzahlung ein.

- **Auslosungsrisiko:** Die Rückzahlung der Anleihe wird durch Auslosung vorgenommen. Das Risiko für den Anleger besteht einerseits darin, dass mit keiner festen Laufzeit kalkuliert werden kann. Andererseits können Kursverluste auftreten, wenn eine Anleihe über pari gekauft wurde und kurzfristig zurückgezahlt wird.

## 2.5.2.2 Risiken bei Aktienanlagen

Aktienanlagen tragen ein erhöhtes Risiko, da auf die Entwicklung von Kursen nicht nur rationale, sondern ganz besonders auch irrationale Einflussfaktoren wirken. Nachstehend sollen die wichtigsten aktien-spezifischen Risiken aufgelistet werden:

**Erhöhtes Risiko bei Aktienanlagen**

- **Kursänderungsrisiko:** Aktienkurse unterliegen Schwankungen, die einerseits auf die gesamtwirtschaftliche Situation eines Landes zurückzuführen ist (**Marktrisiko**). Andererseits werden die Kurse auch von der unternehmensindividuellen Situation (Veränderungen in der Vermögenslage eines Unternehmens, falsches Management) beeinflusst.

- **Konkurs- bzw. Insolvenzrisiko:** Bei jeder Aktienanlage ist das Risiko des Totalausfalles gegeben, da der Aktionär nicht als Gläubiger sondern als Eigenkapitalgeber auftritt. Er trägt damit über seinen Anteil das Risiko der wirtschaftlichen Entwicklung des Unternehmens mit.

- **Dividendenrisiko:** Der Aktionär hat keinen Anspruch auf Zahlung einer garantierten Dividende. Dies hängt ausschließlich von der wirtschaftlichen Situation des Unternehmens sowie von einer aktionärsfreundlichen Dividendenpolitik des Vorstandes ab.

- **Psychologisches Risiko:** Kursentwicklungen von Aktien orientieren sich langfristig zumeist an den fundamentalen Daten der Gesellschaft. Kurzfristig kann diese rationale Entwicklung jedoch von irrationalen Kriterien überlagert werden, die teilweise heftige Kursausschläge zur Folge haben:

  - Allgemeine Markt- und Börsenstimmung,

  - Meinungsführerschaften durch Analysten, Banken, Presse etc.,

  - Übertreibung durch Spekulation (psychologische Trendverstärkung),

  - Trendbeschleunigung durch Markttechnik (z. B. computergestützte Verkäufe; vgl. Börsencrash USA 1987),

- Gleichlauf der Märkte durch Globalisierung (keine isolierte Entwicklung lokaler Märkte; vgl. Kursentwicklung europäische Börsen/US-Börse),

- Unternehmensindividuelle Nachrichten (z. B. Übernahmen, Fusionen, Management-Wechsel).

- **Prognostizierbarkeit der Kurse mit Hilfe von Prognosemodellen:**

  - **Chartanalyse:** Die technische Analyse bereitet historische Kursentwicklungen auf und versucht aus der Interpretation von Kursbildern, Schlüsse für die zukünftige Kursentwicklung abzuleiten. Zielsetzung bei dieser Technik ist die Suche nach dem geeigneten Kauf- bzw. Verkaufs-Zeitpunkt. Da die Erkenntnisse aus einem Analyseverfahren stammen, das von sehr viel individueller Subjektivität geprägt wird, sind Prognosen mit äußerster Vorsicht zu behandeln.

  - **Fundamentalanalyse:** Die Methode orientiert sich ausschließlich an den Rahmendaten des Unternehmens (gegenwärtige bzw. zukünftige Vermögens- und Finanzlage des Unternehmens; beispielsweise Kurs-/Gewinnverhältnis) und leitet daraus Schlüsse über die weitere Kursentwicklung ab (z. B. Über- bzw. Unterbewertung von Aktien). Die Technik ist mehr für langfristige Prognosen geeignet.

### 2.5.2.3 Risiken bei Genussscheinen

**Starke Abhängigkeit vom Kurs der unterlegten Aktie**

Auf Grund der individuellen Ausgestaltung von Genussscheinen durch den Emittenten ergeben sich für den Anleger spezifische Risiken. Zu berücksichtigen ist bei diesem Instrument des Weiteren noch, dass die Wertentwicklung sehr stark vom Kursverlauf der Aktien des Emittenten beeinflusst wird.

- Die Höhe der Ausschüttung hängt vom Vorhandensein bzw. der Höhe eines Gewinnes ab,

- Bei einem Verlust der Gesellschaft kann nicht nur die Ausschüttung ausbleiben, sondern der Rückzahlungsbetrag des Genussscheines reduziert werden,

## 2 Kapitalanlagen/Portfoliomanagement

- Im Konkurs- oder Liquidationsfall der Gesellschaft wird der Genussscheininhaber, da er einen nachrangigen Gläubigerstatus besitzt, erst nach Abgeltung aller anderen Gläubiger befriedigt.

### 2.5.2.4 Risiken bei Investmentanteilscheinen

Durch die Konstruktion des Investmentfonds werden aus dem Instrument heraus bereits deutliche Ansätze zur Risikominimierung vorgenommen (Risikostreuung durch Diversifizierung).

**Risikominimierung durch Streuung**

**Trotzdem müssen noch einige wichtige Risiken aufgelistet werden:**

- Die Ausgabeaufschläge (sowie interne Verwaltungskosten) können beim Erwerb von Anteilscheinen Größenordnungen erreichen, die einen direkten Erwerb der Wertpapiere sinnvoller erscheinen lassen.

- Die Wertentwicklung eines Investmentzertifikates hängt neben der Marktentwicklung auch von der Fähigkeit des Managements sowie von den einzuhaltenden Anlagegrundsätzen ab. Die Kunst liegt darin, Wertentwicklungen von Aktien auf der Grundlage eines Basis-Research (vgl. Fundamental-Analyse) rechtzeitig zu identifizieren und damit in die richtigen Werte zu investieren. Hierbei spielt es eine große Rolle, ob das Management auf fremde Ausarbeitungen zurückgreift oder ein eigenes Research-Team unterhält (zeitlicher Vorsprung von Infomationen). So konnten mit Aktienfonds in den letzten Jahren überproportional hohe Gewinne eingefahren werden. Desto länger der Anlagezeitraum gewählt wird, desto wahrscheinlicher ist der Erfolg einer Aktienanlage.

Für risikofreudigere Anleger haben sich im Geschäftsjahr 1999 (allerdings nur bei Auswahl des richtigen Investmentfonds) deutliche Wertsteigerungen ergeben.

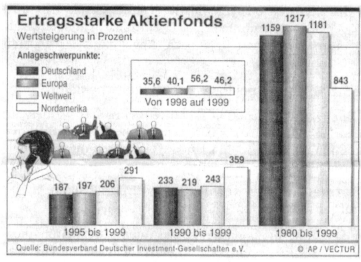

Abbildung 10: Ertragsstarke Aktienfonds

### 2.5.2.5 Risiken bei Optionsscheinen

**Gründliche Risiko-Einschätzung notwendig**

Optionsscheine sind ein hochspekulatives Anlageinstrument und verlangen daher nach einer besonders gründlichen Chancen-/Risiko-Einschätzung.

- Optionsscheine werden an der Börse gehandelt; die Kursbildung kommt durch Angebot und Nachfrage zu Stande. Es besteht die Gefahr, dass ein enger Markt vorliegt und somit bei einem Verkauf hohe Abschläge hingenommen werden müssen. Darüber hinaus wirft ein Optionsschein keine laufenden Erträge ab; der einzige Ertrag besteht in der (erwarteten) Kurssteigerung.

- Der Optionsschein reagiert überproportional auf Kursbewegungen der zu Grunde liegenden Aktie. Das Kursrisiko wächst deutlich mit Zunahme des Hebels. Diese Wirkung wird zusätzlich noch verstärkt, wenn eine kurze Restlaufzeit vorliegt.

- Der Wert des Optionsscheines hängt einerseits von Angebot und Nachfrage, andererseits vom so genannten inneren Wert (Differenz zwischen Basispreis und Kurswert der zu Grunde liegenden Aktie) sowie dem Zeitwert ab. Gegen Ende der Laufzeit nimmt der Optionsschein deshalb tendenziell bis Null ab.

# 2 Kapitalanlagen/Portfoliomanagement

- Der Optionsschein verbrieft ein Ausübungsrecht über eine vorher genau definierte Laufzeit. Durch ungünstige Kursentwicklung des Basiswertes kann sich der Kurswert deutlich verringern und schließlich in einem Totalverlust enden.

## 2.6 Die Grundsätze modernen Portfoliomanagements

Der Aufbau eines Portfolios wird von den Unternehmenszielen bestimmt. Vorrangiges Ziel ist die Ertragsmaximierung bei gleichzeitiger Absicherung des Portfolios gegen Wertverluste. Diesen Forderungen kann nur durch eine entsprechende Portfolio-Strukturierung entsprochen werden.

*Ertragsmaximierung und Risikoabsicherung*

### 2.6.1 Portfoliostrukturierung

In diesem Zusammenhang muss die Frage geklärt werden, wie sich Marktänderungen auf den Wert des Portfolios auswirken. Ein weitere Aufgabe besteht darin, Papiere aus dem Portfolio auszusondern (zu „switchen") und gegen andere Papiere einzutauschen, die vom Preis bzw. der Rendite her dem aktuellen Kapitalmarktniveau besser entsprechen. Diese Strategie wird als **„yield-picking"** bezeichnet. Risikominimierung und Ertragsmaximierung sprechen für eine Einteilung größerer Portfolios in Sektoren.

*Portfolio-Unterteilung in Sektoren*

**Portfolios können sich nach folgendem sektoralen Mix ausrichten:**

- Anlageart (Aktien/Anleihen/Cash),
- Lokale Währung, Fremd-Währungen,
- Branchengewichtungen (z. B. Telekommunikation),
- Ländergewichtungen (z. B. Europa/USA).

Wie bereits ausgeführt, wirken sich Zinsänderungen direkt auf den Wert von Portfolios aus. Hierzu kann die unter Kapitel 2, Abschnitt 2.4.1.1 behandelte modifizierte Duration als Maß für die Zinssensitivität von Portfolios herangezogen werden.

**Beispiel: Ermittlung der Zinssensitivität eines Anleiheportfolios**

| Portfolio-Zusammensetzung | Portfolio-Anteil in % | Duration |
|---|---|---|
| 10-jährige Anleihen | 30% | 7,5 |
| 5-jährige Anleihen | 50% | 3,8 |
| Cash-Position | 20% | 0,0 |
| | 100% | 11,3 |
| Durchschnittliche modifizierte Duration | | 4,15 |

**Bei einer Änderung des Zinsniveaus um 1,0% verändert sich der Wert des Portfolios um 4,15%.**

### 2.6.2 Theorie des Portfoliomanagements

**Systematische Auswahl**

Die in einem Portfolio zusammengestellten Wertpapiere werden nicht nach dem Zufallsprinzip sondern nach einer entspechenden Systematik ausgesucht.

#### 2.6.2.1 Asset Allocation

**Bei gegebenem Risiko Ertragsmaximierung**

Entsprechend kommen hier mathematische Verfahren zur Anwendung, die durch eine integrierte und simultane Betrachtung von Aktien, Renten und Kasse eine Portfoliostruktur so aufbauen, dass für ein gegebenes Risiko der Total Return maximiert wird. Diese Vorgehensweise wird als **Asset Allocation** bezeichnet. Der geforderte Return setzt sich dabei zusammen aus der risikofreien, durch Kassehaltung erzielbaren Rendite zuzüglich einer Prämie, die sich am Risikogehalt des Wertpapieres orientiert.

Die Entscheidung über die Methodik und Vorgehensweise der Asset Allocation bestimmt dabei den Portfolioansatz in hohem Maße. Das bisher praktizierte „**Stock-picking**" (subjektive Auswahl von Einzeltiteln) verliert dabei zunehmend an Bedeutung und übt nur noch einen begrenzten Einfluss auf die Ertragsgestaltung aus (vgl. Literatur von James Tobin, Brinson, Hood, Beebower).

Die Hauptziele Rendite und Sicherheit werden oftmals bei Unternehmen kurzfristig von Nebenzielen beeinflusst. Diese können sich auf den nächsten Bilanzstichtag (Denken in Bilanzzeiträumen/Bewertungsproblematik) oder die zu

# 2 Kapitalanlagen/Portfoliomanagement

erzielende Rendite im Vergleich zur Konkurrenz (z. B. bei Versicherungen) beziehen. Gerade in Deutschland ist der Ansatz „Sicherung der Vermögenssubstanz" (d. h. Vermeidung von Abschreibungen) sehr ausgeprägt.

*Sicherung der Vermögenssubstanz*

### 2.6.2.2 Die moderne Portfoliotheorie

Die moderne Portfoliotheorie (MPT) wurde 1990 von Harry Markowitz und William Sharpe begründet. Wesentliches Element dieser Theorie ist es, einen formalen Risiko-Ertragsansatz zur Entscheidungsfindung im Investmentprozess zu definieren. Das Konzept beruht auf der Annahme, dass Erträge einerseits normalverteilt und andererseits mit dem einzugehenden Risiko positiv korreliert sind:

- Damit existiert eine systematische Beziehung zwischen Risiko und Ertrag (William Sharpe),
- Die Diversifiktion ermöglicht bei gleichem Ertrag, das Risiko zu reduzieren (Harry Markowitz)

Unter **Risiko** wird hierbei die Ertragsvolatilität (d. h. die Standardabweichung der Erträge von ihrem Mittelwert) verstanden. Risiko wird grundsätzlich immer subjektiv definiert und zwar relativ zu einem Mindestertrag, der sich aus den vom Investor gesetzten Investitionszielen ableitet.

*Risiko = negative Abweichung von einem Erwartungswert*

Exkurs: Die **Volatilität oder Standardabweichung** ist ein Maß für die absolute Variabilität der Erträge um ihren Mittelwert. Sie stellt damit ein symmetrisches Risikomaß dar. Positive Abweichungen vom Mittelwert werden bei der Berechnung gleich gewichtet wie negative Abweichungen. Die Volatilität ist damit ein Maß für die Unsicherheit künftiger Erträge, darf aber nicht gleichzeitig mit Risiko gleichgesetzt werden.

Als Erkenntnis daraus ergibt sich die Tatsache, dass höhere Portfoliorenditen nur unter Inkaufnahme eines höheren Risikos, und damit einer höheren Ertragsvolatilität, im Zeitablauf erzielt werden können. Welcher Anleger damit bereit ist, die richtigen Risiken auf sich zu nehmen, wird langfristig auch mit einer höheren Performance belohnt. Dieser Technik liegt des Weiteren die Idee zu Grunde, dass sich die einzelnen Risiken eines Portfolios gegenseitig möglichst neutralisieren. Legt man diese Prämissen zu Grunde,

*Höhere Rendite bedingt höheres Risiko*

**Abnehmendes Aktienrisiko mit zunehmendem Anlagehorizont**

lassen sich anhand von Optimierungsstrategien so genannte „effiziente" Portfolios ableiten.

Aktien haben im Vergleich zu Renten zwar ein höheres marktabhängiges (systematisches) Risikopotenzial, dieses gleicht sich jedoch mit zunehmender Laufzeit immer mehr aus.

Empirische Untersuchungen über einen längeren historischen Zeitraum haben gezeigt, dass Aktien

- bei einem Anlagehorizont von nur einem Jahr Renten mit einer Wahrscheinlichkeit von 60% schlagen,
- bei einem Anlagehorizont von 30 Jahren Renten mit einer Wahrscheinlichkeit von 100% schlagen,
- 3-Monatsgelder mit einer Wahrscheinlichkeit von mindestens 60% schlagen.

### Übersicht: Anlagezeiträume im Vergleich
(Quelle: Jeremy J. Siegel: Stocks for the Long Run)

| Anteil der Perioden, in denen Aktien höher rentieren als Anleihen und Schatzwechsel (USA). | | | |
|---|---|---|---|
| Halteperiode | Zeitraum | Aktien schlagen Anleihen | Aktien schlagen Schatzwechsel |
| 1 Jahr | 1802–1996 | 60,5% | 61,5% |
|  | 1871–1996 | 59,5% | 64,3% |
| 2 Jahre | 1802–1996 | 64,9% | 65,5% |
|  | 1871–1996 | 64,8% | 69,6% |
| 5 Jahre | 1802–1996 | 70,2% | 73,3% |
|  | 1871–1996 | 72,1% | 75,4% |
| 10 Jahre | 1802–1996 | 79,6% | 79,6% |
|  | 1871–1996 | 82,1% | 84,6% |
| 20 Jahre | 1802–1996 | 91,5% | 94,3% |
|  | 1871–1996 | 94,4% | 99,1% |
| 30 Jahre | 1802–1996 | 99,4% | 97,0% |
|  | 1871–1996 | 100,0% | 100,0% |

## 2 Kapitalanlagen/Portfoliomanagement

**Man versteht unter effizienten Portfolios solche Anlagevarianten,**

- die bei gegebenem Ertrag das geringstmögliche Risiko aufweisen beziehungsweise
- bei gegebenem Risiko den höchstmöglichen Ertrag liefern.

Es verbleibt so meist ein Restrisiko, dass allerdings dann mit einer maximalen Rendite ausgestattet wird.

**Prozess der Asset Allocation läuft in folgendem Schema ab:**

- Für alle im Portfolio enthaltenen Wertpapiere wird der Total Return geschätzt,
- Alle Wertpapiere werden einer Risikoeinschätzung unterworfen, wobei gegenseitige Abhängigkeitsverhältnisse zu berücksichtigen sind,
- Für jede Portfolio-Komponente wird ein maximaler Kapitaleinsatz vorgesehen.

Aus der Vorgehensweise kann eine Effizienzkurve erstellt werden, die die Parameter „Maximaler Return" sowie „Risiko" hat. Nunmehr werden die untersuchten Portfolios in die Kurve eingesetzt. Ergebnis: Alle Portfolios, die unterhalb der Effizienzkurve liegen, sind nicht optimal. Eine Erhöhung des Total Return bei gegebenem Risiko wäre hier noch möglich, ohne dass das Risiko deutlich gesteigert wird.

*Suche nach dem „optimalen" Portfolio*

**Darstellung: Effizienzkurve**

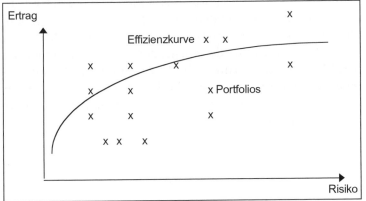

**Grundansatz: Vermeidung von Risiken**

Die Kurve verläuft nicht linear, sondern steigt progressiv an und wird zum Ende hin immer flacher. Dies bedeutet, dass zu Beginn eine Renditesteigerung ohne besondere Risikoerhöhung möglich ist. Dies verändert sich jedoch mit zunehmendem Verlauf dadurch, dass eine zusätzliche Rendite immer höhere Risikoaufschläge erfordert. Professionelles Asset Management beginnt also damit, Risiken unnötig zu vermeiden. Risiken sollen nur dort eingegangen werden, wo zusätzliche Performance auf Grund des höher eingegangenen Risikos erzielt werden kann.

Deutsche Unternehmen sind in der Regel sehr konservativ im Hinblick auf die Kapitalanlage ausgerichtet. Dies zeigt sich darin, dass Anlagen oftmals nur im „vertrauten" Heimatmarkt getätigt werden (Argument: bekannte und vertraute Märkte bergen weniger Risiken). Legt man den Grundsatz der modernen Portfolio-Theorie zu Grunde, kann durch die Diversifizierung in in- und ausländische Märkte (Aktien und Renten) bereits eine Verbesserung der Relation Ertrag/Risiko herbeigeführt werden.

**Effiziente Finanzmärkte Voraussetzung**

Die moderne Portfolio-Theorie kann noch durch die wichtige Aussage ergänzt werden, dass die wesentlichen Kapitalmärkte grundsätzlich hinsichtlich des Informationsflusses transparent sind und damit effizient funktionieren (keine Arbitragemöglichkeiten auf Grund Unkenntnis der Marktteilnehmer; vgl. Eugene Fama).

### 2.6.2.3 Die Bedeutung von Benchmarks (vgl. auch Kapitel 4, Abschnitt 5)

Damit das Risiko eines Portfolios gemessen werden kann, ist vom Investor ein genau definiertes Benchmark vorzugeben. Die Benchmark-Orientierung stellt die in Deutschland am häufigsten anzutreffende Form der Vermögenssteuerung dar. Man versteht darunter die Definition eines Mindestertrages aus den Anlageformen Aktien, Renten und Kasse, der nicht oder nur mit einer geringen Wahrscheinlichkeit unterschritten werden sollte.

## 2 Kapitalanlagen/Portfoliomanagement

**Wichtige Einflussfaktoren bei der Benchmarkfestlegung:**

- Geforderter Mindestertrag,
- Anlage- bzw. Referenzwährung,
- Anlagezeitraum,
- Renditeerwartungen,
- Risikobereitschaft und -toleranz (risikoavers/-freudig),
- Gesamtes Investmentspektrum (z. B. Anleihen, Aktien, Branchen, Länder etc.),
- Einsatz von derivativen Finanzinstrumenten (z. B. zur Absicherung).

Der Festlegung eines Benchmarks kommt damit größte Bedeutung zu, denn damit bestimmt das Unternehmen eindeutig über den Anlagezeitraum sowie das Ertrags- und Risikopotenzial des aufzubauenden Portfolios. Letztendlich wird damit die Frage beantwortet, wie sich das Portfolio im klassischen Spannungsfeld zwischen Ertrag und Risiko (Renditeerwartung versus Risikotoleranz) positioniert.

*Portfolio-Steuerung über Benchmark*

Im Hinblick auf den Umfang der Portfolio-Aktivitäten kann es sich anbieten, ein oder mehrere Benchmark-Portfolios zu definieren. Risikoerwartungen, Renditeziele und Zeithorizont finden darin ihren Niederschlag. So kann beispielsweise als Benchmark-Portfolio eine Struktur gewählt werden, wie sie ein Investor wählen würde, wenn er über keinerlei aktuelle Informationen über das Marktgeschehen und zu erwartender Renditen der einzelnen Titel verfügt. Gegeben sind nur die Mindestbedingungen bzw. -restriktionen.

Die Benchmark wird eingesetzt, um eine bessere Kontrolle über die Gesamt-Vermögensstruktur zu ermöglichen. Sie diszipliniert das anlegende Unternehmen bzw. die mit der Anlage beauftragten Personen hinsichtlich der Anlageinstrumente und kontrolliert Restriktionen und Mindestanforderungen. Darüber hinaus dient die Benchmark auch als Maßstab für die Effizienz des Finanzbereiches beziehungsweise der grundsätzlich gewählten Anlagestrategie.

*Benchmark als Kontroll-Instrument*

**Weiterer Vorteil: Disziplinierung**

Insbesondere der Prozess der Systematisierung von Anlageentscheidungen in Verbindung mit der angesprochenen Disziplinierung der diese Aufgabe im Unternehmen ausführenden Personen können als große Vorteile erwähnt werden.

Beispielhafte Darstellung von vier Benchmark-Musterportfolios:

- **Das reine Rentenportfolio:** Es beinhaltet ausschließlich Renten, Liquidität und geldmarktnahe Titel. Die Ertragsorientierung steht erst an zweiter Stelle. Wichtigstes Kriterium ist die Stetigkeit des Cash-flow. Wichtigstes Ziel ist die Sicherstellung von Vermögen. Das Portfolio unterliegt keinen großen Wertschwankungen. Der Anlagezeitraum ist eher kurz- bis mittelfristig ausgerichtet.

- **Das defensive Wertpapierportfolio:** Neben Renten und Liquidität werden zwischen 20% und 30% an Aktien gehalten. Die Kaufkrafterhaltung sowie die Sicherung des eingesetzten Vermögens stehen im Vordergrund. Geringe Wertschwankungen werden toleriert. Der Anlagezeitraum ist ebenfalls kurz- bis mittelfristig ausgerichtet.

- **Das offensive Wertpapierportfolio:** Neben Renten und Liquidität wird ein Aktienanteil zwischen 30% und 70% gehalten. Es steht eindeutig das Wachstum sowie der Ertrag im Vordergrund. Es werden mittlere Wertschwankungen toleriert. Der Anlagezeitraum ist mittel- bis langfristig ausgerichtet.

- **Das dynamische Wertpapierportfolio:** Der Aktienanteil wird zwischen 70% und 100% gehalten. Neben nationalen wird auch in internationale Aktien investiert. Das Portfolio ist eindeutig wachstumsorientiert. Hohe Kursschwankungen werden in Kauf genommen. Dafür ist der Anlagezeitraum eindeutig langfristig ausgerichtet.

# 2 Kapitalanlagen/Portfoliomanagement

## 2.6.3 Die Absicherung von Wertpapierportfolios gegen Wertverluste

### 2.6.3.1 Instrumente und Techniken

Die Finanzmärkte stellen neben den klassischen Instrumenten (Anleihen, Aktien etc.) auch so genannte **derivative Finanzinstrumente** zur Verfügung. Man versteht darunter Finanzinstrumente, die auf einem Basisinstrument beruhen, dessen Funktionsweise jedoch in verstärkter Form wiedergeben. Diese Instrumente sind auf die Bedürfnisse der Unternehmen abgestimmt und übernehmen damit eine wichtige Aufgabe beim Handeln mit Risiken.

*Derivate zur Portfolio-Absicherung*

Die Instrumente lassen sich einerseits für spekulative Zwecke nutzen (d. h. Verwendung ohne ein dazugehöriges Basisgeschäft), andererseits können auch einzelne Wertpapiere oder aber ganze Portfolios gegen Kursschwankungen weitgehend immunisiert werden.

*Instrumente zur Absicherung, aber auch Spekulation*

**Neben der Verfügbarkeit von Finanzinstrumenten liegen weitere wesentliche Voraussetzung vor:**

- Es hat sich eine Reihe von äußerst funktionsfähigen Termin- und Optionsbörsen in den letzten Jahren entwickelt,

- Eine Reihe von Wertpapier-Indices (z. B. EUROSTOXX), deren Zustandekommen weitgehend auf Benchmark-Gründe zurückzuführen ist, wurden handelbar gemacht (z. B. Optionen auf den Deutschen Aktienindex DAX),

- Die Märkte für Finanzderivate weisen mittlerweile die nötige Marktbreite und -tiefe auf, um einen jederzeitigen Kauf und Verkauf zu fairen Preisen zu garantieren.

Die Absicherung eines Wertpapierportfolios gegen Preis- und Marktrisiken kann idealerweise mit Put-Optionen, bestimmten Arten von Financial Futures oder mit Terminkontrakten vorgenommen werden. In der Praxis wird ein vollständiger Hedge (komplettes Absichern gegen Verluste) kaum angestrebt.

*Absicherung gegen Preis- und Marktrisiken*

**Der Vorteil dieser Instrumente liegt darin, dass sie im Rahmen der so genannten taktischen Asset Allocation**

- einen sehr hohen Grad an Flexibilität bieten,
- geringe Transaktionskosten verursachen,
- eine hohe Liquidität sicherstellen,
- bei schnellen Veränderungen der Märkte eingesetzt werden können,
- zu einer deutlichen Verbesserung der Performance beitragen.

**Mit dem Kauf einer Put-Option**

- erwirbt der Käufer das Recht, nicht aber die Verpflichtung,
- eine bestimmte Anzahl einer Wertpapiergattung („underlying")
- zu einem vorher festgelegten Preis (Basispreis oder Striking)
- entweder während der Laufzeit der Option (Amerikanische Option) oder an einem bestimmten Tag (Europäische Option) = settlement-day
- dem Verkäufer gegen Zahlung einer Prämie (beim Kauf der Option fällig) zu liefern.

**Standardisierte Kontrakte**

**Financial Futures** funktionieren im Prinzip genauso wie vorgenannte Put-Optionen. Ausnahmen bestehen hinsichtlich Volumen (standardisierte Stückzahl), Basispreis (standardisiert) sowie der Fälligkeit (vier genau definierte Liefertermine pro Jahr).

**Unter einem Terminkontrakt versteht man**

- die Verpflichtung,
- eine bestimmte Anzahl einer Wertpapiergattung,
- zu einem vorher festgelegten Terminpreis,
- an einem genau festgelegten Tag zu liefern.

# 2 Kapitalanlagen/Portfoliomanagement

Die Auswahl des geeigneten Instrumentes wird durch die Art des Portfolios sowie die gewählte Absicherungsstrategie bestimmt:

## 2.6.3.2 Die Absicherung von Anleihe-Portfolios

Anleihen können durch den Kauf einer Put-Option oder eines Financial Futures gegen Kursverluste abgesichert werden. Terminkontrakte können beispielsweise auch für deutsche Bundesanleihen eingesetzt werden.

Die Gefahr von Kursverlusten ergibt sich immer dann, wenn die Zinsen zu steigen drohen. In diesem Szenario ist eine Absicherung durch den Verkauf von Kontrakten möglich. In einem gegenteiligen Szenario, d. h. bei fallenden Zinsen kann durch den Kauf von Kontrakten ein höheres Renditeniveau sichergestellt werden. Die Absicherungsmaßnahmen lassen sich weiter optimieren, wenn ein möglichst enges Verhältnis zwischen den Kursbewegungen (Volatilität) der abzusichernden Anleihe und der im Kontrakt enthaltenen Anleihe besteht.

**Risiko: steigende Zinsen**

Bei Anleihen des Bundes stellt eine Möglichkeit der so genannte **Bund-Future**, bei Obligationen des Bundes der so genannte **BOBL-Future** dar. Es handelt sich in beiden Fällen um synthetische Wertpapiere mit Mindestlaufzeiten (z. B. Bund-Future 10 Jahre) sowie einem fest definierten Nominalzins (z. B. Bund-Future 6%). Der Kursverlauf des Futures spiegelt die Zinsbewegungen am Kapitalmarkt wider; bei steigenden Zinsen fällt der Kurs, bei fallenden Zinsen steigt der Kurs. Durch den Kauf bzw. Verkauf dieser synthetischen Instrumente (= System der günstigsten lieferbaren Anleihe) können Anleihekurse und damit Renditen immunisiert und neutralisiert werden.

**Bund-Future als Maßgröße**

## 2.6.3.3 Die Absicherung von Aktienportfolios

Als Absicherungsinstrument eignet sich einerseits die Put-Option. Durch dieses Instrument sichert sich der Anleger vor dem Risiko fallender Kurse ab, hält sich jedoch andererseits die Chance offen, von weiter steigenden Kursen mit zu partizipieren. Für die Option ist eine Prämie zu entrichten, deren Höhe sich unter anderem an der Laufzeit sowie dem festgelegten Basispreis orientiert.

**Absicherungsinstrument: Put-Option**

Der **Basispreis** kann so gewählt werden, dass er entweder weit unter dem derzeitigen Aktienkurs liegt (Folge: die Prämie ist relativ gering) oder aber nahe oder am Aktienkurs liegt (Folge: die Prämie ist relativ hoch).

Andererseits können Terminkontrakte (so genannte Futures) auf Aktien eingesetzt werden (Funktionsweise vgl. auch Kapitel 3, Abschnitt 3, Währungsmanagement). Zu berücksichtigen ist hier allerdings, dass neben dem üblichen Einschuss und der Broker-Gebühr – wenn das eingesetzte Kapital ein bestimmtes Niveau unterschreitet – durch Nachschüsse (initial margin) das ursprüngliche Kapital-Niveau wieder hergestellt werden muss.

**Absicherung durch Index-Kontrakte**

Oftmals soll nicht nur eine spezielle Aktie, sondern ganze Aktienportfolios gegen Kursrisiken abgesichert werden. Hier bieten sich Index-Kontrakte als interessante Alternative an (z. B. auf den Dow-Jones-Index). Es muss allerdings das Risiko des Auseinanderlaufens von Indexentwicklung und Portfoliowert berücksichtigt werden.

## 2.7 Der Management-Prozess

**Entscheidungs- und Investitionsprozess notwendig**

Der Aufbau eines Wertpapierportfolios bzw. einer Portfoliostruktur ist die wichtigste Entscheidung im Managementprozess. Äußerst wichtig ist hierbei, dass diese Entscheidung sich an den längerfristigen und strategischen Haupt-Bedürfnissen des Anlegers ausrichten muss. Gleichzeitig muss das eingegangene Risiko im Bezug auf den zu erreichenden Mindestertrag (Benchmark) definiert werden. Ein gut strukturierter, kontinuierlicher und objektiver Entscheidungs- und Investitionsprozess unter Berücksichtigung fundamentaler und markttechnischer Entwicklungen ist damit als Garant für den Anlage-Erfolg anzusehen.

In der Vergangenheit wurde oftmals der so genannte „**Bottom-up**"-Ansatz gepflegt. Dieser Ansatz beinhaltet aus Sicht des Unternehmens, zu kaufen was bekannt ist:

- Kauf von so genannten unterbewerteten Titeln,
- Kauf von Lieblingstiteln/-märkten,
- Kauf auf Grundlage von Empfehlungen von Marktbriefen.

## 2 Kapitalanlagen/Portfoliomanagement

Alternative Anlagemöglichkeiten werden ignoriert. Die Folge ist ein meist schlecht strukturiertes Portfolio.

**Praxis**

Besser ist es, den Anlageentscheidungsprozess mit den entsprechenden Vorüberlegungen **Top-down** zu strukturieren. Der Prozess der Asset Allocation wird dabei sinnvollerweise in zwei Stufen abgewickelt:

*Anlageentscheidung Top-down*

- **Strategische Asset Allocation:** Definition der Rahmenbedingungen des Portfolios (Ziele des Investors),
- **Taktische Asset Allocation:** Festlegung des Zeitpunktes des Einstieges, Auswahl der Sektoren (Branchen, Länder etc.) sowie der Einzeltitel.

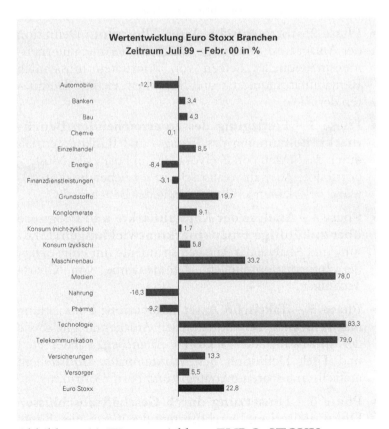

Abbildung 11: Wertentwicklung EURO-STOXX

Der zu Grunde liegende Portfolio-Management-Prozess läuft mit den entsprechenden Vorüberlegungen in mehreren Phasen ab:

- **Phase 1 – Erfassung und Aufbereitung der gegenwärtigen und zukünftig zu erwartenden Liquiditätsposition des Unternehmens:** Aus der laufenden Kenntnis über die aktuelle, unternehmensweit zur Verfügung stehende Liquidität wird die Entscheidung getroffen, welche Geldbeträge für einen längeren Zeitraum in Übereinstimmung mit der Finanzstrategie durch Portfolio-Management optimal gestaltet werden sollen. Neben der derzeit bestehenden muss auch die zukünftige Liquiditätsentwicklung (über das Instrument der Finanzplanung) in die Überlegungen mit einbezogen werden. Eine ganzheitliche Betrachtungsweise der Vermögenssituation des Unternehmens ist unumgänglich.

- **Phase 2 – Strategische Asset Allocation:** Definition der Anlageziele; eindeutige Zielformulierung; unternehmensindividuelles Setzen von Prioritäten hinsichtlich Rentabilität, Liquidität und Sicherheit, exaktes Definieren der Ziele,

- **Phase 3 – Festlegung des zu erreichenden Benchmarks:** Bestimmung des Ertrags- und Risikopotenzials durch das Setzen von Zielvorgaben in Form von Musterportfolios, Auswahl realistisch zu erreichender Kapitalmarktziele, laufende Überprüfung der Benchmarks,

- **Phase 4 – Analyse der Kapitalmärkte und Prognose über zukünftige Finanzmarktentwicklungen:** Erfassung und Analyse der Anlageinstrumente mit Hilfe externer Informationsquellen, Zuhilfenahme von Chart-Techniken,

- **Phase 5 – Taktische Asset Allocation:** Entwicklung und Festlegung der individuellen Anlagestrategie, sowie der auszuwählenden Sektoren (Branchen, Länder etc.) und Titel; Definition des Markteintritts; anzustreben: einfache, transparente Strategie und Portfoliostruktur,

- **Phase 6 – Umsetzung durch Geschäftsabschlüsse/Dokumentation:** Durchführung der Wertpapier-Käufe mit der Zielsetzung, Transaktionskosten zu minimieren;

# 2 Kapitalanlagen/Portfoliomanagement

aus Konditionengründen anfragen bei mehreren Banken; interne Dokumentation der getätigten Geschäfte (am besten mit Systemunterstützung),

- **Phase 7 – Entwicklung von Handlungsalternativen; laufende Beobachtung und Kontrolle:** Laufende Überwachung der Wertentwicklung (Performance); bei bestimmten (negativen) Marktentwicklungen ergreifen von Gegensteuerungsmaßnahmen (Dynamisierung); laufende Berichterstattung.

**Der Portfoliomanagement-Prozess im Überblick:**

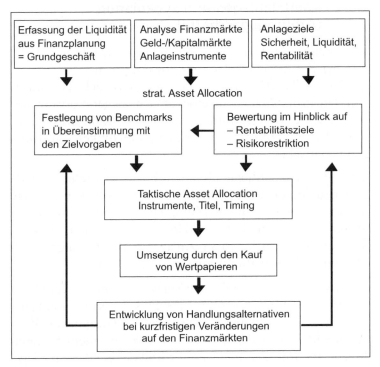

## 2.8 Anlagestrategien und Grundsätze

Die aus Kapitalanlagen resultierenden positiven Zinsergebnisse leisten oftmals bei Unternehmen einen wichtigen und kontinuierlichen Beitrag zum Gesamtergebnis. Dies trifft insbesondere auf Unternehmen zu, bei denen das Zinsergebnis (Finanzergebnis/neutrales Ergebnis) im Verhältnis

**Kontinuierlicher Ergebnisbeitrag**

zum Betriebsergebnis eine überproportional hohe Gewichtung aufweist.

**Eigentliche Zielsetzung des Unternehmens beachten**

Das Zinsergebnis lässt sich durch die Anwendung moderner Portfolio-Techniken optimieren, wobei grundsätzlich die Aussage gilt, dass höhere Renditen nur mit der Bereitschaft, ein höheres Risiko einzugehen, „erkauft" werden können. Dabei darf jedoch nie die eigentliche Zielsetzung des Unternehmens (Kernkompetenzen) aus den Augen verloren und falsche Schwerpunkte (z. B. Spekulation) gesetzt werden.

### 2.8.1 Kapitalanlagen und Spekulation (Arbitragegeschäfte)

Vorgenannte Ausführungen gehen von dem Tatbestand aus, dass bei Kapitalanlagen immer ein entsprechendes Grundgeschäft vorhanden ist. Dies bedeutet, dass sich das Unternehmen grundsätzlich in einer Nettoanleger-Position befinden sollte. Die Bildung der Netto-Position wird unter Kapitel 2, Abschnitt 1.4.2 „Clearing-Techniken" ausführlich beschrieben.

**Bedingte Spekulationen möglich**

Sowohl wirtschaftliche als auch bilanzpolitische Gründe sprechen für diese Vorgehensweise. Die Anlagegrundsätze müssen hierzu eindeutig Stellung nehmen. So könnten beispielsweise Spekulationsgeschäfte in Form von Kreditaufnahmen und gleichzeitiger Anlage in Beteiligungswerten (Aktien) in begrenztem Umfang zugelassen werden.

In der Vergangenheit war ein oftmals praktiziertes Verfahren die Wechselarbitrage – der aus der Diskontierung von Handelswechseln resultierende Gegenwert (= zinsgünstige Kreditaufnahme über drei Monate) wurde zu einem höheren Anlagesatz mit der gleichen Fristigkeit wieder angelegt. Diese Technik hat mit dem Wegfall des Diskontsatzes in Deutschland an Bedeutung verloren.

Auch aus unterschiedlichen Zinsniveaus im Geld- und Kapitalmarkt können positive Arbitrage-Effekte erzielt werden. Derzeit kostet ein 3-Monatskredit ca. 3,75 %; eine 10-jährige Geldanlage erbringt jedoch rund 5,5 % p. a. Aus der Verletzung des Grundsatzes der Fristentransformation (vgl. auch goldene Bilanzregel unter Kapitel 4, Abschnitt 3) kann

## 2 Kapitalanlagen/Portfoliomanagement

sich daraus jedoch für das Unternehmen ein erhebliches Risiko ergeben.

### 2.8.2 Die Organisation des Portfoliomanagements

**Anlagerichtlinien**

Um diesen sensiblen Finanz-Bereich kalkulierbar und kontrollierbar sowie auf die Gesamtphilosophie des Unternehmens hin abstimmbar zu machen, ist es zwingend notwendig, eindeutige und klare Vorgaben (am zweckmässigsten durch schriftliche Richtlinien) für die Anlagephilosophie sowie -politik im Unternehmen aufzustellen. Neben Zuständigkeiten und Verantwortlichkeiten muss hier auch auf die Konfliktsituation Risikominimierung versus Ertragsmaximierung eingegangen werden. Zu vermeiden ist, dass Ertragserwartungen, die in keinem Verhältnis zur Risikobereitschaft stehen, gesetzt werden. In der Regel werden diese Vorgaben aus der allgemeinen Unternehmensphilosophie abgeleitet. Sämtliche Transaktionen sind schriftlich zu erfassen und zu dokumentieren.

**Inhalt der Richtlinien**

**Formularbeispiel (vgl. auf ⊛ unter Nr. 7):**

„Durch aktives Portfoliomanagement sollen Geldanlagen so gestaltet werden, dass unter der Voraussetzung höchstmöglicher Sicherheit Renditen und Erträge maximiert und damit Wertsteigerungen erreicht werden".

**Organisation**

Des Weiteren muss bei größeren Unternehmensgruppen geregelt werden,

- ob Kapitalanlagen grundsätzlich zentral oder dezentral gesteuert werden sollen (operativer Ansatz),
- wer die Richtlinien für die Geldanlagepolitik festlegt und kontrolliert (strategischer Ansatz),
- wer die entsprechenden Benchmarks nach welchen Kriterien festsetzt,
- wer im Entscheidungsprozess der Kapitalanlagen mit eingebunden ist und wer letztendlich verantwortlich zeichnet,

- welche internen Kontrollsysteme zur Überwachung eingerichtet werden.

**Zentralisierungsgrad beeinflusst Portfoliomanagement**

Die Entscheidung, das gesamte Finanzmanagement schwerpunktmäßig zentral oder dezentral abzuwickeln, beeinflusst natürlich auch die Vorgehensweise im Bereich des Portfoliomanagements.

**Für eine zentrale Vorgehensweise sprechen beispielsweise folgende Argumente:**

- Effektiver Einsatz von zentral gebündeltem Know-how,
- Effiziente Steuerung und Kontrolle der Aktivitäten,
- Konditionenvorteile durch größere Volumina,
- Flexibilität hinsichtlich des Anlagehorizontes.

### 2.8.3 Die Formulierung allgemein gültiger Anlagegrundsätze

#### 2.8.3.1 Sicherheit

**Definition der Qualitätsanforderungen**

Geldanlagen werden in der Regel durch Direktanlage bei Kreditinstituten, in Form von Beteiligungspapieren (z. B. Aktien) oder bei sonstigen Dritten (z. B. Industrieclearing) durchgeführt. Da dem Geldanleger grundsätzlich keine Sicherheiten zur Verfügung gestellt werden, kommt der Auswahl und der Bonität des Geldnehmers größte Bedeutung zu. Zweckmäßig ist es, die Qualitätsanforderungen an die zu kaufenden Titel eindeutig zu bestimmen und hierzu eigene Anlagegrundsätze in schriftlicher Form aufzustellen. Eine Orientierung an den einzelnen Anlageformen ist sinnvoll.

**Formulierungsbeispiele:**

- Geldanlagen bei deutschen Kreditinstituten: „Geldanlagen in Form von Tagesgeld-/Termingeldanlagen sowie Geldmarktpapiere dürfen nur mit Kreditinstituten getätigt werden, die dem Einlagensicherungssystem angehören. Aus der absoluten Höhe pro Kreditinstitut werden die für das Unternehmen geltenden Maximallimite abgeleitet".
- Geldanlagen bei sonstigen Adressen: „Geldanlagen bei ausländischen Banken, Papiere ausländischer Staaten, su-

## 2 Kapitalanlagen/Portfoliomanagement

pra-nationaler Organisationen, Nichtbanken oder ausländischen Zahlstellen sind nur zulässig, wenn ein festgelegtes Investment Grade Rating des Geldnehmers vorliegt (z. B. AA- oder AA3)".

- „Beim Kauf von festverzinslichen Wertpapieren sind Emissionen Regierungen des EURO-Landes sowie supra-nationaler Organisationen im Hinblick auf Markttiefe und Liquidität zu bevorzugen".
- „Anlagen in Aktien / Anteilsscheinen / Investmentzertifikaten sind grundsätzlich (nicht) gestattet". Hierzu ist eine Ausnahmeregelung erforderlich.
- „Der Anteil einer Anlageform wird auf maximal xy % des Gesamtportfolios beschränkt".
- Externes Portfoliomanagement: „Anlagen in Spezialfonds sind bis zu einem Volumen von xy mit einer Struktur Renten x, Aktien y gestattet. Bei der Auswahl der Kapitalanlagegesellschaft sind strenge Maßstäbe zu setzen. Vor Auflegung des Spezialfonds ist eine Genehmigung durch die Geschäftsführung notwendig".

### 2.8.3.2 Liquidität

**Formulierungsbeispiel:**

„Unter Berücksichtigung der Ziele

- jederzeitige Aufrechterhaltung der Liquidität
- Ertragsmaximierung durch den Faktor Laufzeit

ist darauf zu achten, dass Anlagen nur in funktionsfähigen, tiefen und liquiden Märkten vorgenommen werden. Eine jederzeitige Liquidierbarkeit sowie Bewertung ist sicherzustellen".

### 2.6.3.3 Rentabilität

**Formulierungsbeispiele:**

- „Kapitalanlagen sind unter Beachtung der Grundsätze maximale Rendite bei fest vorgegebenem Risiko auszuwählen".

- „Anlagen sind nur in lokaler Währung bzw. EURO gestattet. Ausnahmen sind nur gestattet, wenn das Währungsrisiko durch Sicherungsgeschäfte ausgeschlossen wird".

- „Beim Kauf von börsennotierten Papieren ist das Preisveränderungsrisiko bei Zinssatzveränderungen und dessen Einfluss auf Bilanz und G+V zu berücksichtigen; folgende Sicherungsgeschäfte dürfen hierzu eingesetzt werden: Kauf von Put-Optionen bei Aktien, Termingeschäfte bei Renten".

- „Anlageformen/Techniken ohne entsprechendes kommerzielles Grundgeschäft dürfen nicht getätigt werden (keine Spekulationsgeschäfte)".

## 3 Kapitalbeschaffung

### 3.1 Vorbemerkungen (vgl. hierzu auch Busse, Grundlagen der betrieblichen Finanzwirtschaft, 1989)

**Anstreben des Liquiditätsgleichgewichtes**

Das Hauptziel jedes Unternehmens ist die langfristige Rentabilitätsmaximierung. Dieses Ziel hat auch Gültigkeit für den finanzwirtschaftlichen Bereich. Für diesen Bereich kommt allerdings noch ein notwendiges Ziel hinzu: das der Liquiditätssicherung. Es besagt bekanntlich, dass ein Unternehmen nur dann am Markt bestehen kann, wenn es zu jeder Zeit in der Lage ist, seinen unabdingbaren Zahlungsverpflichtungen hinsichtlich Termin und Volumen nachzukommen. Anzustreben ist das Liquiditätsgleichgewicht; d. h. es ist einerseits Unterliquidität, andererseits auch Überliquidität zu vermeiden. Beide Fälle gehen in der Regel zulasten der Rentabilität.

Dem Prozess der

- Planung,
- Beschaffung,
- Verwaltung und
- Disposition

# 3 Kapitalbeschaffung

von Finanzmitteln kommt deshalb in einem Unternehmen größte Bedeutung zu. Diese Vorgehensweise kann im Rahmen der gesamten finanzwirtschaftlichen Aufgaben wie folgt eingeordnet werden:[21]

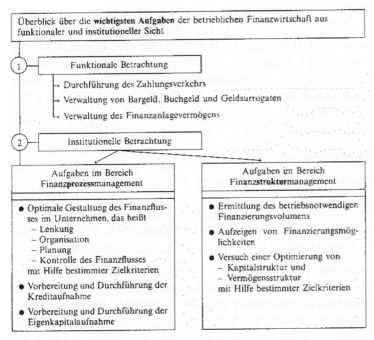

Abbildung 12: Wichtigste Aufgaben der betrieblichen Finanzwirtschaft

## Restriktionen für kleine und mittelständische Unternehmen

Es handelt sich hier um einen Bereich, der sich mit abnehmender Unternehmensgröße zunehmend zu einem Problemfeld entwickelt. Während große Unternehmen einen mehr oder weniger uneingeschränkten Zugang zum Kapitalmarkt haben, kennzeichnet insbesondere mittelständische und kleine Unternehmen grundsätzlich eine eingeschränkte Möglichkeit der externen Beschaffung von Kapital. Diese Situation kann sich in Abhängigkeit der Branche noch ver-

*Eingeschränkte Kapitalbeschaffungsmöglichkeiten*

---

[21] Busse, Grundlagen der betrieblichen Finanzwirtschaft, 1989, S. 11.

schärfen. Insbesondere interessante Finanzierungen über die Börse sind für diesen Unternehmenskreis nicht möglich.

**Grenzen der klassischen Kreditaufnahmen**

Immer häufiger stehen mittelständische Unternehmen auch vor speziellen Aufgaben, die nicht mehr über klassische Kreditaufnahmen finanziert werden können. Ursachen hierfür sind einerseits zu geringe Besicherungsmöglichkeiten in innovativen Branchen (z. B. Softwareentwicklung, Biotechnologie, Dienstleistungsgewerbe). Andererseits treten außerordentliche Finanzierungssituationen auf, bei denen eine Lücke zwischen darstellbarer Kreditfinanzierung und verfügbaren Eigenmitteln sowie auftretendem Liquiditätsbedarf vorhanden ist.

**Beispiele:**

- Wachstumsfinanzierungen in innovativen Branchen,
- So genannte Bridge-Finanzierungen vor Börsengängen,
- Gesellschafterwechsel (MBO, Spin-off), bei denen die neuen Gesellschafter nur wenig Eigenmittel einbringen.

**Eigentümerstrukturen behindern Kreditaufnahmen**

Weitere Beschränkungen hinsichtlich der Finanzierung durch Eigenkapital treten beispielsweise noch durch die Eigentümerstrukturen (häufig Familienunternehmen) auf (keine Verwässerung der bestehenden Anteilsstrukturen, Erhaltung des Familiencharakters des Unternehmens). Für diesen Unternehmenskreis haben sich deshalb über die letzten Jahre hinweg spezielle Finanzierungsformen, die zwischen Eigen- und Fremdkapital angesiedelt sind (so genannte **Mezzanin-Finanzierungen**), herausgebildet.

Mezzanine Finanzierungsformen werden im angelsächsischen Raum (dort spielt der klassische besicherte Langfristkredit eine untergeordnete Rolle) seit langem als beliebtes Instrument von mittelständischen Unternehmen eingesetzt.

**In Deutschland sind diesem Bereich folgende Finanzierungsformen zuzuordnen:**

- Nachrangdarlehen,
- Stille Beteiligung,
- Genussscheine,
- Kapitalmarktfähige Wandel- oder Optionsanleihen.

# 3 Kapitalbeschaffung

Von Bedeutung für mezzanine Finanzierungen sind insbesondere die beiden ersten Instrumente. Vorgenannte Finanzierungsarten werden später unter den Abschnitten 3.3.1.1 (Beteiligungsfinanzierung), 3.3.1.4 (langfristige Kreditfinanzierung) sowie 3.3.1.5 (Genussscheine) vorgestellt.

Bevor die Geld- und Kapitalmarktinstrumente zur Beschaffung von Kapital im Einzelnen beschrieben werden, soll nachstehend auf die Ursachen für Kapitalbedarf eingegangen werden.

## 3.2 Bestimmungsfaktoren der Kapitalnachfrage

Die Nachfrage nach Finanzmitteln leitet sich grundsätzlich vom Kapitalbedarf sowie von dessen Verwendungszweck ab.

### 3.2.1 Was bedeuten Kapital und Kapitalbedarf?

Aus der Sicht der Bilanz betrachtet stellt **Kapital** die Mittelherkunft dar (= Passivseite der Bilanz), mit der das Vermögen des Unternehmens (Mittelverwendung; = Aktivseite der Bilanz) angeschafft wurde.

**Kapital = Mittelherkunft**

**Der Zusammenhang kann wie folgt an der Bilanz dargestellt werden:**

| Aktivseite | Passivseite |
|---|---|
| Anlagevermögen | Eigenkapital |
| Umlaufvermögen | Fremdkapital |

Unter dem Begriff Kapital versteht man sämtliche Sach- und Finanzmittel, die dem Unternehmen von den Eigentümern (= Eigenkapital) und von Gläubigern (= Fremdkapital) zur Verfügung gestellt werden.

Entsprechend kann **Kapitalbedarf** damit allgemein definiert werden als der geldwertmäßige Bedarf eines Unternehmens an Sach- und Finanzmitteln zur Erreichung der betrieblich gesetzten Ziele. So beschafftes Kapital wird für verschiedene betriebliche Zwecke eingesetzt bzw. verwen-

**Begriffsdefinition Kapitalbedarf**

det. Hierbei kann nach dem Kriterium „ausgabenbezogener Zahlungsstrom" wie folgt klassifiziert werden:[22]

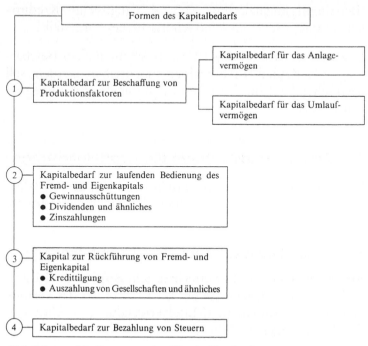

Abbildung 13: Formen des Kapitalbedarfs

### 3.2.2 Bestimmungsfaktoren

**Rechtsform beeinflusst Kapitalbeschaffung**

Die Kapitalnachfrage eines Unternehmens wird von einer Reihe von externen sowie internen Kriterien beeinflusst. Die einzelnen Faktoren treten dabei nicht isoliert in Erscheinung, sondern wirken mehr oder weniger ausgeprägt zusammen. Beispielsweise hängt die Möglichkeit zur Kapitalbeschaffung einerseits von der Rechtsform sowie andererseits von der Unternehmensgröße ab. Nachstehend sollen die wichtigsten Kriterien aufgelistet werden:

---

[22] Busse, a. a. O., S. 19.

# 3 Kapitalbeschaffung

**Darstellung: Kapitalbedarf und Bestimmungskriterien**

- **Interne Kriterien:**
  - Unternehmensziel (z. B. Marktführerschaft),
  - Rechtsform (eine AG hat andere Finanzierungsmöglichkeiten wie eine GmbH),
  - Betriebsgröße (mit abnehmender Unternehmensgröße vermindern sich die Möglichkeiten zur Kapitalbeschaffung),
  - Unternehmenszweck (innovative Unternehmen weisen in der Regel einen größeren Kapitalbedarf auf als weniger innovative Unternehmen),
  - Standort (der Unternehmenssitz in so genannten „strukturschwachen Regionen" kann den Zugang zu öffentlichen Fördermitteln erleichtern),
  - Produktionsprozess und Technologieeinsatz (anlageintensive Unternehmen benötigen einen höheren Anteil an langfristigem Kapital),
  - Risikobereitschaft des Unternehmens (ein konservativ geführtes Unternehmen wird in der Regel auch zu einer konservativen Finanzierung tendieren).

- **Externe Kriterien:**
  - Struktur der Beschaffungsmärkte (Bereitschaft der Lieferanten, lange Zahlungsziele oder Finanzierungen zu gewähren),
  - Struktur der Absatzmärkte (in Abhängigkeit der Marktposition des Unternehmens können beispielsweise Anzahlungen durchgesetzt werden),
  - Preisniveau auf Beschaffungs- und Absatzmärkten (bei ausreichenden Deckungsbeiträgen können bei Exportgeschäften beispielsweise dem Kunden neben der klassischen Zahlungskondition auch Finanzierungen angeboten werden, die allerdings wieder zulasten des eigenen Refinanzierungsspielraumes gehen),
  - Staatliche/gesetzliche Restriktionen (die Ausreichung von Krediten an einen Kreditnehmer ist per Kreditwe-

sengesetz auf einen bestimmten Anteil am haftenden Eigenkapital limitiert),

- Veränderung von Produktionstechnologien (der Strukturwandel hat zur Folge, dass Unternehmen Teile ihres Produktionsprozesses mit hohem Aufwand auf Zukunftstechnologien umstellen müssen).

**Hinsichtlich des zeitlichen Anfalles kann man unterscheiden zwischen:**

- **Kontinuierlicher Kapitalbedarf** (dieser wird benötigt zur Aufrechterhaltung des betrieblichen Leistungsprozesses; z. B. Materialbeschaffung, Rationalisierungs- und Erweiterungsinvestitionen),
- **Periodischer Kapitalbedarf** (dieser tritt beispielsweise bei Unternehmen, die saisonabhängig produzieren und verkaufen, auf; z. B. Aufbau von Roh-, Hilfs- und Betriebsstoffen, Halb- und Fertigerzeugnissen),
- **Einmaliger Kapitalbedarf** (z. B. einmalige Gewinnausschüttungen an den Gesellschafter).

### 3.2.3 Die Ermittlung des Kapitalbedarfes

**Ausrichtung auf den Nettokapitalbedarf**

Der Ansatz zur Beschaffung von Kapital ist bei Unternehmen in erster Linie auf den **Nettokapitalbedarf** gerichtet. Man versteht darunter die Summe aller Auszahlungen abzüglich der Summe aller Einzahlungen in einem bestimmten Zeitraum. Grundlage für die Ermittlung des Nettokapitalbedarfes ist die Finanzplanung (dynamische Form der Kapitalbedarfsrechnung; vgl. Kapitel 4, Abschnitt 4).

**Beispiel: Ermittlung des Nettokapitalbedarfes auf Basis der Liquiditätsplanung**

| Monat | Jan | Feb | Mär | Apr | Mai |
|---|---|---|---|---|---|
| Einzahlungen/Auszahlungen betrieblicher Bereich | 60 | 60 | 70 | 70 | 50 |
| – investiver Bereich | -20 | -10 | -90 | -30 | -50 |
| – Finanzierungsbereich | -30 | -80 | -20 | 10 | -20 |
| Kapitalbedarf monatlich | 10 | -30 | -40 | 50 | -20 |
| Nettokapitalbedarf kumuliert | 10 | -20 | -60 | -10 | -30 |

# 3 Kapitalbeschaffung

Der Kapitalbedarf eines Unternehmens errechnet sich für die einzelnen Bereiche wie folgt:

## 3.2.3.1 Kapitalbedarf für Investitionen des Anlagevermögens

Unternehmen werden externes Kapital nur dann aufnehmen, wenn

- nicht genügend eigene liquide Mittel zur Verfügung stehen sowie
- ein geplantes Investitionsvorhaben einen positiven Kapitalwert aufweist.

Der **Kapitalwert** einer Investition errechnet sich dabei wie folgt:

- Ermittlung des Anschaffungswertes (sichere Auszahlung zu Beginn des Vorhabens ($Z_0$)),
- Ermittlung des zukünftig erwarteten Zahlungseinganges (unsichere Einzahlungen über die Lebensdauer des Vorhabens; die Laufzeit stimmt zumeist mit der betriebsgewöhnlichen Nutzungsdauer (BGN) der Investition überein ($Z_1 - Z_n$)),
- Diskontierung sämtlicher Zahlungsströme (positive zukünftige Einzahlungen) mit dem Kalkulations-Zinsfuß (k) auf den Investitionsbeginn und Saldierung gegen den negativen Anschaffungswert.

**Formel für Errechnung des Barwertes:**

$$K_{Barwert} = \frac{K_{Anschaffungswert} - (Z_1 + Z_2 \ldots + Z_n)}{(1+k)^n}$$

Ein Investitionsvorhaben sollte nur dann ausgeführt werden, wenn sich ein positiver Kapitalwert ergibt. Da die Zahlungsrückflüsse zu einem späteren Zeitpunkt eintreten, muss der Anschaffungswert entweder durch Eigen- oder durch Fremdkapital finanziert werden.

**Durchführung nur bei positivem Kapitalwert**

Anschaffungswert = Eigenkapital + Fremdkapital

**Berücksichtigung des Risikogehaltes**

Der Kalkulationszinsfuß wird nicht nach allgemein gültigen Vorgaben ermittelt, sondern unternehmensindividuell festgelegt. Es sollte allerdings der Risikogehalt der Investition mit berücksichtigt werden.

> Risikofreier Zinsertrag
> + Risikozuschlag
> = Kalkulationszinssatz der Investition

### 3.2.3.2 Kapitalbedarf für Investitionen des Umlaufvermögens

**Bindungsfristen maßgeblich**

Der gesamte Kapitalbedarf des Umlaufvermögens ergibt sich aus den individuellen durchschnittlichen Bindungsfristen (in Tagen) einer Reihe von Einzelpositionen:

- **Fertigungsmaterial**
  **Beispiel:**
  Fertigungsmaterial lagert durchschnittlich  23 Tage
  Das Anfertigen der Produkte dauert im Schnitt  12 Tage
  Die Fertigprodukte lagern bis zur Auslieferung  5 Tage
  Dem Kunden eingeräumtes Zahlungsziel
  im Mittel  50 Tage
  Von Lieferanten in Anspruch genommenes Ziel  30 Tage
  **Bindungsfrist gesamt**  **60 Tage**

  Täglicher Verbrauch Fertigungsmaterialkosten EUR 24 000
  Berechnung: 60 × 24 000

  > Kapitalbedarf Fertigungsmaterial: EUR 1 440 000

- **Fertigungslöhne**
  **Beispiel:**
  Die Produktionszeit der Anlagen und Maschinen
  dauert  12 Tage
  Die fertigen Produkte lagern durchschnittlich  5 Tage
  Dem Kunden eingeräumtes Zahlungsziel
  im Mittel  50 Tage
  **Bindungsfrist gesamt**  **77 Tage**

## 3 Kapitalbeschaffung

Tägliche Fertigungslöhne EUR 10 000
Berechnung: 77 × 10 000

| Kapitalbedarf Fertigungslöhne: EUR 770 000 |

- **Fertigungsgemeinkosten**
Es handelt sich dabei um Kosten, die nicht direkt dem Kostenträger/Produkt zugeordnet werden können (z. B. Entwicklungskosten). Da bei der Berechnung der Gemeinkostenzuschlagssätze die Fertigungsgemeinkosten in das Verhältnis zu den Fertigungslöhnen gesetzt werden, muss die gleiche Kapitalbindungsfrist wie bei den Fertigungslöhnen angesetzt werden.
**Beispiel:**
Fertigungsgemeinkostenzuschlag 200% der Fertigungslöhne (davon 80% liquiditätswirksam).
Berechnung: 77 × 10 000 × 2 × 0,8

| Kapitalbedarf Fertigungsgemeinkosten: EUR 1 232 000 |

- **Materialgemeinkosten**
**Beispiel:**

| | |
|---|---:|
| Fertigungsmaterial lagert durchschnittlich | 23 Tage |
| Das Anfertigen der Produkte dauert im Schnitt | 12 Tage |
| Die Fertigprodukte lagern bis zur Auslieferung | 5 Tage |
| Dem Kunden eingeräumtes Zahlungsziel im Mittel | 50 Tage |
| **Bindungsfrist gesamt** | **90 Tage** |

Anteil der Materialgemeinkosten (z. B. Materialprüfung) an den Materialkosten (EUR 24 000) beträgt 20%;
Berechnung: 90 × 24 000 × 0,2

| Kapitalbedarf Materialgemeinkosten: EUR 432 000 |

- **Verwaltungs- und Vertriebsgemeinkosten**
Die Verwaltungs- und Vertriebsgemeinkosten werden in Form eines Zuschlagssatzes auf die ausgabewirksamen Herstellkosten aufgeschlagen.

Ermittlung des Bruttokapitalbedarfes aus vorgenannten Beispielen aufgebaut am Schema der Zuschlagskalkulation:

| | | |
|---|---|---:|
| Fertigungsmaterial | EUR | 1 440 000 |
| + Materialgemeinkosten | EUR | 432 000 |
| + Fertigungslöhne | EUR | 770 000 |
| + Fertigungsgemeinkosten | EUR | 1 232 000 |
| **Kapitalbedarf für Herstellkosten** | **EUR** | **3 874 000** |
| + Zuschlag Verwaltungs- und Vertriebsgemeinkosten 10% | EUR | 387 400 |
| **Bruttokapitalbedarf Umlaufvermögen** | **EUR** | **4 261 400** |

Addiert man zum Bruttokapitalbedarf für das Umlaufvermögen einen sich ergebenden Kapitalbedarf Investitionen im Anlagevermögen, gelangt man zu der Größe „Bruttokapitalbedarf für das Gesamtunternehmen".

**Finanzierungserfordernisse aus dem betrieblichen Leistungsprozess**

Vorgenannte Kapitalbedarfsrechnung bezieht sich ausschließlich auf die Finanzierungserfordernisse aus dem betrieblichen Leistungsprozess. In die Gesamtrechnung müssen noch weitere Auszahlungsgrößen Eingang finden wie beispielsweise

- Auszahlungen für Zins- (Fremdkapital) bzw. Dividendenzahlungen (Eigenkapital),
- Auszahlungen für die Rückführung von Krediten,
- Auszahlungen für Steuern.

### 3.2.3.3 Umschlagshäufigkeit und Kapitalbedarf

Es besteht ein direkter Zusammenhang zwischen Umschlagshäufigkeit und Höhe des Kapitalbedarfes. Grundsätzlich kann festgestellt werden, dass der Kapitalbedarf umso geringer ausfällt, desto eher und öfter das im Unternehmen gebundene Kapital durch Umsatzerlöse wieder zurückfließt.

**Abhängigkeit Umschlagshäufigkeit/Kapitalbedarf**

Der Kapitalumschlag kann für einzelne Vermögenspositionen auf der Aktivseite der Bilanz beispielsweise wie folgt errechnet werden:

# 3 Kapitalbeschaffung

- **Sachanlagen:**

$$\text{Kapitalumschlagshäufigkeit Anlagevermögen} = \frac{360}{\text{durchschnittliche betriebsgewöhnliche Nutzungsdauer der Anlagegüter in Tagen}}$$

- **Vorräte:**

$$\text{Lagerumschlagshäufigkeit} = \frac{360}{\text{durchschnittliche Lagerdauer in Tagen}}$$

$$\text{Kapitalbedarf für das Lager} = \frac{\text{Lagerumsatz}}{\text{Lagerumschlagshäufigkeit}}$$

**Beispiel:** Fertigprodukte liegen durchschnittlich 30 Tage im Lager; das Unternehmen setzt mit diesen Produkten 10 000 000 EUR um.

Lagerumschlagshäufigkeit = 360 : 30 = 12 Tage

Kapitalbedarf für Fertigwarenlager: 10 000 000 : 12 = **EUR 833 333**

- **Forderungen aus Lieferungen und Leistungen**

$$\text{Debitorenumschlag} = \frac{360}{\text{durchschnittlicher Debitorenumschlag in Tagen}}$$

**Beispiel:** Forderungen haben eine durchschnittliche Laufzeit von 40 Tagen; der Umsatz des Unternehmens beträgt 10 000 000 EUR.

Debitorenumschlagshäufigkeit = 360 : 40 = 9 Tage

Kapitalbedarf für Fertigwarenlager: 10 000 000 : 9 = **EUR 1 111 111**

### 3.3 Quellen der Kapitalbeschaffung

Finanzmittel können aus unterschiedlichen Quellen stammen. Bevor die einzelnen Quellen näher beschrieben werden, soll ein Gesamtüberblick über die Systematisierung der unterschiedlichen Instrumente und Techniken erfolgen. Diese richtet sich nach unterschiedlichen Kriterien aus:[23]

- **Nach der Rechtsstellung des Kapitalgebers**

- **Nach der Herkunft der Kapitalmittel**

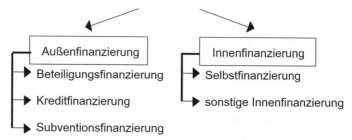

- **Nach der Dauer der Finanzierung**

- **Nach der Häufigkeit der Finanzierung**

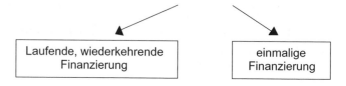

---

[23] Busse, a. a. O., S. 40.

# 3 Kapitalbeschaffung

Jede Finanzierungsalternative hat ihre speziellen betriebswirtschaftlichen Kennzeichen. Diese werden am besten ersichtlich, wenn eine Ordnung nach der Mittelherkunft (d. h. in Außen- und Innenfinanzierung) erfolgt.

## 3.3.1 Die Außenfinanzierung

### 3.3.1.1 Die Beteiligungsfinanzierung

Bei dieser Finanzierungsform wird dem Unternehmen von außen Eigenkapital zugeführt. Der Eigenkapitalgeber genießt damit grundsätzlich eine andere Rechtsstellung als beispielsweise der Gläubiger bei der Kredithingabe. Bei der **Beteiligungsfinanzierung** werden grundsätzlich neue Gesellschafter aufgenommen. Bei der **Einlagenfinanzierung** (auch hier wird der Gesellschaft neues Kapital zugeführt) führt(en) der (die) bisherige(n) Gesellschafter dem Unternehmen neues Kapital zu.

*Zuführung von Eigenkapital*

Wesentlich bei der Eigenkapitalzuführung ist die Rechtsform des Unternehmens. Diese ist maßgeblich dafür verantwortlich, ob Wertpapiere zur Eigenkapitalerhöhung begeben werden können oder nicht. Emissionsfähige Rechtsformen in Deutschland sind die Aktiengesellschaft und die Kommanditgesellschaft auf Aktien. Die Börse als „Markt" für die Eigenkapitalbeschaffung gewinnt immer mehr an Attraktivität. Insbesondere im Hinblick auf die Finanzierung von mittelständischen Unternehmen haben die Initiativen der Politik und der Gesetzgebung neben der Rechtsform der „Kleinen AG" unter anderem auch das Marktsegment des „Neuen Marktes" hervorgebracht.

*Rechtsform maßgeblich*

*Eigenkapitalbeschaffung über die Börse*

Beteiligungsfinanzierungen bei nicht emissionsfähigen Unternehmen sind unterschiedlich hinsichtlich Art, Umfang und Durchführung zu beurteilen. Bei der Gruppe der emissionsfähigen Unternehmen wird die Beteiligungsfinanzierung grundsätzlich über Aktienemissionen durchgeführt. Eine Beschreibung der einzelnen Aktienarten wurde bereits in Kapitel 2, Abschnitt 2.2 vorgenommen:

- Nach der Übertragbarkeit der Rechte: Inhaber- und Namensaktien
- Nach der Art der verbrieften Rechte: Stamm- und Vorzugsaktien

- Nach der Art der Verwendung: Eigene Aktien bzw. Vorratsaktien.

**Timing spielt maßgebliche Rolle**

Der Zeitpunkt und das Ausmaß der Beteiligungsfinanzierung wird neben dem Bedarf des Unternehmens noch maßgeblich von den jeweiligen allgemeinen Finanzmarktverhältnissen (Baisse = Zeitraum fallender Kurse; Hausse = Zeitraum steigender Kurse) bestimmt. Darüber hinaus spielt auch der jeweilige Wert der eigenen Aktie eine maßgebliche Rolle. Wichtig ist es in diesem Zusammenhang, sich mit den jeweiligen Bewertungskennziffern intensiv auseinander zu setzen und diese laufend zu verfolgen.

**Die wichtigsten Bewertungskennziffern:**

$$\text{Kursgewinnverhältnis} = \frac{\text{Börsenkurs (Stichtag oder Durchschnitt)}}{\text{Gewinn pro Aktie}}$$

$$\text{Gesamtgewinnrendite} = \frac{\text{Gewinn je Aktie in EURO} \times 100}{\text{Börsenkurs in EURO}}$$

$$\text{Cash-Flow-Ratio} = \frac{\text{Börsenkurs je Aktie in EURO} \times 100}{\text{Cash-Flow je Aktie in EURO}}$$

Kapitalerhöhungen werden in der Regel mit dem Ziel „Zufluss neuer Mittel" in folgenden Formen durchgeführt:

- Ordentliche Kapitalerhöhung,
- Bedingte Kapitalerhöhung,
- Genehmigte Kapitalerhöhung.

Wird eine Kapitalerhöhung aus Gesellschaftsmitteln beispielsweise durch die Ausgabe von Berichtigungsaktien durchgeführt, werden dem Unternehmen keine neuen Mittel zugeführt.

# 3 Kapitalbeschaffung

## Marktkonzept erforderlich

Damit Unternehmen Eigenkapital von außen bekommen, ist es erforderlich, den Kapitalgebern sozusagen das Unternehmens-Konzept „zu verkaufen". Dies wird idealerweise in der Form eines Geschäftsplanes (**Business plan**) durchgeführt. Darin werden die Produkte und Märkte sowie die Strategie des Unternehmens beschrieben. Auch auf die Organisation sowie weitere wichtige, für den Unternehmenserfolg relevante Fakten ist einzugehen. Wichtig ist auch ein Stärken-/Schwächenprofil. Ein Kernelement ist der Finanzplan. Der Business-Plan ist nicht nur aus der Sicht der Kapitalgeber wichtig, sondern stellt auch ein Orientierungsinstrument für die Geschäftsleitung des Unternehmens dar. Hierbei steht der Finanzplan im Mittelpunkt, da er die Verantwortlichen zwingt, sich mit den finanziellen Auswirkungen des Handelns auseinanderzusetzen.

*Wichtig: schlüssiger Geschäftsplan*

## Die Venture-Capital-Finanzierung

Insbesondere bei Neugründungen bzw. jungen und rasch wachsenden, innovativen Unternehmen gestaltet sich die Versorgung mit haftendem Eigenkapital, unabhängig von der Rechtsform, als problematisch. Des Weiteren verfügt das Management dieser Unternehmen in der Regel über genügend Sachkenntnis und Kreativität im Hinblick auf die zu entwickelnden Technologien, lässt jedoch häufig ausreichendes Fachwissen vor allem im finanzwirtschaftlichen Bereich vermissen.

Hier setzt der Gedanke der Venture-Capital-Finanzierung an. Unter **Venture Capital** versteht man Risiko- oder Wagniskapital, welches im Wege der Eigenkapitalbeteiligung innovativen Unternehmen zur Verfügung gestellt wird. Diese Unternehmen befinden sich in der Gründungsphase, in der ersten Wachstumsphase oder in der sich daran anschließenden Expansionsphase. Der Kapitalgeber bringt dabei nicht nur haftendes Vermögen, sondern oftmals auch Managementwissen ein. Dies fehlt jungen Unternehmen in sehr vielen Fällen.

*Einbringen von Risikokapital*

Häufig tritt der Staat als wichtiger Kapitalgeber insbesondere bei Unternehmensgründungen auf. Dafür existieren eine Reihe von Existenzgründungsprogrammen. Die Zielgruppe sind allerdings Unternehmen, die in weniger innovativen Märkten neue Arbeitsplätze schaffen.

**Hohes Fehlschlagrisiko**

Die Zielgruppe der nachstehend beschriebenen Venture-Finanzierung liegt dagegen bei innovativen und wachstumsstarken mittelständischen Unternehmen. Diese weisen zwar häufig ein sehr hohes Fehlschlagrisiko auf, versprechen aber bei Erfolg überproportional hohen Ertrag.

Der Prozess läuft in verschiedenen Stufen ab:

- **Finanzierung des Unternehmensstarts („early-stage-financing")**
  - Vorbereitung der Unternehmensgründung „seed-financing" (gekennzeichnet durch Eigenkapitaleinsatz des Gründers sowie möglichen Förderhilfen),
  - Unternehmensgründung „start-up-financing" (erstes Einbringen von Finanzmitteln in Form von Venture-Capital-Finanzierungen),
  - Kritische Durchhaltephase „first-stage-financing" (Finanzierung von Anlaufverlusten).

- **Finanzierung der Unternehmensexpansion („expansion-stage-financing")**
  - Eintreten der turn-around-Situation „second-stage-financing" (Erreichen des Break-even),
  - Abschluss Pionierwachstum „third-stage-financing" (Eintritt in die Phase des Wettbewerbswachstums),
  - Expansionsphase „fourth-stage-financing" (Vorbereitung des going-public; nach Börseneinführung Ersatz der Venture-Capital-Finanzierung durch klassische Bankkredite).

**Zwei Sonderformen**

Bei Venture-Finanzierungen können zwei Sonderformen unterschieden werden:

- **Spin-offs:** Unternehmensgründungen durch erfahrene Manager oder Wissenschafter,
- **Management-buy-out:** Übernahme des Unternehmens durch das bisherige Management oder durch Angestellte.

# 3 Kapitalbeschaffung

## Abschließende Wertung der Venture-Capital-Finanzierungen:

Als Quellen der externen Eigenkapitalbeschaffung kommen neben privaten Investoren zunehmend Venture-Capital-Gesellschaften sowie die Börse in Betracht. In Deutschland spielen private Investoren bisher noch eine geringe Rolle. Dafür gibt es mittlerweile eine größere Anzahl von Venture-Capital-Gesellschaften. Diese vermarkten die Eigenkapitalvergabe mehr oder weniger aktiv. Ihr Interesse ist in erster Linie auf die Rendite ausgerichtet. Der Einfluss beschränkt sich auf die Aufsicht und die Mitsprache bei strategischen Entscheidungen. Der Einbezug in das operative Geschäft ist die Ausnahme. Dagegen werden häufig Beratungs- und Managementleistungen zur Verfügung gestellt.

*Eigenkapitalvergabe über Venture-Gesellschaften*

Risikokapitalgeber erwarten grundsätzlich eine Rendite ihrer Einlage, die sich an den erwarteten Renditen sowie dem Risiko der Gesellschaft, der risikofreien Verzinsung sowie der allgemeinen Risikoeinstellung des Investors und dessen Vermögenshöhe orientiert.

*Besondere Renditeansprüche*

Diese Gesellschaften sind Partner auf Zeit, die sich nach einigen Jahren wieder von ihrer Beteiligung trennen. Ein wichtiger Bestandteil der Kapitalgewährung ist deshalb die Möglichkeit zum Ausstieg. Je besser die Chancen zum Ausstieg sind, desto höher ist die Neigung zur Kapitalhingabe. Dies geschieht durch einen Verkauf an die Altgesellschafter, an industrielle Interessenten oder die Realisierung der Beteiligung über die Börse.

*Ausstieg wichtig*

Nachstehend sollen zwei Finanzierungsvarianten vorgestellt werden, die im Bereich zwischen Eigen- und Fremdkapital angesiedelt sind.

## Das Nachrangdarlehen

Das Nachrangdarlehen stellt eine eigenkapitalähnliche Finanzierungsform dar, die mit dem Kredit verwandt ist. Im Unterschied zur klassischen Langfristfinanzierung wird jedoch der Rückzahlungsanspruch im Insolvenzfall mit einem Nachrang gegenüber den anderen (nicht nachrangigen) Gläubigern versehen.

**Keine Besicherung**

Bei Nachrangdarlehen wird grundsätzlich keine Besicherung zur Verfügung gestellt. Damit beschränkt diese Finanzierungsform nicht den zusätzlichen Kreditspielraum des Unternehmens. Das Gegenteil ist der Fall; die Bereitstellung eines Nachrangdarlehens wirkt bonitätserhöhend und damit positiv auf weitere Fremdkapitalgeber.

**Jedoch höhere Kosten**

Der Nachteil für das Unternehmen liegt in höheren Kosten. Die Gläubiger von Nachrangdarlehen tragen ein höheres Risiko und erwarten dafür auch eine höhere Rendite im Vergleich zum einfachen Kredit. Der Zinssatz wird üblicherweise unterteilt in einen festen und einen gewinnabhängigen Anteil. Er liegt in der Regel zwischen Eigen- und Fremdkapitalzins. Hinsichtlich des gewinnabhängigen Anteils sind sämtliche Partizipationsmöglichkeiten denkbar.

In Ausnahmefällen wird das Nachrangdarlehen durch Personalsicherheiten der Gesellschafter (nicht des Unternehmens) sichergestellt. Für Steuer- und Handelsbilanz ist es interessant, dass die Verzinsung des Nachrangdarlehens in voller Höhe (bei entsprechender Gestaltung) als Betriebsausgabe abgezogen werden darf.

Ein weiterer Vorteil liegt darin, dass keine bestehenden Anteils- und Gesellschafterstrukturen beeinflusst werden. Der Kapitalgeber erwartet (wie bei der Kreditvergabe) laufende Informationen über das Unternehmen. Auch können Mitwirkungsrechte vereinbart werden, die nur dann zum Tragen kommen, wenn sich das Unternehmen nicht planmäßig entwickelt.

Das Darlehen wird unter der Bilanzposition „langfristige Verbindlichkeiten", allerdings mit einem Nachrangvermerk, ausgewiesen. Damit kann es als eigenkapitalähnliche Finanzierung identifiziert werden. Die Laufzeit beträgt zwischen 5 und 10 Jahre. Das Darlehen wird entweder laufend oder am Ende der Laufzeit in einem Betrag getilgt.

## 3 Kapitalbeschaffung

### Die stille Beteiligung

Der stille Gesellschafter hat im Gegensatz zum Nachrangdarlehen eine stärkere gesellschaftsrechtliche Stellung. Er ist per Gesetz (§ 233 HBG) mit bestimmten Kontrollrechten ausgestattet. Häufig werden weitergehende Mitwirkungs- und Kontrollrechte vereinbart (z. B. § 716 BGB). Möglich sind auch zusätzliche Verpflichtungen des Kapitalnehmers, beispielsweise in Form der Einhaltung bestimmter „Convenants" (Bilanzrelationen). Diese Form der Finanzierung kommt damit der Eigenkapitalhingabe bereits sehr nahe.

**Stärkerer Eigenkapitalcharakter**

Eine Gewinnbeteiligung muss, eine Verlustbeteiligung kann vorgeschrieben werden. Im Hinblick auf die Bilanzierung sowie die steuerliche Behandlung der Beteiligung unterscheidet man

- Typische stille Beteiligung,
- A-typische stille Beteiligung.

Desto mehr Mitspracherechte der Kapitalgeber hat, desto atypischer ist die Beteiligung und desto wahrscheinlicher auch der Ausweis unter der Bilanzposition „Einlagen stiller Gesellschafter". Als solche sind zum Beispiel zu nennen:

- Der Umfang der Mitwirkungsrechte,
- Eine Vereinbarung über eine Verlustteilnahme,
- Die Mitpartizipation an der Unternehmenswertentwicklung.

Dem Kapitalgeber können verschiedene Rechte eingeräumt werden. Als wichtigste sind zu nennen:

**Rechte des Kapitalgebers**

- Mitpartizipation an der Unternehmenswertentwicklung durch Wertsteigerung der stillen Einlage,
- Wandlungsrecht von stiller Beteiligung in Eigenkapital,
- Optionsrecht zum Bezug von direktem Eigenkapital.

Da bei der stillen Beteiligung keine Sicherheiten gestellt werden, ist eine sorgfältige Bonitätsprüfung (Risiken und Chancen) notwendig. Diese Prüfung wird – im Unterschied zur nachstehend unter Abschnitt 3.3.1.2 beschriebenen Kreditprüfung – im Rahmen einer so genannten „Due Diligence" durchgeführt.

**Due Diligence wichtig**

Bei einer **Due Diligence** werden alle für die Zukunft entscheidenden betrieblichen Faktoren geprüft und analysiert. Häufig zieht man externe Berater oder Wirtschaftsprüfer zur Prüfung heran. Der Prozess gliedert sich wie folgt:

- Marktstellung des Unternehmens (Business-Due Diligence: Markt, Wettbewerb, Kunden, strategische Ausrichtung),
- Finanzwirtschaftliche Rahmendaten (Financial-Due Diligence: historische Jahresabschlüsse, Plausibilität der Unternehmensplanung),
- Vertragliche Voraussetzungen (Legal-Due Diligence),
- Steuerliche Implikationen (Tax-Due Diligence).

**Zusammenfassung der Vorteile von Nachrangdarlehen und stiller Beteiligung:**

- Anteilsstruktur der Altgesellschafter wird nicht verwässert,
- Da keine Sicherheiten gegeben werden, bleibt der Kreditspielraum des Unternehmens erhalten,
- Die Bilanzstruktur wird durch die Zuführung von „indirektem" Eigenkapital optimiert (Zugwirkung für Fremdkapitalgeber),
- Instrumente können flexibel an die Erfordernisse von Kapitalgeber und -nehmer angepasst werden.

### 3.3.1.2 Der Prozess der Kreditprüfung

**Bonität sowie Sicherheiten maßgeblich**

Bevor zu den einzelnen Formen der Kreditfinanzierung Stellung genommen wird, soll kurz auf den Prozess der Kreditprüfung eingegangen werden. Eine Kreditvergabe hängt einerseits maßgeblich von der Bonität des potenziellen Kreditnehmers ab. Andererseits spielen auch die Möglichkeiten des Kreditnehmers, Sicherheiten für das Kreditengagement zur Verfügung zu stellen (vgl. Abschnitt 3.4) eine große Rolle. Insbesondere die Kreditinstitute sind durch das Kreditwesengesetz zu einer intensiven Kreditprüfung gezwungen.

**Feste Vorgehensweise**

Dabei wird vom Kreditgeber nach einem festen Schema vorgegangen:

# 3 Kapitalbeschaffung

- **1. Schritt: Kreditfähigkeitsprüfung:** (= Prüfung der gesetzlichen und rechtsgeschäftlichen Vertretung). Beispielsweise sind bei den meisten Unternehmen nur Prokuristen sowie Mitglieder der Geschäftsleitung zur Kreditaufnahme berechtigt.

- **2. Schritt: Kreditwürdigkeitsprüfung:** Diese wird unterteilt in eine

    - Prüfung persönlicher Aspekte des Managements: z. B. fachliche Qualifikation, Erfahrungen, Führungsqualitäten.

    - Prüfung sachlicher Kriterien: Zur Beurteilung werden alle Informationen herangezogen, die auf die Entwicklung der betrieblichen Situation schließen lassen. Beispielsweise sind dies: Jahresabschlüsse, Prüfungsberichte vom Wirtschaftsprüfer, Finanzplanungen.

## 3.3.1.3 Die kurzfristige Kreditfinanzierung

Die einzelnen Kredit-Arten lassen sich hinsichtlich der Laufzeit in kurzfristige und langfristige Finanzierungen klassifizieren. Nachstehend sollen zuerst die wichtigsten Instrumente des kurzfristigen Finanzierungsbereiches beschrieben werden.

*Unterteilung in langfristig und kurzfristig*

### Übersicht kurzfristige Finanzierungsformen:

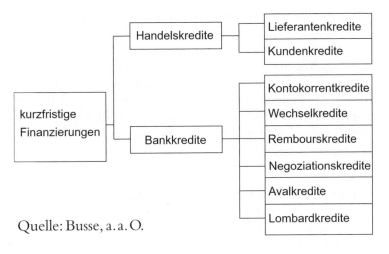

Quelle: Busse, a. a. O.

**Zinsgünstige Form der Finanzierung bei Skontoausnutzung**

- **Der Lieferantenkredit**
  Dem Lieferantenkredit liegt immer ein Handelsgeschäft (man spricht deshalb auch von einem Handelskredit) zu Grunde. Der Käufer kann bei einem Liefer- und Leistungsgeschäft hinsichtlich dem Zeitpunkt der Bezahlung zwischen skontierter Zahlungsweise und Inanspruchnahme eines vorher (auf freiwilliger Basis) vereinbarten Zahlungszieles wählen. Nimmt der Käufer das Zahlungsziel voll in Anspruch, entstehen so genannte Opportunitätskosten durch den Verzicht auf Skontoabzug.
  Formel zur Berechnung:

$$\text{Opportunitätskosten} = \frac{\text{Skontosatz in \%} \times 360}{\text{Zahlungsziel} - \text{Skontofrist in Tagen}}$$

**Beispiel:** Zahlungskondition 10 Tage 2% Skonto, 30 Tage netto

$$\frac{2 \times 360}{30-10} = 36\% \text{ (Opportunitätskosten)}$$

**Abschließende Beurteilung des Instrumentes:**

> Die Opportunitätskosten sind durch Skontoverluste relativ hoch. Die Kreditlaufzeit beschränkt sich entweder auf das eingeräumte Zahlungsziel bei skontierter Zahlungsweise bzw. auf das in Anspruch genommene Nettozahlungsziel. Der Kredit ist ohne große Formalitäten (erforderlich Kaufvertrag, Allgemeine Geschäftsbedingungen) schnell in Anspruch zu nehmen. Sicherheiten werden nur in Form des üblichen Eigentumsvorbehaltes gewährt. Grundsätzlich sollte versucht werden, die Laufzeit der Zahlungsziele mit den Laufzeiten der Leistungserfüllung in Übereinstimmung zu bringen.

**Anzahlung abhängig von Marktposition**

- **Der (erhaltene bzw. gewährte) Kundenkredit**
  Bei Projektgeschäften bzw. größeren Lieferungs- und Leistungsgeschäften kommt oftmals eine An- oder Zwischenzahlung zum Tragen. Damit überlässt der Käufer dem Lieferanten eine zumeist zinslose Finanzierungshilfe,

# 3 Kapitalbeschaffung

die dieser wiederum für die Produktion einsetzen kann. Kundenkredite treten in Form von erhaltenen sowie von gewährten Finanzierungen auf. Ob und in welchem Umfang diese durchgesetzt werden können, hängt von der Marktposition des Verkäufers ab.

**Abschließende Beurteilung des Instrumentes:**

> Bei gewährten Kundenkrediten treten Opportunitätskosten in Form von entgangenen Zinsen auf. Bei **erhaltenen** Kundenkrediten stehen Einsparungen im Refinanzierungsbereich möglicherweise Preiszugeständnissen gegenüber. Inanspruchnahme und Laufzeit hängen von der Verhandlungsposition sowie den individuellen Anforderungen des Geschäftes (z. B. Auslieferungszeitraum) ab. Da einer geleisteten Zahlung noch keine erbrachte Leistung gegenüber steht, wird in der Regel eine Sicherheit in Form einer Anzahlungsgarantie gefordert. Im Falle von gewährten Kundenkrediten sollte das Unternehmen hierzu eine grundsätzliche schriftliche Richtlinie erlassen. Formularitäten sind über den Kaufvertrag hinaus nicht erforderlich.

*Anzahlung steht Anzahlungsgarantie gegenüber*

- **Der Kontokorrentkredit**
  Durch ein Kreditinstitut wird dem Unternehmen eine Kontokorrent-Kreditlinie eingeräumt. Die Beanspruchung der Linie ändert sich täglich durch Aus- und Einzahlungen. Die Bank stellt für die Bereitstellung sowie bei Inanspruchnahme eine Reihe von unterschiedlichen Gebühren in Rechnung:

  - Sollzinssatz (orientiert sich immer am aktuellen Geldmarktniveau),
  - Bereitstellungsprovision (in der Regel bis zu einem Jahr keine Provision; bei einer Laufzeit größer einem Jahr wird die Zusage aus Sicht der Bank durch die teilweise Anrechnung auf das haftende Eigenkapital kostenpflichtig, so dass eine Provision in Rechnung gestellt werden muss),
  - Überziehungsprovision
  - Kontoführungsgebühren (Umsatzprovision),
  - Spesen und Auslagen.

*Flexible Form der Kreditinanspruchnahme*

> Abschließende Beurteilung des Instrumentes: Es handelt sich um eine relativ teuere Form der kurzfristigen Finanzierung; diese sollte daher nur zur Überbrückung kurzfristiger Liquiditätsengpässe eingesetzt werden. Bei ständiger Inanspruchnahme eines Sockelbetrages ist es zweckmäßig, in eine kostengünstigere Kreditform umzufinanzieren. Sicherheiten werden von der Bank individuell (d. h. nach Bonitätsbeurteilung) festgelegt (entweder blanco; Personal- oder Realsicherheiten). Die Laufzeit einer Kontokorrent-Zusage beläuft sich in der Regel auf 6–12 Monate. Im Rahmen der langfristigen Liquiditätssicherung kann dieses Instrument auch eingesetzt werden. Die Laufzeit der (dann allerdings mit Bereitstellungsprovision belegten) Zusage bewegt sich dann in Zeiträumen zwischen 4 und 8 Jahren. Es ist darauf zu achten, dass Kreditlinien aus Abhängigkeits- sowie Konditionengründen (Wettbewerb) bei mehreren Kreditinstituten eingerichtet werden. Grundsätzlich sollte über den Aufbau von (langfristigen) Kreditlinien dann nachgedacht werden, wenn das Unternehmen keinen aktuellen Bedarf hat. Das Argument für diese Strategie ergibt sich daraus, dass sich aus der Position der Stärke heraus (mit entsprechend positiven Unternehmensdaten) wesentlich besser mit den Banken verhandeln lässt (Höhe der Linien, Laufzeit, Konditionen) als aus der Position der Schwäche (Verlustsituation, Liquiditätsengpässe).

- **Der Wechselkredit**
  Der **Wechsel** ist ein schuldrechtliches Wertpapier, das eine abstrakte Verbindlichkeit verbrieft. Er hat neben der nachstehend noch näher beschriebenen Kreditfunktion unter anderem noch die Zahlungsfunktion und die Sicherungsfunktion.
  **Grundsätzlich tritt der Wechselkredit in zwei Formen auf:**
  - **Akzeptkredit:** Beim Akzeptkredit akzeptiert eine Bank einen Wechsel, den ein Unternehmen auf diese Bank gezogen hat. Die Bank stellt auf dem Wechsel nur ihren Namen zur Verfügung – es handelt sich damit um einen Fall von Kreditleihe. Zwischen Aussteller und

# 3 Kapitalbeschaffung

Bezogenem wird vereinbart, dass der Wechselbetrag einen Tag vor Fälligkeit vom Aussteller dem Bezogenen zur Verfügung gestellt wird. Damit setzt diese Konstruktion ein bestimmtes Vertrauensverhältnis zwischen den beteiligten Parteien voraus. Das Unternehmen kann den Wechsel durch Diskontierung in einen echten Finanzkredit transformieren. Kauft die bezogene Bank den Wechsel an, wird daraus eine direkte Kreditvergabe, die der Wechselstrenge unterliegt.

**Akzeptkredit = Kreditleihe**

**Abschließende Beurteilung des Instrumentes:**

> Der Akzeptkredit kann ohne große Formalitäten schnell in Anspruch genommen werden. Er setzt ein großes Vertrauensverhältnis zwischen den beteiligten Parteien voraus. Die Laufzeit ist kurzfristig (in der Regel 90 Tage) ausgerichtet. Bei Diskontierung werden die Diskontspesen vorschüssig vom auszuzahlenden Betrag abgezogen. Die Kosten orientieren sich am Geldmarkt. Er unterliegt der Wechselstrenge.

- **Der Diskontkredit**
  - **Der Diskontkredit:** Dem Diskontkredit liegt ein Wechsel zu Grunde, den der Verkäufer auf den Käufer ausstellt (der gezogene Wechsel = Tratte). Nach Akzeptierung durch den Bezogenen kann der Aussteller den Wechsel an eine Bank zum Diskont einreichen und sich damit einen mit der Wechsellaufzeit identischen Diskontkredit verschaffen. Der Effektivzins dieses Kredites kann nach folgender Formel berechnet werden: Jahreszins = Diskontbetrag + Diskontspesen × 360 × 100 geteilt durch ausgezahlter Kreditbetrag × Laufzeit
- Abschließende Beurteilung des Instrumentes:

> Die Kosten orientieren sich am Geldmarkt. Der Finanzierungszeitraum beträgt in der Regel 90 Tage. Er unterliegt der Wechselstrenge. Damit der Wechsel von der Deutschen Bundesbank angekauft wird, müssen eine Reihe von Voraussetzungen erfüllt sein (vgl. Kapitel 2, Abschnitt 2.1 Cash-Management/Zahlungsverkehr).

**Flexible Form der kurzfristigen Finanzierung**

- **Terminkredite über den Euro- bzw. Inlandsmarkt:** Es handelt sich um kurzfristig laufende Terminkredite (Laufzeiten bis zu einem Jahr), die über die Finanzplätze London und Luxemburg (Euro-Markt) bzw. Frankfurt (Inlandsmarkt) abgewickelt werden. Da in der Regel nur Geschäfte ab einem Volumen von EURO 500 000 abgeschlossen werden, haben zu diesem Markt direkt nur größere mittelständische bzw. Großunternehmen Zugang. Die Kredite werden mit fester Laufzeit und fester Verzinsung gewährt. Die Verzinsung orientiert sich am Geldmarktsatz unter Banken zuzüglich einer unternehmensabhängigen Marge. Der Unterschied zwischen dem Euro- und dem Inlandsmarkt besteht in der Art der Zinsberechnung (Euro-Methode 365/360 bzw. 365/365, Inlandsmethode 360/360).

**Abschließende Beurteilung des Instrumentes:**

> In der Regel sind Terminkredite ein preiswertes Refinanzierungsinstrument. Ein fester kurzfristiger Kreditbedarf (Bodensatz) sollte deshalb aus Zinsgründen grundsätzlich anstelle Kontokorrentkredite über den Termingeldmarkt finanziert werden. Die Zinsen werden erst mit Fälligkeit des Kredites zur Zahlung fällig. Die Aufnahme gestaltet sich relativ unproblematisch (Absprache mit der Bank per Telefon).

**Grundlage Dokumentenakkreditiv**

- **Der Rembourskredit**

   Der **Rembourskredit** ist ein kurzfristiger Außenhandelskredit. Die Hausbank des Verkäufers akzeptiert auf der Basis eines Dokumentenakkreditives für Rechnung und im Auftrag der Bank des Käufers einen gezogenen Wechsel (= Tratte). Der Wechsel wird von der Bank des Verkäufers diskontiert. Es handelt sich damit um eine auf einem Dokumentenakkreditiv beruhende Sonderform des Akzeptkredites. Eine weitere Sonderform des Akzeptkredites stellen so genannte Negoziationskredite dar, auf die hier jedoch nicht näher eingegangen werden soll.

# 3 Kapitalbeschaffung

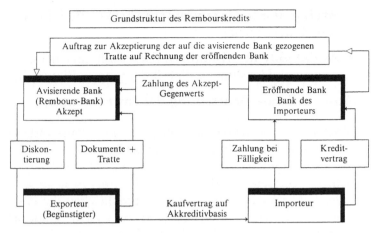

Abbildung 14: Grundstruktur des Rembourskredites[24]

**Abschließende Beurteilung des Instrumentes:**

> Die Kosten für den Kredit setzen sich aus den Kosten für das Grundgeschäft (Dokumentenakkreditiv) sowie den Diskontspesen für die Wechselfinanzierung zusammen. Es sind sowohl kurzfristige, mittelfristige als auch langfristige Kreditlaufzeiten möglich. Der Kredit kann relativ einfach mit einem Auslandsgeschäft zu Stande gebracht werden.

- **Der Avalkredit**
  Beim Avalkredit übernimmt die Bank für einen Kunden einem Dritten gegenüber ein bedingtes Zahlungsversprechen. Es handelt sich damit nicht um die Ausreichung von Finanzmitteln, sondern um eine Sonderform der Kreditleihe. Avalkredite kommen in unterschiedlichen Ausprägungsformen, zumeist jedoch in Form von Garantien und Bürgschaften mit folgendem Verwendungszweck vor:

  - **Avalkredite in Bürgschaftsform für:** Frachtstundungen, Finanzierungen, Prozesskosten, Steuer- und Zollstundungen,

*Sonderform der Kreditleihe*

---

[24] Busse, a. a. O., S. 109.

- **Avalkredite in Garantieform für:** Vertragserfüllungen, Konossemente,

- **Avalkredite in Mischform für:** Anzahlungen, Lieferungen und Leistungen, Gewährleistungen, Bietungen.

**Abschließende Beurteilung des Instrumentes:**

> Avalkredite werden von der ausreichenden Bank insbesondere im Hinblick auf die Sicherheiten im Rahmen der Gesamtgeschäftsverbindung ausgereicht. Die Kosten hängen einerseits von der Art und Höhe des Avals ab, andererseits vom Umfang und der Gewichtigkeit der Gesamtgeschäftsverbindung. Es wird kein Geld, sondern nur die Kreditwürdigkeit der Bank zur Verfügung gestellt. Der Kredit wird in Form einer Urkunde verbrieft. Auf Besonderheiten wird unter Kapitel 2, Punkt 3.8.5 noch näher eingegangen.

**Kreditaufnahme gegen Verpfändung von Wertpapieren**

- **Der Lombardkredit**

Von einem Kreditinstitut werden Kredite gegen Verpfändung von beweglichen Sachen und Rechten (z. B. Wertpapiere, Wechsel, Edelmetalle) gewährt. Man unterscheidet zwischen echten (Kreditausreichung mit Besicherung durch Pfandrecht) und unechten Lombardkrediten (Kontokorrentkredit, bei dem Sachen oder Rechte verpfändet werden). In der Praxis spielt nur mehr der unechte Lombardkredit – und hier die Beleihung von Wertpapieren – eine wichtige Rolle.

**Abschließende Beurteilung des Instrumentes:**

> Kreditgewährung gegen Verpfändung von beweglichen Sachen und Rechten. Die Laufzeit beträgt normalerweise bis zu einem Jahr. Die Konditionen schwanken in Abhängigkeit der verpfändeten Sicherheiten.

### 3.3.1.4 Die langfristige Kreditfinanzierung

**Zugang zum Kapitalmarkt wichtig**

Eine Klassifizierung der Instrumente kann nach dem Zugang des Kreditnehmers zum Kapitalmarkt vorgenommen werden. Hierbei haben in der Regel größere Unternehmen (in der Rechtsform der Aktiengesellschaft) entscheidende

# 3 Kapitalbeschaffung

Vorteile gegenüber mittelständischen und kleinen Betrieben. Auch spielt die Bonität und das Rating (bonitätsmäßige Einstufung) eine erhebliche Rolle. So sind die meisten der nachstehend beschriebenen Instrumente (die eine Emissionsfähigkeit voraussetzen), nur für Großunternehmen zugänglich.

Daraus entwickelt sich insbesondere für mittelständische Unternehmen, die oftmals durch starkes Wachstum und damit erheblichen Kreditbedarf gekennzeichnet sind, ein echtes Problem. Der Kreditbedarf lässt sich oftmals nicht mehr durch klassische Bankkredite decken, so dass hier alternative Finanzierungsformen gefragt sind.

**Benachteiligung kleiner und mittelständischer Unternehmen**

## Übersicht langfristige Finanzierungsformen:

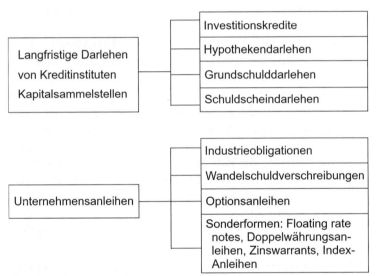

Quelle: Busse, a. a. O.

- **Das Investitionsdarlehen**
  Kreditinstitute vergeben langfristige Kredite (mindestens 5 Jahre) entweder aus Eigenmitteln oder aus fremden Mitteln (z. B. Subventionskredite der Kreditanstalt für Wiederaufbau). Die Kredite werden beim Kreditnehmer in der Regel zur Anschaffung von Gegenständen des Anlagevermögens (z. B. Erweiterungs-, Rationalisierung-, Ersatzinvestitionen) eingesetzt.

**Klassische Form der Finanzierung**

**Abschließende Beurteilung des Instrumentes:**

> Die Kosten hängen von verschiedenen Parametern wie z. B. Größe und Laufzeit des Kredites, Bonität des Unternehmens etc. ab. Es ist ein Beschaffungszeitraum von mindestens vier Wochen einzukalkulieren. Als Sicherheiten werden in der Regel Personal- oder Realsicherheiten eingesetzt. Die Laufzeit des Kredites sollte sich idealerweise an der AfA-Zeit des angeschafften Gegenstandes orientieren.

**Kreditaufnahme auf Basis dinglicher Sicherheiten**

- **Das Hypothekendarlehen/Grundschulddarlehen**
  Das Kreditinstitut vergibt auf der Basis dinglicher Sicherheiten ein langfristiges Darlehen. Zinszahlungen erfolgen in der Regel nachschüssig zum Quartals-, Halbjahres- oder Jahresende.
  Hinsichtlich der Auszahlung kann ein **Damnum** (Disagio) vereinbart werden. Der Kredit wird damit nicht zu 100 %, sondern um das Disagio vermindert ausgezahlt. Ein Damnum wirkt sich in einer niedrigeren Nominalverzinsung aus. Der Nominalzins darf dabei nicht mit dem Effektivzins verwechselt werden. Kreditinstitute müssen seit dem 1. 9. 1985 im Rahmen einer Preisangabenverordnung die Kostenbestandteile auflisten sowie die Effektivverzinsung (bei Darlehen mit festem Zinssatz) bzw. die anfängliche Effektivverzinsung (bei Darlehen mit variablem Zinssatz) angeben. Mit Hilfe einer Näherungsformel lässt sich der Effektivzins schnell und einfach errechnen.

**Effektivverzinsung muss angegeben werden**

**Näherungsformel zur Berechnung des Effektivzinssatzes**:

$$\text{Effektivzins} = \frac{\text{Nominalzins in \% + Disagio in \%: Laufzeit} \times 100}{\text{Auszahlungskurs in \%}}$$

Anmerkung: Es wird von einer jährlichen Verzinsung (nachschüssig fällig) ausgegangen. (Siehe auf 🕮 unter Nr. 8 „Effektivzinssatz von Darlehen")

# 3 Kapitalbeschaffung

Bei einem langfristigen Darlehen treten eine Reihe von direkt bzw. nur indirekt erkennbaren Kosten auf, die in vorgenannter Effektivzinsberechnung berücksichtigt werden müssen.

**Kostenbestandteile**

**Laut Preisangabenverordnung (PAngV) müssen dem Kreditnehmer folgende Kosten angezeigt werden:**

- Nominalzinssatz,
- Tilgungssatz,
- Rythmus der Zins- und Tilgungszahlungen,
- Zins- und Tilgungstermine,
- Höhe des Disagios,
- Tilgungsfreie Jahre,
- Tilgungsverrechnung,
- Laufzeit der Zinsfestschreibung,
- Bearbeitungsgebühren,
- Vermittlerprovision.

Darüber hinaus existieren noch eine Reihe weiterer Konditionenbestandteile, die **nicht explizit** angezeigt werden:

**Weitere Konditionenbestandteile hinterfragen**

- Bereitstellungszinsen,
- Zinsaufschläge für Teilzahlungen,
- Sondertilgungsmöglichkeiten,
- Schätz- und Verwaltungsgebühren,
- Kontoführung- und Bearbeitungsgebühren,
- Vorfälligkeitsentschädigungen (so genannte **Pönalen**) im Falle von vorzeitigen Kreditrückführungen,
- Verzugszinsen,
- Versicherungsprämien bei Lebensversicherungen.

Das Darlehen kann hinsichtlich der Rückzahlung wie folgt ausgestattet sein:

- **Annuitätendarlehen:** Der jährliche Kapitaldienst (Zins und Tilgung) bleibt konstant. Durch laufende Tilgungen nimmt der Zinsanteil an der Annuität laufend ab während der Tilgungsanteil laufend zunimmt. Wichtig ist die Aufstellung eines Kapitaldienst-Planes, da die Annuität beim Unternehmen in einen Zins- und Tilgungsanteil hinsichtlich der handelsrechtlichen Erfassung zerlegt werden muss.

- **Tilgungsdarlehen:** Diese sind durch jährlich gleich bleibende Tilgungsbeträge gekennzeichnet. Durch Tilgungen nimmt der Kapitalbetrag, damit auch die Zinsbelastung und somit der zu erbringende Kapitaldienst (Liquiditätsabfluss) sukzessive ab.

- **Endfällige Darlehen:** Der gesamte Darlehensbetrag ist am Ende der Laufzeit in einem Betrag fällig. Während der Laufzeit werden damit nur Zinsen bezahlt.

### Gesetzlich geregelte Kreditkündigung

**Kündigungsrechte gesetzlich geregelt**

Der Zinssatz für ein Kapitalmarktdarlehen kann entweder für die gesamte Laufzeit fest oder auf variabler Basis vereinbart werden. Die Banken bieten zunehmend Zinsfestschreibungen mit mehr als 10 Jahren an. Wichtig ist es hier, mögliche gesetzlich geregelte Kündigungsrechte zu kennen.

Die Kündigungsrechte des Kreditnehmers sind in § 609 a des BGB geregelt. Darin steht sinngemäß: Ist eine Zinsbindungsfrist von mehr als 10 Jahren vereinbart, darf der Kreditnehmer das Darlehen nach Ablauf von zehn Jahren jederzeit und ohne Angabe von Gründen mit einer Frist von sechs Monaten kündigen. In diesem Fall darf auch die Bank keine Vorfälligkeitsentschädigung verlangen. Für Unternehmen, die eine Zinsbindungsfrist von 20 Jahren vereinbart haben, kann somit über einen Zeitraum von zehn Jahren hinweg der optimale Zeitraum für die Anschlussfinanzierung im Zinstief abgewartet werden.

# 3 Kapitalbeschaffung

In Phasen fallender Zinsen kommt es häufig vor, dass Kredite mit zu hohen Festzinssätzen aufgenommen werden. Hier besteht für das Unternehmen die Möglichkeit der Bildung einer Rückstellung für **drohende Verluste aus schwebenden Geschäften**. Die Rückstellung wirkt handelsrechtlich, jedoch nicht hinsichtlich der Steuerbilanz. Als Rückstellungsbetrag ist der Barwert der Zinsdifferenz zwischen Nominalsatz des Darlehens (tatsächlich zu erbringende Zinszahlung) und niedrigerem aktuellen Marktzinssatz (Barwert der am Bilanzstichtag möglichen niedrigeren Zinsbelastung) anzusetzen.

**Bildung einer Rückstellung zulässig**

**Abschließende Beurteilung des Instrumentes:**

> Die Kosten (im Wesentlichen der Zinssatz) setzen sich aus dem Refinanzierungssatz (abhängig von der Laufzeit) sowie der Marge zusammen. Die Marge der Banken beinhaltet drei Bestandteile: Verwaltungskostenbeitrag, Sicherheitsbeitrag, Gewinnanteil. Diese Kreditform ist von einer langsamen Bearbeitung sowie umfangreichen Formalitäten gekennzeichnet.

- **Das Schuldscheindarlehen**
  Schuldscheindarlehen werden unter Ausschaltung der Börse überwiegend auf dem nicht organisierten Kapitalmarkt aufgenommen. Als Darlehensgeber treten neben Banken die so genannten Kapitalsammelstellen (Versicherungen, Bausparkassen etc.) auf. Die Kreditsummen bewegen sich im Bereich von EUR 1 Mio bis EUR 100 Mio. Bei einer Laufzeit bis zu 15 Jahren werden in der Regel tilgungsfreie Jahre vereinbart. Schuldscheindarlehen werden nur von erstklassigen Kreditnehmern in Anspruch genommen. Die Sicherstellung erfolgt entweder durch erstrangige Grundschulden (oder Bürgschaften des Bundes/der Länder) oder wird auf die Bonität des Kreditnehmers abgestellt.

**Aufnahme über nicht organisierten Kapitalmarkt**

**Abschließende Beurteilung des Instrumentes:**

> Es handelt sich um ein Refinanzierungsinstrument, das nur für große Unternehmen mit erstklassiger Bonität geeignet ist. In der Regel werden optimalere Konditionen wie bei langfristigen Darlehen erzielt.

- **Die Industrieobligation**

**Nur für emissionsfähige Unternehmen**

Diese Form der Refinanzierung steht nur für so genannte emissionsfähige Unternehmen zur Verfügung. Es handelt sich um Schuldverschreibungen privater Unternehmen (Indutrieunternehmen, private Dienstleistungsunternehmen). Die Konditionen der Anleihe setzen sich zusammen aus Emissions- und Rückzahlungskurs, Nominalzinssatz und Laufzeit. Zinszahlungen erfolgen in der Regel jährlich.

**Abschließende Beurteilung des Instrumentes:**

> Die Kosten setzen sich zusammen aus der laufenden Zinszahlung. Diese orientiert sich am jeweiligen Kapitalmarktniveau zum Zeitpunkt der Begebung der Anleihe zuzüglich eines Aufschlages. Dieser variiert in Abhängigeit zur Bonität des Emittenten. Zusätzlich treten umfangreiche einmalige Kosten (Börseneinführung, Börsenzulassung, Druck etc.) auf. Diese Kreditaufnahme erfordert relativ umfangreiche Vorbereitungsmaßnahmen und dauert dementsprechend lange. Die Laufzeit beträgt mindestens acht Jahre.

- **Die Wandelschuldverschreibung in Form der Wandelanleihe sowie der Optionsanleihe**

**Für Aktiengesellschaften geeignet**

Man spricht von einer Wandelschuldverschreibung, wenn dem Kreditgeber ein Wandelrecht in Aktien (Wandelanleihe) oder ein Bezugsrecht in Aktien (Optionsanleihe) eingeräumt wird. Durch die Ausübung der Wandelung wird aus dem Forderungsstatus des Gläubigers ein Teilhaberstatus. Aus der Kredit- wird zu einem späteren Zeitpunkt eine Beteiligungsfinanzierung. Wandelschuldverschreibungen sind immer dann als Finanzierungsinstrument interessant, wenn am Kapitalmarkt ein hohes Zinsniveau herrscht und die Aktienkurse relativ günstig stehen.

# 3 Kapitalbeschaffung

- **Der Zerobond**
  Anleihen werden in der Regel mit einer festen Verzinsung ausgestattet. Der Zerobond ist eine Sonderform der Anleihe, bei der die Zinsen erst am Laufzeitende in einem Betrag (unter Anrechnung des Zinseszinseffektes) zurückgezahlt werden. Der Zerobond wird demzufolge mit einem hohen Abschlag ausgegeben. Der Zinsertrag resultiert aus der Differenz zwischen Ausgabe- und Rückzahlungskurs. Aus der Sicht des Anlegers ist zu berücksichtigen, dass bei diesem Instrument in Abhängigkeit der Höhe des Disagios ein starker Hebeleffekt bei Zinsveränderungen auftritt.

- **Floating-rate-Notes**
  Es handelt sich um langfristig laufende Anleihen, bei denen der Zinssatz alle 3 oder 6 Monate an einen kurzfristigen Referenzzinssatz (z. B. EURIBOR) angepasst wird.

- **Doppelwährungsanleihen**
  Bei dieser Anleiheform wird die Emittierung sowie die laufenden Zinszahlungen in einer Währung (meist die Heimatwährung des Emittenten) durchgeführt. Die Rückzahlung erfolgt jedoch in einer anderen Währung. Das Motiv des Kreditnehmers für diese Vorgehensweise liegt in dem damit verbundenen Doppelnutzen einer Währungskurssicherung. So kann beispielsweise zukünftig erwarteter Fremdwährungs-Cash-Flow über einen längeren Zeitraum hinweg abgesichert werden.

- **Zins-Warrants**
  Es handelt sich um börsennotierte selbstständige Optionsbeziehungsweise Bezugsrechte. Sie geben dem Inhaber das Recht, innerhalb einer bestimmten Ausübungsfrist einen festen Nominalbetrag einer vorher fest bestimmten Anleihe zu erwerben.

- **Indexanleihen**
  Die Rückzahlung dieser Anleihe wird an die Entwicklung eines bestimmten Index gekoppelt. Dadurch wird dem Erwerber eine zusätzliche Gewinnchance eingeräumt, die dieser allerdings mit einem niedrigen Kupon „erkaufen" muss.

*Sonderform der Anleihe*

### 3.3.1.5 Mischform zwischen Beteiligungs- und Fremdfinanzierung: Der Genussschein

Mit dem Ziel, einen Interessenausgleich zwischen den Parteien zu schaffen, hat sich über die letzten Jahre hinweg eine Finanzierungs-Mischform etabliert: Der Genussschein. In Abhängigkeit des eingesetzten Finanzierungsinstrumentes ergeben sich entweder für den Kapitalgeber oder aber für den Kapitalnehmer Vorteile.

**Individuelle Gestaltung der Kreditaufnahme**

Beim **Genussschein** handelt es sich um ein Wertpapier, das hinsichtlich seiner Ausstattung individuell gestaltet werden kann. Es verbrieft dem Eigentümer einerseits Vermögensrechte an der emittierenden Gesellschaft (wie sonst nur den Gesellschaftern). Diese Rechte werden jedoch in der Regel nicht auf Kontrolle und Mitspracherechte ausgedehnt. Andererseits können diese Rechte noch wahlweise durch individuelle Ausgestaltungen ergänzt werden (z. B. Recht auf Mindestdividende, Mitpartizipieren an möglichen Unternehmensverlusten durch Reduzierung von Dividendenansprüchen etc.).

**Das Kreditwesengesetz (§ 10 Abs. 5) schreibt bestimmte Mindestanforderungen vor:**

- Der verbriefte Kapitalbetrag muss tatsächlich eingezahlt werden,
- Bis zum vollen Nennbetrag muss eine Verlustteilnahme erfolgen,
- Nachrangigkeit gegenüber sonstigen Gläubigern,
- Eine Mindestlaufzeit von 5 Jahren,
- Eine Restlaufzeit von 2 Jahren,
- Die Schriftform.

Durch den Tatbestand der Verlustteilnahme hat der Genussschein damit auch Eigenkapitalcharakter.

# 3 Kapitalbeschaffung

**Abschließende Beurteilung des Instrumentes:**

> Genussscheine stellen für Unternehmen ein besonders flexibles Finanzierungsinstrument dar. Wichtig ist die Tatsache, dass die Emission von Genussscheinen nicht an die Emissionsfähigkeit von Unternehmen gekoppelt ist, so dass auch der größere Mittelstand von diesem Instrument Gebrauch machen kann. Je nach Bedarf des Unternehmens ergibt sich damit eine äußerst preiswerte Möglichkeit der Kapitalbeschaffung. Vor Emission sollte allerdings vom Unternehmen durch geeignet Public-Relation-Maßnahmen der eigene Bekanntheitsgrad gesteigert werden, um sich eine breite Investorenschicht zu schaffen.

## Zusammenfassender Kommentar zu den Instrumenten der Außenfinanzierung

Immer mehr Unternehmen unterliegen auf Grund des permanenten Zwangs zur Innovation sowie resultierend aus Sondersituationen besonderen Finanzierungserfordernissen. Produkte und Dienstleistungen müssen in Anbetracht der immer kürzer werdenden Produktlebenszyklen immer häufiger erneuert werden. Hierzu werden erhebliche Finanzmittel vor allem für Forschung und Entwicklung sowie die Herstellung und Vermarktung von Produkten erforderlich. Insbesondere kleine und mittelständische Unternehmen sind aus dieser Situation heraus auf eine ausreichende Eigenkapitalausstattung angewiesen. Dies ist besonders wichtig, da Eigenkapital auf Fremdkapital eine Sogwirkung hat – auf einen Anteil Eigenkapital können ungefähr drei Anteile Fremdkapital gerechnet werden. Der optimalen Finanzstruktur (Finanzierungsmix) kommt deshalb größte Bedeutung zu.

*Ausreichende Eigenkapitalausstattung notwendig*

*Verhältnis Eigen–Fremdkapital wichtig*

Neben der Verfügbarkeit spielen auch die Kosten eine große Rolle. Lieferantenkredite sind die teuerste Form der kurzfristigen Finanzierung, dagegen sind Kundenanzahlungen neben staatlichen Finanzierungshilfen am attraktivsten. Auch kurzfristige Betriebsmittelkredite (Kontokorrentkredit, Wechselkredit) sowie die langfristigen Investitionskredite sind relativ günstig. Sie sind günstiger als beispielsweise Faktoring oder Leasing, da sich diese Anbieter auch am

**Eigenkapital teuerste Form der Finanzierung**

Geld-/Kapitalmarkt refinanzieren müssen, jedoch noch ihre eigene Gewinnmarge aufschlagen. Am teuersten stellt sich das Eigenkapital sowie die eigenkapitalähnlichen Instrumente wie Nachrangdarlehen und stille Beteiligung dar. Diese risikotragenden Instrumente sind allerdings differenziert zu betrachten, da der Kapitalgeber nicht immer eine feste Verzinsung bekommt. Die Verzinsung orientiert sich oftmals am Ergebnis oder es wird zu Gunsten einer erwarteten Wertsteigerung ganz darauf verzichtet.

### 3.3.2 Die Innenfinanzierung

Bei der Außenfinanzierung fließt dem Unternehmen aus externen Finanzquellen Kapital zu. Bei der Innenfinanzierung werden dagegen interne Möglichkeiten der Finanzierung (aus eigener Finanzkraft) genutzt.

Eine Systematisierung kann wie folgt durchgeführt werden:[25]

#### 3.3.2.1 Möglichkeiten der Innenfinanzierung

**Einflussfaktor Ertragskraft**

**Einflussfaktor gebundenes Vermögen**

Das interne Finanzierungspotenzial eines Unternehmens wird einerseits durch die Ertragskraft (zusätzliche Kapitalbildung; Bilanzverlängerung) und andererseits durch Reduzierung des im Unternehmen gebundenen Vermögens beeinflusst. Die Finanzierungsvorgänge sowie das damit bewirkte Volumen entstehen laufend und ungewiss und sind oft erst am Ende der Abrechnungsperiode in vollem Ausmaß erkennbar.

**Man unterscheidet hinsichtlich der Quellen**

- **Selbstfinanzierung:**
  Erwirtschaftete Gewinne werden nicht ausgeschüttet sondern einbehalten (thesauriert) in den Formen einer Gewinn- oder Kapitalrücklage sowie als Sonderposten mit Rücklageanteil.

- **Sonstige Innenfinanzierung:**
  Unternehmen setzen hauptsächlich die finanziellen Gegenwerte von Abschreibungen und Rückstellungen zur

---

[25] Busse, a. a. O., S. 149.

# 3 Kapitalbeschaffung

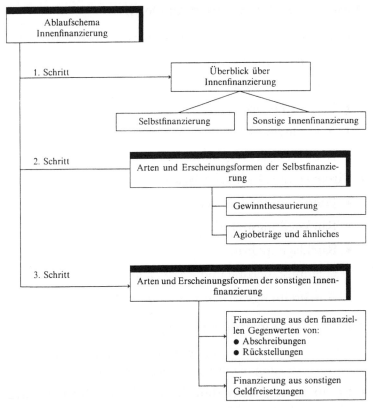

Abbildung 15: Überblick nach Arten der Innenfinanzierung (Quelle: Busse, a. a. O.)

Finanzierung ein. Darüber hinaus können Mittel aus der Reduzierung von gebundenem Vermögen (z. B. Abbau von Sicherheitsbeständen und damit Vorräten, Reduzierung von Forderungslaufzeiten und damit des Forderungsbestandes) freigesetzt werden. Auch Rationalisierungsmaßnahmen können zu einem Zufluss an Finanzmitteln führen. Eine zusätzliche Maßnahme ist die Umschichtung von Vermögensgegenständen wie beispielsweise durch Faktoring, sale-and-lease-back, Forfaitierung oder durch Asset-Backed-Transaktionen.

**Wichtig: Gebundenes Vermögen reduzieren**

Es existieren eine Reihe von internen und externen Bestimmungsfaktoren, die den Einsatz sowie das Ausmaß vorstehenden Finanzierungspotenzials beeinflussen.

Diese lassen sich wie folgt gliedern:

- **Unternehmensabhängige Bestimmungsfaktoren:**
  - Vorgaben in Gesellschaftsverträgen,
  - Die Unternehmenssatzung,
  - Die Rechtsform,
  - Individuelle Gewinnverwendungsverträge,
  - Die Steuergesetzgebung.
- **Finanzwirtschaftliche Bestimmungsfaktoren:**
  - Politik hinsichtlich der Struktur des Vermögens,
  - Rückstellungspolitik,
  - Rücklagenpolitik,
  - Gewinnsteuerung und -verwendung,
  - Abschreibungsvorschriften und -praktiken.

### 3.3.2.2 Die Selbstfinanzierung

Nachstehend soll auf die einzelnen Möglichkeiten der Selbstfinanzierung näher eingegangen werden.

- **Finanzierung über den Einbehalt von Gewinnen:**
  Für eine derartige Strategie ist es notwendig, dass in einer Abrechnungsperiode der Mittelzufluss (aus betrieblicher Tätigkeit oder der Auflösung von stillen Reserven) den Mittelabfluss übersteigt (d. h. ein Gewinn vorliegt). Der Finanzierungseffekt tritt in der Regel bereits vor dem Bilanzstichtag auf, an dem der Gewinn ermittelt wird. Wenn handelsrechtlich festgestellte und ausgewiesene Gewinne nicht ausgeschüttet sondern einbehalten (thesauriert) werden, spricht man von einer offenen Selbstfinanzierung. Eine stille Selbstfinanzierung liegt dagegen durch den Nichtausweis von Gewinnen, das heißt durch die Bildung stiller Reserven, vor (z. B. Überdotierung von Rückstellungen, Unterbewertung von Gegenständen des Anlagevermögens durch Abschreibungen beziehungsweise Gegenständen des Umlaufvermögens durch Wertberichtigungen). Steuerliche Bewertungsspielräume lassen für diese Maßnahmen einen entsprechend großen Spielraum offen.

*Finanzierung durch Gewinneinbehalt*

*Finanzierung durch Bildung stiller Reserven*

# 3 Kapitalbeschaffung

Einen maßgeblichen Einfluss übt auch die Gewinnbesteuerung der Unternehmen aus, die in erster Linie von der Rechtsform abhängig ist. Die steuerlichen (und damit auch finanziellen) Auswirkungen auf Einkommen-, Körperschafts- und Gewerbesteuer sind in Abhängigkeit der beiden Möglichkeiten Ausschüttung oder Thesaurierung erheblich. So gilt beispielsweise für die Rechtsform einer GmbH für den Veranlagungszeitraum 1999 ein Steuersatz von 30 % bei Ausschüttung sowie 40 % bei Thesaurierung. Durch das Instrument der „**Schütt-aus-hol-zurück**"-Politik kann die Steuerbelastung minimiert werden. Das Unternehmen schüttet hier an die Aktionäre Gewinn aus, der mit einer Körperschaftssteuer von 30 % belegt wird. Der verbleibende Nettobetrag wird von den Aktionären in Form einer Kapitalerhöhung wieder im Unternehmen eingebracht.

**Unterschiedliche Besteuerung bei Einbehalt/Ausschüttung**

- **Finanzierung durch Kapitalrücklagen und Sonderposten mit Rücklageanteil**
  Kapitalrücklagen werden hauptsächlich durch über pari Ausgabe von Aktien gebildet. Der Finanzierungsvorteil besteht darin, dass diese Kapitalrücklagen nicht der Besteuerung unterliegen. Eine weitere steuerfreie offene Selbstfinanzierungen stellt die Bildung eines Sonderpostens mit Rücklageanteil dar. 6-b-Rücklagen sowie Rücklagen für Ersatzbeschaffungen etc. sind ebenfalls dieser Gruppe zuzurechnen. Das Argument für die Bildung besteht dort jedoch nicht wegen des Selbstfinanzierungszweckes, sondern steuerliche Argumente stehen im Vordergrund.

**Im Vordergrund steuerliche Argumente**

### 3.3.2.3 Sonstige Instrumente der Innenfinanzierung

- **Finanzierung über Abschreibungen**
  Jedes Unternehmen kalkuliert in seine Produktpreise kalkulatorische Abschreibungen mit ein. Diese sollten mindestens dem tatsächlichen Verbrauch der Anlagen entsprechen. Die somit im Produktpreis verrechneten Abschreibungen werden über den Verkauf von Produkten wieder in Geldform vedient. Dem nicht ausgabewirksamen Aufwand aus Abschreibungen stehen damit Einzahlungen in liquider Form aus Umsatzerlösen gegenüber. Diese können beispielsweise wieder für Investitionen

reinvestiert werden. Ein Unternehmen, das grundsätzlich nur in Höhe der verdienten Abschreibungen wieder reinvestiert, kann diese Investitionen vollständig aus eigener Kraft ohne Aufnahme beispielsweise von Fremdmitteln durchführen.

**Vermeidung von Kreditaufnahmen**

- **Finanzierungen über Rückstellungen**
  Bei Rückstellungen handelt es sich handelsrechtlich um Ansprüche gegen das Unternehmen, die hinsichtlich Zeitpunkt und Höhe noch ungewiss sind (z. B. aus Gewährleistungsverpflichtungen, Prozessrisiken). Der Finanzierungseffekt läuft analog der Finanzierung aus Abschreibungen. Die Rückstellungen werden bei der Preiskalkulation mit eingerechnet. Über Umsatzerlöse fließen die Rückstellungen dem Unternehmen wieder in Geldform zu. Da die Rückstellungsansprüche erst zu einem späteren Zeitpunkt wirksam werden, steht dem Unternehmen der Gegenwert als Finanzmittel zur Verfügung. Eine der wichtigsten Finanzquellen ist in diesem Zusammenhang die Finanzierung über Pensionsrückstellungen.

**Zusätzlich Steuerstundungseffekt**

Neben dem reinen Finanzierungseffekt ergibt sich zusätzlich noch ein Steuerstundungseffekt, da die Rückstellungen (wenn steuerrechtlich anerkannt) voll gegen das zu versteuernde Ergebnis gerechnet werden können und dieses entsprechend mindern.

**Knappes Kapital sinnvoll einsetzen**

- **Finanzierung über Rationalisierung:**
  Das Ziel von Rationalisierung ist es, bisher gebundenes Kapital freizusetzen und anderweitig im Unternehmen wirtschaftlicher einzusetzen. Der Prozess kann entweder dazu führen, dass die gleiche Produktionsmenge mit weniger Kapital zu Stande kommt (z. B. Reduzierung des Lagerbestandes), oder mit dem eingesetzten Kapital die Produktion gesteigert wird (z. B. Optimierung des Produktionsprozesses).
  Im Rahmen des Bilanzstrukturmanagements unter Kapitel 4, Abschnitt 3 wird eingehend auf die Steuerung der Aktivpositionen „Vorräte" und „Forderungen aus Lieferungen und Leistungen" vor dem Hintergrund der Liquiditätsoptimierung eingegangen.

## 3 Kapitalbeschaffung

- **Finanzierung über Umschichtung des Vermögens:**
Bei Analysierung der Aktivseite der Bilanz eines Unternehmens (= Vermögen) wird man feststellen, dass eine Reihe von Vermögensgegenständen entweder nicht betrieblich genutzt (z. B. Werkswohnungen) oder in keinem direkten Zusammenhang mit dem Betriebsprozess stehen (z. B. Pkw für den Außendienst). Durch Verflüssigung dieser Gegenstände werden Mittel (teilweise auch erhebliche stille Reserven) freigesetzt, die zur Rückführung von Verbindlichkeiten oder für andere Finanzierungsvorgänge (Aktivtausch) eingesetzt werden können.

    *Nicht betriebsnotwendiges Vermögen minimieren*

    Hinsichtlich der Vermögensumschichtung gibt es drei Finanzierungsinstrumente, die den Unternehmen in institutionalisierter Form zur Verfügung stehen:

    - **Factoring:** Mit einem Factor-Unternehmen wird ein meist langfristig laufender Vertrag geschlossen, in dem der laufende Ankauf von Forderungen (sowie deren Verwaltung) geregelt wird. Die Laufzeit der Forderungen sollte 120 Tage nicht überschreiten. Der Factor übernimmt neben der Verwaltungsfunktion oftmals auch die Delkredere-Funktion (Forderungsausfallrisiko). Neben dem Liquiditätsrisiko kann damit auch das Forderungsausfallrisiko – allerdings gegen Zahlung einer Gebühr, die sich am Risikogehalt der verkauften Forderungen orientiert – ausgeschaltet werden.

        *Verkauf von Forderungen*

    - **Forfaitierung:** Unter Forfaitierung versteht man den regresslosen Verkauf von mittel- und langfristig laufenden Exportforderungen. Die Forderung wird in der Regel auf der Grundlage eines Solawechsels dokumentiert.

    - **Sale-and-lease-back:** Betriebsnotwendige Gegenstände des Anlagevermögens werden an eine Leasinggesellschaft verkauft und von dieser unmittelbar wieder zurück geleast. Die Leasingdauer richtet sich zumeist nach der Restnutzungsdauer des geleasten Gegenstandes.

        *Verkauf und zurück-leasen von Wirtschaftsgütern*

### 3.3.3 Asset Backed Securies: Die Verbriefung von Vermögensgegenständen

**Verbriefung von Vermögensgegenständen**

Eine der auffälligsten Entwicklungen an den internationalen und nationalen Finanzmärkten in den letzten Jahren ist die außerbilanzielle Verbriefung von Vermögensgegenständen, insbesondere von Forderungen aus Lieferungen und Leistungen.

**Funktionsweise aus der Sicht einer Bank:**[26]

**1. Schritt:** Aus dem jeweiligen Forderungsbestand des Unternehmens wird ein strukturierter Forderungspool herausgelöst und an eine speziell gegründete Einzweckgesellschaft (EZG) verkauft. Im Gegenzug erhält das Unternehmen (Forderungsverkäufer) den jeweiligen Marktgegenwert der Forderungen.

**2. Schritt:** Das Unternehmen übernimmt per Managementvertrag das Inkasso und die Verwaltung des Forderungspools. Die ursprüngliche Kundenbeziehung bleibt somit erhalten.

**3. Schritt:** Die Kunden leisten ihre Zahlungen weiter an das Unternehmen, die diese an die Einzweckgesellschaft weiterleitet.

**4. Schritt:** Die Einzweckgesellschaft refinanziert sich über den Kapitalmarkt z. B. durch die Ausgabe von Bonds oder Commercial Paper.

**Vergleichbar mit Factoring/ Forfaitierung**

Diese Form der Finanzierung ist im weitesten Sinn mit dem Factoring bzw. der Forfaitierung vergleichbar.

**Zusammenfassung der Vorteile:**

- **Aktives Bilanzmanagement:** Verbesserung der Liquiditätsstruktur, Erhöhung der Eigenkapitalquote durch Rückführung von Verbindlichkeiten, Möglichkeit zur Steigerung der Eigen- bzw. Gesamtkapitalrendite,

- **Optimierung der Finanzierung:** flexible Finanzierungsalternative, Möglichkeit zur Ablösung teurer, unausgenutzter Kreditlinien, indirekter Zugang zu den

---

[26] Bankgesellschaft Berlin, „Asset Backed Securities".

# 3 Kapitalbeschaffung

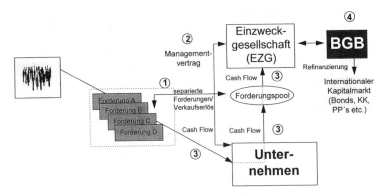

Abbildung 16: Asset Backed Transaktion
(Quelle: Bankgesellschaft Berlin)

internationalen Kapitalmärkten, Einsparung von Eigenkapitalkosten, höhere Unabhängigkeit gegenüber Kreditgebern sowie Verbreiterung der Investorenbasis, mögliche Gewerbesteuerersparnis bei Ablösung von Dauerschulden des Unternehmens,

- **Ausweitung des Geschäftsvolumens** durch Schaffung zusätzlicher Liquidität,

- Bei kurzfristigen Wachstumszyklen günstige **Alternative zur Kapitalerhöhung**,

- **Optimierung des Risikomanagements:** durch regresslosen Forderungsverkauf risikobegrenzende Finanzierungsalternative, breitere Streuung von Finanzierungsquellen,

- Der **Kundenkontakt bleibt** von der Finanzierung **unberührt**.

Als Nachteile sind aufzuführen:

- Relativ **komplexe Finanzierungstruktur** mit entsprechendem Zeitaufwand und Kosten hinsichtlich der Vorbereitung,

- **Wirtschaftlich erst bei größeren Volumina**.

### 3.3.4 Eine Sonderform der Finanzierung: Leasing

**Befristete Überlassung eines Wirtschaftsguts**

Unter **Leasing** versteht man die zeitlich befristete Überlassung eines Wirtschaftsgutes zum Gebrauch bzw. zur Nutzung gegen Zahlung eines Nutzungsentgeltes. Primär steht damit bei Leasing die Finanzierungsfunktion im Vordergrund, da im Vergleich zum Kauf die für das Leasingobjekt aufzubringenden Mittel nunmehr anderweitig eingesetzt werden können. Es existieren eine Reihe von Leasing-Sonderformen (z. B. Cross-Boarder-Leasing), deren Erläuterung allerdings der Spezialliteratur vorbehalten sein soll.[27] Die Leasing-Raten sind in der Regel monatlich im Vorhinein zahlbar. Im Leasing-Vertrag werden diese Raten in Prozent des Anschaffungswertes angegeben. Der Restwert wird ebenfalls in Prozent des Anschaffungswertes angegeben.

Nachstehend soll nur auf die beiden wichtigsten Grundformen eingegangen werden, die sich hinsichtlich des vertraglichen Verpflichtungscharakters unterscheiden.

#### 3.3.4.1 Operate Leasing

**Vergleichbar mit Mietverhältnis**

Beim Operate Leasing steht die kurzfristige Nutzungsüberlassung im Vordergrund. Diese Form ist daher mit einem normalen Mietverhältnis (§ 553 BGB) vergleichbar. Es wird eine laufzeitunabhängige Leasingrate festgelegt (kalkuliert auf der Basis der betriebsgewöhnlichen Nutzungsdauer). Der Vertrag ist jederzeit bzw. kurzfristig durch den Mieter kündbar. Operate Leasing eignet sich insbesondere für Wirtschaftsgüter, die einer raschen technischen Entwicklung unterliegen (z. B. PC's). Das Leasingobjekt wird vom Unternehmen für einen Zeitraum benötigt, der deutlich unter der betriebsgewöhnlichen Nutzungsdauer liegt. Operate Leasing stellt damit eine Investitionsalternative dar. Das Unternehmen kann, muss jedoch nicht den Vermögensgegenstand anschaffen.

#### 3.3.4.2 Finance Leasing

Der Leasingvertrag wird über eine feste Grundmietzeit mit Verlängerungsoption abgeschlossen. Während der Grundmietzeit besteht keine Kündigungsmöglichkeit. Der Lea-

---

[27] Zum Beispiel Büschgen, Praxishandbuch Leasing, 1998.

# 3 Kapitalbeschaffung

singgeber kalkuliert den Leasinggegenstand so, dass bereits während der Grundmietzeit die gesamten Anschaffungs- und Nebenkosten amortisiert werden. Der Leasinggegenstand kann vom Leasingnehmer uneingeschränkt genutzt werden. Finance Leasing ist im Gegensatz zum Operate Leasing eine echte Finanzierungsalternative, da das Unternehmen sich bereits bei Abschluss des Vertrages entschlossen hat, den Leasinggegenstand anzuschaffen.

*Vergleichbar mit Mietkauf*

## Hinsichtlich des Ausgleiches der Kosten aus Sicht des Leasinggebers unterscheidet man zwei Vertragsalternativen:

- **Der Teilamortisationsvertrag:** Der Leasinggeber erhält während der Grundmietzeit nicht den vollen Ausgleich seiner Kosten bzw. seines Gewinnaufschlages. Diese Differenz muss vielmehr über den Restwert wieder herein geholt werden. Der Restwert wird grundsätzlich anhand des zu erwartenden Marktwertes des Vermögensgegenstandes nach Ablauf der Grundmietzeit kalkuliert. Hinsichtlich des Restwertes besteht aus Sicht des Leasinggebers ein Risiko. Es haben sich daher Vertragsformen durchgesetzt, die dieses Restwertrisiko zumindest teilweise auf den Leasingnehmer abwälzen:

*Restwertrisiko für Vermieter*

- Kündbarer Leasingvertrag auf unbestimmte Zeit,

- Teilamortisationsvertrag mit Differenzausgleichsverpflichtung,

- Teilamortisationsvertrag mit anschließendem Andienungsrecht des Leasinggebers.

- **Der Vollamortisationsvertrag:** Bei diesen Verträgen decken die gesamten Leasing-Zahlungen, die der Leasingnehmer während der unkündbaren Grundmietzeit zu entrichten hat, mindestens die Anschaffungs- oder Herstellkosten für den Leasing-Gegenstand sowie alle sonstigen Nebenkosten einschließlich der Finanzierungskosten. Nach der Grundmietzeit bestehen verschiedene Optionen für den Leasingnehmer:

*Optionen nach Ablauf der Grundmietzeit*

- Rückgabe des Leasinggegenstandes an den Leasinggeber,

- Ausübung einer Kaufoption,
- Mietverlängerungsoption.

### 3.3.4.3 Steuerrechtliche Behandlung des Leasing

**Wirtschaftlicher Eigentümer maßgeblich**

Wichtig bei der Zurechnung des wirtschaftlichen Eigentums (ob beim Leasingnehmer oder Leasinggeber) ist die Tatsache, wer der wirtschaftliche Eigentümer des Vermögensgegenstandes ist. Im Mittelpunkt steht hierbei das Verhältnis von betriebsgewöhnlicher Nutzungsdauer und Grundmietzeit. Nach einer Regelung des Bundesfinanzhofs erfolgt eine Bilanzierung des Leasinggegenstandes beim Leasinggeber, wenn die Grundmietzeit sich zwischen 40 und 90% der betriebsgewöhnlichen Nutzungsdauer bewegt. Maßgeblich sind hierfür die amtlichen AfA-Tabellen.

**Folgende Argumente sprechen zu Gunsten des Leasing:**

- Bilanzneutrale Finanzierung (keine Bilanzierung),
- Vollständige Finanzierung (kein Fremdkapitaleinsatz),
- Eigenkapital kann für andere Zwecke verwendet werden (nutzen statt Eigentum erwerben),
- Liquiditätsentlastung, Schonung der Kreditlinien,
- Klare Planungs- und Kalkulationsgrundlage,
- Steuerspareffekt durch Gewerbesteuerersparnis (Mietraten sind als Betriebsausgaben voll abzugsfähig),
- Die Leasingraten fallen parallel zu den geplanten Einnahmen an,
- Auf Know-How der Leasinggesellschaft kann zurückgegriffen werden.

**Kriterien bei der Auswahl der geeigneten Leasinggesellschaft:**

- Flexibilität hinsichtlich der Vertragsgestaltung,
- Schnelle und unbürokratische Bearbeitung des Antrages,
- Eingehen auf Wünsche des Leasing-Nehmers,
- Erfahrungen der Leasing-Gesellschaft,

# 3 Kapitalbeschaffung

| Übersicht über die steuerliche Zuordnung von Leasinggegenständen zum Leasinggeber nach Vertragstypen | |
|---|---|
| Leasing-Vertragstyp | Der Leasinggegenstand ist dem **Leasinggeber** zuzurechnen: |
| ① Leasingvertrag ohne Kauf- oder Mietverlängerungsoptionsrecht | wenn die Grundmietzeit zwischen 40% und 90% der betriebsgewöhnlichen Nutzungsdauer des Leasinggegenstands liegt. |
| ② Leasingvertrag mit Kaufoption | wenn die Grundmietzeit zwischen 40% und 90% der betriebsgewöhnlichen Nutzungsdauer des Leasinggegenstands liegt und der Kaufpreis bei Ausübung der Kaufoption mindestens dem linearen Restbuchwert oder dem niedrigeren gemeinen Wert des Leasinggegenstands entspricht. Liegt der Kaufpreis darunter, erfolgt **keine** Zurechnung beim Leasinggeber. |
| ③ Leasingvertrag mit Mietverlängerungsoption | wenn die Grundmietzeit zwischen 40% und 90% der betriebsgewöhnlichen Nutzungsdauer des Leasinggegenstands liegt und die Summe der Anschlußmieten größer oder mindestens gleich dem Werteverzehr des Leasinggegenstands ist. Der Werteverzehr ergibt sich aus der Basis des linearen Restbuchwerts oder des niedrigeren gemeinen Werts und der Restnutzungsdauer des Leasinggegenstands. Bei niedrigerer Verlängerungsmiete erfolgt **keine** Zurechnung beim Leasinggeber. |
| ④ Leasingvertrag mit Beteiligung am Mehrerlös | wenn die Grundmietzeit zwischen 40% und 90% der betriebsgewöhnlichen Nutzungsdauer des Leasinggegenstands liegt und der Leasinggeber mindestens 25% des die Restamortisation übersteigenden Teils des Veräußerungserlöses erhält. |
| ⑤ Leasingvertrag mit Andienungsrecht des Leasinggebers, jedoch ohne Optionsrecht des Leasingnehmers | wenn die Grundmietzeit zwischen 40% und 90% der betriebsgewöhnlichen Nutzungsdauer des Leasinggegenstands liegt. |
| ⑥ Kündbarer Leasingvertrag mit Anrechnung des Veräußerungserlöses auf die vom Leasingnehmer zu leistende Abschlußzahlung | wenn die Kündigung frühestens nach 40% der betriebsgewöhnlichen Nutzungsdauer des Leasinggegenstands erfolgt und der Leasinggeber mindestens 30% des Veräußerungserlöses dem Leasingnehmer auf die Abschlußzahlung anrechnet. |

Abbildung 17: Überblick über die steuerliche Zuordnung beim Leasing (Quelle: Busse, a. a. O., S. 209)

- Regionale Präsenz,
- Gesellschafter-Kreis (ggf. bessere Refinanzierungsmöglichkeiten bei Geschäftsbanken-Hintergrund).

**Auf folgende Kriterien sollte beim Abschluss eines Leasingvertrages geachtet werden:**

- Die Leasingdauer sollte weitgehend auch mit der betriebsgewöhnlichen Nutzungsdauer des Objektes zusammenhängen,

- Vollamortisationverträge eignen sich für Leasing-Objekte, die einem schnellen technischen Wandel unterliegen (z. B. PC's; nach Ablauf der Grundmietzeit ist kein Marktwert mehr erzielbar),
- Teilamortisationsverträge sollten dagegen gewählt werden, wenn das Leasing-Objekt nach Ablauf der Grundmietzeit noch einen Marktwert besitzt (bzw. wenn der Objektwert durch z. B. Wartungen positiv beeinflusst wird),
- Auf welcher Refinanzierungsbasis sind die Leasing-Raten kalkuliert (Geld-/Kapitalmarktzinsniveau),
- Werden Lieferantenrabatte weitergegeben (z. B. Fuhrpark-Leasing),
- Sind zusätzliche Bearbeitungs- oder Abschlussgebühren fällig,
- Ist der Restwert nach Ablauf der Grundmietzeit (bei Teilamortisationsverträgen) realistisch angesetzt,
- Sind die Regelungen nach Beendigung der Grundmietzeit klar definiert (Kauf-/Rückgabe-/Weitermietungsoption),
- Können staatliche Förderhilfen in Anspruch genommen werden,
- Welche Versicherungen sind abzuschließen (in der Regel ist der Leasingnehmer verpflichtet, den Leasinggegenstand gegen übliche Risiken zu versichern),
- Terminvorlage bei kündbaren Verträgen,
- Bei langen Lieferfristen können sich im Zeitraum zwischen Abschluss des Leasingvertrages und Übernahme des Wirtschaftsgutes noch Änderungen in den Konditionen (bei Veränderungen der Kapitalmarktzinsen) ergeben.

### 3.4 Abschließende Betrachtung: Eigen- und Fremdkapital

**Kein Recht auf Verzinsung oder Rückzahlung**

Eigenkapitalgeber sind die Eigentümer der Gesellschaft. Sie haben kein Anrecht auf eine feste Verzinsung und Rückzahlung des Kapitals. Sie sind entsprechend ihren Anteilen am Gewinn oder Verlust beteiligt. Eigenkapital ist grundsätzlich

## 3 Kapitalbeschaffung

langfristiges Kapital. In Krisensituationen ist es sinnvoll, wenn mit möglichst viel Eigenkapital finanziert wird, da das Eigenkapital keine laufenden Kosten verursacht. Eigenkapitalgeber können für eine bestimmte Zeit auf eine Gewinnausschüttung verzichten.

Durch die feste Verzinsung sowie eine vertraglich festgelegte Rückzahlung genießen Fremdkapitalgeber die größere Sicherheit. Sie können im Konkursfall auch vorrangig ihre Ansprüche befriedigen. Darüber hinaus stehen möglicherweise noch Sicherheiten zur Verfügung. Dafür haben Fremdkapitalgeber in der Regel kein Mitspracherecht.

**Fremdkapitalgeber im Krisenfall bevorzugt**

Die grundlegende Entscheidung hinsichtlich der Aufteilung in Eigen- und Fremdkapital wird (in Abhängigkeit der Möglichkeiten des Unternehmens) durch folgende Kriterien beeinflusst:

- **Steuerliche Überlegungen:**
  Im Gegensatz zu Eigenkapital bringt Fremdkapital in Deutschland steuerliche Vorteile mit sich, da bei Berechnung der Bemessungsgrundlage für die Gewerbeertragssteuer 50% der Dauerschuldzinsen abgezogen werden können,

- **Unabhängigkeit:**
  Mit der Aufnahme von Fremdkapital kann die potenzielle Gefahr des Verlustes an Unabhängigkeit resultieren; insbesondere bei Nichtbedienung des Kapitaldienstes können erhebliche Kosten in Form von Vertrauensverlusten bei Kreditgebern, Lieferanten und Mitarbeitern eintreten,

- **Risikogehalt der Investition:**
  Das Außmaß der Fremdkapitalfinanzierung sollte vom Risiko des Investitionsvorhabens bestimmt werden. Riskante Investitionsprojekte sollten mit einem wesentlich höheren Eigenkapitalanteil finanziert werden als weniger riskante Vorhaben.

Die meisten Unternehmen versuchen, den Einfluss externer Kapitalgeber auf ein Minimum zu beschränken (insbesondere anzutreffen im mittelständischen Unternehmen, bei denen der Firmeninhaber auch gleichzeitig Gründer ist).

**Auf ausreichende Eigenkapitalbasis achten**

Dies führt dazu, dass alternativ auf Bankkredite zurückgegriffen wird, die bekanntlich kein Mitspracherecht sondern nur ein Auskunftsrecht einräumen. Die Folge ist eine ungenügende Eigenkapitalbasis, die sich auf zukünftige Investitionen negativ durch restriktive Kreditvergaben auswirken kann.

**Check-Liste zur Vermeidung von Liquiditätsengpässen (ist individuell zu ergänzen):**

- Vorratshaltung optimal gestalten (Vorratshaltung absolut abbauen),

- Forderungslaufzeiten durch konsequentes Debitorenmanagement reduzieren (Forderungsbestand absolut abbauen),

- Zahlungsziele mit den Kunden straffen,

- Zahlungsverpflichtungen mit maximaler Skontoausnutzung begleichen; Zahlungen entsprechend der Leistungserbringung steuern,

- Fixe Kosten senken,

- Produktionskapazitäten besser auslasten,

- Cash-Flow-Verbesserung durch effizienteren Produktions- und Betriebsablauf,

- Anlehnung an finanzstarke Partner suchen,

- Aufnahme neuer Gesellschafter überdenken,

- Eigenkapital durch öffentliche geförderte Kapitalbeteiligungsgesellschaften erhöhen,

- Freie Kapitalbeteiligungsgesellschaft als Partner in Erwägung ziehen,

- Geeignete Bank-Partner (die zum Industriezyklus des Unternehmens passen) auswählen,

- Relationsship-Banking pflegen (Verbesserung der Vertrauensbasis),

- Finanzierungen langfristig planen,

- Alle Finanzierungsmöglichkeiten nutzen,

- Kreditsicherheiten überprüfen und ggf. beschaffen,
- Rückstellungen als Finanzierungsinstrumente nutzen,
- Qualität des Managements verbessern,
- Vertrauen durch optimale Informationsversorgung an share-holder und stake-holder schaffen (investor relations).

## 3.5 Sicherheitenpolitik im Unternehmen

Die Qualität von Sicherheiten beeinflusst in erheblichem Ausmaß den Umfang der Finanzierungsmöglichkeiten. Dies gilt insbesondere bei der unter den Abschnitten 3.3.1.3 und 3.3.1.4 beschriebenen Kreditfinanzierung.

*Qualität von Sicherheiten für Kreditbeschaffung maßgeblich*

**Man unterscheidet grundsätzlich hinsichtlich der Ansprüche des Gläubigers**

- **Personalsicherheiten** (schuldrechtlicher Anspruch): Die am häufigsten vorkommende Sicherungsform ist die Bürgschaft. Hier gibt es zwei Grundformen:
  - **Die Ausfallbürgschaft:** Der Bürge übernimmt das Risiko nur, wenn der Kreditgeber einen Verlust nachweist. Der Nachweis liegt vor, wenn eine Vollstreckung in das Vermögen des Schuldners erfolglos war. Es besteht die Einrede der Vorausklage; der Bürge kann die Zahlung verweigern, wenn der Gläubiger die Zwangsvollstreckung in das Vermögen des Schuldners noch nicht durchgeführt hat.
  - **Die selbstschuldnerische Bürgschaft:** Der Bürge muss hier auf die Einrede der Vorausklage verzichten und sofort auszahlen.

  Als Sonderformen sind u. a. aufzuführen: Höchstbetragsbürgschaft, Mitbürgschaft, Nachbürgschaft, Garantien (abstrakter Character losgelöst vom Grundgeschäft), Kreditaufträge, Schuldbeitritte.

- **Realsicherheiten** (sachrechtlicher Anspruch): Bei Realsicherheiten haften Sachen und Rechte für Kredite. Folgende Realsicherheiten spielen eine Rolle:

- **Eigentumsvorbehalt:** Das Eigentum an der Ware geht erst ab der endgültigen Bezahlung auf den Käufer über.

- **Forderungsabtretung:** Der Kreditnehmer tritt Forderungen zur Besicherung des Kredites an den Kreditgeber ab (Zession). Nach der Art der abgetretenen Forderung unterscheidet man zwischen Global- (Abtretung sämtlicher gegenwärtiger und zukünftiger Forderungen) und Mantelzession (Abtretung bestimmter laufender Forderungen).

- **Sicherungsübereignung:** Der Schuldner übereignet dem Gläubiger bewegliche, genau spezifizierte Gegenstände. Der Schuldner bleibt Besitzer, der Gläubiger wird treuhänderischer Eigentümer.

- **Pfandrechte:** Zum Zweck der Sicherung einer Schuld wird eine bewegliche Sache oder ein Recht belastet. Voraussetzung für die Entstehung ist die Existenz einer Forderung, eine Einigung zwischen Schuldner und Gläubiger über die Pfandsache sowie die Übergabe der Pfandsache.

- **Grundpfandrechte:** Es werden Grundstücke und Gebäude dinglich für eine bestehende Schuld belastet. Bei einer Grundschuld muss nicht notwendigerweise eine Forderung bestehen.

- **Hypotheken:** Im Gegensatz zur Grundschuld muss bei einer Hypothek eine bestehende Schuld vorliegen. Nach Rückzahlung der Schuld wird aus der Hypothek automatisch eine Grundschuld.

## 3.6 Öffentliche Subventionspolitik und -hilfen

### 3.6.1 Vorbemerkungen

*Staat unterstützt Investitionen*

Für bestimmte Investitionsvorhaben von Unternehmen besteht die Möglichkeit, von öffentlicher Seite in verschiedenen Formen Unterstützung zu erhalten. Der Hintergrund für das künstliche staatliche Eingreifen in den Marktmechanismus besteht darin, dass Wettbewerbsnachteile abgebaut

# 3 Kapitalbeschaffung

und damit ein „gerechter Markt" geschaffen werden soll. Man muss sich jedoch im Klaren darüber sein, dass hinter diesen Aktivitäten eher politische als wirtschaftliche Ziele angestrebt werden (z. B. Abhängigkeit der heimischen Industrie gegenüber dem Ausland; Erhaltung von Arbeitsplätzen).

Allerdings ist die Politik nicht mit dem Gedanken der **komparativen Kostenvorteile** vereinbar. Demnach sollte eine Volkswirtschaft mit einem relativen Kostenvorteil auf die Produktion eines Gutes verzichten (z. B. Kohle) und nur das Produkt mit dem relativen Kostenvorteil (z. B. Automobile) oder mit dem geringsten relativen Kostennachteil produzieren.

*Nicht vereinbar mit komparativen Kostenvorteilen*

Zielsetzung ist damit einerseits die Unterstützung von Unternehmen, die beispielsweise gezwungen sind, wirtschaftlich weniger sinnvolle Investitionen (z. B. Umweltschutz) zu tätigen, oder die durch einen Standort in einer wirtschaftsschwachen Region benachteiligt sind. Andererseits sollen durch öffentliche Hilfen Investitionsanreize gegeben werden (z. B. Schaffung von neuen Arbeitsplätzen, Investitionen in strukturschwachen Regionen).

## 3.6.2 Fördervoraussetzungen

Damit Unternehmen in den Genuss von staatlichen Subventionen kommen, müssen verschiedene Voraussetzungen gegeben sein. Da große Unternehmen in der Regel über ausreichende Finanzierungsmöglichkeiten verfügen, zielt die Förderungspolitik in erster Linie auf kleine und mittelständische Unternehmen (KMU) ab. Maßgeblich für die Einordnung zu dieser Gruppe sind, abhängig vom Förderprogramm, in erster Linie die Anzahl der Mitarbeiter sowie der Umsatz. So definiert das Institut für Mittelstandsforschung in Bonn KMU wie folgt:

*Ausgerichtet auf kleine und mittelständische Unternehmen*

- Kleine Unternehmen: bis zu neun Mitarbeiter, jährlicher Umsatz bis zu 500 000 EURO,
- Mittelständische Unternehmen: bis zu 500 Mitarbeiter, jährlicher Umsatz bis zu 50 Mio EURO.

Häufig lehnen sich Förderprogramme an die Kriterien des Gemeinschaftsrahmens der EU für mittelständische Unternehmen an. Als mittelständisches Unternehmen wird demzufolge eingestuft, wer

- nicht mehr als 250 Arbeitskräfte beschäftigt,
- einen Jahresumsatz von höchstens 40 Mio EURO erzielt oder eine Jahresbilanzsumme von höchstens 27 Mio EURO erreicht,
- nicht mit einer Beteiligung von über 25 % im Besitz eines Unternehmens oder mehrerer Unternehmen, die eine KMU-Definition nicht erfüllen, steht.

Bei vielen Programmen gibt es jedoch keine exakte quantifizierbare Abgrenzung, so dass insbesondere der Begriff des KMU nicht exakt definiert werden kann und damit von Fall zu Fall inidividuell ausgelegt werden muss.

### 3.6.3 Der Förderweg

**Antrag vor Baubeginn/ 1. Spatenstich**

Wenn vorgenannte Kriterien zutreffen und eine Antragstellung vorbereitet wird, ist zu beachten, dass der Antrag (in Abhängigkeit des zu beantragenden Förderprogrammes) in den meisten Fällen vor dem Baubeginn/erster Spatenstich erfolgen muss. Das Unternehmen darf noch keine finanziellen Verpflichtungen eingegangen sein (z. B. Unterschrift Kauf- oder Liefervertrag bzw. Bauantrag).

Es besteht kein Rechtsanspruch auf Unterstützung; daher kann nicht jede beliebige Investition bzw. Beratungs- und Qualifizierungsmaßnahme gefördert werden. Beispielsweise unterscheidet die Deutsche Ausgleichsbank mit Sitz in Bad-Godesberg im Bereich der Existenz- und Wachstumsförderung zweckgebundene Fördermaßnahmen zu Sachinvestitionen, Markterschließungskosten und Betriebsmittel.

**Umfangreiche Antragstellung**

Der Subventionsgewährung geht in der Regel ein längeres und umfangreiches Antragstellungsverfahren voraus. Neben dem mehr oder weniger umfangreichen Antrag müssen in der Regel noch weitere Unterlagen, abhängig vom Programm eingereicht werden:

# 3 Kapitalbeschaffung

- Jahresabschlüsse der letzten Jahre,
- Investitions-, Kosten- und Finanzierungsplan,
- Projektbeschreibung,
- Umsatz- und Ertragsvorschau, Finanzplan.

Der Beschreibung und Begründung des Vorhabens kommt allergrößte Bedeutung zu. So verlangen verschiedene Programme, dass neben der reinen Investitionsbeschreibung auch bestimmte Kriterien im Hinblick auf allgemeine volkswirtschaftliche Bedeutung, Bedeutung für die Region etc. erzielt werden müssen. Bezüglich der Formulierung stimmt das Unternehmen sich am besten mit der Hausbank ab, da diese über eine größere Expertise verfügt.

**Beschreibung und Begründung wichtig**

Die Anträge müssen in der Regel über die Hausbank (Ansprechpartner für das gesamte Antrags- und Vergabeprocedere) des Unternehmens eingereicht werden. Auch hier gibt es Kreditinstitute, die besonders eng mit bestimmten Förderinstitutionen zusammenarbeiten. Es kann sich lohnen, den Antrag über eine derartige Bank einzureichen, auch wenn das Unternehmen bisher keine Geschäftsverbindung dazu hatte.

**Antragstellung über Hausbank**

## 3.6.4 Förderarten

Gefördert werden Investitionsvorhaben (Grundstückserwerb, bauliche/maschinelle Investitionen), Investitionen in das Umlaufvermögen sowie direkte Ausgaben (Kosten). Der Investition/Ausgabe muss ein bestimmter Verwendungszweck zu Grunde liegen wie z. B.:

**Bestimmter Verwendungszweck muss vorliegen**

- Forschung und Entwicklung/Neue Technologien,
- Umweltschutz (Abwasser, Luftreinhaltung, Lärmvermeidung, Abfallentsorgung/-vermeidung, energieeinsparende Maßnahmen),
- Investitionen in strukturschwachen Regionen Deutschlands,
- Schaffung/Erhaltung von qualifizierten Arbeitsplätzen bzw. Ausbildungsplätzen.

**Förderungen können über verschiedene Arten erfolgen:**

**Zinsgünstige Kreditgewährung**

- **Finanzhilfen:** Der Antragsteller erhält einen langfristigen Kredit, der mit einem Zinssatz ausgestattet ist, der unter den Marktkonditionen liegt. Es handelt sich dabei um einen Ausgleich dafür, dass KMU viele Möglichkeiten der Kapitalbeschaffung verschlossen bleiben. Ein Teil der Förderung geht allerdings wieder dadurch verloren, dass die Dauerschulden aus dem Kredit zu einer Erhöhung der Gewerbesteuer führen. Des Weiteren wird der Kreditspielraum eingeschränkt, da der ausreichenden Bank Sicherheiten zur Verfügung gestellt werden müssen. Die durchleitende Bank übernimmt bei Darlehensgewährungen gegenüber der kreditauszahlenden Institution die Primärhaftung (Haftung für Rückzahlung der Kredite). Eine Haftungsfreistellung ist möglich (z. B. bei allen Förderprogrammen der Kreditanstalt für Wiederaufbau in den neuen Bundesländern bis zu 50%).
Eine weitere Finanzierungsform stellen Beteiligungen dar. Es handelt sich meist um stille Beteiligungen. Der Beteiligungsgeber hat kein Mitspracherecht, sondern nur Informations- und Kontrollrecht und erhält neben einer festen Verzinsung auch einen Gewinnzuschlag.

**Zuschuss steuerpflichtig**

- **Zuschuss:** Der Zuschuss muss nicht zurückgezahlt werden und stellt damit für das Unternehmen keine Verbindlichkeit dar (z. B. Forschung und Entwicklung, Personalförderung). Der Effekt geht hier allerdings teilweise wieder verloren, da er voll versteuert oder gegen die Herstellkosten gerechnet wird und damit die Abschreibungsbasis vermindert.

**Zulage steuerfrei**

- **Zulagen:** Ebenso wie der Zuschuss muss die Zulage nicht zurückgezahlt werden. Der Förderbetrag kommt hier vollständig dem Unternehmen zugute, da die Zulage nicht versteuert werden muss. Die Zulage wird vollständig dem versteuerten Eigenkapital zugerechnet (z. B. Investitionszulagengesetz Neue Bundesländer).

- **Steuervorteile:** Diese können individuell von der jeweiligen Kommune (z. B. erhöhter Gewerbesteuerfreibetrag, unterschiedliche Hebesätze der Gewerbesteuer) oder dem

# 3 Kapitalbeschaffung

Staat (z. B. Sonderabschreibung nach § 7g (1) und (2) EStG) gewährt werden,

- **Beratung und Qualifizierung:** Diese Art der Förderung stellt eine wichtige Unterstützung für Unternehmen dar. Da diese im Allgemeinen sehr teuer sind, können sie nur mit staatlicher Hilfe den Unternehmen zur Verfügung gestellt werden (z. B. Dienstleistungen des Rationalisierungskuratoriums für die gewerbliche Wirtschaft – RKW –).

Mehrfachförderungen bei einigen wenigen Programmen sind möglich, jedoch in den meisten Fällen ausgeschlossen.

*Mehrfachförderungen i.d.R. ausgeschlossen*

Nach Abschluss der Investitionsmaßnahme und Auszahlung der Fördermittel muss zeitnah ein Verwendungsnachweis abgegeben werden.

## 3.6.5 Förderprogramme

Nach der Herkunft der Fördermittel kann wie folgt gegliedert werden:

- **Programme der Europäischen Union:** Die EU fördert Unternehmen mit folgenden Schwerpunkt-Programmen:

  - Strukturförderung (Europäische Fonds für regionale Entwicklung, z. B. EFRE, ESF, EAGFL),
  - Forschungs- und Technologieförderung (Kommunikationstechnologieprogramm BRITE/EURAM oder Umweltprogramm LIFE),
  - Finanzierungsförderung (Risikokapitalförderung Seed Capital, Eurotech Capital, Darlehen und Garantien der Europäischen Investitionsbank, Investitionsförderungen aus dem Europäischen Investmentfonds),
  - Informationsförderung (Beratung und Information durch das Euro Info Centre).

- **Bundesförderung:** Die Förderung auf Bundesebene gliedert sich in Programme des/der
  - ERP-Sondervermögens (z. B. Eigenkapitalhilfepro-

gramm, Existenzgründerprogramm, Umweltschutzprogramm),

- Bundesministerien (z. B. Beratung, Aus- und Weiterbildung, Forschung und Entwicklung),
- Förderkreditinstitute des Bundes (Deutsche Ausgleichsbank und Kreditanstalt für Wiederaufbau, z. B. DtA-Umweltprogramm, KfW-Mittelstandsprogramm),
- **Länder-Programme:** Neben den Bundesprogrammen spielen die Länderprogramme eine große Rolle (z. B. in Bayern Landesanstalt für Wiederaufbau, Mittelständisches Bürgschaftsprogramm der LfA).

**Auffinden der Programme problematisch**

Das Hauptproblem für Unternehmen stellt die Vielzahl sowie die Unübersichtlichkeit der einzelnen Programme dar. Unternehmen können sich hierzu entweder der Banken oder aber qualifizierter unabhängiger Beratungsunternehmen bedienen. Deren Hauptaufgabe liegt darin, entsprechende Programme zu identifizieren und den gesamten Antragsweg über die Auszahlung bis zum Verwendungsnachweis für das Unternehmen durchzuführen. Neben einer geringen Fixkosten-Pauschale arbeiten diese unabhängigen Berater in der Regel auf Erfolgshonorar-Basis.

Wichtig ist es in diesem Zusammenhang, das Investitionsvorhaben entsprechend strukturiert aufzubereiten, so dass eine Identifizierung potenzieller Programme EDV-gestützt durchgeführt werden kann.

Dies kann anhand nachstehenden Fragenkataloges durchgeführt werden. Pro Vorhaben sollte immer ein Formblatt benutzt werden.

## 3 Kapitalbeschaffung

**Fragenkatalog für Investitionsvorhaben (siehe auf ⊗ unter Nr. 9):**

> Kurzbeschreibung des Vorhabens:
>
> Größe des Unternehmens (Umsatz, Arbeitsplätze):
>
> Gesamtvolumen der Maßnahme:
>
> Investitionsort:
>
> Voraussichtlicher Baubeginn/Bauantrag/erste Bestellung:
>
> Investitionszeitraum (Beginn/Abschluss):
>
> Erweiterungs-/Ersatz-/Rationalisierungsmaßnahme:
>
> Gesetzliche Auflage zur Investition:
>
> Werden Arbeitsplätze neu geschaffen/bestehende gesichert:
>
> Verwendungszweck:
> - Umweltschutz
> - Energieeinsparende Maßnahme
> - Forschung und Entwicklung
> - etc.

Nachfolgende Darstellung zeigt in Checklistenform zusammenfassend die Entscheidungskriterien für Förderhilfen (Ziel Beantragung von zinsgünstigen Darlehen und Zuschüssen):

**Entscheidungskriterien für Zuschüsse:**

- Regionalförderung:
  - Standort,
  - Arbeitsplätze,
  - Größe des Unternehmens,
  - Höhe der Investition,
  - Etatvolumen.

- Beratungs- und Technologieförderung:
  - Nutzen für das Unternehmen,
  - Leistungsfähigkeit des Unternehmens,
  - Politisches/volkswirtschaftliches Interesse an dem Vorhaben,
  - Einzelheiten des Vorhabens.

**Entscheidungskriterien für Förderkredite:**
- Funktionen der Hausbank bei Antragsannahme,
  - Prüfung auf ausreichende Sicherheiten,
  - Einschätzung der Bank zu Gesamtkonzept (Unternehmen und geplante Investition),
  - Beurteilung der Risikogruppe des Kunden,
  - Erfahrungen aus der Kundenbeziehung.
- Funktionen des Förderinstituts,
  - Prüfung der Einhaltung der Förderrichtlinien,
  - Prüfung bei weiterer Haftungsübernahme: Standortqualität, Wettbewerbssituation, fachliche und kaufmännische Eignung des Managements, Durchführbarkeit und Rentabilitätserwartung der Investition,
  - Prüfung von Erfolgskennzahlen und Finanzkennzahlen.

### 3.7 Projektfinanzierungen

Als Folge fortschreitender Globalisierung werden immer mehr und immer größere Investitionsvorhaben im Ausland in Form von Projektfinanzierungen realisiert. In einigen Branchen ist diese Abwicklungsform beim Absatz der Produkte und Dienstleistungen nicht mehr wegzudenken.

# 3 Kapitalbeschaffung

## 3.7.1 Welche Merkmale sind kennzeichnend?

Die Projektfinanzierung stellt eine besondere Finanzierungstechnik dar, die durch folgende Merkmale gekennzeichnet ist:

**Besondere Merkmale**

- **Gründung einer Projektträgergesellschaft (special purpose company):** Das Projekt wird aus dem Unternehmen des Sponsors (= der das Projekt betreibende Unternehmer) juristisch ausgegliedert. Dies erfolgt durch Gründung einer besonderen Projektträgergesellschaft, die ihrerseits Träger aller Rechte und Pflichten im Zusammenhang mit dem Projekt und seiner Finanzierung ist;

- **Abschluss Projektfinanzierungsvertrag:** Der Vertrag wird mit der Projektträgergesellschaft geschlossen, wobei der Darlehensgeber einen Cash-flow in der Projektträgergesellschaft erwartet, der für die Bedienung des Darlehens ausreicht,

- **Spezielle Besicherung:** Die Besicherung erfolgt ausschließlich im Vermögen der Projektträgergesellschaft (im Gegensatz zur konventionellen Finanzierung, bei der die Besicherung im gesamten Vermögen des Sponsors erfolgt).

**Besicherung im Vermögen der Projektgesellschaft**

**Ablaufschema Projektfinanzierung:**

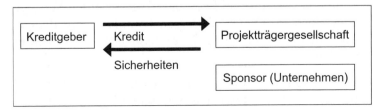

## 3.7.2 Beteiligte

Projektfinanzierungen sind durch eine Vielzahl von Beteiligten gekennzeichnet.

Das Problem liegt dabei darin, dass eine Vielzahl von Einzelinteressen koordiniert und vertraglich abgesichert werden müssen.

- **Die Kreditgeber:** Gerade bei größeren Investitionsvorhaben ist ein größeres Konsortium von Kreditgebern beteiligt. Da diese Vorhaben oft in Schwellen- und Entwicklungsländern durchgeführt werden, sind internationale Entwicklungsbanken (z. B. die Internationale Finance Corporation, die European Bank for Reconstruction and Development) Bestandteil dieser Konsortien. Diese Banken üben für Geschäftsbanken eine entsprechende Sogwirkung aus und helfen mit, das in diesen Ländern bestehende hohe Risiko zu reduzieren.

- **Der Sponsor:** Der Sponsor ist das die Initiative ergreifende Unternehmen. Er plant das Projekt und ist für den Aufbau und die Führung der Projektträgergesellschaft verantwortlich.

- **Der Anlagenbauer:** Die meisten Projektfinanzierungen stehen im Zusammenhang mit Anlagenprojekten. Der Anlagenbauer ist verantwortlich für die Lieferung und den Aufbau der für das Projekt erforderlichen Anlagen. Er schließt mit der Projektträgergesellschaft einen so genannten „Turn-key-Vertrag" (Vertrag über die schlüsselfertige Errichtung einer Anlage) ab. In vielen Fällen ist er Mitgesellschafter, da eine Eigenkapitalhingabe in der Regel Voraussetzung für eine entsprechende Auftragsvergabe ist.

- **Rohstofflieferant, Lizenzgeber, Abnehmer:** Zur Sicherstellung der Rohstoffbasis sowie hinsichtlich der Abnahme der Waren und Dienstleistungen werden Verträge abgeschlossen. Diesen Verträgen kommt größte Bedeutung zu, da davon der geplante Cash-flow des Projektes abhängt.

- **Das Gastland:** Vom Gastland wird oftmals die Infrastruktur, Konzessionen sowie das politische Umfeld zur Verfügung gestellt. Bevorzugt wird das Gastland auch als Gesellschafter in die Projektträgergesellschaft integriert oder stellt Darlehen (zu Vorzugskonditionen) zur Verfügung.

### 3.7.3 Projektabhängige Risiken

**Auftreten von Risiken**

Bei den über das Modell der Projektfinanzierungen abzuwickelnden Geschäften treten überproportional große und vielfältige Risiken auf. Keiner der Beteiligten wird diese Risiken alleine tragen können oder wollen. Es wird eine Ri-

# 3 Kapitalbeschaffung

sikoverteilung (risk allocation) erforderlich. Die Risikoverteilung wird sich idealerweise so gestalten, dass der Beteiligte, der am ehesten ein bestimmtes Risiko beherrscht, dieses auch tragen wird. Das Risikosplitting wird abschließend in einem Vertragswerk festgeschrieben.

**Risikoverteilung sinnvoll**

Folgende Risikoarten treten bei Projekten auf:

- **Nichtfertigstellung des Projektes (completion risk):** Der Darlehensgeber wird dieses Risiko nicht alleine tragen. Die Risikoverteilung erfolgt deshalb in der Art und Weise, dass das Fertigstellungsrisiko auf einen bis zur Fertigstellung eingeschalteten Hochrisikofinanzier oder einen Anlagenlieferanten als Folge eines entsprechenden Turnkey-Vertrages oder den Sponsor mittels Fertigstellungsgarantie übertragen wird.

- **Kostenüberschreitung (cost overrun risk):** Das Risiko wird meist vom Anlagelieferanten im Rahmen eines Turnkey-Vertrages übernommen. Teilweise übernimmt der Sponsor das Risiko, indem er dem Darlehensgeber gegenüber die Pflicht zur Nachschussfinanzierung übernimmt.

- **Rohstoffmangel (supply risk):** Entweder existieren bereits etablierte gesicherte Rohstoffmärkte oder das Risiko wird durch einen langfristigen Rohstoff-Lieferungsvertrag ausgeschlossen.

- **Geringer Absatz (sales risk):** Das Risiko kann durch langfristige Abnahmeverträge (oder durch Dritte garantierte Absatzmengen) ausgeschaltet werden.

- **Technologisch mangelhafte Anlage (technical production risk):** Durch den Einsatz erprobter Technologien kann das Risiko minimiert werden.

- **Schlechte Betriebsführung (operating performance risk):** Diesem Risiko kann durch ein entsprechend qualifiziertes Management sowie ein effizientes Controlling gegengesteuert werden.

- **Sachschäden (casualty loss risk):** Das Risiko kann durch den Abschluss von entsprechenden Versicherungen minimiert werden.

- **Umweltschäden (environmental risk):** Diesem Risiko kann durch ein entsprechendes Gutachten vor Projektbeginn (environmental audit) vorgebeugt werden.

- **Wechselkursveränderungen (currency risk):** Durch den Einsatz von Hedge-Instrumenten sowie eine maximale Refinanzierung in Landeswährung kann das Währungsrisiko ausgeschaltet werden.

- **Politische Veränderungen (political risk):** Das Risiko (z. B. Embargo, Krieg, Enteignung) kann durch Versicherungen minimiert werden. Es bietet sich oftmals auch an, das Gastland in die Konstruktion mit einzubinden.

- **Höhere Gewalt (force majeure risk):** Zu den Risiken zählen z. B. Krieg, Streik, Unruhen, Naturkatastrophen. Der Darlehensgeber sichert sich vor diesem Risiko durch den Einbau einer entsprechenden Klausel in den Darlehensvertrag ab.

### 3.7.4 Der Projektfinanzierungsvertrag

*Wichtig: Vertragsgestaltung*

Der Vertrag beinhaltet eine Reihe von wesentlichen Klauseln:

- Vertragsparteien,
- Darlehensbetrag und Darlehenszweck,
- Zusicherungen (bei Nichteinhaltung Kündigungsrecht des Darlehens),
- Auszahlungs-/Ziehungsvoraussetzungen,
- Tilgungen,
- Verzinsung,
- Gebühren,
- Kapitaldienstzahlungen,
- Rechtswidrigkeitsklauseln,
- Kostenerhöhungsklauseln,
- Besicherung (im Vermögen der Projektträgergesellschaft),
- Verhaltenspflichten (convenants),

# 3 Kapitalbeschaffung

- Kündigungsrechte,
- Kosten im Zusammenhang mit dem Vertragsabschluss,
- Rechtswahl (freie Vereinbarung möglich),
- Gerichts-, Schiedsbarkeit (z. B. International Court of Arbitration of the International Chamber of Commerce, Paris),
- Zustellungsbevollmächtigter (sitzt im Land des Darlehensgebers; Empfänger aller förmlichen Schriftstücke im Streitfall),
- Schlussbestimmungen (Salvatorische Klausel, Abtretungsverbot, Rechtswahrungsklausel, Verschiedenes wie z. B. Sprache).

Diese Finanzierungsform ist für den Darlehensgeber interessant, weil im Vergleich zu herkömmlichen Finanzierungen höhere Margen durchgesetzt sowie der Zugang zu neuen Kundengruppen und Wachstumsmärkten vorgenommen werden kann. Für das Unternehmen ergibt sich der Vorteil, dass es große Investitionen tätigen kann, ohne die eigene Bilanz zu belasten (damit off-balance financing) und ohne das eigene Unternehmen bei Fehlschlägen der Investition zu gefährden.

**Vorteile für Darlehensgeber**

**Exakte Haftungstrennung**

## 3.8 Die Außenhandelsfinanzierung

Für das Zustandekommen von Geschäftsabschlüssen mit dem Ausland sind neben günstigen Preisen, der Lieferung von qualitativ hochwertigen Produkten sowie einer erstklassigen Betreuung von besonderer Bedeutung der risikolose, schnelle Zahlungserhalt für den Exporteur sowie eine möglichst lange Zielgewährung für den Importeur. Beide Idealformen sind einerseits durch vertragliche Vereinbarungen sowie die Anwendung entsprechender Zahlungsbedingungen darstellbar. Hierbei müssen allerdings die vom Markt zur Verfügung gestellten Finanzierungsmöglichkeiten, hier vor allem der dokumentäre Zahlungsverkehr (Akkreditive und Inkasso) genutzt werden (siehe dazu auf ⊗ unter Nr. 10).

**Konflikt Leistungserbringung/ Zahlung**

Über diese Möglichkeiten hinaus stellen Geschäftsbanken und Spezialkreditinstitute lang- und kurzfristige Außenhandelsfinanzierungen zur Verfügung.

### 3.8.1 Die kurzfristige Außenhandelsfinanzierung

Im Rahmen der kurzfristigen Finanzierung (bis zu 12 Monaten) werden folgende Zeiträume eines Außenhandelsgeschäftes finanziert:

- Beschaffung und/oder Produktion (Fabrikationszeitraum),
- Transport,
- Verkauf,
- Zahlungszielgewährungen bis zu 90 Tagen.

Es stehen eine Reihe von Instrumenten zur Verfügung, die teilweise bereits unter Abschnitt 3.3.1.3 beschrieben wurden:

#### 3.8.1.1 Exportfinanzierung

- **Instrumente zur allgemeinen Finanzierung:**
    - Kontokorrentkredite,
    - Euro-Kredite,
    - Diskontkredite (Rembourskredit, Privatdiskont),
    - Promissory-Notes (im Ausland ausgestellter Solawechsel),
    - Banker's Acceptances (Akzepte ausländischer Banken auf Wechselziehungen inländischer Kunden).
- **Finanzierung in der Einkaufs- und Produktionsphase:**
    - Bevorschussung von Akkreditiven,
    - Anzahlungen des Käufers gegen Bankgarantie,
- **Finanzierung in der Transport- und Erlöstransfer-Phase sowie anschließender kurzfristiger Zahlungsziele:**

# 3 Kapitalbeschaffung

- Bevorschussung von Export-Inkassi,
- Negoziierung von Dokumenten unter Akkreditiven,
- Verpflichtungen von Deferred-Payment-Akkreditiven.

### 3.8.1.2 Die Importfinanzierung

- **Einkaufsfinanzierung:**
  - Import-Akkreditive,
- **Lager- und Absatzfinanzierung:**
  - Rembours- und Deferred-Payment-Akkreditive,
  - Import-Erstfinanzierungen.

## 3.8.2 Mittel- und langfristige Außenhandelsfinanzierung

Deutschland verfolgt bei der Exportförderung (dem Prinzip der freien Marktwirtschaft folgend) folgende Prinzipien: **Prinzip der freien Marktwirtschaft**

- Keine steuerlichen Subventionen,
- Keine Zinssubventionen für Finanzierungen,
- Bildung eines Systems zur Deckung von Ausfuhrrisiken.

### 3.8.2.1 Hermes-Kreditversicherungs Aktiengesellschaft

Der Bund hat die Bearbeitung der staatlichen Exportkreditversicherung der Hermes Kreditversicherungs Aktiengesellschaft in Hamburg und der Treuarbeit Aktiengesellschaft übertragen. Entscheidungen über die Indeckungnahme von Exportrisiken trifft der Interministerielle Ausschuss für Ausfuhrgarantien und Ausfuhrbürgschaften ab einer Größenordnung von DM 2 Mio. **Staatlicher Mandatar**

Hermes sichert grundsätzlich die im Ausland liegenden wirtschaftlichen (Zahlungsunfähigkeit des Schuldners) und politischen Risiken (Uneinbringlichkeit der Forderung auf Grund staatlicher Restriktionen; z. B. Moratorien, Krieg, Zahlungsverbot, Embargo) ab. Des Weiteren wird das Ausfallrisiko für Finanzkredite, die inländische Banken dem ausländischen Abnehmer einräumen (so genannte Besteller-kredite) gedeckt.

**Hermes-Deckungen in zwei Formen**

Hermes-Deckungen werden in zwei Formen erteilt. Diese Formen unterscheiden sich nur hinsichtlich des Schuldners; es bestehen rechtlich keine Unterschiede:

- **Bürgschaften:** Diese werden erteilt, wenn es sich bei dem ausländischen Geschäftspartner um einen Staat oder eine öffentlich rechtliche Körperschaft handelt,
- **Garantien:** Diese werden ausgestellt, wenn es sich bei dem Abnahmer um eine natürliche Person oder eine juristische Person des Privatrechts handelt.

**Deckung kostenpflichtig**

Hermes-Deckungen sind grundsätzlich kostenpflichtig. Die Gebühren orientieren sich dabei an dem Risikogehalt des Landes des Abnehmers. Hierzu hat Hermes sämtliche Länder nach deren Bonität in ein siebenstufiges Rating-System eingeordnet (vgl. dazu auf ⓐ unter Nr. 11). Die Hermes-Prämie setzt sich zusammen aus einem festen Grundentgelt sowie einem (in Abhängigkeit der Laufzeit der Deckung festgesetzten) Zeitentgelt.

Die Antragstellung ist relativ einfach durchzuführen und wird in der Regel über die Hausbank eingereicht. Auf die Beschreibung und Begründung des Vorhabens ist im Hinblick auf den anzustrebenden Deckungserfolg größter Wert zu legen (vgl. dazu auf ⓐ unter Nr. 11). Hierzu sollte die Hausbank zu Hilfe genommen werden.

**Voraussetzungen für eine Hermes-Deckung**

Möchte ein Exporteur die Hermes-Deckung in seine Lieferkonstruktion mit einbinden, müssen bestimmte Voraussetzungen für die Indeckungnahme berücksichtigt werden:

- Das beabsichtigte Zahlungsziel darf nicht länger als die voraussichtliche Nutzungsdauer sein,
- Kreditlaufzeit und Auftragswert müssen in einem angemessenen Verhältnis zueinander stehen,
- Investitionsgüter werden normalerweise bis zu 5 Jahre gedeckt,
- Konsens-Regelungen sind zu beachten: u. a. Mindestanzahlung sowie Höchstkreditlaufzeit,

# 3 Kapitalbeschaffung

- Der Anteil der Zulieferungen aus anderen Ländern darf bei Investitionsgütern bestimmte Grenzwerte nicht übersteigen,
- Länderspezifische Deckungsbeschränkungen müssen, wenn vorhanden, beachtet werden,
- Die Zahlungsbedingungen des Geschäftes müssen handels- und branchenüblich sein.

Darüber hinaus bestehen noch eine Reihe von Deckungsgrundsätzen:

- Politische und wirtschaftliche Risiken sind gemeinsam zu decken,
- Auch Teildeckungen können auf Antrag gewährt werden,
- Im Schadensfall ist eine vorher vereinbarte Selbstbeteiligung zu tragen (z. B. Ausfuhrrisiko 15 % der Deckungssumme),
- Bis zur Anerkennung des Schadensfalles durch Hermes ist eine Karenzzeit einzuhalten,
- Der Antragsteller hat im Rahmen der Ausfuhr-Pauschal-Gewährleistung keinen Andienungszwang.

### 3.8.2.2 Die AKA-Ausfuhrkredit-Gesellschaft mbH

Der Geschäftszweck dieser Spezialbank ist die Mitwirkung bei mittel- und langfristigen Finanzierungen von Exportgeschäften. Die AKA bietet drei Kreditplafonds an. Die Entscheidung über Kreditgewährungen trifft der Kreditausschuss, der in regelmäßigem Turnus zusammentritt.

**Ergänzung zu Bankfinanzierungen**

Kreditanträge werden auf Veranlassung des Exporteurs über die Hausbank bei der AKA eingereicht. Gewährte Lieferantenkredite sind zweckgebunden und nur für die zu finanzierenden Geschäfte einzusetzen. Die jeweils abgerufenen Kreditmittel dürfen den tatsächlichen Finanzbedarf nicht übersteigen. Zahlungen vor den vereinbarten Tilgungsterminen werden zur vorzeitigen Kreditrückführung verwendet.

Analog zu Bankfinanzierungen sind der AKA Jahresabschlüsse laufend einzureichen.

Als zusätzliche Finanzierungsform ist die Forfaitierung zu erwähnen. Auf diese wurde bereits unter Abschnitt 3.3.1.3 näher eingegangen.

### 3.8.3 Sonderformen der internationalen Handelsfinanzierung

**Finanzierungs-Sonderformen**

Neben den klassischen Formen existieren eine Reihe von Sonderformen, die sich auf Grund der individuellen Rahmenbedingungen insbesondere mit Schwellen- und Entwicklungsländern entwickelt haben.

- **Gegengeschäfte:** Der Kauf von Exportgütern wird durch den Import von Erzeugnissen des Abnehmerlandes abhängig gemacht. Auf diese Art und Weise werden Probleme bei der Beschaffung von Devisen gelöst (Counter-Trade). In der Regel muss bei jedem Geschäft ein Spitzenausgleich erfolgen. Es existieren eine Reihe von Sonderformen der Kompensationsgeschäfte:

  - Bartertrade (direkter Warentausch),
  - Clearing/Switch (Austausch von Waren über einen bestimmten Zeitraum),
  - Parallelgeschäft/Counterpurchase (parallel laufende Geschäfte, die völlig unabhängig voneinander erfüllt werden),
  - Voreinkauf/Advance Purchase (Lieferung und Gegenlieferung in zwei getrennten Verträgen),
  - Buy-Back/Rückkauf (Regulierung eines Kapitalgüterexports mit Hilfe des Importes der mit der Anlage erzeugten Güter).

- **Internationales Leasing/Crossboarder-Leasing:** Bei dieser Form des Leasing können zwei Ziele parallel verfolgt werden. Zum einen als Finanzierungsalternative für langlebige, hochwertige Wirtschaftsgüter, zum anderen als Instrument der Absatzfinanzierung für Investitionsgüterprodukte.

- **Objektfinanzierung (Commodity Trade Finance):** Diese Form der Finanzierung ist auf Handelswaren abge-

# 3 Kapitalbeschaffung

stimmt (Objektfinanzierung). Man unterscheidet die Einkaufs- und die Transaktionsfinanzierung.

## 3.8.4 Internationale Finanzierungen

Internationale Finanzierungsorganisationen können Unternehmen bei der mittel- und langfristigen Exportfinanzierung unterstützen. In der Regel werden die Kredite für Vorhaben gewährt, die volkswirtschaftlich besonders förderwürdige Vorhaben darstellen. Diese Investitionsvorhaben wären über den Bankenapparat nur schwer zu finanzieren.

*Förderung volkswirtschaftlich bedeutender Vorhaben*

Nachstehend die wichtigsten Institutionen:

- Die Weltbankgruppe (Washington)

  Der Gruppe gehören drei Institutionen an:

  - Internationale Bank für Wiederaufbau und Entwicklung (IBRD),
  - Internationale Entwicklungsorganisation (IDA),
  - Internationale Finanz-Corporation (IFC).

- Die Europäische Investitionsbank, Luxemburg (EIB)
- Die Afrikanische Entwicklungsbank, Abidjan (AfDB)
- Die Asiatische Entwicklungsbank, Manila (ADB)

Zwischen den Geldgebern sind auch Kofinanzierungen darstellbar. Man versteht darunter gemeinsame Kreditoperationen mit verschiedenen Kreditgebern mit dem Ziel, eine Erhöhung der Kapitalhilfe und damit einen wirkungsvolleren Einsatz der Mittel in den jeweiligen Ländern herbeizuführen. Kreditnehmer beschaffen sich damit die Mittel aus drei verschiedenen Quellen:

*Auch Kofinanzierungen darstellbar*

- Kreditmittel der offiziellen Geber,
- Exportfinanzierungen,
- Kreditmittel privater Geber.

### 3.8.5 Eine Sonderform der Finanzierung: Der Avalkredit

**Abstraktes Schuldversprechen**

Die Bedeutung von Bankgarantien für den internationalen Handel hat in den letzten Jahren ständig zugenommen. Bei fast jedem Exportgeschäft werden Bankgarantien benötigt.

Die **Bankgarantie** besichert das Risiko des irregulären Verlaufs eines Geschäftes; der Garant, die Garantiebank, verspricht hierin im Auftrag und für Rechnung des Auftraggebers unwiderruflich, eine festgelegte Summe an den Garantienehmer zu zahlen.[28]

Die Zahlung der garantierten Summe erfolgt auf erstes schriftliches Anfordern des Begünstigten ohne jede Einrede seitens Garant oder Auftraggeber. Die Garantie ist damit ein abstraktes, von einem Grundgeschäft losgelöstes, selbstständiges Schuldversprechen einer Bank. Es gilt folgender Grundsatz:

> Erst zahlen, dann prozessieren.

**Bürgschaft akzessorisch**

Im Gegensatz dazu ist die Bürgschaft akzessorisch, das heißt an den Erfolg eines Grundgeschäftes gebunden.

**Vorteile der Garantie:**

- Keine Offenlegung der finanziellen und wirtschaftlichen Verhältnisse des Auftraggebers,

- Vermeidung kostenintensiver und volkswirtschaftlich wenig sinnvoller Sicherheitsleistungen (z. B. Bardepot, Hinterlegung von Schecks, Wechseln etc.).

Bezüglich der Formulierung gibt es eine von der Praxis entwickelte Standardisierung der Garantietexte (vgl. auf ⊗ unter Nr. 12). Standardtexte können auch bei Geschäftsbanken abgefragt werden.

Die Garantie kann sich auf Grund der Vertragsfreiheit grundsätzlich auf jeden Sicherungszweck beziehen. Häufig gebrauchte Formen sind z. B.:

- Bietungsgarantie,

---

[28] Bankakademie (Auslandsgeschäfte), Teil 5, Kapitel 1.

# 3 Kapitalbeschaffung

- Anzahlungsgarantie,
- Lieferungsgarantie,
- Vertragserfüllungsgarantie,
- Gewährleistungsgarantie.

Hinsichtlich ihrer Form können Garantien unterschieden werden in:

- **Direkte Garantien:** Die Bank erstellt im Auftrag des Unternehmens einem Begünstigten im Ausland gegenüber direkt eine Garantie,
- **Indirekte Garantien:** Die Bank lässt im Auftrag des Unternehmens unter ihrer Rückhaftung die Garantie durch eine ausländische Korrespondenzbank gegenüber dem Begünstigten erstellen,
- **Bestätigte Garantien:** Die Zweitbank übernimmt dabei zusätzlich zur Erstbank eine eigenständige Verpflichtung gegenüber dem Garantienehmer.

## 3.9 Finanzierungsgrundsätze

Zur Aufrechterhaltung der jederzeitigen Zahlungsfähigkeit und finanzieller Sicherheit unter gleichzeitiger Wahrung der finanziellen Unabhängigkeit muss jedes Unternehmen in Abhängigkeit des zu finanzierenden Objektes rechtzeitig geeignete Strategien zur Geld- und Kapitalbeschaffung aufstellen. Der Zugang zu Instrumenten und Techniken der Finanzmittelbeschaffung wird dabei von den Zugangsmöglichkeiten bzw. -restriktionen zu den Kapitalmärkten bestimmt.

*Aufstellen von Finanzierungsstrategien*

### 3.9.1 Rahmenbedingungen

Aus Sicht des Unternehmens sollten dabei folgende Rahmenbedingungen zuerst geklärt beziehungsweise festgelegt werden:.

- Kapitalaufnahmen sind unter Beachtung steuerlicher als auch handelsrechtlicher Auswirkungen durchzuführen,
- Der geeignete Mix zwischen Eigen- und Fremdkapital und daraus abgeleitet die Art und der Umfang der einzel-

nen Instrumente ist in Abhängigkeit der zu tätigenden Investition festzulegen,

- Auf eine angemessene Kapitalstruktur von Konzernbilanz sowie Bilanz der Einzelgesellschaft ist zu achten,
- Der Grundsatz der fristenkongruenten Finanzierung ist einzuhalten (langfristig ausgerichtete Investitionen, wie z. B. Investitionen im Anlagevermögen, sind auch langfristig durch Eigen- bzw. Fremdkapital zu finanzieren),
- Bei der Aufnahme von Finanzierungen sind neben betriebswirtschaftlichen Zielen auch Rentabilitätsziele zu beachten (d. h. Berücksichtigung der gegenwärtigen und zukünftigen Zinsstruktur bzw. -erwartungen; vgl. Kapitel 3, Abschnitt 4.5),
- Der Kapitalnehmer muss sich immer im Klaren sein, dass die Höhe der Konditionen von der Bewertung des Unternehmens durch den Markt abhängt (ein Rating könnte deshalb von Vorteil sein),
- Finanzierungsquellen sollten nicht zu breit gestreut werden, da dies in der Regel zulasten der Effizienz (in erster Linie Rentabilität) geht,
- Größere Unternehmen sollten eine gruppenweite einheitliche Refinanzierungsstrategie betreiben; im Mittelpunkt sollte das „Solidaritätsprinzip" stehen (Vorteile der gesamten Unternehmensgruppe stehen immer vor den Vorteilen des einzelnen Gruppenunternehmens),
- Zentrale Kapitalbeschaffung und Aufnahme bietet in der Regel Vorteile vor dezentraler Beschaffung (Aufnahmen durch die Muttergesellschaft, bedarfsgerechte Verteilung an Tochtergesellschaften auf der Grundlage des Finanzplanes durch intercompany-loans; vgl. hierzu Kapitel 2, Abschnitt 4 und Kapitel 4, Abschnitt 4),
- Ausländische Tochtergesellschaften mit Sitz in Schwellen-/Entwicklungsländern haben, wenn wirtschaftlich sinnvoll, Finanzbedarf bevorzugt im Heimatland zu decken (Finanzierungen über die Muttergesellschaft sind auf Grund von devisenrechtlichen Restriktionen nicht darstellbar),

# 3 Kapitalbeschaffung

- Zinsgünstige Finanzierungen sind grundsätzlich von den Tochtergesellschaften im Bedarfsfall wahrzunehmen (z. B. „industrial revenue bonds" der einzelnen US-Bundesländer),
- Finanzierungsmaßnahmen sind durch geeignete Investor-Relations-Maßnahmen vorzubereiten bzw. zu begleiten (z. B. bei Emission von Aktien, Anleihen),
- Externe Finanzierungsquellen sind erst dann auszunutzen, wenn innerhalb des Gesamtunternehmens keine Synergie-Effekte (beispielsweise durch Netting oder zentrales Cash-Management) herbeigeführt werden können,
- Sicherheiten sollten restriktiv vergeben werden,
- Auf die Stellung (und gegebenenfalls Einbeziehung) der Geschäftsbanken ist Rücksicht zu nehmen,
- Bei jeder Kapitalaufnahme ist zu berücksichtigen, dass die Kapitalgeber eine höhere Sensibilität bzw. Anforderungen an das Unternehmen im Hinblick auf Bonität (Ergebnisdruck) sowie Berichterstattung und Informationsweitergabe haben.

## 3.9.2 Organisatorische Voraussetzungen

Einer zentrale Planung, Steuerung und Kontrolle der Kapitalbeschaffungsmaßnahmen ist i. d. R. der Vorzug vor dezentralen Management-Maßnahmen zu geben. Diese Vorgehensweise sollte auch vor dem Hintergrund Rentabilität und Bilanzrelationen gesehen werden. Jede Kapitalmaßnahme führt zu einer Veränderung der Bilanzrelationen und -struktur. Der Grundsatz der Zentralisierung kann dadurch aufgeweicht werden, dass Tochtergesellschaften Finanzierungsmaßnahmen grundsätzlich mit der Muttergesellschaft abzustimmen haben.

*Zentrale Kapitalbeschaffung sinnvoll*

Entsprechend muss im zentralen Finanzbereich Know-how aufgebaut werden. Gerade bei Unternehmen, die laufend auf Finanzbedarf angewiesen sind, ist eine laufende Beobachtung und Analyse der Kapitalmärkte unentbehrlich. Auch ein laufendes Reporting über Kapitalgeber, Zinssatz und Kapitalbetrag ist notwendig. In diesem Zusammenhang muss

**Wer ist für Kreditaufnahmen zuständig?**

unbedingt geregelt werden, welche Gremien im Unternehmen bzw. Aufsichtsfunktionen (z. B. Aufsichtsrat, Beirat) über Kapitalbeschaffungsmaßnahmen entscheiden. Dies kann beispielsweise in dem unter Kapitel 1, Abschnitt 2.3.2 dargestellten Zuständigkeitendiagramm geregelt werden.

### 3.9.3 Der Auswahlprozess einer Finanzierung

Aus der Fülle von Instrumenten muss das Unternehmen das passende Instrumentarium auswählen. Dabei sollte in strukturierter und systematisierter Form vorgegangen werden. Nach Feststellung des endgültigen Finanzbedarfes bietet sich eine fünf-stufige Vorgehensweise an:

**Strukturierte Vorgehensweise**

- **Erster Schritt:** Auflistung in Frage kommender Instrumente und detaillierte Beschreibung der Funktionsweisen (Vorauswahl).

**Kapitalmarktprodukte im Vergleich:**

|  | Aktien | Genussscheine | stille Beteiligung |
|---|---|---|---|
| Fristigkeit<br>Art des Geschäftes<br>Gewinne<br>Verzinsung<br>Steuern<br>Kapitalrückfluss<br>Nachschuss<br>Sicherheit<br>etc. |  |  |  |

- **Zweiter Schritt:** Auflistung der internen und externen Rahmenbedingungen und Prämissen (Unternehmen, Finanzmärkte); beispielsweise Zugangsrestriktionen zu den Finanzmärkten, keine Veränderung der Eigenkapitalrestriktionen bzw. Gesellschafterverhältnisse.

- **Dritter Schritt:** Festlegung der mit der Finanzierung angestrebten Ziele (Liquiditätssicherung, Rentabilität, Bilanzstrukturen).

- **Vierter Schritt:** Bewertung der Instrumente hinsichtlich der Prämissen, Rahmenbedingungen und Ziele. Aus

Gründen der Übersichtlichkeit sollte hier nur mit Symbolen bewertet werden (z. B. +++ voll erreicht, ++ weitgehend erreicht, + erreicht, --- nicht erreicht, -- teilweise nicht erreicht, - knapp verfehlt).

**Finanzierungsformen und Bewertung:**

| | Fristen-kongruenz | Kosten/Nutzen | Bilanz-effekte | Beschränkung untern. Freiheit | Zusatz-nutzen |
|---|---|---|---|---|---|
| Nachrangdarlehen | | | | | |
| Genussschein | | | | | |
| Stille Beteiligung | | | | | |
| Bankkredit | | | | | |
| Anleihe | | | | | |
| Floating rate note | | | | | |
| etc. | | | | | |

- **Fünfter Schritt:** In Abhängigkeit der Ergebnisse Eingrenzung der Instrumente und Endauswahl der finalen Finanzierungsform; detaillierte Beschreibung des ausgewählten Instrumentes hinsichtlich Chancen, Risiken und Wirkungsweise.

# 4 Finanzierung im Konzernverbund

## 4.1 Vorbemerkungen

Die internationale Ausrichtung der mittelständischen und großen Unternehmen hat sich durch die zunehmende Globalisierung der Märkte seit einigen Jahren erheblich beschleunigt. Konzentrationsprozesse („big is beauty") in Form von freundlichen oder unfreundlichen Unternehmensübernahmen oder Zusammenschlüsse und Allianzen sind die Folge. Die Ursachen sind häufig auf zunehmenden Konkurrenzdruck sowie einen grundsätzlichen Wandel im Verbraucherverhalten (z. B. Trend zur Kommunikations-Gesellschaft) zurückzuführen. Der damit einhergehende Prozess der Internationalisierung hat zur Folge, dass sich im-

*Zunehmende internationale Ausrichtung*

**Verlagerung von Geschäft in das Ausland**

mer größere Anteile der unternehmerischen Geschäftstätigkeiten bei den Tochtergesellschaften – und hier vor allem im Ausland – abspielen. Der Unternehmenszweck bestimmt dabei Standort, Gesellschaftsform und Geschäftsumfang.

**Finanzielle Steuerung der Tochtergesellschaften**

Damit die Tochtergesellschaften an den lokalen Märkten entsprechend verantwortungsvoll auftreten können, müssen diese mit Kapital – insbesondere angemessenem Eigen-Kapital – ausgestattet werden. Die Muttergesellschaft hat hierzu grundsätzlich geeignete Strategien zur kurz-, mittel- und langfristigen Steuerung der Finanzierung aufzustellen. Bei diesen Überlegungen spielen auch Steuern eine maßgebliche Rolle. Die Auswahl und der Einsatz geeigneter Strategien und Instrumente – allgemein zusammengefasst unter der Aufgabe „Finanzierung im Konzern" – beeinflusst damit in erheblichem Ausmaß die effiziente Steuerung von Tochtergesellschaften. Bei vielen Unternehmensgruppen lässt sich hier noch zusätzliches Rationalisierungs- und damit Ergebnispotenzial generieren. Die Folge ist eine Steigerung der Profitabilität des Gesamtunternehmens sowie ein deutlicher Beitrag zur Reduzierung von Risiken.[29]

## 4.2 Inhalt und Aufgaben

Gegenüber der Verwaltung von Liquidität bei der bisher betriebenen klassischen Unternehmensfinanzierung wird dem Finanzbereich dabei zunehmend eine immer aktivere Rolle zugeordnet (vgl. Kapitel 1, Abschnitt 1.3). Dies bezieht sich auf die aktive Steuerung von monetären Aktiv- und Passivpositionen innerhalb und außerhalb der Bilanz (Kapitalbeschaffung, Kapitalstrukturmanagement), sowie von Zahlungsströmen in verschiedenen Währungen und Ländern bei unterschiedlichen Wechselkurs- und Zinskonstellationen.

Ein wichtiges Merkmal ist eine zunehmende direkte Inanspruchnahme der Geld- und Kapitalmärkte durch beispielsweise verbrieftes Eigen- und Fremdkapital (z. B. stille Beteiligung, Genussscheine). Damit verbunden ist einerseits eine

---

[29] Ertl, Konzernfinanzierung, Zeitschrift Bilanzbuchhalter und Controller (BC), 2000 S. 33.

# 4 Finanzierung im Konzernverbund

höhere Fungibilität, andererseits werden aber die Unternehmen strengeren standardisierten Risiko- und Renditeforderungen der Kapitalgeber sowie einem neuen Wettbewerb um die Gunst der Anleger ausgesetzt. Die auf das Innenverhältnis einer Unternehmensgruppe ausgerichtete Optimierung der Geld- und Risikoströme sowie Finanzierungsmaßnahmen stellt dabei einen wichtigen Teilbereich der gesamten finanzwirtschaftlichen Aufgabenpalette dar.

Sämtliche vorgenannten Aufgaben lassen sich nicht mehr unter dem Begriff „Treasury- oder Finanzmanagement" zusammenfassen. Besser ist es in diesem Zusammenhang, den Begriff **„Coporate Finance"** zu verwendet.

Verantwortlich für die Planung, Steuerung und Kontrolle der Gesamtaktivitäten ist in einer Unternehmensgruppe die Muttergesellschaft (oftmals auch als Finanz- und Managementholding bezeichnet). Zu einer der sensibelsten Hauptaufgaben gehört hierbei das Wecken geschäftsfeldbezogenen Denkens.

Die Konzernzugehörigkeit einer Tochtergesellschaft bedeutet automatisch eine mehr oder weniger ausgeprägte Obligoübernahme durch die Muttergesellschaft. Die Ergebnisverantwortung der Mutter gegenüber der Tochter darf dabei jedoch nicht beim Betriebsergebnis enden, sondern muss auch das Finanzergebnis mit einbeziehen.

**Verantwortung der Muttergesellschaft**

Die Funktionen der Obergesellschaft mit Blick auf die Finanzierung im Konzern umfassen beispielsweise:

- Erschließung ausländischer Kapitalmärkte,
- Optimierung der Finanzierungsbedingungen hinsichtlich Fristen und Kosten,
- Steuerung des Währungsgleichgewichtes (z. B. durch Währungs-Swaps),
- Nutzung steuerlicher Vorteile (Optimierung durch ausländische Finanzierungsgesellschaften); in Deutschland wird langfristiges Fremdkapital über die hälftige Hinzurechnung der so genannten „Dauerschuldzinsen" auf das Gewerbekapital besteuert,
- Vermeidung eventueller Kapitalverkehrsbeschränkungen,

- Optimierung der Finanzierungseinflüsse von Tochtergesellschaften auf die Konzernbilanz.

**Die Aufgabe „Konzernfinanzierung" umfasst damit folgende Bereiche:**

- Zentrale Steuerung der finanziellen Resourcen der Unternehmensgruppe unter Wahrung der Belange der Tochtergesellschaften,

- Gezielte Optimierung der Finanzierungspolitik im Rahmen der Beteiligungsverantwortung,

- Optimierung der individuellen Geld- und Kapitalströme innerhalb des Unternehmensverbundes mit der Zielsetzung Rentabilitätsmaximierung bzw. Risikominimierung,

- Hinreichende Ausstattung der Tochtergesellschaften mit den notwendigen Finanzhilfen in Form von Fremdkapital (Geldleihe oder Kreditleihe) und Eigenkapital, dass diese am lokalen Markt eigenständig bestehen können,

- Festlegungen einer optimalen, an landes- und währungsspezifische Belange hin ausgerichteten Eigenkapitalausstattung sowie Dividenden- und Gewinnverwendungspolitik.

### 4.3 Zentralisierungsgrad und Umfang der Konzernfinanzierungs-Aktivitäten

*Mindestanforderungen an Konzernfinanzierung*

Die Funktion „Konzernfinanzierung" ist in der Regel kein eigenes Profit-Center. Es werden jedoch bestimmte Mindest-Anforderungen und Ziele gestellt.

**Beispiele:**

- Ergebnis-Optimierung: Nutzung vorhandener Finanzierungspotenziale und Synergien; Steigerung der eigenen Wertschöpfung (Performance-Messung der Aktivitäten),

- Risikominimierung,

- Intern erbrachte Leistungen müssen „kostenoptimal" sein (Dienstleistungscharakter; Benchmarking der Aktivitäten; vgl. hierzu Kapitel 4, Abschnitt 5),

## 4 Finanzierung im Konzernverbund

- Aktives Finanzmanagement erfordert aktive Informationspolitik.

Wichtigste Voraussetzung ist die Festlegung des Zentralisationsgrades der Finanzgeschäfte in der Unternehmensgruppe. Hier ist über die letzten Jahre hinweg ein eindeutiger, in Abhängigkeit von Rechtsform und Internationalisierungsgrad jedoch unterschiedlich ausgeprägter Trend hin zur Zentralisation festzustellen. Idealerweise sollte durch die Führung eines Unternehmens mit Rücksichtnahme auf gewachsene Strukturen und Märkte gruppenweit entschieden werden, wie stark finanzwirtschaftliche Aufgaben dezentral bzw. zentral auszuführen sind (vgl. hierzu auch Kapitel 1, Abschnitt 2). Häufig wird hierbei die Politik

**Wichtig: Festlegung Zentralisationsgrad**

- Zentrale Entscheidungsfindung und Vorgabe der Strategie
- Dezentrale operative Umsetzung

praktiziert.

**Zentrale Vorgaben/ Dezentrale Umsetzung**

Unternehmensgruppen können damit effizient unter Nutzung von Dispositionsvorteilen sowie unter steueroptimalen Gesichtspunkten ihre Tochtergesellschaften mit ausreichender Liquidität versorgen. Als Nebeneffekt entsteht dadurch auch ein mehr oder weniger ausgeprägter psychologischer (sanfter) Zwang, den die Konzernmutter auf ihre Tochtergesellschaften ausübt.

Der Zentralisierungsgrad hängt auch vom Standort, von der Größe der Tochtergesellschaft sowie dem lokal vorhandenen Know-How des verantwortlichen Personenkreises ab. Gerade bei mittelständischen Unternehmensgruppen sind die Finanzverantwortlichen in der Regel Generalisten. Aus Wirtschaftlichkeitsgründen ist es daher bei den Tochtergesellschaften weder sinnvoll noch möglich, einen Finanz-Spezialisten vorzuhalten. Hier bietet sich eine weitgehende Zentralisation und Delegation der finanzwirtschaftlichen Aufgaben an.

**Zu Gunsten Zentralisation sprechen mit Blick auf die Finanzierung im Konzernverbund eine Reihe von Vorteilen:**

- Einheitliche Vorgehensweise im Bezug auf Finanzaktivitäten,
- Schaffung von zentralem Know-How/Zentrale Entscheidungsfindung,
- Skaleneffekte (Reduzierung von Bankmargen durch Bündelung von Geschäfsvolumina),
- Netting-Effekte im Bereich der finanzwirtschaftlichen Risiken sowie der Geldsteuerung,
- Übersichtlichkeit, Schnelligkeit, Flexibilität,
- Bessere Einflussnahme auf Tochtergesellschaft durch physischen Besitz der Liquidität.

**Totale Zentralisation nicht immer wirtschaftlich sinnvoll**

**Nicht alle Aufgaben zentralisieren**

In der Regel ist die Verlagerung sämtlicher Finanzaufgaben von den Tochtergesellschaften auf die Muttergesellschaft **(Insourcing)** in Einzelfällen nicht durchführbar bzw. wirtschaftlich nicht sinnvoll. Gerade bei international starker Streuung der Tochtergesellschaften (z. B. Länder wie Russland oder China) müssen ab einer bestimmten Entfernung auch technische Barrieren überwunden sowie landesspezifische Restriktionen und Limitationen (z. B. lokale Devisengesetzgebung) beachtet werden.

**Ausnützen landesspezifischer Vorteile**

Im Falle der vollständigen Zentralisation wird auch auf länderspezifische Vorteile verzichtet (z. B. in den USA Finanzierung lokaler Gesellschaften über zinsgünstige „industrial revenue bonds"). Der Aufwand für eine vollständige zentrale Steuerung sowie möglicherweise entgangene Opportunitätsgewinne kann damit überproportional zunehmen. Zusätzlich sprechen oftmals Gesellschafterverhältnisse (z. B. bei Minderheitsbeteiligungen) gegen die Zentralisierung.

# 4 Finanzierung im Konzernverbund

Die meisten international tätigen Unternehmensgruppen verfolgen daher das Prinzip, so viele Aufgaben wie notwendig und sinnvoll dezentral zu delegieren. Häufig sind auch regionenbezogen Finanzholdings als lokale Zwischensteuerungsstellen anzutreffen. Beispielsweise lassen sich Aktivitäten in Nordamerika (Mexiko, USA, Kanada) durch eine derartige Konstruktion mit Sitz in den USA wirtschaftlich sinnvoll (sozusagen als verlängerter Arm der Muttergesellschaft) koordinieren und steuern.

Die Finanzholding im betreffenden Land sorgt für den Zugang zum Geld- und Kapitalmarkt und kontrolliert die Risiken in Landeswährung. Im Vordergrund steht dabei häufig das **Solidaritätsprinzip**. Dieser Grundsatz besagt, dass das Wohl des gesamten Unternehmens grundsätzlich über dem Wohl der Einzelgeschäfte steht.

*Im Vordergrund: Solidaritätsprinzip*

**Beispiel:**

Die Tochtergesellschaft kann für eine Geldmarktanlage einen Sonderzinssatz von 4,25 % bei ihrer lokalen Bank erzielen. Eine andere Konzerngesellschaft ist gezwungen, Kredit zu Normalkonditionen von 5 % aufzunehmen. Die Muttergesellschaft kann in diesem Fall den Geldausgleich unternehmensintern (hinsichtlich Volumen und Fristigkeit) durchführen. Für das Gesamtunternehmen ergibt sich daraus ein Einsparungspotenzial von 0,75 %. Welche Zinssätze gegenüber den Tochtergesellschaften verrechnet werden, hängt von der grundsätzlichen Politik der Muttergesellschaft ab (gewinn- oder kostenorientiert; vgl. hierzu Gegenüberstellung Cost-Center/Profit-Center Kapitel 1, Abschnitt 2.2).

Die Muttergesellschaft übt in vielen Fällen meist nur institutionalisierende bzw. kontrollierende Rechte aus. Dies äußert sich beispielsweise im Erlass konzernweit gültiger Richtlinien für die Kredit- und Anlagepolitik, für die Bankenpolitik, das Cash Management sowie die Behandlung von Risiken. In regelmäßigen Abständen muss deren Einhaltung überwacht und kontrolliert werden.

*Konzernweit gültige Richtlinien*

Bei den Bestrebungen nach Zentralisierung sind oftmals auch psychologische Barrieren zu überwinden, da die Kontrolle über die Geldströme des Unternehmens auch einen nicht zu unterschätzenden Machtfaktor darstellt. Dies trifft ganz besonders auf gewachsene Unternehmensstrukturen zu.

Bestimmte Aufgaben können jedoch grundsätzlich zentral effizienter als dezentral abgewickelt werden, da hier Skaleneffekte greifen.

**Zentrale Abwicklung sinnvoll**

**Hierzu gehören vor allem**

- Liquiditätssteuerung,
- Finanzierung,
- Risikomanagement-Aktivitäten (Zinsen, Fremdwährungen),

Sämtliche Aktivitäten (Geldgeschäfte, Absicherungsgeschäfte) sind schriftlich zu erfassen und zu dokumentieren (vgl. auf ⌾ unter Nr. 13).

## 4.4 Kapitalausstattung der Tochtergesellschaften

### 4.4.1 Überlegungen zur Eigenkapitalausstattung

Mit der Gründung einer Tochtergesellschaft wird die Zielsetzung verbunden, dass sich diese in einem abgegrenzten Markt operativ betätigen und behaupten soll. Zur Finanzierung des Erstbedarfes an Anlage- und Umlaufvermögen ist Kapital notwendig. Des Weiteren muss in Abhängigkeit von Wachstum und Cash-flow-Entwicklung permanent mehr oder weniger viel Kapital zugeführt werden. Das Kapital wird in Form von Eigen- und Fremdkapital zur Verfügung gestellt.

**Schlüsselposition: Ausstattung mit Eigenkapital**

Der Ausstattung mit angemessenen Eigenkapital kommt dabei eine Schlüsselposition zu, da Fremdkapitalgeber (lokale Banken und Lieferanten) die Kreditausreichung schwerpunktmäßig auf die Bilanz und deren Kapitalstrukturen abstimmen. Auch gilt es, gegenüber den Kunden und Lieferanten (Einräumung von Lieferantenkredite) geordnete Kapitalverhältnisse vorzuweisen.

## 4 Finanzierung im Konzernverbund

Aus der Höhe der Eigenkapitalausstattung ergibt sich eine gewisse Hebelwirkung auf Zugangsmöglichkeiten zu Kapitalmärkten sowie die absolute Höhe der Fremdfinanzierung. Das Verhältnis beträgt ungefähr drei zu eins. Beispielsweise könnte ein Unternehmen (eine normale Ertragsentwicklung vorausgesetzt) mit einem Eigenkapital von EURO 1 Mio das dreifache Volumen an Fremdkapital (damit EURO 3 Mio) aufnehmen.

**Hebelwirkung des Eigenkapitals**

Aus dieser Situation resultiert für die Muttergesellschaft eine nicht zu unterschätzende Konfliktsituation. Wird die Tochtergesellschaft einerseits mit zu wenig Eigenkapital ausgestattet, reichen die Bilanzrelationen oftmals nicht aus, um zusätzliches Fremdkapital aufzunehmen. Die Muttergesellschaft wird dann gezwungen, mit Kredithilfen (z. B. verbalen Unterstützungen in Form von Patronatserklärungen oder Garantien) einzugreifen. Hinzu kommt noch der negative Tatbestand, dass die Tochtergesellschaft mit entsprechend hohem Zinsaufwand belastet wird. Dies kann sich jedoch wieder leistungsmotivierend auswirken, da der Zinsaufwand durch forcieren des operativen Geschäftes entsprechend verdient werden muss.

Wird die Tochtergesellschaft andererseits dagegen mit zu viel Eigenkapital ausgestattet, fehlt vorerwähnter Ergebnisdruck. Dies kann sich in einem weniger aggressiven Auftreten am Markt bemerkbar machen. In derartigen Situation könnte durch eine angemessene Eigenkapitalausstattung (landesüblich), verbunden mit einer unternehmensindividuellen Mindestverzinsung des ausgereichten Eigenkapitals (in Abhängigkeit von Markt- und Risikopotenzial) ein gerechter Ausgleich herbeigeführt werden.

**Angemessene landesübliche Eigenkapitalausstattung**

Da die Eigenkapitalausstattung von Tochtergesellschaften letztendlich das Resultat der Unternehmensstrategie darstellt, sollte von Seiten der Geschäftsleitung (sinnvoll bei größeren Unternehmensgruppen) idealerweise eine Richtgröße vorgegeben werden (Eigenkapital im Verhältnis zur Bilanzsumme). Diese Richtgröße kann sich an der gegenwärtigen oder einer zukünftig anzustrebenden Eigenkapitalquote für das Gesamtunternehmen (Konzern) orientieren. Da unterschiedliche Strukturen und Rahmenbedingungen der einzelnen Tochtergesellschaften in verschiedenen Ländern differenzierte Ausstattungen erfordern, kann diese Richtgröße nur als Durchschnittsgröße definiert werden, die nicht notwendigerweise für jede Einzelgesellschaft zu gelten hat.

**Vertrauensbasis durch hohes Eigenkapital**

Zusätzlich ist noch zu berücksichtigen, dass die Höhe der Eigenkapitaleinlage grundsätzlich als Beweis für das Engagement der Muttergesellschaft (Ernsthaftigkeit, Risiko) gegenüber Dritten (Kunden, Lieferanten, Banken) gewertet wird. So lässt beispielsweise eine hohe (marktübliche) Eigenkapitalausstattung in einem Schwellen- oder Entwicklungsland auf ein hohes Vertrauen der Muttergesellschaft in ihr Engagement schließen. Dies kann vor allem Lieferanten und Banken dazu bewegen, Kreditengagements mit der Tochtergesellschaft einzugehen.

Nachteilig ist in diesem Zusammenhang allerdings, dass einmal eingebrachtes Eigenkapital sich schwieriger wieder abziehen lässt als beispielsweise Fremdkapital. Die Beurteilung hinsichtlich der Höhe des Eigenkapitals sollte dabei unabdingbar auch mit der Forderung nach einem strikten Management des Working-Capital (Kurzfristiges Umlaufvermögen abzüglich kurzfristige Verbindlichkeiten) verbunden werden.

**Einflussfaktoren Eigenkapitalausstattung**

Zusammenfassend lässt sich feststellen, dass vor dem Hintergrund des Zieles „eigenständige Kreditfähigkeit der Tochtergesellschaft" die Höhe der Eigenkapitalausstattung durch eine Reihe von unternehmensinternen sowie -externen Faktoren bestimmt wird:

- Grundsätzliche Philosophie der Muttergesellschaft im Hinblick auf Zentralisierung/Dezentralisierung,

- Finanzierungspotenzial/Refinanzierungsspielraum der Muttergesellschaft,

- Landesspezifische Gegebenheiten (z. B. devisenrechtliche Bestimmungen, Konkurrenzsituation),

- Landesübliche Kapitalausstattung (z. B. aus Wettbewerbsgründen),

- Dividendenpolitik (z. B. Ausschüttung oder Thesaurierung).

## 4.4.2 Dividenden-/Gewinnverwendungspolitik

Die Tochtergesellschaft ist mit den von ihr erzielten Gewinnen im Ausland voll steuerpflichtig. Erfolgt eine Thesaurierung der Gewinne im Ausland, fällt grundsätzlich in Deutschland keine Ertragsbesteuerung mehr an (Ausnahme: passive Tätigkeiten im Sinne des § 18 Außensteuergesetz in einem niedriger besteuerten Land).

Eng mit der Eigenkapitalausstattung korrespondiert deshalb auch die Ausschüttungspolitik. Diese hängt ab bzw. wird bestimmt von der Finanzierungs-/Kapitalausstattungs- und Steuerpolitik des Gesamtunternehmens. Die Muttergesellschaft verbindet die Eigenkapitalhingabe in vielen Fällen oftmals mit der Erwartung, eine angemessene Dividende zu erhalten. Bei einer derartigen Politik sollte grundsätzlich eine laufende Mindest-Dividende auf das eingesetzte Kapital festgelegt werden. Diese kann in Abhängigkeit der Gewinnverwendungspolitik thesauriert oder ausgeschüttet werden.

**Wichtig auch Ausschüttungspolitik**

### Überlegungen zur Dividendenhöhe

Die absolute Dividendenhöhe (ausgedrückt in Prozent auf das eingesetzte Eigenkapital der Tochtergesellschaft) wird grundsätzlich unternehmensindividuell festgelegt. Der Prozentsatz wird in der Regel aus zwei verschiedenen Kriterien zusammengestellt:

**Festlegung der Dividende**

- Der risikolose Anlagesatz, den ein Anleger mit langfristigen Staatsanleihen erzielen würde,
- Der Risikozuschlag, der das unternehmerische Engagement des Eigenkapitalgebers ausgleichen muss.

Des Weiteren spielen noch die Erwartungen der Kapitalgeber bezüglich einer angemessenen Gewinnentwicklung des Unternehmens eine Rolle. Bei börsennotierten Gesellschaften ist die absolute Höhe des Börsenkurses maßgebend.

Konsequenterweise sollten nicht ausgeschüttete bzw. einbehaltene (thesaurierte) Gewinne wie Eigenkapital verzinst und der Dividendenzahlung unterworfen werden. Die Muttergesellschaft muss sich hierbei das Recht auf jederzeitige Ausschüttung vorbehalten.

**Steuerpolitik beeinflusst Ausschüttungspolitik**

Die Ausschüttungs-Strategie wird vor allem von der internationalen Steuerpolitik des Gesamtunternehmens geprägt. Das Hauptziel besteht hier in der Maximierung des Nachsteuer-Ergebnisses. Dies kann beispielsweise durch Einkommensverlagerungen in Niedrig-Steuerländer (z. B. Gestaltung von Konzern-Verrechnungspreisen auf Produkte und Dienstleistungen oder die grundsätzliche Verlagerung von Produktionsstätten) erreicht werden.

Qualitatives Messkriterium sind die unterschiedlichen Besteuerungsniveaus im Heimatland Deutschland versus Sitzland der Tochtergesellschaft. Zu beachten sind bestehende Doppelbesteuerungsabkommen zwischen den jeweiligen Ländern. Der Erfolg vorgenannter Überlegungen hängt allerdings in erster Linie von der gegenwärtigen und zukünftigen Ertragsentwicklung der jeweils zu steuernden Tochtergesellschaft ab.

### Schütt-aus und hol-zurück-Politik

**Ausschüttung und gleichzeitig Kapitalerhöhung**

Ausgeschüttete Dividenden können wieder dazu verwendet werden, bei der Tochtergesellschaft eine Eigenkapital-Erhöhung durchzuführen. Diese Vorgehensweise wird als **„Schütt-aus und hol zurück"-Politik** bezeichnet. Steuerliche Argumente können beispielsweise für eine derartige Strategie sprechen.

### Beispiel:

Eine Tochtergesellschaft hat Gewinne aus zurückliegenden Jahren im EK 45 eingestellt. Die Muttergesellschaft beschließt einerseits eine Ausschüttung sowie andererseits eine Kapitalerhöhung bei der Tochtergesellschaft. Steuerlich ergibt sich daraus die positive Konsequenz, dass EK 45 in EK 40 umgegliedert wird und das Unternehmen daraus eine Steuergutschrift in Höhe von 5% abzüglich Solidaritätszuschlag erhält (Stand April 2000).

## 4.5 Instrumente und Techniken der Konzernfinanzierung

In Abhängigkeit vom Zentralisierungsgrad der Finanzgeschäfte ergeben sich konzernweite Optimierungseffekte nicht nur durch die professionelle Führung der Finanzge-

# 4 Finanzierung im Konzernverbund

schäfte, sondern auch dadurch, dass Finanzentscheidungen immer mehr auf Grund einer integrierten Betrachtungsweise getroffen werden.

## 4.5.1 Gesamtüberblick

Hieraus lassen sich einzelne Instrumente und Techniken ableiten, auf die nachstehend mehr oder weniger stark eingegangen werden soll:

- **Optimierung des gruppenweiten Liquiditätsmanagements:** Der aus allen Aktiva und Passiva eines Unternehmens resultierende Cash-flow wird kurzfristig über ein weltweit geltendes Cash-Management sowie längerfristig über ein gruppenweit wirkendes Aktiv-/Passiv-Management gesteuert (vgl. hierzu auch Kapitel 4, Abschnitt 3 „Bilanzstrukturmanagement").

  *Zentrales Cash-Management*

- **Optimierung der gruppenweiten Finanzierung unter Nutzung aller finanziellen und steuerlichen Möglichkeiten:** Statt individueller Planung von Kapitalmaßnahmen für Einzelgesellschaften wird die Kapitaldeckung aller Gesellschaften über einen längeren Zeitraum gleichzeitig optimiert. Damit werden Optionen auf eine gegenseitige Kapitalumstrukturierung geschaffen. Kapital soll nicht unbedingt dort aufgenommen werden, wo es am günstigsten zu beschaffen ist. Wichtig ist es, Kapital dort aufzunehmen, von wo es am günstigsten dahin transferiert werden kann, wo Bedarf besteht und wo es nach Steuern die niedrigsten Kosten für das Gesamtunternehmen verursacht.

- **Optimierung der gruppenweiten Risikoposition:** Systematisch werden alle wesentlichen finanzwirtschaftlichen (z. B. Wechselkurs-/Zinsveränderungs-/Bonitätsrisiken) und versicherbaren betrieblichen Risiken (z. B. Feuer, Haftpflicht) gruppenweit erfasst. Dadurch wird eine übergeordnete Risikosteuerung (z. B. Kompensation, Delegation) ermöglicht. So richtet sich der Bedarf an Eigenkapital bei der Tochtergesellschaft oder der Absicherungsgrad von Fremdwährungsrisiken auch nach der unternehmensweiten spezifischen Risikoposition aus.

  *Übergeordnete Risikosteuerung*

**Optimierung der Finanzstruktur**

Zusammenfassend verfolgt damit Konzernfinanzierung das Ziel, den Finanzierungsspielraum der Muttergesellschaft sozusagen als „finanzielles Rückgrat" aller Tochtergesellschaften zu vergrößern und dabei die Finanzstruktur – sowohl der Einzelgesellschaften als auch des Gesamtunternehmens – zu optimieren.

**Angestrebt werden sollen folgende Ziele:**

- Positive Einflussnahme auf Bilanzstruktur von Einzelunternehmen und Konzern,

- Durch konzerneinheitliches Handeln anstreben eines übergeordneten Liquiditäts- und Finanzrisikoausgleiches,

- Maximierung der Rentabilität durch Nutzung von Skaleneffekten,

- Minimierung der Refinanzierungskosten durch Wahrnehmung maximaler Netting-Möglichkeiten,

- Minimierung der Finanzrisiken durch Netting von Risikopositionen im Konzernverbund.

### 4.5.2 Das Instrumentarium der Konzernfinanzierung

#### 4.5.2.1 Der Intercompany-loan

**Kreditzinsen abzugsfähig**

Für die Konzernobergesellschaft stellt sich grundsätzlich die Frage, ob sie die Konzerngesellschaft mit Eigenkapital oder durch einen Kredit fremdfinanzieren soll. Hierbei erweist sich in der Regel die Fremdfinanzierung zumindest aus steuerlicher Sicht vorzugswürdig, da die für den Kredit gezahlten Zinsen als Betriebsausgaben den steuerpflichtigen Gewinn der betroffenen Konzerngesellschaft mindern. Nicht gewinnmindernd und damit nicht als Betriebsausgabe absetzbar ist dagegen eine als Verzinsung für das Eigenkapital ausgeschüttete Dividende.

**Dividende nicht absetzbar**

Die gebräuchlichste Form der Direktfinanzierung ist die Hingabe von so genannten **intercompany-loans**. Es handelt sich dabei um Geldleihe in der ursprünglichen Form. Mittel- und langfristige Darlehen werden innerhalb des Konzernverbundes ausgereicht. Die Muttergesellschaft

## 4 Finanzierung im Konzernverbund

nimmt hierbei eine bankenähnliche Funktion wahr. Sie steht damit der kreditnehmenden Tochtergesellschaft wie ein externer Kreditgeber mit den gleichen Rechten gegenüber. Dies bedeutet Zinszahlungsansprüche sowie Rückzahlung des Darlehensbetrages abgeleitet aus § 607 Abs. 1 BGB.

**Bankfunktion durch Muttergesellschaft**

Diese Rechte existieren allerdings nicht, wenn das Darlehen eigenkapitalersetzend war oder während der Laufzeit (durch Weitergewährung in der Krise) geworden ist (zum Schutz der eigenkapitalersetzenden Leistung in Form von Darlehen, Sicherheitenüberlassung oder Nutzungsüberlassung vgl. §§ 32a, 32 GmbHG, § 6 Ziff. 2 AnfG und § 135 InsO).

Gundlage für die Kreditvergabe sollte immer ein aktueller (und auch offiziell verabschiedeter) Finanzplan sein. Die Kredite sollten nach dem **at the arms-lenght-principle** (d. h. zu Konditionen, zu denen auch ein Dritter der Tochtergesellschaft Kredite gewähren würde) ausgereicht werden. Aus Dokumentationsgründen ist die Kreditvergabe in Schriftform vorzunehmen (vgl. auf ⓐ unter Nr. 14). Bei Kreditvergaben sollten bankenübliche Vergabepraktiken (z. B. Überprüfung des Bedarfes auf Übereinstimmung mit der Finanzplanung) zum Ansatz kommen. Grundsätzlich muss intern geregelt werden, wer für Kreditausreichungen veranwortlich zeichnet (vgl. hierzu Kapitel 1, Abschnitt 2.2.3.2 „Kompetenzen im Innen- und Außenverhältnis").

**Grundlage Finanzplan**

**Kreditvergabe nach Marktgesichtspunkten**

**Bei jeder Kreditanfrage einer Tochtergesellschaft sollte eine bestimmte Prüfroutine mit folgendem Inhalt einsetzen:**

- Plausibilität und Bonität,
- Überprüfung alternativer Finanzierungsformen,
- Übereinstimmung mit individuellem Finanzplan sowie Finanzierungspolitik des Gesamtunternehmens,
- Berücksichtigung unternehmensindividueller Belange (z. B. Beteiligungsverhältnisse),
- Steuerliche Gegebenheiten,
- Währungssituation.

**Praxis**

**Zentralisation von Währungsrisiken**

Damit Tochtergesellschaften mit Sitz im Ausland vom Fremdwährungsrisiko freigestellt werden, bietet es sich an, Kredite in der jeweiligen Landeswährung auszureichen (Grundsatz der Zentralisation von Fremdwährungsrisiken). Diese Vorgehensweise sollte (in Abhängigkeit der Absicherungspolitik des Unternehmens) bei konvertiblen Währungen (z. B. Dollar, britisches Pfund) praktiziert werden.

**Praxis**

**Lokale Finanzierungen bevorzugen**

Ausleihungen in Währungen von Schwellen- und Entwicklungsländern (abwertungsgefährdet bzw. nicht konvertibel; z. B. brasilianischer Real, russischer Rubel) sollten grundsätzlich vermieden werden. Besser ist es hier, lokalen Finanzierungen (ggf. gegen Garantie der Muttergesellschaft) den Vorzug zu geben. Bei derartigen Überlegungen sollte immer auch auf den lokalen Cash-flow der Tochtergesellschaft Rücksicht genommen werden. Möglicherweise stehen Einnahmen in Hartwährung zur Verfügung, mit denen statt dessen Hartwährungskredite bedient werden könnten.

Bei Kreditvergaben in der Unternehmensgruppe wird i. d. R. auf die Stellung von Sicherheiten verzichtet. Die Tochtergesellschaft kann jedoch in Ausnahmefällen (z. B. bei einem Minderheits- oder Mehrheitsgesellschafter) wie ein externer Kontrahent betrachtet werden. In diesen Fällen bietet es sich an, vom Mitgesellschafter beispielsweise Garantien oder Patronatserklärungen zu fordern bzw. Negativ-Klauseln hinsichtlich der Kreditbesicherung festzulegen.

**Steuerung durch Andienungsrecht/ -pflicht**

Eine Politik der zentralen Finanzierung bietet den Vorteil, dass das Refinanzierungspotenzial der Muttergesellschaft insbesondere im Hinblick auf Rentabilitätsziele optimal eingesetzt wird. In Abhängigkeit des Zentralisierungsgrades können die Tochtergesellschaften durch **Andienungspflicht** (jede Finanzierung muss über die Muttergesellschaft) oder durch **Andienungsrecht** (benefit-of-the best offer-principle: Konditionenvergleich lokal/zentral; Auswahl des günstigeren Angebotes) angebunden werden.

# 4 Finanzierung im Konzernverbund

Zu beachten ist, das Konzerndarlehen nicht in unbegrenzter Höhe an Tochtergesellschaften ausgereicht werden können. In vielen Ländern existieren so genannte „**thin-capitalization-rules**" bzw. „**debt-equity-ratios**", die ein Maximal-Verhältnis Eigenkapital zu Konzerndarlehen definieren. Beispielsweise gilt in USA das Verhältnis ein Teil Eigenkapital zu maximal drei Teilen Konzerndarlehen. Wird dieses Verhältnis verletzt, droht die Nicht-Abzugsfähigkeit der Schuldzinsen für den über das gesetzlich vorgegebene Verhältnis hinausgehenden Fremdkapital-Anteil bei der Tochtergesellschaft. Unter diese Regelungen fallen übrigens auch die nachstehend beschriebenen sonstigen Finanzierungshilfen (z. B. Bankgarantien). Vor Vergabe eines Konzern-Kredites ist somit das Landesrecht auf bestehende debt-equity-ratios sowie darüber hinaus auf mögliche Quellensteuern zu überprüfen.

*Maximalverhältnis Eigen-/Fremdkapital*

**Praktiken bei der Vergabe von Konzerndarlehen:**

- Festlegung der Refinanzierung (Fristentransformation, Fristenkongruenz),
- Festlegung der auszureichenden Währung,
- Vertragliche Gestaltung hinsichtlich Volumen, Laufzeit bzw. Rückzahlung und Verzinsung,
- Sicherheitenregelung (Blanco, Garantien etc.),
- Erfassung in der Handelsbilanz (Aus Sicht der Konzernmutter: „Ausleihungen an verbunden Unternehmen"; Aus Sicht der Tochter: „Verbindlichkeiten gegenüber Gesellschafter").

## 4.5.2.2 Geldleihe in Form des kurzfristigen Liquiditätsausgleiches

Bei größeren Unternehmensgruppen wird oftmals eine Verdichtung und Zentralisierung der Gesamt-Liquidität durch Cash-Management-Techniken herbeigeführt (vgl. hierzu Kapitel 2, Abschnitt 1.4). Den Beteiligungsgesellschaften wird dabei ein einfaches und automatisiertes Instrument für den kurzfristigen Liquiditäts-Spitzenausgleich zur Verfügung gestellt. In Abhängigkeit des Zentralisierungsgrades muss dabei zwischen drei Varianten unterschieden werden:

*Zentralisierung der Unternehmensliquidität*

- **Variante A:** Für Tochtergesellschaften mit eigenem (dezentralem) Finanzmanagement wird die gesamte Kontodisposition in Servicefunktion von der Muttergesellschaft übernommen (Grundlage: Service-Vertrag).

- **Variante B:** Tochtergesellschaften mit eigenem Finanzmanagement disponieren täglich ihre Bankkonten und bieten die Liquiditätsspitze der Muttergesellschaft an (Grundlage: Einzelabsprachen über Geldmarktgeschäfte).

- **Variante C:** Für Tochtergesellschaften ohne eigenes Finanzmanagement wird die gesamte Kontodisposition über die Muttergesellschaft abgewickelt (Grundlage: Einzelvertragliche Basis, Servicevertrag).

**Ausnutzung maximales Netting-Potenzial**

Zielsetzung ist es, kurzfristige Geldanlagen und -aufnahmen zu unattraktiven Kontokorrent-Zinssätzen bei den jeweiligen Einzelgesellschaften zu vermeiden. Durch tägliche Zusammenführung der Liquidität wird unter Ausnutzung des maximalen Netting-Potenzials der jeweilige Tagesspitzensaldo zinsoptimal über den Geldmarkt disponiert. Je nach unternehmensindividuellen Belangen kann (oftmals in einem mehrstufigen Verfahren) damit die Liquidität von den Einzelgesellschften bis zur Muttergesellschaft hoch verdichtet werden. Hierzu bietet der Bankenmarkt ein Grundprinzip an, das in verschiedenen Ausführungsformen zur Verfügung steht. Im Mittelpunkt stehen dabei immer Geldbewegungen von der Mutter zur Tochter oder vice versa.

Beispielsweise kann die Technik des Cash-Concentration mit einer so genannten „overlay-Struktur" verwendet werden.

**Dies bedeutet:**

- Beibehalten der lokalen Konten,

- Tochtergesellschaft überträgt täglich Konto-Salden auf ihr lokales Zielkonto,

- Das lokale Zielkonto wird über ein zentrales Zielkonto täglich ausgeglichen.

# 4 Finanzierung im Konzernverbund

## Übersicht: Zero-balancing mit Overlay-Struktur:

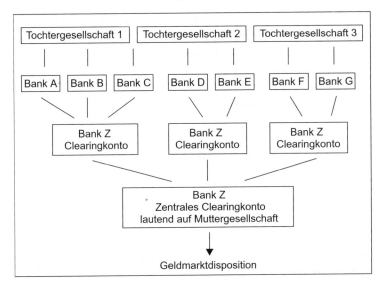

Die Buchungen der Zahlungsströme (verursacht durch negative oder positive Saldenüberträge der einzelnen Tochtergesellschaften) auf dem Konto der Obergesellschaft bewirken damit kurzfristige Kreditgewährungen der Mutter an die Tochter bzw. der Tochter an die Mutter (Forderungen bzw. Verbindlichkeiten gegenüber verbundenen Unternehmen). Aus steuerlichen Gründen sind für diese Kreditverflechtungen grundsätzlich marktgerechte Zinssätze zu vereinbaren. Ansonsten tritt das Problem der verdeckten Kapitalzuführung bzw. der verdeckten Gewinnausschüttung auf.

*Vereinbarung marktgerechter Zinssätze*

Das **Verrechnungskonto** hat in diesem Zusammenhang den Status eines zusätzlichen Bankkontos für die Tochtergesellschaft. Es wird zumeist als täglich fälliges Konto geführt; daran orientiert sich auch die Konditionengestaltung (Geldmarktzins +/– Marge) sowie die Wertstellungspraktiken. Aus disziplinarischen Gründen sollten interne Kreditlinien (Orientierung an der Finanzplanung) in schriftlicher Form festgelegt werden.

*Verrechnungskonto hat Kontokorrentcharakter*

## Unternehmensübergreifendes Netting

Internationale Unternehmensgruppen sind im Hinblick auf gruppeninterne Lieferungs- und Leistungsverpflichtungen mit einer Reihe von Problemen konfrontiert:

- Unterschiedliche Länder,
- Verschiedene Währungen,
- Verschiedene Banksysteme,
- Mentalitäts- und Sprachprobleme,
- Unterschiedliche Zahlungsziele,
- Unbekannte Risiken,
- Erhebliche Kosten für Zahlungstransfers.

**Übersicht: Zahlungsströme im internationalen Unternehmen**

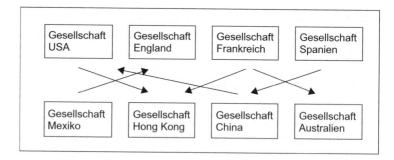

**Zahlungen im Konzernverbund reduzieren**

Als Instrument zur Optimierung spielt Netting (auch grenzüberschreitend in Form von multilateralem Netting) eine bedeutende Rolle. Zielsetzung ist es, Zahlungen innerhalb des Unternehmens auf ein Minimum zu reduzieren.

Unter **multilateralem Netting** versteht man ein System, das Unternehmen die Abwicklung von Konzernforderungen und -verbindlichkeiten an festgelegten Kalendertagen durch die Verrechnung der Einzelbeträge und Zahlung eines Betrages in der lokalen Währung des Teilnehmers ermöglicht.

# 4 Finanzierung im Konzernverbund

**Übersicht: Netting in der Unternehmensgruppe unter Einschaltung eines Netting-Centers (z. B. die Muttergesellschaft)**

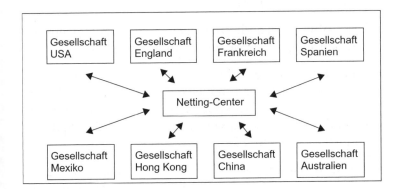

**Vorteile:**

- Zinsoptimierung,
- Einsparung von Bankgebühren,
- Reduzierung von Fremdwährungsrisiken,
- Deutliche Reduzierung des Verwaltungsaufwandes,
- Exaktere Liquiditätsplanung,
- Effizienteres Finanzmanagement.

Die internen Verrechnungskonten werden wie Bankkonten verzinst.

### 4.5.2.3 Zahlungszielpolitik

Die Einräumung von Zahlungszielen bedeutet wie die direkten Formen der Kapitalhingabe (durch Kredite bzw. Darlehen) eine Kapitalbindung bei der Tochtergesellschaft. Sie unterscheidet sich allerdings von dieser eher statischen Form durch ein hohes Max an Flexibilität. Besonders in der Aufbauphase einer Tochtergesellschaft oder wenn diese wesentlich in Handelsgeschäfte eingebunden ist, spielt die Finanzierung über Zahlungsziele eine besondere Rolle. Diesem Finanzierungsinstrument sollte daher besondere Aufmerksamkeit, beispielsweise dokumentiert durch den Erlass von

*Zahlungsziel mit Kredit vergleichbar*

„Richtlinien für die Abwicklung des gruppeninternen Zahlungsverkehrs" gewidmet werden.

Aufbau einer Richtlinie für die Abwicklung des gruppeninternen Zahlungsverkehrs

- **Präambel:** Formulierung der Ziele der Richtlinie, Grundprinzipien sowie des Geltungsbereiches.

- **Netting:** Anzustreben ist das maximale Aufrechnen von Forderungen und Verbindlichkeiten zwischen den Gruppengesellschaften. Banküberweisungen sind (da kostenpflichtig) möglichst zu vermeiden und auf den Spitzenausgleich zu beschränken.

- **Zahlungsziele:** Definition von Zahlungszielen zwischen Mutter und Tochtergesellschaften in Anlehnung an länderspezifische Gegebenheiten.

- **Mahnwesen:** Überfällige Forderungen gegenüber Tochtergesellschaften sind analog Kundenzahlungen anzumahnen.

- **Verzugszinsen:** Ab dem Fälligkeitstag werden nicht bezahlte Außenstände mit Verzugszinsen belegt (Technik: Umbuchung auf separates Finanzkonto; Verzinsung ausgerichtet am Geldmarkt zuzüglich Aufschlag).

- **Währungsrisiko:** Währungsrisiken sind, wenn sinnvoll, weitgehend zu zentralisieren. Aus Sicht der Muttergesellschaft sollte grundsätzlich in der lokalen Währung der Tochtergesellschaft fakturiert werden.

- **Abweichungsregelung:** Es ist zu regeln, wer bei Abweichungen zuständig ist bzw. wer für die Einhaltung der Richtlinie verantwortlich zeichnet.

**Maximale Aufrechnung sinnvoll**

Aus Rentabilitätsgründen sollte grundsätzlich die maximale Aufrechnung von gleichartigen Forderungen und Verbindlichkeiten zwischen zwei Geschäftspartnern (wie unter Abschnitt 4.5.2.2) in der Unternehmensgruppe (Netting) angestrebt werden. Banküberweisungen sind aus Kostengründen sowie drohenden Verlusten von Wertstellungstagen weitestgehend zu vermeiden. Sollten Zahlungstransfers trotzdem stattfinden, sind diese auf dem kostengünstigsten

# 4 Finanzierung im Konzernverbund

Weg abzuwickeln (Vehandlungen mit der Bank über Bankgebühren sowie Wertstellungsusancen).

Die Festsetzung von Zahlungszielen gegenüber Tochtergesellschaften sollte sich idealerweise am durchschnittlichen landesspezifischen Zahlungsverhalten (z. B. bei südeuropäischen Ländern überproportional lange Zahlungsziele) deren Kunden orientieren. Damit können Liquiditätsengpässe bei der Tochtergesellschaft, die aus der zeitlichen Differenz Einkauf/Produktion/Verkauf entstehen, bereits im Ansatz vermieden werden. Ein konsequentes Forderungsmanagement sowie eine periodische Überwachung und Überarbeitung der Zahlungsziele ist unumgänglich.

**Orientierung an Kunden-Zahlungszielen**

## Die Behandlung des Währungsrisikos

Bei Liefer- und Leistungsverflechtungen mit ausländischen Tochtergesellschaften sollte definiert werden, welche Beteiligten das Währungsrisiko zu tragen haben. Analog dem Ansatz bei Konzerndarlehen sollte dabei der Grad der Zentralisation des Fremdwährungsrisikos (z. B. Verlagerung auf die Muttergesellschaft) festgelegt werden. Da insbesondere kleinere Tochtergesellschaften im Ausland nicht über das notwendige Know-how sowie die technischen Möglichkeiten zur Absicherung dieser Risiken verfügen, gibt es wirtschaftlich keinen Sinn, das Währungsrisiko (durch EURO-Kontrahierung) auf die Tochter zu verlagern.

Vielmehr sollte aus Gründen der Transparenz, Aufrechnungsmöglichkeiten sowie zentralem vorhandenen Know-How in der Unternehmensgruppe eine weitestgehende Zentralisation angestrebt werden. Dies gilt weitgehend für Standorte mit konvertiblen Währungen. Als zusätzliches Entscheidungskriterium kann der vorhandene bzw. zu erwartende Cash-Flow der Tochtergesellschaft herangezogen werden.

**Zentralisierung des Währungsrisikos sinnvoll**

**Beispiel: Muttergesellschaft liefert an Tochter auf der Basis USD; Tochter fakturiert an Kunden in USD weiter**

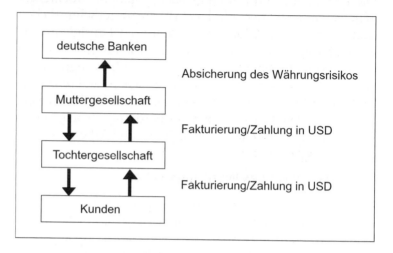

**USD-Fakturierung oftmals anzutreffen**

Mit Tochtergesellschaften, die in Ländern mit nicht konvertiblen Währungen beheimatet sind, kommt oft nur die USD-Fakturierung in Betracht. Damit liegt sowohl ein Währungsrisiko bei der Muttergesellschaft als auch bei der Tochtergesellschaft vor. Die Muttergesellschaft kann dieses Risiko noch relativ preiswert absichern, während die Tochtergesellschaft in Abhängigkeit von der jeweiligen Landeswährung keine oder nur begrenzte Absicherungsmöglichkeiten (z. B. „non deliverable forwards" oder Kreditaufnahmen in lokaler Währung; vgl. hierzu auch Kapitel 3, Abschnitt 3) zu meist hohen Absicherungskosten zur Verfügung stehen.

**Auf Einhaltung der Zahlungsziele achten**

Tochtergesellschaften neigen häufig dazu, die vorgegebenen Zahlungsziele mehr oder weniger deutlich zu überziehen. Dies kommt der Tochtergesellschaft direkt in Form eines sich verbessernden Zinsergebnisses (nicht Betriebsergebnis!) zugute. Aus disziplinarischen Gründen sollten deshalb nicht fristgerecht bezahlte Rechnungen grundsätzlich mit Verzugszinsen (Anwendung des arms-lenght-principle) belegt werden. Der Zinssatz sollte analog der Geldleihe marktgerecht festgelegt werden. Mit verbesserter Bilanzstruktur und Ertragskraft der Tochtergesellschaft sind die Zahlungsziele zu verkürzen, um die Kapitalbindung bei der Muttergesell-

# 4 Finanzierung im Konzernverbund

schaft sowie ein möglicherweise existierendes Währungsrisiko im Konzern zu reduzieren.

## 4.5.2.4 Kredit-Leihe (verbale Finanzierungshilfen)

Finanzierungshilfen werden immer dann von Kreditgebern gefordert, wenn

*Forderung nach Kredithilfen*

- die Eigenkapitalausstattung unzureichend ist,
- die Ertragskraft der Tochtergesellschaft nicht ausreicht,
- die Tochtergesellschaft keine adäquaten Sicherheiten zur Verfügung stellen kann,
- oder die Stellung von Sicherheiten durch die Tochtergesellschaft der allgemeinen Sicherheitenpolitik entgegensteht.

Die Zugehörigkeit zu einer Unternehmensgruppe alleine reicht in der Regel nicht aus (auch wenn diese eine erstklassige Bonität genießt), um lokale Kredite in Anspruch zu nehmen. Eine Ausnahme besteht dann, wenn die Tochtergesellschaft durch Beherrschungs- und Ergebnisübernahmeverträge an die Mutter gebunden ist. Externe Kapitalgeber fordern dann in der Regel schriftliche Bestätigungen (so genannter Konzernrevers), dass diese Verträge nicht aufgehoben werden, solange das Kreditverhältnis besteht.

*Zugehörigkeit zu Konzern nicht ausreichend*

Besteht kein Beherrschungsvertrag, kann die Muttergesellschaft, um externe Kreditgewährungen an bzw. günstige Kreditkonditionen für Tochtergesellschaften sicherzustellen, verbale Finanzierungshilfen leisten.

Bevor Finanzierungshilfen geleistet werden, sollten grundsätzlich akzeptable Besicherungsmöglichkeiten geprüft werden. Damit keine überproportional großen Risiken aus Sicht der Muttergesellschaft aufgebaut werden, ist anzustreben, Finanzierungshilfen auf ein Minimum zu beschränken. Diese sind bei positiver Ertragskraft sowie Bilanzentwicklung der Tochtergesellschaft sukzessive abzubauen.

*Eigene Finanzierungskraft der Tochter nutzen*

Verpflichtungserklärungen sind im Jahresabschluss je nach dem Grad der Verpflichtung bei der Muttergesellschaft als Eventualverbindlichkeiten auszuweisen und zu erläutern.

**Orientierungsgröße Beteiligungsverhältnis**

Sie können in bestimmten Fällen zur Einengung des Kreditspielraumes der Muttergesellschaft führen. Der Umfang sollte sich an den Beteiligungsverhältnissen der Mutter an der Tochter orientieren. Bei Engagements in Schwellen- und Entwicklungsländern ist mit der Übernahme einer derartigen Verpflichtung üblicherweise auch das politische bzw. Transfer-Risiko verbunden. Auch kann von Seiten der Muttergesellschaft in Erwägung gezogen werden, für die Kreditleihe eine Avalprovision (arms-length-principle) der Tochtergesellschaft in Rechnung zu stellen.

**Abgabe von Erklärungen genehmigungspflichtig**

Oftmals ist die Abgabe derartiger Erklärungen nach der Satzung des Unternehmens durch die Aufsichtsgremien genehmigungspflichtig. In jedem Fall ist von Seiten der Muttergesellschaft deshalb in schriftlicher Form zu regeln, wer über die Vergabe von Finanzierungshilfen zu entscheiden hat und über welchen Weg diese auszustellen sind. Ein Einbezug der Rechtsabteilung ist hinsichtlich der Formulierung anzuraten (vgl. hierzu Kapitel 1, Abschnitt 2.3.2 „Kompetenzregelungen").

Verpflichtungserklärungen lassen sich nach dem Grad der Verpflichtung in folgende Gruppen unterteilen:

- Patronatserklärungen,
- Garantien (bzw. in Deutschland Bürgschaften),
- Beherrschungs-/Ergebnisabführungsverträge (Konzernrevers),
- Sonstige verbale Unterstützungen.

**Patronatserklärungen** in der Standardversion (vgl. auf ⊛ unter Nr. 15) sind i. d. R. nicht ausweispflichtig. Sie verpflichten üblicherweise, während der Kreditlaufzeit das Beteiligungsverhältnis an der Tochtergesellschaft direkt oder indirekt (Konzernklausel) aufrecht zu erhalten. Die Mutter bestätigt darüber hinaus, keine Veränderungen in den Beteiligungsrelationen vorzunehmen, ohne den Begünstigten vorher informiert zu haben sowie die Tochtergesellschaft immer kapitalmäßig so auszustatten, dass diese ihren Verpflichtungen aus z. B. Kredit- oder Mietverhältnissen nachkommt. Zahlungsansprüche können daraus nicht abgeleitet werden. Eine besondere Vorsicht sollte bei Patronatserklärungen für Fremdwährungskredite an Auslandstöchter (insbesondere nicht konvertible Währungen) walten (ungeklärte Transferriskofrage).

### 4.5.2.5 Zusammenfassung der Vorteile

Bei der Vergabe von Finanzierungshilfen sollten Vorgehensweise und Praktiken in schriftlicher Form definiert werden. Inhalt und Umfang richten sich an den individuellen Bedürfnissen des Unternehmens aus.

*Schriftliche Definition*

**Praktiken bei der Vergabe von Finanzierungshilfen:**

- Vor Abgabe Prüfung hinsichtlich Plausibilität und Übereinstimmung mit den Richtlinien,
- Wenn möglich bevorzugen von so genannten „weichen" Finanzierungshilfen (z. B. Patronatserklärungen),
- Der Umfang der Erklärung richtet sich am Zweck sowie den Beteiligungsverhältnissen aus,
- Ausnutzung der Größe und des Standings der Muttergesellschaft,
- Rückforderung von Finanzierungshilfen bei verbesserter Bilanzstruktur und Ertragskraft der Tochtergesellschaft.

**Vorteile einer einheitlichen Finanzierungspolitik aus der Sicht der Muttergesellschaft:**

- Stärkung des Eigenkapitals,
- Minimierung der Finanzschulden,
- Limitierung von Finanzanlagen und Forderungen,
- Minimierung des Währungsrisikos,
- Abbau der Finanzierungshilfen.

**Vorteile aus Sicht der Tochtergesellschaften:**

- Limitierung der Kapitalausstattung auf die landesübliche Quote,
- Erlangung eines eigenständigen Kreditstandings,
- Optimierung der Finanzierungskosten,
- Minimierung des Währungsrisikos.

## 4.6 Finanzierungsgrundsätze

**Klarheit und Transparenz**

Schriftlich formulierte Finanzierungsgrundsätze haben den Sinn, die Politik des Unternehmens im Innenverhältnis im Bezug auf eine einheitliche Vorgehensweise hinsichtlich der Finanzierung im Konzern zu dokumentieren. Sie tragen damit zur Klarheit und Transparenz gegenüber den Beteiligten bei.

Nachstehend werden – als Zusammenfassung aus den vorher dargestellten Praktiken und Instrumenten – beispielhaft Themenbereiche aufgelistet, die vom Unternehmen individuell zu definieren und entsprechend zu formulieren sind:

### 4.6.1 Einflussgrößen auf die Eigenkapitalausstattung für Beteiligungen

- Anforderungen aus dem operativen Geschäft hinsichtlich
  - Kapitalintensität (Produktions-, Handels- oder Vertriebsgesellschaft),
- Anzustrebende Bilanzstruktur
- Entwicklungsphase (Gründungsphase; going-concern-Prinzip),
- Anpassung an übliche Bilanzrelationen des jeweiligen Landes/der Branche,
- Währungsrisiko (lokale oder zentrale Finanzierung),
- Ausmaß des Länderrisikos,
- Rückhalt innerhalb des Unternehmensverbundes,
- Ausweitung der Finanzierungsmöglichkeiten durch Fremdmittel.

### 4.6.2 Qualitative und Quantitative Finanzierungsgrundsätze

**Qualitative Finanzierungsgrundsätze für ausländische Tochtergesellschaften:**

- Höhe der Eigenkapital-Ausstattung (Minimum, Maximum),

# 4 Finanzierung im Konzernverbund

- Höhe und Herkunft der Fremdfinanzierung (lokale oder/ und zentrale Finanzierung),
- Zentralisierungsgrad des kurzfristigen Liquiditätsausgleiches (Cash-Management; dezentral, zentral oder Mischform),
- Währung, in der Konzernkredite vergeben werden (lokale Währung, Währung der Muttergesellschaft, Drittwährung),
- Dividendenausschüttung (Höhe der Sollrendite auf Eigenkapital-Buchwert bei der Muttergesellschaft).

## Quantitative Finanzierungsregeln (weitere Ausführungen vgl. Kapitel 4, Abschnitt 2)

- **Gesamtverschuldung und Cash-flow:** Orientierungskriterium Verschuldungsfaktor („In wie viel Jahren kann mit dem verfügbaren Cash-flow die bestehende Verschuldung zurückgeführt werden"),
- **Eigenkapital zu Anlagevermögen:** Orientierungskriterium Fristenkongruenz („Wie viel Anteile des Anlagevermögens sollen durch Eigenkapital gedeckt werden"),
- **Eigenkapital und langfristiges Fremdkapital:** Orientierungskriterium Fristenkongruenz („Eigenkapital und langfristiges Fremdkapital sollen idealerweise das Anlagevermögen sowie den langfristig gebundenen Anteil am Umlaufvermögen decken").

## 4.7 Funktionsweise, Aufgaben und Ausweis von Eventualverbindlichkeiten

Die Kreditleihe spielt im Rahmen der Konzernfinanzierung eine große Rolle. In diesem Zusammenhang werden Patronatserklärungen und Bürgschaften abgegeben, die unter anderem unter den handelsrechtlichen Sammelbegriff „Eventualverbindlichkeiten" einzuordnen sind. Nachstehend wird ein Gesamtüberblick über Haftungsverhältnisse, die vom Unternehmen zur Unterstützung des laufenden Geschäftes benötigt werden, gegeben. Es lässt sich in diesem Zusammenhang nicht vermeiden, dass auch Instrumente, die mit Konzernfinanzierung nicht direkt in Verbindung stehen,

*Überblick über Haftungsverhältnisse*

aufgeführt werden. Detailliert wird auf Funktionsweise, Aufgaben und handelsrechtlichem Ausweis eingegangen. Dieser Abschnitt ist auch als Ergänzung zu den unter Kapitel 2, Abschnitt 3.5 vorgestellten Sicherheitsmöglichkeiten und -instrumente zu verstehen.[30]

### 4.7.1 Schuldverhältnisse und gesetzliche Grundlagen

**Ausweis von Schuldverhältnissen**

Zu Schuldverhältnissen sagt § 251 HGB folgendes aus: „Unter der Bilanz sind, sofern sie nicht auf der Passivseite auszuweisen sind, Verbindlichkeiten aus der Begebung und Übertragung von Wechseln, aus Bürgschaften, Wechsel- und Scheckbürgschaften und aus Gewährleistungsverträgen sowie Haftungsverhältnisse aus der Bestellung von Sicherheiten für fremde Verbindlichkeiten zu vermerken; sie dürfen in einem Betrag angegeben werden. Haftungsverhältnisse sind auch anzugeben, wenn ihnen gleichwertige Rückgriffsforderungen gegenüberstehen."

Die Vorschrift, vorgenannte Haftungsverhältnisse unter der Bilanz auszuweisen, gilt für alle Unternehmen. Unter Haftungsrechte im handelsrechtlichen Sinn müssen alle Verbindlichkeiten auf Grund von Rechtsverhältnissen erfasst werden. Wichtig ist hierbei, dass das Unternehmen nur unter bestimmten Umständen, mit deren Eintritt es nicht rechnet, in Anspruch genommen werden kann. Für den Vermerk reicht nur die Möglichkeit der Inanspruchnahme nicht aus. Die Haftung kann sich dabei sowohl auf das Unternehmen, die Person des Inhabers sowie deren Vermögen erstrecken. Sie kann für eigene oder auch fremde Verbindlichkeiten bestehen.

### 4.7.2 Umfang der Vermerkpflicht

Liegt ein sicherer oder wahrscheinlicher Eintritt der Verpflichtung vor, ist grundsätzlich die **Passivierung** vorgeschrieben (§ 249 HBG). Die unter der Bilanz auszuweisen-

---

[30] Ertl, Eventualverbindlichkeiten, 2000, Weka-Verlag

## 4 Finanzierung im Konzernverbund

den Haftungsverhältnisse grenzen sich demzufolge von den Verbindlichkeiten oder Rückstellungen durch den Grad der Wahrscheinlichkeit der Inanspruchnahme ab. Bei Bestehen eines Haftungsverhältnisses ist im ersten Schritt zu untersuchen, ob nicht eine Passivierung als Verbindlichkeit oder Rückstellung angesetzt werden muss (§ 247 HGB). Ist eine Passivierung erfolgt, entfällt regelmäßig auch der Ansatz bei den Eventualverbindlichkeiten. Wird ein Haftungsrisiko teilpassiviert, so ist nur der nicht passivierte Teil des Haftungsverhältnisses unter der Bilanz auszuweisen.

**Passivierung oder Ausweis „Eventualverbindlichkeiten"**

Es handelt sich stets auch um eigene Haftungsverhältnisse des Unternehmens oder Kaufmanns. Die Haftung Dritter für Verbindlichkeiten des Unternehmens (z. B. Bankgarantien) fallen demzufolge nicht darunter. Dies gilt auch unbeschadet eines Rückgriffsrechtes auf das bilanzierende Unternehmen.

Zum Bilanzstichtag müssen alle bestehenden Haftungsverhältnisse erfasst und vollständig unter der Bilanz angegeben werden. Zusammenfassungen in einem Betrag sind erlaubt. Dieser Grundsatz der Vollständigkeit wird jedoch dahingehend durchbrochen, dass über Haftungsverhältnisse, die selbstverständlich sind oder mit denen nach der Art des Geschäftsbetriebes ohne weiteres gerechnet werden muss (weil diese betriebs- und branchenüblich sind), nicht berichtet werden darf. Hierunter fallen folgende Sachverhalte:

**Ausweis aller Haftungsverhältnisse**

- Gesetzliche Haftungen (z. B. aus Kfz-Haltung),
- Gesetzliche Pfandrechte, die Dritte gegenüber dem Unternehmen geltend machen können (z. B. Vermieter, Spediteure),
- Eigentumsvorbehalte von Lieferanten (§ 455 BGB),
- Haftung aus treuhänderischer Übereignung an das Unternehmen,
- Haftungen auf Grund steuerrechtlicher Vorschriften (z. B. Lohnsteuer).

Dies bedeutet, dass sich die Angabepflicht nur auf besonderen Verhältnissen beruhenden Haftungen, die nicht als bekannt vorausgesetzt werden dürfen, bezieht. Am Bilanzstichtag sind die Haftungsverhältnisse zu vermerken, für die das Unternehmen in voller Höhe haftet (Nominalbetrag) und nicht mit dem Betrag, mit dem eine Inanspruchnahme droht. Zusätzlich sind auch so genannte Nebenkosten (Zinsen, Gebühren), so weit diese am Bilanzstichtag fällig sind, einzubeziehen.

### 4.7.3 Ausweis von Verbindlichkeiten aus der Begebung und Übertragung von Wechseln

**Ausweis Wechselobligo**

Zu vermerken sind hier die Verbindlichkeiten, bei denen es sich um einen Wechsel handelt (vgl. § 1 WG). Als **Wechselobligo** ist demnach das Gesamtvolumen anzugeben, für den das Unternehmen bei der Begebung als Aussteller (§ 9 WG) oder bei der Weitergabe als Indossant (§ 15 WG) bei Nichteinlösung des Bezogenen haftet. Damit werden die auf das Unternehmen möglicherweise zukommenden Regressansprüche aus Wechselgeschäften voll sichtbar gemacht.

Zu erfassen sind alle diesbezüglichen Wechsel, die am Bilanzstichtag noch nicht fällig bzw. eingelöst waren. Die Haftung endet grundsätzlich 5 Tage nach Verfall; bis dahin besteht demzufolge Vermerkpflicht. Nicht ausweispflichtig sind Mobilisierungs- und Kautionswechsel, Depotwechsel sowie Gefälligkeitsakzepte. Hier greift die Passivierungspflicht, wenn es sich um bereits fällige Verbindlichkeiten handelt. Ausweispflichtig sind dagegen Gefälligkeitsindossamente sowie Wechsel, die im so genannten Scheck-Wechsel-Verfahren begeben werden.

### 4.7.4 Ausweis von Verbindlichkeiten aus Bürgschaften, Wechsel- und Scheckbürgschaften

**Definition und Umfang der Bürgschaft**

Als **Bürgschaft** bezeichnet man die Verpflichtung des Bürgen gegenüber dem Gläubiger eines Dritten, für die Erfüllung der Verbindlichkeit des Dritten einzustehen (§ 765 BGB). Hierunter fallen alle Arten von Bürgschaften wie die selbstschuldnerische Bürgschaft, Rückbürgschaft, Gewährleistungsbürgschaft, Vertragserfüllungsbürgschaft, Nachbürgschaft, Ausfallbürgschaft, Kreditbürgschaft, Mitbürgschaft, Höchstbetrag- und Zeitbürgschaft sowie der Kredit-

# 4 Finanzierung im Konzernverbund

auftrag (§ 778 BGB). Bei Wechsel- und Scheckbürgschaften wird die schriftliche Bürgschaftserklärung auf den Wechsel/Scheck oder Anhang gesetzt.

Bürgschaften sind unter Haftungsverhältnissen nur vermerkpflichtig, wenn die Hauptschuld am Bilanzstichtag bestanden hat (akzessorisch). Die Höhe des zu vermerkenden Betrages richtet sich demzufolge nach dem jeweiligen Stand der Hauptschuld am Bilanzstichtag (§ 767 BGB). Dies gilt unabhängig von der Bilanzierung beim Hauptschuldner.

*Bürgschaft ist akzessorisch*

Nicht zu vermerken sind Bürgschaften Dritter (z. B. Banken) zu Gunsten des Unternehmens. Ebenso sind bürgschaftsähnliche Verhältnisse nicht hier, sondern unter den Verbindlichkeiten aus Gewährleistungsverträgen anzugeben. Gleiches gilt für Bürgschaften nach ausländischem Recht (z. B. Garantien), da auf diese die §§ 765 ff. BGB nicht anwendbar sind.

*Bankbürgschaften sind nicht ausweispflichtig*

## 4.7.5 Ausweis von Verbindlichkeiten aus Gewährleistungsverträgen

Es besteht keine gesetzliche Definition für den Begriff „**Gewährleistungsverpflichtung**". Man versteht unter Gewährleistungsverträgen jede vertragliche Verpflichtung, die das Einstehen für einen bestimmten Erfolg oder eine Leistung bzw. den Nichteintritt eines bestimmten Nachteils oder Schadens zum Gegenstand hat und nicht schon unter Verbindlichkeiten aus der Begebung und Übertragung von Wechseln oder Verbindlichkeiten aus Bürgschaften, Wechsel- oder Scheckbürgschaften fällt. Es muss grundsätzlich immer ein Vertrag zu Grunde liegen. Ausgeschlossen sind gesetzliche Gewährleistungen und gesetzliche Haftungen.

Durch den Gewährleistungsvertrag muss eine Eventualverbindlichkeit oder ein Haftungsverhältnis begründet werden. Hierbei ist als Eventualverbindlichkeit eine aufschiebend bedingte Verbindlichkeit zu verstehen, bei der die Bedingung, von der die Wirksamkeit des Schuldverhältnisses abhängt, noch nicht eingetreten ist und mit ihrem Eintritt auch kaum zu rechnen ist. Das Unternehmen muss mit einem zusätzlichen wirtschaftlichen Risiko aus einer bedingten oder sonstigen ungewissen Verbindlichkeit belastet sein. Es kommt dabei im Gegensatz zu den Bürgschaften nicht auf die Existenz einer Hauptschuld an. Verpflichtungen können einerseits unselbstständig (d. h. Bestandteil eines anderen auf eine Leistung oder einen Erfolg gerichteten Vertrages), andererseits aber auch selbstständig (d. h. Gegenstand eines Garantievertrages) sein (z. B. Zahlungsgarantie).

(Siehe hierzu auf ⊛ unter Nr. 16).

Bei der Garantie für eigene Leistungen sind die selbstständigen von den unselbstständigen Garantien zu unterscheiden. Die Zusicherung bestimmter Eigenschaften des Gegenstandes der Lieferung oder Leistung kennzeichnet eine unselbstständige Garantie. Es handelt sich um Bestandteile eines Kauf-, Werk-, Dienst- oder sonstigen Vertrages über ein Produkt bzw. eine Leistung. Vermerkpflichtig ist hier nur der Teil, der über die gewöhnliche Gewährleistung hinausgeht.

**Nicht ausweispflichtige Negativerklärungen**

Selbstständige Gewährleistungsverträge, die sich auf die eigene Leistung beziehen, begründen die Verpflichtung, für einen über die Vertragsmäßigkeit der eigenen Leistung hinausgehenden Erfolg einzustehen. Sie sind vermerkpflichtig, da das Unternehmen durch sie eine zusätzliche, außerhalb des branchenüblichen Risikos liegende Belastung übernimmt. Nicht ausweispflichtig sind in diesem Zusammenhang so genannte Negativerklärungen.

Garantien für fremde Leistungen beziehen sich auf bestehende oder künftige Verbindlichkeiten Dritter gegenüber dem Garantieempfänger. Für deren Erfolg hat das Unternehmen einzustehen, und zwar unabhängig davon, in welcher Rechtsgestaltung diese gekleidet ist, wie sie bezeichnet ist und ob sie mündlich oder schriftlich vereinbart wurde. Ferner spielt es keine Rolle, ob die Gewährleistung fremder Verbindlichkeiten vom Unternehmen direkt übernommen wurde, oder ob Dritte zur Übernahme beauftragt worden sind, eine solche Gewährleistung an dessen Stelle zu übernehmen.

## 4 Finanzierung im Konzernverbund

**Folgende Schuldverhältnisse kommen in Betracht:**

- Freistellungsverpflichtungen jeder Art,
- Haftungsübernahmen,
- Liquiditätsgarantien,
- Werthaltigkeitsgarantien,
- Einstehen für die Bezahlung abgetretener oder verkaufter Forderungen,
- Garantien für die Arbeiten Dritter,
- Hinterlegung von Kautionswechseln,
- Andere Gewährleistungsverträge,
- Schuldmitübernahmen/Schuldbeitritte/Schuldmitübernahme,
- Garantieverträge (hierunter fallen auch so genannte „verunglückte" Bürgschaften, die wegen Formmangels als Bürgschaften im Sinne der §§ 765 BGB nichtig sind),
- Haftungen für Bürgschaften und Garantie Dritter,
- Bürgschafts-, Garantie-, Schuldbefreiungsversprechen,
- Erwerbs- und Abkaufsverpflichtungen,
- Rangrücktritts- und Forderungsrücktrittserklärungen,
- Haftungen für Pensionsanwartschaften (durch Gewährleistungsverträge z. B. bei Verbänden, die den Mitgliedsunternehmen Pensionszusagen erteilt haben),
- Haftungen für laufende Pensionsverpflichtungen (durch eigene Schuldübernahmeverträge z. B. bei Betriebsaufspaltungen oder Ausgliederungen),
- Verpflichtung zum Ausgleich eines negativen cash-flow,
- Ausbietungsgarantie,
- Kursgarantie,
- Dividendengarantie.

Als Sonderform der anderen Gwährleistungsverträge sind die so genannten **Patronatserklärungen** aufzuführen (vgl. dazu auf ⓐ unter Nr. 15). Man versteht hierunter rechtlich

*Sonderform Patronatserklärungen*

**Vermerkpflichtige Patronatserklärungen**

unterschiedliche Erklärungen, mit denen die Muttergesellschaft (Patron) dem Kreditgeber einer Tochtergesellschaft (Dritter) zur Förderung oder Erhaltung der Kreditbereitschaft Maßnahmen oder Unterlassungen in Aussicht stellt oder zusagt. Patronatserklärungen sind **vermerkpflichtig**, sobald diese zwischen der Muttergesellschaft und dem Gläubiger der Tochtergesellschaft bürgschaftsähnliche Rechtsverhältnisse begründen.

**Beispielsweise sind hier aufzuführen:**

- Schuldmitübernahme,
- Freistellungsverpflichtung,
- Haftungsübernahme,
- Kreditauftrag,
- Finanzausstattungsverpflichtung.

**Nicht ausweispflichtige Patronatserklärungen**

Patronatserklärungen sind dagegen **nicht ausweispflichtig**, wenn die Muttergesellschaft ein Wohlverhalten, die Aufrechterhaltung von Unternehmensverträgen oder Gesellschaftsverhältnissen oder auch eine bestimmte Einflussnahme auf die Tochtergesellschaft verspricht und wenn außerdem der Eintritt der Bedingung für die mögliche Inanspruchnahme der Muttergesellschaft in deren freien Belieben steht.

Die Vermerkpflichtigkeit hängt immer vom Verpflichtungsgehalt ab. Diese ist bereits gegeben, wenn der Patron neben dem Schuldner als Gesamtschuldner haftet (BGH vom 30. 1. 1992, DB 1992, 2238).

**Im Einzelnen besteht demnach eine Vermerkpflicht, wenn die Muttergesellschaft zusagt oder die Verpflichtung übernimmt, dafür zu sorgen,**

- die Tochtergesellschaft finanziell so ausgestattet zu halten, dass sie ihren Verbindlichkeiten aus dem Kreditvertrag nachkommen kann,
- die Tochtergesellschaft kapitalmäßig stets ausreichend genug ausgestattet zu halten, dass sie den Verbindlichkeiten gegenüber dem Kreditinstitut in vollem Umfang nachkommen kann.

# 4 Finanzierung im Konzernverbund

**Nicht vermerkpflichtig sind dagegen Zusagen,**

- das Gesellschafterverhältnis nicht zu ändern, solange die Ansprüche aus den Krediten nicht erfüllt sind,
- bei Veräußerung oder Verminderung der Beteiligung den Kreditgeber rechtzeitig zu informieren oder dafür zu sorgen, dass die Forderung des Kreditgebers abgedeckt wird,
- den Unternehmensvertrag (Gewinnabführungsvertrag) mit der Tochtergesellschaft bis zur Rückzahlung des Kredites weder zu ändern noch aufzuheben oder zu kündigen,
- die Tochtergesellschaft dahingehend zu beeinflussen, dass sie ihren Verbindlichkeiten aus dem Kreditvertrag nachkommt,
- Einfluss auf die Tochtergesellschaft geltend zu machen, dass sie so geleitet und finanziell ausgestattet ist, dass sie stets in der Lage ist, ihren Verbindlichkeiten nachzukommen.

## 4.7.6 Ausweis von Haftungsverhältnissen aus der Bestellung von Sicherheiten für fremde Verbindlichkeiten

Sobald das Unternehmen für fremde Verbindlichkeiten Sicherheiten leistet, muss diese Haftung nach § 251 HGB angegeben werden. Hierunter fallen jedoch nicht Sicherheiten für eigene Verbindlichkeiten. Für die Vermerkpflicht kommt die dingliche Sicherung durch eigene Vermögensgegenstände des Unternehmens in Frage:

*Ausweis von fremden Haftungsübernahmen*

- Grundpfandrechte,
- Pfandbestellungen an beweglichen Sachen und Rechten,
- Sicherungsübereignung von Vermögensgegenständen,
- Sicherungsabtretung von Forderungen und sonstigen Rechten,

Der Vermerk ist mit dem Betrag anzusetzen, für den am Bilanzstichtag das Vermögen des Unternehmens zur Sicherung der fremden Verbindlichkeiten haftet. Zeitwert oder Buchwert der Vermögensgegenstände sind nicht maßgebend.

### 4.7.7 Zusammenfassung

Jede der vier Haftungsgruppen ist unter der Bilanz betraglich einzeln aufzuführen. Die allgemeinen Grundsätze des § 265 HGB für die Gliederung der Bilanz sind grundsätzlich auch auf den Vermerk der Haftungsverhältnisse anzuwenden.

**Es gelten dabei folgende Vorschriften:**

- Formelle Stetigkeit,
- Vermerk einer eventuellen Mitzugehörigkeit zu einem anderen Haftungsverhältnis,
- Weitere Untergliederung der Haftungsverhältnisse,
- Hinzufügen neuer Posten, wenn ihr Inhalt nicht von einem vorgeschriebenen Posten abgedeckt wird,
- Anpassung der Bezeichnung der Posten der Haftungsverhältnisse an die Besonderheiten der Kapitalgesellschaft,
- Zusammenfassung von Haftungsverhältnissen,
- Weglassen von Leerposten.

Zusätzlich zur Angabe der aktuellen Haftungszahlen unter der Bilanz sind aus Vergleichsgründen die entsprechenden Vorjahreszahlen mit anzugeben.

## 5 Bankenpolitik

**Vier Bankgruppen**

Die Banken in Deutschland untergliedern sich in vier Gruppen, die unterschiedliche Zielsetzungen verfolgen:

- **Sparkassen:** Schwerpunktmäßig neben der Privatkundschaft auf kleine und mittelständische Unternehmen ausgerichtet; der erwerbswirtschaftliche Gedanke steht etwas zurück; es werden alle Bankgeschäfte betrieben; Spitzeninstitute sind die regionalen Landesbanken (beispielsweise Bayerische Landesbank München).

- **Genossenschaftsbanken:** Erwerbswirtschaftlicher Gedanke steht nicht im Vordergrund; es werden alle Arten von Bankgeschäften betrieben; Hauptziel Steigerung der

# 5 Bankenpolitik

Leistungsfähigkeit der Mitglieder; Spitzeninstitut ist die Deutsche Genossenschaftsbank (DG-Bank) mit Sitz in Frankfurt.

- **Geschäftsbanken:** Es stehen eindeutig erwerbswirtschaftliche Gedanken im Vordergrund; mittlerweile nicht nur nationale, sondern internationale Ausrichtung; starke Konzentrationsprozesse.

- **Spezialkreditinstitute:** Es werden nicht alle Arten von Bankgeschäften betrieben (beispielsweise Teilzahlungsbanken); erwerbswirtschaftlicher Gedanke steht nicht immer im Vordergrund (beispielsweise Kreditanstalt für Wiederaufbau).

Bevor auf die Bankenpolitik des Unternehmens und deren Bestimmungsfaktoren eingegangen wird, muss vorab zum sich gegenwärtig dramatisch verändernden Bankenumfeld Stellung bezogen werden. Die Entwicklungen sind einerseits auf ein agressiveres Anforderungsprofil der Unternehmen sowie andererseits auf einen grundsätzlichen Wandel in der Bankenlandschaft selbst zurückzuführen.

**Veränderndes Bankenumfeld**

## 5.1 Das gegenwärtige Bankenumfeld

Durch die EURO-Einführung kommen auf die Banken eine ganze Reihe von Herausforderungen zu. Von der technischen Seite war die Umstellung der Systeme sicherlich einer der größten Kraftakte, der aber zwischenzeitlich ohne große Störungen, jedoch mit erheblichem Kostenaufwand, bewältigt wurde. Des Weiteren verlieren die Banken einige profitable Geschäftsfelder, wie beispielsweise den Devisenhandel. Diese Situation trifft die europäischen Banken in einem Zeitraum, da diese ohnehin mit sinkenden Zinsspannen und einer Verschlechterung der Ertragslage zu kämpfen haben.

**Verlust von Geschäftsfeldern**

Neben den direkten Konsequenzen kommt auf die Banken noch eine langfristig eintretende strategische Neuausrichtung zu. Einerseits müssen sich die Banken auf veränderte Wünsche und Bedürfnisse der Kunden einstellen (gerade durch das immer größere professionellere Auftreten der Unternehmen werden diese immer anspruchsvoller). Anderer-

**Trend zur Zentralisierung**

seits wird der Wettbewerb noch weiter an Schärfe gewinnen, so dass sich jede Bank entsprechend positionieren muss. Als Konsequenz wird der Bankensektor weiterhin Restrukturierungen vornehmen müssen. Dies wird unweigerlich eine weitere Reduzierung des Überangebotes an Bankdienstleistungen (in erster Linie durch Konzentrationsprozesse; Reduzierung von Filialen) zur Folge haben.

Die Banken werden ihre Aktivitäten in diesem Umfeld nur dann festigen und ausbauen können, wenn es ihnen gelingt, den Herausforderungen des zunehmenden Wettbewerbs sowie der veränderten Markterfordernisse zu begegnen. Nachstehend soll kurz auf die Situation der einzelnen Geschäftsbereiche eingegangen werden.

### 5.1.1 Retail Banking

**Flächendeckendes Angebot**

Unter **Retail Banking** versteht man eine möglichst flächendeckende regionale oder internationale Ausweitung des Angebotes an Bankdienstleistungen. Viele Banken haben in der Vergangenheit den Weg über den Aufbau von Filialnetzen verfolgt.

Die hohen Fixkostenblöcke bei vielen Banken sollten es eigentlich notwendig machen, dieses Konzept weiter zu verfolgen. Damit könnten auch die Kosten auf eine möglichst breite Kundenbasis verteilt werden. Allerdings spricht dagegen, dass die niedrige Rentabilität der Banken vor allem darauf zurück zu führen ist, dass in fast allen europäischen Ländern bereits ein zu dichtes Filialnetz besteht.

**Alternative: Akquisitionen**

Gegen den Aufbau eines europaweiten Filialnetzes aus eigener Kraft sprechen insbesondere die hohen Kosten für Markterschließung und Marktpflege sowie die noch immer in Europa existierenden rechtlichen Barrieren. Die häufig praktizierte Alternative zur Ausweitung des Retail-Geschäftes über den eigenen Markt hinaus ist die Fusion oder Übernahme von Auslandsbanken. Der Vorteil dieser Strategie besteht darin, dass der Erwerber sofort seinen Kundenstamm vergrößert sowie ein bereits funktionierendes lokales Produktportfolio mit einem etablierten Vertriebsnetz übernimmt.

# 5 Bankenpolitik

## 5.1.2 Direktbanken

Bedingt durch die angesprochenen hohen Kosten des Retail-Banking ist ein neuer Trend auszumachen. Die Bankgeschäfte werden nicht mehr von kostenintensiven Filialen sondern über direkte Vertriebsformen abgewickelt. Unternehmen können daraus ihre Vorteile ziehen, da sich hier eine Segmentierung abzeichnet. Einerseits gibt es Anbieter, die die gesamte Palette der Bankdienstleistungen bereitstellen. Andererseits treten zunehmend Nischenanbieter auf, die sich auf eine spezielle Dienstleistung (beispielsweise discount broker) konzentrieren und diese kostengünstiger anbieten können.

*Trend zu direkten Vertriebsformen*

## 5.1.3 Firmenkreditgeschäft

Unternehmen zeigen sich im Umgang mit Bankdienstleistungen immer professioneller und aufgeklärter. Dies äußert sich in einer verstärkten Sensibilität gegenüber Margen und Zinsaufwendungen beziehungsweise -erträgen. Hinzu kommt noch die Möglichkeit der direkten Kreditaufnahme am Finanzmarkt unter Umgehung der Banken (beispielsweise mittels Commercial Paper-Programmen). Als Voraussetzung für ein Unternehmen muss allerdings der direkte Zugang zum Kapitalmarkt (ab einer bestimmten Größenordnung) gegeben sein. Die Banken treten in diesem Zusammenhang immer mehr als Vermittler statt als Kreditgeber auf. Dieser Trend kann als Disintermediation beschrieben werden. Der Aspekt der Beratungsqualität wird in diesem Zusammenhang zunehmend in den Vordergrund rücken.

*Trend zur Vermittlung von Bankdienstleistungen*

## 5.1.4 Investment Banking

Als Ersatz für das ausfallende Kreditgeschäft richten die Banken zunehmend ihre Aktivitäten auf den lukrativen Bereich, den Kunden bei Geldanlagen zu beraten und zu unterstützen, aus. Auch der damit in Verbindung stehende M&A-Markt (Mergers & Akqisitions; Markt für Unternehmenskäufe beziehungsweise Verkäufe) wird weiter an Attraktivität gewinnen. Dieser Bereich setzt jedoch hohe Zugangsvoraussetzungen im Hinblick auf Expertisen und insbesondere qualitativ ausgebildetem Personal voraus. Nicht nur die

*Suche nach neuen Geschäftsfeldern*

Eintrittshürden und der Konkurrenzdruck sind beim Investment Banking hoch. Auch die Erträge weisen eine wesentlich höhere Volatilität als Erträge aus dem traditionellen Bankgeschäft auf.

### 5.1.5 Asset Management

**Große Wachstumschancen**

Im Geschäftsfeld der professionellen Vermögensverwaltung werden die größten Wachstums- und Ertragschancen erwartet. Durch den Trend zur Deregulierung in Europa in Verbindung mit Überlegungen zur Neuordnung der Altersversorgung sowie der noch weiter zunehmenden Liquiditätssitutation besteht eine hohe Nachfrage nach qualitativer Vermögensberatung und -anlage. Allerdings stoßen die Banken hier auf erhebliche Nicht-Banken-Konkurrenz.

### 5.1.6 Zusammenfassung

Die zahlreichen Finanzinnovationen der letzten Jahre haben die Palette der Bankdienstleistungen erweitert und zu speziellen Leistungsprofilen geführt. Jedes einzelne Institut hat die Notwendigkeit, auf der Basis einer Analyse der jeweiligen Kernkompetenzen sich sein eigenes Profil zu geben. So werden beispielsweise kleinere Institute, die eine breite Palette standardisierter Produkte anbieten, einem starken Fusionsdruck unterliegen. Dieser zeichnet sich allmählich auch bei größeren Instituten ab.

**Kritische Schwellenwerte**

Wichtiges Kriterium ist dabei, dass es für bestimmte Bankdienstleistungen kritische Schwellenwerte gibt. Werden diese nicht erreicht, muss auch über Auslagerungen (beispielsweise technologie-intensive back-office-Aktivitäten) nachgedacht werden. Als Ergebnis daraus bilden sich immer mehr Stärken-/Schwächen-Profile einzelner Banken oder Bankgruppen heraus, die bei der gezielten Auswahl seitens der Unternehmen als Maßstab herangezogen werden können. Insbesondere Nischenanbieter können auf Grund ihres optimalen Preis-/Leistungsniveaus für Unternehmen somit eine echte Alternative zu Universalbanken darstellen.

# 5 Bankenpolitik

| Banktyp | Vorzüge | Hauptprobleme |
|---|---|---|
| **Charakteristika der Bank-Grundtypen** | | |
| Investmentbank (angelsächsischer Typ) | • Effizienz und Know-how durch Spezialisierung<br>• günstige Kostenstruktur | • Krisenanfälligkeit<br>• starke Abhängigkeit des Ergebnisses von Kapitalmarktentwicklung |
| Universalbank traditionellen Typs | • kundenfreundlich: „Vieles aus einer Hand"<br>• einfaches Cross-Selling<br>• wenig krisenanfällig | • Investmentbanking unterentwickelt<br>• oft zu klein, um auf allen Gebieten leistungsfähig zu sein<br>• ungünstiges Produktportfolio |
| Universalbank neuen Typs | • „Alles Wichtige aus einer Hand"<br>• geringe Krisenanfälligkeit durch starke Risikostreuung<br>• relativ gleichmäßige Ergebnisentwicklung durch Diversifikation | • Holdingstruktur kann Cross-Selling erschweren<br>• ständige Analyse des Produkt-Portfolios notwendig |
| Spezialbank | • Effizienz und Know-how durch Spezialisierung<br>• günstige Kostenstruktur | • Krisenanfälligkeit<br>• Ergebnis stark von einzelnem Produkt/Sparte etc. abhängig |

**Vorzüge und Probleme der einzelnen Banktypen**

Abbildung 18: Charakteristika der Bank-Grundtypen
(Quelle: Dresdner Bank)

## Die Universalbank neuen Typs

MK = Mittelständische Kunden
GK = Großkunden
PF = Projektfinanzierungen
DB = Direktbank
SG = Standortgeschäft
BG = Beratungsgeschäft

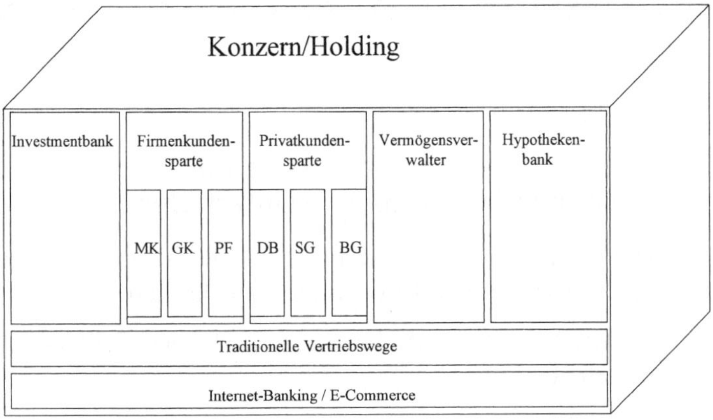

Konzern/Holding

| Investmentbank | Firmenkundensparte | Privatkundensparte | Vermögensverwalter | Hypothekenbank |

MK | GK | PF | DB | SG | BG

Traditionelle Vertriebswege

Internet-Banking / E-Commerce

Abbildung 19: Die Universalbank neuen Typs

## 5.2 Die Beziehung zwischen Bank und Unternehmen

### 5.2.1 Vorbemerkungen

**Vom Verkäufer- zum Käufermarkt**

Der Markt für Bankdienstleistungen hat sich eindeutig von einem Verkäufer- zu einem Käufer-Markt entwickelt. Die Banken tragen dieser Situation Rechnung durch eine intensivere Betreuung bestehender beziehungsweise potenzieller Kundenbeziehungen. Dazu addiert sich noch ein wesentlich höherer Transparenzgrad des Unternehmens im Hinblick auf Bankdienstleistungen. Dies ist in erster Linie auf eine professionellere Vorgehensweise bei den Unternehmen (der Kunde wird anspruchsvoller) sowie verbesserte Kommunikations- und Informationstechnologien (beispielsweise die Überprüfung von Preisstellungen) zurückzuführen.

**Trend zur Reduzierung von Bankverbindungen**

Bedingt durch unterschiedliche Stärken-/Schwächenprofile war in der Vergangenheit eher das auf die effiziente Abwicklung von Einzeltransaktionen ausgerichtete „**transaction-banking**" vorzufinden. Bei den Unternehmen lässt sich jedoch gegenwärtig wieder ein ausgeprägter Trend in Richtung des „**relationsship-banking**" (Ausnutzung des gesamten Dienstleistungsangebotes einer Bank) feststellen. Dies stellt jedoch an die Banken höhere Anforderungen im Bezug auf Beratungsaufwand. Ein weiterer Trend liegt eindeutig noch in Richtung einer Verminderung der Anzahl der Banken vor.

### 5.2.2 Gestaltung und Steuerung der Bankverbindungen im Unternehmen

Unternehmen haben in diesem Zusammenhang mehr oder weniger ausgeprägte Anforderungen an Banken.

**Der Managementansatz ist dabei auf zwei Teilziele ausgerichtet:**

- Überprüfung und Pflege der bestehenden Bankverbindungen,
- Auswahl neuer Bankverbindungen.

# 5 Bankenpolitik

**In diesem Zusammenhang werfen sich eine Reihe von Fragen auf, die zum Inhalt des Management-Ansatzes werden:**

- Wer entscheidet über die Aufnahme neuer Bankverbindungen?
- Nach welchem Kriterium werden neue Bankverbindungen ausgewählt?
- Passen die bestehenden Bankverbindungen noch zum Bedarf des Unternehmens?
- Welchen Nutzen bringt eine Bankverbindung?

Im Vordergrund steht die Frage nach dem Nutzen von Bankverbindungen. Einer Bank ist in der Regel der Ergebnisbeitrag mit einem Kunden bekannt. Das entsprechende Pendant fehlt auf Unternehmensseite. Es muss daher die Forderung nach einem System zur Steuerung der Bankverbindungen erhoben werden, das zum Ziel hat, die Gesamtkosten zu senken sowie den Gesamtnutzen einer Bankverbindung zu erhöhen.

*Der Nutzen von Bankverbindungen*

## 5.2.3 Die finanzwirtschaftlichen Ziele

Die Auswahl von Bankverbindungen richtet sich nicht nur nach dem Kriterium der Gestaltung von Konditionen. Die Entscheidungen werden vielmehr von der Tatsache beeinflusst, inwieweit eine Bankverbindung das Unternehmen bei der Erreichung seiner übergeordneten Ziele zu unterstützen vermag.

*Unterstützung bei Zielerreichung*

**Aus finanzwirtschaftlicher Sicht sind hier die drei übergeordneten Primärziele**

- Liquiditätserhaltung,
- Rentabilitätsmaximierung und
- Risikominimierung

zu nennen. Daraus leiten sich so genannte derivative oder Sekundär-Ziele (Anforderungen an die Gestaltung der Bilanzstrukturen) ab. Wenn es gelingt, die Primär-Ziele zu erfüllen, werden gleichzeitig auch die Sekundärziele erreicht.

**Messung der Zielerreichung**

Die quantitative und qualitative Zielerreichung kann in der Regel laufend gemessen werden. In diesem Zusammenhang muss allerdings darauf hingewiesen werden, dass durch eine entsprechende Bankenauswahl auch die Erreichung von nicht-monetären (zumindest nicht sofort messbaren) Zielen wie beispielsweise Imageförderung und Prestige deutlich unterstützt werden kann.

### 5.2.3.1 Ziel: Liquiditätserhaltung

**Zur Zielerreichung müssen folgende Aufgaben erfüllt werden:**

- Anlage beziehungsweise Auflösung von Liquiditätsreserven,
- Maßnahmen der Kapitalbeschaffung (Ausnutzung/Erweiterung bestehender Kreditlinien, Etablierung neuer Bankverbindungen),
- Rollierendes Cash-Management/-Controlling.

Ein direkter alleiniger Zugang zum Kapitalmarkt wäre für das Unternehmen zwar möglich, ist jedoch aufgrund einer Reihe von Gründen nicht sinnvoll (beispielsweise fehlende Flexibilität, zunehmende Kontrahentenausfall-Risiken bei Geldgeschäften zwischen Unternehmen).

**Laufende Präsenz**

Unternehmen sollten sich deshalb die finanzielle Flexibilität durch regelmäßige Kontakte sowohl mit bestehenden als auch mit potenziellen Bankverbindungen aufrecht erhalten (regelmäßige Präsenz in der „Financial Society"). Dies kann beispielsweise bei unvermutet auftretendem Kapitalbedarf (Akquisitionen, Restrukturierungen) von Vorteil sein.

### 5.2.3.2 Ziel: Rentabilitätsmaximierung

**Das Ziel kann wie folgt umschrieben werden:**

- Maximierung von Anlageerträgen,
- Minimierung von Refinanzierungskosten.

Die Rentabilitätsmaximierung wird von einer Reihe von Einflussfaktoren bestimmt, die einerseits im Einflussbereich des Unternehmens liegen, andererseits direkt von der Auswahl der Bankverbindungen abhängen.

## 5 Bankenpolitik

**Einflussfaktoren:**

- Skaleneffekte (beispielsweise Zentralisierung der Bankpolitik im Konzern, ein Ansprechpartner),

- Optimierungseffekte durch zunehmende Volumina (relativ leichte Umsetzung durch zentrale Abwicklung der Finanzgeschäfte in einem Konzern),

- Standing und Bonität des Unternehmens (beispielsweise laufende Kontaktpflege),

- Cross-Selling-Möglichkeiten (große Geschäftsvolumina in einer speziellen Bankdienstleistung können zur Optimierung der Konditionengestaltung bei anderen, kleineren Geschäftsfeldern benutzt werden),

- Refinanzierungsmöglichkeiten der Bank (manche Banken/Bankengruppen sind auf Grund ihres Refinanzierungspotenzials in der Lage, optimalere Kreditkonditionen zu stellen),

- Kapitalverwendungsmöglichkeiten der Bank (manche Banken/Bankengruppen sind auf Grund ihrer Struktur grundsätzlich auf der Suche nach Liquidität; dies führt zu optimaleren Anlagekonditionen),

- Grundsätzliches Interesse an einer Geschäftsbeziehung (Banken, die versuchen, mit dem Unternehmen neu in das Geschäft zu kommen, kalkulieren Bankdienstleistungen oftmals besonders knapp),

- Bonität der Bank (auch Banken weisen eine unterschiedliche Bonität auf; dies führt dazu, dass Banken mit geringerer Bonität höhere Anlagesätze bieten müssen, um Geld aufzunehmen).

Vorgenannte Punkte zeigen ein Dilemma auf: Einerseits ist die Abhängigkeit von einer Bank vor dem Hintergrund „Aufrechterhaltung der Flexibilität" zu vermeiden. Andererseits führt dies jedoch zur Kapitalzerstreuung und damit wieder zu Rentabilitätsnachteilen.

### 5.2.3.3 Ziel: Finanzwirtschaftliche Risiken minimieren
**Der Finanzbereich verfolgt hier folgende Ziele:**

- Minimierung von Fremdwährungs-/Zinsänderungs- und Bonitätsrisiken,

- Risikominimierung durch Bonitätsprüfung und Streuung der Geschäfte auf mehrere Bankverbindungen,

**Erarbeitung Stärken-/Schwächen-Profil**

Hierbei entsteht jedoch wieder die unter Abschnitt 5.2.3.2 beschriebene Konfliktsituation Abhängigkeit versus Rentabilität. Bei der Anlage von Geldern steht beispielsweise dem Risikovermeidungsaspekt die Forderung nach Kapitalagglomeration gegenüber. Daraus leitet sich die später noch zu behandelnde Forderung ab, für jede Bank ein Stärken-/Schwächen-Profil zu erarbeiten. Gute Banken können nicht auf allen Gebieten gleich gut sein, da ihre innere Struktur von bestimmten Aufgabenstellungen und Zielsetzungen bestimmt wird.

## 5.3 Formulierung der Rahmenbedingungen

Damit vorgenannte Ziele erreicht werden können, sind eine Reihe von Maßnahmen zu ergreifen. Bevor damit begonnen wird, sind zuerst die Rahmenbedingungen und Leitlinien möglichst in schriftlicher Form zu dokumentieren.

### 5.3.1 Unternehmensphilosophie und Leitlinien

**Gezielte Bankenauswahl**

Für die Erreichung der finanzwirtschaftlichen Ziele des Unternehmens sind unter anderem eine gezielte Auswahl, Pflege und laufende Bewertung der Bankverbindungen erforderlich. Die Anforderungen des Unternehmens orientieren sich dabei nicht nur an den Konditionen, sondern vielmehr an der Bank als kompetenter Partner am Markt. Die Marktposition des Unternehmens sowie die durch Informations- und Kommunikationsmöglichkeiten erhöhte Markttransparenz sind effizient auszunutzen. In Abhängigkeit der Produktpalette besteht gegebenenfalls von Seiten des Unternehmens die Möglichkeit zu Gegengeschäften.

Bankverbindungen sind in der Regel über Jahre hinweg gewachsen und aufgebaut worden. Die meisten Unternehmen

# 5 Bankenpolitik

verfolgen hier nicht die Politik (wie bei anderen Geschäftsbeziehungen), mit den Banken zusammen zu arbeiten, die das beste Angebot unterbreiten und demzufolge zu wechseln, sooft es sich lohnt. Vielmehr wird eine Bankverbindung vorerst beibehalten und erst bei schwerwiegenden Gründen (beispielsweise nachlassende Leistungsfähigkeit) aufgegeben.

Auch haben sich aus der Historie heraus wenige so genannte Kern- oder Hausbanken („**Core-banks**") etabliert, die einen großen Anteil der Bankgeschäfte abdecken. Unternehmen pflegen hier, sich weitgehend an der 20:80-Regelung auszurichten. Mit 20% der Banken werden 80% der Bankdienstleistungen abgewickelt. Mit diesen Banken wird traditionell relations-ship-Banking intensiv betrieben. Die restlichen Banken werden dagegen oftmals transaktionsorientiert eingesetzt und decken bestimmte Dienstleistungsnischen ab.

**20:80-Regelung bei Bankverbindungen**

Die zahlreichen Finanzinnovationen der letzten Jahre haben die Palette der Bankdienstleistungen erweitert und zu speziellen Leistungsprofilen geführt. Dadurch bilden sich immer mehr Stärken-/Schwächen-Profile bei einzelnen Banken heraus, die bei der gezielten Auswahl als Maßstab herangezogen werden können. Einige so genannte „Herausforderer-Banken" zeichnen sich durch kreative Ideen und Leistungsvorschläge sowie einen relativ guten Kenntnisstand über das Unternehmen aus. Diese versuchen, den Platz von angestammten Bankverbindungen einzunehmen beziehungsweise diese zu verdrängen.

**Entwicklung spezieller Leistungsprofile**

Zur Durchführung dieser Aufgabe sollte von Seiten der Geschäftsleitung eindeutig formuliert werden, wie die Bankenpolitik im Unternehmen zu steuern ist. Mit einem eindeutig definierten schriftlichen Ansatz werden Kompetenzen abgegrenzt, Zuständigkeiten geordnet und damit der Versuch unternommen, den Nutzen aus Bankverbindungen zu steigern. Zielsetzung muss es sein, die Qualität der Bankdienstleistungen und deren Kosten durch die Anwendung geeigneter Instrumente zu optimieren.

### 5.3.1.1 Formulierungsbeispiele zur Unternehmensphilosophie

- „Auswahl der für den Industriezyklus sowie die zukünftige internationale Ausrichtung des Unternehmens passenden Banken unter Nutzung der Vorteile aus dem Bankenwettbewerb",

- „Aufbau eines langfristigen, partnerschaftlichen Verhältnisses, dass von Qualität und gegenseitigem Vertrauen sowie kontinuierlicher Kommúnikation geprägt wird (relationsship-banking)",

- „Durch effiziente Steuerung der Bankverbindungen Sicherstellung der wichtigsten finanzwirtschaftlichen Ziele, ohne die finanzielle Flexibilität aufzugeben",

- „Die Zusammenarbeit mit mehreren Banken/Bankgruppen anzustreben, um die finanzielle Unabhängigkeit zu gewährleisten".

### 5.3.1.2 Definition sonstiger Ziele

- Reduzierung/Straffung der Bankverbindungen auf einen überschaubaren und leistungsfähigen Kreis schlagkräftiger Banken,

- Schaffung einer ausgewogenen Struktur von Hauptbankverbindungen und Nebenbankverbindungen,

- Steuerung der operativen Bankverbindungen entsprechend der 20:80-Regelung,

- Hauptbankverbindungen sollten gleichzeitig den Status von Konzernbanken haben (konzernübergreifend mit einheitlicher Konditionenstruktur),

- Dokumentation dieses Status durch Einräumung entsprechender Kreditlinien,

- Zentrale Erfassung und Steuerung der Bankverbindungen in Bezug auf Umfang, Konditionen und wirtschaftlichen Nutzen,

- Herstellung eines ausgewogenen Geschäftsvolumens pro Bankengruppe von risikolosen, risikobehafteten und schwierigen Geschäften sowie Sonderdienstleistungen,

# 5 Bankenpolitik

- Bessere Gestaltung von Konditionen durch gebündelte Abnahme unterschiedlicher Bankdienstleistungen,
- Laufende Bewertung der Bankverbindung und laufende Überprüfung vorgenannter Struktur,
- Angleichung aller Konditionen im Konzern auf der Grundlage des finanziellen Standings des Konzerns und der Haftungsfunktion der Muttergesellschaft.

**Die Steuerung der Bankverhandlungen:**

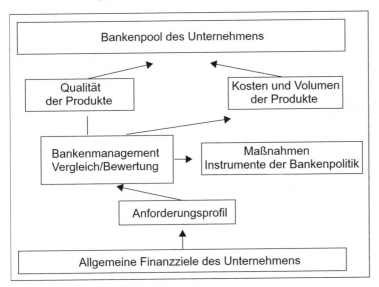

## 5.3.1.3 Orientierung der Bankenpolitik

Die Formulierung und Durchführung der Bankenpolitik hat sich zu orientieren an den finanzwirtschaftlichen Leitlinien und Finanzierungsbedürfnissen auf Grund der operativen Betätigung des Unternehmens unter Beachtung von Kosten- und Sicherheitsaspekten sowie deren Optimierung.

*Ausrichtung an finanzwirtschaftlichen Leitlinien*

Beispielsweise sind hier zu nennen:

- Sicherung der jederzeitigen Zahlungsbereitschaft des Gesamtunternehmens beziehungsweise jedes einzelnen Mitgliedsunternehmens,
- Bereitstellung von benötigtem Kapital auf regionaler und internationaler Ebene durch Vemittlung auf nationalen/ internationalen Kapitalmärkten,

- Nutzung lokaler Finanzierungsmöglichkeiten bei Direktinvestitionen,

- Einsatz innovativer Finanzierungs- und Sicherungsinstrumente,

- Optimale Anlage der liquiden Mittel des Konzerns.

### 5.3.2 Der Bedarf des Unternehmens

**Unterschiedlicher Bedarf an Bankdienstleistungen**

In Abhängigkeit von Internationalisierungsgrad und Größenordnung haben Unternehmen unterschiedlichen Bedarf an Bankdienstleistungen. Diese Anforderungen ergeben sich aus zu erwartenden Finanztransaktionen und sind in den meisten Fällen nicht von speziellen Banken abhängig.

**Die wichtigsten Bankdienstleistungen eines Unternehmens:**

- Einlagengeschäft (Sicht-/Termineinlagen),

- Wertpapiergeschäft (Effekten, Emissionen usw.),

- Kurz- und mittelfristige Finanzierung (inclusive Kreditlinien),

- Langfrist-Finanzierung,

- Zinstermin- und Optionsgeschäfte,

- Auslandsgeschäfte (Auslandszahlungsverkehr, Dokumentengeschäft, Exportfinanzierungen, Devisengeschäfte),

- EDV-Unterstützung (Datenträgeraustausch, Online-Banking, EDIFACT, Electronic-Banking),

- Weitergehende Beratungsleistungen (Subventionen, Kooperationspartner, Beteiligungskapital, Spezialfinanzierungen usw.),

- Cash-Management (Inlandszahlungsverkehr, Kontoclearing usw.).

# 5 Bankenpolitik

## 5.3.3 Bestimmungsfaktoren der Wettbewerbsposition einer Bank

Zur Bestimmung der Leistungsfähigkeit einer Bank kann auf eine Reihe von Kriterien zurückgegriffen werden. Von der Bewertung dieser Kriterien sind grundsätzlich die Entscheidungen über das Beibehalten einer Bankverbindung sowie die Neuaufnahme abhängig. Des Weiteren werden daran auch die Zuweisungen von Geschäftsvolumina geknüpft.

**Leistungsfähigkeit einer Bank**

### 5.3.3.1 Allgemeines Anforderungsprofil

Dieses Anforderungsprofil geht von der Bank als Gesamtunternehmen aus:

- Größe der Bank,
- Nationale und internationale Präsenz (Zweigniederlassungen, Repräsentanzen),
- Kundenbasis,
- Qualität der Mitarbeiter,
- Standing (Bonität/Rating) der Bank,
- Einlagenstruktur/Refinanzierungsmöglichkeiten,
- Internationales Know-how,
- Banktyp,
- Nationale Bankenaufsicht.

### 5.3.3.2 Individuelles Anforderungsprofil

Hier kann von Seiten des Unternehmens bereits eine Priorisierung erfolgen.

**Auswahlkriterien**

**Beispielsweise:**

- Priorität 1: Schnelligkeit, Flexibilität, Präzision,
- Priorität 2: Beratungsqualität,
- Priorität 3: Zins- und Gebührenstruktur (Transparenz, Effizienz),
- Priorität 4: Breite und Tiefe des Leistungsangebotes (Schlagkraft der gesamten Organisation),

- Priorität 5: Präsenz (regional, international),
- Priorität 6: Sicherheit (Bonität, Rating, Einlagensicherungsfonds),
- Priorität 7: Risikobereitschaft.

**Schlüsselfunktion: Kundenbetreuer**

Insbesondere der Beratungsqualität kommt eine große Bedeutung zu. Eine Schlüsselposition hat in diesem Zusammenhang die Person des **Kundenbetreuers (Relationsship-Managers)**, der die Bank gegenüber dem Unternehmen repräsentiert. Dieser muss über eine Reihe von Eigenschaften verfügen, die teilweise mit nachstehenden Kriterien übereinstimmen sollten.

**Die Qualität wird von einer Reihe von Kriterien beeinflusst:**

- Fachkompetenz und Erfahrung (persönliches Vertrauensverhältnis),
- Kontinuität in der Betreuung,
- Kreativität und Eingehen auf individuelle Probleme (Lieferung maßgeschneiderter Problemlösungen),
- Aktives Zugehen auf den Kunden (günstige Konditionengestaltung),
- Persönliche und individuelle Beratung (laufender und enger Kontakt),
- Angenehme Verhandlungsatmosphäre,
- Unbürokratischer Abwicklungsstil (schnelle Ergebnisse bei dringenden Anfragen).

Eine erstklassige Bankverbindung zeichnet sich insbesondere durch Kompetenz, Flexibilität, Kreativität und Kooperationsfähigkeit im Hinblick auf Produkt und Service und eine positive Einstellung zu Problemlösungen aus.

### 5.3.3.3 Gesamtüberblick und Checkliste

**Check-Liste zur Bewertung bestehender beziehungsweise Auswahl neuer Bankverbindungen:**

- Bankentyp (Stellung im Land, weltweite Präsenz, Korrespondenznetz, Bonität, Rating),

## 5 Bankenpolitik

- Transparenz im Bezug auf die Bankdienstleistungen,
- Schlagkraft der gesamten Organisation,
- Spezielle Präsenz in den Finanzmärkten
  - Kapitalmarkt: Erfahrungen und Platzierungskraft in allen großen nationalen und internationalen Märkten, Beurteilung der gegenwärtigen und künftigen Marktsituation, Kreativität und Flexibilität, Bezug zum Unternehmen,
  - Geldmarkt: Aktivitäten, Alternative Finanzierungs- und Anlageformen, Derivate,
- Sonderfinanzierungen
  - Leasing: Know-how von nationalen und internationalen Leasingkonstruktionen (zuständig: Tochtergesellschaften von Banken),
  - Projektfinanzierung: Kenntnis, Engagement sowie praktische Erfahrungen,
- Akquisitionen (Zugangsmöglichkeiten zu potenziellen „Ziel"-Kandidaten, Know-how bei der Anbahnung und Durchführung),
- Länderrisiken (Kenntnis, Übernahmebereitschaft von Risiken, Konditionen und besondere Beziehungen zu bestimmten Ländern),
- Service-Leistungen (Kenntnisse über das Unternehmen sowie das relevante, bankbezogene Umfeld, Konkurrenzsituation, Risiko-Umfeld und -management, EDV-Service und Berichtssysteme, Betreuung, Persönlichkeit und Kompetenz des Account-Managers, Kontinuität in der Betreuung),
- Qualitätsmanagement der Bank (Mehrung des unternehmensindividuellen Nutzens, Kompetenz, Flexibilität und Kooperationsfähigkeit im Hinblick auf Produkt und Service und positive Einstellung zu Möglichkeiten der Problemlösung, Schnelligkeit in der Entscheidungsfindung und Leistungsbereitschaft),
- Grad der Kundenorientierung (Know-how und Kompetenz im Leistungsangebot).

## 5.4 Die Instrumente der Bankenpolitik

**Einrichtung eines Steuerungssystems**

Die Einrichtung eines Gestaltungs- und Steuerungs-Systems für Bankverbindungen sollte zweckmäßigerweise in einem eigenen Handbuch festgelegt werden. Diese Forderung ist insbesondere für Unternehmensgruppen zu erheben, die weltweit mit verschiedenen Banken/Bankgruppen (auch in exotischen Ländern) zusammenarbeiten.

### 5.4.1 Definition von einheitlichen Richtlinien

**Schriftliche Dokumentation**

Zentral vorgegebene Richtlinien müssen allgemein gehalten werden, um die individuellen Anforderungen der jeweiligen Tochtergesellschaft auch mit abdecken zu können. Gleichzeitig muss den dezentralen Einheiten aufgezeigt werden, wie diese Richtlinien im konkreten Fall umzusetzen sind. Eine schriftliche Dokumentation der Bankpolitik sowie die Einrichtung eines PC-gestützten Informationssystems zur Erfassung und Dokumentation aller individuellen Bankdaten (Bank, Ansprechpartner, Konditionen etc.) sind notwendig.

### 5.4.2 Allgemeine Round-Table-Gespräche (Strategie-Gespräche)

**Persönlicher Kontakt wichtig**

In größeren zeitlichen Abständen sind persönliche Gespräche zwischen Unternehmen und Bank zu führen. Gesprächspartner ist in der Regel der Account-Manager (Vermittler und Bindeglied zwischen Bank und Unternehmen). Leistungsangebot und Bedarf des Unternehmens sind aufeinander abzustimmen. Organisatorische/personelle Veränderungen sind genauso wie Veränderungen in der Unternehmenspolitik und Firmenphilosophie zu besprechen.

### 5.4.3 Regelmäßige Follow-up-Gespräche

Auf das Gespräch mit dem Bankbetreuer sollte sich das Unternehmen entsprechend vorbereiten. Dies gilt auch für Gesprächsrunden auf Geschäftsführungsebene. Ein Briefing in Steckbrief-Form ist sinnvoll.

## 5 Bankenpolitik

**Beispiel:**

| Informationen zum Bankbesuch | |
|---|---|
| Besuch am | .................. |
| Bank | .................. |
| Teilnehmer Bank | .................. |
| Teilnehmer Unternehmen | .................. |
| Allgemeine Gesprächspartner der Bank | Titel/Funktion |
| .................. | .................. |
| .................. | .................. |
| .................. | .................. |
| .................. | .................. |
| Geschäftstätigkeit | |
| .................. | |
| .................. | |
| .................. | |
| Kreditlinien | Ausnutzung |
| .................. | .................. |
| Bemerkungen | |
| .................. | |
| .................. | |

Der Inhalt des Gespräches ist schriftlich zu dokumentieren (Inhalt, Aktivitäten, Ziele), den betroffenen Personen im Unternehmen zur Kenntnis zu bringen und zu archivieren.

**Beispiel:**

```
┌─────────────────────────────────────────────────┐
│            Bericht zum Bankenbesuch             │
│  Ort/Datum              ................        │
│  Teilnehmer extern:     ................        │
│  Teilnehmer intern:     ................        │
│  Kopie an:              ................        │
│  Besprechungsgrund:     ................        │
│  Inhalt:                ................        │
│                         ................        │
│                         ................        │
│  Aktivitäten:............      zu erledigen bis/von: │
│                         ................        │
└─────────────────────────────────────────────────┘
```

**Regelmäßige Follow-up-Gespräche**

Follow-up-Gespräche sollten mindestens zwei mal pro Jahr stattfinden.

**Inhalt:**

- Kurzer Überblick über die gegenwärtigen Geschäftstätigkeiten der Bank/des Unternehmens und mögliche Veränderungen in der Organisation,

- Besprechung von laufenden Projekten (Serviceleistungen) im Sinne eines Follow-up,

- Hinweise auf die augenblicklichen Tätigkeitsschwerpunkte der Bank,

- Abgleich von aktuellen Leistungsangeboten und des Finanzierungs-, Anlage- und Servicebedarfes des Unternehmens unter Berücksichtigung der Unternehmensziele,

- Offene Besprechung von Stärken/Schwächen/Kritikpunkten,

- Hinweis auf neu gewonnene Expertisen.

# 5 Bankenpolitik

**Zielsetzung des Bankgespräches:**

- Steigerung des Kunden-Nutzens,
- Verbesserung der gegenseitigen Kommunikation (insbesondere im Hinblick auf die Beurteilung des Leistungsvermögens der Bank),
- Erkenntnisse der Bank über die Strategie des Unternehmens.

## 5.4.4 Bonitätsbeurteilung der Banken

Der Vergabe von Krediten unter Geschäftspartnern geht in der Regel eine Bonitätsbeurteilung des Kreditnehmers sowie die Einräumung einer Kreditlinie voraus. Die gleiche Vorgehensweise sollten Unternehmen durchführen, wenn sie Geldanlagen bei Banken tätigen.

*Bonitätsbeurteilung vornehmen*

**Bei der Beurteilung einer Bank hinsichtlich Bonität und Standing bieten sich zwei Kriterien an:**

- Zugehörigkeit zum Einlagensicherungsfonds (inländische Banken) oder
- individuelles Rating (Auslandsbanken).

Alle deutschen Banken sind Mitglieder im Einlagensicherungsfonds. Dieser Fonds übernimmt bei Zahlungsunfähigkeit der Bank die Entschädigungen gegenüber Geldanlegern bis zu bestimmten Höchstbeträgen (diese orientieren sich an der Größe der Bank). Es bietet sich daher an, die Festlegung der Kreditlinie an dieser Höchstgrenze zu orientieren.

*Sicherheit durch Einlagenfonds*

Bonitätsrisiken können darüber hinaus noch durch eine entsprechende Streuung der Geschäfte auf mehrere Banken minimiert werden.

**Beispiel für die Einräumung von Kreditlinien:**

| Bank | Rechtsform | Sitz | Haftungssumme* in Mio EURO | Rating | Kreditlinie in Mio EURO |
|---|---|---|---|---|---|
| A | ........ | ........ | ........ | ........ | ........ |
| B | ........ | ........ | ........ | ........ | ........ |
| C | ........ | ........ | ........ | ........ | ........ |

| Bank | Rechts-form | Sitz | Haftungssumme* in Mio EURO | Rating | Kreditlinie in Mio EURO |
|------|-------------|------|----------------------------|--------|-------------------------|
| D    | ......      | ...... | ......                   | ...... | ......                  |
| E    | ......      | ...... | ......                   | ...... | ......                  |
| F    | ......      | ...... | ......                   | ...... | ......                  |

\* Einlagensicherungsfonds

### 5.4.5 Informationspolitik gegenüber Kreditinstituten

**Laufende Informationsversorgung**

Banken sind nach § 18 KWG verpflichtet, sich laufend einen aktuellen Einblick in die Finanz-, Vermögens- und Ertragslage von Kreditnehmern zu verschaffen. Das Unternehmen ist demzufolge zu einer laufenden Berichterstattung verpflichtet, selbst wenn dies nicht vertraglich festgelegt wurde (beispielsweise in Kreditverträgen). Hierunter fallen in erster Linie schriftlich oder mündlich zugesagte Aval-, Diskont- und Kontokorrent-Kreditlinien.

**Einheitlicher Informationsfluss**

Im Rahmen einer vertrauensvollen Zusammenarbeit sollte das Unternehmen auf freiwilliger Basis Mindestinformationen an Banken liefern. Dies trifft insbesondere auf Rechtsformen zu, die nicht publizitätspflichtig sind. Die Datenbeschaffung, der Umfang, die Empfänger sowie der Übermittlungsweg sollten grundsätzlich einheitlich gestaltet werden. Im Hinblick auf die Bedeutung der Bankverbindungen (Hauptbanken, Nebenbanken) kann ein quantitativ und qualitativ abgestuftes Informations- und Berichtswesen sinnvoll sein.

**Der Inhalt der Berichterstattung sollte umfassen:**

- Ist-Daten über das abgeschlossene beziehungsweise laufende Geschäftsjahr,

- Informationen zur kurz-, mittel- und langfristigen Planung,

- Informationen zur strategischen Ausrichtung des Unternehmens.

# 5 Bankenpolitik

Die Informationsweitergabe kann in Abhängigkeit des Umfanges des Bankenkreises in verschiedenen Formen gestaltet werden.

**Individuelle Informationswege**

**Beispielsweise:**

- Schriftlich in Berichtsform oder via Datenträger (CD-Rom, Diskette),
- Einzelgespräche in Verbindung mit Aushändigung schriftlicher Unterlagen,
- Mündliche Information durch eine gemeinsame Bankenveranstaltung (Bankentag).

## 5.5 Erfolgreiche Bankverhandlungen

Die Anforderungen, die von Unternehmen an ihre Bank gestellt werden, sind nicht nur von der Suche nach der Bestkondition geprägt. Vielmehr wird die Bank als kompetenter Partner am Markt gesucht.

### 5.5.1 Allgemeine Vorgehensweise

Bei der Zusammenarbeit mit Banken sollte zielorientiert vorgegangen werden:

- **1. Schritt: Festlegen der Ziele**
  Diese können beispielsweise im Aufbau von Kreditlinien oder im Erreichen von bestimmten Bankkonditionen oder Zinssätzen auf der Aufnahme- oder Anlageseite bestehen.

- **2. Schritt: Zielerreichung definieren**
  Mit den Instrumenten Liquiditätsplanung und Finanzplanung muss die Finanzierungsstrategie entsprechend der Marktsituation definiert werden. Die bestehende Bankenstruktur ist hinsichtlich Leistungsfähigkeit zu überprüfen. Möglicherweise sind neue Banken aufzunehmen (der Trend geht allerdings momentan eher in Richtung einer allgemeinen Reduzierung der Bankverbindungen). Mit den Banken sind Konzernkonditionen auszuhandeln.

- **3. Schritt: Verhandlungen mit den Banken**

- **4. Schritt: Überprüfung der Zielerreichung**
  Die laufende Überprüfung der Absprachen (Konditionen etc.) ist notwendig. Die Geschäftszuweisungen sind durch Statistiken zu überprüfen. Keine neuen Ziele sollte man sich ohne Überprüfung der bereits festgelegten Ziele setzen.

**Gleichwertiger Gesprächspartner**

Damit vorgenannte Ziele erreicht werden, muss das Unternehmen als gleichwertiger (Know-how) Gesprächspartner auftreten.

**Im Rahmen der Bankverhandlungen sollte auf folgende Kriterien Wert gelegt werden:**

- Anstreben einer guten und langfristigen Zusammenarbeit (relationsship-banking),
- Wenn möglich Konzentration der Bankverbindungen (die meisten Unternehmen sind „over-banked"),
- Grundsätzlich sollte mehr gefordert werden, als letztendlich erreicht werden soll,
- Grundsätzlich sollten immer von mehreren Banken Angebote eingeholt werden,
- Die einseitige Bindung an ein Kreditinstitut ist aus Abhängigkeitsgründen möglichst zu vermeiden,
- Konditionenabsprachen sollten grundsätzlich immer schriftlich fixiert werden,
- Neue Geschäfte sollten genutzt werden, um Verbesserungen in anderen Geschäftsarten herbeizuführen,
- Die Dienstleistungsangebote einer Bank sollten, wenn die Konditionen passen, möglichst vollständig genutzt werden,
- Eine laufende Überprüfung der Geschäftsvolumina sowie der gesetzten Ziele ist notwendig.

### 5.5.2 Die Konditionenverhandlung

**Einzelkalkulation bei Banken**

Es ist generell zu berücksichtigen, dass die Banken von der Zielvorstellung ausgehen, dass jeder einzelne Dienstleistungssektor für sich voll kostendeckende Preise erzielen muss.

# 5 Bankenpolitik

**Die Bestimmungsfaktoren für Bankkonditionen sind im wesentlichen**

- die Quotierung von Zinssätzen (Komponenten: Refinanzierungssatz, Mindestreserveanteil, Risikoaufschlag, Verwaltungs- und Vertriebskostenzuschlag, Gewinnmarge)
- die Quotierung von Devisenkursen (Komponenten: Interbankensatz, Verwaltungskosten, Risikoaufschlag, Gewinnmarge),
- die Valutierung,
- Spesen und Gebühren.

*Bankmarge und Bestandteile*

**Für die Preise der Bankprodukte ist, abhängig von Marktstruktur, Preisreagibilität und Verhandlungsmacht folgendes anzustreben:**

- All-in-Konditionen (Mindest-/Maximumgebühr; beispielsweise im dokumentären Auslandsgeschäft),
- Pauschalsätze (leichter zu überprüfen),
- Valuta-Kompensation,
- Volumenabhängige Konditionen (regelmäßige Überprüfung ist notwendig).

Vorgenannte Margengestaltungen sind immer vor dem Hintergrund einer internen deutlichen Reduzierung von Kontroll- und Buchungsaufwand zu sehen.

Weitere Ausführungen zu Bankverhandlungen (Kosten des Zahlungsverkehrs) sowie Margengestaltungen vergleiche Kapitel 2, Abschnitt 1.5.2.

## 5.6 Banken-Controlling (Laufende Bewertung bestehender Bankverbindungen)

Bankverbindungen sollten grundsätzlich einmal jährlich bewertet werden. In Einzelfällen (beispielsweise bei neuen Geschäften) ist eine häufigere Bewertung sinnvoll. In die Bewertung finden sämtliche Informationen aus dem Unternehmen Eingang. Auf Grundlage der Bewertung müssen bei Bedarf Vorschläge für Verbesserungen eingeleitet werden. Erster Ansatzpunkt ist hierbei, dass im Rahmen von Strate-

*Jährliche Bewertung*

**Permanenter Verbesserungsprozess**

giegespräch beziehungsweise Follow-up-Gespräch Problembereiche mit dem betroffenen Bankpartner besprochen werden.

Die Bewertungskriterien hängen von den individuellen Anforderungen des Unternehmens einerseits sowie von den zu Grunde liegenden Geschäftsarten andererseits ab. Wichtig ist es in diesem Zusammenhang, die Kriterien eindeutig und objektiv auszuwählen.

**So kann grundsätzlich unterteilt werden in**

- **Bankspezifische Kriterien:** Diese betreffen die Bankverbindung als Gesamtes (beispielsweise Bonität).

- **Geschäftsspezifische Kriterien:** Diese betreffen einzelne Geschäftsarten (beispielsweise Geldanlagen).

Die Beurteilung (ausgerichtet beispielsweise an den geschäftsspezifischen Kriterien) kann effizient in Form einer **Bewertungsmatrix** aufbereitet werden. Da die Geschäftsarten für ein Unternehmen nicht alle gleichwertig sind, findet eine Gewichtung (beispielsweise 3 = unwichtig, 2 = weniger wichtig, 1 = wichtig) statt. Jede Bankdienstleistung wird nunmehr beurteilt. Dafür kann eine Skalierung (von 1 = sehr gut bis 4 = ausreichend) verwendet werden. Aus Beurteilung und Gewichtungsfaktor ergibt sich ein Faktor pro Dienstleistung, der aufsummiert über alle Dienstleistungen die Bewertung einer Bankverbindung aufzeigt.

(Vgl. auf ⊛ die Matrix unter Nr. 17).

# 5 Bankenpolitik

**Bewertungsschema:**

| Geschäftsart/Gewichtung | | Bankverbindungen | | | | | |
|---|---|---|---|---|---|---|---|
| | | A | B | C | D | E | F |
| Geldgeschäfte | 1 | | | | | | |
| Wertpapiergeschäfte | 1 | | | | | | |
| Finanzierung kfr. | 2 | | | | | | |
| Finanzierung lfr. | 1 | | | | | | |
| Avalkredite | 3 | | | | | | |
| Spezialfinanzierung | 3 | | | | | | |
| Zinsinstrumente | 3 | | | | | | |
| Deviseninstrumente | 1 | | | | | | |
| Inl. Zahlungsverkehr | 1 | | | | | | |
| Ausl. Zahlungsverkehr | 2 | | | | | | |
| Kontenführung | 2 | | | | | | |
| Electronic Banking | 2 | | | | | | |
| usw. | | | | | | | |
| Gesamtbeurteilung | | | | | | | |

Die Darstellung eignet sich auch dafür, bestehende Geschäftszuweisungen an die Banken transparent darzustellen (beispielsweise x = Ist-Aktivität, g = geplante Aktivität, k = keine Aktivität geplant).

**Für Geschäftszuweisungen geeignet**

Darüber hinaus kann die Zuweisung von Geschäftsvolumina geplant und dargestellt werden. In diesem Zusammenhang wirft sich jedoch das Problem auf, dass (optimale) Plankonditionen von Banken ohne konkrete Geschäftsabschlüsse nur zögerlich genannt werden. Damit haben Plankonditionen nur begrenzte Aussagekraft hinsichtlich der Leistungsfähigkeit einer Bankverbindung.

## 5.7 Zusammenfassung

Der Nutzen aus der Anwendung eines Gestaltungs- und Steuerungssystems für Bankverbindungen ist schwer messbar. Die Implementierung eines derartigen Systems muss, um Wirkung zu zeigen, auf das Gesamtunternehmen ausgedehnt werden. Die schriftliche Vorgabe der Rahmenbedingungen sowie deren Überwachung ist unumgänglich. Die

**Nutzen schwer messbar**

| | |
|---|---|
| Landesspezifika berücksichtigen | Richtlinien sind für sämtliche Konzernmitglieder bindend. Landesspezifische Eigenarten (beispielsweise Südamerika) sind grundsätzlich zu berücksichtigen. Die Akzeptanz aller Beteiligten (auch der Geschäftsführung) ist notwendig und herbeizuführen. Die Konsequenz muss sein, dass Bankenpolitik im Unternehmen einheitlich und nicht von einzelnen Personen/Personengruppen betrieben wird. |
| Permanente Pflege wichtig | Grundsätzlich sollte auch die Zielsetzung „relations-ship-Banking" angestrebt werden. Einer auf Vertrauen basierenden Zusammenarbeit ist der Vorzug vor einer rein rentabilitätsorientierten Bankenauswahl zu geben. Dies trifft vor allem auf Unternehmen zu, die Industrie- und Konjunkturzyklen unterworfen sind. Grundsätzlich zu vermeiden ist deshalb eine so genannte „Schönwetter-Beziehung": Die Bank ist bereit, den Regenschirm zu verleihen, wenn die Sonne scheint. Regnet es dagegen, zieht sie ihn zurück. Entsprechend sollten auch aktive und passive Bankverbindungen in Zeiten gepflegt werden, in denen das Unternehmen auf Grund seiner Vermögens-, Finanz- und Ertragslage die stärkere Position besitzt. |

## 6 Mergers & Akquisitions (M&A)

### 6.1 Vorbemerkungen

| | |
|---|---|
| Überprüfung des Beteiligungsportfolios | Im Hinblick auf die Perspektiven des Weltmarktes sowie der Konkurrenzsituation werden größere Unternehmen laufend gezwungen, ihr aktuelles Beteiligungsportfolio zu überprüfen und gegebenenfalls neu zu ordnen. Die Frage nach den Kernkompetenzen gehört bei einer Unternehmensleitung, deren Geschäftspolitik auf das Shareholder-value-Konzept ausgerichtet ist, ohnehin zur laufenden Pflichtübung (vergleiche Kapitel 4, Abschnitt 2). Zur Erreichung der strategischen Ziele muss sich damit eine Geschäftsleitung auch mit Investitionen beziehungsweise Desinvestitionen von Unternehmen/Geschäftsbereichen beschäftigen. |

# 6 Mergers & Akquisitions (M&A)

## 6.2 Motive für Unternehmensübernahmen

Unternehmensübernahmen können beispielsweise auf folgende Motive aus Käufersicht zurückzuführen sein:

- **Strategische Motive:** Ergänzung der Produktpalette, Markteinstieg, Besetzen strategischer Wachstumsfelder, Zugang zu Patenten und Know how, Errichtung eines Brückenkopfes auf Auslandsmärkten.
- **Operative Motive:** Erringen der Kostenführerschaft (hoher Marktanteil/kostengünstige Produktionstechnologie/Zugang zu Rohstoffen oder Teilleistungen unter Vorzugskonditionen), Erzielen von Skaleneffekten.
- **Finanzielle Motive:** Erzielung möglichst hoher Renditen.

## 6.3 Projektorganisation

Da diese Art von Geschäften nicht zum laufenden Aufgabenbereich des Managements gehört, sollte grundsätzlich die Bearbeitung durch eine Projektgruppe erfolgen. Zielsetzung ist es, auf das im ganzen Unternehmen zur Verfügung stehende Spezialisten-Know-how zurückzugreifen. Damit kann später auch die Frage nach unternehmensübergreifenden Synergiepotenzialen leichter beantwortet werden.

Konkret müssen Zeitplan, Aufgabenverteilung und Resourceneinsatz festgelegt werden. Des Weiteren werden die Integration und Sicherstellung der Zusammenarbeit aller an einer Transaktion Beteiligten definiert. Zur Projektorganisation gehört auch die Festlegung von Handlungsvorgaben bei plötzlich eintretenden Hindernissen sowie deren Bewältigung. Wichtig ist auch die Regelung des Informationsaustausches intern und gegenüber dem Verkäufer.

**Projektorganisation implementieren**

Eine Projektorganisation wird fall- beziehungsweise themenweise eingerichtet.

**Zusammensetzung:**

- **Referenzgruppe** (Mitglieder der Fachabteilungen und der Projektleiter); Die Referenzgruppe steuert das Projekt und koordiniert den Abgleich auf übergeordnete Ziele.

- **Projektleitung** (Verantwortliche der Fachabteilungen); sie ist zuständig für die Steuerung der operativen Entwicklung.

- **Arbeitsgruppe** (sie besteht aus Experten der operativen Ebenen/Fachabteilungen); sie ist zuständig für die operative Abwicklung.

## 6.4 Die Phasen des Akquisitionsprozesses

*Umsetzung der Strategie*

Grundlage stellt die Vision beziehungsweise die individuelle Strategie des kaufenden Unternehmens/der operativen Einheit dar. Sehr häufig werden bereits im frühen Stadium eigene M&A-Berater eingesetzt.

### 6.4.1 Die Vorbereitungsphase

Die Aufgabenverteilung wird in dieser Phase zuerst vom Käufer, nach Auswahl eines Beraters von beiden Partner wahrgenommen.

**Die Aufgaben im Einzelnen:**

- Konkurrenten-/Branchen-/Marktanalysen (laufende Aufgabe des operativen Geschäftes),

- Definition, Auswahl, laufende Beobachtung interessanter Akquisitionsobjekte,

- Unternehmensanalyse (Bilanz etc.) eines möglichen Übernahmekandidaten,

- Partnerauswahl und Ansprache,

- Festlegung der Projektorganisation (Arbeits-/Referenzgruppe),

- Auswahl des Beraters (M&A – Bank, Mandatsvergabe etc.),

- Festlegung der zeitlichen Vorgehensweise und Durchführbarkeitsanalyse,

- Kartellrechtliche Fragen im Vorfeld klären,

- Detaillierte Unternehmensanalyse des Kaufobjektes, Er-

# 6 Mergers & Akquisitions (M&A)

mittlung des Entscheidungswertes (Subjektivität, Bewertungseinheit, Zukunftsbezogenheit),

- Beobachtung und Analyse möglicher Erwerber/Konkurrenten,
- Festlegung von stopp- beziehungsweise go-Szenarien,
- Festlegung der Art der Übernahme,
  - Freundliche Übernahme,
  - Auktion,
  - Feindliche Übernahme („hostile Takeover": Übernahme einer Mehrheitsbeteiligung, ohne dass vorher mit der Verwaltung über den Vorgang Verständigung erreicht worden wäre).

## 6.4.2 Die Transaktionsphase

**Die Aufgaben im Einzelnen:**

- Kontaktaufnahme (direkt/über Berater) zwischen Käufer und Verkäufer; hierzu wird in der Regel ein Informationsmemorandum über das zu verkaufende Unternehmen erstellt und dem Käufer zur tiefer gehenden Information und Prüfung ausgehändigt,

- Festlegung der Transaktionsstruktur:
  - Übernahme durch **Asset-Deal:** Die einzelnen Wirtschaftsgüter des Unternehmens oder eines Unternehmensteils werden im Wege der Einzelrechtsnachfolge übertragen. Die einzelnen Wirtschaftsgüter, Rechte, Verbindlichkeiten und Vertragsbeziehungen, die übertragen werden sollen, sind konkret festzulegen. — *Übernahme einzelner Wirtschaftsgüter*
  - Übernahme durch **Share-Deal:** Hier erfolgt der Kauf eines Unternehmens durch die Übertragung des Rechtsträgers im Wege des Anteils- bzw. Beteiligungserwerbs. Eine Bezeichnung der Einzelbestandteile des Unternehmens ist dabei entbehrlich. — *Übernahme von Anteilen*

- Ermittlung/Ableitung des Kaufpreises: Grundsätzlich sollte ein Unternehmenskauf wie eine Investition in Sachanlagen behandelt werden,

**Ertragswert-
methode**

- Methode: Nachhaltiger Ertragswert, der aus einer detaillierten und zuverlässigen/plausiblen Unternehmensplanung, ausgehend von Ist-Werten, abgeleitet wird (hierzu bedient man sich in der Regel der Discounted Cashflow-Methode),

- Grundsätzlich sollten immer drei Preisfindungen ermittelt werden:

  - Ohne Einrechnung von Synergien (vom Standpunkt eines „Financial Investors" gesehen; so genannte „Stand-alone"-Planung).

  - Mit Einrechnung von Synergien (Einrechnung von quantifizierbaren Vorteilen für das Gesamtunternehmen; dieser Kaufpreis stellt bezüglich des Entscheidungswertes die maximale Obergrenze dar).

  - Opportunitätsverluste bei Nicht-Kauf (Einrechnung von Aufwendungen für Marketing-Maßnahmen, um Marktanteile zu halten; abhängig, welcher Konkurrent den Zuschlag erhält).

- Die Höhe des Kaufpreises hängt davon ab, ob ein Unternehmen als Ganzes erworben oder ob nur Anteile erworben werden sollen:

**Schema:**

| Kaufpreis schuldenfrei |
|---|
| − zu übernehmende Schulden |
| = **Kaufpreis** der Anteile |

**Vergleichbare
Transaktionen
heranziehen**

- Der Kaufpreis sollte, wenn möglich, immer anhand von Beispielen vergleichbarer Transaktionen überprüft werden,

- Austausch von Informationen mit dem Verkäufer, Präsentationen, Due Diligence, gegebenenfalls Beauty Contest: Ziel der **Due Diligence** ist es, die möglichen Erwerber in angemessener Zeit in die Lage zu versetzen, ihre bestehenden Kenntnisse über das Unternehmen zu vervollständigen, so dass daran anschließend oder parallel erste Vertragsverhandlungen aufgenommen werden können. Für die Due Diligence richtet der Berater einen Datenraum

# 6 Mergers & Akquisitions (M&A)

ein, in dem sich umfangreiche Unterlagen zur Einsichtnahme und zur Prüfung durch die möglichen Erwerber befinden. Zeitlich hintereinander können die Erwerber Unterlagen einsehen sowie mit Verantwortungsträgern des Unternehmens Gespräche führen.

- Post-Merger-Integrationsplanung erstellen,
- Unternehmenskauf von Aufsichtsgremien genehmigen lassen,
- Non-Binding Bid erstellen und abgeben,
- Oftmals werden Unternehmen im Rahmen eines **Bietungsverfahrens** verkauft.
  Der Vorteil besteht aus Sicht des Verkäufers darin, dass er nicht von sich aus den Wert beziehungsweise Kaufpreis seiner Unternehmung finden muss. Durch die Einrichtung einer großen Zahl von Bietern wird ein eigener Transaktionsmarkt errichtet, auf dem der bestmögliche Preis erzielt wird. Lässt sich die Kaufpreisbildung schwierig gestalten (beispielsweise in zukunftsorientierten Branchen), kann ein unabhängiger Dritter in Form einer „Fairness Opinion" zum Kaufpreis Stellung nehmen.
  In der nächsten Runde werden verbindliche Angebote abgegeben. Danach erfolgt die Auswahl des Preferred Bidders, mit denen die Verhandlungen fortgeführt werden. Die Vertragsverhandlungen beginnen in der Regel mit der Abgabe eines Letter of Intend. Hierin werden die Grundlagen der Verhandlungen und die Eckdaten des Vertrages festgehalten. Daneben enthält diese Absichtserklärung noch die Aussage, dass die Vertragsparteien nicht zum Abschluss der Transaktion verpflichtet sind.

> Kaufpreis abhängig von Nachfrage

- Verhandlungsvorbereitung und -führung (Entwurf Kaufvertrag, Festlegung von Verhandlungsstrategie), Abschluss durch Vertragsunterzeichnung.

## 6.4.3 Die Integrationsphase

Eine Akquisition kann erst dann als erfolgreich abgeschlossen werden, wenn das neu erworbene Unternehmen erfolgreich in das eigene Unternehmen integriert worden ist. Die Integration fällt in den Aufgaben- und Verantwortungsbereich der jeweils zuständigen operativen Einheit. Für eine

> Akquisition erst nach Integration erfolgreich

**Restrukturierungsaufwand wird unterschätzt**

erfolgreiche Integration ist eine effiziente, vertrauensbildende Kommunikation insbesondere zu den Mitarbeitern Voraussetzung. Häufig wird beim Unternehmenskauf oder -verkauf der Umfang und Aufwand von notwendigen, kostenintensiven Restrukturierungsmaßnahmen unterschätzt.

Diese Problematik wird häufig unterbewertet, so dass sich daraus auch ein Scheitern der Akquisition ergeben kann.

**Problemfelder:**

- Erhoffte Synergie-Effekte treten mit umgekehrten Vorzeichen auf,
- Finanzierungskosten der Mutter stehen zu geringe Erträge der Tochter gegenüber,
- Gesunde Unternehmen kommen in Probleme, weil Integrationsfehler negative Auswirkungen auf das Gesamtergebnis haben,
- Die Muttergesellschaft selbst kommt in Bedrängnis und erhöht den Leistungsdruck auf das akquirierte Unternehmen,
- Das Ergebnis sinkt weiter; es kommt zum Exodus von wertvollen Mitarbeitern.

**Wichtig: Kommunikation**

Der Erfolg einer Akquisition hängt damit im Wesentlichen von der Sicherstellung einer effizienten, vertrauensbildenden Kommunikation ab. Die Mitarbeiter des übernommenen Unternehmens werden mehr oder weniger stark von der Art der Übernahme verunsichert. Hinzu kommt noch der allgemeine wirtschaftliche Zustand des gekauften Unternehmens. Eine Verunsicherung führt zu Minderleistungen der Gesamtorganisation.

Anzusetzen ist deshalb bei der Führung, der Organisation sowie den betroffenen Mitarbeitern. Aus Sicht der Mitarbeiter ergeben sich mehr oder weniger ausgeprägt eine Reihe von Fragen.

**Deren Beantwortung muss der Käufer im Rahmen einer Kommunikationsstrategie übernehmen:**

- Was wird aus meinem Unternehmen?
- Was wird aus meinem Arbeitsplatz?

# 6 Mergers & Akquisitions (M&A)

- Was wird aus meiner Zukunft?
- Wie verändert sich mein Umfeld?
- Bleibt die eigene Organisation bestehen?
- Wie viel Mitarbeiter müssen gehen?
- Welche Ziele hat der Käufer?
- Wird investiert und wie wird investiert?
- Warum hat man uns verkauft?

Parallel können sich allerdings auch positive Reaktionen ergeben.

**Beispielsweise:**

- Endlich eine neue Führung?
- Endlich Veränderungen und neue Ideen?

Das übernommene Unternehmen hat zuerst bezüglich der Informationen eine Bringschuld. Im Hinblick auf die Mitarbeiter ist festzustellen, dass oftmals aktive Veränderungen mitgetragen werden, wenn die Ziele nachvollziehbar, klar und glaubhaft sind (Management by Objektives). Bei fast allen Übernahmen zeigt sich in relativ kurzer Zeit, ob es ein Erfolg oder Misserfolg wird.

**Bringschuld des übernommenen Unternehmens**

**Ablaufprozess einer Akquisition im Hinblick auf die Mitarbeiter:**

- Information der betroffenen Mitarbeiter/Presse,
- Information über Ziele, Motive und Erwartung, Erhöhung des gegenseitigen Informationsstandes (Motive, Erwartungen, Zielsetzungen),
- Offenlegung der Aufgabe des übernommenen Unternehmens im eigenen Unternehmen,
- Vorstellung der betriebswirtschaftlichen Instrumente (Reporting möglichst schnell an eigenen Standard anpassen),
- Gemeinsames Erarbeiten von operationellen Zielen und Plänen (unter anderem Festlegung von Führung und Organisation).

## 6.5 Die Unternehmensbewertung

Die Hauptaufgabe besteht darin, den wirtschaftlichen Wert eines Unternehmens oder Teile davon als Gesamtes zu ermitteln. Dabei tritt grundlegend das Problem auf, dass es keinen von außen bestimmten Marktpreis gibt. Unternehmensbewertungen können verschiedene Motivationen zu Grunde liegen (beispielsweise Erwerb eines nicht börsennotierten Unternehmens, Restrukturierungen, Verkauf von Unternehmensteilen).

**Bewertung als Wirtschaftsgut**

Bei der Wertfeststellung wird analog der Bewertung eines Wirtschaftsgutes vorgegangen.

**Dabei wird von verschiedenen Ansatzpunkten ausgegangen:**

- Der Nutzen, den das Unternehmen für den Käufer bringt (Ansatz für Ertragswertverfahren),
- Die Kosten, die zur Neuerrichtung notwendig sein würden (Ansatz Substanzgrößen),
- Der Preis, den andere für das Unternehmen zahlen würden (Ansatz Marktpreis).

### 6.5.1 Die Verfahren

**Zur Unternehmensbewertung stehen eine Reihe von gängigen Verfahren zur Verfügung:**

**Gängiges Verfahren der Bewertung**

- Das **Ertragswertverfahren** (ausgerichtet auf vergangene und zukünftige Gewinne): Bei diesem Verfahren wird der Wert aus der vorhandenen Substanz, dem Produktportfolio, der Marktposition etc. abgeleitet. Als Grundlage dient somit der gegenwärtige und zukünftig zu erwartende Nutzen eines Unternehmens. Dieser kann als Saldo zwischen zukünftigen Einnahmen und Ausgaben ausgedrückt werden. Der Wert ergibt sich dann als Barwert aus den abdiskontierten Salden.

- Das **Discounted Cash-flow-Verfahren** (Abdiskontierung der zukünftige Free-Cash-flow; vergleiche auch Kapitel 4, Abschnitt 2),

- Das **Discounted Dividend Verfahren** (Abdiskontierung zukünftig ausschüttbare Dividenden).

# 6 Mergers & Akquisitions (M&A)

- Das **Substanzwertverfahren** (ausgerichtet auf Aktiv- und Passivwerte): Dieses Verfahren geht nicht von einer Fortführung des Unternehmens aus. Es ermittelt vielmehr den Wert aller Vermögensgegenstände sowie Verbindlichkeiten eines Unternehmens. Da die Auflösung des Unternehmens im Vordergrund steht, werden immaterielle Wirtschaftsgüter wie beispielsweise der Kundenstamm oder das Produktportfolio nicht berücksichtigt. Dieses Verfahren eignet sich nicht für die Bewertung eines Unternehmens, dass fortgeführt werden soll.

- Das **Reproduktionswertverfahren** (ausgerichtet auf die installierte beziehungsweise verfügbare Kapazität).

- Bereits vergleichbare beziehungsweise gezahlte Preise (bei vergleichbaren M&A-Transaktionen).

**Beispiel für ein Gesamtkonzept zur Unternehmensbewertung:**

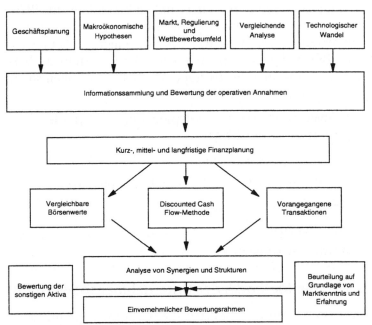

Abbildung 20: Gesamtkonzept einer Unternehmensbewertung (Quelle: Corporate Finance, S. 6)

**Mehrere Methoden anwenden**

Das Ergebnis nur einer Methode kann oftmals zu falschen Schlüssen führen, da bestimmte Prämissen unterstellt werden (Geschäftsplanung, Umfeld etc.). Im Sinne eines möglichst objektiven Ergebnisses sollten deshalb mehrere Methoden der Bewertung parallel verwendet werden.

### 6.5.2 Die Informationsbeschaffung

**Informationsbeschaffung wichtig**

Damit die Bewertung objektiv durchgeführt werden kann, sind eine Reihe von Informationen notwendig. Dazu gehören Informationen, die das Unternehmen direkt betreffen und solche, die das Unternehmensumfeld (beispielsweise Branchenentwicklung) umfassen. Informationen über börsennotierte Unternehmen sind relativ einfach zu erhalten. Dies gestaltet sich bei nicht börsennotierten Unternehmen um ein Vielfaches schwieriger. Wird ein Verkauf über ein offenes Bietungsverfahren iniziiert, steht in der Regel für das zu verkaufende Unternehmen ein Informationsmemorandum zur Verfügung. Hier sind insbesondere die Planwerte einer genauen und ojektiven Prüfung zu unterziehen. Am besten werden diese Werte mit der eigenen Planung auf Plausibilität abgeglichen. Steht kein Memorandum zur Verfügung, kann über einschlägige M&A-Datenbanken sowie Zeitungsberichte Material besorgt werden.

**Zur Bewertung werden beispielsweise folgende Informationen benötigt:**

- Vergangene Jahresabschlüsse,
- Mittel- und langfristige Unternehmensplanung,
- Unternehmensplanung,
- Branchenanalysen,
- Wettbewerbsanalysen.

### 6.5.3 Die Methodik der Unternehmensbewertung

Der erste Schritt besteht darin, die wichtigsten Kenngrößen in Kennzahlen auszudrücken.

**Beispielsweise können dazu verwendet werden:**

- Cash-flow (beispielsweise Jahresabschluss zuzüglich Abschreibungen),

# 6 Mergers & Akquisitions (M&A)

- Jahresüberschuss vor/nach Steuern,
- EBIT (Earnings before Interest and taxes = Jahresüberschuss zuzüglich Nettofinanzergebnis und Steuern),
- EBITDA (EBIT and depreciation = EBIT zuzüglich Abschreibungen).

Sinnvoll ist es, diese Kenngrößen in Beziehung zum Marktwert des Eigenkapitals sowie dem Gesamtkapital des Unternehmens zu setzen. Die so ermittelten Kenngrößen werden anschließend in Tabellenform aufgelistet und den entsprechenden Vergleichswerten anderer Unternehmen (beispielsweise Branchenprimus, wichtigster Konkurrent, Branchendurchschnitt) gegenübergestellt.

*Verhältniszahlen bilden*

**Beispiel für eine Vergleichstabelle:**

### Operative Kennzahlen

| Unternehmen | Meyer AG | ... |
|---|---|---|
| **1995** | | |
| Umsatz | 518,9 | ... |
| Jahresüberschuß | 27,2 | ... |
| **Wachstumsrate (3 J.)** | | |
| Umsatz | 19,5% | ... |
| Jahresüberschuß | 21,5% | ... |
| **Gesamtschulden/** | | |
| Marktwert | 0,2 | ... |
| Buchwert | 0,6 | ... |
| **EBDIT/Umsatz** | | |
| 1994 | 11,9% | ... |
| 3-J.-Durchschnitt | 10,9% | ... |
| **EBIT/Umsatz** | | |
| 1995 | 7,3% | ... |
| 1996E | 8,1% | ... |
| 3-J.-Durchschnitt | 7,2% | ... |
| **Umsatzrendite** | | |
| 1995 | 5,2% | ... |
| 3-J.-Durchschnitt | 5,0% | ... |
| Abschr./Umsatz | 4,0% | ... |

Abbildung 21: Operative Kennzahlen
(Quelle: Corporate Finance, Grundwerk S. 8)

Das **Vergleichswertverfahren** ist ein relativ einfaches Verfahren mit hoher Aussagekraft. Zu berücksichtigen ist dabei jedoch, dass die Aussagekraft sehr stark von der richtigen Auswahl des/der Vergleichsunternehmen abhängt.

**Ermittlung des Unternehmenswertes, den der potenzielle Käufer bereit ist zu zahlen.**

Nach Vorliegen und Auswertung der Informationen sowie Aufbereitung des entsprechenden Zahlenmaterials werden Multiplikatoren ermittelt, die den Wert des zu kaufenden Unternehmens in einer Bandbreite ausdrücken.

**Hierbei müssen folgende Fragestellungen beantwortet werden:**[31]

- Welche Unternehmen sind mit dem Zielunternehmen besonders vergleichbar (Ertragskraft, Produkte, Marktposition) und können für Vergleichswerte herangezogen werden,

- Gibt es für den Erwerber wegen offenkundiger, strategischer Vorteile eine besondere Motivation, eine hohe strategische Prämie zu zahlen,

- Bestehen Synergiepotenziale (beispielsweise Einkauf, Kunden),

- Liegen Trends in der gesamten Branche vor,

- Gibt es Konsolidierungsbestrebungen in der Branche.

Nach Multiplikation mit den Kenngrößen des Zielunternehmens ergibt sich eine Reihe von Gesamt- und Eigenkapitalwerten. Zieht man hiervon die Finanzverbindlichkeiten ab, erhält man Kapitalwerte, aus denen ein Konsensbereich ermittelt werden muss.

---

[31] Corporate Finance. Grundwerk, Abschnitt 10.6.4, S. 6.

# 6 Mergers & Akquisitions (M&A)

**Beispiel:**[32]

| Bewertungs-größe | Kenngröße des Zielunter-nehmens | Spannweite der Multi-plikatoren | Eigen-kapital-wert | Gesamt-kapital-wert |
|---|---|---|---|---|
| Umsatz | 1 000 | 0,8–1,1× | | 800–1100 |
| EBDIT | 200 | 4,0–5,5× | | 800–1100 |
| Cash flow | 130 | 5,0–6,5× | 650–845 | |
| Jahresüber-schuss | 50 | 13–18× | 650–900 | |

Werden von Eigenkapitalwert sowie Gesamtkapitalwert die Verbindlichkeiten abgezogen, ergibt der verbleibende Wert einen möglichen Konsensbereich für den Unternehmens-wert.

*Ermittlung Konsensbereich*

## 6.6 Der M&A-Berater

Für Unternehmenskäufe bzw. -verkäufe wird in der Regel, um Risiken auszuschalten (Abbruch einer Transaktion, falsche Preisgestaltung, Haftungs- und Integrationsrisiken) ein M&A-Berater eingeschaltet. Diesem kommt die Aufgabe zu, den gesamten M&A-Prozess zu planen und zu koordinieren, den Kontakt mit den Partnern aufrecht zu erhalten sowie Informationsunterlagen zu besorgen und auszuwerten.

Die Zusammenarbeit sollte in einer schriftlichen Vereinbarung geregelt werden. Darin sind aufzuführen: Genaue Leistungsbeschreibung, Honorarhöhe und Zeitpunkt der Zahlung sowie Vertragsdauer.

*Schriftliche Vereinbarung treffen*

### Als Berater bieten sich folgende Institutionen an:

- **Investment-Banker:** Unter einer Investment-Bank versteht man eine Bank, die primär die Emission und den Handel von Wertpapieren betreibt. Viele Banken haben hierzu eigene getrennte Tochtergesellschaften gegründet. Das Ziel besteht darin, M&A-Transaktionen abzuwickeln. Diese Berater kennen oftmals die Branche oder die verschiedenen geografischen Märkte sehr genau. Sie bie-

---

[32] Corporate Finance. Grundwerk, Abschnitt 10.6.4, S. 7.

ten das gesamte, zu einer M&A-Transaktion notwendige Spektrum an.

- **M&A-Abteilungen der Geschäftsbanken:** Die meisten Geschäftsbanken haben eigene, der Firmenkundenabteilung zuzurechnende M&A-Abteilungen. Die Aktivitäten werden an den Investment-Banken ausgerichtet.

- **Management-Consultants:** Hierbei handelt es sich um eigenständige Bereiche der großen Unternehmensberatungsgesellschaften. Zumeist wird mit dem M&A-Auftrag auch ein Beratungsmandat verbunden.

- **Eigenständige Berater:** Es handelt sich um nicht an Banken oder Unternehmensberatungen gebundene eigenständige Beratungsgesellschaften. Diese Berater sind insbesondere für kleine und mittelständische Unternehmen interessant.

- Rechtsanwälte/Wirtschaftsprüfer/Steuerberater.

# 3. Kapitel  Risikomanagement im Industrieunternehmen

## 1  Der Aufbau eines ganzheitlichen Risikomanagement-Systems

### 1.1  Vorbemerkungen

Märkte, das Marktverhalten und Trends verändern sich immer schneller. Unternehmerisch Handeln wird damit einerseits unberechenbarer – andererseits ist das Eingehen von Risiken jedoch auch untrennbar mit der Aufnahme jeder unternehmerischen Tätigkeit und damit auch mit dem Wahrnehmen von Chancen verbunden. Patentrezepte zur Absicherung der Risiken existieren hierzu nicht – die Unternehmen müssen individuell abwägen und sich Prioritäten setzen. Da Risiken den Unternehmenswert vermindern, wahrgenommene Chancen jedoch diesen entsprechend steigern können, sollte das Chance-Risiko-Management grundsätzlich immer oberste Chefsache sein.

*Unternehmerisches Handeln mit Risiken verbunden*

*Risikomanagement ist Chefsache*

Wichtig ist in diesem Zusammenhang, dass die Führungsetage die notwendigen und richtigen Informationen aus der Flut von Daten und Berichten erhält. Vielfach entstehen Risiken und daraus resultierende Verluste nicht auf Grund fehlender, sondern nicht erkannter, ausgewerteter und aufbereiteter Informationen.

Voraussetzung für ein erfolgreiches Chance-Risiko-Management ist deshalb neben einer effizienten Organisation eine strukturierte Vorgehensweise hinsichtlich der Identifikation, Bewertung, Steuerung und Kontrolle von Risiken. Obwohl mittlerweile auch durch das **„Gesetz zur Kontrolle und Transparenz im Unternehmensbereich (KonTraG)"** gefordert, sollte die Installation einer derartigen Systematik keine reine Pflichtübung werden, um gesetzlichen Anforderungen zu genügen. Vielmehr sollte das KonTraG nur letzter Anstoß sein, sich mit Chancen-/Ri-

*Inhalt Risikomanagement-Prozess*

siko-Management und dessen Institutionalisierung auseinander zu setzen, so dass sich mittel- und langfristig daraus auch ein echter Mehrwert für das Unternehmen ergibt.

## 1.2 Begriffsdefinition „Risiko"

**Negative Abweichung vom Erwartungswert**

Es existiert keine allgemein gültige Definition des Begriffes Risiko. Im allgemeinen Sprachgebrauch versteht man darunter die aus einer Entscheidung resultierende Verlustgefahr, d. h. die Unsicherheit hinsichtlich des Eintrittes eines Sachverhaltes sowie dessen mögliche negative Abweichung von einem Erwartungswert (= Risiko im engeren Sinne). Die Möglichkeit einer Streuung der zukünftigen Erfolge wirtschaftlicher Aktivitäten, das heißt einer positiven oder einer negativen Abweichung des tatsächlichen vom erwarteten Ergebnis wird als Risiko im weiteren Sinne (Chance und Verlustgefahr) bezeichnet.

**Abgrenzung Risiko/Unsicherheit**

Der Erwartungswert „errechnet" sich dabei als Summe aller mit der jeweiligen Eintrittswahrscheinlichkeit gewichteten Ergebnisse. Mathematisch betrachtet stellt damit Risiko die Standardabweichung vom Erwartungswert dar. Es grenzt sich zur Unsicherheit dadurch ab, dass in der Regel bei der Unsicherheit keine Angabe über die Eintrittswahrscheinlichkeit gemacht werden kann.

**Wichtige im Unternehmen auftretende Risiken:**

- **Marktpreisrisiko:** Negative Abweichung eines Portfolios/von Marktinstrumenten durch Änderungen des Marktpreises,
- **Adressenausfallrisiko:** Ausfall des Kontrahenten,
- **Liquiditätsrisiko:** Drohende Zahlungsunfähigkeit,
- **Betriebsrisiko:** Funktionsstörungen im Betriebsablauf,
- **Rechtsrisiko:** Mangelhafte Prüfung von Verträgen.

# 1 Der Aufbau eines ganzheitlichen Risikomanagement-Systems

## 1.2.1 Schwachstellen derzeitiger Risiko-Management-Praxis

In der Praxis hat in der Regel jede operative Einheit bzw. der einzelne Risikoträger (risk-owner) bereits eine relativ gute Kenntnis über die individuell vorhandenen Risiken (beispielsweise Finanzbereich, Einkauf, Produktion). Das Hauptproblem besteht darin, dass diese Risiken oftmals nicht ausreichend oder transparent genug in Richtung der Verantwortungsträger im Unternehmen kommuniziert werden.

*Ganzheitlicher Überblick nicht vorhanden*

Damit besteht aus Sicht der Geschäftsleitung kein ganzheitlicher sondern nur ein partieller Überblick über Unternehmens-Risiken. Automatisch hat diese Situation damit zur Folge, dass Aussagen über eine Gewichtung von Risiken (bedrohend/nicht bedrohend/existenzgefährdend) oder gar deren zu erwartende Schadenshöhe entweder nur teilweise oder überhaupt nicht vorliegen. In jedem Unternehmen existieren bereits – mehr oder weniger stark ausgeprägt – eine Reihe von unterschiedlichen intern und extern angewandten Organisationsformen, Systematiken, Techniken und Instrumenten. Diese sind teilweise oder vollständig auf die Risikoerfassung und -minimierung ausgerichtet.

Risiko-Management wird beispielsweise bereits ansatzweise durch die Gestaltung der Aufbauorganisation (beispielsweise grundsätzliche Umsetzung des Prinzipes der Funktionentrennung) sowie durch die Gestaltung von Ablaufprozessen (z. B. Vieraugenprinzip bei der Erfassung, Prüfung und Freigabe von Eingangsrechnungen) betrieben. Auch der Einsatz externer Instrumente (Absicherung von Wechselkursrisiken durch Devisentermingeschäfte; der Abschluss einer Betriebsunterbrechungsversicherung) beinhaltet Risiko-Management-Aktivitäten.

*Risiko-Management ansatzweise vorhanden*

Daneben setzt sich das Controlling im Rahmen seiner ursprünglichen Aufgabenstellung bereits mit der Identifikation und Bewertung von Risiken (Gefährdung der Zielerreichung) und Chancen im Sinne eines Stärken-Schwächen-Profiles auseinander. Beispielsweise sei hier die Szenario-Technik genannt.

**Überblick Brutto-/Nettorisiken**

Trotz vorhandener Management-Ansätze parallel zur Risikoerfassung beinhalten diese Vorgehensweisen, dass kein ganzheitlicher Überblick über die Existenz, Wirkungsweise sowie Steuerungsmechanismen zur Reduzierung und Ausschaltung von Risiken existiert. Auch besteht kein vollständiger Überblick über Bruttorisiken sowie die nach dem Abzug von Risiko-Management-Aktivitäten verbleibenden Restrisiken.

**Zentrales Management sinnvoll**

Daraus lässt sich die Schlussfolgerung ableiten, dass Maßnahmen zur Risikoerfassung, Zusammenführung und Überwachung von Steuerungsmechanismen (um den gesamtheitlichen Überblick zu erlangen) nur zentral erfolgen können. Nur so lassen sich auch kumulative Risiken (beispielsweise das Länderrisiko: verschiedene operative Einheiten liefern in ein bestimmtes Land) darstellen. Zur gesamten Problematik gibt der Gesetzgeber seit 1998 den Unternehmen besondere Rahmenbedingungen vor.

### 1.2.2 Risikomanagement gesetzlich gefordert

**Sensibilisierung hinsichtlich Risiken**

Am 1. 5. 1998 ist das **Gesetz zur Kontrolle und Transparenz im Unternehmensbereich (KonTraG)** in Kraft getreten. Es verändert in einigen Teilen das bisherige Aktien- und Handelsgesetz; einzelne Paragrafen werden dazu umformuliert beziehungsweise ergänzt. Das Gesetz stellt das Ergebnis einer mehrjährigen Reformdiskussion dar, die durch die zunehmende Diskussion des deutschen Aufsichtsratssystems hervorgerufen wurde. Zielsetzung des KonTraG ist es, die Unternehmen durch die Einrichtung systematischer Kontrollmechanismen und erhöhter Transparenz hinsichtlich unternehmensgefährdenden Risiken zu sensibilisieren. Es sollen neben der Geschäftsführung dabei insbesondere die Entscheidungs- und Kontrollinstanzen im Unternehmen stärker als bisher in die Verantwortung eingebunden werden. Auch dem Wirtschaftsprüfer kommt damit eine veränderte Aufgabenstellung zu.

**Wesentliche Neuerungen:**

- Der Vorstand von Aktiengesellschaften wird verpflichtet, ein Risikofrüherkennungs-System einzurichten (§ 91 Abs. 2, AktG),

# 1 Der Aufbau eines ganzheitlichen Risikomanagement-Systems

- Die Sitzungsfrequenz des Aufsichtsrates von börsennotierten Aktiengesellschaften wird erhöht,
- Der Aufsichtsrat ist zuständig für die Bestellung des Abschlussprüfers,
- Hinsichtlich Risiken ist im Lagebericht durch den Abschlussprüfer Stellung zu nehmen,
- Der Prüfungsbericht des Abschlussprüfers wird grundlegend neu strukturiert,
- Das Formeltestat im Bestätigungsvermerk des Abschlussprüfers wird zu Gunsten eines Bestätigungsberichtes abgeschafft.

Das Gesetz ist zwar auf die Rechtsform der Aktiengesellschaft ausgerichtet, eine so genannte „best-practice Wirkung" auf die Rechtsform der GmbH (und andere Rechtsformen) ist jedoch zu erwarten. Dieser Tatbestand ergibt sich darüber hinaus auch aus den gesetzlichen Anforderungen an die Gesellschafter und der damit verbundenen Sorgfaltspflicht. Dies führt dazu, dass sämtliche mittleren und größeren Kapitalgesellschaften zukünftig im Rahmen des Jahresabschlusses einen Lagebericht zu erstellen haben. Neuer Bestandteil des Lageberichtes wird auch eine verbale Risikobeurteilung werden.

**Best-practice für GmbH**

Damit verbunden sind auch gesteigerte Anforderungen an die Qualität der durch die Wirtschaftsprüfung vorzunehmenden Jahresabschlussprüfung. § 289 HGB fordert zukünftig ein Ausweisen der Risiken im Lagebericht. Damit muss eine prüfbare und nachvollziehbare Risikosystematik im Unternehmen vorliegen. Der Wirtschaftsprüfer muss gemäß § 322(2) f HGB unternehmensgefährdende Risiken explizit ausweisen. Gemäß § 91 AktG wurde die Einführung eines Risikomanagement-Systems ab dem Geschäftsjahr geprüft, welches nach dem 21. 12. 1998 begann.

**Ausweisen der Risiken im Lagebericht**

Der Gesetzgeber hat damit versucht, auf spektakuläre Unternehmenskrisen (beispielsweise Balsam und Procedo) zu reagieren, deren Hauptursachen auf Schwächen und falschem Verhalten im System der Unternehmenskontrollen beruhen. Allerdings wurden keinerlei Aussagen hinsichtlich der Ausgestaltung eines geeigneten Überwachungssystems

**Keine Aussagen hinsichtlich Ausgestaltung**

getroffen. Hier sind die Unternehmen frei in der Gestaltung.

**Grundsätzliches Auseinandersetzen**

Unter Abschnitt 1.4 wird ein allgemein gültiger Lösungsvorschlag aufgezeigt. Sinnvoll ist es, dass sich nicht nur Unternehmen, die unter die gesetzlichen Anforderungen fallen, mit diesem Thema auseinander setzen (müssen), sondern dass jedes Unternehmen im ureigensten Sinne Interesse haben muss, ein derartig funktionsfähiges Risiko-(und zugleich auch Chance-) System aufzubauen.

**Zunehmend wichtig: Shareholder-value-Gedanke**

Die Ursachen hierfür liegen erstens darin, dass Unternehmen zunehmend ihre Geschäftspolitik am **Share-holder-value-**Gedanken ausrichten. Dies hat zur Folge, dass Geldgeber (Eigen-/Fremdkapital) von den Unternehmen immer detailliertere Informationen über Geschäfts-Strategien, sowie die damit verbundenen Risiken verlangen. Keine oder eine unvollständige Informationspflicht bedeutet restriktivere Kapitalvergabe und damit höhere Kosten für die Unternehmen in Verbindung mit einer verminderten Wettbewerbsfähigkeit.

Zweitens nimmt die Komplexität der Absicherungsmöglichkeiten für Risiken zu. Es steht eine ganze Palette von Instrumenten zur Verfügung, Einzelrisiken zu vermindern. Beispielsweise sind hier der Abschluss von Versicherungskonstruktionen (Einzelverträge/Master-Verträge) oder der Einsatz von derivativen Finanzinstrumenten (Swaps, Futures, Optionen) zu nennen.

## 1.3 Einfluss des Risikos auf Kapitalkosten und Unternehmenswert

**Wertentwicklung abhängig von free-Cash-flows**

Die Wertentwicklung eines Unternehmens hängt einerseits von den zukünftigen Erträgen (bzw. den zur Verfügung stehenden „**free Cash-flows**"), andererseits von deren Risiken ab. Unter „**free Cash-flow**" versteht man Cash-flows vor Zinsen, aber nach Abzug von Investitionen in Anlage- und Umlaufvermögen. Durch systematisches Management aller wesentlichen Risiken und Chancen wird eine wert- und erfolgsorientierte Unternehmenssteuerung ermöglicht.

# 1 Der Aufbau eines ganzheitlichen Risikomanagement-Systems

Ein positiver Beitrag zum Unternehmenswert kann bei einer Investition, einer Poduktgruppe oder einem Geschäftsfeld nur dann geleistet werden, wenn die Rendite größer ist als die risikoabhängigen Kapitalkosten.

*Ziel: Höhere Rendite als Kapitalkosten*

**Dieser Wertbeitrag lässt sich mit der Kennzahl EVA (Economic Added Value) ausdrücken:**

EVA = Kapitalbindung × (Rendite − Kapitalkosten)

Da Investitionen mit Eigen- und Fremdkapital finanziert werden, muss für die Kapitalkosten ein Durchschnittssatz (Eigenkapitalkosten/Fremdkapitalzinssatz) ermittelt werden. Zudem sind die steuerlichen Vorteile des Fremdkapitals (abzugsfähig als Betriebsausgabe) zu berücksichtigen.

*Durchschnittsrate Eigenkapital-/ Fremdkapitalkosten*

**Die Kapitalkosten können durch die Kennzahl WACC (Weighted average cost of capital) wie folgt berechnet werden:**

WACC = (1./. Steuersatz) × Fremdkapital × Fremdkapitalzins + Eigenkapital × Eigenkapitalkosten

Die Höhe des Risikos bestimmt unter anderem den Eigenkapitalbedarf jeder Investition. Dieses Risiko (als ß bezeichnet) muss bei der Betrachtung der Eigenkapitalkosten in Form eines Faktors mit berücksichtigt werden.

- Ein ß von 1 bedeutet ein durchschnittliches Risiko,
- Ein ß größer 1 bedeutet ein überdurchschnittliches Risiko,
- Ein ß kleiner 1 bedeutet ein unterdurchschnittliches Risiko.

Unter Risiko ist das **systematische Risiko** gemeint. Es handelt sich hier um die Wirkungen allgemeiner, d. h. nicht unternehmensspezifischer Einflüsse auf die Rentabilität. Als Beispiele können die allgemeine Konjunkturlage sowie die Zinsentwicklung aufgeführt werden.

Die Kosten des Eigenkapitals können demzufolge aus der risikolosen Anlage (z. B. Anlage in Bundesanleihen) zuzüglich des Risikozuschlages für Eigenkapital multipliziert mit dem Risikofaktor abgeschätzt werden.

**Der Markt bietet hier mit dem so genannten „Capital-Asset-Pricing-Modell" von Sharpe eine Möglichkeit an:**

Eigenkapitalkosten = Risikoloser Anlagezins + (Risikozuschlag für Eigenkapital × ß)

**Beispiel für die Berechnung des WACC:**

**Eigenkapitalkosten:**

| | |
|---|---|
| Risikoloser Zinssatz | 5,0% |
| + Risikozuschlag | 9,0% |
| (Individuelle Eigenkapitalkosten 6,0% × geschätzter Risikokoeffizient 1,5) | |
| **Eigenkapitalkosten gesamt** | **14,0%** |
| Anteil an Gesamtfinanzierung | 40% |

**Fremdkapitalkosten:**

| | |
|---|---|
| Fremdkapitalzinssatz | 7,0% |
| Gewinnsteuersatz (bei Vollausschüttung) | 20% |
| **Fremdkapitalzinssatz nach Steuern** | **5,6%** |
| Anteil an Gesamtfinanzierung | 60% |

**Ermittlung der Gesamtkapital-Kosten:**

0,4 × 14,0% + 0,6 × 5,6% = 8,96%

**Fazit:** Zur positiven Wertentwicklung muss mindestens eine durchschnittliche jährliche Rendite von 9% erzielt werden.

## 1.4 Aktivitätenplan zur Einrichtung eines Risikomanagement-Systems

Mittlerweile beschäftigen sich immer mehr Unternehmen, teilweise in Verbindung mit den Wirtschaftsprüfern, im Kontakt mit anderen Unternehmen oder mit Hilfe von Be-

# 1 Der Aufbau eines ganzheitlichen Risikomanagement-Systems

ratern mit dem Aufbau eines Risiko-/Chancen-Systems. Mit dem Begriff System sind hier alle systematischen Anstrengungen gemeint, die die Unternehmensleitung hinsichtlich der Erkennung, Bewertung und Steuerung von Risiken unterstützen sollen.

Ein derartiges System existiert nicht als Musterlösung in der Schreibtischschublade, sondern muss jeweils individuell an die Unternehmensbelange in Abhängigkeit folgender Einflussfaktoren angepasst werden:

**Individuelles Risikomanagement-System notwendig**

- Unternehmensgröße (kleinere sind stärker gefährdet als größere Unternehmen),
- Alter des Unternehmens (erhöhter Gefährdungsgrad bei Neu-Gründungen),
- Branchenzugehörigkeit (erhöhter Gefährdungsgrad bei Problem-Branchen),
- Komplexität und und Dynamik (größeres Chance-/Risiko-Verhältnis bei innovativen Unternehmen),
- Diversifikationsgrad (vermindertes Risiko durch breit gestreutes Produktportfolio).

**Nach Abschluss des Installations-Prozesses sollte eine eindeutig strukturierte Risikolandschaft vorhanden sein, die sich aus drei Bausteinen zusammensetzt:**

- **Risikoanalyse** (Identifikation/Bewertung): Die in verschiedenen Unternehmensteilen entstehenden Risiken sind zu identifizieren, zu quantifizieren und parallel darauf zu untersuchen, welche Zusammenhänge zwischen den einzelnen Risiken bestehen.
- **Risikoplanung und -steuerung:** Es existiert im Unternehmen ein ausgeprägtes Risikobewusstsein; es liegen eindeutige Risikoziele und Verantwortungen in schriftlicher Form vor und es existieren Maßnahmenpläne hinsichtlich der Gestaltung der Geschäftspolitik im Hinblick auf das Eingehen von Chancen und Risiken.
- **Risiko-Controlling:** In festen Zeitabständen werden die in einem Soll-Konzept beschlossenen Maßnahmen mit dem Grad der Ist-Erreichung abgeglichen. Damit er-

**Dokumentation sinnvoll**

hält das Unternehmen einen gesamtheitlichen Überblick hinsichtlich des Eingehens von Risiken. Unerlässlich ist in diesem Zusammenhang eine aktuelle Dokumentation über die laufende Entwicklung der Risiken sowie die grundlegende Systematik des Risiko-Management-Prozesses (sowohl im Innen- als auch im Außenverhältnis z. B. gegenüber dem Wirtschaftsprüfer) sowie ein effizientes, zeitnahes Reporting an die Verantwortungsträger.

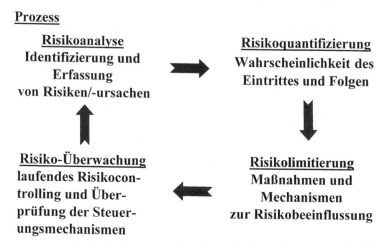

Abbildung 22: Bausteine des Risikoprozesses

### 1.4.1 Risiko-Analyse (Identifikation und Bewertung)

**Identifikation bestehender/ potenzieller Risiken**

Die Unternehmen sehen sich einer Vielzahl von substanziellen Risiken gegenüber. Aufgabe ist es, die bereits bestehenden sowie die potenziellen Risiken (Gefahrenquellen, Schadenursachen, Störpotenziale) möglichst vollständig im Rahmen einer Risikoinventur zu identifizieren.

Das Hauptaugenmerk gilt dabei den so genannten existenzgefährdenden Risiken sowie Risiken, die einen bedeutenden Einfluss auf die Vermögens-, Finanz- und Ertragslage des Unternehmens haben. Damit Einzelrisiken ganzheitlich dargestellt werden können, bietet es sich an, Top-down vorzugehen (Instrumente: z. B. Projekt-Team, Fragebögen, Szenario-Technik, ABC-Analysen).

# 1 Der Aufbau eines ganzheitlichen Risikomanagement-Systems

**Denkbare operative und strategische Risikofelder können beispielsweise sein:**

- Unternehmensstrategie und -ziele (fehlende, ungenaue Zieldefinition),
- Mitarbeiter und Organisation (Qualifikation, unzureichende Transparenz),
- Technologie (Wettbewerbsfähigkeit),
- Beschaffungsmarkt (Abhängigkeit von Lieferanten, Qualität des Materials),
- Absatzmarkt (Auftragsrisiko, Konjunktur),
- Kapitalmarkt (Fremdwährungsveränderungen, Zinsrisiko),
- Rechtliche und politische Rahmenbedingungen (Änderungen der Steuergesetze, Regierungswechsel, Kriege),
- Naturereignisse (Überschwemmungen, Erdbeben),
- Konkurrenzunternehmen (Preis-/Produktwettbewerb, neue Wettbewerber),
- Leistungsrisiken (Kalkulationsfehler, EDV-Störungen).

Die Risiken sind exakt durch den Risikoinhaber (Risk-owner) zu beschreiben (Systematisierung nach Art, Ausmaß sowie Grad der Beinflussbarkeit). Grundsätzlich sind Brutto-Risiken (Risiko vor Absicherung) zu betrachten (Instrumente hierfür: Schadenkataloge, Checklisten über Störfälle/gefährdete Objekte). **Betrachtung von Brutto-Risiken**

Anschließend sind die Risiken im Hinblick auf deren Ausmaß zu quantifizieren bzw. zu bewerten. Hierbei sind Risiken, die vom Unternehmen beeinflusst, bzw. nicht beeinflusst werden können, zu unterscheiden. Bereits in diesem Stadium können wertvolle Hinweise auf Maßnahmen der Risikosteuerung gewonnen werden. Am zweckmäßigsten ist es hierbei, die Risiken zu gruppieren, und zwar in **Quantifizierung der Risiken**

- Gering/unterdurchschnittlich (C),
- Mittel/durchschnittlich (B),
- Hoch/überdurchschnittlich (A).

**Ermittlung der Eintrittswahrscheinlichkeit**

Zur Quantifizierung des Risikos ist es notwendig, den drohenden Vermögensverlust sowie die Eintrittswahrscheinlichkeit zu ermitteln. Hierzu kann man sich neben einfachen Schätzungen auch mathematischer Verfahren wie beispielsweise Value-at-Risk bedienen.

**Beispiel für die Gestaltung eines Arbeitsbogens hinsichtlich des Zinsveränderungsrisikos:**

| Risiko | Zinsveränderungsrisiko |
|---|---|
| Risiko-Beschreibung | Zinsveränderungen beeinflussen Finanzergebnis |
| Bedeutung | B |
| Eintrittswahrscheinlichkeit | 50 % (Überschreiten Toleranzgrenze) |
| Maximale Schadenshöhe | EURO 4 Mio |
| voraussichtl. Schadenserwartung | EURO 2 Mio |
| Management-Maßnahmen | Absicherung von 50 % des zinsreagiblen Exposures durch Derivate (vgl. Abschnitte 3 und 4) |

**Aggregation von Einzelrisiken**

Die Einzel-Risiken sind zu aggregieren und komprimiert darzustellen (Risk-Mapping). Weiter verfolgt werden nur wesentliche (d. h. überdurchschnittliche) Risiken.

**Risiko-Portfolio-Matrix:**

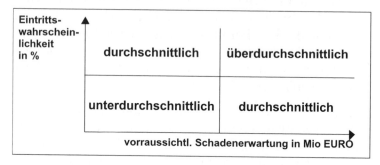

**Anwendung von Risikosimulationsverfahren**

Zielsetzung der Risikoaggregation ist die auf die Risikoanalyse aufbauende Bestimmung des **Risk-Exposure** (Gesamtrisikoumfang). Wechselwirkungen der Risiken untereinander sind zu erfassen. Dabei bedient man sich bestimmter Risikosimulationsverfahren.

Das in der Praxis am häufigsten verwendete Risiko-Simulationsverfahren ist die **Monte-Carlo-Simulation**. Bei-

# 1 Der Aufbau eines ganzheitlichen Risikomanagement-Systems

spielsweise werden die Wirkungen der Einzelrisiken in einem Rechenmodell des Unternehmens den entsprechenden Gewinn- und Verlust- oder Bilanzposten zugeordnet. Die Risikowirkungen werden durch Wahrscheinlichkeitsverteilungen beschrieben.

Damit kann in mehreren Simulationsläufen ein Geschäftsjahr bedarfsorientiert mehrere Male durchgespielt werden. Bei jedem Berechnungslauf ergeben sich unterschiedliche Auswirkungen auf die jeweils anzustrebende Zielgröße (beispielsweise G+V, Bilanz oder Cash-flow).

**Übersicht: Anwendung der Monte-Carlo-Simulation am Beispiel der Gewinn- und Verlustrechnung**

| Plan-G+V 2000 | Beträge in EURO | Risikokoeffizienten |
|---|---|---|
| Umsatzerlöse | ............. | - 30 |
| - Materialaufwand | ............. | |
| = Deckungsbeitrag | ............. | |
| - Personalaufwand | ............. | + 5 |
| - Sonstiger Aufwand | ............. | + 10 |
| - Abschreibungen | ............. | |
| = Betriebsergebnis | ............. | |
| +/- Finanzergebnis | ............. | + 10 |
| - außerordentlicher Aufwand | ............. | |
| - Steuern | ............. | + 5 |
| **= Ergebnis nach Steuern** | ............. | |
| Ergebnis nach Steuern/Szenario 1: | EURO ......... | |
| Ergebnis nach Steuern /Szenario 2: | EURO ......... | |
| Ergebnis nach Steuern/Szenario n: | EURO ......... | |

Die ermittelten Zielwerte können nunmehr zu Wahrscheinlichkeitsverteilungen aggregiert werden. Aus diesen lässt sich der Value-at-Risk als ein Höchstschaden, der mit beispielsweise 90%iger Wahrscheinlichkeit nicht überschritten wird, ermitteln.

## 1.4.2 Risikoplanung und -steuerung

Im Verantwortungsbereich der Geschäftsleitung liegt es nunmehr, den Umfang des zu tolerierenden Risikos zu bestimmen (welches Risikoausmaß ist von den einzelnen Geschäftsbereichen zu tragen; welche maximalen Risiko-

**Tolerierendes Risiko definieren**

**Ausnahme-regelungen erforderlich**

Limite werden den Verantwortungsträgern zugeordnet; wer entscheidet in Ausnahmesituationen). Ein hohes Schadenspotenzial (existenzgefährdend) mit einer geringen Eintrittswahrscheinlichkeit muss dabei anders behandelt werden als ein geringes Risiko mit einer hohen Eintrittswahrscheinlichkeit.

Des Weiteren ist zu definieren, wie auf plötzlich eintretende Ausnahmesituationen zu reagieren ist. Zweckmäßig ist es, in schriftlicher Form (Risikohandbuch) Grundsätze, Richtlinien und Strategien festzulegen, wie die identifizierten, analysierten und bewerteten Risiken beeinflusst werden können. Hierbei können in Abhängigkeit von Unternehmensphilosophie und Risikoeinstellung unterschiedliche Strategien beschritten werden.

### Beispielhafter Aufbau eines Risikohandbuches:

- Risikopolitik (Philosophie) des Unternehmens,
- Definition eines Systems von risikobegrenzenden Limiten,
- Beschreibung des Prozesses der Risikoidentifikation,
- Beschreibung des Prozesses der Risikobewertung und Risikoüberwachung,
- Aufbau und Zielgruppe des Reporting.

Es sollte der Grundsatz gelten, je höher die Eintrittswahrscheinlichkeit und je größer der damit verbundene Schaden, umso gründlichere Maßnahmen zur Erkennung und wenn möglich Ausschaltung müssen getroffen werden. Dabei spielt die Einrichtung von so genannten Frühwarnsystemen eine große Rolle.

### Beispielhafter Aufbau eines Frühwarnsystemes:

- Festlegung des zu beobachtenden Bereiches (z. B. Produktionsauslastung),
- Bestimmung der Frühwarnindikatoren (z. B. Auftragseingänge),

# 1 Der Aufbau eines ganzheitlichen Risikomanagement-Systems

- Ermittlung von Sollwerten und Toleranzgrenzen je Frühwarnindikator (z. B. unterschreiten eines Auftragsbestandes von 60 %),
- Festlegung der Informationsweitergabe (Reporting).

**Folgende Strategie-Ansätze können in Abhängigkeit des Risikos gewählt werden:**

- Risikovermeidung (z. B. grundsätzliches Vermeidung risikobehafteter Geschäfte),
- Risikominderung (z. B. Regelung in Leitlinien, welche Risiken in welcher Höhe eingegangen werden dürfen und wie Risiken zu behandeln sind; Einbau von Schutz- und Sicherungsmaßnahmen)
- Risikoüberwälzung (z. B. abwälzen des Risikos auf Versicherungen/Banken),
- Risikokompensation (Schaffung einer unternehmenseigenen Gegenposition z. B. bei Vorliegen von Export-Geschäften im US-Dollar Einkauf auf US-Dollar-Basis),
- Risiko selbst tragen (Aufbau einer adäquaten Risikodeckungsposition; z. B. in Form von Eigenkapital).

**Excurs: Erweiterung des Ansatzes zur Steuerung betrieblicher Risiken**

Nicht nur finanzwirtschaftliche Risiken stehen für die Sicherung der Produktions- und Lieferfähigkeit sowie für die Präsenz des Unternehmens am Markt im Vordergrund. Auch allgemeine betriebliche Risiken (beispielsweise Feuer, Betriebsunterbrechung, Haftpflicht) sind dem gleichen Management-Prozess zu unterwerfen. Diese Aufgabe wird oftmals vom Unternehmen auf professionelle **Spezialversicherungsmakler** übertragen. Das Unternehmen profitiert in verschiedener Hinsicht vom „Out-Sourcen" dieser Aufgabe, indem vom Makler verschiedene Dienstleistungen angeboten werden:

*Erweiterter Ansatz erforderlich*

*Einsatz von Spezialversicherungsmaklern*

- Erarbeitung fundierter technischer und kaufmännischer Risikoanalysen,
- Erarbeitung von Schadensverhütungskonzepten,

- Unterstützung und Beratung bei der Abwicklung aufgetretener Schäden,

- Erarbeitung, Konzeptionierung und Abschluss innovativer Versicherungskonzepte (beispielsweise Rahmenvereinbarungen),

- Nutzung nationaler und internationaler Versicherungsmärkte.

**Rollierende Betrachtung erforderlich**

Risikopositionen sind nicht nur statisch, sondern als sich im Zeitverlauf ändernd zu zeigen. Des Weiteren sollte gelten, dass eingegangene Risikoabsicherungspositionen bei sich verändernden Marktentwicklungen und -erwartungen neu überdacht und eventuell auch neu ausgerichtet werden müssen. Die Ergebnisse sollten auch in der strategischen Planung berücksichtigt werden. Wichtig ist noch, dass beschlossene Maßnahmen zwar zentral überwacht, jedoch grundsätzlich im Geschäftsfeld umgesetzt und dort auch verantwortet werden müssen.

### 1.4.3 Risiko-Controlling

**Überwachung der Risiken**

An die Risiko-Steuerung schließt sich eine (idealerweise zentral durchzuführende) Systematik zur Überwachung und Dokumentation (wichtig für die Nachvollziehbarkeit des Risikomanagements für Dritte) der Risiken, die auch ein zeitnahes Reporting (Kommunikation innerhalb des Unternehmens) beinhalten sollte, an. Im Mittelpunkt steht die Frage, wie die Risiken überwacht werden.

**Zielerreichungsgrad messen!**

Der Abgleich der Stichtagsaufnahme über die Risikosituation mit den Vorgaben der Risikostrategie liefert Informationen, ob das von der Geschäftsleitung angestrebte ausgewogene Verhältnis zwischen Chancen und Risiken erreicht wurde. Großer Wert ist dabei auf eine vollständige Erfassung der Risiken und auf die Methodik hinsichtlich Richtigkeit der Analyse und Bewertung zu legen. Des Weiteren ist zu prüfen, ob die zur Risikovermeidung, Verminderung, Überwälzung und Kompensation festgelegten Maßnahmen angemessen sind und ob die Maßnahmen insgesamt auch ausreichen.

Wenn sich Abweichung zwischen der tatsächlichen Risikosituation und den vorgegebenen Zielen ergeben, ist wenn notwendig die Strategie neu zu formulieren und zu überarbeiten. Anschließend erfolgt wieder eine Optimierung der angestrebten Maßnahmen. Ein zentral installiertes Risiko-Controlling kann hinsichtlich der grundlegenden Einhaltung der Vorgaben sowie der Reaktion in Ausnahmesituationen nicht die Qualität der Maßnahmen überprüfen, sondern nur, ob überhaupt Maßnahmen ergriffen wurden.

Ein regelmäßiges und zeitnahes Reporting ist des Weiteren unerlässlich. Die Berichte sind an den Personenkreis zu adressieren, der letztendlich die Risiken im Unternehmen verantworten muss. Parallel dazu muss die Systematik (Validität und Konsistenz) laufend überwacht und überprüft werden. Diese Aufgabe kommt der internen Revision im Unternehmen zu.

**Zeitnahes Reporting notwendig**

Mit diesen Maßnahmen schließt sich der Regelkreis eines funktionsfähigen Risikomanagement-Systems, das bei entsprechender Anwendung und Umsetzung sowie „Leben durch die Mitarbeiter" für das Unternehmen einen echten Mehrwert erbringt.

**Identifizieren der Mitarbeiter**

## 2 Debitorenmanagement

Die Absatzerfolge eines Unternehmens auf in- und ausländischen Märkten sind im zunehmend schärfer werdendem Wettbewerb nicht alleine nur von Qualität und Preis der Produkte und Dienstleistungen sowie Service und Zuverlässigkeit abhängig. Auch die Gestaltung von Zahlungskonditionen trägt mittlerweile einen wesentlichen Teil zum erfolgreichen Gelingen eines Geschäftes bei.

### 2.1 Vorbemerkungen

Warengeschäfte mit in- und ausländischen Abnehmern, die nicht auf der Basis zahlungssichernder Konditionen abgewickelt werden können, sind für das Unternehmen automatisch mit Risiken verbunden. Wachsender Konkurrenzdruck sowie fast ausschließlich Verkäufermärkte bringen

**Zunahme des Zahlungsrisikos**

den Kunden in die stärkere Position, so dass dieser die Gestaltung der Zahlungsbedingungen in den meisten Fällen diktieren kann. Damit lassen sich zahlungssichernde Konditionen wie beispielsweise die Anzahlung oder das Akkreditiv (vgl. hierzu Kapitel 2, Abschnitt 1.1.5) immer seltener durchsetzen.

Die Gewährung von Zahlungszielen sowie alternativ die Einräumung der Wechselzahlung führt zu einer zeitlich mehr oder weniger großen Differenz zwischen Lieferung/Rechnungsstellung und Zahlungsvorgang. Daraus resultiert ein **Lieferantenkredit**, der einer bankmäßigen Kreditgewährung an den Kunden gleichzusetzen ist. Damit kommt der Beurteilung der Bonität eines Abnehmers, die auf die gegenwärtige und zukünftige Zahlungsfähigkeit sowie Zahlungswilligkeit abzustellen ist, eine entscheidende Bedeutung zu.

- **Zahlungswilligkeit:** Der Schuldner ist auf Grund seiner Vermögenssituation in der Lage, seinen Verpflichtungen jederzeit nachkommen zu können. Er verzögert jedoch aus internen (beispielsweise Problemen in der Zahlungsorganisation, Zinsoptimierung) sowie externen (beispielsweise Devisenrestriktionen) Gründen bewusst oder unbewusst die Zahlung.

- **Zahlungsunfähigkeit:** Der Schuldner ist zahlungswillig, kann jedoch auf Grund dauerhaften Mangel an Zahlungsmitteln seine fälligen Geldschulden nicht erfüllen.

Die Gestaltung der Zahlungsbedingungen hängt einerseits von branchenüblichen Usancen ab, zum anderen wird der Umfang des Lieferantenkredites durch individuelle Gegebenheiten (Stellung von Käufer und Verkäufer; verkaufstaktische Gründe) bestimmt.

# 2 Debitorenmanagement

## 2.2 Forderungsaufbau und Konsequenzen

### 2.2.1 Betrachtung der Forderung von der handelsrechtlichen Seite

Bei Kundenforderungen handelt es sich um schuldrechtliche Ansprüche. Diese resultieren aus einem zweiseitigen Rechtsgeschäft. Das Unternehmen muss die Forderungen (Vermögensgegenstände) in den Jahresabschluss aufnehmen (§ 246 Abs. 1 HGB) und im Rahmen seiner laufenden Umsatztätigkeit ansetzen (vgl. § 277 Abs. 1 HGB). Die Forderung entsteht dann, wenn der Leistungsschuldner (der Verkäufer) seine Leistung (Auslieferung der Ware/Dienstleistung) erbracht hat (§ 252 Abs. 1 Nr. 4 HGB).

**Forderung und Handelsrecht**

### Bilanzierung

Forderungen sind im Debitorenkontokorrent auszuweisen. Hierzu dient die so genannte Saldenliste (Inventar nach § 240 Abs. 1 HGB). Als zweite wichtige Auswertung dient die Liste der offenen Posten. Diese Liste enthält alle bis zum Stichtag noch nicht ausgeglichenen Forderungen.

Forderungen sind als Vermögensgegenstände mit dem Anschaffungswert (§ 253 Abs. 1 HGB) zu bilanzieren. Abzuziehen sind Rabatte, Preisnachlässe etc. (§ 255 HGB Abs. 1 Satz 3). In Form von Rückstellungen und Verbindlichkeiten sind Gewährleistungen und Provisionen zu passivieren (§ 249 Abs. 1 Nr. 2 HGB).

Am Bilanzstichtag müssen Forderungen nach dem strengen Niederstwertprinzip bewertet werden. Wenn die Werthaltigkeit der Forderung nicht mehr gegeben ist, sind entsprechende Abwertungen vorzunehmen. Ist die Realisierung einer Forderung in Frage gestellt (zweifelhaft), ist die Forderung mit dem wahrscheinlichen Wert anzusetzen. Nicht mehr realisierbare Forderungen sind komplett abzuschreiben. Dem voraussichtlichen Ausfall von Forderungen kann durch Bildung einer Pauschalwertberichtigung (Grundlage: statistische Erfahrungswerte) entsprochen werden.

**Forderungsaufbau beobachten**

### 2.2.2 Forderungsaufbau und Ursachen

Für den unkontrollierten Aufbau von Forderungsbeständen sind eine Reihe von Gründen maßgebend. Zielsetzung des Unternehmens muss es sein, festzustellen, welche Ursachen für die Zahlungsunwilligkeit des Kunden vorliegen. Für einen im Verhältnis zum Umsatzanstieg überproportional hohen Forderungsaufbau können eine Reihe von Ursachen verantwortlich sein.

Diese Gründe lassen sich zumeist nur durch eine Analysierung des gegenwärtigen Bestandes sowie der Wertberichtigungen auf Forderungen identifizieren:

- Ein Teil des Kundenbestandes weist grundsätzlich temporäre (vorübergehende Liquiditätsengpässe; beispielsweise bei Saisongeschäften) oder strukturelle Liquiditätsprobleme (dauerhafte Liquiditätsschwierigkeiten; beispielsweise bei bestimmten „Problem"-Branchen) auf.

- Der Kunde besitzt wirtschaftlich eine so starke Position, dass grundsätzlich Zielüberschreitungen durchgesetzt werden können.

- Anstelle Preiszugeständnisse werden überproportional lange Zahlungsziele zugestanden (Quersubventionierung: zu Gunsten Betriebsergebnis zulasten Finanzergebnis). Dies hängt oftmals auch von der Konkurrenzsituation ab.

- Die dem Kunden eingeräumte skontierte Zahlungsweise stellt keinen Anreiz dar (zu niedrig gewählter Skontosatz).

- Die Qualität der Produkte führt zu häufigen Mängelrügen.

- Qualitätsmängel werden vom Kunden unberechtigt vorgebracht, um Zeit zu gewinnen.

- Das Debitorenkontokorrent enthält langfristig gewordene Forderungen.

## 2.2.3 Forderungsaufbau und Folgen

Die absolute Höhe des Forderungsbestandes beeinflusst in starkem Maße

- **die Rentabilität:** Gebundenes Vermögen muss entweder über verzinsliche Kredite (= Zinsaufwand) oder durch entgangene Geldanlagen (= Opportunitätszinsverluste) „erkauft" werden.

- **das Risiko:** Ein hoher Forderungsbestand birgt ein latentes Zahlungsausfall-Risiko eines Teils der Kunden (branchenabhängig).

Die Frage nach dem optimalen Forderungsbestand für das Unternehmen kann nur durch entsprechendes externes Benchmarking (beispielsweise Branchendurchschnitte, Vergleich mit dem Branchenbesten) beantwortet werden.

Kunden, die in Liquiditätsschwierigkeiten geraten, stellen eine ernst zu nehmende Gefahr im Hinblick auf die Erfüllung der Forderung dar. Liquiditätsprobleme treten in der Regel nicht kurzfristig, sondern in einem mittel- und langfristigem Prozess auf. Zur Vermeidung von Forderungsausfällen ist deshalb größter Wert auf eine permanente Beobachtung der Zahlungsgepflogenheiten von Kunden zu legen.

**Permanentes Beobachten der Forderungen**

**Für sich abzeichnende Liquiditätsengpässe gibt es eine Reihe von Frühwarnzeichen im Zahlungsgebaren sowie im Verhalten des Kunden:**

- Der Kunde wechselt von der Überweisung über die Scheckzahlung zur Wechselzahlung (Ziel: Streckung der Liquidität).

- Der Verkäufer wird um Stundung bzw. Prolongation von überfälligen Forderungen gebeten.

- Bei Fälligkeit der Forderung wird nicht in bar (per Überweisung oder Scheck) sondern durch Akzept reguliert.

- Der Wechsel von Bankverbindungen lässt den Schluss zu, dass die Banken nicht mehr zu Kreditgewährungen bereit sind.

- Der Kunde beanstandet unberechtigterweise Mängel an der Ware oder Kleinigkeiten, um Zeit zu gewinnen.
- Auftragsvolumen werden portioniert, um nicht eine Großrechnung bezahlen zu müssen.
- Bei Mahnungen von überfälligen Rechnungen werden Anschlussaufträge/Großaufträge in Aussicht gestellt, um den Verkäufer zum Stillhalten zu bewegen.
- Die Rechtsform wird geändert oder der Firmensitz verlegt.
- Organisatorische Probleme (z. B. EDV-Umstellung, Mitarbeiterwechsel) werden als Argumente für Zahlungszielüberschreitungen vorgebracht.
- Grundsätzlich wird erst nach Eintreffen der ersten Mahnung (Kontoerinnerung) bezahlt.

**Vorgabe von Standardkonditionen**

Auf die Einhaltung der gesetzten Zahlungsziele sollte größter Wert gelegt werden. Der Steuerungsprozess muss allerdings bereits eine Stufe vorher mit der Gestaltung von Zahlungszielen einsetzen. Sinnvoll ist es, für einzelne Geschäftsbereiche abgestimmte und einheitliche Basiskonditionen dem Vertrieb vorzugeben. Diese müssen sich an den aktuellen Marktgegebenheiten (z. B. Konkurrenzsituation, Branche, Region, Kundenbedeutung) ausrichten. Damit wird der Entwicklung vorgebeugt, dass der Vertrieb den Kunden individuelle Zahlungsziele einräumt. Für eine Ausnahmeregelung (Wer genehmigt Abweichungen) ist in diesem Zusammenhang zu sorgen.

**„Erziehen" der Kunden erforderlich**

Unternehmen, die es versäumen, gegenüber ihren Schuldnern konsequent aufzutreten (beispielsweise durch zeitnahes Mahnwesen), „erziehen" ihre Kunden grundsätzlich falsch. Eine spätere Änderung hin zu einer pünktlichen Zahlungsweise ist in diesen Fällen nur mehr schwer durchsetzbar. Die Befürchtungen des Vertriebes, dass Kundenbeziehungen durch konsequentes Debitorenmanagement verloren gehen, treffen in den meisten Fällen nicht zu. Fast immer sind andere Gründe für einen Wechsel ausschlaggebend.

# 2 Debitorenmanagement

## 2.3 Debitorenmanagement im Unternehmen

Die Kreditierung von Zahlungsverpflichtungen an Kunden ist mit einer Geldhingabe vergleichbar. Es liegt damit eindeutig eine Finanzierungsfunktion vor.

*Kreditierung vergleichbar mit Kreditvergabe*

### 2.3.1 Ziele und Aufgaben

Mit jeder Lieferung auf Ziel an einen Kunden ist das Risiko der Realisierung der Zahlungsverpflichtung verbunden. Es ist daher unumgänglich, dass Unternehmen sich aktiv mit der Pflege und Verwaltung ihrer Debitoren beschäftigen, um Schaden abzuwenden.

**Unter Debitorenmanagement versteht man alle Maßnahmen, die darauf ausgerichtet sind,**

- durch geeignete Techniken und Instrumente Außenstände schnell, kostengünstig und sicher zu Liquidität werden zu lassen,
- bestehende Forderungsbestände abzubauen und neue Außenstände in gleicher Höhe zu vermeiden,
- negative Auswirkungen auf Bilanz und Gewinn- und Verlustrechnung durch Forderungsausfälle zu vermeiden,
- den Anteil zahlungsunwilliger Kunden zu identifizieren und, wenn möglich, deutlich zu reduzieren,
- den Vertrieb indirekt hinsichtlich Absatzförderung zu unterstützen.

Insbesondere der letzte Punkt stellt eine Konfliktsituation im Unternehmen dar. Der Vertrieb hat Umsatz- und Ergebnisziele zu verfolgen. Das Debitorenmanagement verfolgt dagegen in erster Linie das Ziel, Risiken zu reduzieren. Konfliktsituationen und -potenzial sind hier vorprogrammiert und müssen entsprechend zum Vorteil des Unternehmens aufgelöst werden.

*Konfliktsituation: Rentabilität versus Risiko*

### 2.3.2 Organisatorische Gestaltung

Damit der Geschäftsablauf reibungslos funktionieren kann, ist es notwendig, für eine entsprechende organisatorische

**Organisatorische Einordnung**

Gestaltung sowie Regelungen und Verfahrensanweisungen zu sorgen. Das Debitorenmanagement ist bei größeren Unternehmensgruppen zumeist dem Bereich des Finanz- und Rechnungswesens zugeordnet. In Abhängigkeit von Unternehmensaufbau und -philosophie sowie dem daraus resultierenden Zentralisierungsgrades können hierbei hinsichtlich Planung, Steuerung und Kontrolle der Aktivitäten folgende Formen unterschieden werden:

- Die totale Zentralisation,
- Die totale Dezentralisation,
- Eine Mischform zwischen beiden Alternativen.

**Praxis**

Erfahrungsgemäß hat sich eine Mischform zwischen Zentralisierung (hinsichtlich einheitlicher Vorgaben, Regularien und Kontrolle) und dezentraler Umsetzung (operative Management-Aktivitäten) am besten bewährt. Insbesondere die Nähe (sowie Kenntnis) zum operativen Geschäft sprechen für eine derartige Vorgehensweise.

**Beispiel für die Formulierung von Grundsätzen im Hinblick auf eine Mischform zwischen Zentralisation und Dezentralisation:**

- „Jedes Waren- oder Dienstleistungsgeschäft, das nicht auf der Basis zahlungssichernder Konditonen abgewickelt wird, muss einer Kreditprüfung unterzogen werden",
- „Nach Maßgabe der Kompetenzen muss durch die operativen Einheiten ein ordnungsgemäß genehmigtes und protokolliertes Kreditlimit festgelegt werden, das als Höchstkreditgrenze zu verstehen ist",
- „Jeder selbstständige Geschäftsbereich ist für den Aufbau einer Organisation zur Debitorenüberwachung verantwortlich, die sich an den zentral vorgegebenen Grundprinzipien zu orientieren hat".

## 2 Debitorenmanagement

**Praxis**

Größter Wert im Hinblick auf die vorstehend angesprochene Konfliktsituation ist auf das Prinzip der Funktionentrennung zu legen. Dies bedeutet, dass eine organisatorische Trennung zwischen Vertrieb (die zu überwachende Funktion) und Debitorenmanagement (als überwachende Funktion) bestehen muss. Wird dieser Grundsatz verletzt, besteht die Gefahr, dass die Effektivität der Maßnahmen darunter leidet.

*Wichtig: Prinzip der Funktionentrennung*

Nach Schaffung der organisatorischen Voraussetzungen (Zuständigkeiten und Kompetenzen) bietet es sich an, den gesamten Prozess in Richtlinienform zu dokumentieren und den Verantwortlichen und Betroffenen in schriftlicher Form zu kommunizieren. Aus Transparenzgründen sollten die schriftlichen Unterlagen durch entsprechende interne Schulungsmaßnahmen (Zielgruppe: Vertrieb, administrative Funktionen) begleitet werden.

### 2.3.3 Debitorenmanagement und EDV-Unterstützung

Damit qualifiziertes Debitorenmanagement betrieben werden kann, müssen aktuelle und umfangreiche Informationen über den Kunden und dessen Geschäftsaktivitäten zur Verfügung gestellt werden. Empfänger dieser Informationen sind die Debitorenbuchhaltung, das Debitorenmanagement, der Vertrieb und das Controlling. Anzustreben ist deshalb der maximale und integrierte EDV-Einsatz.

*Maximaler EDV-Einsatz anzustreben*

Im Bezug auf das Debitorenmanagement beinhaltet der Informationsumfang beispielsweise die Kontrolle der offenen Posten sowie eine permanente Überwachung der Kreditinanspruchnahmen zur Begrenzung des Kundenausfallrisikos. So müssen bei jedem Geschäftsvorgang Finanz- und Ergebnisseite miteinander verknüpft werden. Dies erfordert eine permanente Pflege der betroffenen Funktionen Kreditmanagement, Cash-Management (Liquiditätsplanung) sowie Ergebnisrechnung (Deckungsbeitragsrechnung).

Das EDV-System muss auch in der Lage sein, entsprechend der Unternehmensorganisation die Kundendaten auf den

Ebenen Konzern, Unternehmen, Geschäftsbereich oder Sparte abzubilden. Damit wird es möglich, Prüfungs- und Überwachungsvorgänge auf mehreren Ebenen gleichzeitig durchzuführen.

**Selektionskriterien können beispielsweise sein:**

- Offene Posten (Differenzierung nach Währungen),
- Kreditlimitüberschreitungen,
- Zahlungsverhalten der Kunden,
- Aktuelle Umsatz- und Auftragslage,
- Informationen über Deckungsbeiträge.

**Bei Risikosituation stoppen des Prozesses**

Der Idealzustand einer EDV-gestützten Debitorenüberwachung besteht darin, dass der gesamte Prozess der Kreditausnutzung (von Auftragsannahme über die Lieferung bis zur Zahlung) permanent beobachtet und überwacht wird. Tritt in diesem Prozess eine Risikosituation ein (beispielsweise eine Kreditlimitüberschreitung), wird der Prozess sofort unterbrochen und an eine authorisierte Stelle zur Ausnahmebearbeitung weitergeleitet.

### 2.3.4  Die Einräumung von Kreditlimiten

**Einräumung Kreditlinie Vertrauenssache**

Durch die Einräumung einer Kreditlinie gegenüber dem Kunden wird letztendlich das Vertrauen des Unternehmens in die Zahlungsfähigkeit des Kunden in einer Zahl quantifiziert. Der Prozess der Limiteinräumung läuft in mehreren Schritten ab:

#### 2.3.4.1  1. Schritt:  Die Ermittlung des Kreditbedarfes

Der Kreditrahmen muss den voraussichtlichen Kreditbedarf aus der gesamten Geschäftsbeziehung mit dem Kunden einbeziehen.

**Diese Aktivitäten umfassen:**

- Ein offenes Bestellvolumen (falls dies vom Lieferanten bestätigt worden ist),
- Bei kundenindividuellen Fertigungen die Herstellkosten,

## 2 Debitorenmanagement

- Sämtliche offenen Kundenforderungen (Forderungen, die durch erstklassige Sicherheiten wie z. B. bestätigtes Akkreditiv gedeckt sind, sind nicht mit einzubeziehen).

Der voraussichtliche Kreditbedarf errechnet sich aus den beiden Größen geplanter Umsatz sowie vereinbartes maximales Zahlungsziel:

**Beispiel:**

> Geplanter Jahresumsatz EURO 1 200 000 (lineare Abnahmen beziehungsweise keine saisonalen Einflüsse); Zahlungskondition 14 Tage 2% Skonto, 30 Tage netto.

**Erforderliches Kreditlimit: EURO 100 000**

**Praxis**

Bei Wechselkrediten ist die Laufzeit des Wechsels (in der Regel 90 Tage) dem offenen Warenkredit hinzuzurechnen. Scheck-Wechsel-Zahlungen (vgl. Kapitel 2, Abschnitt 1.5.4.1) sind aus der Sicht des Kreditrisikos der regulären Akzeptzahlung gleichzustellen. Die Errechnung des Limites sollte bei Neukunden auf Basis der umsatzstärksten Monate erfolgen. Die Kreditlinie sollte sich immer am jeweiligen Bedarf orientieren, das heißt der Aufbau von so genannten „Luftlinien" ist zu vermeiden.

*Kein Aufbau von Luftlinien*

Im Falle von Einzel- oder Saisongeschäften bietet es sich an, befristete Kreditlinien einzurichten. Damit lässt sich eine nicht ausreichende Bonität des Kunden für ein permanentes Kreditlimit eher verantworten. Anträge auf Erhöhung bestehender Kreditlimite sollten im Allgemeinen nur dann gestellt werden, wenn der zusätzliche Bedarf auf Umsatz- bzw. Preissteigerungen beruht. Zahlungszielüberschreitungen dürfen durch Limiterhöhungen in keinem Fall legalisiert werden.

*Keine Legalisierung von Zahlungszielüberschreitungen*

Die Einräumung eines Kreditlimites stellt ein wichtiges Kriterium zur Einstufung der Bonität des Kunden dar. Damit lässt sich später auf Grund der Ausnutzung nachvollziehen, ob die Kundenrisiken sich im geplanten und vertretbaren Rahmen bewegen.

## Die Form des Kreditantrages

**Anträge in schriftlicher Form**

Anträge werden grundsätzlich vom Vertrieb beim zuständigen Debitorenmanagement gestellt. Aus Dokumentationsgründen sollten die Anträge in schriftlicher Form gestellt werden (vgl. das Formblatt auf ᙚ unter Nr. 18). Neben den kundenspezifischen Angaben ist auch auf eine kurze Antragsbegründung Wert zu legen (beispielsweise Kreditlimiterhöhung wegen Umsatzausweitung).

### 2.3.4.2 2. Schritt: Die Bonitätsprüfung

**Notwendig: Informationsbeschaffung**

Damit das Debitorenmanagement die Angemessenheit einer Kreditlinie überprüfen kann, sind entsprechende Informationen, die Rückschlüsse auf die Bonität des Kunden geben, einzuholen. Die absolute Höhe der Kreditlinie sowie die Bonität des Kunden bestimmen das Ausmaß der einzuholenden Informationen.

Folgende Informationsquellen können teilweise recht preisgünstig benutzt werden:

- **Interne Auskunftsquellen:**
  - **Finanz- und Rechnungswesen**: Eigene Zahlungserfahrungen zählen zu den vorrangig zu bewertenden Informationsquellen. Da diese nur von bereits bestehenden Kundenbeziehungen stammen, ist ihr Gebrauch auf Limitänderungen beschränkt. Allerdings sind hier relativ schnell erste Hinweise auf Liquiditätsprobleme des Kunden erkennbar.
  - **Verkauf/Außendienst**: Besuchsberichte etc.
  - **Informationen vom Kunden**: Ein einfaches Instrument stellen Fragebögen dar, die vom Kunden auszufüllen sind. Aussagekraft und Zuverlässigkeit hängen von der Ehrlichkeit des Kunden ab, die Fragen zu beantworten.
    Einen solchen Fragebogen finden Sie auf ᙚ unter Nr. 19.
- **Externe Auskunftsquellen:**
  - Handelsauskünfte (z. B. Auskunftei Dun & Bradstreet): Das Problem besteht oftmals in veralteten oder weniger tief gehenden Auskünften.

## 2 Debitorenmanagement

- SCHUFA (Schutzgemeinschaft für Kreditauskünfte): Wichtig ist hier, dass der Kunde einer Auskunft zustimmen muss.

- Bankauskünfte: Sie dienen in der Regel als Ergänzung der Auskunftsbeschaffung. Der Aussageumfang ist relativ begrenzt, dafür wird jedoch zeitnah berichtet.

- Jahresabschlüsse (Bilanz- und G+V-Auswertungen): Diese Unterlagen sind kritisch zu bewerten, da die Bilanz nur eine Stichtagsbetrachtung darstellt und die Unterlagen in der Regel nicht mehr zeitnah sind (siehe Bilanz-/G + V-Gliederung auf ⊗ unter Nr. 20).

- Handelsregister,

- Presseveröffentlichungen,

- Kreditversicherer.

### 2.3.4.3 3. Schritt: Die Kreditentscheidung

Nach sorgfältiger Auswertung und Prüfung aller zur Verfügung stehender Informationen entscheidet das Debitorenmanagement über den Antrag und schlägt ein Kreditlimit zur Genehmigung vor.

**Hierbei bieten sich zwei Verfahren an:**

- **Bonus-Malus-System:** Die wichtigsten Beurteilungskriterien für die Bonität des Kunden, insbesondere eigene Erfahrungen (beispielsweise Skonto- oder Nettozahler) werden bewertet und in die Entscheidung über das festzusetzende Limit einbezogen.

- **Punkte-System:** Für jedes Kriterium (beispielsweise Zahlweise, Wertung der Handelsauskunft) werden Punkte vergeben. Die Gesamtpunktzahl bestimmt die Einstufung in einer Limitskala der vertretbaren Kredite für einen Kunden.

Das Kreditlimit stellt eine verbindliche Höchstgrenze dar, die nicht überschritten werden sollte. Es ist zu revidieren, sofern neue Informationen eine positive oder negative Beurteilung der Kundenbonität anzeigen. Demzufolge sollte das Limit in regelmäßigen Zeitabständen durch die Ein-

**Kreditlimit ist Höchstgrenze**

holung aktuellen Informationsmaterials überarbeitet werden.

**Schriftliches Protokollieren sinnvoll**

Der Kreditlimitvorschlag sollte in einem schriftlichen Kreditprotokoll festgehalten werden (vgl. Formblatt auf ⊛ unter Nr. 21). Die zur Begründung herangezogenen Informationsquellen sind ebenfalls zu dokumentieren. Das Kreditlimit wird anschließend durch Unterzeichnung genehmigt. Die personellen Kompetenzen und Zuständigkeiten für die Kreditfestsetzung sowie die Unterschriftsberechtigungen sind durch den jeweiligen Geschäftsbereich/Tochtergesellschaft festzulegen. Grundsätzlich sollten zwei Verantwortliche (Vier-Augen-Prinzip) das Protokoll unterzeichnen. Aus Vereinfachungsgründen kann für Kleinlimite festgelegt werden, dass nur der zuständige Außendienstmitarbeiter gegenzeichnet.

**Praxis**

**Beispiel: Kompetenzregelung bei der Protokollierung von Kreditlimiten**

| Verantwortlich | Kreditrahmen EURO |
| --- | --- |
| Außendienst | bis 10 000 |
| Außendienst/Vertriebsleitung | bis 100 000 |
| Vertriebsleitung/Divisionsleitung | bis 250 000 |
| Divisionsleitung/Geschäftsführung | bis 500 000 |
| Geschäftsführung/Geschäftsführung | ab 500 000 |

### Erfassung im Kundenstammdatensatz

Nach Unterzeichnung und damit Genehmigung der Kreditlinie wird der Kreditrahmen im Debitoren-Stammsatz abgespeichert. Aus Gründen der Funktionentrennung (Risikominimierung) ist es zweckmäßig, die Eingabe nicht im Bereich des Debitorenmanagements zuzulassen. Es bietet sich dazu die Finanzbuchhaltung an.

## 2 Debitorenmanagement

### 2.3.4.4 4. Schritt: Die Kreditüberwachung

Die Bonität eines Kunden kann sich durch viele Einflüsse schnell verändern. Die festgelegte Kreditlinie ist deshalb in regelmäßigen Zeitabständen durch das Debitorenmanagement zu überprüfen. Abweichend von der Routine-Überprüfung sollte eine Neu-Überprüfung beim Eintreten folgender Situationen erfolgen:

*Überprüfung in regelmäßigen Abständen*

- Deutliche Limitüberschreitungen,

- Negativen Erkenntnissen aus dem Zahlungsverhalten wie beispielsweise Wechsel von Skonto- auf Nettozahlung, Änderung von Barzahlung (Überweisung, Scheck) auf Wechselzahlung, laufende Zahlungszielüberschreitungen,

- Kritische Informationen über den Kunden aus beispielsweise Vertreterberichten, Medien, unberechtigten Mängelrügen,

- Sonstigen Erkenntnissen wie beispielsweise Wechsel der Rechtsform, Gesellschafterwechsel, Verschlechterung der Branchen-Gesamtsituation.

Als Überwachungsinstrument dient die EDV-erstellte Kreditkontroll-Liste. Sie liefert den überwachenden Funktionen Informationen über genehmigte beziehungsweise nicht genehmigte Kreditinanspruchnahmen des Kunden.

*Überwachungsinstrument Kreditkontroll-Liste*

Damit bestimmte Entwicklungen und Tendenzen bei Debitoren rechtzeitig erkannt und beurteilt werden können, müssen Informationen (möglichst EDV-gestützt) beschafft werden:

- Struktur der Umsätze und Forderungen (z. B. Inland, Ausland),

- Aktueller Umfang und Altersstruktur überfälliger Forderungen;

**Beispiel:**

| Betrag überfälliger Forderungen in EURO | fällig bis |
|---|---|
| .................................... | 14 Tage |
| .................................... | 30 Tage |
| .................................... | 60 Tage |
| .................................... | 90 Tage |
| .................................... | 180 Tage |
| .................................... | mehr als 180 Tage |

- Durchschnittliche Zahlungsziele,
- Tendenzen bei verschiedenen Debitorengruppen (z. B. Zahl der Mahnschreiben, Forderungsausfälle).

**Kennzahlengestütztes Überwachungssystem**

Grundsätzliches Ziel ist es, negative Abweichungen von gesetzten Normgrößen oder Normalwerten beziehungsweise Trends zu erkennen und auszuwerten. Zur Werthaltigkeitsbeurteilung von Forderungen bedient man sich einer Reihe von analytischen Verfahren, die auf der Ermittlung von Kennzahlen beruhen. Die einzelnen Kennziffernwerte sind zur Plausibilitätsbeurteilung grundsätzlich in das Verhältnis zu Vergangenheitswerten oder Branchenwerten zu setzen. Deutliche Abweichungen von Vergleichswerten lassen auf ein erhöhtes Werthaltigkeitsrisiko der Forderungen schließen und sollten Management-Maßnahmen nach sich ziehen.

Zur effizienten Überwachung ist es sinnvoll, eine Reihe von Schlüsselgrößen im Zeitverlauf zu beobachten:

- Wie bezahlen die Kunden: per Scheck, Banküberweisung etc.,
- Wie viel pünktliche/unpünktliche Zahler hat das Unternehmen,
- Wie viel Mahnungen werden pro Betrachtungszeitraum versandt,
- Wie hoch ist die durchschnittliche Außenstandsdauer der Forderungen,

## 2 Debitorenmanagement

- Wie hoch ist der Zinsaufwand/Skontoaufwand,
- Wie hoch ist das Volumen der Wertberichtigungen/Abschreibungen auf Forderungen.

**Beispielhaft nachstehend eine Reihe von Kennzahlen:**

- **Forderungsbestand:**

> Forderungen aus Lieferungen und Leistungen
> + Forderungen aus Lieferungen und Leistungen gegenüber verbundenen Unternehmen
> + Forderungen aus Lieferungen und Leistungen gegen Unternehmen, mit denen ein Beteiligungsverhältnis besteht
> = Gesamtbetrag an Kundenforderungen

- **Anteil überfälliger Forderungen:**

$$\frac{\text{Überfällige Kundenforderungen}}{\text{Kundenforderungen}}$$

Ein hoher Bestand an überfälligen Forderungen oder ein Anstieg des Anteils überfälliger Forderungen lassen auf schlechtes Zahlungsverhalten der Kunden schließen.

- **Einbringlichkeit der Forderungen:**

$$\frac{\text{angemahnte Kundenforderungen}}{\text{Kundenforderungen}}$$

$$\frac{\text{Der Rechtsabteilung gemeldete Kundenforderungen}}{\text{Kundenforderungen}}$$

- **Umschlagshäufigkeit der Forderungen:**

$$\frac{\text{Kundenbezogener Periodenumsatz}}{\text{Forderungsbestand}}$$

- **Struktur der Umschlagshäufigkeit:**

$$\frac{\text{Kundenforderungen mit Umschlagshäufigkeit kleiner 2}}{\text{Kundenforderungen}}$$

$$\frac{\text{Kundenforderungen mit Umschlagshäufigkeit 2 bis 5}}{\text{Kundenforderungen}}$$

$$\frac{\text{Kundenforderungen mit Umschlagshäufigkeit 5 bis 10}}{\text{Kundenforderungen}}$$

$$\frac{\text{Kundenforderungen mit Umschlagshäufigkeit größer 10}}{\text{Kundenforderungen}}$$

- **Abbaukennziffern:**

$$\frac{\text{Bis zum Erfassungzeitpunkt abgebaute Kundenforderungen}}{\text{Kundenforderungen}}$$

- **Stichtagsausreißer:**

$$\frac{\text{Kundenforderungen am Abschlussstichtag}}{\text{durchschnittlicher Bestand an Kundenforderungen}}$$

- **Durchschnittlicher Forderungsbestand:**

$$\frac{\text{Jahresendbestand abzüglich Jahresanfangsbestand}}{2}$$

**Aufmerksamkeit auf Problemfälle lenken**

Bei einer Vielzahl von Einzelkunden sollte über ein **Scoring** des gesamten Kundenbestandes nachgedacht werden, damit die Management-Aktivitäten von vorne herein auf die „Problemfälle" ausgerichtet werden können. Die Kundenkontrolle lässt sich so mit Bonitätskennzahlen standardisieren und deutlich vereinfachen. Die Kunden werden bei diesem Verfahren einer Bonitätskategorie zugeordnet.

## 2 Debitorenmanagement

Beispielsweise könnte eine drei-stufige Klassifizierung erfolgen:

- **Stufe A:** Kunden mit unterdurchschnittlichem Risiko,
  - Routineüberwachung,
  - Mahnungen bei Überfälligkeiten im 14-tägigen Rhythmus.
- **Stufe B:** Kunden mit durchschnittlichem Risiko
  - Ausführliche Risikobeurteilung durch Debitorenmanagement,
  - Mahnungen bei Überfälligkeiten im Wochenrhythmus,
  - Ab der dritten Mahnung Lieferstopp.

**Stufe C:** Kunden mit überdurchschnittlichem Risiko

- Maßnahmen wie bei B, zusätzlich
- Zahlungszielverkürzungen und Einholen von Sicherheiten,
- Liefersperre ab der 1. Mahnung,
- Weitere Bestellungen nur mit Abstimmung des Debitorenmanagements,
- Laufender Informationsaustausch zwischen betroffenen internen Stellen.

Die Einstufung des Kunden wird mit Bonitätskennzahlen vorgenommen.

**Beispiel:**

| | |
|---|---|
| – Kreditlimit kleiner EURO 10 000 | Kennzahl 1 |
| – Kreditlimit zwischen EURO 10 000 und 100 000 | Kennzahl 2 |
| – Kreditlimit über EURO 100 000 | Kennzahl 3 |
| – Zahlungsziel kleiner 30 Tage | Kennzahl 1 |
| – Zahlungsziel zwischen 30 und 90 Tagen | Kennzahl 2 |
| – Zahlungsziel größer 90 Tage | Kennzahl 3 |

| – Bonität positiv | Kennzahl 1 |
| – Bonität durchschnittlich | Kennzahl 2 |
| – Bonität negativ | Kennzahl 3 |

**Einfache Bewertung der Kunden**

Für jeden Kunden ist eine Bewertung sowie die Festlegung der Kennzahlen erforderlich. Die Kennzahlen werden miteinander multipliziert. Daraus errechnet sich ein Koeffizient zwischen 1 und 27.

**Die Einstufung kann dann wie folgt getroffen werden:**

- Punkte 1–7    A-Kunde (geringes Risiko),
- Punkte 8–17   B-Kunde (durchschnittliches Risiko),
- Punkte 18–27  C-Kunde (überdurchschnittliches Risiko).

**Das politische Ausfallrisiko**

Vorgenanntes Rating kann für Kunden verwendet werden, die dem wirtschaftlichen Ausfallrisiko unterliegen. Oftmals trifft man bei Unternehmen jedoch das politische Ausfallrisiko an. Dies kann sich beispielsweise ergeben, wenn Lieferungen an ausländische Regierungsstellen oder regierungsnahe Stellen erfolgen.

**Bonitätsprüfung von Ländern**

Hinsichtlich der Kreditprüfung müsste in diesen Fällen eine Bonitätsbeurteilung eines Landes erfolgen. Zur Bonitätsprüfung kann auf Unterlagen von Banken oder Industrie- und Handelskammern zurückgegriffen werden. Als Alternative zur Einzelprüfung kann sich das Unternehmen den Auswertungen internationaler Rating-Agenturen oder anderer Institutionen (beispielsweise Hermes Kreditversicherungs-AG) bedienen.

## 2 Debitorenmanagement

**Beispiel für den Aufbau eines Kreditlimitsystems für das politische Ausfallrisiko (Orientierung an der sieben-stufigen Hermes-Bonitäts-Einstufung):**

| Bonitätsgruppe | Gesamtkreditlimit pro Bonitätsgruppe Mio EURO | Maximallimit pro Land in der Gruppe Mio EURO |
|---|---|---|
| Bonitätsgruppe 1 | unbegrenzt | unbegrenzt |
| Bonitätsgruppe 2 | 50 Mio | 3 Mio |
| Bonitätsgruppe 3 | 40 Mio | 2 Mio |
| Bonitätsgruppe 4 | 30 Mio | 1 Mio |
| Bonitätsgruppe 5 | 20 Mio | 0,5 Mio |
| Bonitätsgruppe 6 | 10 Mio | 0,3 Mio |
| Bonitätsgruppe 7 | 5 Mio | 0,2 Mio |

Hinter diesen Überlegungen steht der Risikodiversifizierungsgedanke. Desto risikoreicher die Ländergruppe ist, desto mehr muss das Risiko gestreut werden. Die Wahrscheinlichkeit des Ausfalles nimmt damit zu; der absolute Schaden ist jedoch relativ gering.

**Risikominimierung durch Diversifikation**

### 2.3.4.5 5. Schritt: Maßnahmen bei Kreditlimitüberschreitungen

Nach Auswertung der Liste sollten Maßnahmen bei Überziehungen ergriffen werden:

- Einleitung eines Krediterhöhungsantrages,
- Rückführung des Auftragsbestandes auf die Limithöhe,
- Änderung der Zahlungskonditionen,
- Anforderung neues Informationsmaterial etc.

Eine Bonitätsverschlechterung kann es notwendig machen, das Kreditlimit zur Risikobegrenzung zu reduzieren oder gänzlich aufzuheben. Das Debitorenmanagement ist hier gefordert, entsprechend auf den Vertrieb einzuwirken, um

| | |
|---|---|
| **Sicherheiten nachfordern** | das Ausfallrisiko weitgehend zu vermeiden. Zu diesen Maßnahmen gehört auch, um möglicherweise weitere Lieferungen an den Kunden auch bei kritischer Bonität abwickeln zu können, die Beschaffung von Sicherheiten seitens des Kunden (beispielsweise Bankgarantien, persönliche Bürgschaften, Forderungsabtretungen, Sicherungsübereignungen). |

### Die Kreditunfähigkeit

| | |
|---|---|
| **Notfalls Liefersperre verhängen** | Warenkredite können nur kreditfähigen und kreditwürdigen Kunden eingeräumt werden. Wenn diese Voraussetzungen fehlen, wird durch den jeweiligen Verantwortlichen beim Unternehmensbereich ein Lieferverbot beziehungsweise eine Kreditsperre verhängt. |

Unter der **Liefersperre** ist ein absolutes Lieferverbot zu verstehen. **Folgende Gründe können für eine Liefersperre maßgebend sein:**

- Konkursantrag,

- Vergleichsantrag,

- Wechselprotest mit Regress,

- Scheckprotest mit Regress,

- Gerichtliche Schritte durch das Unternehmen gegenüber dem Kunden.

**Die Kreditsperre wird dagegen bei folgenden Gründen veranlasst:**

- Permanent schleppende Zahlungsweise,

- Informationen über Scheck-/Wechselproteste/Offenbarungseid,

- Abschluss des gerichtlichen Mahnverfahrens (Umstellung Liefersperre in Kreditsperre).

| | |
|---|---|
| **Lieferung gegen zahlungssichernde Konditionen** | Wird über den Kunden eine Kreditsperre verhängt, darf nur gegen zahlungssichernde Konditionen geliefert werden (beispielsweise Vorauskasse, Barzahlung bei Lieferung, Nachnahme). EDV-technisch ist dafür zu sorgen, dass Liefersperre und Kreditsperre durch das Debitorenmanagement im Stammsatz des Kunden gespeichert werden. Die Aufhebung |

## 2 Debitorenmanagement

der Sperre darf grundsätzlich nur von authorisierten Personen vorgenommen werden. Die Wieder-Einräumung einer Kreditlinie hängt dabei von einer erneuten Kreditprüfung ab.

Wichtig ist es in diesem Zusammenhang, dem Kunden gegenüber deutlich und konsequent aufzutreten. Der Kunde muss der Überzeugung sein, dass seine Außenstände nachhaltig beobachtet und überwacht werden. Hierzu gehört auch, dass das Debitorenmanagement den Kunden hinsichtlich der Problemstellung (beispielsweise Finanzierungen) berät. Persönliche Besuche zusammen mit dem zuständigen Vertriebsmitarbeiter zeigen hier oftmals große Wirkungen.

**Persönlicher Kontakt mit dem Kunden**

Diese Aufgabe kann auch im weitesten Sinn zusammen mit dem Thema „**Kundenzufriedenheit**" gelöst werden. Da ein enttäuschter Kunde in der Regel seine negativen Erfahrungen an potenzielle Kunden weitergibt, kann hier ein überproportional hoher Schaden angerichtet werden. Nachweislich ist es darüber hinaus für das Unternehmen wesentlich günstiger, einen Altkunden zu halten als einen Neukunden zu akquirieren.

Dem Thema „Kundenzufriedenheit" muss vor diesem Hintergrund größte Aufmerksamkeit gewidmet werden. Servicequalität (beispielsweise Produktqualität, Zuverlässigkeit) sollte gemessen werden.

**Messung der Service-Qualität**

**Es stehen eine Reihe von Instrumenten zur Verfügung wie beispielsweise:**

- Kundenbefragungen (schriftlich, telefonisch),
- Reklamationsanalyse mittels Kennzahlen,
- Leistungsmerkmale von Abläufen (z. B. Wartezeiten, Postdurchlaufzeiten).

**Gesamtüberblick Debitorenmanagement
(Strategische Führung zentral/operative Umsetzung dezentral):**

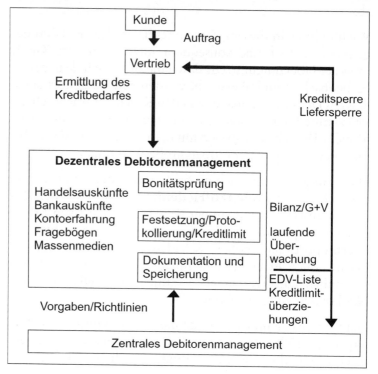

### 2.3.5 Die Bedeutung des Mahnwesens für das Debitorenmanagement

Vom Gesamtbestand an Kundenforderungen geraten trotz intensiver und vorbeugender Maßnahmen immer eine bestimmte Anzahl von Kunden in Verzug. Aufgabe des Mahnverfahrens ist es hier, die säumigen Schuldner zur Zahlung anzumahnen.

Bei den meisten Finanzbuchhaltungsprogrammen ist ein automatisches Mahnprogramm installiert. Über die Verzugstage werden die Mahnstufen angesprochen und die jeweiligen Mahnschreiben generiert. Die Zeiträume sind unternehmensindividuell festzulegen, sollten jedoch nicht zu groß gewählt werden.

## 2 Debitorenmanagement

**In der Regel wird in einem dreistufigen Rythmus gemahnt:**

- 1. Stufe: Kontoauszug/Erinnerung an offenen Posten,
- 2. Stufe: Erinnerungsschreiben,
- 3. Stufe: Mahnung mit Androhung von gerichtlichen Schritten.
  (Muster Erinnerungs-/Mahnschreiben siehe auf ⊛ unter Nr. 22).

Unterschiedliche Kundenstrukturen (beispielsweise Großkunden, staatliche Stellen) erfordern unterschiedliche Mahnverfahren. Vom System werden die vorgeschlagenen Mahnungen in einer Liste angezeigt. Die Liste wird dahingehend bearbeitet, dass verschiedene Mahnstufen abgeändert oder Mahnungen ganz gesperrt werden können.

*Flexibles Mahnwesen*

**Praxis**

Wichtig ist in diesem Zusammenhang die Festlegung, über welchen Weg die Mahnungen der verschiedenen Stufen an den Kunden gegeben werden. Werden die Mahnungen über den Vertrieb versandt, besteht die Gefahr, dass der Vertriebsmitarbeiter die Mahnungen mit Hinweis auf die Sensibilität des Kunden nicht weitergibt. Damit wird dem Instrument „Mahnwesen" die Schärfe genommen. Werden die Mahnungen dagegen direkt von der Finanzbuchhaltung an den Kunden gegeben, besteht die Gefahr, dass Kunden verärgert reagieren. In der Praxis bietet es sich daher an, Mahnungen der Stufen 1 und 2 (= Erinnerungsschreiben) direkt zu versenden sowie die Mahnung der Stufe 3 erst nach Rücksprache mit dem Vertrieb zu verteilen.

*Auf Versandweg achten*

### 2.3.6 Die Warenkreditversicherung als Instrument der Risikoabsicherung

Grundsätzlich besteht die Möglichkeit, das Forderungsausfallrisiko durch den Abschluss eines Versicherungsvertrages auf eine Versicherungsgesellschaft zu delegieren. Der Versicherungsvertrag beinhaltet eine Andienungsverpflichtung für alle gegenwärtigen und zukünftigen Kunden, die der be-

*Delegation des Risikos*

troffenen Gruppe zugeordnet werden können. Ausnahmeregelungen sind möglich.

**Vor Schadenseintritt absichern**

Die Versicherungsgesellschafft kalkuliert die Prämie auf der Grundlage der zu erwartenden Schadenshäufigkeit. Von Vorteil ist es deshalb, bei problembehafteten Kundengruppen nicht zu warten, bis ein Schadensfall auftritt, sondern bereits vorab einen Versicherungseinschluss zu beantragen.

**Der Versicherungsvertrag (versichert sind die dem Vertrag zu Grunde liegenden Forderungen gegen Verluste aus Zahlungsunfähigkeit) regelt folgende Einzelheiten:**

- Genaue Bezeichnung der versicherten Kundengruppe mit Ausnahmeregelungen (Option der Mitversicherung anderer Kundengruppen kann vereinbart werden); ebenso werden Ausnahmen festgelegt,

- Das Datum der Saldenmeldung (die Prämie wird auf der Grundlage des zu einem genau definierten Stichtag gemeldeten Saldos berechnet),

- Die Anbietungsgrenze (z. B. EURO 5000) sowie die Andienungspflicht,

- Das dem Kunden gegenüber einzuräumende äußerste Kreditziel,

- Die Höhe der Versicherungsprämie (diese wird in der Regel als Satz pro Monat in Tausend angegeben); oftmals wird auch eine garantierte Mindestprämie vereinbart; von dieser zu zahlenden Prämie ist möglicherweise ein Schadensfreiheitsrabatt abzuziehen,

- Die Gebühr für die pro Kunde anfallende Dienstleistungen (Erstprüfung, Anschlussprüfung),

- Die Regelungen im Schadensfall (Höhe der Selbstbeteiligung; beispielsweise 15%); möglicherweise eine Höchstentschädigung.

Wichtig beim Abschluss eines derartigen Vertrages ist die Tatsache, dass sich das versicherte Unternehmen exakt an die Vorgaben des Vertrages halten muss. Dieser Vertrag sieht oftmals ein Meldewesen vom Unternehmen an den Versicherer

## 2 Debitorenmanagement

vor, wenn bestimmte normierte Größen überschritten werden (beispielsweise Anbietungsgrenze, Limitüberschreitungen, Überschreitungen des äußersten Zahlungszieles, Meldung negativer Informationen über den Kunden). Wird gegen diese Regelungen verstoßen, kann im Schadensfall der Versicherer eine Entschädigung ablehnen.

**Der Abschluss einer Kreditversicherung bringt für das Unternehmen eine Reihe von Vorteilen mit sich:**

- Kostengünstige Absicherung des Zahlungsausfallrisikos,
- Erweiterung des Kreditrahmens gegenüber dem Kunden (versicherter Rahmen zuzüglich unternehmensinterner Rahmen),
- Laufende Informationen über die Bonitätsentwicklung von Kunden,
- Keine Offenlegung gegenüber dem Kunden.

Dem steht allerdings ein erhöhter interner Verwaltungsaufwand gegenüber.

### 2.4 Maßnahmenkatalog zur Beschleunigung des Geldeinganges

Damit der Kunde seinen Verpflichtungen pünktlich nachkommt, können eine Reihe von vorbeugenden Instrumenten und Techniken eingesetzt werden. Dies beginnt bei der sorgfältigen Auswahl des Kunden, der Vereinbarung von Zahlungskonditionen (die sowohl dem Kunden als auch dem Unternehmen gerecht werden), einer ernsthaften Kreditprüfung und Kreditlimit-Einräumung und endet mit einer laufenden Überwachung der offenen Posten sowie der Bonitätsentwicklung des Abnehmers. Als unterstützendes Instrument steht das interne Mahnwesen zur Verfügung.

*Pünktliche Zahlungserfüllung wichtig*

Da Forderungen grundsätzlich gebundenes Vermögen darstellen, das entsprechend finanziert werden muss (Kreditaufnahme oder entgangene Zinserträge), ist größter Wert auf die Beschleunigung des Geldeinganges zu legen. Insbesondere bei einem hohen Zinsniveau sollte deshalb das Motto „collect fast, pay slow" eine besondere Bedeutung genießen.

*Forderungen sind gebundenes Vermögen*

**Hierzu bieten sich eine Reihe von Möglichkeiten an:**

- Zahlungsziele so kurz wie möglich formulieren,
- Unverzüglich bei Auslieferung fakturieren,
- Fakturierung in Verbindung mit dem Lastschriftverfahren,
- Persönliche Besuche bei säumigen Schuldnern mit unmittelbarem Inkasso offener Forderungen durch Scheck oder Wechsel,
- Dem Wunsch des Kunden auf Zahlungszielüberschreitungen nicht nachgeben,
- Permanente Beobachtung der überfälligen Posten und Überwachung der Bonität des Kunden (insbesondere bei kritischen Kunden); Ursachen für Überschreitungen über den Vertrieb in Erfahrung bringen und gegebenenfalls Maßnahmen einleiten,
- Zeitlich eng gesetztes Mahnwesen,
- Enge Zusammenarbeit zwischen Vertrieb und Debitorenmanagement,
- Verzugszinsen bei Zielüberschreitungen einsetzen.

Damit bei langen Zahlungszielen auch zinsmäßig mitpartizipiert werden kann, sollte man vom Kunden Akzeptzahlung verlangen.

**Umerziehung des Kunden problematisch**

Für Unternehmen, die bisher Zahlungszielüberschreitungen toleriert und bereitwillig Lieferantenkredite eingeräumt haben, ist es schwierig die Kunden in kurzer Zeit „umzuerziehen". Man sollte in dieser Situation mit den zur Verfügung stehenden Instrumenten vorsichtig vorgehen.

## 2.5 Der Aufbau eines Internen Kontrollsystems – Eine Zusammenfassung

**Konflikt: Risiko versus Rentabilität**

Ein gut funktionierendes Kontrollsystem hilft einerseits mit, das Unternehmen vor Vermögensverlusten, bedingt durch Forderungsausfälle, zu schützen. Andererseits trägt ein zügiges und pünktliches Zahlungsgebaren der Kunden auch zur Steigerung der Rentabilität bei.

## 2 Debitorenmanagement

Mit Hilfe nachstehenden Kriterienkataloges sollte der Ist-Zustand im Unternehmen geprüft sowie möglicherweise Schwachstellen aufgedeckt werden:

- Es sollte eine integrierte Software für die Bereiche Vertrieb, Fakturierung und Debitorenbuchhaltung zur Verfügung stehen.
- Es muss sichergestellt sein, dass jeder Lieferschein automatisch zur Rechnungsstellung führt. Jede Rechnung ist im Debitorenkontokorrent zu erfassen und von dort im Sachkonto Debitoren abzubilden.
- Es sollte ein automatisches Mahnwesen vorhanden sein, das in regelmäßigen Abständen überfällige Posten ausdruckt.
- Das Prinzip der Funktionentrennung muss durchgängig umgesetzt sein. Organisatorisch und funktional in Abhängigkeit der Größenordnung des Unternehmens sind Vertrieb (Kontakt mit dem Kunden), Finanzbuchhaltung (Erfassung der Geschäftsvorgänge), Finanzabteilung (Entgegennahme von Zahlungsmitteln), Debitorenmanagement (Einräumung von Kreditlimiten, Überwachung der offenen Posten) zu trennen.
- Authorisierung von Personen, die Forderungen stornieren, Gutschriften erstellen sowie Preisnachlässe oder Rabatte gewähren dürfen.
- Es sollten Preislisten mit exakten Preisvorgaben vorhanden sein. Sind Abweichungen von den Vorgaben hinsichtlich der Zustimmung geregelt.
- Die Debitorenkonten müssen regelmäßig abgestimmt werden.
- Die Kundenstammdaten müssen sämtliche erforderlichen Angaben zur Pflege und Beobachtung der offenen Posten sowie der Kreditlimitausnutzung enthalten.

### 2.6 Debitorenmanagement und Outsourcing

Durch das Instrument „**Factoring**" können die Aufgaben des Debitorenmanagementes weitgehend outgesourct werden. Neben der Delegation der Verwaltungsaufgabe ist damit noch die Auslagerung der Finanzierungsfunktion sowie die Risikodelegation verbunden.

**Verkauf von Geldforderungen**

Man versteht unter Factoring den Verkauf von Geldforderungen aus Waren- oder Dienstleistungslieferungen. Durch den Ankauf übernimmt der Factor (das ankaufende Unternehmen) neben der kurzfristigen Umsatzfinanzierung auch das vollständige Ausfallrisiko sowie im Rahmen der Dienstleistungsfunktion die gesamte Administration der Forderungen (Verwaltung, Mahnwesen etc.).

Factoring kann auf bestimmte Kundengruppen, Produktgruppen oder Absatzregionen beschränkt werden. Das verkaufende Unternehmen verpflichtet sich jedoch, sämtliche zu diesen Gruppen gehörenden Forderungen an den Factor weiterzuleiten. Grundsätzlich muss der Kunde über den Forderungsverkauf informiert werden. Dieser darf dann mit befreiender Wirkung nur mehr an das Factorunternehmen leisten.

**Freisetzung von Liquidität**

Zu Gunsten Factoring sprechen die häufig bei mittelständischen oder kleinen Unternehmen fehlenden personellen Resourcen in Verbindung mit entsprechendem Know-how. Darüber hinaus kann der Factor Bonitätsprüfungen professioneller durchführen als das Unternehmen. Insbesondere bei schnell wachsenden dynamischen Unternehmen mit geringer Eigenkapitalausstattung lässt sich eine permanente Liquiditätsversorgung durch den Verkauf von Forderungen sicherstellen. Damit wird es möglich, den Kunden Zahlungsziele einzuräumen, die ansonsten die eigenen Kreditlinien stark belasten würden. Der damit gewonnene Kreditspielraum kann für beispielsweise Investitionen oder für die Bezahlung von Lieferantenverbindlichkeiten unter Skontoausnutzung eingesetzt werden.

**Entgelt für Factoring**

Die Factoring-Unternehmen berechnen heute für die Übernahme des vollen Ausfallrisikos ein Entgelt, das je nach Arbeitsaufwand und Risikogehalt der Forderung zwischen 0,8 und 2,5 Prozent der Rechnungsbeträge liegt. Dieser Kostensatz deckt das Delkredere-Risiko sowie das Bearbeitungsentgelt ab. Die Zinsen für die Finanzierung orientieren sich an den Geldmarktzinsen und entsprechen weitgehend

## 2 Debitorenmanagement

dem Zinssatz, den das Unternehmen für Kontokorrentkredite bezahlen muss.

Damit ist Factoring für Unternehmen geeignet, die mindestens einen Jahresumsatz von 1 Mio EURO haben. Besonders geeignet ist es für wachstumsstarke Unternehmen mit hohen Außenständen und geringer Eigenkapitalausstattung.

### 2.7 Die Bedeutung der Zahlungsbedingungen

Für die Vertragspartner ist die Vereinbarung der Zahlungsbedingungen neben dem Warenpreis und den Lieferungsbedingungen die wichtigste Absprache, die sie für die Durchführung des Geschäftes zu treffen haben.

*Wichtig: Vereinbarung von Zahlungskonditionen*

**Die in der Regel vertraglich festgelegten Zahlungsbedingungen müssen eine Reihe von Punkten enthalten beziehungsweise definieren:**

- Vertragswährung,
- Art der Zahlung (beispielsweise Bank-Überweisung),
- Form der Zahlungsabwicklung (beispielsweise Akkreditiv),
- Zeitpunkt der Zahlung/Zahlungsfrist (beispielsweise 60 Tage netto nach Erhalt der Rechnung),
- Zahlungsort,
- Art der Zahlungssicherung (wenn gefordert; beispielsweise Garantie),
- Verteilung der Kosten für die Zahlungsabwicklung (in der Regel Kostenteilung zwischen Käufer und Verkäufer),
- Verteilung der Kosten für Kredite (beispielsweise Zinsaufwand).

Die Zahlungsbedingungen werden insbesondere im Auslandsgeschäft durch die Lieferbedingungen mitbestimmt. Diese werden oftmals im Vertrag durch Verweis auf die **INCO-Terms** (International Commercial Terms) festgelegt. Die Inco-Terms gelten nicht als Handelsbrauch. Sie sind allgemeine Geschäftsbedingungen und müssen demnach, um für das einzelne Vertragsverhältnis bestimmend zu sein, ausdrücklich im Vertrag vereinbart werden (Gestaltungsmuster für Vertragsbedingungen siehe auf ⊛ unter Nr. 4).

## 3 Fremdwährungs- (Devisen) -management

### 3.1 Volkswirtschaftliche Rahmenbedingungen

*Zusammenwachsen von Märkten*

Durch Globalisierung und Internationalisierung werden Märkte unterschiedlichster Regionen und damit Rahmendaten weiter zusammenwachsen. Da Auf- und Abwertungen einer Währung als Regelmechanismus dienen, um Ungleichgewichte zwischen zwei Volkswirtschaften auszugleichen, sind damit Fremdwährungsschwankungen weiter vorprogrammiert. Auch der zu Beginn des neuen Jahrtausends stattfindende rasante Wandel hin zur Kommunikationsgesellschaft, in der vollständige Transparenz über Markt- und Preisentwicklungen herrscht, trägt dazu bei, die Volatilität der Wechselkurse weiter hoch zu halten.

*Wechselkursrisiken aktiv steuern*

Weltweit sind jedoch mehr oder weniger starke Bemühungen der Notenbanken der Entwicklungsländer auszumachen, hausgemachte Probleme in den Griff zu bekommen. Wechselkursschwankungen wird es zwar auch zukünftig geben, diese werden jedoch kontrollierter und moderater stattfinden. Für die Unternehmen bedeutet dies allerdings, dass unter zunehmendem Wettbewerbsdruck eingeleitete Internationalisierungsmaßnahmen (Eintritt in fremde Märkte) weiterhin auch mit erheblichen Wechselkursrisiken verbunden sind. Falsch wäre es jedoch, dieses Problem zu ignorieren und sich den Marktbewegungen schutzlos auszusetzen. Vielmehr sollten Auswirkungen auf Bilanz und Gewinn- und Verlustrechnung aktiv geplant, gesteuert und damit auch kalkulierbar gemacht werden.

#### 3.1.1 Der Begriff „Währung"

Der Begriff „Währung" lässt sich in einer Volkswirtschaft in dreifacher Hinsicht erläutern.

# 3 Fremdwährungs- (Devisen) -management

**Man versteht darunter:**

**Die Geldverfassung eines Staates (d. h. alle Regelungen des Staates in Form von Gesetzen und Verordnungen):** In den meisten Industrieländern wird in der Verfassung die Bedeutung des Geldes geregelt. Darüber hinaus ist für die Planung, Steuerung und Kontrolle des Geldes eine vom staatlichen Einfluss zumeist unabhängige Institution in Form der Zentralbank zuständig. Aufgaben und Zuständigkeiten der Zentralbank, wie am Beispiel der Bundesrepublik Deutschland bzw. deren Nachfolge-Institution EZB (Europäische Zentralbank), sind in einem eigenen Gesetz geregelt. Die vorrangige Aufgabe der Geldpolitik besteht darin, die Stabilität des Preisniveaus zu sichern. Sie leistet damit einen zwar mittelfristigen, aber nicht gering einzuschätzenden Beitrag zu Wachstum und Beschäftigung. Beispiele von Ländern, in denen die Trennung nicht praktiziert wird, zeigen häufig den schädlichen Einfluss des Staates auf die Zentralbankpolitik auf. **Die Konfliktsituation**

- auf Geldwertstabilität ausgerichtete und dabei oftmals restriktive Zentralbankpolitik versus
- staatliche Verschuldungspolitik, die oftmals wahltaktisch geprägt wird,

wird dabei fast immer zu Gunsten der staatlichen Interessenlage gelöst.

Zahlreiche Beispiele aus der Vergangenheit belegen, dass sich in den meisten Fällen zumeist nur temporäre Erfolge einstellen; mittel- und langfristig wird das Vertrauen in die Währung des Landes dagegen stark erschüttert. Dringend notwendige Kapitalimporte können dann nur noch über hohe Zinsen realisiert werden. Ergänzend bestehen oftmals Beschränkungen hinsichtlich Kapitaltransfers und Währungsaustausch.

**Nur kurzfristige Erfolge**

- **Das gesetzliche Zahlungsmittel eines Landes oder einer Ländergruppe:** Hierbei kann zwischen stabilen, harten und weichen Währungen unterschieden werden. Die Währung bildet auf mittel- und langfristige Sicht grundsätzlich immer spiegelbildlich die derzeitigen und zukünftig erwarteten volkswirtschaftlichen Rahmendaten eines Landes ab. Der Wechselkurs fungiert in diesem Zusammenhang als Puffer beziehungsweise flexibles Anpassungsinstrument, um realwirtschaftliche Unterschiede, vor allem Produktivitätsunterschiede einzelner Länder, auszugleichen oder für bestimmte Zeit zu überspielen. Dazu addiert sich noch die Stabilitätspolitik der jeweiligen Zentralbank, die für die Schaffung der Vertrauensbasis verantwortlich ist.

**Orientierungskriterien in der Anlagepolitik**

International tätige Investoren orientieren sich mit ihrer Anlagepolitik nach vorgenannten Kriterien. Kapitalexporte und – importe werden dabei von den eher kurzfristig denkenden und handelnden Spekulanten sowie dem mittel- und langfristig orientierten Investor nach den Kriterien

### Risiko – Verfügbarkeit- Rentabilität

gesteuert. Dem zusätzlichen Kriterium „Vertrauen" kommt dabei, wie die in 1998 aufgetretene Südostasien-Krise gezeigt hat, immense Bedeutung zu.

**Austauschbarkeit wichtig**

Ein weiteres wichtiges Merkmal stellt die **Konvertibilität** einer Währung dar. Eine Währung ist voll konvertibel, wenn sie jederzeit ohne Beschränkungen in beliebiger Menge in eine andere Währung getauscht werden kann. Alle Währungen der wichtigsten Industrieländer sind voll konvertierbar. Schwellen- und Entwicklungsländer verfügen meist über eine beschränkt oder nicht konvertierbare Währung. Ein Umtausch in eine andere Währung ist hier nicht unbeschränkt, sondern zumeist mit Restriktionen und Auflagen verbunden. Die Ursache dafür sind zumeist in der chronischen Devisenknappheit der betroffenen Länder zu suchen.

- **Ein internationales Währungssystem:** Hier wird die außenwirtschaftliche Seite einer Währung angesprochen. Bei Währungssystemen kann eine Entscheidung hinsichtlich der Bindung der Währung an eine Sache erfolgen. Ist die Währung an eine Sache, wie beispielsweise an Gold gebunden, hat die Währung selbst an sich einen Wert und man spricht von einem gebundenen Währungssystem. So war der Außenwert des US-Dollar in den fünfziger und

# 3 Fremdwährungs- (Devisen) -management

sechziger-Jahren durch eine entsprechende Golddeckung sichergestellt.

Liegt dagegen keine Bindung der Währungseinheit an eine Sache vor, so spricht man von einem freien System und die Währung hat dann keinen Wert an sich. Die Deckung erfolgt hierbei durch das Gesamtvolumen an im jeweiligen Land hergestellten Produkten und Dienstleistungen.

## 3.1.2 Internationale Währungspolitik

Die Währung eines Landes spielt insbesondere in der internationalen Wirtschaftspolitik eine besondere Rolle, da eine Volkswirtschaft wie beispielsweise Deutschland gemäß § 1 Stabilitätsgesetz das vierte Ziel des magischen Vierecks zu erfüllen hat.

**Im Einzelnen sind dies:**

- Vollbeschäftigung,

- Preisstabilität,

- Außenwirtschaftliches Gleichgewicht,

- **Währungsstabilität**.

Unter dem außenwirtschaftlichen Gleichgewicht versteht man die Ausgeglichenheit der Zahlungsbilanz und im speziellen die Ausgeglichenheit der Devisenbilanz.

Produziert eine Volkswirtschaft Zahlungsbilanzungleichgewichte, wird sich dies mittel- und langfristig im Außenwert der jeweiligen Währung abbilden. Als aktuelles Beispiel sei hier Japan aufgeführt. Ziel der Staats- oder Notenbankpolitik muss es in diesem Umfeld sein, Defizite oder Überschüsse auszugleichen und letztendlich wieder auf eine ausgewogene Zahlungsbilanz hinzuführen. Dazu stehen eine Reihe von Ausgleichsmechanismen zur Verfügung, die wiederum vom jeweils praktizierten Wechselkurssystem abhängig sind. Daraus kann abgeleitet werden, dass die internationale Währungspolitik letztendlich einer internationalen Wechselkurspolitik gleichgesetzt werden kann.

### 3.1.3 Wechselkurspolitik

#### 3.1.3.1 Definition des Begriffes „Wechselkurs"

Als **Wechselkurs** bezeichnet man die Austauschrelation zwischen zwei Währungen. Diese Relation wird in Form von Devisenkursen (**Devisen** = Kontoguthaben, Schecks und Wechsel lautend auf fremde Währungen) bzw. Sortenkurse (**Sorten** = Banknoten, Münzen lautend auf Fremdwährung) börslich notiert. Die bei An- und Verkauf von Banken in Rechnung gestellte Marge (= Differenz zwischen Geld- und Briefkurs) ist auf Grund der kostenintensiveren Bearbeitung von Sorten dort wesentlich umfangreicher als bei den mittels Buchgeldtransaktionen abgewickelten Devisen.

Der **Geldkurs** bezeichnet den Kurs, zu dem die Bank bereit ist, Devisen anzukaufen. Der **Briefkurs** stellt den Kurs dar, zu dem die Bank bereit ist, Devisen zu verkaufen. Die Differenz zwischen Geld- und Briefkurs wird als **Spread** bezeichnet.

**Bisher gebräuchlich: Preisnotierung**

In Entwicklungs- bzw. Schwellenländern wird der Außenwert der Währung häufig individuell durch die Zentralbank fixiert. Es erfolgt keine Preisfindung nach dem Marktmechanismus Angebot und Nachfrage. Hinsichtlich der Notierung kann zwischen der gebräuchlicheren Preis- und der weniger gebräuchlichen Mengennotierung unterschieden werden:

- Die **Preisnotierung** drückt aus, wie viel an inländischer Währung für eine Einheit an ausländischer Währung zu zahlen ist (z. B. 100 FRF = 29,80 DEM).

- Die **Mengennotierung** drückt aus, wie viel Einheiten an ausländischer Währung für eine Einheit an inländischer Währung zu zahlen ist (z. B. 1,00 USD = 1 EURO).

Das Verhältnis des Kurses einer Fremdwährung zum Kurs einer anderen Währung wird als **Cross Rates** bezeichnet.

**Beispiel:**

Ein Unternehmen mit Sitz in Deutschland muss Schweizer Franken gegen EURO kaufen.

## 3 Fremdwährungs- (Devisen) -management

> Kurs-Prämissen:  EURO gegen USD: 1,0817–1,0822
> USD gegen CHF: 1,4684–1,4689
>
> 1,0817 USD/EURO × 1,4684 USD/CHF
> = **1,5883 EURO/CHF**

### 3.1.3.2 Die Devisenmärkte

Auf den Devisenmärkten werden weltweit die Währungen der einzelnen Länder gehandelt. Der Preis richtet sich dort nach Angebot und Nachfrage. Hinsichtlich der Erfüllung eines Devisenhandelsgeschäftes unterscheidet man zwischen dem Devisenkassamarkt und dem Devisenterminmarkt. Die umfangreiche Bearbeitung einer Transaktion hat als Konsequenz, dass Transaktionen nicht gleichtägig ausgeführt werden:

*Angebot und Nachfrage bestimmen Preis*

- Kauf oder Verkauf einer Devise werden grundsätzlich banktechnisch am zweiten Werktag nach Abschluss des Geschäftes ausgeführt.
- Bei Devisentermingeschäften wird die banktechnische Abwicklung mindestens drei Werktag oder mehr nach Abschluss des Geschäftes ausgeführt

### 3.1.3.3 Arten von Wechselkurssystemen

Hinsichtlich der Arten von Wechselkurssystemen muss unterschieden werden zwischen einem System flexibler Wechselkurse und einem System fester Wechselkurse.

#### Feste Wechselkurssysteme

Festen Wechselkurssystemen liegt ein von den Zentralbanken oder den beteiligten Ländern künstlich festgesetzter Devisenkurs zu Grunde. Oftmals schließen sich mehrere Länder zu Wechselkursverbänden zusammen, die untereinander große Waren- und Dienstleistungsströme austauschen. Ziel der Wechselkurspolitik ist in diesen Fällen das gegenseitige Stabilisieren der Währungen und damit das Schaffen einer verlässlichen Kalkulationsbasis für grenzüberschreitende Waren- und Dienstleistungsgeschäfte (Exporte/Importe). Als Beispiel können hier einige südamerikanische Länder

(Brasilien) angeführt werden, die ihre Währung mit einer festen Relation an den US-Dollar binden.

### Flexible Wechselkurssysteme

Bei flexiblen oder variablen Wechselkurssystemen bildet sich der Wechselkurs nach Angebot und Nachfrage auf den Devisenmärkten. Der Devisenkurs kann unbegrenzt floaten (schwanken). Diese Politik lässt sich allerdings nur für Währungen anwenden, die hinsichtlich der finanzwirtschaftlichen Rahmenbedingungen und Zugangsvoraussetzungen liberalisiert sind. Oftmals jedoch führen spekulative Finanzströme zu teilweise dramatischen Wechselkursverzerrungen. So kann sich eine Währung deutlich von ihrem durch die Kaufkraftparität vorgegebenen Gleichgewichtspfad weg bewegen. Diese Entwicklung birgt die große Gefahr in sich, dass volkswirtschaftliche Resourcen wie Kapital oder Arbeitskräfte kurzfristig fehlgeleitet werden (beispielweise die Entwicklung des US-Dollars gegen die DM im Jahr 1984/1985 mit Kursen von 3,40 DEM/USD).

**Künstliches Eingreifen**

Die Zentralbanken greifen sporadisch auf Grund wirtschaftlicher und politischer Gründe ausgleichend mit Deviseninterventionen am Markt ein. Man bezeichnet diese Vorgehensweise als so genanntes unsauberes **Floaten**. Systeme mit flexiblen Wechselkursen bringen phasenweise für grenzüberschreitend tätige Unternehmen eine deutliche Erhöhung des Preisrisikos mit sich. Die Allokation der Produktionsfaktoren ist in einem derartigen, von teilweise heftigen Kursveränderungen geprägten Umfeld, nicht effizient gegeben. Die Unternehmen „wehren" sich gegen dieses Risiko dadurch, dass sie oftmals grenzüberschreitende Lieferungs- und Leistungsgeschäfte mit einem entsprechenden Risikozuschlag belegen.

**Risikozuschlag für Auslandsgeschäfte**

Diese Risikoprämie steht in keinem Zusammenhang mit einem Nutzen und geht letztendlich zulasten der betroffenen Volkswirtschaft. Insbesondere wenn die Märkte keine effizienten Kurssicherungsmöglichkeiten zur Verfügung stellen, kann das Preisrisiko nur in Form eines derartigen Risikozuschlages aufgefangen werden.

## 3 Fremdwährungs- (Devisen) -management

Da flexible Wechselkurse für Unternehmen bedeutende Risiken darstellten, waren einzelne Länder bestrebt, ihrem internationalen Handel mehr Sicherheit zu verleihen. Aus diesem Grund wurde von einigen Ländern das so genannte **Blockfloating** eingeführt. Hierbei werden die Elemente eines stabilen und eines variablen Wechselkurssystems miteinander verbunden.

Zwischen den Ländern, die miteinander durch einen Währungsblock verbunden sind, herrschen stabile Wechselkurse, die nur innerhalb genau festgelegter Bandbreiten schwanken dürfen. Gegenüber Drittländern dürfen diese dagegen frei floaten. Als Beispiele hierfür können das EWS (Europäische Währungssystem) I und EWS II genannt werden. Der Vorteil für die beteiligten Wirtschaftssubjekte liegt darin, dass Wechselkursveränderungen nur innerhalb einer begrenzten Bandbreite stattfinden dürfen. Export- und Importgeschäfte werden somit größtenteils kalkulierbar gemacht.

*Zusammenfassen zu Währungsblöcken*

Allerdings hat sich herausgestellt, dass diese Bandbreiten im Hinblick auf die Gewinnspannen der meisten Unternehmen immer noch zu groß ausgelegt waren. Nach wie vor wurden damit grenzüberschreitende Geschäfte eher behindert bzw. bei mittelständischen und kleinen Unternehmen sogar meistens verhindert. Als Gründe sind bei dieser Gruppe sehr häufig fehlendes Know-How, kein Kostenspielraum in der Kalkulation sowie Transaktionskosten anzuführen. Die sich daraus ergebenden prohibitiven Kosten schränken den Handlungsspielraum gerade kleiner Unternehmen in überproportionalem Ausmaß ein.

*Bandbreiten noch zu groß*

Darüber hinaus werden grenzüberschreitende Kooperationen bzw. Investitionen in ganz erheblichem Maße von den Erwartungen der Marktteilnehmer in Wechselkursveränderungen geprägt. Wettbewerbsfähigkeit und Ergebnissituation werden von dieser Seite her teilweise erheblichen Schwankungen unterworfen, und lassen sich nicht konstant planen und steuern. Das Unternehmen ist in erheblichem Umfang der Volatilität der Währungen ausgesetzt.

Aus dieser Notwendigkeit heraus, nämlich eine verlässliche Kursbasis für die Kalkulation von Geschäften zu schaffen, haben die Finanzmärkte über die letzten Jahre hinweg eine ganze Reihe von Sicherungstechniken und Instrumenten hervorgebracht, auf die unter Abschnitt 3.4 noch näher eingegangen werden soll. Gerade in Zeiten hektischer Kursschwankungen erreicht die Innovationsfreudigkeit bei der Kreation von so genannten derivativen Finanzinstrumenten neue Höchststände.

Bevor auf diese Problematik eingegangen wird, soll nachstehend der Begriff des Fremdwährungsrisikos und seine Ausprägungsformen dargestellt sowie dessen Abgrenzungen erläutert werden.

## 3.2 Risikodefinition

Unter Risiko versteht man das Ausmaß, in dem die Erreichung geschäftlicher Ziele und die Umsetzung geschäftlicher Strategien durch Ereignisse oder Handlungen oder Unterlassungen innerhalb und außerhalb des Unternehmens gefährdet wird.

### 3.2.1 Allgemeine finanzwirtschaftliche Risiken

**Auslandsgeschäfte risikobehaftet**

Unternehmen, die Außenhandelsgeschäfte betreiben, sind größeren Risiken ausgesetzt, als Unternehmen, die sich ausschließlich nur auf Inlandsgeschäfte konzentrieren.

**Mögliche Gründe dafür können unter anderem darstellen:**

- Unterschiedliche politische Systeme (beispielsweise freie Marktwirtschaft, Planwirtschaft),
- Unterschiedliche Rechtsordnungen (beispielsweise Demokratie, Diktatur),
- Unterschiedliche Geschäftsauffassungen.

**Zusätzliche Vertragsrisiken**

Darüber hinaus existiert kein einheitliches internationales Kaufrecht. Dies hat zur Folge, dass oftmals das Vertragsrecht des ausländischen Vertragspartners zu Grunde gelegt wird. Damit ergeben sich für das inländische Unternehmen automatisch zusätzliche Risiken. Bevor genauer auf diese Risiken eingegangen werden kann, ist der Begriff des Risikos

# 3 Fremdwährungs- (Devisen) -management

exakter zu definieren. Darüber hinaus werden die unterschiedlichen Risikoarten klassifiziert.

## 3.2.2 Klassifikation von Risiken

Risiko ist die infolge zukünftiger Ungewissheit mit jeder wirtschaftlichen Tätigkeit verbundene Verlustgefahr, die das im Unternehmen eingesetzte Kapital bzw. die erwarteten Gewinne aus Unternehmensleistungen bedroht (vgl. hierzu Kapitel 3, Abschnitt 1.2).

Ein Unternehmen wird grundsätzlich versuchen, Risiken auf den Vertragspartner zu verlagern. In den meisten Fällen gelingt dies nicht in vollem Umfang, so dass eine Aufteilung des Risikos zwischen Exporteur und Importeur stattfindet. Weitgehend abhängig ist diese Entwicklung von Marktposition und -beherrschung des Exporteurs sowie Interesse an der Abwicklung des Geschäftes. Abhängig davon, ob eine Verlagerung auf den Außenhandelspartner möglich ist oder nicht, unterscheidet man zwischen abwälzbaren und nicht abwälzbaren Risiken.

**Versuch der Risikoabwälzung**

### 3.2.2.1 Nicht abwälzbare Risiken

Diese Art von Risiken müssen von den jeweiligen Vertragsparteien selbst getragen werden. Sie lassen sich in der Regel auch nicht absichern. Sie werden deshalb auch als kaufmännische Risiken bezeichnet.

### Die wichtigsten nicht abwälzbaren Risiken sind

- **Preisrisiken**, die sich mit der Frage beschäftigen, ob die Ware zum kalkulierten Preis auch verkauft werden kann,
- **Verkaufsrisiken**, die sich mit der Gefahr der Unmöglichkeit des Verkaufs der produzierten Güter befassen,
- **Wertminderungsrisiken**, die entstehen, wenn bei Lagerung oder Transport die Ware derart beeinträchtigt wird, dass die Verwendungsfähigkeit stark eingeschränkt wird.

### 3.2.2.2 Abwälzbare Risiken

**Risikoaus-schaltung oder -Delegation**

Diese Risiken können von den jeweiligen Vertragsparteien durch entsprechende Absicherungsmöglichkeiten ausgeschaltet oder direkt auf Dritte verlagert werden.

**Dazu zählen unter anderem:**

- **Ökonomische Risiken:** Einem Unternehmen können im Außenhandelsgeschäft auf Grund von Fehleinschätzungen oder durch Änderung von wirtschaftlichen Faktoren, auf die das Unternehmen keinen Einfluss hat, Verluste entstehen oder es ergeben sich Minderungen des erwarteten Gewinnes. Unter dem Begriff des ökonomischen Risikos werden wieder verschiedene Risikoarten zusammengefasst, von denen aber nur auf die wichtigsten eingegangen werden soll:

    - **Fabrikationsrisiko:** Man versteht darunter das Risiko, dass während des Zeitraumes zwischen Abschluss des Kaufvertrages und Zeitpunkt des Versands der Ware Ereignisse eintreten, die es notwendig machen, die Produktion abzubrechen oder den Versand der Ware ganz zu unterlassen.

    - **Transportrisiko:** Es handelt sich um das Risiko hinsichtlich einer Beschädigung oder eines Verlustes der Ware auf dem Transportweg.

    - **Warenabnahmerisiko:** Es beinhaltet die Gefahr der Nichtabnahme der Ware durch den Vertragspartner.

    - **Kreditrisiko:** Es beinhaltet die Gefahr, dass der Vertragspartner aus finanziellen oder sonstigen Gründen die Zahlung unterlässt.

- **Politische Risiken:** Bei politischen Risiken handelt es sich um die mit einer Außenhandelstätigkeit verbundene Verlustgefahr durch die besondere Situation und die Aktivitäten im Land des Vertragspartners, die den Kapitaleinsatz und die erwarteten Gewinne bedrohen. Es kann sich hierbei um gewaltsame Aktionen im jeweiligen Ausland, wie beispielsweise Krieg, Revolution, Aufruhr oder um individuelle Entscheidungen des ausländischen Staa-

# 3 Fremdwährungs- (Devisen) -management

tes handeln, die den Im- oder Export unmöglich machen oder aber die Zahlung behindern.

Risiken, die die Zahlung behindern, können beispielsweise Zahlungsverbotsrisiken oder auch **Moratoriumsrisiken** sein. Hier wird dem Importeur, der eigentlich zahlungsfähig und auch zahlungswillig wäre, durch staatliche Maßnahmen im extremsten Fall die Bezahlung der Lieferantenschulden untersagt oder aber die Zahlung an den Exporteur verzögert. Eine weitere Möglichkeit für den Staat, die Zahlung zu behindern, besteht in dem sogenannten Konvertierungs- und Transferrisiko. Es entsteht, wenn die Währung des Importeurs nicht mehr frei in eine andere Währung getauscht werden kann. Dies bedeutet, das sie nicht mehr unbeschränkt konvertierbar ist oder nicht in das Land des Exporteurs transferiert werden darf.

- **Wechselkursrisiken:** Unter dem Währungsrisiko versteht man Risiken, die sich aus möglichen Veränderungen der Austauschverhältnisse der beteiligten Währungen ergeben. Das Risiko besteht für den Exporteur in einer Abwertung sowie für den Importeur in einer Aufwertung der ausländischen Vertragswährung gegenüber der Inlandswährung.

**Das Entstehen vorgenannter Risiken ist auf verschiedene Ursachen zurückzuführen:**

- Globalisierung der Märkte,
- Erhöhte Wettbewerbsintensität: neue Wettbewerber, neue Technologien, neue Kundenbedürfnisse,
- Geschwindigkeit des Wandels, reduzierte Reaktionszeiten,
- Reengineering und Abflachen von Hierarchien,
- Outsourcing verringert die Kontrolle innerhalb des Wertschöpfungsprozesses,
- Umgang mit komplexen Finanzinstrumenten,
- Gesetzliche Anforderungen: Gesetz zur Kontrolle und Transparenz im Unternehmensbereich (KONTRAG).

Ziel einer erfolgreichen Unternehmens- bzw. Finanzierungspolitik muss es in diesem Zusammenhang sein, diese Risiken zu neutralisieren oder wenn möglich ganz auszuschalten.

Grundsätzlich kann festgestellt werden, dass auf mittel- und langfristige Sicht Währungsverschiebungen das Verhalten und die Ergebnisse von international operierenden Unternehmen weit mehr beeinflussen, als jeder andere Einflussfaktor.

### 3.2.3 Das Wechselkursveränderungsrisiko

Mit dem Scheitern des Systems von Bretton Woods in den 70er Jahren, bei dem die beteiligten Währungen direkt an das Gold gebunden und somit frei von Schwankungen waren, entstanden für die Unternehmen eine ganz neue Kategorie von Risiken. Die Währungen waren nicht mehr durch feste Kurse miteinander verbunden, sondern schwankten vollkommen frei oder innerhalb einer vorgegebenen Bandbreite. Aus den sich daraus ergebenden möglichen Änderungen der Austauschverhältnisse der Währungen entstanden anschließend bis dahin unbekannte Fremdwährungsrisiken.

Die Veränderungen der Devisenkurse an den freien Devisenmärkten können über längere Zeit hinweg beträchtlich sein. Das Risiko besteht dabei darin, dass durch Wechselkursveränderungen der EURO- Gegenwert auf der Aktivseite an Wert verliert (z. B. Forderungen aus Lieferungen und Leistungen oder Festgeldanlagen lautend auf ausländische Währung) und auf der Passivseite an Wert zunimmt (beispielsweise bei Fremdwährungskrediten).

**Risiken stehen Chancen gegenüber**

Dem gegenüber stehen allerdings auch Fremdwährungschancen. Durch Wechselkursveränderungen nimmt der Gegenwert in EURO auf der Aktiva zu und auf der Passiva verliert er an Wert. Wechselkursveränderungen sind auf die unterschiedlichsten Ursachen zurückzuführen. Auf diese soll nachfolgend eingegangen werden.

# 3 Fremdwährungs- (Devisen) -management

## 3.2.3.1 Ursachen für Veränderungen der Wechselkurse

Plötzlich eintretende oder sich langfristig abzeichnende Schwankungen bei Wechselkursen können auf verschiedenen Faktoren beruhen.

**Determinanten des Währungskurses:**

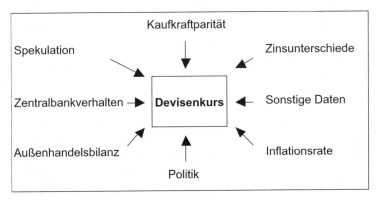

### Politische Faktoren

Politische Faktoren sind z. B. Regierungsprogramme und Wahlen, die den Außenwert von Währungen teilweise erheblich manipulieren. Der Amtsantritt des US-Präsidenten Reagan im Jahr 1982 mit dem damit verbundenen starken Anstieg des USD, weitgehend zurückzuführen auf das enorme Rüstungsprogramm („Reagonomics"), sei hier beispielhaft erwähnt. Auch kriegerische Auseinandersetzungen, wie der in 1990 stattgefundene Irak-Krieg, führten dazu, dass eine Währung wie beispielsweise der US-Dollar kurzfristig heftige Schwankungen aufweisen kann.

### Wirtschaftliche Faktoren

Von volkswirtschaftlichen Rahmendaten wie beispielsweise Handelsbilanz, Staatsverschuldung, Inflationsraten, Geldversorgung sowie auch der Politik der Zentralbank eines Landes hängt in der Regel die mittel- und langfristige Wertentwicklung einer Währung ab. Hierbei kommt dem Status der für die Geldversorgung verantwortlichen Zentralbank (unabhängig oder weisungsgebunden gegenüber der Staatsführung) eine große Bedeutung zu.

Bei den volkswirtschaftlichen Faktoren übt vor allem das unterschiedliche Zinsniveau in den beiden Währungsgebieten einen großen Einfluss auf die Wechselkursentwicklung aus. Im Zinsniveau wird teilweise auch die Leistungsfähigkeit einer Volkswirtschaft wiedergegeben. Die weltweit vagabundierenden Kapitalströme sind grundsätzlich immer auf der Suche nach maximaler Rendite bei kalkulierbarem Risiko. Ein absolut hohes Zinsniveau in einem Land zieht demzufolge Kapital an, so dass bei (nach marktwirtschaftlichen Gesichtspunkten) funktionierenden Märkten zumindest kurzfristig immer eine Währungsaufwertung stattfindet. Am Beispiel Russland lässt sich dies für bestimmte Zeitperioden belegen.

Ein absolut hohes Zinsniveau, welches durch eine entsprechend hohe Inflationsrate induziert wird, schwächt jedoch mittel- und langfristig die eigene Währung. Beispielhaft kann hier die Kursentwicklung des US-Dollar angeführt werden. Der Wechselkurs zur DEM betrug 1985 in der Spitze noch DEM 3,45, wurde zwischenzeitlich mit DEM 1,34 notiert und nähert sich nun im 3. Quartal 2000 wieder einem Niveau von 2,20 DEM (entspricht 0,88 USD/EURO). Die Kursentwicklung ist dabei von über Jahre hinweg andauernden stabilen Trends sowie kurzfristig eintretenden teilweise eratisch ausfallenden Schwankungen geprägt.

Abbildung 23: DEM/USD-Entwicklung 1990–2000
Quelle: Datastream (902/G2JW)

# 3 Fremdwährungs- (Devisen) -management

## 3.2.3.2 Die Klassifizierung von Fremdwährungsrisiken

Ursachen für die Entstehung von Fremdwährungsrisiken liegen in erster Linie in der Ungewissheit hinsichtlich des Verhaltens von Angebot und Nachfrage auf den Devisenmärkten. Zusätzlich können Behinderungen im internationalen Devisenverkehr, verursacht durch staatliche Maßnahmen und Eingriffe, Währungsrisiken verursachen.

**Somit lassen sich Währungsrisiken unterteilen in**

- Valutarisiken,
- Konvertierungsrisiken,
- Transferrisiken,
- Währungseventualrisiken.

### Valutarisiken

Valutarisiken beschränken sich nicht nur auf den Besitz der Währungsposition, sondern entstehen für einen Exporteur bereits ab Vereinbarung mit dem ausländischen Importeur, das Wirtschaftsgut zu einem vorher festgelegten Preis in ausländischer Währung herzustellen. Darüber hinaus treten Valutarisiken bei bereits fertig gestellten Exportgütern immer dann auf, wenn der Verkauf an den ausländischen Importeur zu einem fest vereinbarten Preis in dessen Währung erfolgt.

Bei einer Abwertung der kontrahierenden Währung führt das Valutarisiko für den Exporteur zu einer Verringerung der Höhe des Zahlungseinganges. Das ursprünglich mit positivem Ergebnis geplante Liefergeschäft schmälert plötzlich auf Grund von Einflüssen, die außerhalb des Verantwortungsbereiches des Unternehmens liegen, den Unternehmenserfolg oder kann im extremsten Fall sogar zu Liquiditätsproblemen führen.

Für den Importeur entstehen Valutarisiken ebenfalls ab dem Zeitpunkt der Vereinbarung der Bezahlung des Importgutes mit einem ausländischen Exporteur zu einem vorher definierten Preis. Hier treten Valutarisiken bei einer Aufwertung der kontrahierenden Währung auf. Der Importeur hat letztendlich einen höheren Betrag an Inlandswährung zu erbringen, als ursprünglich angesetzt wurde.

Valutarisiken treten einerseits durch eine mögliche Wertverringerung von Währungsaktiva auf (Abwertung der Währung des Vertragspartnerlandes). Andererseits kommt es durch eine Aufwertung der ausländischen gegenüber der inländischen Währung zu einer Erhöhung des Wertes von Passivpositionen. Das Ausmaß der Valutarisiken korreliert sehr stark mit dem jeweils im Land des Geschäftspartners praktizierten Währungs-System.

Bei festen Wechselkursen ergeben sich lediglich Risiken aus möglichen Paritätsänderungen durch die Währungsbehörden des betreffenden Landes. Bei vollkommen frei floatenden Wechselkursen ergeben sich Kursänderungsrisiken durch Angebots- und Nachfrageschwankungen. Bei begrenzt flexiblen Wechselkursen mit vorgegebenen Toleranz-Schwankungsbreiten können sich Paritätsänderungsrisiken nur im begrenzten Umfang ergeben. Beispielhaft kann hier das in Europa von 1978 bis 1998 bestehende Europäische Währungssystem (EWS) aufgeführt werden.

Viele Unternehmen richten ihre Aufmerksamkeit weitgehend auf die Valutarisiken. Beachtet wird dabei nicht, dass auch die alternativ genannten Risiken latent vorhanden sind. So kann beispielsweise eine ausländische Währung plötzlich nicht mehr frei konvertierbar sein.

**Konvertierungsrisiken (Konvertibilitätsrisiko)**

Konvertierungsrisiken können entstehen, wenn eine vormals uneingeschränkt austauschbare Währung in ihrer Austauschbarkeit durch währungsbehördliche Behinderung plötzlich beschränkt wird. Man unterscheidet verschiedene Arten der **Konvertierbarkeit**. Im Hinblick darauf, ob eine Währung entweder uneingeschränkt in eine andere Währung eingetauscht werden kann, oder dies nur im begrenzten Umfang möglich ist, unterscheidet man zwischen Vollkonvertierbarkeit (beziehungsweise unbeschränkte Konvertierbarkeit) und Teilkonvertierbarkeit (beziehungsweise beschränkte Konvertierbarkeit). Die extremste Ausprägung das Konvertierungsrisikos entsteht durch die vollkommene Aufhebung jeglicher Konvertierbarkeit.

# 3 Fremdwährungs- (Devisen) -management

## Transferrisiken

Die Grenzen zwischen Transferrisiken und Konvertierungsrisiken sind fließend. Bei Transferrisiken besteht grundsätzlich volle Konvertibilität der Währung, diese wird jedoch durch administrative Eingriffe in die internationale Zahlungsverkehrsabwicklung der Unternehmung begrenzt. Falls diese administrativen Eingriffe und damit die Beschränkungen über einen längeren Zeitraum vorliegen, können sie in Einschränkungen der Konvertierbarkeit münden.

Der Extremfall der Transferrisiken besteht darin, dass die ausländischen Behörden Zahlungen des Importeurs an den inländischen Exporteur einbehalten und nicht an den Zulieferer weitergeben. Der Exporteur erhält die Zahlung dann oft erst zu einem viel späteren Zeitpunkt oder im Extremfall überhaupt nicht.

## Währungseventualrisiken

Wie aus der Abbildung ersichtlich, wird bei den Währungseventualrisiken zwischen dem Leistungsrisiko und dem Erfüllungsrisiko unterschieden. Erfüllungsrisiken können dann entstehen, wenn der tatsächliche Zahlungseingang geringer ausfällt als der erwartete Fremdwährungseingang. Hat man für den erwarteten Zahlungseingang Kurssicherungsgeschäfte abgeschlossen (beispielsweise Verkauf der Devisen per Termin) müssen bei geringerem tatsächlichen Zahlungseingang die fehlenden Devisen zu einem eventuell höheren Devisenkurs am Kassamarkt eingekauft werden, um die Verpflichtungen aus dem Kurssicherungsgeschäft zu erfüllen.

Leistungsrisiken können entstehen, wenn ein inländisches Unternehmen aus gegebenen Bürgschaften, Garantien oder Gewährleistungsansprüchen in Anspruch genommen wird. Viele Unternehmen planen diese Ausgabe nicht oder nicht in entsprechender Höhe ein.

### 3.2.3.3 Die klassischen Fremdwährungsrisiken

Vorstehend beschriebene Risiken lassen sich zu drei Risiko-Kategorien zusammenfassen:

- Transaktionsrisiko,
- Translationsrisiko,
- Ökonomisches Risiko.

**Transaktionsrisiko**

*Klassisches Wechselkursrisiko*

Unter dem **Transaktionsrisiko** werden Wertveränderungen von Einkäufen und Verkäufen in Fremdwährung zwischen dem Datum der Bestellung, der Auftragsannahme und der Bezahlung verstanden. Bei Unternehmen steht das Transaktionsrisiko in der Regel im Mittelpunkt der Risikobetrachtung und damit der Absicherungsaktivitäten.

Bei vielen Unternehmen liegen zwischen Vertragsabschluss beziehungsweise Auftragsannahme und Zahlungsausgleich durch den ausländischen Geschäftspartner auf Grund der meist sehr umfangreichen und zeitaufwendigen Abwicklung oft längere Zeiträume. Die internationale Konkurrenzsituation hat zur Folge, dass mittlerweile ein Großteil der Exportaufträge bei den Unternehmen in ausländischer Währung fakturiert werden muss. Positiv ist in diesem Zusammenhang zu werten, dass Abschlüsse auf Basis einer international handelbaren (konvertiblen) Währung von beiden Geschäftspartnern angestrebt werden.

Übliche Praxis stellt dar, dass bei den Vertragsverhandlungen der zu zahlende Kaufpreis zunächst in Fremdwährung festgesetzt und im Anschluss daran in die Landeswährung umgerechnet wird, da die Kalkulation aus der Sicht des beispielsweise deutschen Importeurs auf EURO- Basis zu erfolgen hat.

Liegt nun zwischen Auftragsvergabe, Anlieferung und Bezahlung ein längerer Zeitraum, können in diesem Zeitraum sich vollziehende Wechselkursänderungen zu gravierenden Erlösschwankungen führen. Bei einer starken Aufwertung des EURO gegenüber dem US-Dollar würde dies zum Beispiel bedeuten, dass aus einem ursprünglich mit einem Ge-

# 3 Fremdwährungs- (Devisen) -management

winn kalkulierten Geschäft plötzlich sogar Verluste in Kauf genommen werden müssen.

Das Transaktionsrisiko, das sich aus der Veränderung künftiger Zahlungseingänge oder -ausgänge durch bereits abgeschlossenen Fremdwährungskontrakte ergibt, lässt sich

- durch die Höhe und den vereinbarten Zeitpunkt der Zahlung,
- durch die geltenden Wechselkurse am Zahlungszeitpunkt und
- durch den Umfang der voraussichtlichen Veränderung der Wechselkurse

quantifizieren. Es wird in den Geschäftsbüchern eines Unternehmens unter den Bilanzpositionen „Forderungen aus Lieferungen und Leistungen" sowie „Verbindlichkeiten aus Lieferungen und Leistungen" handelsrechtlich abgebildet.

**Demzufolge können Informationen über die Höhe des Risikos aus verschiedenen Subsystemen des Unternehmens beschafft werden:**

- Die Finanzbuchhaltung informiert über eingebuchte Ausgangs- und Eingangsrechnungen,
- Die Produktions-, Planungs- und Steuerungssysteme (PPS) informieren über den Bestand an auf Fremdwährung lautenden Aufträgen,
- Die Bestellsysteme informieren über Bestellungen, die auf Fremdwährungsbasis getätigt worden sind.

Wenn allgemein vom Fremdwährungsrisiko gesprochen wird, versteht man darunter in der Regel das vorstehend beschriebene Transaktionsrisiko.

**Grafische Darstellung des Transaktionsrisikos:**

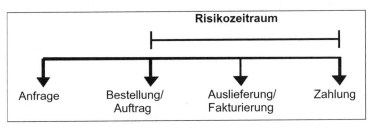

### Translationsrisiko

**Bewertungsrisiko von Bilanzpositionen**

Aus den Geschäftsaktivitäten des Unternehmens heraus ergibt sich ein weiteres Fremdwährungsrisiko, das in erster Linie auf die Globalisierungsstrategien der Unternehmen zurückzuführen ist: Das **Translationsrisiko.** Man versteht darunter das Bewertungsrisiko von Bilanzpositionen, Finanzbeteiligungen sowie Ausleihungen und Kreditaufnahmen, die in ausländischer Währung abgeschlossen worden sind. Diese Positionen müssen auf Grund handelsrechtlicher Bestimmungen zu jedem Bilanzstichtag mit dem Markt- bzw. Stichtagskurs bewertet werden.

So bergen beispielsweise Wechselkursschwankungen die Gefahr in sich, dass ein Beteiligungserwerb, der zum Zeitpunkt der Akquisition mit einem Kurs von beispielsweise 1,00 USD/EURO aktiviert wurde, am Ende des Geschäftsjahres durch einen fallenden Kurs des USD gemäß dem Niederstwertprinzip sowie dem Imparitätsprinzip niedriger zu bilanzieren ist. Das Imparitätsprinzip besagt in diesem Zusammenhang, dass nicht realisierte Gewinne noch nicht, dagegen nicht realisierte Verluste entsprechend auszuweisen sind.

Das Risiko liegt für das Unternehmen darin, dass bei entsprechenden Fremdwährungsentwicklungen Vermögensgegenstände sowie Schulden, lautend auf Fremdwährung auf der AKTIVA an Wert verlieren bzw. auf der PASSIVA an Wert zunehmen. Bei diesem Bewertungsprinzip handelt es sich allerdings um eine handelsrechtliche Kann-Vorschrift, da auf das Anlagevermögen das gemilderte und nicht das für das Umlaufvermögen anzuwendende strenge Niederstwertprinzip anzuwenden ist.

### Ökonomisches Risiko

**Risiko durch Marktveränderungen**

Durch Fremdwährungsveränderungen wird ein direkter Einfluss auf Marktanteile, Ergebnisse und Umsatzrenditen (Wettbewerbsrisiko) bzw. auf den Barwert zukünftig geplanter Fremdwährungs-Cash-flows (ökonomisches Risiko) ausgeübt.

Beispielsweise werden deutsche Produkte, die auf EURO-Basis nach USA verkauft werden, bei einer EURO-Aufwer-

# 3 Fremdwährungs- (Devisen) -management

tung (beziehungsweise US-Dollar-Abwertung) für den amerikanischen Importeur im Vergleich zu Konkurrenzprodukten beispielsweise aus Japan plötzlich teuerer. Der deutsche Exporteur ist deshalb (obwohl er auf EURO-Basis fakturiert) gezwungen, die Preise zu senken. um Marktanteile zu halten. Das Währungsrisiko wird in diesem Fall zwar offen auf den Geschäftspartner delegiert, trifft jedoch trotzdem indirekt wieder das deutsche Unternehmen. Wichtig in diesem Zusammenhang ist die Wettbewerbssituation, der das Unternehmen ausgesetzt ist.

### 3.2.3.4 Fremdwährungschancen und neue Risikoformen

Mit Blick auf die Fremdwährungschancen sind nicht nur die Valutachancen und hier insbesondere die Kurschancen von besonderer Bedeutung. Sie entstehen durch eine positive Veränderung des Devisenkurses, wodurch das Unternehmensergebnis verbessert und sogar Gewinne gegenüber dem ursprünglich kalkulierten Ergebnis realisiert werden können. Es können sich zwar auch Chancen aus der Aufhebung von Transferbeschränkungen oder Konvertierungsrestriktionen ergeben, doch bleiben diese Chancen in ihrer Bedeutung hinter den Kurschancen zurück.

Durch in der letzten Zeit auftretende tendenzielle Veränderungen der Rahmenbedingungen an den Finanzmärkten wie beispielsweise Globalisierung, Liberalisierung oder Dollar-Abkoppelung sowie veränderten Einflussfaktoren bei der Preisbildung (abnehmende Bedeutung der klassischen „fundamentals") dominieren zunehmend alternative Bewertungskriterien wie beispielsweise:

**Zunehmend neue „Störfaktoren"**

- **Politik:** z. B. Interventionen der großen Notenbanken,

- **Spekulation:** z. B. Banken/Hedge-Funds,

- **Innovation:** z. B. Future-Märkte, Derivate,

- **Technik:** z. B. Chart-/Cross-Trading (Eigendynamik von Tradingsystemen, ausgeprägte Trendszenarien),

- **Markt-Stimmung:** z. B. Markt-Sensibilität (Trading-Psychologie).

Diese führen neben den vorstehend beschriebenen klassischen Risikostrukturen allerdings auch zu neuen Risiken:

- **Markt-/Spotrisiken:** Marktveränderungsrisiko (erhöhte Volatilitäten),
- **Kreditrisiken:** Bonitätsrisiken (Ausfall des Counterpart),
- **Liquiditätsrisiken:** Austrocknen von Spotmärkten,
- **Settlementrisiken:** Transferrisiken.

Ein Unternehmen, das international tätig ist, steht damit grundsätzlich vor der Wahl, Forderungen und Verbindlichkeiten in ausländischer Währung ganz, teilweise oder überhaupt nicht zu besichern. Je nach gewählter Strategie ergeben sich für das Unternehmen die bereits näher beschriebenen Chancen und Risiken. Es handelt sich dabei um einen laufenden Managementprozess, der zum Inhalt hat, die möglichen Chancen gegenüber den Risiken abzuwägen.

Dringend erforderlich ist es in diesem Zusammenhang, keine informelle sondern eine möglichst in schriftlicher Form formulierte Strategie über die Handhabung der Fremdwährungsaktiva und -passiva festzulegen. Die Strategie zur Erfassung, Budgetierung und gegebenenfalls Absicherung der Fremdwährungsrisiken wird allgemein als Risikomanagement-Strategie bezeichnet und soll näher unter Absatz 3.5 beschrieben werden.

## 3.3 Die Prognose von Fremdwährungsentwicklungen

**Laufende Marktbeobachtung notwendig**

Die Beobachtung der Fremdwährungsmärkte sowie ihrer verschiedenen Einflussfaktoren ist unerlässlich für alle Unternehmen, die aktives Fremdwährungsmanagement anstreben. Eine exakte Prognose über zukünftige Kursentwicklungen wäre allerdings nur möglich, wenn genaue Kenntnisse über die zukünftigen, den Devisenmarkt und damit auch den Kursverlauf beeinflussenden, Größen vorliegen würden.

# 3 Fremdwährungs- (Devisen) -management

**Unsicherheit bezüglich Kursentwicklungen**

Da das Währungsmanagement normalerweise über eine derartige Transparenz des Marktes nicht verfügt, lassen sich Kursverläufe in der Zukunft nicht exakt prognostizieren. Aus diesem Grund wurden eine Reihe von Prognosemethoden ins Leben gerufen, anhand derer die wahrscheinlich zu erwartende Kursentwicklung zumindest abgeschätzt werden kann.

Die Prognosen dienen der Entscheidungsfindung hinsichtlich der Frage nach der Notwendigkeit einer Absicherung von Devisenvolumina. Der Schwerpunkt liegt hierbei im mittelfristigen Bereich, da solche Perioden Sachverhalte, die sich auf die kurzfristige Entwicklung der Kurse auswirken, neutralisieren und der Zeitraum noch kurz genug ist, um künftige Einflussgrößen zu berücksichtigen. Langfristig orientierte Kursprognosen sind als Dispositionsgrundlage meist unbrauchbar, da auf Grund des langen Zeitraumes ein zunehmendes Maß an Unsicherheit bezüglich der die Prognose beeinflussenden Faktoren besteht. Gleiches gilt für sehr kurzfristige Prognosen von einigen Tagen oder wenigen Wochen, da sich hier in den Kursverläufen oft unberechenbare Reaktionen der Marktteilnehmer auf Tagesereignisse, spekulative Transaktionen oder Markteingriffe der Notenbanken niederschlagen, die nicht vorhersehbar sind.

Kursprognosen können in Form von Punkt- oder Trendprognosen erstellt werden. Um solche Kursprognosen erstellen zu können, wurden eine Reihe von Analyseverfahren entwickelt, die im Folgenden näher beschrieben werden sollen.

## 3.3.1 Die Fundamentalanalyse

**Wirtschaftliche Einflüsse auf Kurse**

Die **Fundamentalanalyse** untersucht, welchen Einfluss wirtschaftliche Gegebenheiten und Trends auf die Kursentwicklung einer Devise haben können. Beobachtet werden vor allem kursbestimmende Größen wie beispielsweise das Wirtschaftswachstum, die Zins- und Inflationsdifferenz, die Salden der Handels- und Leistungsbilanz sowie die Arbeitslosenquote.

Das Problem bei der Fundamentalanalyse besteht darin, dass es einige Zeit dauern kann, bis sich diese kursbestimmenden Faktoren tatsächlich auf die jeweiligen Kursverläufe auswirken. In der Zwischenzeit könnten wieder neue wirtschaftliche und politische Ereignisse eintreten, die ihrerseits wieder die Kursbildung beeinflussen und somit zu anderen Kursverläufen führen würden.

Zielsetzung ist letztendlich, den „wahren" Preis einer Devise zu ermitteln. Liegt der Marktpreis unter diesem „wahren" Wert, gilt die Währung als unterbewertet. Analog ist sie überbewertet, wenn ihr Kurs über dem „wahren" Preis liegt. Die Fundamentalanalyse ist daher in erster Linie darauf ausgerichtet, die Ursachen von Marktbewegungen zu begründen.

**Zwei Ansätze**

**Bei der Fundamentalanalyse kann zwischen zwei verschiedenen Ansätzen unterschieden werden:**

- Bei der **Parzialanalyse** werden nur einzelne Einflussfaktoren und ihre Auswirkungen auf Wechselkurse berücksichtigt.

- Bei der **Strukturanalyse** werden mehrere Einflussfaktoren und deren Wechselwirkungen auf die Kursverläufe untersucht. Diese Analyseart beschränkt sich aber nicht nur auf die Auswertung der vorhandenen Einflussfaktoren, sondern führt auch Prognosen über zukünftige Entwicklungen von Volkswirtschaften durch, wodurch eine exakte Wechselkursprognose noch zusätzlich erschwert wird.

### 3.3.2 Die technische Analyse

**Grundlage Verhaltensmuster**

Im Gegensatz zur Fundamentalanalyse versucht die technische Analyse, aus der Beobachtung von historischen Schwankungen der Wechselkurse Verhaltensmuster der Marktteilnehmer abzuleiten, um daraus Erkenntnisse für die zu erwartenden kurzfristigen Kursentwicklungen zu ziehen.

Ökonomische Beeinflussungsmöglichkeiten finden bei dieser Analyseart keine Berücksichtigung. Die Beobachtung der Kursverläufe erfolgt hierbei mit Hilfe so genannter

# 3 Fremdwährungs- (Devisen) -management

**Charts**, aus denen die jeweiligen Entwicklungen einfach abgelesen werden können.

**Man unterscheidet verschiedene Darstellungen, mit deren Hilfe vergangene Kursbewegungen dargestellt und interpretiert werden können:**

- Das am weitesten verbreiteste Instrument stellen die so genannten **Balkendiagramme „bar-Charts"** dar. In einem Balkendiagramm wird jeder Tag mit Hilfe eines vertikalen Balkens dargestellt. Die Länge dieser Linie ergibt sich aus dem jeweiligen Tageshöchst- und Tagesniedrigstkurs.

- **Linienscharts** sind die ursprünglichste Form der Chartdarstellung. Zu jedem Datum, das auf der x-Achse abgetragen wird, ordnet man den Kurs auf der y-Achse zu. Die eingetragenen Kurspunkte werden durch Linien verbunden.

- Der **Candlestick-Chart** ist eine Weiterentwicklung des Balkenchart. Dabei werden beim wöchentlichen Basiszeitraum aus Wochenanfangs-, Wochenschluss-, Wochenhöchst- und Wochentiefstkursen „Kerzen" konstruiert. Anfangskurs und Schlusskurs bilden einen senkrechten Balken, Höchst- und Tiefstkurs bilden eine senkrechte Linie. Die Kerzen werden zusätzlich dunkel beziehungsweise hell markiert, wenn der Schlusskurs unter beziehungsweise über dem Eröffnungskurs liegt.

- Eine weitere Darstellungsart sind die **Schlusskursdiagramme „close-only Charts"**, die durch die grafische Verbindung von periodisch in einem Diagramm eingetragenen Schlusskursen entstehen. Reine Schlusskursdiagramme sind eher selten, da für die Ableitung von Marktsignalen auch die Kenntnis über Höchst- und Tiefstkurse notwendig sind.

- Bei den **Point-and-Figure-Charts (P&F-Charts)** werden die Kursbewegungen in den Vordergrund gestellt und die damit verbundene Zeitdimension vernachlässigt. Auf der Ordinate erfolgt die Kurseinteilung, während auf der Abszisse die Zahl der Trendänderungen angegeben wird. Unter Trendänderung versteht man den Zeitpunkt, wenn ein Kurs einen Wendepunkt durchläuft (beispielsweise wenn auf steigende Kurse erstmals ein niedriger Kurs folgt). Dabei werden Aufwärtsbewegungen mit einem „X" gekennzeichnet, während „O" Abwärtsbewegungen signalisiert. Im Vorfeld ist noch die Größe der Preisänderungen festzulegen. Ein Kästchen mit je einem „X" bzw. einem „O" stehen für eine Preisveränderung der festgesetzten Größenordnung.

**Beispiel eines USD/DEM Point-and-Figure-Chart:**

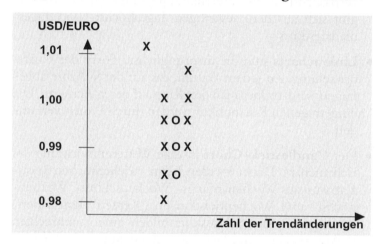

- Mithilfe von gleitenden Durchnitten (**Moving Average**) versucht man zufallsbedingte Unregelmäßigkeiten im Verlauf der Kursentwicklung zu erkennen und zu glätten. Der gleitende Durchschnitt wird als Mittelwert einer bestimmten Anzahl von Kurswerten gebildet.

- Der **exponenzielle Moving Average** wird als gewichteter Durchschnitt der Zeitreihe über einen Basiszeitraum berechnet. Im Unterschied zum normalen Moving Average werden neuere Kurswerte stärker gewichtet als ältere. Von der Höhergewichtung der aktuellen Kurse verspricht man sich frühere Trendwechselsignale.

- **Oszillatoren** werden verwendet, um erratische Schwankungen aus dem Kursverlauf heraus zu filtern und zyklische Trendkomponenten besser identifizieren zu können. Damit können verschiedene Kauf- und Verkauf-Strategien erstellt werden.

# 3 Fremdwährungs- (Devisen) -management

- Das **Momentum** dient zum Erkennen kurzfristiger Trends, wobei es Frühindikationen von Trendwechseln geben soll. Ein Verlangsamen der Kurszuwächse ist dabei Indiz für eine bevorstehende Trendumkehr.

- Der **Relative Stärke Index** ist eine normierte Darstellung des Verhältnisses von Kursgewinnen zu den gesamten Kursbewegungen.

- Der **Stochastik-Indikator** ist ein Analyse-Werkzeug für das Aufdecken von übergekauften beziehungsweise überverkauften Marktverfassungen.

Bei allen diesen Formen von Chartanalysen muss jedoch angemerkt werden, dass sie teilweise so große Beachtung finden, dass viele Marktteilnehmer danach handeln und so unbeabsichtigt selbst zur Erfüllung dieser Prognosedaten beitragen.

## 3.3.3 Die Quantitative Analyse

Bei dieser Analyseart werden Währungen wie Anlageinvestitionen betrachtet und ihr Verhalten anhand mathematisch-statistischer Parameter beschrieben. So lässt sich für einen gegebenen Zeitraum der durchschnittlich erzielbare Kursgewinn (Mittelwert) sowie die Währungsschwankung (Standardabweichung) feststellen. Es sind allerdings Strukturumbrüche zu beachten, die beispielsweise in künstlichen Aktionen zur Stabilisierung der Währung liegen können.

## 3.3.4 Neuronale Netze

Diese Methode der Wechselkursprognose ist relativ neu. Die Analyse erfolgt hier mit Hilfe eines Computerprogrammes, in welchem Fundamentaldaten eingegeben werden. Von diesen nimmt man an, dass sie für die Kursbildung relevant sind. Zugleich werden historische Wechselkurse eingegeben, die mit den bereits gespeicherten Datenreihen korrespondieren. Das Programm versucht hierbei, die Fundamentaldaten bezüglich ihres Einflusses so zu gewichten, dass daraus bestmöglichst die Wechselkurse zu bestimmen sind. Es entwickelt somit selbstständig eine Ursache-Wirkungs-

Ursache-/Wirkungsbeziehung

Beziehung. Anschließend versucht man, durch Eingabe aktueller Fundamentaldaten, Prognosewerte für zukünftige Kursentwicklungen zu erhalten.

**Kursprognosen nicht immer richtig**

In der Praxis kombinieren die Unternehmen die beschriebenen Möglichkeiten der Kursprognose, um einen einigermaßen realitätsnahen Kursverlauf zu erhalten. Trotzdem muss darauf hingewiesen werden, dass die Zuverlässigkeit dieser Kursprognosen mit großen Unsicherheiten behaftet sind und sich leider oft als falsch erweisen.

## 3.4 Devisenmanagement und Sicherungsinstrumente

Sobald Unternehmen grenzüberschreitende Geschäfte planen und durchführen, werden sie mit Währungsrisiken konfrontiert. Verantwortungsbewusste Unternehmen sind mehr oder weniger bestrebt, negative Folgen aus grenzüberschreitenden Geschäften zu minimieren beziehungsweise zu neutralisieren. Sie setzen dazu ein breit gefächertes Instrumentarium zur Begrenzung der Risiken ein. Es stehen dazu einerseits interne sowie andererseits von den Finanzmärkten angebotene externe Sicherungsinstrumente und Techniken zur Verfügung.

**Interne und externe Sicherungsinstrumente**

Zielsetzung ist es dabei primär, eine gesicherte Kalkulationsbasis zu schaffen sowie sekundär, von positiven Entwicklung ganz oder teilweise mitzupartizieren.

### 3.4.1 Interne Techniken und Instrumente

Es existieren eine Reihe von (in der Regel Kosten sparenden) internen Sicherungsinstrumenten und -techniken, die sich vom Unternehmen zur Wechselkursabsicherung relativ einfach einsetzen lassen.

### 3.4.1.1 Wahl der Fakturierungswährung

Das am häufigsten angewandte interne Kurssicherungsinstrument ist die Fakturierung des Außenhandelsgeschäftes in Inlandswährung. Dadurch besteht für das Unternehmen die Möglichkeit, auftretende Fremdwährungsrisiken aus Import- und Exportgeschäften vom Grundsatz her auszuschal-

# 3 Fremdwährungs- (Devisen) -management

ten. Diese Form der Kurssicherung lässt sich jedoch in der Regel nicht immer realisieren, da die Risiken aus sich möglichen Kursänderungen dabei lediglich auf den Geschäftspartner abgewälzt werden.

Ob eine Verlagerung der Risiken auf den Geschäftspartner durch Kontrahierung des Außenhandelsgeschäftes in heimischer Währung möglich ist, ergibt sich aus der Marktmacht sowie dem Verhandlungsgeschick der beteiligten Parteien.

Selbst wenn es gelingen sollte, den Geschäftsabschluss in der Heimatwährung durchzusetzen, kann der bezweckte Kurssicherungseffekt im Nachhinein noch zunichte gemacht oder geschmälert und das Unternehmen dadurch trotzdem mit Wechselkursrisiken konfrontiert werden. Entwickeln sich für den ausländischen Abnehmer die Kurse ungünstig, kann er die volle oder teilweise Übernahme des Kursverlustes durch den Exporteur verlangen. Im Interesse einer anhaltend guten Geschäftsbeziehung mit dem ausländischen Geschäftspartner wird sich der Exporteur diesem Verlangen nicht gänzlich entziehen können und zumindest teilweise die für den Importeur zusätzlich entstandenen Kosten übernehmen müssen.

Kann keine Einigung auf eine der beiden Währungen durch die Vertragspartner erzielt werden, besteht auch die Möglichkeit, den Vertrag in einer Drittwährung abzuschliessen. Während bei der Fakturierung in der Inlandswährung das Wechselkursrisiko auf den jeweiligen Geschäftspartner überwälzt werden kann, bleiben beim Abschluss eines Außenhandelsvertrages in einer Drittwährung für beide Vertragsparteien die Wechselkursrisiken bestehen und müssen gegebenenfalls durch entsprechende andere Instrumente abgesichert werden.

**Ausweichen auf Drittwährung**

## 3.4.1.2 Leading und Lagging

Unter **Leading** versteht man das Vorziehen von Zahlungsaus- oder -eingängen. Unter **Lagging** versteht man das Verlagern von Zahlungsaus- bzw. -eingängen.

Ein Importeur wird bei erwarteten Kurssteigerungen versuchen, die Zahlungsausgänge möglichst zu beschleunigen, das heißt die Zahlungen aus einem Vertrag mit Fremdwährungsrisiko vorzuziehen. Damit erreicht der Importeur, dass er infolge von späteren erwarteten Kurssteigerungen nicht einen höheren Betrag in Inlandswährung zahlen müsste, als er ursprünglich erwartet hatte.

**Beispiel:**

Ein Unternehmen mit Sitz im EURO-Land importiert Maschinenteile aus den USA. Der Wechselkurs beträgt zum Zeitpunkt der Bestellung 1,10 USD pro EURO. Einschließlich Lieferzeit und Zahlungsziel ergibt sich eine Laufzeit von 3 Monaten bis zur Zahlung der Rechnung. Da mit einem steigenden USD-Kurs gerechnet wird, vereinbart der Importeur, die Zahlung bereits zeitnah mit der Bestellung zu leisten (= „Leading"). Er wird dafür allerdings eine Sicherheit vom Exporteur sowie einen Ausgleich in Form einer Zinsgutschrift verlangen.

Im Gegensatz dazu wird der Importeur bei erwarteten Abwertungen von Währungen versuchen, die Zahlungen möglichst lange hinauszuzögern, um den günstigeren Umtauschkurs zu erlangen und damit Einsparungen zu erzielen. Für das importierende Unternehmen können sich daraus aber Zielkonflikte ergeben. Werden Zahlungen an Dritte aus diesen Gründen hinausgezögert, kann der ausländische Importeur schnell in den Ruf einer schlechten Zahlungsmoral gelangen, was sich wiederum auf die weitere Geschäftsbeziehung negativ auswirken könnte.

Bei einem Exporteur verhält sich die Reaktion auf erwartete Kurssteigerungen beziehungsweise Kurssenkungen genau entgegengesetzt zu der beschriebenen Reaktion des Importeurs. Rechnet ein Exporteur mit steigenden Devisenkursen, wird er den erhaltenen Fremdwährungsbetrag bei ausreichender Liquidität des Unternehmens nicht sofort eintauschen, sondern erst bei Eintritt der Kurssteigerung die erhaltenen Devisen in Inlandswährung tauschen.

In der Zwischenzeit besteht für den Exporteur die Möglichkeit, den Währungsbetrag durch ein SWAP-Geschäft oder durch eine Fremdwährungsanlage zinsoptimal anzulegen. Rechnet der Exporteur dagegen mit fallenden Kursen, kann er versuchen, den Zahlungseingang durch den Anreiz güns-

# 3 Fremdwährungs- (Devisen) -management

tiger Zahlungsbedingungen zu beschleunigen. Solche Vergünstigungen können beispielsweise Rabatte oder Skonti darstellen.

### 3.4.1.3 Netting

**Netting** kann auch als Währungskompensation beschrieben werden. Hierbei werden Forderungen und Verbindlichkeiten in einer Fremdwährung mit annähernd gleicher Fristigkeit gegeneinander saldiert. Nur die aufgerechneten Salden unterliegen dem Wechselkursveränderungsrisiko und können durch entsprechende Instrumente abgesichert werden. Das Unternehmen kann dadurch internen Verwaltungsaufwand und externe Kosten einsparen, da nicht sämtlich Einzelpositionen abgesichert werden müssen.

*Aufrechnung von Forderungen/ Verbindlichkeiten*

Bei international tätigen Konzernen spielt Netting eine bedeutende Rolle. So können durch Standortverlagerungen von Tochterunternehmen und hierbei durch den Einsatz von Netting Fremdwährungsrisiken begrenzt werden.

**Beispiel:**

Wenn ein Unternehmen eine Produktionsstätte in die USA verlegt, hat diese aus dem laufenden operativen Geschäft US-Dollar-Zuflüsse. Wenn die Muttergesellschaft in Deutschland möglicherweise zu dieser Zeit Bedarf an US-Dollar hat, können freie Devisenbestände zur Verfügung gestellt werden oder die in USA ansässige Tochtergesellschaft übernimmt deren Zahlungsverpflichtungen. Diese Vorgehensweise kann nebenher auch zu einer erheblichen Vereinfachung der Cash-Management-Aktivitäten in einem internationalen Konzern führen (vgl. Kapitel 2, Abschnitt 2.1).

Grundsätzlich ist hier zu unterscheiden zwischen bilateralem Netting, an dem zwei Unternehmenseinheiten beteiligt sind und multinationalen Netting, an dem mehr als zwei Unternehmenseinheiten beteiligt sind. Die Verrechnung dieser Zahlungen zwischen den einzelnen Unternehmensteilen sollte aus Kosten- und Transparenzgründen über eine zentrale Nettingstelle erfolgen, die sich zum Beispiel am Sitz der Muttergesellschaft befinden kann. Mit Hilfe einer Netting-Matrix lassen sich die Währungsbeziehungen zwischen den Tochtergesellschaften (TG) transparent darstellen.

**Beispiel für eine Netting-Matrix:**

| Währung US-Dollar | TG1 | TG2 | TG3 | TG4 | TG5 |
|---|---|---|---|---|---|
| TG1 | | | | | |
| TG2 | | | | | |
| TG3 | | | | | |
| TG4 | | | | | |
| TG5 | | | | | |

Jede am Netting beteiligte Unternehmenseinheit liefert kontinuierlich ihre konzerninternen Forderungen und Verbindlichkeiten, die sich auf eine bestimmte Periode beziehen, an die Nettingstelle (beispielsweise die Muttergesellschaft) ab. Die internen Forderungen und Verbindlichkeiten werden gegeneinander aufgerechnet und eine Verrechnungsmatrix („Netting-Matrix") erstellt. Diese zeigt die Restforderungen und Restverbindlichkeiten jedes Teilnehmers an.

Zum Netting-Stichtag werden die konzerninternen Forderungen und Verbindlichkeiten zu den für alle Gesellschaften gleich festgelegten einheitlichen Wechselkursen des Nettingstichtages ausgeglichen. Anstelle der Brutto-Zahlungsströme werden nur noch die Netto-Zahlungsströme bewegt. Sowohl das Zahlungsaufkommen als auch das Fremdwährungsvolumen werden deutlich minimiert und damit ein teilweise erheblicher Kosteneinsparungseffekt erzielt. Als zusätzlicher Vorteil ergibt sich durch das Netting-System eine transparente Darstellung der Devisenströme des Unternehmens. Dies kann als Grundlage für eine effiziente Kurssicherungspolitik dienen.

Neben gleichartigen Fremdwährungen können auch Verbindlichkeiten und Forderungen in verschiedenen Fremdwährungen saldiert werden. Voraussetzung hierzu ist eine enge Korrelation der beteiligten Währungen. Ein Saldieren ist bei Währungsverbindlichkeiten oder Währungsforderungen auch möglich, wenn eine entgegengesetzte Ent-

# 3 Fremdwährungs- (Devisen) -management

wicklung der beiden Währungskurse zur inländischen Währung erwartet wird. Diese Methode ist aber kaum von praktischer Relevanz, da Prognosen grundsätzlich mit Unsicherheit behaftet sind.

### 3.4.1.4 Währungsgleitklauseln

Eine Währungsgleitklausel ist eine vertragliche Vereinbarung, die vorsieht, dass die Höhe eines in einer bestimmten Währung (Vertragswährung) geschuldeten Betrages durch einen künftigen Kurs der Vertragswährung gegenüber einer anderen Währung oder mehreren Währungen (die Bezugswährungen) bestimmt wird.

**Vertragliche Regelung**

Bei Gleitklauseln handelt es sich daher um vertragliche Vereinbarungen zwischen Käufer und Verkäufer, die vertraglich vorsehen, dass positive oder negative Veränderungen von einem bestimmten festen Verhältnis auf die Vertragspartner zu verteilen sind.

**Man unterscheidet hierbei drei Grundtypen von Währungsklauseln, auf die im Folgenden näher eingegangen werden soll:**

- Bei Typ 1 lautet die Klausel „Kreditbetrag bildet der USD-Gegenwert von EURO 100 000". Damit wird erreicht, dass das inländische Unternehmen vollkommen von Schwankungen des USD verschont bleibt, da immer der Gegenwert zu den vereinbarten EURO 100 000 in USD zu erfüllen ist. Ein Nachteil ergibt sich allerdings dadurch, dass das Unternehmen nicht von positiven Kursentwicklungen dieser Währung mitpartizipieren kann.

- Die Klauseln des Typs 2 werden als Mindest- oder Einheitsklauseln bezeichnet. Die Klausel lautet „Kreditbetrag beläuft sich auf USD 100 000, mindestens aber auf den Gegenwert von EURO 100 000". Damit wird erreicht, dass der Gläubiger sowohl gegen eine negative Kursentwicklung der Vertragswährung geschützt ist als auch von einer positiven Entwicklung profitieren kann.

- Klauseln des Typs 3 können lauten „Der Kreditbetrag beläuft sich auf USD 100 000. Sofern die Kursänderung seit Vertragsabschluss 3% übersteigt, erhöht bzw. vermindert sich dieser USD-Betrag im gleichen Verhältnis, in welchem sich der USD gegenüber dem EURO ab- bzw. aufwertet". So weit sich die Änderung des Fremdwährungskurses innerhalb der vereinbarten Bandbreite bewegt, erhält der Gläubiger den vereinbarten Währungsbetrag und kann dementsprechend einen Währungsgewinn oder aber -verlust erzielen. Bricht der Kurs aber nach oben oder nach unten aus, hat das ausländische Unternehmen den USD-Betrag entsprechend anzupassen. Das inländische Unternehmen ist dann analog zu Typ 1 gegen Währungsrisiken abgesichert.

**Ergänzung durch externe Instrumente**

Ein Unternehmen wird bei der Absicherung seiner Währungsrisiken grundsätzlich versuchen, zuerst mit unternehmensinternen Instrumenten und Techniken eine möglichst günstige Währungsrisikosituation zu schaffen. In der Regel werden aber die internen Absicherungsinstrumente nicht alleine ausreichen, um das gesamte Währungsrisiko zu minimieren oder zu neutralisieren. Es müssen daher externe Absicherungsmöglichkeiten in die Risiko-Managementstrategie einbezogen werden.

### 3.4.2 Externe Absicherungsinstrumente und -techniken

**Spezielle/ Standardisierte Instrumente**

Unter externen Sicherungsinstrumenten und -techniken sind einerseits individuell auf das Unternehmen und dessen Bedürfnisse zugeschnittene sowie andererseits börsengehandelte standardisierte Instrumente zu verstehen. Dem Grundsatz der Risikodiversifikation folgend werden Dritte (in der Regel Kreditinstitute) in das Währungsrisiko einbezogen.

#### 3.4.2.1 Devisenkassa-Geschäfte

**Allgemeines Kassa-Geschäft**

Eine Alternative zur Absicherung des Wechselkursveränderungsrisikos besteht für Unternehmen darin, Devisen für eine spätere Zahlungsverpflichtung bereits zum heutigen Zeitpunkt per Kasse zu kaufen und bis zum Zahlungszeitpunkt aufzubewahren. Mögliche negativ eintretende Kursentwicklungen können damit keinen Einfluss mehr auf die

## 3 Fremdwährungs- (Devisen) -management

Fremdwährungsverpflichtung des Unternehmens ausüben. Kassa-Geschäfte werden in der Regel zwei Werktage nach Abschluss buchungstechnisch erfasst.

Bei dieser Art der Absicherung sind zusätzlich Liquiditäts- und Rentabilitätsgesichtspunkte zu berücksichtigen. Der sofortige Kauf der Devisen führt zur Bindung von Finanzmitteln, die eventuell für andere Zwecke benötigt werden. Dagegen besteht neben dem Kurssicherungseffekt auch die Möglichkeit, einen Zinsertrag für das Fremdwährungsguthaben zu erzielen. Ob diese Art der Kurssicherung für ein Unternehmen vorteilhaft ist, muss im Einzelfall durch eine Gewichtung der Rentabilitäts- und Liquiditätsgesichtspunkte entschieden werden.

**Beispiel:**

Ein Unternehmen bestellt Rohstoffe. Als Kontrahierungswährung wird der USD vereinbart. Die Rechnung ist in 8 Wochen fällig. Da mit einer Aufwertung des USD gerechnet wird, wird der Fremdwährungsbetrag sofort in der Kasse gekauft (Zinsaufwand beziehungsweise entgangener Zinsertrag für EURO-Finanzierung) und der Gegenwert in Form eines Termingeldes für 8 Wochen angelegt (Zinsertrag aus Fremdwährungsanlage). Allerdings muss sofort die Inlandswährung bereitgestellt werden.

### Bedingte Kassageschäfte

Bedingte Kassa-Geschäfte können in der Form der **Stopp-Loss-Order** beziehungsweise **Limit-Order** als Kurssicherungsinstrumente eingesetzt werden.

Bei der Stopp-Loss-Order erteilt das Unternehmen an eine Bank den Auftrag, bei Erreichen eines vorher definierten Kassa-Kurses einen bestimmten Devisenbetrag zu kaufen oder zu verkaufen. Der Kassakurs stellt sich bei dieser Form der Kurssicherung grundsätzlich positiver dar als der Kurs der Stopp-Loss-Order. Dies bedeutet, dass dadurch eine Begrenzung des Verlustes erreicht werden soll. Bei der Limit-Order stellt sich dagegen der Kassakurs bei Auftragserteilung negativer dar, als der Kurs der Limit-Order.

**Beispiel für Stop-Loss-Order:**

Ein Unternehmen erwartet einen USD-Eingang in 4 Wochen. Der aktuelle Kassakurs beträgt 1,04 USD/EURO. An die Bank wird eine Stop-Loss-Order mit einem Kurs von 1,05 USD/EURO mit einer Laufzeit bis auf weiteres gegeben. Das Unternehmen stellt damit diesen Kurs im Worst-Case-Fall (USD-Kurs fällt) sicher. Die Bank führt den Auftrag allerdings erst aus, wenn dieser Kurs in der Kasse tatsächlich erreicht wird (aus dem bedingten Kassa-Geschäft wird ein echtes Kassa-Geschäft). Steigt der USD gegenüber dem EURO dagegen weiterhin, profitiert das Unternehmen in vollem Umfang mit. Der Auftrag an die Bank ist in der Regel mit keinen Kosten verbunden.

**Beispiel für Limit-Order:**

Es gelten die gleichen Prämissen wie beim Beispiel „Stopp-Loss-Order". Das Unternehmen versucht, den Exporterlös auf günstigerem Niveau abzusichern. Es erteilt an die Bank den Limit-Auftrag, bei Erreichen eines Kurses von 1,03 USD/EURO das Kassa-Geschäft auszuführen. Hier kann die Bank erst ausführen, wenn der Kurs tatsächlich in der Kasse erreicht wird. Der Auftrag ist ebenfalls mit keinen Kosten verbunden. Es handelt sich bei dieser Geschäftsart jedoch nicht um ein Absicherungsinstrument, sondern um eine Möglichkeit der Kursoptimierung.

### 3.4.2.2 Devisentermingeschäfte

Unter einem **Devisentermingeschäft** (oder Outright-Geschäft bzw. Forward) versteht man die unwiderrufliche Verpflichtung, einen genau definierten Fremdwährungsbetrag zu einem bestimmten Zeitpunkt in der Zukunft zu einem bereits bei Geschäftsabschluss genau festgelegten Kurs zu kaufen oder zu verkaufen. Der Vorteil für das Unternehmen liegt darin, dass jegliches Kursrisiko ausgeschaltet und somit eine sichere Kalkulationsbasis erreicht wird. Da aber am Fälligkeitstag für Termingeschäfte ein Erfüllungszwang besteht, können bei positiver Kassa-Kursentwicklung (für den Importeur fallende bzw. für den Exporteur steigende Fremdwährungskurse) Kurschancen nicht genutzt werden.

# 3 Fremdwährungs- (Devisen) -management

Das Termingeschäft stellt das beliebteste Kurssicherungsinstrument dar, da es hinsichtlich seiner Technik leicht verständlich ist und vorab zu keinem Abfluss von Liquidität führt.

Der bereits zum Zeitpunkt des Geschäftsabschlusses vereinbarte Kurs wird als Terminkurs bezeichnet.

**Er ist abhängig von zwei Größen:**

- Dem aktuellen Kassa-Kurs (Geld- bzw. Briefkurs),
- Dem Auf- bzw. Abschlag zu diesem Kassa-Kurs (= Swapsatz).

Der Auf- (Report) oder Abschlag (Deport) spiegelt die Zinsdifferenz zwischen den beteiligten Währungen wider. Länder mit einem höheren Zinsniveau als das Inlandszinsniveau weisen einen Deport aus, Währungen mit einem niedrigeren Zinsniveau einen Report. Die so genannten Swap-Sätze verändern sich börsentäglich durch Schwankungen der diese reflektierenden Zinssätze. Diese Differenz stellt sich letztendlich als die Kurssicherungskosten (oder -erträge) dar.

**Zinsunterschiede = Kurssicherungskosten**

**Der Swap-Satz errechnet sich, so weit er vom Zinsunterschied am Euromarkt bestimmt ist, nach folgender Formel:**

$$\text{Swapsatz} = \text{Kassakurs} \times \text{Zinsdifferenz} \times \text{Tage} : 100 \times 360$$

**Die effektiven Kurssicherungskosten, als Vergleichssatz auf Jahresbasis, lassen sich wie folgt errechnen:**

$$\text{Kurssicherungskosten} = \text{Swap-Satz} \times 100 \, \text{Kassakurs} \times \text{Laufzeit}$$

**Beispiel:**

Ein Exporteur verkauft seine USD-Forderung pauschal auf einen Termin von 6 Monaten. Die Zinsdifferenz zwischen Deutschland und den USA beträgt 1,45 % (3,60 % BRD/ 5,05 % USA). Der Kassa-Kurs liegt am Tag des Geschäftsabschlusses bei 1,80 DM/USD.

$$\text{SWAP-Satz} = \frac{1{,}8000\,\text{DM} \times 1{,}45\% \times 180\,\text{Tage}}{100 \times 360\,\text{Tage}} = 0{,}0131\,\text{DM/USD}$$

Der Terminkurs für den verkauften USD liegt bei

$$1{,}8000\,\text{DM} - 0{,}0131\,\text{DM} = \mathbf{1{,}7869\,DM/USD}$$

$$\text{Kurssicherungskosten} = \frac{0{,}0131\,\text{DM} \times 100}{1{,}8000 \times \frac{180}{360}} = 1{,}46\%\ \text{p. a.}$$

Fazit: Die Kosten der Kurssicherung von 1,46% p. a. sollten gegebenenfalls im Angebotspreis berücksichtigt werden.

**Beispiel: Verkauf US-Dollar per Termin 3 Monate**

| | | |
|---|---|---|
| Aktueller Kassakurs | : | 2,0300 |
| Abschlag: | : | **0,0120** ⬅ |
| Terminkurs | : | 2,0180 |

**Absicherung der Bank:**

| | | |
|---|---|---|
| Verkauf US-Dollar zur Kasse | : | 2,0300 |
| Kreditaufnahme US-Dollar 3 Monate: | | 6,25 % |
| Anlage DM-Gegenwert 3 Monate | : | **3,70 %** |
| Finanzierungsaufwand | : | 2,55 % |

Abbildung 24: Devisentermingeschäft

**Abschlusszeitpunkt maßgebend**

**Hinsichtlich des Abschlusszeitpunktes von Devisentermingeschäften gibt es für Exporteure bzw. für Importeure verschiedene Möglichkeiten:**

- Eine Möglichkeit für den Exporteur besteht in dem **Verkauf der Devisen unmittelbar vor Angebotskalkulation.** Damit kann das exportierende Unternehmen bereits im Angebot an den Importeur von dem tatsächlich zu erwartenden Kurs ausgehen. Es hat somit keinerlei

## 3 Fremdwährungs- (Devisen) -management

Unsicherheiten mehr bezogen auf den zu erhaltenden Betrag. Für den Exporteur kann sich jedoch das Risiko ergeben, dass der Vertrag aus nicht von ihm zu vertretenden Gründen nicht zu Stande kommt. Da er in diesem Fall die zur Erfüllung des Termingeschäftes benötigten Devisen nicht von seinem Geschäftspartner erhält, müssten auf Grund der Erfüllungspflicht gegenüber der Bank die benötigten Devisen zu dem vereinbarten Termin am Kassamarkt zu einem möglicherweise ungünstigen Kurs erworben werden. Dieser Ansatz beinhaltet erhebliche spekulative Elemente und kommt in der Regel in der Praxis nicht zur Anwendung.

- Als weitere Alternative für den Zeitpunkt des Abschlusses des Devisentermingeschäftes kommt der Tag des Vertragsabschlusses mit dem Geschäftspartner in Betracht. Hier hat der Exporteur einerseits zwar die Gewissheit über das Zustandekommen des Vertrages, doch ergeben sich andererseits Unsicherheiten bezüglich der Wechselkursveränderung vom Zeitpunkt der Angebotskalkulation bis zum Vertragsabschluss. Kommt es während dieses Zeitraumes zu einer negativen Entwicklung des Wechselkurses, bedeutet das für den Exporteur einen niedrigeren Erlös in Landeswährung als ursprünglich geplant. Schmälerungen des Deckungsbeitrages bis hin zum Eintreten einer Verlustsituation können die Folge sein.

- Als zusätzliche Alternative besteht die Möglichkeit, zum Zeitpunkt der Fakturierung das Devisentermingeschäft abzuschließen. Hier existiert das Risiko einer negativen Kursentwicklung über einen noch längeren Zeitraum, nämlich vom Zeitpunkt des Vertragsabschlusses bis zum Vorgang der Fakturierung.

Für welchen Zeitpunkt des Abschlusses des Devisentermingeschäftes sich der Exporteur entscheidet, hängt einerseits von der vorgegebenen Kurssicherungsstrategie und andererseits von der Kurserwartung ab. Erwartet das Unternehmen fallende Fremdwährungskurse, ist es sinnvoll, Kurssicherungsgeschäfte zum frühestmöglichen Zeitpunkt, abzuschließen. Hier bietet sich der Zeitpunkt der Angebotskalkulation an. Für den Importeur ergeben sich ebenso wie für den Exporteur unterschiedliche Ansatzpunkte hinsichtlich des Abschlusszeitpunktes von Termingeschäften. Grundsätzlich besteht die Wahl zwischen dem verbindlichen Lieferangebot und dem Zeitpunkt des Vertragsabschlusses.

Wählt der Importeur den frühestmöglichen Termin, also den des Lieferangebotes, besteht für das importierende Unternehmen die Gefahr, dass der Vertrag aus Gründen, die der Importeur nicht zu vertreten hat, nicht zustande kommt. Auf Grund der Erfüllungspflicht des Termingeschäftes gegenüber der Bank ist das Unternehmen gezwungen, die Devisen zum vereinbarten Termin von der Bank abzunehmen. Da diesem Devisenbetrag kein entsprechender Zahlungsausgang (= Grundgeschäft) gegenübersteht, hat das Unternehmen nur die Möglichkeit, die erhaltenen Devisen per Kassa-Geschäft zu einem noch nicht bekannten (möglicherweise sich negativ entwickelnden) Kurs wieder zu verkaufen.

**Maßgeblich: Zeitpunkt des Vertragsabschlusses**

Eine weitere Möglichkeit hinsichtlich des Zeitpunktes des Abschlusses des Devisentermingeschäftes besteht bei Vertragsabschluss. Da hier der Importeur selbst entscheiden kann, wann und in welcher Höhe der vereinbarte Kaufpreis entrichtet werden soll, ergeben sich für ihn keine Risiken. Er kann vielmehr sein Termingeschäft nach diesen Daten ausrichten. Unsicherheiten können sich nur hinsichtlich möglicher Mängel an der Ware ergeben, die den Importeur zu einer geringeren Zahlung veranlassen könnten.

Devisentermingeschäfte ermöglichen es den Unternehmen, einerseits Valutarisiken auszuschalten. Dafür wird aber andererseits auch jegliche Chance eines Kursgewinnes ausgeschlossen. Das Kursniveau wird auf der aktuellen Kassa-Basis unter Berücksichtigung der Zinsdifferenz „eingefroren". Zusätzlich müssen die Kosten der Kurssicherung in die Überlegungen zur individuellen Risikoabsicherung mit einbezogen werden.

### Eine Sonderform des Devisentermingeschäftes: Der non-deliverable-Forward (NDV)

Bei exotischen Währungen ergibt sich in der Regel das Problem, dass diese oftmals aus devisenrechtlichen Gründen nicht tatsächlich geliefert werden können. Dies ist jedoch eine Grundvoraussetzung zur Erfüllung eines Devisenter-

# 3 Fremdwährungs- (Devisen) -management

mingeschäftes. Hier bietet sich der Abschluss eines NDV an. Die Funktionsweise ist ähnlich dem Devisentermingeschäft. Der Unterschied besteht jedoch darin, dass die ausländische Währung nicht geliefert werden muss. NDV's werden durch „cash-settlement" erfüllt.

Dies bedeutet, dass am Tag der Fälligkeit (settlement-day) der Tageskurs der gehandelten Währung mit dem Kurs des NDV's verglichen wird. Liegt der Tageskurs bei Fälligkeit bei einem Exportgeschäft unter bzw. bei einem Importgeschäft über dem vereinbarten Kurs, muss die Bank an das Unternehmen die Differenz in Form einer Ausgleichszahlung entrichten. Vice verca hat das Unternehmen an die Bank die Ausgleichszahlung vorzunehmen. Letztendlich wird damit der vereinbarte Kurs aus Sicht des Unternehmens realisiert.

**Beispiel:**

Ein Unternehmen erwartet in 2 Monaten einen Zahlungseingang in brasilianischen Real (BRL). Klassische Absicherungen in Form von Devisentermingeschäft oder Option sind nicht möglich. Das Währungsrisiko soll trotzdem vollständig ausgeschaltet werden.

Mit einer Bank wird umgehend ein NDF abgeschlossen. Ausgehend von einem Kassa-Kurs 1,6750 EURO/BRL wird von der Bank ein verbindlicher Terminkurs von 1,7150 EURO/BRL festgelegt.

Der Kunde zahlt exakt am Fälligkeitstag des NDF. Da der Real nicht frei konvertibel ist, werden durch die beauftragte Bank in Brasilien mit dem zu zahlenden Real-Gegenwert EURO zum Tageskurs erworben und anschließend der EURO-Gegenwert an den Zahlungsbegünstigten weitergeleitet.

Parallel wird der NDF durch Cash-Settlement erfüllt. Die Bank gleicht den vereinbarten Kurs mit dem Tageskurs ab. Liegt der Tageskurs darüber, leistet die Bank in Höhe der Differenz eine Ausgleichszahlung. Liegt der Kurs darunter, muss das Unternehmen an die Bank die Ausgleichszahlung leisten. Damit kommt letztendlich der bei Abschluss des Geschäftes vereinbarte Kurs zum Tragen.

**Ausgleich von zeitlichen Differenzen**

Nach Abschluss eines Devisentermingeschäftes kann sich die Notwendigkeit ergeben, das Kurssicherungsgeschäft auf einen früheren Termin vorzuverlegen oder aber auf einen zukünftigen Termin hin zu verlängern. Dies ist immer dann der Fall, wenn die Zahlung des Kontrahenten früher als geplant erfolgt oder zum vereinbarten Termin ausbleibt (beispielsweise in Folge einer Lieferverzögerung). Das Termingeschäft muss in jedem Fall, wie bereits erwähnt, gegenüber der Bank erfüllt werden. Hierzu dient das Instrument des SWAP-Geschäftes.

### 3.4.2.3 Der Währungs-Swap

Ein **SWAP-Geschäft** ist ein Risiko-Kompensationsgeschäft, bei dem entweder ein Termingeschäft mit einem Kassageschäft kombiniert wird oder ein Termingeschäft mit längerer Laufzeit mit einem Termingeschäft kürzerer Laufzeit verbunden ist. Zwei Parteien tauschen über einen vereinbarten Zeitraum Beträge in unterschiedlicher Fremdwährung gegeneinander aus. Der Tausch erfolgt zu dem am Laufzeitbeginn geltenden Devisenkassakurs und der Rücktausch am Ende des vereinbarten Zeitraumes zum ursprünglich vereinbarten Devisenterminkurs. Grundvoraussetzung bei dieser Konstellation ist, dass zwei Parteien existieren, die hinsichtlich des Betrages und der Laufzeit gleiche Interessen haben, jedoch gegensätzliche Währungsbedürfnisse aufweisen.

**Es bestehen somit vier Kombinationsmöglichkeiten:**

- Kauf von Termindevisen mit Verkauf von Kassadevisen,
- Verkauf von Termindevisen mit Kauf von Kassadevisen,
- Kauf von Termindevisen kürzerer Laufzeit mit Verkauf von Termindevisen längerer Laufzeit,
- Verkauf von Termindevisen kürzerer Laufzeit mit Kauf von Termindevisen längerer Laufzeit.

## Der Währungs-Swap läuft in drei Schritten ab:

- **1. Schritt:** Es erfolgt der Austausch der Beträge zwischen den beiden Parteien zu dem aktuellen Devisenkassakurs.

- **2. Schritt:** Auf Grund des getauschten Kapitalbetrages sowie der vereinbarten Zinshöhe werden die Zinszahlungen ausgetauscht („Periodischer Zinszahlungstausch"). Die Parteien bezahlen dabei jeweils die Zinsen für den Kapitalbetrag, den sie im Moment besitzen.

- **3. Schritt:** Es erfolgt der Rücktausch der Kapitalbeträge zum ursprünglichen Kassakurs.

## Hinsichtlich der Zinszahlungen der beteiligten Währungen kann unterschieden werden zwischen

- Fixed-to fixed-Währungsswaps, bei dem beide Swap-Partner feste Zinsen zahlen,

- Fixed-to floating-Währungsswaps, bei denen ein Partner feste Zinsen, der andere Partner variable Zinsen zahlt,

- Floating-to floating-Währungsswaps, bei denen beide Parteien variable Zinsen zahlen.

Als Alternative könnten anstelle eines Währungsswaps auch eine Reihe von Devisentermingeschäften abgeschlossen werden. Während aber ein Währungsswap eine ganze Reihe von Nominalwertzahlungen abdeckt, müsste für jede Zahlung ein separates Devisentermingeschäft abgeschlossen werden. Außerdem haben Währungsswaps meist eine längere Laufzeit als Devisentermingeschäfte. Für kürzere Perioden stellen Devisentermingeschäfte oftmals die kostengünstigere Alternative dar.

**Beispiele:**

- Ein Exporteur hat zur Absicherung ein Devisentermingeschäft auf das Datum des voraussichtlichen Zahlungszeitpunktes hin abgeschlossen. Die Zahlung verschiebt sich zeitlich. Der Exporteur kauft den Fremdwährungsbetrag bei Fälligkeit des Termingeschäftes per Kasse, um seiner Verpflichtung zur Anschaffung des Fremdwährungsbetrages nachzukommen. Gleichzeitig verkauft er diesen wieder erneut auf Termin.

- Ein Exporteur verfügt momentan über USD, die erst in 3 Monaten für einen Zahlungsvorgang gebraucht werden. Im EURO-Bereich bestehen Verbindlichkeiten. Er wird den USD-Gegenwert über einen Zeitraum von 3 Monaten durch den Abschluss eines Kassageschäftes und gleichzeitig eines Termingeschäftes gegen EURO tauschen. Am Ende der Laufzeit kann mit den zurückerhaltenden USD die Rechnung ausgeglichen werden. Erhält der Exporteur den Zahlungseingang früher als erwartet, wird er den erhaltenen Währungsbetrag per Kasse verkaufen und zum Fälligkeitstag des ursprünglichen Termingeschäftes per Termin wieder zurückkaufen. Damit kommt er der Erfüllungspflicht nach.

**Der Cross-Currency-Swap als Sonderform des Währungs-Swap**

*Erreichen verschiedener Ziele*

Der Cross-Currency-Swap stellt eine Sonderform dar, die gleichzeitig den Bereichen Konzernfinanzierung, Währungs- und Zinsmanagement zugeordnet werden kann. Insbesondere bei der Finanzierung ausländischer Tochtergesellschaften spielt diese Finanzierungsform eine bedeutende Rolle. Die Tochtergesellschaft verzichtet dabei auf die Kreditaufnahme bei ihrer lokalen Bank und entscheidet sich statt dessen für ein Darlehen der Konzernmutter. Die Muttergesellschaft sichert das aus dem in lokaler Währung auszureichenden Darlehen resultierende Fremdwährungsrisiko durch ein Swap-Geschäft ab.

Diese Finanzierungsstrategie ist auf Grund der im Vergleich zu den Swap-Kosten oft hohen Kreditmargen (insbesondere wenn die Kreditvergabe auf die Bonität der Tochtergesellschaft abgestellt wird), relativ preiswert. Weiterer Vorteil ist, dass vorhandene eigene Liquidität eingesetzt werden kann. Des Weiteren weisen die Swap-Märkte im Vergleich zu den lokalen Märkten eine höhere Liquidität auf und es lassen sich oftmals längere Laufzeiten darstellen.

# 3 Fremdwährungs- (Devisen) -management

**Darstellung Cross-Currency-Swap:**

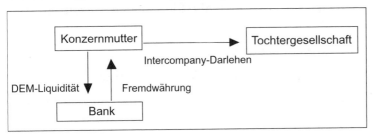

**Beispiel:**

In einem Konzern benötigt eine Tochtergesellschaft in USA zur Finanzierung von Investitionen einen Betrag von USD 10 Mio über einen Zeitraum von 4 Jahren. Der Konzern verfügt über ausreichende Mittel in EURO.

Die Konzernmutter mit Sitz in Deutschland schließt mit einer Bank einen Cross-Currency-Swap mit einer Laufzeit von 4 Jahren ab.

**Maßnahmen bei Laufzeitbeginn:**

Das Unternehmen gibt an die Bank EURO 10 416 666,67 und erhält dafür USD 10 000 000. Zu Grunde gelegt wird der Tageskurs (Annahme 0,96 USD/EURO). Gleichzeitig wird für den Ablauf-Termin in 4 Jahren ein fester Umtauschkurs vereinbart (1,0450 USD/EURO). Die aus dem Swap resultierenden US-Dollar werden in Form einer Ausleihung an die US-Tochter zu marktgerechten Zinsen weitergegeben.

**Maßnahmen während der Laufzeit:**

Die Tochtergesellschaft hat während der Laufzeit Zinsen zu bezahlen, die von der Konzernmutter an die Bank zur Bedienung des USD-Krediters weitergegeben werden. Gleichzeitig erhält die Konzernmutter eine feste oder variable Verzinsung (Wahlmöglichkeit) für die EURO-Anlage.

**Maßnahmen zum Laufzeitende:**

Bei Fälligkeit zahlt die US-Tochter den Kredit an die Muttergesellschaft zurück. Diese leitet den Betrag von USD 10 000 000 an die Bank zur Erfüllung des Swap-Kontraktes weiter. Parallel erhält die Muttergesellschaft zum vereinbarten Kurs von 1,0450 USD/EURO den Gegenwert von EURO 9.569 338.

Vorteile unter anderem:

- Ausschaltung des Wechselkursveränderungsrisikos
- Günstige Refinanzierung durch Einsatz eigener Liquidität
- Keine Bilanzverlängerung
- Keine Einengung von Kreditlinien.

### 3.4.2.4 Fremdwährungsanlagen

Mit Hilfe einer Fremdwährungsanlage besteht für ein importierendes Unternehmen die Möglichkeit, Fremdwährungsrisiken dadurch zu vermeiden, dass bereits bei Abschluss des Vertrages der für die Zahlung benötigte Fremdwährungsbetrag durch ein Kassageschäft gegen DEM gekauft und auf einem entsprechenden Fremdwährungskonto angelegt wird. Der Gegenwert der Anlage wird bei Fälligkeit zur Zahlung verwendet. Den Zinserträgen aus der Fremdwährungsanlage stehen entsprechende Zinsaufwendungen aus der DEM-Finanzierung (oder entgangene DEM-Zinserträge für den Fall einer alternativen DEM-Anlage) gegenüber.

**Man kann zwischen zwei verschiedenen Management-Ansätzen unterscheiden:**

- Von defensiver Kurssicherung spricht man, wenn der zu einem späteren Zeitpunkt benötigte Währungsbetrag auf einem Fremdwährungskonto deponiert wird.
- Von offensiver Kurssicherung spricht man, wenn der Währungsbetrag unter Renditegesichtspunkten in festverzinslichen Wertpapieren oder Aktien investiert wird.

Bei einer risikobehafteten Anlage können sich für das Unternehmen sowohl Risiken als auch Chancen ergeben. Bei dieser Form der Kurssicherung wird einerseits das Fremdwährungsrisiko ausgeschaltet. Jedoch werden andererseits zusätzliche Risiken (Zinsänderungen/Preisveränderungsri-

# 3  Fremdwährungs- (Devisen) -management

siko von Aktien) zusätzlich aufgebaut. Dieses Instrument sollte deshalb von Unternehmen nur dann angewendet werden, wenn es über entsprechendes Know-how sowie Kenntnisse über Prognosen von möglichen Zins- und Kursverläufen der Anlagen verfügt.

Für ein exportierendes Unternehmen können sich aus einer Fremdwährungsanlage eine Reihe von Vorteilen ergeben. Das Konto kann als Zwischenpuffer bei einer zeitlichen Differenz zwischen Zahlungsein- und ausgängen in Fremdwährung verwendet werden. Ein Unternehmen wird in diesem Fall eingehende Beträge in Fremdwährung nicht sofort in EURO umtauschen, sondern auf einem Währungskonto deponieren. Werden zu einem späteren Zeitpunkt Zahlungen in der auf dem Fremdwährungskonto deponierten Währung fällig, können diese über das Fremdwährungskonto beglichen werden.

Das Unternehmen spart sich die Kosten für den zweimaligen Umtausch. Ebenso bietet es sich an, einen erhaltenen Devisenbetrag in einer Währung, die nicht für spätere Zahlungen benötigt wird, sofort in eine Drittwährung zu tauschen, in der ein zukünftiger Bedarf besteht. Damit werden ebenfalls Transaktionskosten durch den Wegfall des Umtausches über die EURO eingespart. Dieses Absicherungsinstrument ist recht einfach zu handhaben, flexibel und kann sowohl für lang- als auch kurzfristige Absicherungen eingesetzt werden. Insbesondere kleinere Volumina sind damit äußerst effizient absicherbar.

**Beispiel:**

Aus Exportgeschäften erhält ein Unternehmen laufend US-Dollar-Zuflüsse. Die Fremdwährung wird nicht gegen EURO konvertiert, sondern auf einem US-Dollar-Konto (Verzinsung!) gesammelt und für wiederkehrende oder sporadische US-Dollar-Verpflichtungen verwendet.

### 3.4.2.5  Fremdwährungs-Kreditaufnahme

Kreditaufnahmen eignen sich zur Absicherung von Risiken aus Kursänderungen bei in Zukunft erwarteten Zahlungseingängen in Fremdwährung. Erwartet ein Unternehmen zu einem späteren Zeitpunkt einen Eingang in Fremdwährung, empfiehlt es sich, bereits zum aktuellen Zeitpunkt einen gleichhohen Fremdwährungsbetrag in EURO einzutauschen. Um diesen Umtausch zu ermöglichen, muss dieser Betrag als Fremdwährungskredit aufgenommen werden. Der bestehenden Forderung steht somit eine Verbindlichkeit in gleicher Währung und Höhe gegenüber. Das Kursrisiko wird neutralisiert. Sobald das Unternehmen den Fremdwährungsbetrag von seinem Kunden erhält, wird der Währungskredit zurückgezahlt.

An Kosten ergeben sich für das Unternehmen neben den Gebühren für die Kontoführung auch die Zinsen aus dem Fremdwährungskredit. Fremdwährungskreditaufnahmen bieten sich vor allem bei unregelmäßigen Zahlungsein- und -ausgängen in fremder Währung an, die sich über einen längeren Zeitraum betrachtet jedoch ausgleichen.

**Beispiel:**

Ein Unternehmen erwartet in 3 Monaten einen Zahlungseingang in USD. Es wird betrags- und laufzeitgleich ein Fremdwährungskredit aufgenommen. Der Kredit wird nach 3 Monaten mit der Kundenzahlung getilgt. Positiven Liquiditätseffekten zum Zeitpunkt der Kreditaufnahme steht eine entsprechende Zinszahlung für die Kreditaufnahme gegenüber. Der Vorteil liegt darin, dass zum Zeitpunkt der Kreditaufnahme der Wechselkurs praktisch „eingefroren" wird.

### 3.4.2.6 Factoring

Unter **Factoring** versteht man den Verkauf von kurzfristigen Forderungen aus Lieferungen und Leistungen mit Laufzeiten zwischen 30 und 120 Tagen an eine Factoring-Gesellschaft, die auch als Factor bezeichnet wird (vgl. Kapitel 2, Absatz 3.3.2.3). Durch das regresslose Abtreten sämtlicher Forderungen über eine bestimmte Laufzeit gehen automatisch auch sämtliche Fremdwährungsrisiken auf den Forderungskäufer über. Als zusätzlicher Vorteil ergibt sich für ein sich auf der Kreditseite befindliches Unternehmen eine Optimierung der Bilanzsituation.

Die verkaufte Forderung führt zu einem sofortigen Geldeingang, der zur Rückführung bestehender Kredite verwendet

# 3 Fremdwährungs- (Devisen) -management

werden kann. Zusätzlich zur Ausschaltung des Fremdwährungsrisikos ergibt sich beim echten Factoring ein Zusatzeffekt. Das Unternehmen trägt nicht mehr das Kontrahentenausfallrisiko, sondern überträgt dies regresslos an den Factor. Dieses Ausfallrisiko beschränkt sich aber nur auf wirtschaftliche Gründe. Politische Risiken, die mit der Fremdwährungsforderung entstehen, verbleiben beim Forderungsverkäufer.

Da der Factor für die Übernahme des Kursänderungsrisikos Kosten in Rechnung stellt, ist dieses Instrument nur dann sinnvoll einzusetzen, wenn diese Kosten in einer angemessenen Höhe/Relation zu den Kosten aus anderen Kurssicherungsinstrumenten stehen. Der Einsatz von Factoring ist besonders dann immer empfehlenswert, wenn eine Vielzahl von gleichartigen Fremdwährungsforderungen betroffen sind.

**Relativ teueres Instrument**

### 3.4.2.7 Forfaitierung

Unter **Forfaitierung** versteht man den regresslosen Verkauf von mittel- und langfristigen Forderungen aus Lieferungen und Leistungen an einen Forfaiteur (vgl. Kapitel 2, Absatz 3.3.2.3). Im Gegensatz zum Factoring werden hier keine Buchforderungen verkauft, sondern abstrakte Finanzierungsinstrumente, wie beispielsweise Wechsel. Der Verkauf beschränkt sich zudem nur auf Einzelforderungen.

Für den Exporteur ergeben sich auch bei diesem Sicherungsinstrument wieder eine Reihe von Vorteilen. So übernimmt der Forfaiteur ab Übernahme der Forderung neben dem Ausfallrisiko auch das Kursrisiko. Außerdem stellt sich dieses Geschäft ebenso wie das Factoring für den Exporteur nachträglich als Bargeschäft dar, da er sofort den Gegenwert abzüglich der Kosten erhält und somit die Liquiditätssituation des Unternehmens verbessert wird.

### 3.4.2.8 Devisenoptionen

Optionsgeschäfte unterscheiden sich von Termingeschäften dadurch, dass für sie während der Laufzeit bzw. am Ausübungstag keine Erfüllungspflicht durch den Käufer besteht. Sie dienen einerseits zur Kursabsicherung, lassen darüber hi-

**Unterschied Option/Termingeschäft**

naus aber auch die Möglichkeit zu, von positiven Kursveränderungen zu profitieren.

**Vergleichbar mit Versicherung**

Bei einer **Devisenoption** erwirbt der Käufer das Recht, aber nicht die Verpflichtung, einen betraglich fixierten Währungsbetrag zu einem bestimmten Zeitpunkt (europäische Option) oder innerhalb eines bestimmten Zeitraumes (amerikanische Option) zu einem bereits bei Abschluss des Optionsgeschäftes festgelegten Basispreis zu kaufen oder zu verkaufen. Der Verkäufer dieser Option, auch als Stillhalter bezeichnet, hat dieses Recht gegen sich gelten zu lassen. Um dieses Recht erwerben zu können, muss der Käufer eine Prämie bezahlen. Der Käufer einer Call-Option sichert sich damit gegen steigende, der Käufer einer Put-Option gegen fallende Devisenkurse ab.

**Die Prämienhöhe hängt von folgenden Einflussfaktoren ab:**

- Zeitwert (Optionslaufzeit),
- Basispreis (Striking Price),
- Volatilität (Wechselkursschwankungen),
- Zinsniveaus der beteiligten Länder (Terminkurs und innerer Wert),
- Kassakurs-Niveau.

Der Basispreis ist der Preis, zu dem der Käufer die Option ausüben kann. Er setzt sich aus einem inneren und dem Zeitwert zusammen:

- Der **innere Wert** einer Option stellt die Differenz zwischen Marktpreis und Basispreis dar. Er repräsentiert den Gewinn bzw. Verlust bei Realisierung der Option.
- Der **Zeitwert** einer Option entspricht dem Betrag, den ein Käufer in Erwartung von Kursänderungen zu zahlen bereit ist. Der Zeitwert verringert sich mit zunehmender Laufzeit der Option und entspricht am Verfalltag schließlich dem Wert Null.

## 3 Fremdwährungs- (Devisen) -management

**Es ergibt sich daraus folgende Unterscheidung:**

- Realisierung der Option mit Gewinn: „In the money option",
- Realisierung der Option kostenneutral: „At the money option",
- Realisierung der Option mit Verlust: „Out of the money option".

Je positiver sich der Basispreis für den Käufer der Option darstellt, desto teurer wird die Option sein. Out-of-the-money-Optionen sollten gewählt werden, wenn das Unternehmen sich relativ sicher ist, dass keine negativen Kursentwicklungen eintreten werden.

Da der Käufer keine Pflicht zur Optionsausübung hat, beschränkt sich der mögliche Verlust aus diesem Geschäft auf die Optionsprämie. Mögliche Gewinne aus der Nichtausübung der Option sind allerdings um den Optionspreis zu reduzieren. Der Käufer kann also an günstigen Kursentwicklungen mit partizipieren, während auf der anderen Seite bei einem ungünstigen Kursverlauf sein Verlustrisiko begrenzt wird.

**Optionen werden grundsätzlich eingeteilt in**

- **Call-Optionen** (= Recht zum Kauf einer Fremdwährung),
- **Put-Optionen** (= Recht zur Lieferung einer Fremdwährung).

Bei erwarteten Fremdwährungseingängen kann der Verkauf einer Call-Option (short call) für den Exporteur einerseits eine Kurssicherung sein, andererseits zieht er zusätzlich den vollen Nutzen aus der erhaltenen Prämie. Dies geschieht unter der Voraussetzung, dass sich der Wechselkurs nicht ändert und der Käufer die Option verfallen lässt. Steigt der Kurs der Fremdwährung über den Basispreis, wird der Käufer die Option ausüben. Der Stillhalter hat dann sowohl seine Verpflichtung dem Käufer gegenüber als auch die Kurssicherung zum Basispreis plus Prämie erfüllt.

Die große Gefahr bei dieser Art von Option liegt allerdings in der dritten Möglichkeit. Fällt der Kurs, ist das Verlustrisiko des Exporteurs unbegrenzt. Er erhält zwar die Optionsprämie, mit der er den Erlös aus dem Fremdwährungsgeschäft verbessert, doch darüber hinaus sind seine Fremdwährungseingänge dem Kursrisiko in voller Höhe ausgesetzt.

Mit dem Kauf einer Put-Option (long put) kann sich der Exporteur einen garantierten Mindestwechselkurs sichern, der sich aus dem Basispreis minus der bezahlten Prämie ergibt. Dabei ist sein Verlust auf die aufgewandte Prämie beschränkt, wenn Basispreis und aktueller Wechselkurs übereinstimmen und er die Option verfallen lässt. Je tiefer der aktuelle Kurs unter den Basispreis abzüglich der Optionsprämie fällt, desto weiter gelangt der Exporteur in die Gewinnzone.

**Beispiel:**

Ein Unternehmen erwartet in 3 Monaten einen Zahlungseingang in USD. Es möchte sich vor einem Kursverfall schützen; jedoch von steigenden Kursen ganz oder teilweise mitpartizipieren. Der aktuelle Kassa-Kurs beläuft sich auf 1,00 USD/EURO.

Das Unternehmen kauft eine Put-Option mit einem Basispreis von 1,02 USD/EURO. Für dieses Recht ist eine Prämie von 0,01 EURO pro USD zu entrichten. Der Kalkulationskurs im Worst-Case-Fall beträgt daher auf Termin 3 Monate 1,03 USD/EURO. Die Option wird hier nur ausgeübt, wenn der Kassa-Kurs zum Zeitpunkt der Fälligkeit über 1,02 USD/EURO liegt. Liegt der Kassa-Kurs darunter, wird die Option nicht ausgeübt und der USD-Eingang in der Kasse verkauft.

Die erhöhte Volatilität in den letzten Jahren auf den Finanzmärkten ist verantwortlich, dass aus den Standard-Optionen heraus so genannte „Exotische Optionen" entwickelt wurden, um den gestiegenen Anforderungen der kurssichernden Unternehmen Rechnung zu tragen.

## 3  Fremdwährungs- (Devisen) -management

Trotz der Vielzahl von Optionsformen haben sich auf den Devisenmärkten nur drei Arten von exotischen Optionen durchsetzen können:

- Unter einer „**Compound-Option**" versteht man die Option auf eine Option. Der Optionskäufer zahlt an den Verkäufer eine Prämie für das Recht, eine zu Grunde liegende Option zu kaufen oder zu verkaufen. Diese Optionsart ist immer dann sinnvoll, wenn nicht sicher ist, ob ein Kurssicherungsinstrument gegen Wechselkursschwankungen überhaupt benötigt wird. Dies trifft beispielsweise für Unternehmen, die an Ausschreibungen teilnehmen und sich hinsichtlich des Zuschlages unsicher sind, zu.

- Bei der „**Average-Rate-Option**", die auch „Asian-Option" genannt wird, ist nicht der aktuelle Kurs bei Fälligkeit das Ausübungskriterium, sondern vielmehr das arithmetische Mittel einer vorher spezifizierten Anzahl von Wechselkursen während der Laufzeit der Option. Diese Optionsart wird immer dann eingesetzt, wenn ein stetiger Cash Flow in Fremdwährung mit nur einem Kurssicherungsinstrument abgesichert werden soll.

- Das Zustandekommen einer **Barrieroption** ist davon abhängig, ob ein im Voraus definiertes Kursniveau während der Laufzeit der Option unter- bzw. überschritten wird. Wird dieser bei Abschluss der Option vereinbarte Kassakurs erreicht, beginnt („knock-in") oder verfällt („knock-out") die Option.

Obwohl Optionen neben der Sicherheit auch Chancen bei positiver Kursentwicklung beinhalten, eine hohe Flexibilität vorweisen und insbesondere bei Unklarheit über das Zustandekommen eines Grundgeschäftes das ideale Absicherungsinstrument darstellen, treten sie in der Praxis zumeist gegenüber Devisentermingeschäften zurück. Die Ursachen liegen in der bei Abschluss der Option fälligen und im Vergleich zum Termingeschäft deutlich höher liegenden Prämie.

## 3.5 Der Risikomanagement-Ansatz

### 3.5.1 Vorbemerkungen

**Strategie definieren!**

Die Geschäftsleitung eines Unternehmens hat zusammen mit der betroffenen Treasury eine eindeutige und möglichst schriftlich fixierte Strategie zur Handhabung der Fremdwährungsrisiken festzulegen. Sowohl die Verantwortungsträger im Unternehmen als auch die Aufsichtsorgane (Aufsichtsrat, Beirat) müssen das Verständnis für ein aktiv betriebenes Fremdwährungsmanagement aufbringen. Das Gleiche gilt für die direkt oder indirekt betroffenen Mitarbeiter. Diese müssen sich letztendlich mit den Zielen und Vorgaben identifizieren.

Risikomanagement ist damit zur absoluten Chef-Sache zu erklären.

**Der Aufbau im Kurzüberblick:**

Informelle Regelungen sind wegen möglichen nachträglichen Problemen in der Beweisführung zu vermeiden. Die Fremdwährungs-Strategie wird sich nach der individuellen Risikoneigung des Unternehmens in zwei Komponenten teilen, nämlich der Risikoreduzierung einerseits und der Ergebnismaximierung andererseits.

## 3 Fremdwährungs- (Devisen) -management

**Ergebnisverbesserung** wird meist dahingehend definiert, dass durch die Bildung von offenen Positionen bei möglichen positiven Kursveränderungen Erträge erwirtschaftet werden. In den meisten Fällen existiert bei dieser Vorgehensweise kein entsprechendes Grundgeschäft, so dass reine Spekulations- oder Finanzgeschäfte vorliegen.

**Risikoreduzierung** wird dagegen mit dem Schließen aller offenen Positionen gleichgesetzt. Dadurch wird vermieden, dass mögliche Veränderungen im Wechselkurs den bei Abschluss des Geschäftes kalkulierten Umrechnungskurs und damit das Unternehmensergebnis beeinflussen. Negative Ergebnisveränderungen werden somit ausgeschlossen. Nachteilig erweist sich dabei jedoch, dass (in Abhängigkeit des eingesetzten Kurssicherungsinstrumentes) von positiven Kursveränderungen nicht mitpartizipiert werden kann. Es entsteht in vielen Fällen die handelsrechtlich geschlossene Währungsposition.

Im Rahmen dieses Zielkonfliktes muss das Ziel der Geschäftsleitung und damit auch des Währungsmanagements darauf ausgerichtet sein, mögliche Verluste aus internationalen Geschäften zu begrenzen oder ganz auszuschalten. Bei positiven Kursentwicklungen sollten aber auch die Chancen durch den Einsatz alternativer Sicherungsstrategien aufrechterhalten werden.

**Risiken minimieren/ Chancen nutzen**

Zur Umsetzung bietet sich beispielsweise neben dem Einsatz von Devisenoptionen auch die Strategie des selektiven Hedges (z. B. 50% Absicherung/50% offene Position), allerdings immer in Übereinstimmung mit den ursprünglich vorgegebenen Kurssicherungszielen, an. Die Entscheidung wird in der Regel vom Treasury-Bereich im Rahmen des operativen Geschäftes getroffen. Normierte Regelungen in Form von „Patentrezepten" fehlen hierzu bis heute noch. Jedes Unternehmen ist mehr oder weniger stark verantwortlich für die Installation eigener Risikomanagement-Aktivitäten.

Die Strategie-Formulierung wird konsequenterweise als Subziel aus dem Leitbild des Gesamt-Unternehmens unter Beachtung wichtiger Prämissen, wie beispielsweise der Liquiditätssicherung, abgeleitet. Fehlt ein schriftlich formuliertes Leitbild, kann sich der Strategieansatz an bisher allgemein umgesetzten Praktiken, Handelsweisen und Interpretationen anlehnen.

**Die Mehrheit der Industrie- und Dienstleistungsunternehmen verfolgt defensive und konservative Zielvorgaben wie beispielsweise**

- Stabilisierung der Cash-flows aus dem operativen Geschäft durch volles/teilweises/selektives absichern von Fremdwährungsrisiken oder

- Kontrollierte Übernahme von Risiken aus dem Aufbau von Devisenpositionen ohne/mit Grundgeschäft zum generieren von Zusatzerträgen bzw. zur Kostenreduzierung.

**Aus der Handhabung in der Praxis kritallisieren sich vier allgemein gültige, grundsätzliche Strategieansätze heraus** (vgl. hierzu auch Kapitel 1 Abschnitt 1.3):

- **Verzicht auf die Absicherung des Fremdwährungs-Risikos:** Die Ursachen für diesen Ansatz liegen oftmals in gänzlicher oder teilweiser Unsicherheit beziehungsweise Unkenntnis der Sachlage. Einerseits sind die absoluten Beträge an Fremdwährungsvolumina sowie deren Fristigkeiten nicht bekannt, andererseits fehlt die Kenntnis über Sicherungsmöglichkeiten oder -techniken. Unbewusst oder bewusst wird das gesamte Aufrechnungspotenzial von Importen und Exporten in Anspruch genommen. Dieser Ansatz führt oftmals zu einer subjektiven Markteinschätzung hinsichtlich zukünftiger Kursentwicklungen und damit zu falschen oder willkürlich festgelegten Kalkulationskursen. Ein derartiger Strategieansatz birgt unlimitierte Risiko- aber auch Chancenpotenziale in sich.

- **Konsequente Absicherung von Fremdwährungsrisiken:** Mit dieser Absicherungsstrategie wird bezweckt, dass sich das Unternehmen weitgehend von zukünftigen Wechselkursentwicklungen abkoppelt. Inhalt ist die ausschließlich grundgeschäftsbezogene Absicherung von zumeist exakt definierten Fremdwährungsexposure. Als Ziel wird die Bildung von handelsrechtlich geschlossenen

Bewertungseinheiten angestrebt. Der Vorteil dieses Strategieansatzes liegt in der Schaffung einer festen Kalkulationsbasis durch Ausschaltung des Wechselkursveränderungsrisikos. Als Nachteil muss aufgeführt werden, dass auf mögliche Chancen bei positiven Kursveränderungen verzichtet wird. Dies kann in Einzelfällen gravierende Benachteiligungen gegenüber der Konkurrenz mit sich bringen.

- **Spekulativer Ansatz: Erzielung von Zusatzerträgen durch bewusstes Eingehen von Fremdwährungspositionen:** Dieser Ansatz beinhaltet die bewusste Positionierung (der Abschluss von Finanz-/Spekulationsgeschäften zur Ausnutzung von antizipativen Kursschwankungen) durch derivative Instrumente an den Devisenmärkten. Die grundgeschäftsbezogene Absicherung steht im Hintergrund; das Hauptmotiv stellt die Erzielung von Zusatzerträgen dar. Der Ansatz führt zu einem überproportionalen Aufbau von Finanzrisiken insbesondere durch Derivate und erfordert erhöhte Anforderungen an Risikomessung und -kontrolle.

- **Grundgeschäftsbezogene Absicherung in Verbindung mit der Erzielung von Zusatzerträgen ohne Positionierung:** Der dynamische Kurssicherungsansatz ist weit verbreitet. Er beinhaltet die gezielte grundgeschäftsbezogene Risikoabsicherung beziehungsweise -reduzierung. Verbunden wird diese Aufgabe mit der Realisierung bzw. Optimierung von Gewinnchancen bei positiven Fremdwährungskursverläufen. Oftmals wird diese Strategie zur Reduzierung von Kosten (z. B. Optionsprämien) eingesetzt. Spekulative Absichten stehen im Hintergrund. Beim „Erkaufen" von Zusatzchancen (Opportunitätsergebnissen) wird häufig durch den Einsatz bestimmter Sicherungsinstrumente ein Kurslimit eingezogen und damit auf mögliche Zusatzergebnisse verzichtet (Opportunitätsverluste durch beispielsweise den Verkauf von Devisenoptionen). Es werden in überschaubarem Umfang Risiken in Kauf genommen. Auch bei diesem Ansatz sind erhöhte Anforderungen an Risikomessung und -kontrolle zu stellen.

Sicherheit ist eine wesentliche Voraussetzung für den Erfolg eines Unternehmens. Ein fundiertes Sicherheitskonzept, das speziell auf die Entwicklung des Unternehmens ausgerichtet ist, macht unternehmerische Ziele in der Zukunft plan- und erreichbar. Im Mittelpunkt steht, betriebliche Risiken sachkundig zu erkennen, zu beurteilen und geeignete Maßnahmen zu deren Ausschaltung zu treffen.

**Risk-Management:**

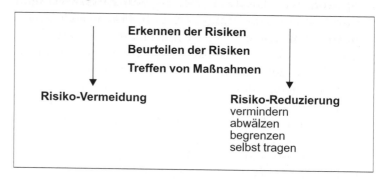

**Existenz-gefährdende Risiken ausschalten**

Das Ziel ist es, Risiken so weit wie möglich zu vermeiden oder zu vermindern sowie überschaubare Risiken selbst zu tragen. Bei existenzgefährdenden Risiken ist eine vollständige Ausschaltung dagegen unumgänglich.

Mit der Einführung des „Gesetzes zur Kontrolle und Transparenz im Unternehmensbereich" (KONTRAG) am 1. 5. 1998 in Deutschland hat hierzu der Gesetzgeber auf Grund der in den letzten Jahren gemachten Erfahrungen mit Unternehmenszusammenbrüchen (Ursachen oftmals unkontrollierte Finanzgeschäfte) neue Maßstäbe gesetzt.

**Es heißt darin unter anderem** (vgl. auch Kapitel 3, Abschnitt 1.2.2):

„Der Vorstand hat geeignete Maßnahmen zu treffen, insbesondere ein Überwachungssystem einzurichten, damit den Fortbestand der Gesellschaft gefährdende Entwicklungen früh erkannt werden". Diese Forderung wird noch ergänzt durch eine Gesetzesänderung des § 317 HGB, in der der Abschlussprüfer des Unternehmens aufgefordert wird, zu prüfen, ob Jahresabschluss und Lagebericht eine zutreffende Vorstellung von der Lage des Unternehmens vermitteln. Weiter ist dabei auch zu prüfen, ob die Risiken der künftigen Entwicklung zutreffend dargestellt werden.

Neben der Festlegung der Philosophie des Währungsmanagements, den Kurssicherungszielen sowie Grundsätzen muss im **Rahmen einer Währungsstrategie** auch festgelegt werden, wie abgesichert werden soll. Hierzu sind Regeln hinsichtlich des Einsatzes und Umfanges von Sicherungsinstrumenten aufzustellen. Zu klären ist beispielsweise, welche Beträge und Laufzeiten ab wann abgesichert werden sollen, ob Netting oder getrennte Absicherung betrieben und ob ein Mikro- oder Makro-Hedge angestrebt werden soll.

**Definition der Währungsstrategie**

Parallel zur Währungsstrategie darf bei deren Formulierung die Kontrolle nicht außer acht gelassen werden. Festzulegen ist deshalb, bei welchen Maßnahmen eine Genehmigung durch eine höhere Instanz notwendig ist. Die Implementierung eines internen Kontrollsystems ist ebenfalls unerlässlich.

**Internes Kontrollsystem einrichten**

Ein effizientes Währungsmanagement, das nunmehr nachfolgend in seinen Einzelheiten im Sinne einer Musterlösung beschrieben werden soll, stellt sozusagen die Conditio sine qua non für ein funktionierendes Auslandsgeschäft eines Unternehmens dar.

Unter **Risikomanagement** versteht man eine systematische Vorgehensweise, um potenzielle Risiken zu identifizieren und zu bewerten sowie hierauf aufbauend entsprechende Maßnahmen zur Risikohandhabung auszuwählen und umzusetzen. Mit einem Risikocontrolling sind die identifizierten Risiken laufend zu überwachen und auch die Steuerungsmechanismen zu überprüfen.

### 3.5.2 Struktur und Organisation des Risikomanagements

Der Umfang sowie die Komplexität des Systems orientiert sich immer am jeweiligen Risikogehalt, den angestrebten Zielen sowie dem Anspruchsniveau des Unternehmens.

**Keine informellen Vorgaben**

Top-Down ist durch die Geschäftsführung des Unternehmens unter Einschaltung der Fachabteilung die Unternehmenspolitik/Einstellung gegenüber dem Fremdwährungsrisiko festzulegen. Die aufbau- und ablauforganisatorischen Rahmenbedingungen sind zu schaffen und zu regeln. Sinnvoll ist es in diesem Zusammenhang, die gesamte Management-Strategie in Form von schriftlichen Richtlinien den am Währungsprozess beteiligten Personen vorzugeben. Informelle Vorgaben sind wegen der später bei Zweifelsfällen zu führenden Beweislast grundsätzlich zu vermeiden. Damit sichergestellt wird, dass die Richtlinien auch als verbindlich von den Mitarbeitern angesehen werden, sollte deren Aushändigung schriftlich bestätigt werden.

**Gesamtüberblick:**

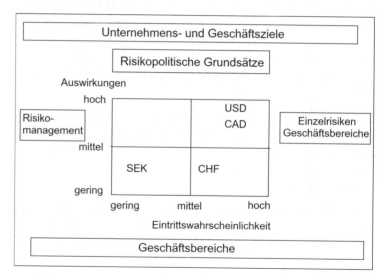

**Entscheidung im Team**

Oftmals ist der Entscheidungsprozess im Devisenmanagement, beispielsweise hinsichtlich Kurseinschätzungen sowie Auswahl der Sicherungsstrategien und -instrumente, subjektiv an eine Person gebunden. Hier setzt der Vorschlag an, den Prozess der Entscheidungsfindung im Rahmen eines Gremiums auf mehrere Personen zu verteilen und diese damit in die Verantwortung mit einzubinden.

# 3 Fremdwährungs- (Devisen) -management

Die Zusammensetzung des Gremiums ist nach unternehmensindividuellen Gesichtspunkten zu bilden. Die Treffen sollten regelmäßig, beispielsweise einmal im Monat, bei Bedarf jedoch häufiger, stattfinden.

**Der Ablauf eines derartigen Fachgespräches könnte folgendermaßen gestaltet werden:**

- Erarbeitung und gemeinsame Diskussion von Finanzmarktprognosen,

- Überprüfung der Aktivitäten und Ergebnisse im Berichtszeitraum; Festlegung und Anpassung von Limiten für operative Geschäfte nach Marktgegebenheiten,

- Gemeinsame Entscheidungsfindung im Hinblick auf Hedge-Maßnahmen und Strategien unter Berücksichtigung von Zielen, Vorgaben und Rahmenbedingungen,

- Festhalten der Ergebnisse in Protokollform und unverzügliche zeitnahe Information der Gesamtgeschäftsführung.

## 3.5.3 Risikopolitische Grundsätze

### 3.5.3.1 Definition der Fremdwährungsphilosophie

Die Währungsmanagement-Politik (beziehungsweise Philosophie), das heißt die Risikoeinstellung sowie das Sicherungsverhalten, wird zweckmäßigerweise aus der übergeordneten Unternehmensphilosophie abgeleitet.

*Ableitung aus Unternehmensphilosophie*

**Praxis**

**Formulierungs-Beispiele:**

- „Wechselkursrisiken sind zentral zu steuern, damit die operativen Aktivitäten der Unternehmensbereiche von Währungsrisiken freigestellt werden",

- „Das Preisveränderungsrisiko einer Währung ist unter gleichzeitiger Wahrung von Chancen am Devisenmarkt auszuschalten",

- „Grundsätzlich muss ein genereller Bezug zwischen Grundgeschäft und Absicherungsgeschäft bestehen",

• „Sämtliche am Managementprozess beteiligten Personen sind in die Verantwortung mit einzubinden".

### 3.5.3.2 Definition von Zielen, Aufgaben und Grundsätzen

**Zieldefinition notwendig**

Die Definition von Zielen ist notwendig, um später einen Soll-/Ist-Vergleich beziehungsweise den Zielerreichungsgrad zu definieren.

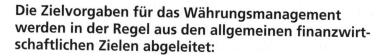

**Die Zielvorgaben für das Währungsmanagement werden in der Regel aus den allgemeinen finanzwirtschaftlichen Zielen abgeleitet:**

- Aufrechterhaltung der jederzeitigen Zahlungsbereitschaft,

- Erhaltung der finanziellen Sicherheit und Unabhängigkeit durch Risikovorsorge,

- Sicherstellung der Kreditwürdigkeit,

- Sicherstellung einer hohen Kapitalrentabilität,

- Minimierung der Refinanzierungskosten bei Nutzung weltweiter Finanzierungsresourcen/Maximierung der Finanzerträge,

- Bestmögliche Gestaltung der Kapitalstruktur im Rahmen der Unternehmensziele,

- Orientierung an den Bedürfnissen der Kapitalgeber,

- Abwicklung der Finanzgeschäfte unter Wahrung von Chancen an den Finanzmärkten und unter größtmöglicher Beachtung von Kontroll- und Revisionsgesichtspunkten.

Aus diesen Zielen können nunmehr die individuellen Zielvorgaben für das Währungsmanagement abgeleitet werden.

**Formulierungsbeispiele:**

- „Stabilisierung der Cash-flows durch Absicherung von Währungsrisiken unter Beachtung von Sicherungskosten",

# 3 Fremdwährungs- (Devisen) -management

- „Vermeidung von Spekulationsgeschäften, die vom Basisgeschäft losgelöst sind",
- „Schaffung einer gesicherten Kalkulationsbasis",
- „Realisierung von Währungsgewinnen durch den Einsatz alternativer Sicherungsinstrumente",
- „Abwicklung der Sicherungsgeschäfte unter dem Aspekt der größtmöglichen Wirtschaftlichkeit".

Die Umsetzung dieser Ziele setzt oftmals ein aktives Devisenmanagement voraus. Besonders hervorzuheben ist, dass die sich ergebenden Chancen und Risiken im Hinblick auf Kosten (Transaktions- und Opportunitätskosten), die steuer- und handelsrechtliche Seite, die Liquiditätsentwicklung sowie die aktuelle Marktsituation gegeneinander abzuwägen sind. Aus dieser Situation ergibt sich der bereits vorstehend beschriebene Zielkonflikt „Risikoreduzierung" versus „Ergebnismaximierung". Um hier zu einer einheitlichen Verhaltensweise zu gelangen, bedarf es über die Festlegung der Philosophie sowie der Ziele hinaus der Vereinbarung von Prioritäten sowie eines Kurssicherungskonzeptes. In diesem sind die Einzelheiten der Sicherungsstrategie festzulegen.

*Zielkonflikt lösen*

Zielvorgaben können durch die **Festlegung von finanzwirtschaftlichen Grundsätzen** ergänzt und genauer definiert und abgerundet werden.

*Ergänzung durch finanzwirtschaftliche Grundsätze*

**Beispiele:**

- Liquidität steht in der Regel vor Rentabilität,
- Risikovorsorge geht vor Chancenkreativität,
- Das Wohl des Gesamtunternehmens geht vor dem Nutzen der Einzelgesellschaft.

### 3.5.3.3 Organisatorische Voraussetzungen

In Abhängigkeit

- des Organisationsaufbaues des Unternehmens/der Unternehmensgruppe,
- der Größenordnung sowie
- der Finanzphilosophie

**Kompetenzen regeln**

sind der Zentralisierungs-/Dezentralisierungsgrad, die Verantwortlichkeiten und Zuständigkeiten sowie die damit verbundenen Kompetenzen festzulegen. Die täglichen Entscheidungen und Aufgaben können nicht in Gremien mit unklaren Zuständigkeiten abgehandelt werden. Wichtig ist es daher, eindeutig zu bestimmen, wer für welche Aufgaben und Entscheidungen zuständig ist. Nicht zu vermeiden ist es in diesem Zusammenhang, dass mit dieser Management-Strategie in angestammte Mitspracherechte (z. B. des Vertriebes) eingegriffen wird. Allgemein ist deshalb ein zunehmender Trend zur Zentralisierung der Finanzaktivitäten und damit des Währungsmanagements sowie eine Trennung zwischen operativen und finanziellen Bereichen festzustellen.

Es sollen damit Synergiepotenziale in der Unternehmensgruppe unter Führung des zentralen Finanzmanagements zum Wohl des Gesamtunternehmens erkannt und ausgenutzt werden. Damit verbunden ist der Gedanke, auf allen finanziellen Sektoren, insbesondere jedoch hinsichtlich der Risikoerkennung und Ausschaltung eine einheitliche Vorgehensweise zu bewirken.

### Personelle Resourcen

**Qualifiziertes Personal notwendig**

Die komplizierte Materie setzt den Einsatz qualifizierter Mitarbeiter voraus. Die Geschäftsführung hat durch eine geeignete, nach modernen Maßstäben ausgerichtete Personalpolitik Sorge dafür zu tragen. Die mit dem Abschluss, der Abwicklung, dem Rechnungswesen sowie der Überwachung, der Revision und der Organisation der Transaktionen betrauten Mitarbeiter sowie deren Vertreter müssen über umfangreiche Kenntnisse in den gehandelten Produkten und den eingesetzten Handels- und Sicherungstechniken verfügen. Hierzu sind laufende Weiterbildungs- und Informationsveranstaltungen notwendig.

### Mindestvoraussetzungen:

- Auswahl, Akquisition und laufende Pflege geeigneter qualifizierter Mitarbeiter,
- Ausreichende Fachkompetenz, die sich am Anforderungsprofil (quantitativ/qualitativ) ausrichtet,

# 3 Fremdwährungs- (Devisen) -management

- Laufende Weiterbildungsmaßnahmen zur Anpassung an Neuerungen und Veränderungen der Märkte.

Die Mitarbeiter sind darüber hinaus zum Handel im Innen- und Außenverhältnis zu authorisieren und mit den notwendigen Kompetenzen auszustatten.

**Regelungen:**

- Festlegung der zum Handel zugelassenen Personen,
- Laufende hinreichende Informationsversorgung,
- Unterschriftsvollmachten im Innen- und Außenverhältnis,
- Schriftliche Dokumentation der Kompetenzen gegenüber dem Kontrahenten,
- Handlungsvollmacht oder Prokura.

Die Aufgaben- und Kompetenzenverteilung hat darüber hinaus unter Kontroll- und Revisionsgesichtspunkten das **Prinzip der Funktionentrennung** zu berücksichtigen. Des Weiteren ist der Zentralisierungsgrad zu bestimmen (vgl. Kapitel 1, Abschnitte 1 und 2).

**Devisenmanagement und Organisation:**

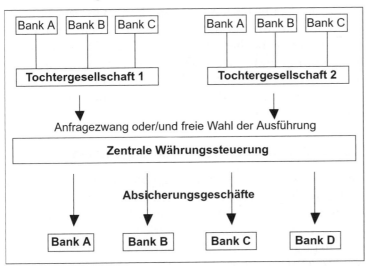

## 3.6 Prozess des Risikomanagements

### 3.6.1 Risikoanalyse

**Erfassung der Risiken**

Im Rahmen der Risikoanalyse sind die für das gesamte Unternehmen beziehungsweise das einzelne Geschäft auftretenden relevanten Risiken zu identifizieren und zu erfassen. Dabei muss systematisch vorgegangen werden, um möglichst alle Fremdwährungsrisiken im Unternehmen aufzudecken. Ansatzpunkt für die Risikoanalyse stellen die originären Risikoursachen (Export-/Importgeschäfte) als Quellen der Risiken dar. Das Unternehmen hat in diesem Zusammenhang zu formulieren, was überhaupt unter Risiko verstanden wird.

So wird beispielsweise bei einem Unternehmen, das Exporte und Importe in gleichen Währungen hat, sich das Risiko nur auf den aufgerechneten und saldierten Währungsbetrag beziehen. Wesentlich komplizierter wird die Betrachtungsweise bei einem Unternehmen mit Exporten in die gesamte Welt, mit Konkurrenten, die in so genannten „Weichwährungsländern" sitzen sowie mit Rohstoffbezügen, deren Preise von Währungsentwicklungen abhängen. Grundsätzlich müssen alle Zahlungsströme, sofern diese währungsabhängig sind, zum Gegenstand des Währungsmanagements gemacht werden. Dies ist unabhängig von dem Tatbestand, ob es sich um gebuchte oder geplante Transaktionen handelt oder ob in Fremdwährung fakturiert wurde oder nicht, zu sehen. Im Hintergrund steht die Tatsache, dass der Wert eines Unternehmens durch den Nettobarwert aller zukünftigen Zahlungsströme bestimmt wird.

#### 3.6.1.1 Planung der Fremdwährungsrisiken

**Aufstellen Unternehmensplanung**

Bei den meisten Unternehmen wird im Rahmen eines funktionsfähigen und integrierten Planungsprozesses eine Gesamt-Unternehmensplanung erstellt (vgl. hierzu auch Kapitel 4, Abschnitt 4). Diese bezieht sich auf kurz- und mittelfristige (operative Planung) sowie langfristige Planungszeiträume (strategische Planung). Elementarer Bestandteil ist die Ergebnisplanung. In dieser werden unter anderem auch Geschäftsabschlüsse mit dem Ausland (Exporte/

# 3 Fremdwährungs- (Devisen) -management

Importe) geplant und budgetiert. Die Prognose von Währungskursen stellt dabei eine gewichtige Planungsgröße dar.

In der Praxis werden die geplanten Umrechnungskurse durch das Fremdwährungsmanagement auf der Basis aktueller Erkenntnisse über die Fremdwährungsverläufe festgelegt. Zunehmend dienen diese Forecasts als Benchmark, um die im Laufe der Planungsperiode tatsächlich erzielten Umrechnungskurse messen und vergleichen zu können. Dieser Abgleich gibt zudem Auskunft über die Leistungsfähigkeit des Devisenmanagements (vgl. Kapitel 4, Abschnitt 5).

**Benchmarking sinnvoll**

Die auf diese Weise erzielte positive oder negative Performance ist allerdings dahingehend zu relativieren, dass dem Devisenmanagement in der Regel nur der Abschluss von Sicherungsgeschäften bei Vorlage eines Grundgeschäftes gestattet ist. Somit kann ein im Vorhinein prognostizierter Währungskurs über die Planungsperiode nicht durch entsprechende Sicherungsgeschäfte „verteidigt" werden.

## 3.6.1.2 Erfassung und Verwaltung der Risikoexposure

Zur Steuerung, Abwicklung und Kontrolle des Währungsrisikos durch Kurssicherungsstrategien ist es erforderlich, alle Fremdwährungsrisiken im Unternehmen laufend und vollständig zu erfassen und zu überwachen (**Exposuremanagement**). Hierzu ist der Aufbau eines funktionsfähigen Meldewesens, das in Abhängigkeit der Möglichkeiten des Unternehmens systemgestützt oder manuell durchgeführt werden kann, notwendig (vgl. zu Meldungen über Fremdwährungskontrakte auf ⑱ unter Nr. 23).

**Risiken transparent darstellen**

Die Meldungen müssen transparent aufbereitet werden, damit Art, Umfang und Risikozeitraum erkannt und durch das Devisenmanagement erfasst werden können. In Abhängigkeit der Fremdwährungs-Cash-flows erfolgt die Erfassung regelmäßig in bestimmten Zeitabständen (EDV-gestützt) oder unmittelbar nach existent werden mittels manueller Meldung. Das Fremdwährungsrisiko wird existent, wenn hierzu entweder ein Auftrag oder eine Bestellung oder eine Faktura beziehungsweise Rechnung vorliegen. Zusätzlich kann die auf Grund subjektiver Einschätzung des Meldenden eintretende Wahrscheinlichkeit des Zustandekommens eines

Fremdwährungsrisikos bei der Erfassung berücksichtigt werden.

**Verdichtete Darstellung**

Die regelmäßig oder unregelmäßig erfassten Kontraktdaten werden verdichtet und in der Gesamtheit als das Fremdwährungsrisiko dargestellt. Wichtiges Hilfsinstrumente ist dazu die in Matrix-Form geordnete transparente Darstellung der Währungsvolumina. Eine mögliche Absicherungs-Strategie lässt sich so beispielsweise unter Berücksichtigung des Gesamtexposures auf Grundlage der Einzel- oder Pauschalmeldung hin entwickeln.

**Währungsbilanz:**

| Währung | Eingänge in FW | Ausgänge in FW | Netto-Volumen | bestehende Absicherungen | offene Devisenexposure | Risiko in EURO | Kalkulationskurs |
|---|---|---|---|---|---|---|---|
| USD/EUR | | | | | | | |
| CAD/EUR | | | | | | | |
| SEK/EUR | | | | | | | |
| CHF/EUR | | | | | | | |
| GBP/EUR | | | | | | | |
| GRD/EUR | | | | | | | |
| Summe | | | | | | | |

Der sich aus dem Exposure ergebende Hedgebedarf muss dabei nicht für alle Positionen identisch sein, da einige Währungen volatiler als andere sind. Durch die Anwendung der bereits vorgestellten Währungsmatrix wird hierbei ein recht genauer Überblick gewonnen. Das am Markt beobachtete Wechselkursrisiko wird dabei ins Verhältnis zum individuellen Währungsexpose gesetzt. Die Höhe des Wechselkursrisikos drückt sich dabei in Form der historischen Volatilität aus. Währungen mit staatlich festgelegten Wechselkursgrenzen oder historisch enger Bindung an Leitwährungen unterliegen dabei natürlich einem (scheinbar) geringeren Risiko als solche, deren Preisfestsetzung ausschließlich den Marktkräften überlassen wird.

**Querprüfung notwendig**

Zum Monatsultimo hin sollte eine Abstimmung der manuell erfassten Währungsvolumina mit den in der Finanzbuchhaltung eingebuchten Währungsexposure erfolgen. Die Erfassung der Währungsrisiken muss sehr sorgfältig durchgeführt

# 3 Fremdwährungs- (Devisen) -management

werden, da diese letztendlich die Volumina für anzusetzende Absicherungsstrategien liefert. Falsche Angaben führen bei negativen Kursentwicklungen unweigerlich zu finanziellem Schaden für das Unternehmen. In diesem Zusammenhang gibt es Sinn, die für den Meldeprozess Verantwortlichen in die gesamte Managementverantwortung mit einzubinden.

### 3.6.1.3 Kalkulation und Budgetierung der Währungsexposure

Ein Problem bei der Quantifizierung der Wechselkursrisiken oder Wechselkurschancen liegt in dem zur Messung herangezogenen Kurs. Hier setzt der Prozess der Budgetierung an, der bereits im Stadium der Kalkulation beginnt. Es handelt sich hierbei um den Zeitraum vor Vertragsabschluss, der durch große Unsicherheit hinsichtlich des Zustandekommens des Liefer- und Leistungsgeschäftes geprägt wird.

### 3.6.1.4 Die Vorgabe von Kalkulationskursen

Zielsetzung ist die Vorgabe von Fremdwährungskursen im (unsicheren) Stadium des Angebotes, der Offerte beziehungsweise der Ausschreibung. Die Kursvorgabe sollte sich ausschließlich am aktuellen Terminkurs der betroffenen Währung orientieren. Zu Grunde gelegt wird damit fiktiv als Sicherungsinstrument das Devisentermingeschäft. Ob tatsächlich eine Kurssicherung getätigt wird, hängt von der entsprechenden Managementstrategie des Unternehmens ab. Klassisches Sicherungsinstrument für diesen (hinsichtlich des Zustandekommens des Grundgeschäftes mit Unsicherheit behafteten) Zeitraum ist die Devisenoption.

*Kursvorgabe orientieren an Terminkurs*

Damit die Kursvorgabe transparent und nachvollziehbar wird, werden die aktuellen Freiverkehrskurse (Geld/Brief) unter Berücksichtigung der Terminauf- bzw. Abschläge verwendet. Die Kursvorgaben sollen grundsätzlich auf die maximale Laufzeit der jeweiligen Fremdwährungsposition hin abgestellt werden. Sinnvoll ist es auch, die Kursvorgabe dem betroffenen Bereich in schriftlicher Form zur Verfügung zu stellen (siehe zur Kursbestätigung über Offerten auf ⊗ unter Nr. 24).

### 3.6.1.5 Die Budgetierung der Fremdwährungsexposure

Nach Erfassung der definitiv zu Stande gekommenen Währungsexposure sollte zeitnah die Festlegung und Bekanntgabe des Budgetkurses erfolgen (siehe Kursbestätigung über gemeldete Volumina auf ⊛ unter Nr. 25). Der Budgetkurs kann den Marktkurs darstellen, der sich ausschließlich am Terminkurs der betroffenen Fremdwährung unter Berücksichtigung der eingesetzten Kurssicherungsinstrumente orientiert. Der Budgetkurs stellt damit generell den bei negativem Fremdwährungsverlauf durch das Sicherungsgeschäft abgesicherten Abrechnungskurs (so genanntes Worst-Case-Szenario) dar. Er ist ebenfalls auf die maximale Laufzeit des Fremdwährungsexposures hin abzustimmen.

**Budgetkurs = Worst-Case-Kurs**

Für den Fall einer Nicht-Sicherung bieten sich mehrere Lösungsmöglichkeiten an, wobei als Zielsetzung grundsätzlich eine Annäherung an den später tatsächlich zu realisierenden Abrechnungskurs erreicht werden soll. Als Budgetkurs wird häufig der Wechselkurs zu Grunde gelegt, mit dem das Angebot/die Bestellung seinerzeit kalkuliert wurde. Alternativ können jedoch unterschiedliche Wechselkurse, wie beispielsweise der Devisenkassakurs, der bereits beschriebene Devisenterminkurs oder ein zu erwartender Devisenkurs herangezogen werden.

Währungsexposure sollten möglichst mit dem budgetierten (gleichzusetzen mit dem abgesicherten) Kurs handelsrechtlich (Forderung oder Verbindlichkeit) erfasst werden. Damit wird eine geschlossene Währungsposition (Grundgeschäft/Sicherungsgeschäft) erzeugt, auf die entsprechende Bewertungsvorschriften am Bilanzabschlusstag anzuwenden sind.

**Anstreben der Bewertungseinheit**

**Kennzeichnend für eine handelsrechtliche Bewertungseinheit ist die Übereinstimmung zwischen Grundgeschäft und Sicherungsgeschäft hinsichtlich**

- Währung,
- Laufzeit,
- Volumina.

## 3 Fremdwährungs- (Devisen) -management

Alternativ werden oftmals Ausgangs- und Eingangsrechnungen mit dem Tageskurs und nicht mit dem abgesicherten Kurs erfaßt. Durch das Prinzip der Einbuchung zum Tageskurs wird zwar erreicht, daß die Effizienz des Währungsmanagements in Form von Kursdifferenzen transparent aufgezeigt wird; andererseits werden jedoch teilweise heftige Ergebnisverschiebungen in Kauf genommen. Dies trifft verstärkt auf Geschäfte zu, bei denen eine relativ lange Zeitspanne zwischen Auftragsvergabe des Kunden (oder Bestellung) und Fakturierung (bzw. Rechnungseingang) sowie Zahlungsvorgang liegt.

**Ergebnisverfälschung ist möglich**

**Beispiel:**

Ein Kunde erteilt heute einen Auftrag; als Kontrahierungswährung wird der US-Dollar vereinbart (Zahlungsziel: 3 Monate nach Rechnungsstellung). Da die Produktionszeit 6 Monate in Anspruch nimmt, errechnet sich daraus ein voraussichtlicher Zahlungseingang in 9 Monaten. Das Unternehmen sichert unverzüglich den US-Dollar-Eingang mit einem Devisentermingeschäft zu einem Kurs von 1,10 USD/EURO ab (Kassa-Kurs 1,08 USD/EURO + Terminaufschlag 0,02 USD/EURO; der Sicherungskurs entspricht damit gleichzeitig dem Budgetkurs).

Sechs Monate später wird ausgeliefert und fakturiert. Der Tageskurs des USD beträgt bei Fakturierung 1,05 USD/EURO bzw. zum Zeitpunkt der Zahlung 1,01 USD/EURO.

**Variante 1:**

Die Ausgangsrechnung wird zum gesicherten Kurs von 1,10 USD/EURO eingebucht. Zum Zeitpunkt der Zahlung tritt keine Differenz auf, da der Abrechnungskurs der Bank exakt dem eingebuchten Kurs entspricht.

**Ergebnis:** Das Betriebsergebnis wird im Abrechnungsmonat richtig ausgewiesen. Der Nachteil besteht jedoch darin, dass die durch Kurssicherung bedingten Opportunitätsverluste (Differenz zwischen Sicherungskurs 1,10 und Kassa-Kurs 1,01 nicht offen angezeigt werden; das Unternehmen hätte bei Nicht-Sicherung zu 1,01 abrechnen können). Ein manuelles Aufbereiten ist notwendig.

**Variante 2:**

Die Ausgangsrechnung wird zum Tageskurs von 1,05 USD/EURO eingebucht; entsprechend wird das Betriebsergebnis in der Abrechnungsperiode im Verhältnis zum Absicherungskurs um 0,05 USD/EURO zu positiv gezeigt. Zum Zeitpunkt des Zahlungseinganges wird mit dem Tageskurs von 1,01 USD/EURO abgerechnet; das Betriebsergebnis wird erneut zu positiv (Differenz zwischen Einbuchungskurs 1,05 USD/EURO und Tageskurs 1,01 USD/EURO) dargestellt. Da von der Bank allerdings nur 1,10 USD/EURO erlöst werden, wird nunmehr die gesamt Differenz zum eingebuchten Kurs von 1,01 USD/EURO (= 0,09 USD/EURO) in der Abrechnungsperiode über das G+V-Konto „Kursverluste" ausgebucht.

**Ergebnis:** Der Vorteil dieser Abrechnungsmethode liegt darin, dass vorgenannte Opportunitätsergebnisse (positiv oder negativ) transparent dargestellt werden. Gleichzeitig wird die Frage beantwortet, wie das Unternehmen abgerechnet hätte, wenn keine Kurssicherung getätigt worden wäre. Als Nachteil ist festzuhalten, dass sich gewichtige Ergebnisverschiebungen von einer Abrechnungsperiode zur anderen ergeben können. Zudem wird die Planbarkeit des Betriebsergebnisses erschwert.

### 3.6.2 Risikoanalyse und -bewertung

**Risiken identifizieren und analysieren**

Am Beginn des operativen Risikomanagement-Prozesses steht die Identifikation von Währungsrisiken. Hierzu dienen die durch das Exposuremanagement erhobenen Daten und Informationen aus dem Unternehmen. Anschließend erfolgt die Analyse der am Markt beobachteten Währungskurse sowie eine Bewertung der Risiken nach Auswirkung und Eintrittswahrscheinlichkeit.

Wichtig ist es in diesem Zusammenhang auch, auf versteckte indirekte Risiken zu achten. So kann beispielsweise ein deutscher Exporteur nach USA feststellen, dass er es nicht mit einem US-Dollar-Risiko sondern mit einem Yen-Risiko zu tun hat, da die eigenen Produkte auf dem US-Markt im Wettbewerb zu denen des japanischen Herstellers stehen. Sinkt der Yen gegen den EURO, wird der japanische

# 3 Fremdwährungs- (Devisen) -management

Konkurrent auf Grund seines nunmehr vorhandenen Preisvorteils Marktanteile hinzugewinnen. Werden derartige Zusammenhänge richtig analysiert und quantifiziert, sind diese Risiken auch mit handelsüblichen Instrumenten absicherbar.

Dem Exposure einerseits stehen die sich täglich verändernden Marktfaktoren andererseits gegenüber. Diese beiden Größen ergeben zusammen das Risiko-/Chancenprofil aus der individuellen Währungsposition des Unternehmens. Ziel des aktiven Währungsmanagements muss es sein, die Chancen so weit wie möglich zu erhalten und gleichzeitig die Risiken zu minimieren.

**Risiko-/Chancenprofil ermitteln**

**Der Risiko-Management-Prozess:**

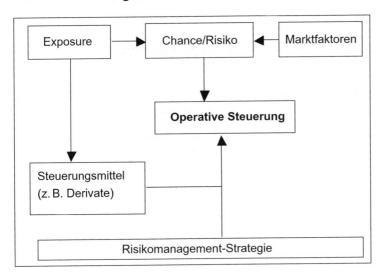

## 3.6.2.1 Die Marktrisiko-Bewertung (VAR)

Durch die verstärkte Nutzung von Derivaten wurde der Ruf nach einem „Werkzeug" zur Messung und Verfolgung des Risikos immer lauter. Die Markt-Risiko-Bewertung stellt hier die richtige Methode zur Bewertung finanzieller Risiken, Überwachung von Limiten und Beurteilung der Performance dar. Informationen und Ansätze, die ausschließlich aus dem betrieblichen Rechnungswesen stammen, sind hierzu nicht geeignet.

**Messung des Risikos notwendig**

**Maximalverlust bei ungünstiger Marktentwicklung**

Der Markt hat hierzu ein Instrument entwickelt, dass den Anforderungen der Unternehmen, nämlich das Preisveränderungsrisiko zu messen, gerecht wird – **Value at Risk (VAR)**. Mithilfe dieser Methode kann der potenzielle Geld-Verlust eines Unternehmens durch das „Halten" einer offenen Position über einen bestimmten Zeitraum und innerhalb eines gegebenen Konfidenzintervalls bei einer ungünstigen Marktentwicklung gemessen werden (= aufzeigen des Maximalverlustes, der mit einer gewissen Wahrscheinlichkeit eintreten kann). Dabei werden sinnvollerweise nur solche Marktentwicklungen berücksichtigt, die mit einer hinlänglich großen Wahrscheinlichkeit (dem Sicherheitsniveau) eintreten können. Das klassische Maß für die Berechnung des Gesamtrisikos ist die **Volatilität**. Diese misst als Streuungsmaß die Schwankungsbreite von Währungskursverläufen.

**Bei der Berechnung sind vier Parameter zu berücksichtigen:**

- Der Marktwert der Risikoposition (Aktuelle Bewertung des Instrumentes mit dem Marktpreis),

- Die Risikoeinschätzung (Berechnung über die Volatilität der entsprechenden Währung; vergangenheitsbezogen über historisch-statistische Analysen/zukunftsbezogen über eine Ableitung der impliziten Volatilitäten aus Optionen),

- Die Liquidationsperiode (sie gibt an, in welchem Zeitraum die Risikoposition im Krisenfall glattgestellt werden kann),

- Das Konfidenzintervall (es handelt sich um ein frei wählbares Maß für ein gewünschten Sicherheitsniveau; dieses drückt einen bestimmten Grad an Risikoaversion aus).

**Wahrscheinlichkeiten müssen vorliegen**

Die Qualität der Risikomessung hängt entscheidend davon ab, inwieweit Angaben über die Wahrscheinlichkeitsverteilung von beispielsweise Währungen zur Verfügung stehen. Die Betrachtung kann über die Risikomessung einer offenen Position hinaus auch auf die Messung von abgeschlossenen Sicherungsgeschäften (häufig Derivate) ausgedehnt werden.

# 3 Fremdwährungs- (Devisen) -management

**Beispiel:**

Ein Unternehmen hat einen Kauf von USD 1 Mio auf Termin 1 Monat getätigt. Das Devisentermingeschäft ergibt aktuell zu einem Kurs von 1,05 USD/EURO bewertet einen Marktwert von EURO 952 381. Die aktuelle Volatilität des US-Dollar beträgt 0,116 p. a. Es wird ein Zeitraum von 1 Monat betrachtet. Das Quantil der Standardverteilung beträgt bei einem Konfidenzintervall von 99% 2,36.

---
VAR (1 Monat) = (Kurswert × Volatilität: Wurzel aus 12 × Quantil der Standard-/Normalverteilung)

VAR (1 Monat) = (952 381 × 0,116: 3,46 409) × 2,36 = EURO 75 265,12

---

Das Unternehmen hat aus dieser Position ein wahrscheinliches Verlustpotenzial von EURO 75 265,12 über eine Laufzeit von 1 Monat mit einer Wahrscheinlichkeit von 99% zu erwarten.

Die Risiken, denen sich ein Unternehmen durch den Abschluss von Sicherungsgeschäften aussetzt (unabhängig, ob ein Grundgeschäft oder Spekulationsgeschäft vorliegt), können wie folgt spezifiziert werden:

- Das Risiko, dass sich der Kurs eines Finanzinstrumentes (beispielsweise eine Option) stärker oder schwächer als der Markt generell verändert (**spezifisches Marktpreisrisiko**),

- Das Risiko, dass sich der Preis eines Finanzinstrumentes im Vergleich zur generellen Marktentwicklung abrupt verändert (**spezifisches Bonitätsänderungsrisiko**),

- Das Risiko, dass das Finanzinstrument wertlos wird (**spezifisches Ausfallrisiko**).

### 3.6.2.2 Sensitivitäts- und Szenarioanalysen

Value-at-Risk Modelle beruhen auf Wahrscheinlichkeitsverteilungen und können daher als Risikoanalysen im engeren Sinne bezeichnet werden. Liegt für eine Fremdwährungsentwicklung diese Bedingung nicht vor, kann das

*Grundlage Wahrscheinlichkeitsverteilungen*

Unternehmen auf Sensitivitätsanalysen und Szenarioanalysen zur Quantifizierung von Preisrisiken zurückgreifen.

Im Rahmen von **Sensitivitätsanalysen** werden Veränderungen der Ziel- beziehungsweise Output-Größe bei Variation ihrer Einflussgrößen quantifiziert. Werden mehrere Input-Parameter gleichzeitig verändert, so spricht man von einer multiplen Sensitivitätsanalyse. Beispielsweise kann damit die Frage beantwortet werden, wie das Umsatzergebnis eines Unternehmens auf eine USD-Kursveränderung um 1% reagiert.

**Szenarioanalysen** orientieren sich an gewissen Umweltbedingungen, die beispielsweise aus Vergangenheitsdaten oder von Personen, die über spezifische Kenntnisse verfügen (Expertenwissen), ermittelt beziehungsweise vorgegeben werden. In Abhängigkeit von der gewählten Umweltsituation kann zwischen Standardszenarien und so genannten Crash-Szenarien unterschieden werden.

### Systematik von Verfahren zur Risikoquantifizierung

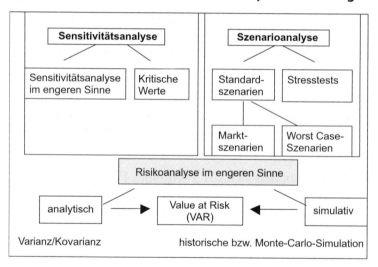

**Expertensysteme notwendig**

In Abhängigkeit der Anforderungen sind vom Unternehmen die notwendigen Techniken zur Quantifizierung des Fremdwährungsrisikos einzurichten. Hierbei muss in der Regel auf Grund der Komplexität auf entsprechende Expertensysteme zurückgegriffen werden.

## 3.6.3 Risikosteuerung

Grundsätzlich sind die sich ergebenden Risiken (aber auch Chancen) bei der Anwendung von aktivem Devisenmanagement abzuwägen im Hinblick auf

**Abwägung der Risiken**

- Kosten (Transaktions-/Opportunitätskosten),
- Steuer- und handelsrechtliche Behandlung,
- Liquidität,
- und aktuelle Marktentwicklung.

**Hieraus kann sich der bereits angedeutete Zielkonflikt ergeben:**

- Einerseits wird eine Risikoreduzierung durch Absicherung der Fremdwährungsposition angestrebt.
- Andererseits wird die Gewinnmaximierung, die möglicherweise auch durch eine Nichtabsicherung zu erlangen wäre, angestrebt.

**Das Unternehmen hat dabei eine Reihe von Möglichkeiten zur Handhabung des Fremdwährungsrisikos:**

- Risikovermeidung (kein Geschäftsabschluss in Fremdwährung),
- Risikobeeinflussung, -verhütung (nur Abschluss in „scheinbar sicheren" Fremdwährungen),
- Risikobegrenzung (nur Abschluss eines begrenzten Volumens in einer risikobehafteten Fremdwährung),
- Risikoabwälzung (Exporteur fakturiert in Inlandswährung),
- Risikoteilung (Fremdwährungsgleitklausel),
- Risikostreuung oder -ausgleich (Netting),
- Risikovorsorge durch Bildung finanzieller Rücklagen (Aufschlag in der Kalkulation),
- Absicherung von Risiken (Banken),
- Risikotragung bzw. -akzeptanz.

Zur eindeutigen Regelung dieser Konfliktsituation sind Prioritäten und Kurssicherungskonzepte festzulegen. Abweichungen und Ausnahmen von den Vorgaben sind grundsätzlich durch authorisierte Personen in schriftlicher Form zu genehmigen.

### 3.6.3.1 Risikodefinition und Sicherungsumfang

Fremdwährungsrisiken lassen sich grundsätzlich in die Ausprägungen Transaktions-, Translations- und allgemeines Marktrisiko klassifizieren. Jedes international tätige Unternehmen kann von einer oder mehrerer dieser Risikoformen betroffen werden. Abhängig vom Ausmaß der Betroffenheit des Auslandsgeschäftes muss der Sicherungsumfang festgelegt werden.

**Transaktionsrisiken absichern**

Transaktionsrisiken (als die klassischen Währungsrisiken) sollten grundsätzlich erfasst und deren Absicherung (abhängig von der Sicherungsphilosophie) in Erwägung gezogen werden.

Translationsrisiken sollten nur dann abgesichert werden, wenn es sich um Währungsrisiken mit einem festen Endtermin handelt. Demzufolge sind Beteiligungsengagements in fremder Währung, deren Laufzeitende aus strategischen Gründen mit „bis auf weiteres" beschrieben werden kann, nicht abzusichern. Dem Vorteil der Absicherungsmaßnahme (bei ungünstigem Kursverlauf) stehen hier erstens Nachteile bei den meisten Währungen in Form von Kurssicherungs- und Transaktionskosten gegenüber. Dazu können sich bei negativer Fremdwährungsentwicklung und gezwungener Auflösung der Sicherungsposition über den Devisenmarkt durch nicht vorher zu bestimmende Einflüsse weitere Nachteile addieren.

Beispielsweise kann dies der Fall sein, wenn ein Unternehmen ein Darlehen an die Tochtergesellschaft in Fremdwährung gewährt hat, das nach einiger Zeit in Eigenkapital umgewandelt werden muss. Da der Fremdwährungsgegenwert nicht mehr geliefert werden kann, muss die Devise über den Markt gekauft und damit das Devisentermingeschäft (möglicherweise mit Verlusten) geschlossen werden.

# 3 Fremdwährungs- (Devisen) -management

Des Weiteren sollten Ökonomische Risiken, denen das Unternehmen in seinem wirtschaftlichen Umfeld permanent ausgesetzt ist, grundsätzlich nicht abgesichert werden. Kurssicherungsaufwand sowie mögliche Kursverluste (Opportunitätsverluste) stehen in keinem Verhältnis zum angestrebten Nutzen.

**Keine Absicherung des Marktrisikos**

## 3.6.3.2 Der Zeitraum der Wechselkursabsicherung

Wie bereits unter Abschnitt 3.6.1 beschrieben, entstehen Wechselkursrisiken nicht ab dem Zeitpunkt der Rechnungsstellung, sondern beginnen bereits früher aufzuleben. Ab der mündlichen oder schriftlichen Vereinbarung, eine bestimmte Ware oder Dienstleistung zu einem genau fixierten Preis in ausländischer Währung zu kaufen oder zu verkaufen, entsteht ein latentes Wechselkursrisiko.

Der damit zusammenhängende Begriff „Grundgeschäft" wird aus der exakten zeitlichen Definition, ab wann, in welchem Umfang und für welche Zeitperiode Fremdwährungsrisiken als existent gelten, abgeleitet. Wichtig ist diese Terminologie vor allem für Unternehmen, die überwiegend die Steuerung und Absicherung von Grundgeschäften anstreben.

**Absicherungen an Grundgeschäft koppeln**

**Beispiel: Die Initiierung einer Kundenzahlung**

- Strategische Überlegungen zum Markteintritt,
- Analyse und Prüfung der Marktchancen,
- Feasibility-Studie,
- Entscheidung über Zeitpunkt und Umfang des operativen Markteintrittes,
- Investitionen in Distribution, Infrastruktur und Logistik,
- Herausgabe von Preislisten,
- Kundenauftrag und Bestellung,
- Produktion, Auslieferung und Distribution,
- Erstellung Faktura und Gewährung Zahlungsziel,
- Zahlungsvorgang,
- After-Sales-Betreuung.

Hinsichtlich des Entstehens ist grundsätzlich zu unterscheiden:

- **Handelsrechtlich:**
  Grundgeschäfte entstehen bei der Erstellung der Kundenrechnung (Verkaufs-/Export-Seite) oder dem Eingang der Lieferanten-Rechnung (Einkaufs-/Import-Seite) beziehungsweise bereits im Stadium des zu Grunde liegenden Auftrages oder der Bestellung.

- **Betriebswirtschaftlich:**
  Der Begriff „Grundgeschäft" tritt hier bereits im Stadium der Entscheidung zur Herstellung von Gütern oder Dienstleistungen für internationale Märkte auf.

Der Zeitpunkt der Entstehung des Wechselkursrisikos wird daher richtigerweise auf den Termin der telefonischen, mündlichen oder schriftlichen Auftragsannahme beziehungsweise Bestellvergabe festgelegt. Ab diesem Zeitpunkt ist das Wechselkursrisiko existent und muss entsprechend den Vorgaben dem Managementprozess unterworfen werden.

**Zahlungsvorgang schließt Risiko ab**

Mit dem Zahlungsvorgang in Fremdwährung endet das Währungsrisiko und damit auch die Laufzeit eines möglicherweise eingesetzten Kurssicherungsinstrumentes. Abweichungen von diesen Vorgaben, beispielsweise die Absicherung eines Fremdwährungsbetrages vor Auftragsannahme (in der Planungs- oder Angebotsphase) sollten gesondert geregelt werden.

**In der Bietungsphase eines Liefer- oder Leistungsgeschäftes (das auf Fremdwährungsbasis kontrahiert werden soll) setzt sich das Unternehmen, einem besonderen Risiko aus.**

- Einerseits ist der Abschluss einer Kurssicherung problematisch, da das Grundgeschäft nicht zu Stande kommen kann.

- Andererseits kann sich der Umrechnungskurs, mit dem der Auftrag kalkuliert worden ist, negativ gegen das Unternehmen verändern.

Durch die Verantwortlichen ist in klarer Form der Zeitpunkt des Eintretens eines Fremdwährungsrisikos zu definieren sowie zur Laufzeit einer Absicherungsstrategie Stellung zu nehmen.

Die Laufzeit einer Absicherungsstrategie muss durch das Unternehmen individuell festgelegt werden. Einerseits gibt es Sinn, vorhandene Grundgeschäfte bis zum Laufzeitende (Zahlungserfüllung) abzusichern. Auch die Absicherung von so genannten Planvolumina bis zu einem Zeithorizont von einem Jahr (Jahresplan bzw. -budget) oder möglicherweise länger (strategische Kurssicherungen) kann sinnvoll sein. Andererseits muss berücksichtigt werden, dass bei jedem Kurssicherungsgeschäft Transaktionskosten anfallen sowie bei negativen Kursentwicklungen Opportunitätsverluste auftreten können. Hat die Konkurrenz diesen Zeitraum nicht abgesichert, können sich hieraus auch erhebliche Markt- und damit Ertragsnachteile ergeben.

### 3.6.3.3 Einzel- oder Pauschalabsicherung

Grundsätzlich wird unterschieden zwischen der Absicherung von einzelnen, spezifischen Währungspositionen oder der zusammengefassten Absicherung von mehreren Fremdwährungspositionen im Zuge einer Gesamtabsicherung.

*Einzel- oder Pauschalabsicherung*

Werden einzelne Positionen durch separate Sicherungsinstrumente abgesichert, spricht man von einem „**Mikrohedge**". Als Vorteil ergibt sich daraus, dass die jeweiligen Sicherungsinstrumente in ihrer Laufzeit und Höhe genau an die jeweilige Währungsposition angepasst werden können (handelsrechtlich geschlossene Bewertungseinheit). Der Nachteil liegt darin, dass sich diese Form der Absicherung als sehr zeit- und kostenintensiv darstellt, da mehr Einzelabsicherungen verwaltet und gepflegt werden müssen.

Der Mikrohedge führt in der Regel zur geschlossenen Bewertungseinheit. Diese wird handelsrechtlich anerkannt, wenn Identität zwischen Grundgeschäft und Sicherungsgeschäft hinsichtlich

- Fristenkongruenz,
- Währung und

- Volumen

besteht.

**Alternative zum Mikrohedge**

Als Alternative zur Absicherung von einzelnen Währungspositionen besteht für das Unternehmen aber auch die Möglichkeit der Zusammenfassung und Absicherung von mehreren gleichartigen Fremdwährungspositionen. Diese Strategie wird als „**Makro-Hedge**" bezeichnet. Die Vorteile gegenüber dem Mikrohedge liegen in einer Reduzierung des Verwaltungsaufwandes. Es besteht allerdings der Nachteil, dass die Absicherungsinstrumente teilweise nicht genau an die einzelnen Währungsvolumina betragsmäßig und laufzeitmäßig angepasst werden können.

Jedes Unternehmen muss auf Grund seines individuellen Fremdwährungs-Cash-flow die Form des Hedges festlegen. Zielsetzung ist die Formulierung und Sicherstellung von verbindlichen Kalkulationskursen. Damit Absicherungsgeschäfte überhaupt getätigt werden können, müssen als Grundvoraussetzung handelbare Größenordnungen vorliegen. Die Untergrenze liegt dabei (abhängig von Währung und Kreditinstitut) bei etwa EURO 50 000.

### 3.6.3.4 Kurssicherungsumfang

**Festlegung des Kurssicherungsumfangs**

Es ist festzulegen, welche Währungen, Beträge und Zeiträume abgesichert werden sollen. Aus der Tatsache, dass sich für jede Währung ein anderer Kursverlauf ergibt, entstehen unterschiedliche Notwendigkeiten der Absicherung.

Die Darstellung der Fremdwährungspositionen eines Unternehmens in Verbindung mit der Stabilität jeder Währung gibt einen Überblick über die Risikopositionierung. Daraus können Notwendigkeiten zur Sicherung oder Nicht-Sicherung festgesetzt werden.

# 3 Fremdwährungs- (Devisen) -management

## 1. Schritt: Währungsportfolio-Matrix:

| Exporte/Importe | USD | GBP | JPY | CHF | DKK | CAD | SEK |
|---|---|---|---|---|---|---|---|
| USD | | | | | | | |
| GBP | | | | | | | |
| JPY | | | | | | | |
| DKK | | | | | | | |
| CAD | | | | | | | |
| SEK | | | | | | | |

## 2. Schritt: Kurssicherungs-Entscheidungsmatrix:

| Kursvolatilität | | | | | | | |
|---|---|---|---|---|---|---|---|
| hoch | ZAR | | | CAD | | | |
| | | | | | | | |
| | | CHF | | | | | |
| | | GRD | | | | | |
| niedrig | DKK | | | | | | SEK |
| | niedrig | | | Währungsexposure | | | hoch |

**Durch die Währungsstrategie kann beispielsweise festgelegt werden,**

- grundsätzlich alle Währungen abzusichern,
- Sicherungsgeschäfte unabhängig von einer bestimmten Zeitdauer abzusichern.

### Der Umfang der Absicherungsmaßnahmen

Durch die Festlegung der grundsätzlichen Risikoeinstellung des Unternehmens wird automatisch bestimmt, in welchem Umfang Grundgeschäfte abzusichern sind. Voraussetzung ist die vollständige Erfassung der unter Abschnitt 3.6.1.2 definierten Fremdwährungsexposure.

**Risikoeinstellung gibt Sicherungsgrad vor**

**Als mögliche Strategiealternativen kommen in Betracht:**

- Die vollständige Absicherung sämtlicher Fremdwährungsrisiken,

- Ein teilweises absichern über alle Fremdwährungen nach bestimmten willkürlich festgelegten Quoten (z. B. werden grundsätzlich 60% der Währungsrisiken abgesichert, 40% bleiben offen),

- Die selektive Absicherung bestimmter Währungen oder Währungsgruppen in Verbindung mit dem quotenmäßigen Sicherungsansatz einer bestimmten Fremdwährung (beispielsweise Absicherung des USD zu 60%, des Pfundes zu 50%, osteuropäische Währungen zu 100%)

Das Vorgehen ist in regelmäßigen Abständen hinsichtlich der Effizienz zu überprüfen und gegebenenfalls anzupassen.

### 3.6.3.5 Sicherungsinstrumente

Zur Absicherung von Fremdwährungsrisiken stehen grundsätzlich die unter Abschnitt 3.4.2 beschriebenen internen und externen Sicherungsinstrumente zur Verfügung.

**Kurz-Überblick** (ausführliche Beschreibung vergleiche Abschnitt 3.4):

- Interne Absicherungstechniken: Fakturierung in eigener Währung, Leading, Lagging, Netting, Währungsgleitklauseln,

- Externe Absicherungsinstrumente: Devisenkassa-/Termingeschäfte, Währungsswaps, Fremdwährungsanlagen/-aufnahmen, Forfaitierung, Factoring, Devisenoptionen.

**Instrumente-Einsatz reglementieren**

Wichtig bei dieser Betrachtung ist die eindeutige Reglementierung der Anwendung der Instrumente und Techniken. Verkaufte Optionen (Stillhalter) weisen neben begrenzten Gewinnpotenzialen (Prämie) theoretisch unbegrenzte Risikopotenziale auf. Der Aufbau dieser Positionen sollte demzufolge klar definiert und beschrieben werden (Beispiel: „Verkaufte Optionen dürfen nur in Verbindung mit gekauften Optionen betrags- und fristenkongruent verwendet werden").

# 3 Fremdwährungs- (Devisen) -management

Aus der Vielzahl von Instrumenten sind die für das Währungsmanagement zulässigen Instrumente und Techniken festzulegen. Hierbei sollte der Grundsatz gelten, dass nur vom Management sowie den Aufsichtsgremien vollinhaltlich verstandene Instrumente eingesetzt werden sollten.

**Im Rahmen der Währungsstrategie können so beispielsweise nachfolgende Instrumente festgelegt werden:**

- Netting,

- Devisentermingeschäfte,

- Kassa-Geschäfte/Fremdwährungsswaps,

- Plain-Vanilla-Optionen (Kauf und Verkauf von Optionen; keine so genannten „exotischen Optionen").

### 3.6.3.6 Zusatzoptimierung

Durch diesen Strategiepunkt soll das Ziel verfolgt werden, den Umgang mit verkauften Optionen zu regeln. Da, wie unter Abschnitt 3.4.2.8 ausgeführt, mit dem Verkauf einer Option gleichzeitig ein unbeschränktes Risiko (im Sinne von Opportunititätsverlusten bei Grundgeschäften beziehungsweise echten Verlusten bei Spekulationsgeschäften) eintreten kann, sollte der Abschluss dieser Geschäftsart genau geregelt werden. Grundsätzlich bietet es sich an, den Verkauf von Optionen nur in Verbindung mit einer gekauften Option (aus Gründen der Prämienreduzierung), das heißt Betrags- und Laufzeitgleichheit, zuzulassen.

Auf Grund des doch spekulativen Hintergrundes sollten derartige Maßnahmen vor Abschluss mit den Verantwortlichen besprochen werden.

### 3.6.3.7 Der Wechsel von Sicherungsinstrumenten

In der Regel werden einmal eingegangene Sicherungsgeschäfte bis zur Endfälligkeit (Erfüllung durch Zahlungsvorgang) nicht mehr verändert. Es kann sich jedoch die Notwendigkeit ergeben, dass hinsichtlich einer revidierten Kurseinschätzung der Wechsel einer Sicherungsstrategie sinnvoll sein könnte.

**Beispiel:**

Ein Unternehmen hatte Exporterlöse aus Kontrahierungen auf USD-Basis abzusichern. Die Kursprognose lautete auf einen fallenden USD-Kurs. Als Sicherungsinstrument wurde das Devisentermingeschäft eingesetzt. Zu einem späteren Zeitpunkt wird die Meinung revidiert; der USD-Kurs wird wieder stärker eingeschätzt. Da beim Devisentermingeschäft von steigenden Kursen nicht mit partizipiert werden kann, wird beschlossen, das Sicherungsgeschäft aufzulösen (Kauf der US-Dollar per Termin) und dafür eine Put-Option zu erwerben. Damit wird sichergestellt, dass von steigenden Kursen profitiert werden kann.

**Anpassung an Marktveränderungen**

Unter dem Wechsel von Sicherungsinstrumenten wird damit die Möglichkeit beschrieben, bereits bestehende laufende Sicherungsstrategien zu dynamisieren, d. h. an veränderte Marktdaten anzupassen. Wichtig ist hierbei eine laufende Marktbeobachtung und -einschätzung. Damit kann auf Veränderungen, die sich auf den weiteren Verlauf der Fremdwährung auswirken können, entsprechend reagiert werden.

Der Wechsel von Sicherungsinstrumenten ist in der Regel mit zusätzlichen Transaktionskosten verbunden. Die Konsequenz ist fast immer eine Verschlechterung des seinerzeit bei Abschluss des Geschäftes festgelegten Kalkulationskurses. Dazu addiert sich ein möglicher „Einsatz", der je nach beabsichtigter Chance mehr oder weniger hoch ausfällt.

Um spekulative Entwicklungen zu vermeiden, sollte grundsätzlich der Entscheidungsprozess nicht bei einer Person liegen sondern mindestens nach dem Vier-Augen-Prinzip gefällt werden. Eine entsprechende schriftliche Dokumentation ist anzuraten.

### 3.6.3.8 Sicherstellung von Kalkulationskursen in der Angebotsphase

Wie bereits beschrieben, werden Devisenrisiken in der Regel im Stadium des Bestellvorganges beziehungsweise bei Auftragsannahme abgesichert. Die Absicherung von Währungsvolumina, bei denen noch nicht sicher feststeht, ob der

# 3 Fremdwährungs- (Devisen) -management

Vertrag definitiv zu Stande kommt oder nicht (so genannte Planvolumina), ist hierbei problematisch.

**Das Risiko für das Unternehmen in diesem Stadium stellt sich hierbei in zweifacher Hinsicht ein:**

- **Es wurde keine Kurssicherung vorgenommen:** verändert sich die zu Grunde liegende Fremdwährung negativ und das Geschäft kommt zu Stande, wird der kalkulierte Deckungsbeitrag geschmälert.

- **Es wurde eine Kurssicherung vorgenommen:** verändert sich die zu Grunde liegende Fremdwährung negativ und das Geschäft kommt nicht zu Stande, muss das Sicherungsgeschäft (bei negativen Kursverlauf) über den Devisenmarkt mit Verlust geschlossen werden.

Das Unternehmen kann diese Konfliktsituation durch exakte Vorgaben auflösen. Der Abschluss von Sicherungsgeschäften kann hierbei von der Wahrscheinlichkeit über das Zustandekommen eines Grundgeschäftes abhängig gemacht werden.

*Exakte Vorgaben notwendig*

Beispielsweise ist eine Erfassung und Absicherung nur dann durchzuführen, wenn die Wahrscheinlichkeit über das Zustandekommen eines Auftrages größer als 70 % ist und darüber hinaus die weitere erwartete Währungsentwicklung eine Sicherungsmaßnahme notwendig erscheinen lässt.

In diesem Zusammenhang muss gesondert geprüft werden, ob der Kurssicherungsaufwand (beispielsweise Terminabschläge bei einem Devisentermingeschäft) sowie mögliche Opportunitätskosten die Sicherungsmaßnahme wirtschaftlich erscheinen lassen. Bei den Kurssicherungskosten ist zu beachten, dass die Kosten nicht höher sein dürfen, als der maximal zu erwartende Verlust. Auch bei diesen Fällen bietet es sich an, eine Vier-Augen-Entscheidung herbeizuführen.

*Überprüfung der Wirtschaftlichkeit*

## 3.6.3.9 Kontrahierungswährung

Zur Vermeidung möglicher Risiken aus Wechselkursschwankungen wäre idealerweise als Kontrahierungswährung die inländische Währung anzustreben. Dadurch ließe sich auf einfache Weise das Kursveränderungsrisiko ausschalten.

**Marktposition bestimmt Fakturierungswährung**

Die Fakturierung in Inlandswährung lässt sich jedoch in Anbetracht der Markt- und damit Verhandlungsposition in vielen Fällen nicht durchsetzen. Geschäftspartner sind nicht gewillt, die Risiken aus möglichen Kursveränderungen zu übernehmen. Vielmehr werden sie ihrerseits ebenfalls versuchen, diese Risiken auf den Geschäftspartner abzuwälzen, indem sie den Vertragsabschluss in ihrer Heimatwährung anstreben.

Ist eine Fakturierung in Inlandswährung aus oben genannten Gründen nicht möglich, so sollte als Vertragswährung auf jeden Fall eine frei konvertierbare Währung gewählt werden. Vertragsabschlüsse in beschränkt oder nicht konvertierbaren Währungen sollten grundsätzlich vor Geschäftsabschluss mit der Fachabteilung abgestimmt werden. Zwar stehen selbst für exotische Währungen heute Sicherungsmöglichkeiten in Form von sogenannten „Non-deliverable-forwards" zur Verfügung, doch sind diese Instrumente in der Regel mit hohen Kosten verbunden. Eine Weitergabe über den Verkaufspreis ist nicht in jedem Falle möglich.

### 3.6.3.10 Einbezug der Marktfaktoren in die Kurssicherungspolitik

Auf das Fremdwährungs-Exposure kann das Unternehmen direkten Einfluss durch die Wahl seiner Import- und Exportmärkte nehmen. Auf die Marktfaktoren dagegen, also die tägliche Veränderung der Fremdwährungskurse sowie der Zinssituation, hat das Unternehmen keinen Einfluss. Die Feststellung der täglichen Marktpreise für die unterschiedlichen Auslandsaktivitäten dient einerseits zur laufenden Bewertung des Fremdwährungsexposures.

**Beobachtung und Prognose notwendig**

Andererseits ist die permanente Beobachtung auch notwendig für die unumgängliche Prognose von Wechselkursen. Im Zusammenhang mit der Platzierung von Absicherungsstrategien müssen auf Grund von subjektiven oder objektiven Faktoren Wechselkurse für die Zukunft eingeschätzt werden. Sichere Methoden stehen hierzu leider nicht zur Verfügung. Es existieren jedoch eine Reihe von Verfahren,

## 3 Fremdwährungs- (Devisen) -management

mit denen die Prognosegenauigkeit deutlich erhöht werden kann (vgl. Abschnitt 3.3).

Die Praxis zeigt, dass langfristig die besten Ergebnisse durch eine geeignete Kombination der zur Verfügung stehenden Verfahren erzielt werden kann. Die Intensität, mit der von den verschiedenen Prognoseverfahren Gebrauch gemacht wird, hängt von den individuellen Geschäftsaktivitäten sowie den Möglichkeiten des Unternehmens ab. Diese spiegeln sich auch in der notwendigen personellen und insbesondere technischen Ausstattung der Treasury wider.

*Kombination der Verfahren sinnvoll*

### 3.6.4 Risikocontrolling und -Kontrolle

Der Bereich des Risikocontrollings umfasst neben einer laufenden Überprüfung der risikoorientierten Steuerungsmaßnahmen (vgl. Abschnitt 3.6.3) und einer möglichen Anpassung an veränderte Bedingungen auch das Aufzeigen von Abweichungen gegenüber der vorgegebenen Risikopolitik beziehungsweise den festgelegten Limiten. Hierzu ist es in Abhängigkeit des Umfanges der Geschäftsaktivitäten erforderlich, ein System risikobegrenzender Limite sowie Sicherheitskriterien in der Devisenmanagement-Steuerung einzubauen. Erst durch die Festlegung der Limite und Abläufe, des Berichtswesens und der Dokumentation sowie der Erfolgsbeurteilung und den Schnittstellen zu anderen Funktionen wird dem Finanzverantwortlichen der Handlungsrahmen verschafft, den dieser braucht, um sich ungehindert bewegen zu können.

*Aufzeigen von Abweichungen*

#### 3.6.4.1 Grundsätze für das Verhalten am Markt

In eindeutiger Form ist das Auftreten des Währungsmanagements am Markt sowie der Umgang mit den zulässigen Sicherungsinstrumenten zu definieren.

**Einschaltung von Maklern**

Grundsätzlich ist zu regeln, ob Sicherungsgeschäfte direkt oder durch Einschaltung eines Devisenmaklers abgeschlossen werden dürfen. In der Regel werden die zur Absicherung bestehender beziehungsweise antizipativer Grundgeschäfte notwendigen Devisenkontrakte vom Händler oder dessen Vertretung ohne Einschaltung eines Maklers direkt bei den authorisierten und vorgegebenen Kreditinstituten und Banken vorgenommen.

### Kontrahentenliste

Aus Sicherheitsgründen sind die Kontrahenten nach Rücksprache mit den Entscheidungsträgern im Unternehmen namentlich zu benennen, in einer Liste zusammenzufassen und dem Handel mitzuteilen. Devisengeschäfte sollten nur mit bonitätsmäßig erstklassigen Kontrahenten getätigt werden. Die Auswahl der Kontrahenten richtet sich nach der jeweiligen Bankpolitik des Unternehmens (vgl. hierzu Kapitel 2, Abschnitt 5 „Bankenpolitik").

### Devisengeschäfte für eigene Rechnung

**Eigengeschäfte problematisch**

Wird es den Mitarbeitern erlaubt, Devisengeschäfte für eigene Rechnung abzuschließen, kann es zu Interessenkonflikt-Situationen kommen. Die zum Abschluss von Devisengeschäften berechtigten Mitarbeiter sollten daher keine Kontrakte für eigene Rechnung/Namen abschließen dürfen. Ausnahmen sind grundsätzlich genehmigungspflichtig.

### Abschluss von Devisengeschäften zu marktgerechten Kursen

Um Manipulationen vorzubeugen, muss eine eindeutige Beweislage geschaffen werden, dass Sicherungsgeschäfte zu marktgerechten Kursen abgeschlossen worden sind. Hierzu stehen in der Regel verschiedene Hilfsmittel zur Verfügung (Bildschirm/Bankenanfrage etc.). Der Nachweis über den marktgerechten Abschluss ist vom Händler durch entsprechende schriftliche Dokumentation zu belegen (Ausdruck Info-System oder Hinweis auf dem Händlerzettel über die Einholung eines Alternativpreises bei einer Bank; Angabe von Uhrzeit/Name und Kurs).

### Prolongation bestehender Devisenkassa-/Termingeschäfte

**Prolongation auf aktuelle Kursbasis**

Bei der Prolongation bestehender Devisengeschäfte auf alter Kursbasis ergibt sich die Problematik, dass im Falle von deutlichen Kassakursveränderungen Gewinne/Verluste nicht aufgedeckt und so in die Zukunft verschoben werden.

# 3 Fremdwährungs- (Devisen) -management

Besser ist die Verlängerung auf aktueller Kursbasis. Damit wird eine laufende aktuelle Bewertung der Devisenterminkontrakte sichergestellt. Diese Vorgehensweise entspricht auch der handelsrechtlichen Behandlung von Geschäften entsprechend den „International Accounting Standards" (IAS/GAAP). Das Imparitätsprinzip wird damit teilweise aufgehoben.

## Festlegung von Limiten

Aus Sicherheits- und Kontrollgründen ist die Installation eines Systems risikobegrenzender Limite in Abhängigkeit des Handelsvolumens sowie der technischen Ausstattung unumgänglich. *(Risikobegrenzende Limite festlegen)*

Für aus der gewöhnlichen Geschäftstätigkeit resultierende Devisengeschäfte bietet es sich an, ein System risikobegrenzender Maximal-Limite festzulegen:

- Einzelgeschäft und Kontrahent,
- Währung und Zeitraum,
- Zum Handel berechtigte Person/Personen.

## Devisengeschäfte im Unternehmensverbund

Die Aufgabenstellung einer zentralen Konzern-Treasury sieht oftmals vor, auch gegenüber den Tochtergesellschaften als Kontrahent aufzutreten. Dies sollte auch den Tochtergesellschaften gegenüber kommuniziert und festgelegt werden. Die Tochtergesellschaften haben damit die Möglichkeit, Devisenabsicherungen über das zentrale Devisenmanagement abzuschließen. Die Tochtergesellschaften sollten bei sämtlichen Abschlüssen wie außenstehende Dritte, das heißt nach dem „arms-lenght-principle" behandelt werden. *(Behandlung wie außenstehende Dritte)*

## Konzernfinanzierung und Fremdwährungsrisiken

Die Finanzphilosophie gibt oftmals vor, Fremdwährungsrisiken im Konzern grundsätzlich zentral zu steuern. Dieser Grundsatz gilt oftmals konzernweit für Zahlungsziele (Geschäftsbeziehungen mit ausländischen Tochtergesellschaften), kurz-/mittel- und langfristigen Kreditgewährungen oder Geldanlagen. Waren-/Dienstleistungs- und Geldge- *(Risiken zentralisieren)* schäfte mit den Tochtergesellschaften sollten demzufolge, wenn möglich (vgl. hierzu Kapitel 2, Abschnitt 4 „Konzernfinanzierung") grundsätzlich in den Heimatwährungen der Tochtergesellschaften abgeschlossen werden.

### 3.6.4.2 Anforderungen an die Ablauforganisation

Das zentrale Devisenmanagement als verantwortliche Stelle für die Absicherung der Fremdwährungsrisiken hat die gegenüber den operativen Einheiten eingegangenen Währungsverpflichtungen in Abhängigkeit der Währungsstrategie und -einschätzung durch den Abschluss geeigneter Techniken sicherzustellen. Hierzu ist eine klare funktionale Aufgaben- und Verantwortungstrennung zwingende Voraussetzung.

Nachdem die Meldungen über das Vorhandensein eines Grundgeschäftes vorliegen, werden Handels-Konditionen bei den legitimierten Kontrahenten abgefragt. Die Vorbereitung sowie der Abschluss des Sicherungsgeschäftes erfolgt innerhalb der genehmigten Abschlusslimite. Der Nachweis über den marktgerechten Preis kann durch Ausdruck der entsprechenden Seite aus dem Info-System oder durch Einholung mindestens eines Alternativpreises und schriftliche Dokumentation erfolgen.

**Formale Anforderungen**

Der Geschäftsabschluss ist unverzüglich auf einem so genannten „Händlerzettel" zu dokumentieren (siehe auf ⊛ die Händlerbestätigung unter Nr. 26). Zweckmäßigerweise werden diese Händlerzettel fortlaufend durchnummeriert. Zur Wahrung des Vier-Augen-Prinzipes ist der Händlerzettel gegenzuzeichnen. Der Geschäftsabschluss ist parallel zeitnah im EDV-System verwaltungstechnisch zu erfassen. Hierzu steht eine Einzelauflistung sämtlicher schwebenden Devisengeschäfte (sortiert nach Devisentermin- und Optionsgeschäfte sowie nach Fälligkeiten) zur Verfügung [so genannte „Liste der offenen Sicherungsgeschäfte" (siehe die Positionsliste auf ⊛ unter Nr. 27)].

Eine Kopie des Händlerzettels sollte dem „Back-Office" (Funktionentrennung) zugeleitet werden, damit dort der Abgleich mit der parallel von der Bank erstellten und an das Unternehmen geleiteten Geschäftsbestätigung abgeglichen

# 3 Fremdwährungs- (Devisen) -management

werden kann. Die personelle Zuständigkeiten im Falle von Abweichungen sind zu regeln.

**Die Verwaltungsaufgaben des Devisenhändlers lassen sich wie folgt zusammenfassen:**

- Verwaltung und Disposition schwebender Devisenkontrakte,
- Disposition der Fremdwährungskonten,
- Vorgabe von Kalkulationskursen,
- Endabrechnung von Kurssicherungsaufträgen,
- Information/Berichtswesen,
- Mitarbeit im Währungsgremium,
- Beratung der Tochtergesellschaften in Währungsangelegenheiten,
- Fortschreibung der Kontrahentenliste,
- Erfassung der Hauswährungs-Planumsätze.

### 3.6.4.3 Das interne Kontrollsystem (vgl. hier auch Kapitel 4, Abschnitt 7)

Effizientes Risikomanagement ist im Rahmen einer ertragsorientierten Unternehmenssteuerung ohne den professionellen Einsatz von Finanzderivaten heute kaum mehr möglich. Ziel des Risikomanagements ist damit die gezielte Steuerung existierender Fremdwährungsrisiken.

*Forderung nach Kontrollsystemen*

Infolge der Verluste, die mangels Kontrolle mit Finanzinstrumenten entstanden sind, wurden daher Bestimmungen der Aufsichtsbehörden erlassen, die eindeutige Empfehlungen beinhalten. Das Gerüst stammt aus den „**Basler Richtlinien für das Risikomanagement im Derivatgeschäft**" von 1994. Die Umsetzung erfolgte 1997 durch die „**Mindestanforderungen an das Betreiben von Handelsgeschäften**". Diese fordern eine einheitliche Methodik zur täglichen Messung (Risiko-Controlling) und Steuerung (Risikomanagement) der Handelsgeschäftsrisiken. Diese Vorgehensweise ist primär auf den Derivathandel von

*Formelle Vorgaben*

Banken ausgerichtet, gilt jedoch von der Grundstruktur her auch für den Aufbau eines internen Kontrollsystems im Industrieunternehmen im Sinne einer „best-practice".

Seit 1999 liegt hierzu auch eine Empfehlung vom Verband der deutschen Treasurer in Form einer „Richtlinie für das Betreiben von Handelsgeschäften bei Industrieunternehmen" vor.

Ein wirksames internes Kontrollsystem muss gewährleisten, dass Ziele, Arbeitsabläufe und Kompetenzen eindeutig geregelt, und dass deren Einhaltung regelmäßig überprüft wird. Prüfungen müssen unter Beachtung der Aspekte Ordnungsmäßigkeit, Sicherheit und Wirtschaftlichkeit erfolgen. Die durch Satzung und Geschäftsordnung vorgegebenen Rahmen sind stets zu beachten.

Die Aufgaben des Risiko-Controllings sind einer vom Handel unabhängigen Stelle zuzuordnen. Zweckmäßig ist es hierbei, eine eigenständige schriftliche Richtlinie zu erlassen. Um die Bedeutung dieses Kontrollsystems besonders hervorzuheben, werden die Kontrollfunktionen nachstehend in einer Gesamtkonzeption dargestellt und deren Inhalt explizit hervorgehoben.

### Der Grundsatz der Funktionentrennung

**Wichtig: Funktionentrennung**

Eine wesentliche Rolle spielt vor dem Hintergrund der Kontroll- und Revisionssicherheit der Grundsatz der Funktionstrennung. Zu gewährleisten ist eine weitestgehende Trennung zwischen ausführenden, verwaltenden, verbuchenden und kontrollierenden Funktionen. Gleichzeitig sollen Risiken- und Interessenkonflikte ausgeschlossen werden. Den Prüf-Funktionen (Innenrevision, Wirtschaftsprüfer) muss darüber hinaus ein uneingeschränktes Informationsrecht zustehen.

Zur Durchführung dieser Aufgabe bieten sich eine Reihe von Techniken und Systemen an. Der Abschluss von Geschäften, deren Verwaltung, Verbuchung und Kontrolle werden funktional auf verschiedene Abteilungen/Bereiche im Unternehmen aufgeteilt.

# 3 Fremdwährungs- (Devisen) -management

## Beispielhafte Aufteilung:

- Finanzbereich:     Initiierung/Verwaltung (front-office)
- Kontrollstelle:    Prüfung und Kontrolle (middle-office)
- Rechnungswesen:    Verbuchung/Kontrolle (back-office)
- Interne Revision:  Kontrolle
- Wirtschaftsprüfer: Kontrolle

### 3.6.4.4 Internes Kontrollsystem: Inhalt der Leitlinien

In der Präambel sind Zweck, Ziele, Zuständigkeiten und Geltungsbereich zu regeln. Anschließend sollten die beteiligten Funktionen und die zugeordneten Sicherheitskriterien beschrieben werden.

#### Authorisierung zum Handel

Entsprechend qualifizierte Mitarbeiter sind im Rahmen der Limite und Gremienvorbehalte gegenüber den Kontrahenten berechtigt, telefonisch oder schriftlich Sicherungsgeschäfte abzuschließen. Es ist zweckmäßig, den Kontrahenten die authorisierten Personen im Unternehmen schriftlich anzuzeigen.

*Benennung Mitarbeiter und Kontrahenten*

#### Definition der Kontrahenten

Sicherungsgeschäfte dürfen nur mit vom Unternehmen legitimierten Kontrahenten durchgeführt werden. Die Kontrahenten werden in Übereinstimmung mit der Bankenpolitik schriftlich festgelegt. Es sollte sich um bonitätsmäßig erstklassige Adressen handeln.

#### Ausfallrisiko des Kontrahenten/Kontrahentenlimite

Zur Begrenzung des Risikos, dass der Kontrahent seinen Verpflichtungen aus dem Geschäftsabschluss aus wirtschaftlichen oder sonstigen Gründen nicht nachkommen kann, sollten betragsmäßige Kontrahentenlimite schriftlich festgelegt werden. Die Anrechnung von Geschäftsabschlüssen auf die Limite (in Anlehnung an die Praktiken von Kreditinstituten) wird für Devisengeschäfte in Abhängigkeit zur Volatilität der entsprechenden Währung (beispielsweise USD mit einem Anteil von 15%) vorgenommen.

### Bezug zum kommerziellen Grundgeschäft

Bei jedem Geschäftsabschluss ist der Nachweis über den Bezug zum Basisgeschäft schriftlich herzustellen. Ein Geschäftsabschluss kann durch folgende Motivation initiiert werden:

- Einzelauftrag der operativen Einheit,
- Im Rahmen der Richtlinien getroffene Entscheidung
- Durch Sonderbeschluss herbeigeführte Entscheidung.

Der Nachweis ist auf der Händlerschlussnote zu dokumentieren. Bei Prolongationsgeschäften ist die laufende Nummer des Vorgängergeschäftes anzugeben.

### Zugelassene Geschäftsarten/Sicherungsinstrumente

In schriftlicher Form sind die zugelassenen Sicherungsgeschäfte bzw. Strategien/Techniken zu definieren.

### Händlerschlussnote

Geschäftsabschlüsse sind vor Initiierung mit der Abteilungsleitung/Vertretung abzustimmen. Die Händlerschlussnote ist unmittelbar nach der telefonischen/schriftlichen Initiierung des Geschäftes zu erstellen. Es sind die wesentlichen Rahmendaten des Geschäftes festzuhalten. Für die einzelnen Geschäftsarten sind getrennte Schlussnoten zu verwenden. Für jeden Geschäftsabschluss muss eine fortlaufende Nummer vergeben werden. Der Händler sowie die Kontrollstelle müssen die Schlussnote zeitnah unterzeichnen. Die Händlerschlussnote ist nach fortlaufenden Nummern zu archivieren.

### Kontrahentenbestätigung

Geschäftsabschlüsse sind an den Kontrahenten schriftlich durch das Devisenmanagement zu bestätigen. Die Bestätigung sollte über PC nach Geschäftsabschluss zeitnah erstellt und an den Kontrahenten schriftlich gesandt werden. Die Kontrollfunktion wird durch das rechtsverbindliche Unterzeichnen von zwei gegenüber der Bank mit Kontovollmacht ausgestatteten Personen sichergestellt.

# 3 Fremdwährungs- (Devisen) -management

## Fälligkeitsliste

In Listenform müssen sämtliche laufenden Geschäfte nach dem Fälligkeitstermin geordnet dargestellt werden. Ausgerichtet nach individuellen Bedürfnissen können andere Selektionskriterien dargestellt werden (beispielsweise Bank/Währung). Diese Liste dient neben der Informationsbereitstellung der Vorbereitung und Überwachung der Gelddisposition und Zahlungsabwicklung.

## Bewertung von schwebenden Devisengeschäften

Basis jeder Dispositionsentscheidung mit dem Ziel der Risikosteuerung ist eine korrekte Bewertung aller Devisensicherungsgeschäfte auf Basis aktueller Marktdaten. Dies bedeutet, dass alle Fremdwährungsgeschäfte mit ihrem am Markt erzielbaren Veräußerungserlös oder dem vom Markt verlangten Rückkaufpreis bewertet werden (mark-to-market-Methode).

Die Bestandsbewertungen sind von einer vom Handel getrennten Stelle durchzuführen. Über die Ergebnisse ist laufend und regelmäßig zu berichten (Empfänger: Bereichsleitung, Fachabteilungen, Geschäftsführung). Zielsetzung ist die Feststellung von unrealisierten Gewinnen und Verlusten im Rahmen der monatlichen Finanzberichterstattung und des Jahresabschlusses. Auf Grundlage dieser Informationen werden bei Bedarf Rückstellungen für offenen Geschäfte gebildet.

## Spezifizierung risikobegrenzender Limite

Aus Sicherheitsgründen wird die Netto-Devisenposition in einer Währung betraglich begrenzt. Dies bedeutet

- keine/mögliche Einschränkung hinsichtlich Währung/Laufzeit,
- pro Einzelabschluss in Fremdwährung wird für die authorisierten Personen ein Maximallimit festgelegt,
- der Bezug zum Grundgeschäft muss nachweisbar sein,

- als kumuliertes Limit über alle Fremdwährungen darf maximal pro Zeitraum von jeder authorisierten Person ein bestimmter Gegenwert gehandelt werden.

Aus der laufenden Bewertung der gesamten Devisenposition kann ein maximales Verlustrisiko festgelegt werden

**Limitüberwachung/-Festlegung/Abweichungen**

**Risikobegrenzende Limite festlegen**

Kontrahenten- und Handelslimite sind vom authorisierten Personenkreis ohne Mitsprache der Fachabteilung unter Beachtung von Bonitätsgesichtspunkten festzulegen. Transaktionen dürfen nur mit Vertragspartnern getätigt werden, für die Kontrahentenlimite eingeräumt wurden. Die von den Banken abgegebenen Bestätigungen über Geschäftsabschlüsse dienen als Grundlage für die laufende bzw. stichprobenhafte Überprüfung, ob die dem Handel vorgebenen Restriktionen und Limite eingehalten werden (Betrag, Währung, Kontrahent, Fälligkeit). Jede Transaktion ist bei Initiierung unverzüglich in der Kontrahenten-Limitliste zur Überwachung des gegenwärtigen Kreditrisikos zu erfassen. Die Erfassung erfolgt hierbei aggregiert unter Berücksichtigung von Nettingpositionen.

Eine jährliche Überarbeitung und Anpassung der Limite ist erforderlich. Zur Vermeidung des juristischen Risikos sind Rahmenverträge über den Handel mit Derivaten mit den Kontrahenten abzuschließen. Als zusätzliches Sicherheitskriterium ist zu berücksichtigen, dass sämtliche Geschäftsabschlüsse von Seiten der Bank anteilig der externen Kontokorrent-Kreditlinie zugerechnet werden. Die betragliche Obergrenze der Geschäftsabschlüsse wird demzufolge durch die vorhandene Kreditlinie bei der Bank begrenzt (Externe Kontrolle).

Bezüglich der Überwachung der einzelnen Limite sind Personen/Funktionen/Systeme zu benennen:

- Kontrahentenlimit: Finanzabteilung (PC-Programm),
- Händler-Limite: Back-Office,
- Stichprobenhafte Einzelkontrolle: Revision.

# 3 Fremdwährungs- (Devisen) -management

Ohne Zustimmung des verantwortlichen Geschäftsführungsmitgliedes oder des Finanzgremiums (ohne Mitsprache der Fachabteilung) darf keine Transaktion getätigt werden, für die kein Limit existiert bzw. das zu einer Limitüberschreitung führen würde.

## Vollständigkeitskontrollen

Die Händlerschlussnote ist hinsichtlich Vollständigkeit/ Richtigkeit und fortlaufender Nummerierung zu überprüfen. Die Ordnungsmäßigkeit ist unter Anwendung des 4-Augen-Prinzipes durch Handzeichen zu dokumentieren. Auf Grundlage der Kontrahentenbestätigung erfolgt durch das Back-office ein Abgleich mit der Gegenbestätigung durch die Bank. Der fristgerechte Eingang der Gegenbestätigung ist zu überwachen. Eventuell muss der Kontrahent beim Auftreten von Unstimmigkeiten angesprochen werden. Können Unstimmigkeiten nicht geklärt werden, muss die Kontrollstelle (Revision) eingeschaltet werden.

*4-Augenprinzip beachten*

## Zahlungserfüllung

Die Zahlungserfüllung ist auf Grund der Kontrahentenbestätigung vorzunehmen und durch die verbuchende Stelle zu überwachen.

## Systemunterstützung

Maximale Systemunterstützung ist, wenn wirtschaftlich sinnvoll, anzustreben (Experten-/Händlersysteme). Systemtechnisch bedingt können weitere Kontroll-Funktionen eingebaut werden (beispielsweise Zugangsberechtigungen). Zunehmend werden von Banken hierzu Systemlösungen entwickelt.

**Beispiel:**

db-markets.de der Deutschen Bank

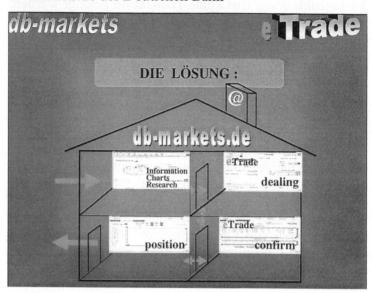

Abbildung 25: DB-Markets.de.

**Systemunter-stützung sinnvoll**

Aus Verwaltungs- sowie Kontroll- und Revisionsgründen sollte ein PC-gestütztes Devisenverwaltungsprogramm verwendet werden. Dies sollte die Bedürfnisse des Unternehmens im Hinblick auf Information, Handels- und Kontrollaktivitäten abdecken (realtime, modular aufgebaut, schnittstellenfähig). Umfang, Kompexität und Risikogehalt gegenwärtiger oder zukünftig beabsichtigter Transaktionen sollten darin abgebildet werden können. Auf das Problem der kritischen Masse – Anschaffungskosten versus Nutzen – ist Rücksicht zu nehmen.

### Die wichtigsten Bausteine eines Risikomanagement-Systems:

- Information über aktuelle Finanzmarktentwicklungen,
- Erfassung und Dokumentation von Geschäftsabschlüssen,
- Aufzeigen von Alternativpreisen/Plausibilitätskontrollen,
- Konsolidierte Erfassung der Fremdwährungsexposure (Grundgeschäfte/spekulative Geschäfte),

# 3 Fremdwährungs- (Devisen) -management 505

- Ausweis der Marktwerte aller Geschäfte,
- Aufzeigen von Gewinn-/Verlust-Szenarien,
- Aufzeigen von Limitinanspruchnahmen.

### 3.6.4.5 Zusammenfassung: Check-Liste für den Aufbau eines internen Kontrollsystems

Nachfolgende Check-Liste soll sozusagen als „Roter Faden" mithelfen, ein Internes Kontrollsystem aufzubauen. Die Struktur ist dabei auf einer Teilung der ausführenden und prüfenden Funktionen auf Handel, Risiko-Controlling sowie Abwicklung aufgebaut.

**Funktionenteilung notwendig**

- **Präambel**
  - Vorbemerkungen
  - Grundsätze
- **Organisation**
  - Geltungsbereich
  - Grundsatz der Funktionentrennung
- **Handel**
  - Organisation
  - Handelsermächtigung
    - Zum Handel authorisierte Personen
    - Zum Handel authorisierte Kontrahenten/Kontrahentenlimite
    - Handelslimite
    - Zugelassene Geschäftsarten/Sicherungsinstrumente
    - Limitanpassungen/Ausnahmeregelungen
  - Handelsbeleg
    - Bezug zum kommerziellen Grundgeschäft
    - Inhalt des Handelsbeleges
  - Positionsführung

- **Risiko-Controlling**
  - Organisation/Zuständigkeiten
    - Hinsichtlich Überwachung/Berichterstattung
    - Hinsichtlich Methoden der Risiko- und Performance-Messung
  - Zielsetzung/Aufgaben
  - Limitwesen
    - Limitpolitik der Geschäftsleitung
    - Limitarten
    - Limitkontrolle und -überwachung
    - Limitüberschreitungen
    - Bewilligung von neuen Instrumenten
  - Bearbeitung von Handelsbelegen
    - Bestätigungen
    - Schnittstelle zur Abwicklung
    - Berichterstattung
    - Systemunterstützung
- **Abwicklung**
  - Organisation
  - Bearbeitung von Handelsbelegen/Kontrahentenbestätigungen
  - Zahlungsverkehr
  - Zahlungsüberwachung
  - Administration
- **Schlussbemerkung**

### 3.6.4.6 Die Nachkalkulation

**Nachkalkulation sinnvoll**

Nach Abschluss und Erfüllung eines Kurssicherungsgeschäftes sollte grundsätzlich eine Nachkalkulation erfolgen (siehe auf ⊛ unter Nr. 28). Die gemeldeten Planvolumina sind den

# 3 Fremdwährungs- (Devisen) -management

tatsächlich gelieferten/abgenommenen Volumina gegenüber zu stellen. Das gleiche Procedere sollte hinsichtlich des geplanten, abgesicherten (= Budgetkurs) sowie dem tatsächlich abgerechneten Kurs angewandt werden. Durch diese Nachkalkulation in Form eines Soll-Ist-Vergleiches kann sowohl eine qualitative als auch quantitative Aussage über den Erfolg der eingesetzten Kurssicherungsstrategie (Performance) sowie Zuverlässigkeit des Meldewesens im Unternehmen angestellt werden.

**Beispiel:**

Vor drei Monaten wurde ein Betrag von USD 1 Mio gegen den EURO durch den Kauf einer USD-Put-Option abgesichert. Der Basispreis der Put-Option betrug 1,0200 USD/EURO. Als Prämie mussten 0,0150 USD/EURO aufgewendet werden. Daraus resultiert ein Budgetkurs von 1,0350 USD/EURO. Der Kassa-Kurs des US-Dollar nach 3 Monaten beträgt 1,08 USD/EURO.

Folgende Nachkalkulation wird angestellt:

| Volumina | | Abrechnungskurs | | Performance | |
|---|---|---|---|---|---|
| Plan | Ist | Plan | Ist | Plan/Ist | Ist/Benchmark |
| 1 000 000 | 999 000 | 1,0350 | 1,0650 | +0,03 | −0,015 |

## 3.7 Zusammenfassung: Arbeitsplan zum Aufbau eines Management-Systems

Die gesamte Vorgehensweise ist in einer schriftlichen Richtlinie festzuhalten. Eine sinnvolle operative Richtlinie gibt auch der Führung des Unternehmens die Sicherheit, dass so gehandelt wird, wie sie das wirklich wünscht. Die Richtlinie stellt damit einen Kontrakt zwischen der Unternehmensführung und dem Finanzbereich mit allen Vorteilen, die ein ordentlicher Vertrag gegenüber einem vertragslosen Zustand bietet, dar.

*Richtlinie sinnvoll*

| Aufgabe | Inhalt/Umfang | Absatz |
|---|---|---|
| 1. Management-Ansatz | Definition von Zielen, Grundsätzen und Aufgaben, Zentralisierungsgrad | 3.5.3 |
| 2. Aufbauorganisation | Struktur, Zuständigkeiten, Kompetenzen, Mitarbeiter | 3.5.2/ 3.5.3.3 |
| 3. Identifikation | Erfassung, Planung, Budgetierung | 3.6.1 |
| 4. Bewertung | Marktrisiko-Bewertung, Szenarioanalysen | 3.6.2 |
| 5. Risikosteuerung | Welche Risiken werden gesichert? Ab wann wird gesichert? | 3.6.3.1 3.6.3.2 3.6.3.8 |
| | In welcher Form wird gesichert? In welchem Umfang wird gesichert? | 3.6.3.3 3.6.3.4 3.6.3.9 |
| | Welche Instrumente sind einzusetzen? Sind Optimierungen erlaubt? | 3.6.3.5 3.3.3.6 |
| 6. Risiko-Controlling | Festlegung von Grundsätzen Einschaltung von Maklern Benennung der Kontrahenten Devisengeschäfte für eigene Rechnung Marktgerechte Kurse Prolongation von Fälligkeiten Festlegung von Limiten Einrichtung internes Kontrollsystem | 3.6.4.4  3.6.4.3 |

## 3.8 Beispiele für Kurssicherungsstrategien

Erfolg oder Misserfolg einer Absicherungsstrategie hängen vom Eintreten (oder Nicht-Eintreten) der erwarteten Kursentwicklung ab.

# 3 Fremdwährungs- (Devisen) -management

Ein Unternehmen hat sich im Hinblick auf die Absicherung von Wechselkursrisiken folgende Ziele gesetzt:

- Ausschaltung des Währungsrisikos vom Zeitpunkt der Entstehung eines Grundgeschäftes (Auftrag/Bestellung) bis zur Zahlungserfüllung,
- Schaffung einer verbindlichen Preis- und Kalkulationsgrundlage bei gleichzeitigem mit-partizipieren von positiven Kursentwicklungen.

Dem Devisenmanagement sind folgende Instrumente im Zusammenhang mit der Absicherung von Grundgeschäften erlaubt: Devisentermingeschäft, Kauf/Verkauf von Devisen-Optionen (Bandbreitenoptionen).

## 3.8.1 Absicherung eines konkreten Exportgeschäftes

Der Kunde bestellt Produkte im Gegenwert von USD 2 Mio; zwischen Auftragsannahme und Auslieferung vergeht 1 Monat; eingeräumtes Zahlungsziel 30 Tage netto.

In Abhängigkeit der Kurseinschätzung bieten sich folgende Strategien an:

- **Erwartung auf deutlich steigende Kurse:** Kauf einer Put-Option (gegen Prämienzahlung) oder Kauf einer Put-Option/Verkauf einer Call-Option (als so genannte Bandbreiten-Option; Prämienzahlung steht Prämienertrag gegenüber). **Damit wird ein volles beziehungsweise teilweises Mitpartizipieren von Kursanstiegen bei gleichzeitiger Absicherung einer Kursuntergrenze sichergestellt.** — Steigende Kurse

- **Erwartung auf unveränderte beziehungsweise leicht steigende Kurse:** Kauf Put-Option/Verkauf Call-Option (Schaffung eines „Abrechnungsbandes" bei geringem/keinem Prämienaufwand). **Zusätzlich zur Absicherung einer Kursuntergrenze wird ein teilweise mit-partizipieren von Kursanstiegen ermöglicht.** — Stabile Kurse

- **Erwartung auf fallende Kurse:** Verkauf der Währung auf Termin (günstigste Form der Absicherung). Der — Fallende Kurse

Wechselkurs wird per Termin „eingefroren". Von Kursanstiegen kann nicht mehr mit-partizipiert werden.

**Prämissen:** Alle Kursangaben in USD/EURO: Kassa-Kurs bei Sicherungsabschluss 1,0030; Terminaufschlag auf 2 Monate 0,0040; Der Kauf einer Put-Option (Laufzeit 2 Monate, Basispreis 1,0130) kostet 0,0160; Der Verkauf einer Call-Option (Laufzeit 2 Monate, Basispreis 0,9780) bringt 0,0080 Prämienertrag.

**Strategie 1:** Abschluss eines Devisentermingeschäftes: Verkauf auf Termin 2 Monate; **Kurs 1,0070 (best-case und worst-case).**

**Strategie 2:** Kauf einer Put-Option: Basispreis 1,0130; Prämienaufwand 0,0160; w**orst-Case 1,0290 (best-case unbegrenzt).**

**Strategie 3:** Kauf Put-Option (vgl. Strategie 2); Verkauf Call-Option; Basispreis 0,9780, Prämienertrag 0,0080; **worst-case 1,0210** (Basispreis Put-Option 1,0130 + Prämienaufwand 0,0160 abzüglich Prämienertrag 0,0080); **best-case 0,9860** (Basispreis Call-Option 0,9780 + Prämienertrag 0,0080 abzüglich Prämienaufwand 0,0160).

**Strategieergebnisse** zum Zeitpunkt des Zahlungseinganges bei einem Tageskurs von

| Tageskurs | Ergebnis aus | | |
|---|---|---|---|
| | Strategie 1 | Strategie 2 | Strategie 3 |
| 1,0570 | **1,0070** | **1,0290** | **1,0210** |
| 1,0030 | **1,0070** | **1,0190** | **1,0110** |
| 0,9780 | **1,0070** | **0,9940** | **0,9860** |

## 3.8.2  Absicherung in der Angebotsphase

Ein Unternehmen beteiligt sich an der Ausschreibung eines Kunden. Der Vertrieb schätzt das Zustandekommen des Auftrages als relativ hoch ein. Vom Devisenmanagement wird für die Kalkulation ein Umrechnungskurs USD/EURO angefordert. Der Kunde hat einen Monat Zeit, sich zu entscheiden. Die Herstellung der Produkte dauert 2 Monate; dem Kunden soll ein Zahlungsziel von 60 Tagen angeboten werden.

**Zustandekommen des Auftrages unsicher**

**Problemstellung:** Da die latente Gefahr eines US-Dollar-Rückganges besteht, soll nach Rücksprache mit dem Vertrieb eine Kurssicherung getätigt werden. Diese muss einerseits den Kalkulationskurs im Falle des Zustandekommens sicherstellen, andererseits keine Verpflichtung zur Lieferung der Währung beinhaltet, wenn das Grundgeschäft nicht zu Stande kommt.

**Prämissen:** Alle Kursangaben in USD/EURO: Kassa-Kurs bei Sicherungsabschluss 1,0030; Terminaufschlag auf 4 Monate 0,0080; Der Kauf einer Put-Option (Laufzeit 1 Monate, Basispreis 1,0130) kostet 0,0080.

**Strategie:** Aus der Problemstellung heraus leitet sich ab, dass in diesem Fall nur das Sicherungsinstrument der Option eingesetzt werden darf; demzufolge wird eine Put-Option mit einem Basispreis von 1,0130, Prämienaufwand 0,0080 erworben. Devisentermingschäft sowie verkaufte Option verbieten sich, da der Fremdwährungsgegenwert hier geliefert werden muss (Verkaufte Devisenoption nur dann, wenn der Kassa-Kurs über den vereinbarten Basispreis steigt). **worst-case nach 1 Monat 1,0210; best-case unbegrenzt** in Abhängigkeit der US-Dollar-Entwicklung). Als Kalkulations- beziehungsweise Budgetkurs gegenüber dem Vertrieb wird ein Kurs von 1,0290 festgelegt (worst-case der Option zuzüglich Terminaufschlag für 4 Monate). Sollte nach einem Monat die Option nicht in Anspruch genommen werden, kann für die Laufzeit von Auftragsannahme bis Zahlungseingang ein Devisentermingeschäft abgeschlossen werden.

**Strategieergebnis** nach einem Monat bei einem Tageskurs von

| Tageskurs | Abrechnungskurs nach 4 Monaten |
|---|---|
| 1,0570 | **1,0290** (1,0130 + 0,0080 + 0,0080) |
| 1,0030 | **1,0190** (1,0030 + 0,0080 + 0,0080) |
| 0,9780 | **0,9940** (0,9780 + 0,0080 + 0,0080) |
| Kommt der geplante Auftrag nicht zu Stande, bleiben 0,0080 als Kosten. | |

### 3.8.3 Die Absicherung eines Import-Geschäftes

Ein Unternehmen bestellt Rohstoffe, zahlbar auf USD-Basis. Zwischen Bestellung und Lieferung vergehen 60 Tage; bezahlt wird unter maximaler Skontoausnutzung nach 30 Tagen. Das Unternehmen betreibt ein aktives, neben der Risikoabsicherung auch auf die Gewinnerzielung ausgerichtetes Devisenmanagement.

**Prämissen:** Alle Kursangaben in USD/EURO: Kassa-Kurs bei Sicherungsabschluss 1,0020; Terminaufschlag auf 3 Monate 0,0060; Der Kauf einer Put-Option (Laufzeit 3 Monate, Basispreis 1,0130) kostet 0,0200.

**Strategie:** Das Unternehmen rechnet tendenziell mit einem fallenden US-Dollar, schließt aber kurzfristige, spekulative Kurssteigerungen nicht aus. Es sichert sich gegen einen steigenden US-Dollar durch ein Devisentermingeschäft ab. Durch den Kauf einer Put-Option wird sichergestellt, dass von fallenden Kursen mit partizipiert werden kann. Die Put-Option wird immer dann in Anspruch genommen,

# 3 Fremdwährungs- (Devisen) -management

wenn der Kassa-Kurs über den Basispreis von 1,0130 steigt.

**Umsetzung:** Kauf des Währungsbetrages auf Termin 3 Monate zu einem Kurs von 1,0080. Kauf einer Put-Option (Basispreis 1,0130; Laufzeit 3 Monate) gegen Zahlung einer Prämie von 0,0200. Als Budgetkurs wird bei Eintreten des worst-case-Szenario (Kurs bleibt gleich oder steigt) 0,9880 festgelegt (1,0080 abzüglich 0,0200 Prämie).

**Strategieergebnis** nach drei Monaten bei einem Tageskurs von

| Tageskurs | Termingeschäft | Effekte aus Option | Abrechnungskurs |
|---|---|---|---|
| 1,0570 | **1,0080** | + 0,0240 | 1,0320 |
| 1,0030 | **1,0080** | – 0,0200 | 0,9880 |
| 0,9780 | **1,0080** | – 0,0200 | 0,9880 |

## 3.9 Devisengeschäfte und handelsrechtliche Bewertung

Neben der Abrechnung kommen unterjährig beziehungsweise spätestens zum Bilanzstichtag bestimmte Bewertungsansätze für schwebende (offene nicht erfüllte) Devisengeschäfte zur Anwendung.

*Bewertung zum Bilanzstichtag erforderlich*

### 3.9.1 Bewertungsgrundsätze

Grundlagen: §§ 238; 264 ff HGB (Zuordenbarkeit von Grundgeschäft / Sicherungsgeschäft).

- Vermögensgegenstandsprinzip,
- Verbindlichkeitsprinzip,
- Grundsatz der Nichtbilanzierung schwebender Geschäfte,
- Realisationsprinzip (Anschaffungskostenprinzip),

- Imparitätsprinzipien bei der Stichtagsbetrachtung (Einzelbewertung von Grund-/Sicherungsgeschäften; Niederst- / Höchstwertprinzip),

  - Unrealisierte Verluste werden erfolgsmindernd berücksichtigt,

  - Unrealisierte Gewinne werden nicht erfolgserhöhend berücksichtigt,

- Grundsatz der Einzelbewertung (jedoch Bildung von Bewertungseinheiten).

### 3.9.2 Allgemeine handelsrechtliche Umrechnungsvorschriften

- **Anteile im Anlagevermögen:** Bewertung zum historischen Anschaffungskurs,

- **Forderungen aus dem laufenden Kontokorrent-/Sachverkehr, Sonstige Forderungen:** Geldkurs zum Bilanzstichtag oder niedrigerer Buchkurs; sofern das Währungsrisiko durch Devisentermingeschäfte abgesichert wird, ist der gesicherte Kurs heranzuziehen (es dürfen bei der Bewertung keine Kursgewinne entstehen).

- **Verbindlichkeiten aus Lieferungen und Leistungen, Sonstige Verbindlichkeiten:** Briefkurs zum Bilanzstichtag oder höherer Buchkurs; sofern das Währungsrisiko durch Devisentermingeschäfte abgesichert wird, ist der gesicherte Kurs heranzuziehen (es dürfen bei der Bewertung keine Kursgewinne entstehen).

- **Guthaben/Verbindlichkeiten bei Kreditinstituten lautend auf Fremdwährung (täglich fällig):** Der Bilanzausweis entspricht dem Tagesauszug zum Bilanzstichtag.

- **Ausweis von Devisentermingeschäften:** Keine handelsrechtliche Erfassung (möglicherweise ist die getrennte Erfassung in einer Nebenbuchhaltung sinnvoll); zum Bilanzstichtag Bewertung Mark-to-market („Glattstellungsfiktion"); Bildung von Rückstellungen bei Drohverlusten.

# 3 Fremdwährungs- (Devisen) -management

- **Ausweis von Optionen:** Keine handelsrechtliche Erfassung bei gekauften/verkauften Optionen (hilfreich ist die Erfassung auf getrennten Konten); Prämienerträge/-aufwendungen (da bei Vertragsabschluss fällig) werden als Sonstige Vermögensgegenstände/Sonstige Verbindlichkeiten aktiviert und über die Laufzeit der Option anteilig erfolgswirksam vereinnahmt; Verkaufte Optionen sind zum Bilanzstichtag analog zu Devisentermingeschäften (Glattstellungsfiktion) zu bewerten (Bildung von Rückstellungen bei Drohverlusten).

## 3.9.3 Die Bildung von Rückstellungen für Sicherungsgeschäfte

Bei „schwebenden Geschäften" ist am Bilanzstichtag noch von keinem Vertragspartner eine Vertragsleistung erbracht worden. Grundsätzlich werden schwebende Geschäfte nicht bilanziert. Wenn jedoch aus einem noch nicht erfüllten Vertrag Verluste drohen, so ist der voraussichtliche Betrag in die Rückstellung mit einzubeziehen.

*Rückstellung für Drohverluste*

Eine Rückstellungsbildung wird erforderlich, wenn bei Gegenüberstellung des Stichtagskurses zum gesicherten Kurs ein Verlust entstehen würde und das Grundgeschäft erst im Folgejahr ausgeführt wird. Es erfolgt keine Aufrechnung von gleichartigen Devisenpositionen sondern jedes Geschäft wird gesondert betrachtet und bewertet. Die Bildung der Rückstellung ist nur in der Handelsbilanz, nicht jedoch in der Steuerbilanz, möglich.

*Für Handelsbilanz maßgeblich*

## 3.9.4 Aufbewahrungsfristen von Unterlagen

Jedes getätigte Geschäft muss für einen sachverständigen Dritten nachvollziehbar und transparent sein. Alle Dokumentationen und Unterlagen, die sich auf einen Geschäftsabschluss beziehen oder sich aus den Anforderungen der Leitlinien ergeben, sind entsprechend den **gesetzlichen Fristen** aufzubewahren (§ 147 AO/§ 257 HGB).

Eine zehnjährige Aufbewahrungsfrist besteht danach für alle Bücher und Aufzeichnungen, Inventare, Eröffnungsbilanzen, Jahresabschlüsse, Lageberichte sowie die zu ihrem Verständnis erforderlichen Arbeitsanweisungen und Organisationsunterlagen. Sonstige Unterlagen sind sechs Jahre aufzubewahren. Hierzu zählten bislang auch die Buchungsbelege.

Mit dem Steueränderungsgesetz 1998 vom 19. 12. 1998 (Bundesgesetzblatt I 1998, S. 3816) wurde die **Aufbewahrungsfrist für Buchungsbelege auf 10 Jahre verlängert**.

Dies gilt erstmals für Unterlagen, deren sechsjährige Aufbewahrungsfrist zum 23. 12. 1998 noch nicht abgelaufen war. Damit sind Belege, für die Ende 1998 die Aufbewahrungsfrist abgelaufen wäre, noch weitere vier Jahre aufzuheben.

| Im Einzelnen: | Jahre |
|---|---|
| Kalkulationsunterlagen für Angebotskurse | 3 |
| Händlerzettel und sonstige Formblätter | 6 |
| Schriftverkehr mit Vertriebsabteilungen | 3 |
| Kontrahentenbestätigungen der Banken | 6 |
| Verwaltungslisten | 3 |
| Meldungen im Rahmen des Jahresabschlusses | 10 |
| Prüfungsberichte | 10 |
| Prüfungsfeststellungen | 10 |
| Finanzreport/Grundlagen | 3 |
| Finanzplanung zuzüglich Anlagen | 3 |

## 4 Zinsmanagement im Unternehmen

*Zinsmanagement zur Ertragsoptimierung*

Der Bereich des Zinsmanagements war bis Anfang der achtziger Jahre ausschließlich eine Domäne der Banken. Große Unternehmen haben diese Management-Idee anschließend aufgegriffen und zur Ertragsoptimierung eingesetzt. Die Finanzmärkte haben sich in den neunziger Jahren dem Bedarf angepasst und eine Reihe von Techniken und Instrumenten hervorgebracht, die mittlerweile auch mittelständischen Unternehmen zur Verfügung stehen.

# 4 Zinsmanagement im Unternehmen

Die Notwendigkeit zu Aktivitäten im Bereich des Zinsmanagement (dies gilt auch für das Devisenmanagement) wird durch die Tatsache verstärkt, dass die Konkurrenz zwischen den Unternehmen zunehmend nicht mehr nur auf den Warenmärkten, sondern auch auf den Finanzmärkten stattfindet.

## 4.1 Vorbemerkungen

In der Vergangenheit wurden klassische Instrumente der Geldanlage und Kreditaufnahme in Abhängigkeit der Zinsmeinung eingesetzt. Erwartete ein Unternehmen fallende Zinsen, wurde ein Kredit auf variabler Geldmarktbasis aufgenommen. Wurde ein steigendes Zinsniveau erwartet, fiel die Auswahl auf einen Kredit mit langfristiger Zinsbindung. Die Zinsmeinung in Verbindung mit anschließenden Aktivitäten führte damit immer zu direkten Bewegungen von Kapitalströmen und damit Bilanzrelationen.

**Einsatz von klassischen Instrumenten**

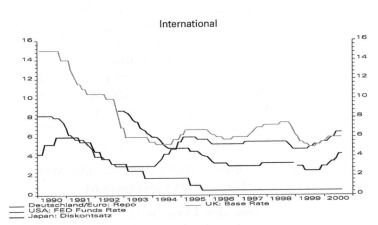

Abbildung 26: Notenbankzinsen international

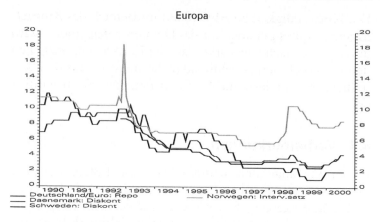

Abbildung 27: Notenbankzinsen Europa
(Quelle: Datastream 902/G206)

**Individuelle Absicherungen möglich**

Die Besonderheit der vom Markt angebotenen bilanzneutralen Instrumente liegt darin, dass es für Unternehmen nunmehr möglich ist, Liquidität und Zinsen getrennt voneinander zu steuern. Damit kann wesentlich besser auf die jeweilige unternehmerische Zielsetzung eingegangen werden. Unabhängig von betriebsindividuellen Gegebenheiten können Finanzierungen durch den Einsatz von Zinssicherungsinstrumenten flexibel mit einem maßgeschneiderten Chance-/Risikoprofil hinsichtlich der Zinsposition aufgebaut werden. Das Gesamtergebnis eines Unternehmens kann damit durch aktives Management der Zinsbindungen auf beiden Seiten der Bilanz positiv beeinflusst werden.

**Zielsetzung ist die Reduzierung der Kapitalkosten durch ein zielgerichtetes Zinsmanagement:**

- **Zinsmanagement der Passivseite:** Sicherung des Ertrages aus der Geschäftstätigkeit des Unternehmens.

- **Zinsmanagement der Aktivseite:** Optimierung des betrieblichen Finanzvermögens.

### 4.2 Risiken

In Ergänzung zu den unter Kapitel 3, Abschnitt 1 und 3 gemachten Ausführungen im Bezug auf Risiken treten im Be-

# 4 Zinsmanagement im Unternehmen

reich des Zinsmanagements folgende wichtige Einzel-Risiken auf:

- **Kreditrisiken:** Das Risiko besteht darin, dass der Vertragspartner eines Sicherungsgeschäftes ausfällt. Dieses Risiko tritt überwiegend bei so genannten „**over-the-counter**"-**Geschäften** (OTC) auf. Es handelt sich dabei um nicht standardisierte beziehungsweise an Börsen gehandelte Derivate, die hinsichtlich Volumen, Fälligkeit und Zinsabsprache individuell auf das Unternehmen ausgerichtet sind. Das Ausmaß des Risikos wird nicht durch die Nominalbeträge sondern vielmehr durch die Wiederbeschaffungskosten eines Ersatzkontraktes bestimmt.

    **Ausfall des Vertragspartners**

- **Betriebsrisiken:** Komplexe Finanzinstrumente stellen besondere Anforderungen an den Handel, das Rechnungswesen sowie das interne Kontrollsystem eines Unternehmens. Das Risiko liegt damit in ungenügenden internen Kontrollen, fehlenden oder unzulänglichen Arbeitsanweisungen, mangelhaft ausgebildetem und überwachtem Personal sowie einer nicht ausreichenden EDV-Unterstützung. Nur durch ein effizientes Controlling kann die Geschäftsleitung sicher sein, dass die eingegangenen Risiken realistisch aufbereitet werden.

- **Liquiditätsrisiken:** Börsengehandelte Zinsderivate werden durch eine standardisierte Produktpalette (Betrag, Laufzeit, Zinssätze) sowie durch eine hohe Marktliquidität gekennzeichnet. Im Gegensatz dazu besitzen OTC-Produkte wegen ihrer nicht überschaubaren Vielfalt (individuelle Ausgestaltung auf die Bedürfnisse des Anwenders ausgerichtet) eine geringe Liquiditätstiefe.

- **Systemrisiken:** Zunehmend besteht die Tendenz zum Verknüpfen verschiedener derivativer Finanzinstrumente untereinander oder aber mit traditionellen Geschäften wie beispielsweise Kreditaufnahmen oder Geldanlagen oder Garantien zu so genannten „Pakettransaktionen". Das Risiko besteht nunmehr in möglichen ungünstigen Wechselwirkungen von Positionen in unterschiedlichen Instrumenten. Damit kann der Ausfall einzelner Teilbereiche (beispielsweise Illiquidität oder Ausfall eines ganzen Marktes) auf andere Instrumente ausstrahlen und zu

**Ganzheitliche Betrachtung notwendig**

Verlusten führen. Eine isolierte Betrachtung ist deshalb durch eine ganzheitliche Betrachtung zu ersetzen.

Zinsrisiken bewirken direkt eine Veränderung der Ergebnis-Situation des Unternehmens.

**Im Hinblick darauf kann unterschieden werden in**

- **Betriebswirtschaftliches Risiko:** Jedes Unternehmen hat in Anbetracht seiner individuellen Finanz-Struktur mehr oder weniger große zinsreagible Bilanzpositionen (beispielsweise langfristige Kredite, Wertpapiere, Termingeldanlagen). Zinsveränderungen führen damit direkt zu Ergebnisverschiebungen in einer Abrechnungsperiode.

- **Buchmäßiges Risiko:** Zinsreagible Bilanzpositionen müssen zum Bilanzstichtag nach dem strengen Niederstwertprinzip (Aktivseite) beziehungsweise Höchstwertprinzip (Passivseite) bewertet werden. Das Imparitätsprinzip ist zu beachten. Zinsveränderungen können damit über die Neubewertung dieser Bilanzpositionen zu Ergebnisrisiken führen. **Beispiel**: Ein Unternehmen hat eine 10-jährige Bundesanleihe im Wertpapierbestand. Bei steigenden Zinsen fällt der Kurs der Anleihe. Zum Bilanzstichtag ist eine Neubewertung im Sinne einer Wertberichtigung erforderlich.

**Wichtig: Risiken erkennen**

Wesentlicher Bestandteil eines Konzeptes zum Management von Zinsrisiken ist das Erkennen der Zinsrisiko-Position.

### 4.3 Die Zinskurve

#### 4.3.1 Definition

Grundlage für Entscheidungen im Zinsmanagement ist die **Zinsstrukturkurve** sowie die daraus abgeleitete **Zinsterminkurve**. Bei der Zinsstrukturkurve handelt es sich um die grafische Darstellung des Zusammenhanges von Zinsen in Abhängig von der Laufzeit. Es werden Instrumente mit gleichem Kreditrisiko vorausgesetzt (beispielsweise Termingeldanlagen bei Banken).

## 4 Zinsmanagement im Unternehmen

Aus der Zinsstrukturkurve werden die **implizierten Zinsterminsätze** abgeleitet. Es handelt sich dabei um vom Markt (professionellste und aktivste Teilnehmer) erwartete zukünftige Zinssätze. Der implizierte Zukunftszinsatz sowie die implizierte Zinsterminkurve lassen sich aus der Zinsstrukturkurve errechnen.

Die implizierten Zinsterminsätze bilden die Basis für alle Instrumente des Zinsmanagements. Zu berücksichtigen ist hierbei, dass durch den Einsatz von Derivaten nur ein Schutz vor Abweichungen des tatsächlich eingetretenen Zinssatzes von dem sich aus der Zinsstrukturkurve ergebenden Zinssatz erreicht werden kann. Der Schutz vor der Zinsentwicklung, wie sie die Zinsstrukturkurve vorgibt, ist jedoch nicht möglich (da auf dieser Kurve die Absicherungsinstrumente kalkuliert werden).

**Grundlage für alle Instrumente**

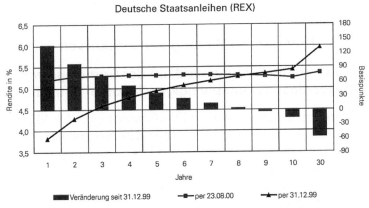

Abbildung 28: Renditestrukturkurve EUROland

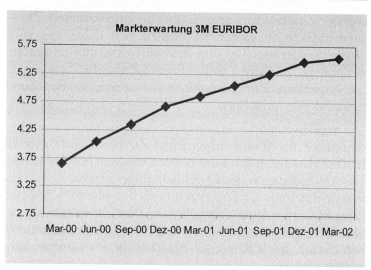

Abbildung 29: Implizierte Zinsterminkurve per März 2000 (3-Monats-EURIBOR) (Quelle: Datastream)

### 4.3.2 Theorien zur Bildung von Zinskurven

**Die Markteinschätzung wird auf der Grundlage von drei voneinander unabhängigen Theorien getroffen:**

Inverse Zinsstruktur ist Ausnahme

- **Zinserwartungstheorie:** Die Erwartungen der Marktteilnehmer sind bestimmend für den Verlauf der Zinsstrukturkurve, da diese ihre Markterwartung auch in konkrete Handlungsentscheidungen umsetzen. Eine ansteigende Zinsstrukturkurve zeigt an, dass der Markt Zinssteigerungen erwartet. Ein gerader Verlauf zeigt eine neutrale Haltung auf. Ein fallender Verlauf (**inverse Zinsstrukturkurve**) geht von der Erwartung fallender Zinsen aus.

  Eine inverse Stuktur bedeutet, dass die kurzfristigen Zinsen über den langfristigen liegen (vergleiche Zeitraum 1990–1993 Deutschland).

- **Liquiditätspräferenztheorie:** Die Unsicherheit über mögliche Zinsveränderungen steigt mit der Laufzeit. Für dieses Risiko verlangen die Anleger eine Kompensation in Form einer Risikoprämie. Daraus folgt, dass die Verzinsung mit der Laufzeit der Anlage zunimmt.

## 4 Zinsmanagement im Unternehmen

- **Marktsegmentierungstheorie:** Die Zinssätze für unterschiedliche Laufzeitsegmente bilden sich nach Angebot und Nachfrage. Hierbei haben dominierende Marktteilnehmer Präferenzen für bestimmte Laufzeitsegmente (beispielsweise investieren Versicherungen bevorzugt langfristig, während Unternehmen vorrangig kurzfristig anlegen).

Nationale und internationale Geldmarktzinsen werden durch die Geldmarktpolitik der jeweiligen Zentralbanken gesteuert (Diskontsatz der Deutschen Bundesbank bis 31.12.1999 beziehungsweise Reposatz der Europäischen Zentralbank EZB).

**Geldmarktzinsen durch Notenbank gesteuert**

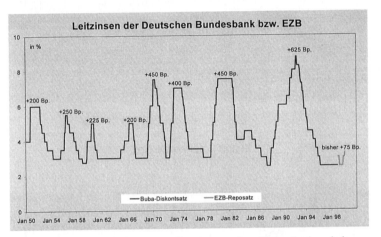

Abbildung 30: „Leitzinsen der Deutschen Bundesbank bzw. EZB" (Quelle: Datastream)

Diese Politik ist überwiegend auf eine positive Entwicklung der Inflationsrate (consumer price index CPI) beziehungsweise der Geldmenge ausgerichtet.

Auf diese Indikatoren haben insbesondere die Entwicklung von Rohstoffpreisen sowie des Außenwertes der eigenen Währung einen bedeutenden Einfluss.

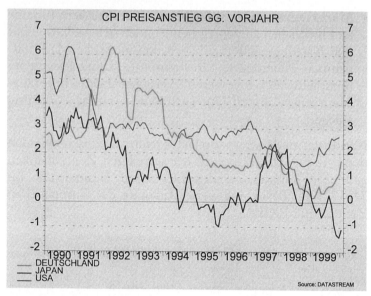

Abbildung 31: „Rohstoffe"
(Quelle: Datastream)

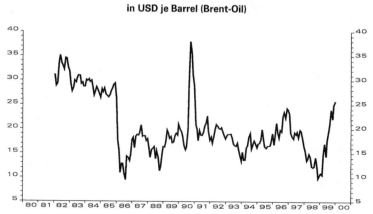

Abbildung 32: „Ölpreisentwicklung"
(Quelle: Datastream)

# 4 Zinsmanagement im Unternehmen 525

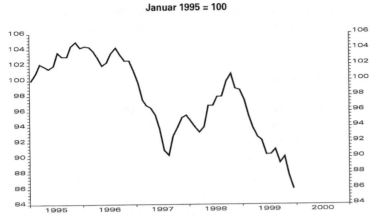

Abbildung 33: „Außenwert des EURO"
(Quelle: Datastream [902/G1YQ])

Die Bildung der Kapitalmarktzinsen orientiert sich dagegen weitgehend nach dem marktwirtschaftlichen Prinzip von Angebot und Nachfrage.

**Angebot und Nachfrage bestimmen Preis**

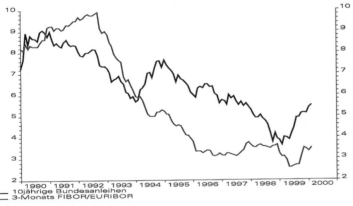

Abbildung 34: „Kapitalmarkt-/Geldmarktzinsen"
(Quelle: Datastream [902/G2JX])

## 4.4 Absicherungsinstrumente

Ein effizientes Risikomanagement ist im Rahmen einer ertragsorientierten Unternehmenssteuerung ohne den Einsatz von Finanz-Derivaten heute kaum mehr möglich. Der Finanzmarkt bietet hierzu den Unternehmen zur Steuerung des Zinsrisikos eine große Palette von Instrumenten an, die unter dem Begriff Derivate eingeordnet werden.

### 4.4.1 Derivate

Derivate sind in den letzten Jahren häufig im Zusammenhang mit großen Verlustmeldungen bekannt geworden. Die Ursachen hierfür sind jedoch nicht im Einsatz der Instrumente selbst zu suchen, sondern auf den falschen Umgang mit diesen Produkten. Des Weiteren addieren sich noch mangelnde Kontrolle und Überwachung hinzu. Bei richtiger Anwendung bieten diese Instrumente neben der Risikoabsicherung auch entsprechende Chancen. Insbesondere erlauben sie die schnelle und flexible Reaktion auf veränderte Zinsentwicklungen.

**Abgeleitet aus Basisgeschäft**

Bei **derivativen Finanzinstrumenten** handelt es sich um extrahierte Risiko-Instrumente, die aus den Kassa-Märkten (das heißt vom Wert eines zu Grunde liegenden Instrumentes) abgeleitet werden. Man kann diese Instrumente vergleichen mit Pulverkaffee: Sämtliche Risikoelemente, wie beispielsweise das Aroma, sind enthalten, aber sie sind nicht bilanzwirksam. Wie das Wasser vom Pulverkaffee ist hier die Liquidität abgetrennt. Mit der Liquidität in Verbindung gebracht, verhalten sie sich wie das dahinter liegende Kassa-Geschäft.

**Beispiel:**

Der Empfänger aus einem langfristig laufenden Zinsswap trägt das volle Risiko; zusammen mit einer laufzeitgleichen Geldmarktanlage auf EURIBOR-Basis entspricht die Gesamtposition einer langfristigen Anlage in einem festverzinslichen Wertpapier.

Durch die Anwendung von Derivaten entstehen keine neuen Risiken. Diese werden nurmehr über die ständige Bewertung des Derivates genauer gemessen.

Die derivativen Finanzinstrumente lassen sich in die Gruppe der Termin- sowie Optionsgeschäfte (unbedingte oder bedingte Termingeschäfte) unterteilen. Man unterscheidet zusätzlich börsennotierte und nicht börsennotierte („over-the-

# 4 Zinsmanagement im Unternehmen

counter"-) Derivate. Der Vorteil von nicht börsennotierten Instrumenten liegt in der Möglichkeit, die Ausstattung (Volumen, Zinssatz, Laufzeit) an die individuellen Bedürfnisse des Unternehmens anzupassen.

**OTC-Produkte bieten Vorteile**

**Instrumente des Zinsmanagements**

| Grundform | Zinstermingeschäft | Option |
|---|---|---|
| Basisinstrument (nicht börsengehandelt) börsengehandelt | FRA Zinsswap Währungsswap Future | Cap Floor Zins-Option |
| Variationen | Amortizing Swap Forward-Swap | Collar Amortizing Cap Swaption |

## 4.4.2 Zinsterminkontrakte

Die Terminkontrakte weisen eine feste Kalkulationsbasis unter Neutralisierung des Chance-/Risikopotenzials (symmetrisches Chance-/Risikoprofil) auf. Am bekanntesten sind die Formen des Zinsswaps, des Forward-Rate-Agreement (FRA) sowie des Financial Futures.

### 4.4.2.1 Zinsswap

Es handelt sich um eine bilanzneutrale Zinstauschvereinbarung, die es dem Unternehmen ermöglicht, eine feste gegen eine variable Zinsverbindlichkeit (oder Forderung) oder umgekehrt über eine bestimmte Laufzeit einzutauschen. Die Besonderheit besteht darin, dass der zu Grunde liegende Kreditvertrag mit einem Festzinssatz auf eine variable Zinsbasis (oder umgekehrt) umgestellt werden kann. Swap-Vereinbarungen lassen sich für Laufzeiten von zwei bis maximal fünfzehn Jahre abschließen. Die rechtliche Grundlage stellt entweder der Rahmenvertrag nach den ISDA-Richtlinien dar. In Deutschland kommt dagegen häufig der daran abgeleitete „Rahmenvertrag für Finanztermingeschäfte" zur Anwendung (siehe auf 📖 unter Nr. 29). Es fallen keine Abschlusskosten an. Die Annullierung des Swap ist jederzeit zum Marktpreis möglich.

**Tausch von Zinsbindungen**

Zahlt der Käufer des Swap einen Festsatz und erhält dafür den variablen Satz, spricht man von einem **Payer-Swap**. Zahlt der Käufer dagegen den variablen Satz und erhält dafür den Festsatz, spricht man dagegen von einem **Receiver-Swap**.

### Beispiel für die Anwendung eines Payer-Swap

Das Unternehmen zahlt den festen Swap-Satz (normalerweise einmal jährlich) und erhält dafür einen variablen Satz (beispielsweise den 6-Monats-EURIBOR). Das Unternehmen rechnet mit steigenden Zinsen und möchte ein Wertpapier hinsichtlich der Verzinsung von fest auf variabel umstellen.

Swaps lassen sich für verschiedene Aktiv- und Passiv-Absicherungsmaßnahmen einsetzen.

### Beispiel 1: Verbilligung von Kreditkosten

Ein Unternehmen hat in der Vergangenheit einen Festsatzkredit aufgenommen, dessen Zinsbindung noch bis Ende des Jahres 2003 mit 7% p. a. läuft. Das Unternehmen prognostiziert weiter niedrige Geldmarktzinssätze und möchte an diesem attraktiven Niveau mit partizipieren, ohne den Kredit mit Vorfälligkeitsentschädigung zurückzahlen zu müssen.

Das Unternehmen schließt Anfang 2000 einen Swap (Receiver-Swap) mit einer Laufzeit von 4 Jahren ab, in dem es sich verpflichtet, den 6-Monats-EURIBOR (3,80% p. a.) an die Bank zu zahlen und dafür den 4-Jahres-Satz (5,25% p. a.) fest zu erhalten. Der Swap muss nicht notwendigerweise bei der Bank, mit der die Kreditvereinbarung besteht, abgeschlossen werden.

Ergebnis: Das Unternehmen zahlt fest 7,00% und erhält fest 5,25%. Daraus ergibt sich ein Nachteil von 1,75%. Damit

# 4 Zinsmanagement im Unternehmen

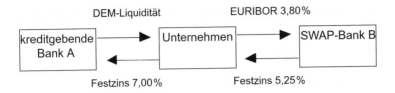

hat das Unternehmen für den Kredit insgesamt 5,55% (3,80% + 1,75%) zu zahlen. Gegenüber dem ursprünglichen Festsatz ergibt sich ein Vorteil von 1,45%. Die Zinsbelastung aus dem Kredit wird damit für die erste Zinsperiode um 1,45% p. a. gesenkt. Ein Vorteil ergibt sich so lange, wie der EURIBOR unter dem Festzins von 5,25% liegt. Der Erfolg des Zinsswaps hängt damit stark vom Eintreten der Zinsmeinung ab.

**Beispiel 2: Zinsfestschreibung eines bestehenden variabel verzinslichen Krediets**

Ein Unternehmen finanziert sich über einen variabel verzinslichen Kredit auf 6-Monats-EURIBOR-Basis. Bei drohenden Zinssteigerungen kann durch den Abschluss eines Swaps aus dem variablen ein Festsatz gebildet werden. Dadurch wird eine feste Kalkulationsbasis geschaffen. Das Unternehmen zahlt an die Bank einen Festsatz und erhält dafür als Gegenzug den variablen Satz. Damit wird der Kredit bedient.

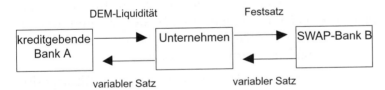

**Beispiel 3: Optimierung von Anlageerträgen durch Ausnutzung der Zinsstrukturkurve**

Bei einer ansteigenden Zinsstrukturkurve bringt die kurzfristige Anlage überschüssiger Mittel eine geringere Rendite als längerfristige Anlagen. Durch den Abschluss eines Swaps kann der Anlageertrag auf den höheren Satz der implizierten Zinsstrukturkurve gebracht werden. Das Unternehmen erhält einen Festsatz und zahlt im Gegenzug einen variablen Satz. Dieser wird aus der Festgeldanlage bedient. Die Konstruktion sollte fristenkongruent (Liquidität und Swap) aufgebaut werden.

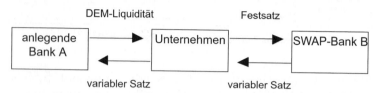

### Beispiel 4: Vermeidung von Kursverlusten bei einem Rentenportfolio bei steigenden Zinssätzen

Ein Unternehmen hat liquide Mittel in einem Wertpapierportfolio angelegt. Bei einem Zinsanstieg müssten Wertberichtigungen auf Grund fallender Wertpapierkurse vorgenommen werden. Das Unternehmen schließt einen Swap ab, aus dem es an die Swapbank einen Festsatz bezahlt und den variablen Satz erhält.

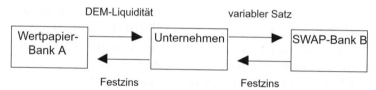

Ein ganz entscheidender Vorteil des Swaps liegt darin, dass erwartete oder effektive Zinsänderungen wesentlich schneller abgesichert werden können als über den Abschluss eines bilanzwirksamen Geschäftes. So kann beispielsweise bei steigenden Zinsen kurzfristig über einen Swap reagiert werden. Das Instrument der Kreditaufnahme benötigt dagegen eine entsprechend lange Vertragsvorlaufzeit.

**Bilanz wird nicht verändert**

Darüber hinaus kann der Zins-Charakter von Bilanzpositionen über Zinsswaps verändert werden, ohne dass die zu Grunde liegende Bilanzposition verändert wird. Das kann immer dann vorteilhaft sein, wenn eine Umstrukturierung der Bilanz aus Zinsgründen unerwünschte Bilanzeffekte (Bilanzverlängerung, Kennziffern) mit sich bringt.

#### 4.4.2.2 Forward Rate Agreement (FRA)

Es handelt sich um eine vertragliche Vereinbarung zwischen zwei Vertragsparteien über die Festlegung eines Zinssatzes, der für eine zukünftige Zinsperiode (beispielsweise in 3

# 4 Zinsmanagement im Unternehmen

Monaten eine Zinsperiode über 6 Monate) verbindlich ist. Die Zinsen werden auf den vereinbarten Kapitalbetrag berechnet. Es wird kein Kapital zur Verfügung gestellt. Für die vereinbarte Zinsperiode wird der Zinssatz festgeschrieben und damit das Zinsveränderungsrisiko vollständig ausgeschaltet. Als Vertragsbedingungen kommt ein Einzelvertrag mit dem Kontrahenten sowie der ISDA-Vertrag (internationale Anwendung) beziehungsweise der Deutsche Rahmenvertrag (national gültig) zur Anwendung.

**Absprache Termin – Satz**

Hinsichtlich der Quotierung werden neben einem Geld- (Kauf eines FRA) und einem Briefkurs (Verkauf eines FRA) auch die Zeiträume angegeben (beispielsweise 3 × 9). Die erste Zahl bezieht sich auf den Vorlaufzeitraum, die zweite Zahl auf die Gesamtlaufzeit (Vorlauf + Zinsperiode). Ein 6 + 12 FRA hat somit eine Vorlaufzeit von 6 Monaten, eine Zinsperiode von 6 Monaten und damit eine Gesamtlaufzeit von 12 Monaten.

**Teilperioden des FRA:**

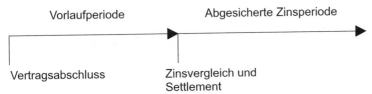

Durch die Verknüpfung mehrerer aufeinander folgender FRA's können längere Zinsperioden abgesichert werden. Beispielsweise sichert eine Serie 3 × 6, 6 × 9, 9 × 12, 12 × 15 das Zinsrisiko über einen Zeitraum von 12 Monaten, beginnend in drei Monaten, ab.

Durch den Verkauf dieses Instrumentes kann bestehende oder zukünftig auftretende Liquidität gegen fallende Zinsen abgesichert werden. Beim Kauf eines FRA's sichert sich der Käufer vor steigenden Zinsen ab. Dieses Instrument wird analog dem Swap durch **Cash-Settlement** erfüllt. Liegt der Referenzsatz zu Beginn der Zinsperiode über dem vereinbarten Zinssatz, erhält der Käufer die Differenz zwischen diesen Zinssätzen (bezogen auf das Volumen und die Laufzeit) in Form einer Ausgleichszahlung. Liegt der Satz darunter, muss der Käufer die Differenz erstatten.

**Erfüllung durch Cash-Settlement**

**Beispiel für den Kauf eines FRA's:**

Kauf eines 3 × 9 FRA
Vertragsabschluss: 3. März 2000 (Kasse 7. März 2000);
Vereinbarter Zinssatz: 4,22% p. a.;
Nominalbetrag: EURO 10 000 000;.
Zinsfeststellungstermin: 5. Juni 2000 (2 Tage vor dem Abrechnungstag)
Abrechnungstag: 7. Juni 2000 (3 Monate nach Valuta Kasse);
Fälligkeitstag: 5. Dezember 2000 (6 Monate nach Abrecnungstag
Abgesicherte Periode: 7. Juni 2000 bis 7. Dezember 2000

Der Ausgleichsbetrag wird zu Beginn der abgesicherten Periode in abdiskontierter Form ausbezahlt. Der 6-Monats-EURIBOR wird am 5. Juni 2000 mit einem Satz von beispielsweise 4,50% festgestellt. Daraus ermittelt sich folgende Ausgleichszahlung:

**Ausgleichszahlung**

= Zinsdifferenz × ZP × Nominalbetrag × Abzinsungsfaktor

= (Refzins − FRA-Zins) × ZP × Nominalbetrag × $\frac{1}{1 + \text{Referenzzins} \times \text{ZP}}$

$$\text{ZP} := \frac{\text{Tage der Zinsperiode}}{360 \times 100}$$

Ausgleichszahlung > 0 ➤ FRA-Käufer erhält die Ausgleichszahlung

Ausgleichszahlung < 0 ➤ FRA-Käufer leistet die Ausgleichszahlung

Quelle: Bay. Landesbank München

= (0,0045−0,0422) × 181/360 × 10 000 000 × 1/1+0,045 × 181/360 = **13 766,32 EURO**

Der Käufer des FRA erhält vom Verkäufer eine Ausgleichszahlung von EURO 13 766,32 (0,28% für 6 Monate).

# 4 Zinsmanagement im Unternehmen

**Berechnung Ausgleichszahlung (Settlement Sum)**

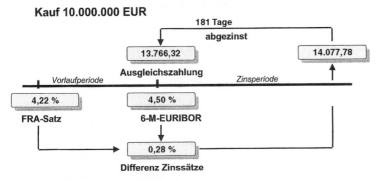

Abbildung 35: Ausgleichszahlung FRA
(Quelle: Bayerische Landesbank)

## Einsatzmöglichkeiten

FRA's können zum Zinsmanagement sowohl der Aktiv- als auch der Passivseite verwendet werden.

**Management der Aktiv-/Passiv-Seite**

- **Aktivseite:** Dieses Instrument eignet sich zur Absicherung von in der Zukunft geplanten Geldanlagen, von bereits bestehenden Geldanlagen (diese können bei Fälligkeit gegen das Risiko sinkender Zinsen abgesichert werden) und zur Zinsoptimierung (bei einer ansteigenden, das heißt normalen Zinsstrukturkurve kann durch den Verkauf eines FRA'S ein Zinssatz abgesichert werden, der über den derzeitigen Marktzinsen liegt.

- **Passivseite:** FRA's können zur Absicherung von bestehenden Kreditengagements gegen steigende Zinsen eingesetzt werden (Kauf eines FRA). Des Weiteren können in der Zukunft geplante Kreditaufnahmen bereits heute auf der Grundlage der Zinsstrukturkurve festgeschrieben werden. Letztendlich eignet sich dieses Instrument auch zur Absicherung von saisonal auftretendem Kreditbedarf.

## Vorteile dieses Instrumentes

- Es ist flexibel und kostengünstig und kann individuell hinsichtlich Laufzeit und Betrag an die Bedürfnisse des Unternehmens angepasst werden,
- Das Instrument kann jederzeit durch eine Gegentransaktion geschlossen werden,

- Es ist bilanzneutral und belastet die Kreditlinie nur in einem relativ begrenztem Umfang,

- Es entstehen keine Vorabkosten (Marge), sondern es wird lediglich nur ein Zinssatz vereinbart.

#### 4.4.2.3 Cross-Currency-Swap

**Flexibles Finanzierungs- und Risikoabsicherungsinstrument**

Der Cross-Currency-Swap bietet für Unternehmen mit Tochtergesellschaften im Ausland, die Finanzmittelbedarf haben, eine kostengünstige Finanzierungsalternative. Gleichzeitig kann das komplette Währungsrisiko ausgeschaltet sowie die Zinsbindung flexibel gestaltet werden (vgl. Kapitel 3, Abschnitt 3.4.2.3). Diese Finanzierungsform kann sowohl dem Zins- als auch dem Währungsmanagement zugerechnet werden.

**Beispiel:**

Plant eine Tochtergesellschaft in Großbritannien eine Investition, die sich über einen Zeitraum von 8 Jahren amortisiert, kann über diesen Zeitraum ein Cross-Currency-Swap abgeschlossen werden.

Die Muttergesellschaft stellt dem Swap-Partner (Bank) einen EURO-Betrag (entweder aus einer Kreditaufnahme oder der eigenen Liquidität) zur Verfügung und erhält dafür zum aktuellen Wechselkurs den entsprechenden Pfund-Betrag. Der Pfund-Gegenwert wird in Form eines intercompany-Darlehens an die britische Tochtergesellschaft ausgereicht.

Während der Laufzeit des Swaps zahlt die Muttergesellschaft an die Bank Pfund-Zinsen und erhält dafür im Gegenzug EURO-Zinsen. Die Zinszahlung an die Bank wird durch die Zinszahlung der Tochtergesellschaft in Landeswährung kompensiert, so dass bei der Muttergesellschaft nur der Ertrag aus der EURO-Anlage liquiditätswirksam wird. Es kann zwischen festen und variablen Zinsen wählen. Bei Laufzeitende wird der Tausch rückgängig gemacht.

Diese Finanzierungskonstruktion kann auch für nicht-konvertible Währungen (beispielsweise den ungarischen Forint) gewählt werden. Des Weiteren werden die Kosten reduziert, da der Kredit entweder aus der eigenen Liquidität bereitgestellt wird oder kostengünstiger durch die Mutterge-

# 4 Zinsmanagement im Unternehmen

sellschaft (im Hinblick auf die Kreditmarge) aufgenommen werden kann.

### 4.4.2.4 Financial Futures

Bei einem Future handelt es sich um die vertragliche Vereinbarung, den standardisierten Wert eines Instrumentes zu einem späteren Zeitpunkt zu einem vorab vereinbarten Preis zu kaufen oder zu verkaufen. **Financial Futures** ist ein Sammelbegriff für börsengehandelte und standardisierte Finanzterminkontrakte. Unter diesen Begriff werden neben Zinsterminkontrakten auch Termin-Kontrakte auf Aktienindices, Edelmetalle sowie Devisen eingeordnet.

*Standardisierte Sicherungsinstrumente*

Die in Deutschland bekanntesten Zinsfutures sind der **Bund-Future sowie der EURO-DM-Future.**

**Merkmale:**

|  | DM-Bund-Future | Euro-DM-Future |
|---|---|---|
| Kontrakt: | Fiktive Bundesanleihe mit 10-jähriger Laufzeit, Kupon 6% | 3-Monats-DM-Zinssatz |
| Börse: | LIFFE | LIFFE |
| Handelseinheit: | DM 250 000 | DM 1 000 000 |
| Kontraktmonate: | März, Juni, September, Dezember | März, Juni, September, Dezember |
| Notierung: | Pro 100 DM nominal | 100 minus Zinssatz |
| Mindestpreisschwankung: | 0,01 (= DM 25) | 0,01 (= DM 25) |
| Mindesteinschuss zur Zeit: | DM 2000 | DM 500 |
| Abwicklung: | Lieferung von Bundesanleihen mit 8,5–10 Jahren Laufzeit | Cash-Settlement |

**Tägliche Bewertung**

Bei Eröffnung einer Bund-Future-Position muss als Sicherheitsleistung ein Mindesteinschuss (**Initial Margin**) geleistet werden. Wenn sich der börsentäglich ermittelte Wert der Position zulasten des Käufers entwickelt hat, besteht eine Nachschussverpflichtung (**Variation-Margin**). Positive Wertveränderungen werden dagegen dem Käufer-Konto gutgeschrieben.

DM-Bund-Futures können beispielsweise für die Absicherung von Wertpapierportfolios herangezogen werden. Dies ist immer dann sinnvoll, wenn beispielsweise Zinssteigerungen erwartet werden. Die Zinssensitivität eines Portfolios kann durch eine Verkürzung der Kapitalbindungsdauer teilweise verkürzt oder bei Bedarf vollständig neutralisiert werden. Auch wenn Wertpapiere im Bestand sind, die nicht oder nur schwer mangels liquider Märkte verkauft werden können, bietet sich ersatzweise ein Handel im Bundfuture an.

Wird geplant, eine Absicherung mit Bundfutures aufzubauen, müssen drei Faktoren berücksichtigt werden:

- Verhältnis der Nominalwerte zwischen Kassa- und Terminposition,
- Verhältnis der Laufzeiten von abzusicherndem Instrument und Termininstrument,
- Korrelation des abzusichernden Zinssatzes mit dem Zinssatz des Terminkontraktes.

**Hedge-Ratio bestimmt Anzahl der Futures**

Durch das Hedge-Ratio wird die Anzahl der Futures bestimmt, die verkauft werden müssen. Bei steigenden Zinsen verliert das Portfolio an Wert; diese Verluste werden jedoch durch die Gewinne aus den Future-Kontrakten teilweise oder vollständig kompensiert. Damit bei Geldanlagen das Risiko auf sinkende Zinsen kompensiert werden kann, müssen Bund-Futures gekauft werden. Bei Kreditaufnahmen droht das Risiko steigender Zinsen; hierzu müssen Bund-Futures verkauft werden.

## 4 Zinsmanagement im Unternehmen

### 4.4.3 Optionskontrakte

Optionsinstrumente erhalten dem Unternehmen unbegrenzte Chancen bei gleichzeitiger Ausschaltung des Zinsrisikos (asymmetrisches Chance-/Risikoprofil). Der Vorteil liegt damit nicht nur darin, sich gegen eine unerwünschte Zinsentwicklung abzusichern, sondern auch günstige Zinsentwicklungen ausnutzen zu können. Dafür muss der Käufer einer Option an den Verkäufer (Stillhalter) einen Ausgleich in Form einer Optionsprämie entrichten. Damit ist das Risiko für den Käufer auf die Optionsprämie begrenzt. Diese ist in der Regel als Einmalzahlung beim Abschluss des Geschäftes fällig. Am häufigsten werden Cap, Floor und Swaption eingesetzt.

**Risikoabsicherung und Wahrung von Chancen**

#### 4.4.3.1 Cap und Floor

Es handelt sich hierbei um eine Maximal- beziehungsweise Minimalzinsvereinbarung. Der Käufer eines **Caps (Floors)** bekommt vom Verkäufer eine individuell gewählte Zinsobergrenze (Zinsuntergrenze) für eine variable Finanzierung (Geldanlage) garantiert. Damit behält er sich die Chance offen, an niedrigen (hohen) oder fallenden (steigenden) Geldmarktentwicklungen zu partizipieren. Gleichzeitig verfügt er über eine Absicherung für den Fall steigender (fallender) Zinsen. Für dieses Recht muss der Käufer eine einmalige Prämie vorab entrichten. Bei Überschreiten der Zinsobergrenze (Zinsuntergrenze) muss der Verkäufer eine Ausgleichszahlung entrichten, die der Differenz zwischen Basispreis der Option und Marktzins entspricht.

**Mit Versicherung vergleichbar**

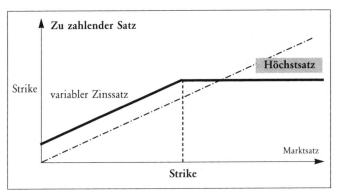

Abbildung 36: Kauf eines Cap

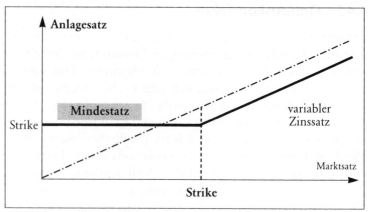

Abbildung 37: Kauf eines Floor

**Cap- und Floor-Parameter:**

| Parameter | Erklärungen | Beispiel |
|---|---|---|
| Referenz-Zinssatz | Kurzfristiger Zinssatz, auf den sich Cap und Floor beziehen | 6-Monats-EURIBOR 3-Monats-USD-Libor |
| Basispreis | Zinssatz, mit dem die Fixings des Referenz-Zinssatzes verglichen werden; können für jede Periode unterschiedlich sein | 5% 6,5% |
| Start Datum | Datum des ersten Zinsvergleiches in der Regel ab 1 Woche bis 5 Jahre | in 6 Monaten in 2 Jahren |
| Laufzeit | besteht aus einer Reihe von Roll-over Perioden, die mit dem Referenzzins-Satz gekoppelt sind | Cap 2 Jahre gegen 3-Monats-EURIBOR |
| Nominalbetrag | Betrag, durch den die Prämie und die eventuelle Ausgleichszahlungen berechnet werden kann | ab EURO 5 Mio bis über EURO 500 Mio |

**Bestimmung der Prämienhöhe**

Aus den Optionsparametern wird die Optionsprämie abgeleitet. Die Höhe der Prämie hängt vom Zinsniveau, der Volatilität, dem gewählten Basispreis (je höher der Basispreis,

# 4 Zinsmanagement im Unternehmen

desto preiswerter der Cap und teuerer der Floor) sowie der Laufzeit (je länger die Laufzeit, desto höher die Prämie) ab.

**Beispiel für die Anwendung eines Caps (Kaufoption):**

Zinsobergrenze: 6,5 %

Laufzeit: 5 Jahre

Variabler Zinssatz: 6-Monats-EURIBOR

Nomineller Kapitalbetrag: EURO 10 000 000

Cap-Prämie: 2 %

Dieser Cap ist gekennzeichnet durch 9 Roll-over-Termine, an denen die vereinbarte Zinsobergrenze mit dem Referenzsatz verglichen wird. Strategieergebnis:

**Alternative 1:** Der Referenzsatz liegt zu einem Settlement-Termin unter der Zinsobergrenze. Für diese Periode findet keine Ausgleichszahlung statt.

**Alternative 2:** Der Referenzsatz liegt zu einem Settlement-Termin über der Zinsobergrenze (beispielsweise 6,75 %). Für diese Periode findet eine Ausgleichszahlung an den Käufer statt.
(6,75 − 6,50) × 10 000 000 × 180/360 = EURO 12 500

Eine Zins-Option eignet sich zur Begrenzung des Zinsänderungsrisikos von variabel verzinslichen Kreditaufnahmen und Geldanlagen. Parallel wird die Möglichkeit eröffnet, bei positiver Zinsentwicklung in unbegrenztem Umfang mit zu partizipieren. Die Laufzeit der Option wird sich an der Laufzeit der abzusichernden Basisposition orientieren. Bei der Festlegung des Basiszinssatzes muss sich das Unternehmen an den Kosten für die Absicherung, der Zinseinschätzung sowie einem möglichen Kostenspielraum orientieren.

Caps und Floors können auch verkauft werden. In diesem Fall geht der Stillhalter ein theoretisch unbegrenztes Risiko ein. Dem steht nur die am Beginn der Laufzeit ausgezahlte Optionsprämie gegenüber. Der Verkauf von Optionen er-

**Risiko bei verkauften Optionen**

fordert ein entsprechendes Instrumentarium zur Risikoüberwachung und -steuerung.

### 4.4.3.2 Der Collar

**Kauf Cap/ Verkauf Floor**

Beim Collar handelt es sich um einen gleichzeitigen Kauf eines Cap und einen Verkauf eines Floor. Diese Konstruktion wird gewählt, um die Kosten für den Cap zu verbilligen. Das Unternehmen kann in diesem Fall allerdings nur noch bis zum Basispreis des Floor von fallenden Zinsen partizipieren.

**Beispiel:**

Kauf eines Cap mit einem Basispreis von 6,5%, Prämienaufwand 2%; Verkauf eines Floor mit einem Basispreis von 4,5%, Prämienertrag 0,8%; Laufzeit jeweils 5 Jahre. Der Nettoprämienaufwand beträgt damit 1,2%.

**Grafische Darstellung:**

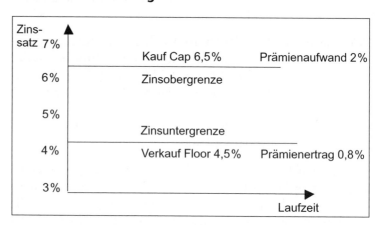

Ein Collar, bei dem zu Beginn der Laufzeit keine Prämie bezahlt werden muss, wird als **Zero-Cost-Cap** bezeichnet.

Die Entscheidung, welche Optionsform beziehungsweise Optionskombination gewählt wird, hängt letztendlich von der individuellen Zinseinschätzung des Unternehmens ab.

### 4.4.3.3 Der Korridor

Der **Korridor** wird durch den Kauf eines Floor und andererseits durch den Verkauf eines Cap konstruiert. Die Kom-

## 4 Zinsmanagement im Unternehmen

**Absicherung von Anlage-Sätzen**

bination verringert die Prämie, die für einen Floor-Kauf anfällt beziehungsweise ermöglicht sogar eine prämienneutrale Gestaltung. Der Käufer eines Korridor sichert durch diese Konstruktion vorhandene oder zukünftige Geldanlagen gegen das Risiko fallender Zinsen ab.

Fällt der Referenzzinssatz während der Laufzeit, hat sich der Käufer einen Mindestzinssatz in Form des Basiszinssatzes des Floors sichergestellt. Steigt der Referenzsatz, partizipiert der Käufer bis zum Basispreis des verkauften Cap unbegrenzt mit und erhält dann diesen Zinssatz als Höchstsatz. Für den Fall, dass der Referenzsatz zwischen den Korridorgrenzen bleibt, empfängt der Käufer den variablen Marktzinssatz.

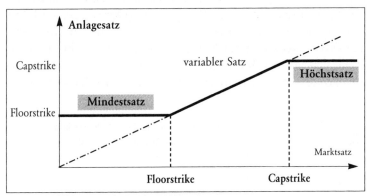

Abbildung 38: Korridor für Anleger

### 4.4.3.4 Die Swaption

**Kombination aus Zinsswap und Option**

Es handelt sich hierbei um eine Kombination aus einem Zinsswap und einem Optionsgeschäft (Option auf einen Swap). Das Unternehmen erwirbt gegen eine einmalige, bei Vertragsabschluss zu zahlende Optionsprämie das Recht auf einen fest vereinbarten Zinssatz für eine in der Zukunft liegende Swap-Laufzeit. Der Vorteil dieser Konstruktion liegt darin, dass sich der Käufer der Swaption zum Starttermin des Swaps (nach Ablauf der Optionslaufzeit) entscheiden kann, ob er den vereinbarten Zinssatz nutzen möchte oder die Swaption ungenutzt verfallen lassen will.

Als preisbestimmende Faktoren treten die erwartete Volatilität, die Höhe des Basispreises, der aus der aktuellen Swap-Zins-Kurve erwartete Forward-Swap-Preis sowie die Laufzeit der Option auf.

**Steuerung von Aktiv-/Passivseite**

Eine Swaption kann zur Steuerung des Zinsrisikos auf der Aktiv- und Passivseite eingesetzt werden. Zur Absicherung der Aktivseite gegen das Risiko sinkender Zinsen muss die Swaption das Recht beinhalten, einen Festzinssatz zu empfangen (Kauf einer Verkaufsoption). Zur Absicherung des Risikos auf steigende Zinsen bei Passivpositionen muss diese dagegen das Recht beinhalten, einen Festzinssatz zu zahlen (Kauf einer Kaufoption).

Hat der Käufer das Recht, gegen Zahlung einer Prämie bei Optionsfälligkeit in einen Payer-Swap (Der Käufer zahlt fest und erhält variabel) einzutreten, spricht man von einer **Payer-Swaption**. Hat der Käufer dagegen das Recht, in einen Receiver-Swap (Der Käufer erhält fest und zahlt variabel) einzutreten, spricht man von einer **Receiver-Swaption**.

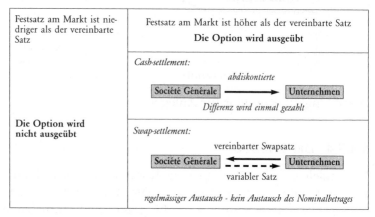

Abbildung 39: Payer Swaption
(Quelle: Societe Generale)

# 4 Zinsmanagement im Unternehmen

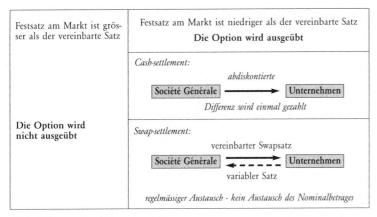

Abbildung 40: Receiver Swaption
(Quelle: Societe Generale)

Eine klassische Einsatzmöglichkeit für die Swaption ist beispielsweise die Verbindung mit einem Grundgeschäft im Projektfinanzierungsbereich. Bei Teilnahme an einer Ausschreibung kann damit ein festes Finanzierungsangebot abgeben werden ohne dass für das Unternehmen im Falle des Ablehnens sich ein Zinsrisiko ergibt. Die Swaption verliert damit nicht automatisch an Wert, sondern kann nach Ablauf der Bietungszeit in Abhängigkeit des Marktwertes wieder verkauft werden.

**Geeignet für Projektgeschäft**

## 4.4.4 Zusammenfassung

Bei vorstehend beschriebenen Instrumenten handelt es sich um Grundstrukturen der Zinsabsicherung. Darauf aufbauend können durch maßgeschneiderte Variationen und Kombinationen alle Zinspositionen eines Unternehmens individuell gesteuert werden. Beispielsweise lassen sich Zinsänderungsrisiken aus saisonal schwankenden und variabel verzinslichen Kontokorrentkrediten durch entsprechende Instrumente (Saison-Cap) preiswert minimieren.

Oftmals entsteht der Bedarf an Zinsabsicherung nicht sofort, sondern erst in einem bestimmten, in der Zukunft liegenden Zeitraum. Die Basisinstrumente des Zinsmanagements lassen sich hinsichtlich dieses Bedarfes durch so genannte Forward-Konstruktionen effizient einsetzen. So kann beispielsweise zukünftiger Anlage- oder Kreditbedarf auf der Basis

**Absicherung zukünftiger Zinsrisiken**

des aktuellen Zinsniveaus unter Einschätzung der zukünftigen Zinsentwicklung ertrags- und bilanzneutral sichergestellt werden.

**Vermeidung Bereitstellungsprovision**

Auch im Zusammenhang mit der Aufnahme von Krediten lassen sich diese Instrumente sinnvoll einsetzen. Bei der Aufnahme eines Standard-Kredites ist in der Regel vom Zeitpunkt der Zusage bis zur Inanspruchnahme eine Bereitstellungsprovision fällig. Durch die Kombination der Zusage mit einem Finanzderivat wird der gleiche Effekt in Form einer langfristigen Zusage mit einem Festzins, nur ohne Bereitstellungsprovision, erzielt.

Die Verwendung sowie der Erfolg vorgenannter Instrumente hängt in erster Linie von der Zinserwartung und deren tatsächlichem Eintreten ab. Nachstehend werden Entscheidungshilfen aufgezeigt, welche Instrumente bei steigenden beziehungsweise fallenden Zinsniveaus besonders sinnvoll sind.

**Kreditnehmer-Matrix:**

| Zinserwartung | Zinsinstrument abgeschlossen/geplant | | |
|---|---|---|---|
| | Vergangenheit | Gegenwart | Zukunft |
| Steigende Zinsen | Swap in Festsatz<br>Kauf Cap<br>Verkauf Floor | Swap in Festsatz<br>Kauf Cap<br>Verkauf Floor | Kauf FRA<br>Verkauf Bund-Futures<br>Verkauf EURO-Futures |
| Fallende Zinsen | Swap in variablen Satz/Verkauf Cap | Verkauf Cap | Verkauf FRA<br>Kauf Bund-Futures<br>Kauf EURO-Futures |
| Unsicher | Swaption in var. Zinssatz (bei Festsatzfinanzierung)<br>Swaption in Festzinssatz (bei var. Finanzierung)<br>Kauf Cap<br>Kauf Floor | Swaption in var. Zinssatz (bei Festzinsfinanzierung)<br>Swaption in Festzinssatz (bei var. Finanzierung)<br>Kauf Cap<br>Kauf Floor | Kauf Forward-Cap<br>Verkauf Forward Floor<br>Option auf Swap in Festsatz |

# 4 Zinsmanagement im Unternehmen

**Anleger-Matrix:**

| Zinserwartung | Zinsinstrument abgeschlossen/geplant | | |
|---|---|---|---|
| | Vergangenheit | Gegenwart | Zukunft |
| Steigende Zinsen | Swap in variablen Zinssatz Verkauf Floor | Verkauf Floor | Kauf FRA Verkauf Bund-Futures Verkauf EURO-Futures |
| Fallende Zinsen | Swap in Festsatz Verkauf Cap Kauf Floor | Verkauf Cap Kauf Floor Swap in Festsatz | Verkauf FRA Kauf Bund-Futures Kauf EURO-Futures |
| Unsicher | Swaption in var. Zinssatz (bei Festzinsanlage) Swaption in Festzinssatz (bei var. Anlage) Kauf Cap Kauf Floor | Swaption in var. Zinssatz (bei Festzinsanlage) Swaption in Festzinssatz (bei var. Anlage) Kauf Cap Kauf Floor | |

## 4.5 Der Zinsmanagement-Prozess

Die wesentlichen Bestandteile eines Zinsmanagement-Konzeptes sind die Definition und das Identifizieren der Zinsrisiko-Positionen (Exposure-Management), die Auswahl und Anwendung geeigneter Verfahren für die Bewertung und Messung der Risiko-Exposure, die Auswahl und Umsetzung geeigneter Absicherungsverfahren, die Erstellung von buchhalterischen Richtlinien, die Bestimmung der Performance sowie die Überwachung sämtlicher Aktivitäten durch ein internes Kontrollsystem. Abhängig von der Komplexität ist auch die Installierung geeigneter Experten-Systeme notwendig.

**Wesentliche Bestandteile**

Beim Aufbau eines entsprechenden Management-Systems sind vorab eine Reihe von Fragen zu beantworten, deren Beantwortung direkt zu nachstehend beschriebenem Risiko-Kreislauf führt:

- In welchem Geschäftsumfeld bewegt sich das Unternehmen?
- Gibt es komparative Vor- oder Nachteile gegenüber den Konkurrenten?
- Wie groß ist der Planungshorizont beziehungsweise wie sicher die Planbarkeit von Cash-flows?
- Welche Strategien verfolgt die Geschäftsleitung (konservativ, aggressiv)?
- Wie können die Risiken identifiziert und definiert werden?
- Wie lassen sich die Risiken messen?
- Wie werden die Risiken gesteuert, damit sich die Zielsetzungen erreichen lassen?
- Wie muss das Controlling und Reporting aufgebaut werden?
- In welchem Ausmaß kann auf EDV-Unterstützung zurückgegriffen werden?

**Der Risiko-Management-Prozess**

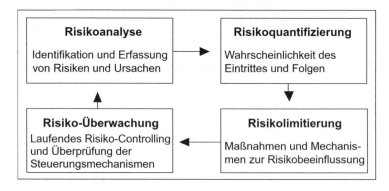

### 4.5.1 Identifikation und Analyse der Zinsrisiken

**Individuelle Struktur bestimmt Zinsrisiko**

**Bilanz als Informationsquelle**

In welchem Ausmaß Unternehmen von negativen Zinsentwicklungen betroffen werden können, ist unter anderem von der individuellen Finanzierungs- und Bilanzstruktur abhängig. Grundsätzlich gilt: Je höher der Anteil der Fremdmittel, desto intensiver ist das Unternehmen dem Zinsänderungsrisiko ausgesetzt. Die Bilanz gibt Aufschluss über die Struktur des Fremdkapitals sowie des verzinslichen Vermögens. Insbesondere das Verhältnis von kurzfristig laufenden

# 4 Zinsmanagement im Unternehmen

beziehungsweise variabel verzinslichen Bilanzpositionen zu langfristig laufenden beziehungsweise fest verzinslichen Bilanzpostionen lässt erste Rückschlüsse auf die Herkunft sowie das Ausmaß der Risiken zu.

Zinsmanagement darf jedoch nicht nur auf Risiken, die aus der gegenwärtigen Bilanz- und Fristenstruktur ersichtlich werden, ausgerichtet werden. Auch zukünftige Cash-flow-Entwicklungen sind von Interesse. Es ist in diesem Zusammenhang eine rollierende monatliche Liquiditätsplanung erforderlich, damit neben der statischen auch die dynamische Analyse ermöglicht werden kann (vergleiche hierzu Kapitel 4, Abschnitt 4 „Planung").

Weitere Voraussetzung für das aktive Gestalten von Zinsänderungsrisiken ist deshalb die Installation eines funktionierenden Finanzberichtswesens, bestehend aus Finanzstatus, Liquiditätsplanung (vergleiche hierzu Kapitel 2, Abschnitt 1 „Cash-Management") sowie Finanzplanung. Beim Finanzstatus genügt es nicht, die Nominalwerte von Geldanlagen oder Kreditaufnahmen aufzuführen. Jedes Finanzinstrument ist auch in seine Zahlungsströme zu zerlegen und mit Informationen auszustatten, damit eine spätere Analyse durchgeführt werden kann.

**Grundlagen für Management-Aktivitäten**

## Bestandteile:

- Zinsbindung,
- Zinssatz,
- Kurs,
- Zinsberechnungsmethode.

In diesem Zusammenhang muss die Frage geklärt werden, aus welchen Transaktionen Risiken überhaupt entstehen können. Wie diese gesteuert und kontrolliert werden, wird später in Absatz 4.5.3 behandelt. Grundsätzlich müssen alle Risiken, auch die verborgenen (beispielsweise Opportunitätsverluste) identifiziert werden. In diesem Zusammenhang ist auch der Einsatzzweck von Finanzderivaten zu klären. Es ist zu unterscheiden, ob Derivate zum Zweck der Ertragserzielung oder zur Absicherung des operativen Geschäftes eingesetzt werden sollen.

**Verschiedene Einsatzmöglichkeiten**

**Aggressiver Ansatz**

Das erste Szenario ist häufig bei Unternehmen anzutreffen, die ihren Finanzbereich als Profit-Center organisiert haben. In diesem Zusammenhang tritt das unternehmerische Risiko, welches sich schwerpunktmäßig aus dem Markt-, Kredit-, operativen und Rechtsrisiko zusammensetzt, direkt aus der jeweiligen Derivatposition auf.

**Konservativer Ansatz**

Im zweiten Szenario werden Derivate vom Unternehmen lediglich zur Absicherung der aus dem operativen Geschäft entstehenden Risiken eingesetzt. Die Unternehmensrisiken entstehen hier nicht durch den Einsatz der Derivate. Vielmehr dienen die Derivate dazu, diese Risiken zu steuern und damit transparent zu machen.

### 4.5.2 Bewertung der Zinsrisiken

Auf der Grundlage eines für das Unternehmen festzulegenden Risikoprofiles müssen Zinsänderungen und deren Ergebnisauswirkungen simuliert werden. Dabei sollte sowohl auf das betriebswirtschaftliche Risiko (Transaktionsrisiko) als auch das buchmäßige Risiko (Translationsrisiko) eingegangen werden. (Hilfen auf ⊛ finden Sie zur betriebswirtschaftlichen Risikostruktur unter Nr. 30 und zur buchmäßigen Risikostruktur unter Nr. 31).

Alle im Zinsmanagement eingesetzten Instrumente (unabhängig ob Derivate oder Cash-Instrumente wie beispielsweise ein Wertpapier oder ein langfristiger Kredit) lassen sich in Einzel-Cash-flows unterteilen. Kennzeichnend für jedes Instrument sind Nominalbetrag, Zinssatz und Fälligkeit. Diese Cash-flows können in einer Zinsänderungsbilanz erfasst und mit dem klassischen Instrumentarium ausgewertet werden.

#### 4.5.2.1 Simulationsanalysen

Durch Simulationsanalysen lassen sich Bestands- und Änderungsrisiken transparent darstellen und bewerten. Im Mittelpunkt stehen dabei zwei Ziele:

- Die Darstellung von alternativen Szenarien sowie die Auswahl geeigneter Instrumente.
- Die laufende Überprüfung der eingesetzten Instrumente und Absicherungsstrategien.

# 4 Zinsmanagement im Unternehmen

**Durchspielen von Szenarien**

Wichtig ist es in diesem Zusammenhang, realitätsnahe Zinsentwicklungen in der Zukunft und deren Einflüsse auf die Ergebnis-Situation des Unternehmens durchzuspielen. Dabei kann sowohl ein ganzheitlicher als auch ein parzieller Ansatz gewählt werden (beispielsweise nur alle verzinslichen Positionen der Passivseite). Eine Geldmarkt-/Zinsergebnis-Prognose finden Sie auf ⊛ unter Nr. 32.

Um die Zuverlässigkeit und Aussagekraft zu erhöhen, sollte nicht nur ein Szenario, sondern mehrere simuliert werden. Die Darstellung einer worst-case, best-case sowie höchstwahrscheinlich eintretenden Alternative ist sinnvoll, um das Risiko in seiner gesamten Bandbreite aufzuzeigen.

Aus den Erkenntnissen der Analyse werden anschließend die zur Verfügung stehenden (und zugelassenen) Sicherungsinstrumente geprüft und in Übereinstimmung mit den gewünschten Absicherungszielen eingesetzt. Damit erfolgt letztendlich die Zusammenführung zwischen Grundgeschäften und Zinsderivaten mit der Zielsetzung „Minimierung" oder gänzliche Neutralisierung der Risiken.

**Mithilfe vorgenannter Verfahren lassen sich vor allem folgende Fragen beantworten:**

- Welche Auswirkungen ergeben sich auf die Ergebnis-Situation, wenn die Zinsen um einen bestimmten Prozentsatz fallen/steigen?
- Welche Auswirkungen ergeben sich auf die G+V, wenn sich die Zinsen entsprechend der prognostizierten Zinsentwicklung bewegen?
- Um wie viel müssen die Zinsen schwanken, damit sich signifikante Auswirkungen auf die G+V ergeben und wie hoch ist die Wahrscheinlichkeit des Eintretens?
- Um wie viel müssen die Zinsen steigen oder fallen, damit beispielsweise beim Einsatz einer Zinsoption der Breakeven erreicht wird?

**Einsatzmöglichkeiten**

Als häufig angewandter Maßstab für das kurzfristige Zinsrisiko werden die Auswirkungen auf den Zinssaldo bei einer Änderung des Zinsniveaus untersucht. Der Einfluss von Zinsänderungen auf die Ergebnisrechnung eines Unternehmens (verzinsliche Bilanzpositionen) kann in einer Risiko-Kennzahl ausgedrückt werden. Hierzu schätzt man, in welchem Ausmaß der Nettozinsaufwand auf eine Zinsveränderung von beispielsweise 0,5% reagiert. Durch Gegenüberstellung mit dem geplanten Ergebnis der Planperiode kann ein **Zinsänderungsfaktor** ermittelt werden.

**Barwert geeignetes Instrument**

Für langfristige Zeiträume stellt der Barwert eines Instrumentes einen geeigneten Maßstab dar. Dabei besteht kein Unterschied, ob der Barwert eines Wertpapieres oder eines Festsatzkredites untersucht wird. Steigt beispielsweise das Zinsniveau, fällt der Wert eines Kredites.

Der Vorteil dieser Methode besteht darin, dass entweder ein Instrument isoliert oder eine gesamte Gruppe von Instrumenten (beispielsweise eine Kreditaufnahme zusammen mit einem dazugehörigen Zinsswap) erfasst und ausgewertet werden kann (Portfolio-Grundgedanke).

**Simulation durch Verschiebung der Zinsstrukturkurve**

Nachdem die Maßstäbe festgelegt worden sind, werden nunmehr die Auswirkungen verschiedener Zins-Szenarien auf den Zinssaldo und den Barwert der Finanzportfolios (beispielsweise Wertpapiere) bis zum Abschluss der Planperiode anhand der Liquiditätsplanung simuliert. Eine beliebte Methode stellt eine einfache Simulation der Parallelverschiebung der Zinsstrukturkurve dar.

**Beispiel:**

Ein Unternehmen hat einen Festsatzkredit mit einem Nominalzinssatz von 5,8% aufgenommen. Der Kredit hat noch eine Restlaufzeit von 4 Jahren. Es hat die Zinserwartung, dass die tatsächliche Zinsentwicklung unter den heute gehandelten implizierten Zinsterminsätzen bleibt. Die Schlussfolgerung daraus wäre, den bestehenden Kredit zurückzuzahlen (mit entsprechend hoher Vorfälligkeitsentschädigung) und sich kurzfristig zu refinanzieren. Kostengünstiger ist jedoch der Abschluss eines Receiver-Swaps (der Käufer erhält den Fest-Zinssatz und zahlt den variablen Zinssatz). Das Unternehmen erhält den Vierjahreswapsatz mit 4,71% und zahlt im Gegenzug den 6-Monats-Euribor (3,41%).

# 4 Zinsmanagement im Unternehmen

Ergebnis: Aus dem Swap erhält das Unternehmen 4,71% fest, andererseits muss es für den Kredit 5,80% fest bezahlen. Daraus resuliert ein Nettoaufwand von 1,09%. Im Rahmen des Swap muss der 6-Monats-Euribor mit 3,31% bezahlt werden. Der Kredit kostet das Unternehmen damit 4,40% (3,31% + 1,09%). Gegenüber dem ursprünglichen Festzins ergibt sich daraus eine Zinseinsparung von 1,4% (= auf einen Betrag von EURO 10 Mio gerechnet EURO 70 000) für das erste Halbjahr. Wird eine unveränderte Zinsstruktur über die gesamte Laufzeit unterstellt, errechnet sich daraus ein Gesamt-Vorteil von EURO 240 000.

**Im Rahmen einer Simulationsrechnung kann nunmehr vorgenannte Verschiebung der Zinsstrukturkurve durchgespielt werden:**

*Simulationsrechnung anstellen*

| Simulierte Zinsänderung | Marktwert des Swaps in Tausend EURO |
|---|---|
| Zinssenkung um 100 Basispunkte | + 525 |
| Zinssenkung um 50 Basispunkte | + 380 |
| Unveränderte Zinsstruktur | + 240 |
| Zinserhöhung um 50 Basispunkte | + 100 |
| Zinserhöhung um 100 Basispunkte | − 30 |

Durch die Veränderungen der beiden vorgenannten Größen wird das Risiko quantifiziert. Geeignetes Instrument hierfür ist die bereits unter Abschnitt 3.6.2.1 vorgestellte Methode des Value-at-Risk. Der VaR gibt den potenziellen Verlust an, der mit einer bestimmten Wahrscheinlichkeit (= Konfidenzniveau; bespielsweise 99%) in einem bestimmten Zeitraum (Haltedauer; ausgedrückt in Tagen) zu erwarten ist. Im nächsten Schritt muss über eine Risiko-Strategie (im Sinne einer Absicherung) nachgedacht werden.

### 4.5.2.2 Analyse mit Hilfe Schichtenbilanzen

Sämtliche Bilanzpositionen, die einer Verzinsung unterworfen sind, werden bei der **Schichtenbilanz** auf der Aktiv- und Passiv-Seite nach Laufzeitsegmenten geordnet und an-

*Grundlage zinsreagible Bilanzpositionen*

schließend gegenübergestellt (Bildung von Einzelportfolios). Veränderungen von nicht verzinslichen Bilanzpositionen (beispielsweise Forderungen aus Lieferungen und Leistungen, Vorräte) werden durch die Liquiditäts- beziehungsweise Finanzplanung für die jeweils zu betrachtende Periode erfasst. Da der Deckungsausgleich aus der Planung immer über eine Veränderung der Liquidität (= Kasse) dargestellt wird, lässt sich dies relativ einfach ablesen. Eventuelle langfristige Kreditplanungen sind zu berücksichtigen.

**Maßgeblich Zinsbindungsdauer**

Maßgeblich für die Analyse des Zinsrisikos ist die jeweilige Zinsbindungsdauer (und nicht die Fälligkeit). Beispielsweise hat ein dreijähriger Kredit auf variabler 3-Monats-EURIBOR-Basis eine Zinsbindungsdauer (und damit Risiko) von 3 Monaten. Klassisches Beispiel des Zinsrisikomanagements stellen fristenkongruente Investitionsfinanzierungen mit langfristig festgeschriebenen Zinssätzen dar.

### Zinsstrukturbilanz 1:

| Bilanzposition | Zeitraum | | | | | | |
|---|---|---|---|---|---|---|---|
| | Monat 1 | Monat 2 | Monat 3 | ..... | Jahr 1 | Jahr 2 | ..... |
| **Aktiva** | | | | | | | |
| Ausleihungen | | | | | | | |
| Forderungen | | | | | | | |
| Kasse/Bank | | | | | | | |
| Sonstige | | | | | | | |
| **Summe** | | | | | | | |
| **Passiva** | | | | | | | |
| Bonds | | | | | | | |
| Lfr. Darlehen | | | | | | | |
| Bankkredite | | | | | | | |
| Verbindlichkeiten | | | | | | | |
| Sonstige | | | | | | | |
| **Summe** | | | | | | | |
| Saldo | | | | | | | |

# 4 Zinsmanagement im Unternehmen

## Zinsstrukturbilanz 2:

| Zinssätze | Zeitraum | | | | | | |
|---|---|---|---|---|---|---|---|
| | Monat 1 | Monat 2 | Monat 3 | ..... | Jahr 1 | Jahr 2 | ..... |
| **Aktiva** | | | | | | | |
| Ausleihungen | | | | | | | |
| Forderungen | | | | | | | |
| Kasse/Bank | | | | | | | |
| Sonstige | | | | | | | |
| Bonds | | | | | | | |
| Lfr. Darlehen | | | | | | | |
| Bankkredite | | | | | | | |
| Verbindlichkeiten | | | | | | | |
| Sonstige | | | | | | | |

## Zinsstrukturbilanz 3:

| Zins-Cash-flows | Zeitraum | | | | | | |
|---|---|---|---|---|---|---|---|
| | Monat 1 | Monat 2 | Monat 3 | ..... | Jahr 1 | Jahr 2 | ..... |
| **Einnahmen aus** | | | | | | | |
| Ausleihungen | | | | | | | |
| Forderungen | | | | | | | |
| Kasse/Bank | | | | | | | |
| Sonstige | | | | | | | |
| **Summe** | | | | | | | |
| **Ausgaben für** | | | | | | | |
| Bonds | | | | | | | |
| Lfr. Darlehen | | | | | | | |
| Bankkredite | | | | | | | |
| Verbindlichkeiten | | | | | | | |
| Sonstige | | | | | | | |
| **Summe** | | | | | | | |
| Saldo | | | | | | | |

### 4.5.2.3 Die Durationsanalyse

**Maß für die Kapitalbindungsdauer**

Bei der **Duration** handelt es sich um die durchschnittliche Kapitalbindungsdauer eines Wertpapieres oder Kredites. Sie stellt ein qualitatives Maß für die Zinssensitivität dar. Des Weiteren gibt sie den Zeitpunkt an, an dem das Preisrisiko einer Finanzanlage das Wiederanlagerisiko der empfangenden Zinsen gerade wieder aufhebt. Damit wird es ermöglicht, das Risiko der gesamten Bilanz oder aber von Einzelpositionen auf der Aktiva und Passiva zu bestimmen.

**Beispiel: Ermittlung der Duration eines festverzinslichen Wertpapieres**

Laufzeit 10 Jahre, Kupon 8% p. a., Zinsberechnung annual/360

| Periode | Cash-Flow in EURO | Barwerte | Gewichtungsfaktor | Duration |
|---|---|---|---|---|
| 1 | 8,00 | 7,41 | 0,0741 | 0,074 |
| 2 | 8,00 | 6,86 | 0,0686 | 0,137 |
| 3 | 8,00 | 5,35 | 0,0635 | 0,191 |
| 4 | 8,00 | 5,88 | 0,0588 | 0,235 |
| 5 | 8,00 | 5,45 | 0,0545 | 0,273 |
| 6 | 8,00 | 5,04 | 0,0504 | 0,302 |
| 7 | 8,00 | 4,67 | 0,0467 | 0,327 |
| 8 | 8,00 | 4,32 | 0,0432 | 0,346 |
| 9 | 8,00 | 4,00 | 0,0400 | 0,360 |
| 10 | 108,00 | 50,02 | 0,5002 | 5,002 |
| | | 100,00 | 1,0000 | 7,247 |

Ergebnis: Die Wertpapieranlage hat eine durchschnittliche Duration von 7,25 Jahren

Beispielsweise kann sich ein Kreditnehmer gegen steigende Zinsen durch eine hohe Duration sichern. Er verteuert damit aber seine Finanzierung, wenn die Zinsen wieder fallen. Sinken die Zinsen, kann der Kreditnehmer durch eine niedrige Duration deutlich mit partizipieren. Steigen die Zinsen, wird die Finanzierung bei geringer Duration teurer.

# 4 Zinsmanagement im Unternehmen

Diese Überlegungen (umgesetzt auf Zinsmanagement) haben zur Folge, dass ein mit steigenden Zinsen rechnender Kreditnehmer gezwungen ist, die Duration seiner Kreditaufnahmen zu verlängern. Erwartet ein Kreditnehmer dagegen fallende Zinsen, muss er die Duration seiner Kreditaufnahmen verkürzen.

Zur Umsetzung dieser Entscheidungen eignen sich Finanz-Derivate besonders gut, da keine Liquidität in Form der bestehenden Bilanzposition verändert werden muss.

*Keine Liquidität muss bewegt werden*

## 4.5.3 Die Steuerung von Zinsrisiken

### 4.5.3.1 Ziele und Strategien

Ein Unternehmen hat grundsätzlich die Möglichkeiten, sich für zwei Vorgehensweisen zu entscheiden:

- **Entscheidung zur Absicherung:** Zielsetzung ist es, eine bestehende Risikoposition durch ein Gegengeschäft zu neutralisieren. Dieses Hedging kann parziell (teilweise Ausschaltung des Risikos) oder vollständig (totale Ausschaltung des Risikos) erfolgen. Lässt sich das Absicherungsinstrument einem bestimmten Grundgeschäft zuordnen, spricht man von Mikro-Hedge. Bei einem Makro-Hedge werden dagegen Gesamtpositionen abgesichert, ohne dass sich eine bestimmte Zuordnung zu einem Einzelgeschäft herstellen lässt.

*Neutralisation des Risikos*

- **Entscheidung zur Positionierung:** Nach Analyse der Risikoposition wird auf Grund der Zinseinschätzung eine bestimmte Erwartungshaltung eingenommen. Diese drückt sich im Abschluss von Finanz-Derivaten, aber auch in vollkommener Passivität gegenüber dem Zinsrisiko aus.

*Einnahme einer Erwartungshaltung*

Die Entscheidung für eine der beiden Strategien ist gleichzeitig Ausdruck der Management-Philosophie. Der erste Ansatz hat eindeutig zur Folge, dass sich das Management verstärkt dem Grundgeschäft widmen kann. Der zweite Ansatz stellt dagegen Ergebnisziele und damit den Profit-Center-Gedanken der Finanzgeschäfte in den Vordergrund. Für ein aktives Zinsmanagement im Sinne der Positionierung spricht die Tatsache, dass Wettbewerbsnachteile durch eine reine Absicherungsstrategie immer dann auftreten können, wenn die Konkurrenz durch ein aktives Zinsmanagement eine Verminderung der Kapitalkosten und damit Ergebnisvorteile erringen kann.

Hinsichtlich der Entscheidung über die Strategie ist deshalb die Geschäftsleitung einzubinden. Zu klären ist in diesem Zusammenhang, welche Risiken das Unternehmen gewillt ist zu tragen (Risikotoleranz) und welche Zinssicherungsinstrumente eingesetzt werden dürfen. Einmal getroffene Strategieansätze sind für den ausführenden Finanzbereich bindend. Damit wird sichergestellt, dass im Nachhinein Schuldzuweisungen nicht aufkommen können.

**Festlegung des Handlungsrahmens**

Parallel zur Festsetzung der Strategie muss der Handlungsrahmen definiert werden, in dem sich der Finanzverantwortliche bewegen darf. Es ist darauf zu achten, dass dieser Handlungsrahmen nicht zu eng definiert wird. So ist es nicht erforderlich, einzelne Instrumente, Volumina oder Laufzeiten in die strategischen Überlegungen mit einzubeziehen.

**Ziele und Strategien von Zinsmanagement**

| Risiken | Kommerzielle Risiken, spekulative Risiken |
|---|---|
| Verhalten | vermeiden, tragen, verhüten, überwälzen, streuen, teilen, kompensieren, beeinflussen |
| Ziele | – Minimierung möglicher Verluste<br>– Reduzierung von Verlusten/Wahrung von Chancen<br>– Aktive Nutzung möglicher Chancen durch Optimierung der Risikoposition und der Kosten |
| Strategien | – Verzicht auf Absicherung<br>– Vollständige Absicherung<br>– Selektive Sicherung |

**Strategiebeschlüsse können beispielsweise lauten:**

- „Bei Kreditaufnahmen sind mindestens 60% in festverzinslichen Krediten mit einer Zinsbindung größer 5 Jahre zu finanzieren. Der Rest ist im Geldmarkt mit einer kurzfristigen Zinsbindung zu finanzieren".
- „Bei Kreditaufnahmen ist grundsätzlich das Verhältnis 60% variabel, 40% fest, einzuhalten".

# 4 Zinsmanagement im Unternehmen

## 4.5.3.2 Analyse der Zinslandschaft

Ein aktives Zinsmanagement setzt die Analyse der aktuellen Zinslandschaft voraus. Als Ausgangspunkt wird in der Regel die Analyse der aktuellen Marktzinssätze und der daraus abgeleiteten impliziten Zinsterminsätze herangezogen. Diese Informationen können durch Zinsanalysen mit Hilfe der Fundamental- sowie Technischen Analyse ergänzt werden (vergleiche hierzu Absatz 3.3)

*Mit aktuellen Zinsen auseinander setzen*

**Beispiel: Swapsätze und implizite Zinsterminsätze**

| Laufzeit Jahre | Kasse | Laufzeitbeginn in Jahren | | | | |
|---|---|---|---|---|---|---|
| | | 1 | 2 | 3 | 4 | 5 |
| 1 | 4,28 | 5,13 | 5,37 | 5,54 | 5,68 | 5,81 |
| 2 | 4,74 | 5,62 | 5,76 | 5,88 | 6,00 | 6,12 |
| 3 | 5,04 | 5,91 | 6,03 | 6,15 | 6,26 | 6,34 |
| 4 | 5,26 | 6,14 | 6,28 | 6,39 | 6,47 | 6,51 |
| 5 | 5,43 | 6,42 | 6,53 | 6,59 | 6,62 | 6,63 |

Aus der Tabelle geht hervor, dass die Zinsterminsätze für Laufzeiten, die in einem Jahr beginnen, über dem aktuellen Zinsniveau liegen. Beispielsweise liegt der implizierte Terminzins für eine Laufzeit von einem Jahr in einem Jahr mit 5,13% um 0,85% über dem heutigen Ein-Jahreszins (4,28%). Ein Unternehmen mit einem Kreditbedarf für den Zeitraum von 2 Jahren kann heute entweder einen Festzins für die Gesamtlaufzeit festschreiben oder zunächst nur den Zins für ein Jahr festlegen.

**Die Terminzinssätze (Forwards) liefern hierzu in Abhängigkeit der individuellen Zinserwartung folgende Entscheidungshilfe:**

- Liegt die Zinserwartung für den Einjahreszins in einem Jahr über 5,13%, dann sollte der Zwei-Jahreszins von 4,74% festgeschrieben werden,
- Liegt die Zinserwartung für den Einjahreszins in einem Jahr unter 5,13%, dann sollte zunächst der Satz von 4,28% für das erste Jahr fixiert werden.

In diesem Zusammenhang gilt die Aussage, dass Kreditnehmer, die davon ausgehen, dass der Zinsanstieg weniger stark ausfällt, als es die implizierten Zinsterminsätze vorgeben, kurzfristig finanzieren sollten. Langfristige Zinsbindungen wären dagegen anzuraten, wenn Zinssteigerungen erwartet werden, die noch über den impliziten Zinsterminsätzen liegen.

### 4.5.3.3 Der Einsatz von Instrumenten

**Finanzinstrumente auswählen**

Eigene Zinseinschätzung und Analyse der Zinsterminkurve einerseits sowie die Absicherungsstrategie andererseits beeinflussen unmittelbar die Auswahl von Finanzinstrumenten. Auf Grundlage der Absicherungserfordernisse (Strategie) werden vom Finanzverantwortlichen einzelne Zinssicherungsinstrumente eingesetzt. Die Auswahl richtet sich auch nach Kostengesichtspunkten. Dies hat häufig zur Folge, dass Kombination von Absicherungsinstrumenten (beispielsweise ein Collar) gewählt werden.

Bei Vorliegen eines Grundgeschäftes werden damit Finanzierungs- und Zinsinstrument in der Regel parallel (fristen-/betragskongruent) eingesetzt (Beispiel: Aufnahme eines langfristigen Darlehens auf variabler Zinsbasis in Verbindung mit dem Abschluss eines Zins-Swaps). **Bei allen eingesetzten Sicherungsinstrumenten ist die zeitliche Wirkung der Instrumente zu beachten:**

- Bilanzwirksamkeit: Bewertung zum nächsten Bilanzstichtag (vergleiche buchmäßiges Risiko).
- Ertragswirksamkeit: Direkte Auswirkungen auf Zinsaufwand und -ertrag (beispielsweise periodisches Cash-Settlement bei Zinsswaps).

**Zinstermingeschäft entspricht Zinsfestschreibung**

Die Entscheidung für Zinstermingeschäfte (symmetrisches Chance-/Risikoprofil) ist gleichbedeutend mit einem Festschreiben der Zinssätze auf dem Niveau der Zinsterminkurve. Der Einsatz von Optionen sichert dagegen eine Zinsunter- beziehungsweise -obergrenze ab, wobei von positiven Entwicklungen voll mit partizipiert werden kann.

Der Vorteil dieser Vorgehensweise liegt darin, dass den Banken der Bedarf des Unternehmens vor dem Hintergrund der bekannten Risikoposition vorgegeben wird und darauf die

# 4 Zinsmanagement im Unternehmen

Auswahl der Instrumente erfolgt. Damit wird nicht dem Fehler verfallen, sich von den Banken Transaktionen anbieten zu lassen, ohne die Risikoposition im Einzelnen zu kennen. Nach Umsetzung der Maßnahme sollte das Risikoprofil des eingesetzten Instrumentes mit dem Zielprofil der Absicherungsstrategie übereinstimmen.

**Ausgehend von der Zinsmeinung lassen sich die Instrumente wie folgt einsetzen (Entscheidungsmatrix):**[33]

| Bilanzposition | Aktiva | |
|---|---|---|
| Untergliederung | kurzfristig | langfristig |
| Zinssatz | variabel | Festsatz |
| Zinsrisiko | fallende Zinsen | steigende Zinsen |
| Management-Entscheidung | in Festsatz wechseln/Duration verlängern | in variablen Satz wechseln/Duration verkürzen |
| FRA | verkaufen | kaufen |
| Future | kaufen | verkaufen |
| Swap | variabel zahlen/ Festsatz erhalten | Festsatz zahlen/ variabel erhalten |
| Cap | verkaufen | kaufen |
| Floor | kaufen | verkaufen |
| G+V | erhöhte Erträge aus Aktiva-Positionen | |

---

[33] Institute for International Research, Zinsmanagement in einer internationalen Holding.

**Bilanzposition Passiva**

| Bilanzposition | Passiva | |
|---|---|---|
| Untergliederung | kurzfristig | langfristig |
| Zinssatz | variabel | Festsatz |
| Zinsrisiko | steigende Zisnen | fallende Zinsen |
| Management-Entscheidung | in Festsatz wechseln/Duration verlängern | in variablen Satz wechseln/Duration verkürzen |
| **Bilanzposition** | **Passiva** | |
| FRA | kaufen | verkaufen |
| Future | verkaufen | kaufen |
| Swap | Festsatz zahlen/variabel erhalten | variabel zahlen/Festsatz erhalten |
| Cap | kaufen | verkaufen |
| Floor | verkaufen | kaufen |
| G+V | verminderte Finazierungskosten | |

### 4.5.4 Controlling und Berichterstattung

#### 4.5.4.1 Performance und Benchmarking (vgl. hierzu auch Kapitel 4, Abschnitt 6)

*Angemessene Berichterstattung notwendig*

In Abhängigkeit vom operativen Geschäft, den gehandelten Geschäftsvolumina sowie dem Umfang der eingesetzten Finanzderivate hat die Geschäftsleitung für eine angemessene Berichterstattung sowie für ein effizientes Kontrollsystem zu sorgen.

Der Erfolg von Absicherungsmaßnahmen lässt sich am besten anhand eines „Musterportfolios" messen. Dieses vergleicht den im Ist erzielten Erfolg mit den Erfolgen aus dem Musterportfolio. Damit werden gleichzeitig zwei interessante Fragen beantwortet:

- **Performance:** „Sind bei Umsetzung der Strategie immer die günstigsten Absicherungsinstrumente eingesetzt worden"?

# 4 Zinsmanagement im Unternehmen

- **Benchmarking:** „Wie vergleicht sich der Erfolg der eingesetzten Strategie mit dem Musterportfolio"?

Unabdingbar für derartige Betrachtungen ist eine lückenlose Datenerfassung im Finanzberichtswesen.

### 4.5.4.2 Das interne Kontrollsystem

Beim Betreiben von Handelsgeschäften ist die Installation eines internen Kontrollsystems unumgänglich. In der Regel deckt dieses Kontrollsystem neben den Aktivitäten aus dem Zinsmanagement auch entsprechende Aktivitäten im Devisenmanagement ab. Der Aufbau ist deshalb analog zu gestalten (vgl. Kapitel 3, Abschnitt 3.6.4 sowie Kapitel 4, Abschnitt 7). Diese Aufgabe wird vom Risikocontrolling wahrgenommen, das unbedingt einer vom Handel unabhängigen Stelle zugeordnet werden muss.

**Kontrollsystem notwendig**

Auf die wichtigsten Punkte sei an dieser Stelle nochmals hingewiesen:

- **Funktionentrennung:**

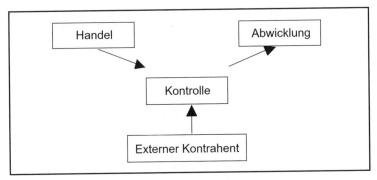

Der Datenfluss zwischen Handel, Kontrolle und Abwicklung muss durch Händlerzettel belegt werden (siehe Muster auf ⓢ unter Nr. 33). Alle eingehenden Gegenbestätigungen vom Kontrahenten müssen über eine vom Handel und Abwicklung getrennte Kontrollstelle erfolgen. Diese ist für den Abgleich zwischen eigenem Handelsbeleg sowie der Bestätigung des Kontrahenten zuständig.

**Schriftliche Dokumentation**

- **Mehraugenprinzip:**
  Sämtliche Aktivitäten sind, wenn möglich, durch das Mehraugenprinzip zu überwachen.
- **Risikobegrenzende Limite:**
  Im Hinblick auf handelnde Personen sowie Umfang der Geschäftsabschlüsse ist die Installation risikobegrenzender Limite anzuraten.
- **Mark-to-market-Bewertung:**
  Eine regelmäßige Marktbewertung des Bestandes an Derivaten sollte nicht nur zum Bilanzstichtag sondern auch unterjährig vorgenommen werden. Dabei ist von der Glattstellungsfiktion des Geschäftes auszugehen.
- **Datenproblematik:**
  Beim Abschluss eines Geschäftes ist eine Vielzahl von Daten zu erfassen und zu verwalten (beispielsweise bei einem Zins-Swap). Zusätzlich zu den bei Geschäftsabschluss anfallenden Daten werden über die Laufzeit weitere Daten zur aktuellen Marktbewertung (beispielsweise Zinssätze, Wechselkurse) benötigt. Die Eingabe dieser Daten sollte nicht vom Handel kommen, um eine eventuelle Beeinflussung der Bewertung der Position von vorne herein auszuschließen. Aus diesem Grund sollte die Dateneingabe ausschließlich durch die Abwicklung erfolgen. Mit Blick auf das betriebliche Risiko ist damit sicherzustellen, dass sämtliche Transaktionen vom Handel, der Kontrolle sowie der Abwicklung lückenlos und ausführlich dokumentiert und erfasst werden. Das Muster einer Positionsliste (Beispiel FRA) finden Sie auf ⓑ unter Nr. 34.

**Rechtsrisiko ausschalten**

- **Rahmenverträge:**
  Zur Ausschaltung des Rechtsrisikos bietet es sich an, standardisierte Rahmenverträge (beispielsweise für Swap-Transaktionen) mit den Kontrahenten abzuschließen.

**Für qualifiziertes Personal sorgen**

- **Personal:**
  Das Personal stellt bei dem Einsatz neuer Finanzinstrumente häufig den Engpassfaktor dar. Damit die oft komplexen Transaktionen entsprechend verstanden und bearbeitet werden können, ist es notwendig, neben dem Handel auch bei der Kontrolle sowie Abwicklung für qualifiziertes Personal zu sorgen. Externe und interne Schulungsmaßnahmen sind unerlässlich.

# 4.6 Gesamtüberblick/Zusammenfassung Zinsmanagement

**Zinsmanagement erfordert eine systematische Vorgehensweise:**

1. **Schritt:** Risikoidentifikation/-Erfassung, Entwicklung und Aufbau der Zinsrisikostruktur (**Identifikation und Analyse** des Zinsrisikos) hinsichtlich betriebswirtschaftlichem und buchmäßigem Risiko.

2. **Schritt:** Ermittlung und **Erfassung** der Zins-Exposure, Untersuchung von Aktiv- und Passiv-Positionen auf Fristenkongruenz.

3. **Schritt:** **Bewertung** der Zinsrisiken mit Hilfe Simulationsanalyse, Schichtenbilanzen oder Durationsanalyse.

**4. Schritt:** Analyse der gegenwärtigen und zukünftigen Marktzins-Struktur, Auswertung fundierter Zinsprognosen.

**5. Schritt: Steuerung** der Risiken durch Festlegung von Zielen und Absicherungsstrategie, Auswahl und Abschluss von Sicherungsgeschäften in Übereinstimmung mit den Regularien und Rahmenbedingungen.

**6. Schritt: Controlling** sämtlicher Aktivitäten: Kontrolle und Berichterstattung (Performance, Benchmarking)

## 4.7 Handelsrechtliche Erfassung

### 4.7.1 Aufzeichnungen

**Keine Bilanzierung derivativer Geschäfte**

Finanzderivate werden beim Unternehmen nicht bilanziert. Sinnvoll ist es jedoch, diese Geschäfte in einer Evidenzbuchhaltung zu erfassen. Für Derivat-Geschäfte sollten deshalb eigene Konten eröffnet werden, die im Rahmen der Jahresabschlussarbeiten den einzelnen Positionen des Jahresabschlusses zugeordnet werden.

**Beispiel:**

Das Unternehmen hat ein Swap-Geschäft über einen Nominalbetrag von EURO 5 Mio abgeschlossen. Es werden variable gegen feste Zinszahlungen getauscht.

Buchung: Evidenzforderung Swap variabel
im Soll                                     EURO 5 Mio
Evidenzforderung Swap fest
im Haben                                    EURO 5 Mio

Bei Vertragsablauf wird, da die Verpflichtung aus dem Swap erlischt, entsprechend umgekehrt gebucht.

Beim Abschluss eines Geschäftes ist auf eine vollständige Dokumentation zu achten (§ 238, Abs. 1 HGB).

**Diese muss folgende Einzelheiten beinhalten:**

- Kontrahent/Vertragspartner,

- Nominalbetrag des Derivates,
- Laufzeit,
- Basis-Zinssätze,
- Feststellungstermine der Zinsen,
- Fälligkeit eventueller Ausgleichszahlungen,
- Angabe des dazugehörigen Grundgeschäftes (bei der Bildung von Bewertungseinheiten).

### 4.7.2 Bewertung

**Es gelten folgende Grundsätze:**

- **Einzelbewertung:** Sämtliche Geschäfte sind einzeln und imparitätisch zu bewerten (§ 252 Abs. 1 Nr. 3 und 4 HGB). Für Drohverluste (Glattstellungsfiktion zum Bilanzstichtag) sind Rückstellungen zu bilden; nicht realisierte Gewinne dürfen nicht erfolgswirksam berücksichtigt werden.
- **Bewertungseinheiten:** Bei diesem Ansatz wird nicht der einzelne Vermögensgegenstand bewertet, sondern eine zu einer Bewertungseinheit zusammengefasste Gruppe. Rückstellungen sind nur zu bilden, wenn sich Drohverluste aus der Bewertungseinheit ergeben würden.
- **Mikro-Hedge:** Beim Mikro-Hedge wird ein spezielles Risiko abgesichert. Die Zuordnung ist exakt zu dokumentieren. Des Weiteren muss die Absicht bestehen, beide Geschäfte bis zur Endfälligkeit durchzuhalten.
- **Makro-Hedge:** Verschiedene Risiken werden zusammengefasst und im Rahmen eines Sicherungsgeschäftes abgesichert. Die Geschäfte sind einzeln zu bewerten. Die Besonderheit besteht darin, dass positive und negative Effekte miteinander saldiert werden können.
- **Währungsumrechnung:** Fremdwährungsgeschäfte sind nach den allgemein gültigen Regeln zum Bilanzstichtagskurs umzurechnen und nach dem Imparitätsprinzip zu bewerten.

### 4.7.3 Handelsrechtliche Behandlung von Instrumenten

**Handelsbilanz maßgeblich für Steuerbilanz**

Die Handelsbilanz ist maßgeblich für die Steuerbilanz (§ 5, Abs. 1, Satz 1 EStG). Finanzderivate sind grundsätzlich nicht bilanzpflichtig. Es ergeben sich jedoch hinsichtlich des Ausweises der Prämie bei Optionen (gezahlte oder erhaltene Prämien) sowie der Bewertung Besonderheiten:

- **Zinsoptionen:** Die gezahlte Optionsprämie ist über einen aktiven Rechnungsabgrenzungsposten zeitraum-bezogen abzugrenzen und aufzulösen. Entsprechend ist eine erhaltene Prämie (Stillhalter) über einen passiven Rechnungsabgrenzungsposten zeitraum-bezogen abzugrenzen und aufzulösen.
- **Drohverlustrückstellung:** Ein sich zum Bilanzstichtag aus der Auflösung eines Instrumentes ergebender Verlust (Glattstellungsfiktion) ist in Form einer Drohverlust-Rückstellung auszuweisen. Dies gilt für alle Geschäfte, aus denen sich eine Zahlungsverpflichtung ergibt (Zinstermingeschäfte, verkaufte Optionen).

# 4. Kapitel Finanzcontrolling

## 1 Finanz-Controlling als Steuerungsinstrument im Unternehmen

### 1.1 Finanz-Controlling und Ziele

Der **Finanz**bereich eines Unternehmens ist verantwortlich für die Sicherung der Finanzkraft sowie die Aufrechterhaltung der jederzeitigen Zahlungsfähigkeit (Aufgabe dispositiv und operativ). Das **Controlling** versteht sich dagegen als betriebswirtschaftlicher Berater des Managements (Unterstützung bei der Zielfestsetzung und Zielverfolgung, Aufgabe strategisch und analytisch).

**Das Controlling-Zieldreieck:**

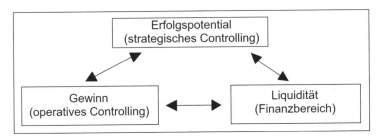

**Finanz-Controlling** verfolgt demzufolge das Ziel, die künftige Existenzfähigkeit des Unternehmens hinsichtlich Ertragskraft und Finanzkraft zu sichern. Damit verbunden ist auch das Erkennen und Ausnutzen des maximal durchführbaren finanziellen Potenzials des Unternehmens.

*Definition Ziele Finanz-Controlling*

### 1.2 Finanz-Controlling und Aufgaben

Die Aufgabe von Finanz-Controlling liegt darin, die für die Führung der Finanzgeschäfte verantwortlichen Personen und Entscheidungsträger mit Informationen und Daten zu versorgen, damit diese ihre Aufgabe – effiziente Steuerung

**Ausnutzung finanzieller Potenziale**

und Verwendung der Finanzmittel des Unternehmens – erfüllen können. Des Weiteren sind eine effiziente Kontrolle und Überprüfung der im operativen Finanzmanagement durchgeführten Aktivitäten sicherzustellen. Damit sollen finanzielle Potenziale erkannt und ausgenutzt werden. Ergänzend wird damit auch ein Beitrag zur Sicherung der künftigen Existenzfähigkeit des Unternehmens hinsichtlich finanzieller Stabilität und Ertragskraft geleistet.

Auf der Marktebene stellt das Kostencontrolling ein Instrument zur Zielerreichung dar. Auf der Ebene des Finanzmanagements stellt dies das Finanz-Controlling dar.

**Regelkreislauf:**

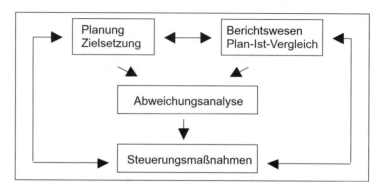

**Finanz-Controlling hat das Management durch den Einsatz geeigneter Controlling-Instrumente zu unterstützen bei**

- Der Entwicklung und Verfolgung langfristiger und strategischer Ziele (direkter Einfluss auf Kapitalstrukturen),

- Der Erfassung und Steuerung der kurz-, mittel- und langfristigen Einnahme-/Ausgabeströme (vergleiche Kapitel 4, Abschnitt 4 „Finanzplanung"),

- Der Durchführung des Liquiditätsmanagements (vergleiche Kapitel 2, Abschnitt 1 „Cash-Management"),

- Der Identifikation, Planung und Kontrolle von finanzwirtschaftlichen Risiken (vergleiche Kapitel 3).

# 1 Finanz-Controlling als Steuerungsinstrument im Unternehmen

Es handelt sich damit um Aktivitäten, die zukunftsorientiert ausgerichtet ein Spiegelbild aller finanziellen Aktivitäten darstellen. Dazu gehört auch die entsprechende Einrichtung von Frühwarnsystemen.

*Frühwarnsysteme einrichten*

## 1.3 Finanz-Controlling und Umfang

### 1.3.1 Verschiedene Aufgabengebiete

**Finanzcontrolling hat folgende Aufgabengebiete mit dem entspechende Einsatz von Instrumenten abzudecken (analog ist auch der Aufbau des Kapitels 4 gestaltet):**

- Wertorientierte Unternehmenssteuerung (Abschnitt 2),
- Rentabilitätsorientiertes Bilanzstrukturmanagement (Abschnitt 3),
- Kurz-, mittel- und langfristige Finanz-Planung (Abschnitt 4),
- Plan-/Ist-Vergleiche, Abweichungsanalysen (Abschnitt 5),
- Methoden der Leistungsmessung; Performance und Benchmarking (Abschnitt 5),
- Berichts- und Meldewesen (Abschnitt 6),
- Der Aufbau eines internen Kontrollsystems (Abschnitt 7).

Des Weiteren gehören zum Finanz-Controlling auch nachstehende Aufgabenbereiche, die aus redaktionellen Gründen bei den jeweils zugehörigen operativen Aufgabengebieten detailliert behandelt werden.

### 1.3.2 Cash-Controlling
(vergleiche Kapitel 2, Abschnitt 1)

Durch Ableitung aus der Feinplanung und Einbezug der Erkenntnisse aus dem Liquiditätsmanagement wird eine kurzfristig ausgerichtete Liquiditätsplanung erstellt. Zahlungsströme werden dabei in die Einzelgrößen Einzahlungen und

**Ein- und Auszahlungen steuern**

Auszahlungen zerlegt und hinsichtlich Herkunft (Quellen der Einzahlungen) und Verwendung (Verursachung der Auszahlungen) strukturiert. Zielsetzung ist neben dem Aufzeigen der Zahlungsprozesse die Ermittlung von Zahlungsüberschüssen beziehungsweise -fehlbeträgen sowie die Darstellung der Entwicklung der Liquiditätsreserve (= Liquiditätsziele). Auf Grundlage der so gewonnenen Erkenntnisse lässt sich das bereits beschriebene Kennzahlensystem, hier insbesondere der Plan-/Ist-Vergleich entwickeln. Die Liquiditätsplanung wird rollierend erstellt und laufend an aktuelle Veränderungen und Erkenntnisse angepasst.

### 1.3.3 Kredit-Controlling
(vergleiche Kapitel 2, Abschnitte 1 und 3)

Das Kreditcontrolling wird als mittel- und langfristige Ergänzung des Cash-Controlling betrachtet. Neben dem Liquiditätsziel hat auch das Rentabilitätsziel Bedeutung. Operative und strategische Planungen stellen die notwendigen Basisinformationen zur Verfügung. Überlegungen hinsichtlich der Beschaffung von Finanzierungsmitteln sind frühzeitig in die Wege zu leiten. Eigen- und Fremdkapitalmaßnahmen sind mit erheblichem zeitlichen Vorlauf vorzubereiten, mit der Geschäftsführung abzustimmen sowie gegebenenfalls von den Aufsichtsgremien zu verabschieden.

**Finanzierungsmaßnahmen vorbereiten**

Die Fristen für neu zu beschaffende Mittel beziehungsweise des bestehenden Kreditbestandes orientieren sich am Finanzierungszweck:

- Höhe und Laufzeit von kurzfristigen Kontokorrent-Kreditlinien zum Ausgleich von Schwankungen des Umlaufvermögens,

- Langfristige Eigen- und Fremdkapitalbeschaffungsmaßnahmen zur Finanzierung von Zugängen des Anlagevermögens.

**Finanzierungsmaßnahmen überwachen**

Bereitstellung der Basisdaten durch Kredit-Controlling:

- Ausmaß der Inanspruchnahme von Kreditlinien,

- Strukturierung des Kreditbestandes nach Kündigungsmöglichkeiten,

# 1 Finanz-Controlling als Steuerungsinstrument im Unternehmen

- Prolongationswahrscheinlichkeiten von Krediten,
- Kreditarten,
- Kreditquellen.

Eine Kreditvorsorge wird durch die Aufnahme von langfristigen Kreditlinien mit fest vereinbarten Konditionen erreicht.

**Dabei gilt der Grundsatz der antizyklischen Liquiditätspolitik:**

Der Aufbau von Vorsorge-Liquidität soll stets dann durchgeführt werden, wenn das Unternehmen keinen akuten kurzfristigen Finanzbedarf hat sowie mit entsprechenden aktuellen Ertragszahlen beziehungsweise positiven Zukunftsperspektiven aufwarten kann (Verhandlung aus der Position der Stärke heraus).

*Liquiditätsvorsorge treffen*

### 1.3.4 Risiko-Controlling (vergleiche Kapitel 3)

Gegenstand ist die Analyse, Limitierung und Beobachtung von gegenwärtigen und zukünftigen Verlustpotenzialen aus

*Verlustpotenziale aufzeigen*

- **Wechselkursveränderungsrisiken** bei Fremdwährungsgeschäften,
- **Zinsänderungsrisiken** bei zinsreagiblen Bilanz- und G+V-Positionen,
- **Wirtschaftlichen und politischen Ausfallrisiken bei Debitoren**.

Risiko-Controlling hat an den für die Abwicklung der Finanzgeschäfte festzulegenden geschäftspolitischen Grundsatzvorgaben und deren Überwachung mitzuwirken.

**Aufgaben:**

- Entwurf der Risikomanagement-Philosophie und -strategie,
- Identifikation, Planung und Kontrolle der Risiken,
- Festlegung des Deckungsgrades für Risiken aus kommerziellen Grundgeschäften oder spekulativen Geschäften,

- Anwendung von Sicherungsinstrumenten und -strategien (beispielsweise Derivate, zahlungssichernde Konditionen),
- Art der Sicherungsmaßnahmen.

Zur Begrenzung der Risiken haben sich Risiko-Management-Systeme etabliert, deren Umfang sich an der Komplexität sowie am Risikogehalt der bereits betriebenen oder beabsichtigten Transaktionen ausrichtet. Durch Risiko-Controlling werden die mit den Transaktionen verbundenen Marktpreisrisiken erfasst und quantifiziert.

## 1.4 Wirkungszusammenhang Finanzmanagement – Finanz-Controlling:

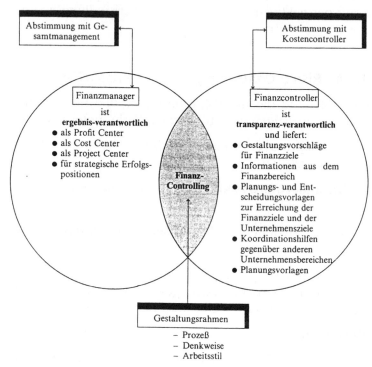

Abbildung 41: Finanzmanagement/Finanzcontrolling (Quelle: Busse, Grundlagen der betrieblichen Finanzwirtschaft, 1989, S. 235)

# 2 Wertorientierte Unternehmensführung

## 2.1 Vorbemerkungen

Unternehmen, die im Konkurrenzkampf überleben wollen, sind gezwungen, die knappe Resource Kapital effizient einzusetzen. Denn Kapitalverschwendung gefährdet den weiteren Bestand des Unternehmens. Gerade in wettbewerbsarmen Branchen haben sich in der Vergangenheit ineffiziente Produktionsstrukturen etabliert. Diese unprofitablen Bereiche wurden laufend von den profitablen Bereichen quersubventioniert. Erst der globale Wettbewerb verbunden mit einer stärkeren Transparenz hat die Schwachstellen in Unternehmen aufgedeckt. Beispiele in der Unternehmenslandschaft wie Siemens, Daimler-Benz oder General Motors belegen diese Aussage.

*Kapitalverschwendung gefährdet Unternehmensbestand*

Unternehmen sind deshalb gezwungen, den Einsatz des Produktionsfaktors Kapital auf die Bereiche im Unternehmen zu beschränken, die einen entsprechenden Wertbeitrag abliefern und damit zu einer nachhaltigen Steigerung des Unternehmenswertes beitragen. Nicht kurzfristige Umsatz- und Gewinnsteigerungen stehen beim Shareholder-value-Konzept im Vordergrund. Vielmehr soll nachhaltig eine Rendite- und Wertsteigerung für die Eigentümer eintreten und damit langfristig der Bestand und die Ertragskraft eines Unternehmens gesichert werden.

*Sicherung einer nachhaltigen Wertsteigerung*

**Der Grundgedanke besteht damit darin,**

- den Wert des Kapitals, das einem Unternehmen zur Verfügung gestellt wird, zu mehren,
- die Investitionen mit dem besten Verhältnis von Risiko und Ertrag auszuwählen,
- so zu investieren, dass der Ertrag aus getätigten Investitionen deren Kosten abdeckt.

Diese Ziele sollen mit dem Management-Ansatz des „shareholder-value" verfolgt werden.

## 2.2 Das Shareholder-value-Konzept

### 2.2.1 Begriffsdefinition

Der **Shareholder-value**-Ansatz kommt aus den USA und wurde im Wesentlichen durch A. Rappaport 1986 neu definiert. Er kann umschrieben werden mit der Aufgabe „wertorientierte Unternehmensführung". Im Mittelpunkt steht die Idee, den Marktwert des Eigenkapitals nachhaltig zu steigern und damit eine ausgewogene und langfristige Wertsteigerung für Kunden, Mitarbeiter und Investoren (Eigen-/Fremdkapitalgeber) herbeizuführen.

**Offene Information der Eigenkapitalgeber**

War es in der Vergangenheit üblich, die Eigenkapitalgeber (Aktionäre) über die tatsächliche Situation des Unternehmens im Unklaren zu lassen, so rückt nun zunehmend das „true and fair view" Prinzip in den Vordergrund. Damit verbunden wird eine größere Transparenz hinsichtlich der Jahresabschlüsse (beispielsweise Bilanzierung nach IAS oder US-GAAP) in Verbindung mit einer möglichst zeitnahen Berichterstattung. Finanzbuchhaltung und Controlling sind bei dieser Aufgabenstellung schwerpunktmäßig mit der Ermittlung von Kennzahlen und Steuerungsaufgaben befasst.

Mit dieser Methode kann es gelingen, eine Übereinstimmung zwischen einer Reihe von Zielen herbeizuführen:

- Ansprüche der Eigenkapitalgeber (für das dem Unternehmen zur Verfügung gestellte Eigenkapital wird eine Dividende erwartet),

- Kundenzufriedenheit (Vertrauen und Zufriedenheit des Kunden stellen die Grundlage des geschäftlichen Erfolges dar),

- Mitarbeitermotivation (Leistungsbereitschaft und Kreativität der Mitarbeiter müssen gefördert werden),

- Gesellschaftspolitische Verantwortung (in Abhängigkeit der Branche sozial, kulturell oder finanziell).

Bei der Ermittlung wird nicht von in einer Periode anfallenden Größen wie beispielsweise dem Jahresüberschuss ausgegangen. Vielmehr wird der Cash-flow als Differenz zwi-

## 2 Wertorientierte Unternehmensführung

schen betrieblichen Einzahlungen und Auszahlungen herangezogen.

Aus Unternehmenssicht ist eine Investition erst dann wirklich profitabel, wenn die durch sie erwirtschaftete Rendite über den Kapitalkosten liegt. Aus Aktionärssicht wird „Wert" dagegen erst geschaffen, wenn eine Rendite erwirtschaftet wird, die über einer geforderten Mindestrendite entsprechend seinen Eigenkapitalkosten liegt (Dividendeneinkommen + Kursgewinne).

**Ziel: Schaffung von „Wert"**

**Zusammenfassung:**

Das Verfahren ist als betriebswirtschaftliches Steuerungsinstrument und als Bewertungsverfahren konzipiert. Es wird gekennzeichnet durch die Orientierung an Zahlengrößen, die langfristige Ausrichtung sowie die Berücksichtigung von Kapitalkosten einerseits sowie Risiken andererseits.

**Es handelt sich damit um ein Bewertungsverfahren, das**

- auf der Basis Cash-flow und Free Cash-flow aufsetzt,
- periodenübergreifend ist,
- sowohl die Vergangenheit als auch die Zukunft darstellt,
- im Kalkulationszinsfuß die Verzinsung des risikobehafteten Eigenkapitals berücksichtigt.

### 2.2.2 Der Bewertungsansatz

Zur Umsetzung des Shareholder-value-Gedankens muss mit einem Wert-Audit der Geschäftsbereiche begonnen werden. Als Ergänzung zu Bilanz und Gewinn- und Verlustrechnung wird auf die Cash-flow-Rechnung beziehungsweise die Kapitalflussrechnung zurückgegriffen. Gegenwärtige Daten werden mit Hilfe der vorliegenden Unternehmensplanung in die Zukunft projiziert.

**Geschäftsbereiche analysieren**

Als einfache Methode zur Quantifizierung des Shareholder-value bietet sich die Methode des „Capital Cash-flow" an. Voraussetzung dafür ist jedoch, dass langfristige Planzahlen (in der Regel aus der langfristigen Unternehmensplanung) sowie Annahmen über die Zukunft nach Ablauf der Planperiode vorliegen.

**Maßstab Netto-Cash-flow**

Zur Bestimmung des Unternehmenswertes eines abgegrenzten Profit-Centers (ausgestattet mit der Kompetenz, eigenständig Investitionen durchzuführen) wird der **Netto-Cash-flow** herangezogen. Der Netto-Cash-flow steht für die Verteilung an die beiden Gruppen von Kapitalgebern (Eigenkapitalgeber = Dividenden; Fremdkapitalgeber = Zinsen) zur Verfügung. Der **Free-Cash-flow** steht dagegen nur für die Verteilung an die Eigenkapitalgeber zur Verfügung.

### Entwicklung des Cash-flow:

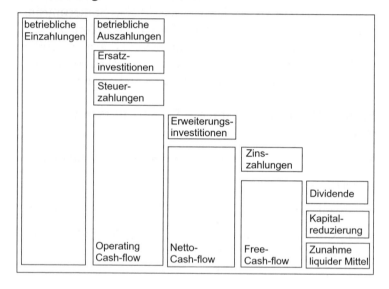

**Diskontierungsfaktor gewogener Kapitalkostensatz**

Die für den Prognosezeitraum geschätzten Cash-flows werden mit dem gewogenen Kapitalkostensatz für Fremdkapital und Eigenkapital (auch als **Weighted Average Cost of Capital; WACC**) abgezinst (= Discounted Cash-flows). Ausgehend von dem als Barwert künftiger Überschüsse ermittelten Gesamtwert des Unternehmens kommt man nach Abzug des Fremdkapitals (angesetzt zum Marktwert) zum Shareholder-value als Marktwert des Eigenkapitals.

Durch die Verwendung des Begriffes „Marktwert des Eigenkapitals" soll dokumentiert werden, dass sich dieser Management-Ansatz nicht nur für Unternehmen eignet, die an der Börse notiert werden. Auch nicht-börsennotierte Un-

## 2 Wertorientierte Unternehmensführung

ternehmen können aus der Gegenüberstellung des shareholder-value mit dem Buchwert des Eigenkapitals wichtige Informationen über den finanziellen Erfolg sowie den marktgerechten Unternehmenswert gewinnen.

Der Einsatz von Shareholder-value als Spitzenkennzahl zur Planung und Steuerung des Unternehmenserfolges gibt nur dann Sinn, wenn es im Unternehmen eine mehrjährige Planung gibt.

**Nicht nur für börsennotierte Unternehmen geeignet**

### Der Diskontierungsfaktor

Eine erhebliche Bedeutung hat dabei der Diskontierungsfaktor. Oftmals wird bei der Discounted Cash-flow-Rechnung statt der vom Kapitalmarkt geforderten Rendite eine einfache Mindestverzinsung, die sich am aktuellen Kapitalmarktniveau orientiert, angesetzt. Diese Kapitalkosten als der Abzinsungsfaktor errechnen sich als der gewichtete Mittelwert aus Fremd- und Eigenkapitalkosten. Die Gewichtung wird aus der langfristig geplanten Finanzstruktur des Unternehmens entnommen.

Der Fremdkapitalzins basiert auf einer langfristigen Annahme der Fremdkapitalzinsen. Die Bestimmung der Eigenkapitalkosten beruht auf Basis des **Capitel Asset Pricing Models (CAPM)**. Demnach setzen sich die Eigenkapitalkosten aus dem risikofreien Zinssatz (den der Investor mit einer sicheren Geldanlage erreichen würde; beispielsweise Bundesanleihen) zuzüglich eines Risikoaufschlages für das Eigenkapital zusammen.

**Zusammensetzung der Eigenkapitalkosten**

In diesem Zusammenhang muss noch dem spezifischen Risiko Rechnung getragen werden. Damit ist die Volatilität der Rendite (= Dividenden + Kurssteigerungen) der Anteile des zu bewertenden Unternehmens im Verhältnis zu Kursschwankungen vergleichbarer Unternehmen gemeint. Das spezifische Risiko wird in einer eigenen Kennziffer, dem so genannten **Beta-Faktor** ($\beta$) ausgedrückt. Ein Beta-Faktor von 0,9 besagt beispielsweise, dass bei einer Steigerung eines als Basis verwandten Aktienindexes um einen Punkt der Kurs der betroffenen Aktie um 0,9 Punkte steigt.

Der Beta-Faktor kann für börsennotierte Unternehmen relativ leicht beschafft werden (teilweise auch publiziert in

**Drei Komponenten**

Wirtschaftszeitungen). Schwieriger gestaltet sich die Ermittlung für kleinere und mittelständische Unternehmen. In der Regel kann man jedoch hier auf Datenmaterial der Branche oder Werte anderer, ähnlich strukturierter Unternehmen zurückgreifen

In der erweiterten Form kann der Unternehmenswert aus drei Komponenten berechnet werden. Zu dem Barwert der Cash-flows in der Planungsperiode wird der Restbarwert (alle Cash-flows nach dem Ende der Planperiode; der so genannte **Residualwert**) sowie der Marktwert des betriebsnotwendigen Vermögens hinzu addiert.

Neben dem Discounted Cash-flow-Modell (DCF) hat sich noch ein weiteres Modell unter dem Begriff **„Economic Value Added" (EVA)** entwickelt. Bei diesem Ansatz wird nicht vom Cash-flow, sondern vom operativen Ergebnis ausgegangen.

Erst wenn es gelingt, den vom Kapitalmarkt geforderten Zinssatz einschließlich der Eigenkapitalverzinsung zu übertreffen, kann man von einem zusätzlich geschaffenen Unternehmenswert sprechen.

**Berechnungsschema „shareholder-value" in der einfachen Form:**

|  | Plan gesamt | Periode 1 | Periode 2 | Periode 3 | Periode n |
|---|---|---|---|---|---|
| Netto-Einzahlungen +/– Investitionen Umlaufvermögen – Investitionen Anlagevermögen + Abschreibungen |  |  |  |  |  |
| = Verfügbarer Cash-flow + Zinszahlungen |  |  |  |  |  |
| = Netto-Cash-flow geteilt durch Diskont-Faktor |  |  |  |  |  |
| = Unternehmenswert – Marktwert Verbindlichkeiten |  |  |  |  |  |
| = Shareholder-value |  |  |  |  |  |

# 2 Wertorientierte Unternehmensführung

Nach Vorliegen und Auswertung der Zahlen können bereits erste Hinweise für eine strategische Neuausrichtung und zu ergreifende wertorientierte Maßnahmen gewonnen werden.

## 2.3 Shareholder-value und Ziele

Die große Überlegenheit des Management-Ansatzes gegenüber herkömmlichen Erfolgsgrößen (beispielsweise Umsatzrentabilität) liegt in der Zukunftsorientierung. Dabei muss man sich zwangsläufig mit Risiken (vergleiche hierzu Kapitel 3, Abschnitt 1) sowie Finanzierungsengpässen (vergleiche Kapitel 2, Abschnitt 4) auseinander setzen. Bevor Maßnahmen eingeleitet werden, sind anhand der aktuellen Situation im Unternehmen erst die Ziele, die mit dieser Strategie verfolgt werden sollen, zu definieren. Die unter Abschnit 2.4 aufgezeigten Maßnahmen hängen in starkem Maß von den gesetzten Zielen ab.

*Vorteil: Zukunftsorientierung*

Die Ziele können dabei einerseits auf die Überprüfung der gegenwärtigen Strategie, andererseits auf das Aufzeigen von Handlungsalternativen und Erfolgspotenziale ausgerichtet werden.

**Shareholder-value und Ziele:**[34]

| Der Schwerpunkt liegt auf | aktueller Strategie | strategischen Optionen |
|---|---|---|
| Information share-holder | kurzfristige Erfolgspotentiale | langfristige Erfolgspotentiale |
| Information Management | operative Zielvorgabe | Entscheidungskriterien bei strategischen Handlungsalternativen |

**Beispiel:**

Die Zielsetzung kann lauten, das eingesetzte Kapital bestmöglichst zu verzinsen. Die Umsetzung wird durch die Ma-

---

[34] Schwabe, Ley and Greiner, Treasury log 3/96

ximierung des Return on Capital Employed (ROCE) sowie durch eine Konzentration auf das Kerngeschäft angestrebt.

**Empfänger: Kapitalgeber und Management**

Als Empfänger kommen sowohl die Kapitalgeber als auch die Management-Ebene des Unternehmens in Betracht. Mit der Festlegung von Zielen gegenüber dem Management in den operativen Einheiten sind natürlich auch geschäftsbereichsindividuelle Einflussfaktoren als Wertgeneratoren festzulegen (beispielsweise Umsatz, Umsatzwachstum, Umsatzrentabilität, Nettoinvestitionen in das Anlage- und Umlaufvermögen). Die Vorgaben sind aus Gründen der Überprüfbarkeit durch feste Zielgrößen zu ergänzen (beispielsweise Forderungsbestand).

**Leistungsabhängige Bezahlung**

Die Folge ist es, dass das Managementinformationssystem um eben diese wertorientierten Kenngrößen ergänzt werden muss. Der Vorteil für die Mitarbeiter liegt darin, dass klare und eindeutige Handlungsziele vorgegeben werden. Konsequent im Sinne von Shareholder-value ist es dann auch, die leistungsabhängige Bezahlung der Mitarbeiter an das Erreichen der Ziele zu knüpfen.

Abbildung 42: Ebenen eines wertorientierten Erfolgsbeurteilungssystems
(Quelle: Schwabe, Ley and Greiner, a. a. O.)

## 2.4 Der Management-Ansatz

### 2.4.1 Allgemeine/übergeordnete Management-Maßnahmen

Der Shareholder-value-Ansatz beruht auf vier Säulen:

- Alle Management-Ebenen eines Unternehmens müssen kapitalmarktorientiert denken (dazu erforderlich ist eine klare Vision von der Zukunft des Unternehmens und eine schlüssige Unternehmensstrategie, die bis auf die einzelnen Geschäftsfelder heruntergebrochen wird). — **Vision erforderlich**

- Es sollen nur noch solche Geschäfte getätigt werden, bei denen eine angemessene Verzinsung des eingesetzten Kapitals dauerhaft realisiert wird (Beschränkung der unternehmerischen Tätigkeit auf rentable Kernaktivitäten, Beschränkung der Fertigungstiefe dort, wo es notwendig ist), — **Sinnvoller Kapitaleinsatz**

- Koppelung der Entlohnung an die Entwicklung des shareholder-value,

- Betreiben einer aktionärsorientierten Informationspolitik (Offene Darlegung der strategischen Ausrichtung einerseits sowie der laufenden Geschäftstätigkeit andererseits). — **Informationspolitik betreiben**

Damit ergibt sich ein Nutzen aus der Shareholder-value-Methode bereits dadurch, dass die Existenz einer (zur langfristigen Sicherung des Unternehmens notwendige langfristig und strategisch ausgerichteten) Strategie hinterfragt wird. Markt- und Konkurrenzbeobachtungen sind damit ebenfalls obligatorisch.

Aus diesen vier Oberbegriffen leiten sich eine Reihe von qualitativen Einzelkriterien ab, die vom Unternehmen zu verfolgen sind.

**Beispiele für nach innen und nach außen gerichtete Aktivitäten:**

- Strategie und Renditeziel auf das zur Verfügung gestellte Kapital müssen dokumentiert und transparent gemacht werden,

- Organisationsstrukturen müssen klar und transparent sein,
- Die Aktivitäten müssen sich auf die Kernkompetenzen (die einen entsprechenden Ergebnisbeitrag zu leisten haben) beschränken,
- Schwachstellen im Unternehmen müssen zügig behoben werden,
- Das Berichtswesen muss klar und transparent gestaltet werden,
- Die Entlohnung der Mitarbeiter sollte an die Wertentwicklung gekoppelt werden,
- Eine aktive Investor-Relations-Politik ist erforderlich,
- Die Dividendenpolitik sollte ertragsorientiert gestaltet werden.

**Weitere Basisarbeit erforderlich**

Eine effiziente Shareholder-value-Politik kann allerdings nicht alleine der Garant für Erfolge der Unternehmen darstellen. Auch weiterhin muss Basisarbeit im Qualitätsmanagement, der Kundenorientierung, dem Kostenmanagement sowie der Mitarbeitermotivation geleistet werden.

Aus der Definition „wertorientierte Unternehmenssteuerung" geht hervor, dass dieses Konzept ein ideales Steuerungsinstrument für ein Gesamtunternehmen beziehungsweise einzelne Geschäftsbereiche oder Divisionen darstellen kann. Das Problem besteht allerdings bei Konzernen häufig darin, dass das Gesamtunternehmen mehr Wert schaffen muss als die einzelnen Geschäftseinheiten. In der Praxis trifft man häufig die Situation an, dass Ergebnisbeiträge durch Verlustträger im Unternehmen kompensiert werden. Dies zwingt letztendlich die Unternehmen wieder dazu, sich auf ihre Kernkompetenzen auszurichten.

**Auf Kernkompetenzen beschränken**

Das Konzept ist vor allem unter dem Gesichtspunkt des Wettbewerbes um Kapital zu sehen. Dem Unternehmen, dem es gelingt, eine nachhaltige Steigerung des Unternehmenswertes herbeizuführen, wird nachhaltig preiswertes Kapital zufließen. Das Unternehmen, dem es nicht gelingt, wird bezüglich der Kapitalbeschaffung einen Aufschlag zahlen müssen.

# 2 Wertorientierte Unternehmensführung

**Der Share-holder-value als zentrale Grösse:**

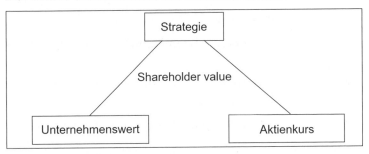

Entscheidend für den Erfolg der Umsetzung des Konzeptes ist die Unterstützung durch die Geschäftsführung („Chef-Sache"). Der allgemeine Ansatz soll hier nicht weiterverfolgt werden. Viel stärker interessiert die Frage, durch welche Maßnahmen der Shareholder-value aus der Sicht des Finanzbereiches positiv beeinflusst werden kann.

*Einflussnahme durch Finanzbereich*

## 2.4.2 Konkrete Maßnahmen zur Steigerung des Unternehmenswertes

Es existieren eine Reihe von Einzelmaßnahmen, die auf eine Wertsteigerung abzielen. Grundsätzlich werden darunter alle Maßnahmen verstanden, die direkt oder indirekt die in die Berechnung des Shareholder-value eingehenden Bewertungskriterien beeinflussen.

Die Maßnahmen orientieren sich dabei an der mathematischen Formel zur Bestimmung des Shareholder-value. Dabei gibt es zwei grundsätzliche Zielrichtungen zur Optimierung des Shareholder-value. Einerseits kann der Zähler gesteigert werden (Cash-flow oder operatives Ergebnis), andererseits der Nenner reduziert werden (Senkung der Kapitalkosten).

*Zwei Ansatzpunkte*

### 2.4.2.1 Ansatz: Die Bilanz

Dabei können, ausgehend von der Bilanz eines Unternehmens, zwei Ansätze unterschieden werden:

- **Aktiv-Management:** Steigerung des Cash-flow durch
  - strategische Neuausrichtung mittels Konzentration auf Kerngeschäftsfelder,

- Neuordnung der Geschäftsbereichsorganisation.
- **Passiv-Management:** Senkung der Kapitalkosten
  - Ersatz von teurem Eigenkapital durch preiswertes Fremdkapital,
  - Einsatz innovativerer Finanzierungsinstrumente zur Senkung der Fremdkapitalkosten,
  - Optimierung der Kapitalstruktur (Leverage-Effekt).

### 2.4.2.2 Ansatz: Die finanzwirtschaftlichen Ziele

Gerade kleine und mittelständische Unternehmen müssen berücksichtigen, dass der Unternehmenswert einen direkten Einfluss auf Finanzierungsspielräume hat und damit einen entscheidenden Wettbewerbsfaktor darstellt. Darüber hinaus wird auch die Verhandlungsposition sowie der Erlös beim Verkauf von Gesellschaftsanteilen bestimmt.

**Beitrag aller Unternehmensteile**

Aus diesen Gründen müssen alle Unternehmensteile einheitlich dazu beitragen, diesen Wert nachhaltig zu steigern. Von Seiten des Finanzmanagements kann ein aktiver Beitrag zur Wertsteigerung durch direktes Erreichen der Ziele Rentabilitätsmaximierung, Risikominimierung, Reduzierung der Kapitalbindung (Reduzierung von nicht benötigtem Betriebsvermögen) geleistet werden.

Darüber hinaus tragen nicht quantifizierbare Maßnahmen, die über investor relations eingeleitet werden, ebenfalls zu einer positiven Entwicklung bei.

- **Rentabilität:** Durch effiziente Vorgehensweise und Kostenbewusstsein kann ein direkter Einfluss auf den Netto-Cash-flow ausgeübt werden. Hierunter fallen beispielsweise Maßnahmen zur Kontodisposition, Abwicklung des Zahlungsverkehrs, Gestaltung der Bankkonditionen, Refinanzierungsmaßnahmen.

- **Risiko:** Maßnahmen zur Risikominimierung wirken nicht unbedingt ertragserhöhend sondern eher ertragsstabilisierend (beispielsweise Absicherung von Fremdwährungsrisiken). Wichtig ist es in diesem Zusammenhang, den Schwankungsbereich der Risiken zu identifizieren, zu analysieren und zu bewerten (vergleiche hierzu Kapitel 3, Absatz 3 und 4 „Risikomanagement").

## 2 Wertorientierte Unternehmensführung

- **Kapitalbindung:** Die Bindung von Kapital (insbesondere im Bereich des working-capital) kostet dem Unternehmen Geld. Durch eine entsprechende Reduzierung des gebundenen Vermögens und zinsoptimale Verwendung der freigesetzten Mittel wird gleichzeitig das vorgenannte Rentabilitätsziel optimiert (vergleiche hierzu Kapitel 4, Abschnitt 3 „Bilanzstrukturmanagement").

- **Reduzierung des betriebsnotwendigen Vermögens:** Geschäftsbereiche, die Ertragsziele nicht erreichen, müssen identifiziert und restrukturiert werden.

### Beispiel für Creditmanagement und shareholder-value:

| | | | Planjahre | | Ewige |
|---|---|---|---|---|---|
| | | | 1 | 2 | 3 Rente |
| Umsatz | 1.000 | | | | |
| Kundenforderungen (73 Tage) | 200 | | | | |
| Lieferantenverbindlichkeiten (30 Tage) | 50 | | | | |
| Zinssatz | 10% | | | | |
| Umsatzwachstum | | 3,00% | 1.030,00 | 1.060,90 | 1.092,70 | 11.255,10 |
| Langfristplanung | | | | | | |
| Forderungen 73 Tage | | 3,00% | 6 | 6,2 | 6,4 | 65,6 |
| Lieferantenverbindlichkeiten 30 Tage | | 3,00% | 1,5 | 1,5 | 1,6 | 16,4 |
| Kapitalbindung Umlaufvermögen | | | 4,5 | 4,7 | 4,8 | 49,2 |
| Barwerte Kapitalbindung | | | 4,1 | 3,8 | 3,6 | 36,9 |
| Summe Barwert Kapitalbindung | | | | | | 48,5 |
| Zielsetzung "Projekt Zahlungsströme" | | | | | | |
| Forderungen 70 Tage | | 3,00% | -2,5 | 5,9 | 6,1 | 62,8 |
| Lieferanten 35 Tage | | 3,00% | 9,3 | 1,8 | 1,8 | 18,9 |
| Kapitalbindung Umlaufvermögen | | | -11,7 | 4,1 | 4,3 | 44 |
| Barwerte Kapitalbindung | | | -10,5 | 3,4 | 3,2 | 33 |
| Summe Barwert Kapitalbindung | | | | | | 29 |

Abbildung 43: Kredit-Management und -Value
(Quelle: Schwabe, Ley and Greiner, a. a. O.)

### Praxis

Das Beispiel zeigt auf, dass von einem steigenden Umsatz von 3% ausgegangen wird. Entsprechend sollten auch der Außenstand der Forderungen sowie die Lieferantenverbindlichkeiten steigen. Durch eine Reduzierung der Forderungslaufzeiten um 3 Tage sowie eine Erhöhung der Verbindlichkeiten um 5 Tage gelingt es, die Kapitalbindung um einen Betrag von 19,5 Mio zu reduzieren.

### 2.4.2.3 Ansatz: Die Informationspolitik des Unternehmens

**Wichtig: Informationspolitik**

Eine gezielte Informationspolitik ist unter anderem ein weiteres geeignetes Mittel, um den Marktwert eines Unternehmens zu erhöhen. Darunter fallen einerseits die klassischen Investor-Relations-Aufgaben, andererseits alle Aktivitäten, die mit Rechnungslegung zu tun haben.

**Als Maßnahmen lassen sich hier aufführen:**

- Laufende Berichterstattung,
- Offizielle und kompetente Anlaufstellen im Unternehmen,
- Pflege von Außenkontakten (Analysten, Investoren),
- Transparenz in der Berichterstattung (beispielsweise Segmentberichterstattung, Veröffentlichung von Ergebnissen nach DVFA).

### 2.4.2.4 Gehaltsmanagement

**Leistungsbezogene Entlohnung einführen**

Über eine leistungsbezogene Entlohnung soll das verantwortliche Management im Unternehmen zu einer Shareholder-value-orientierten Unternehmensführung hin motiviert werden. Der erfolgsabhängige Teil der Gehälter ist daher an der Wertentwicklung des Unternehmens auszurichten (beispielsweise Aktienkursentwicklung).

Die Ausrichtung muss sich am langfristigen Erfolg des Unternehmens orientieren, um zu vermeiden, dass kurzfristige Gewinnorientierung einen nachhaltigen Unternehmenserfolg gefährdet. Beispielsweise kann durch Unterlassen von Entwicklungsarbeiten der operative Profit kurzfristig (um die eingesparten Kosten) verbessert werden. Langfristig wird dem Unternehmen jedoch dadurch eher Schaden zugefügt.

Als Beispiele für flexible Gehaltsvereinbarungen können beispielsweise stock-options (Optionen auf Aktien) oder Belegschaftsaktien aufgeführt werden (weitere Ausführungen vergleiche Kapitel 1, Abschnitt 1).

## 2.5 Investor Relations

Die deutschen Unternehmen sind bei der Veröffentlichung von individuellen Daten sowie bei der Offenlegung fundamentaler Daten noch sehr zurückhaltend. Dabei kann die Attraktivität des Unternehmens für nationale und internationale Kapitalanleger erheblich verbessert werden. Dies lässt sich dadurch errreichen, dass den Kapitalmärkten auf Shareholder-value-Ansätzen beruhende umfassende Unternehmensinformationen zur Verfügung gestellt werden.[35]

### 2.5.1 Definition Investor Relations

Um auf diese Herausforderungen und Veränderungen reagieren zu können, hat neben der Geschäftsführung auch der Finanzbereich im Rahmen seiner Möglichkeiten und seinem Handlungsspielraum dazu beizutragen, den Wert des Unternehmens nachhaltig zu steigern. Dies führt indirekt zur Optimierung des Shareholder-value. Ein direkter Beitrag wird dabei dadurch erwartet, dass die Finanzierungskosten des Unternehmens minimiert werden. Ein indirekter Beitrag ergibt sich durch den Investor-relations-Ansatz.

*Beitrag des Finanzbereiches erforderlich*

Man versteht **unter Investor Relations** alle Maßnahmen des Unternehmens, die es zur Pflege seiner Beziehungen mit Eigen- und Fremdkapitalgebern (beispielsweise bei Aktiengesellschaften), Investoren, Finanzfachleuten, Kunden, Lieferanten und ähnlichen Zielgruppen einsetzt. Durch diese Maßnahmen soll das Management effizient unterstützt werden, um bestimmte Zielvorgaben (die beispielsweise in einer wertorientierten Unternehmensführung liegen können) zu erreichen.

*Unterstützung des Managements*

Investor Relations zielt auf langfristige und dauerhafte Bindungen zwischen Kapitalgebern und Unternehmen ab. Die jeweiligen Kapitalbeschaffungskosten hängen zu einem erheblichen Teil von den Renditeerwartungen der Kapitalgeber ab. Je größer das Vertrauen des Kapitalgebers und je

---

[35] Siehe dazu jetzt ausführlich Schumacher/Schwartz/Lüke, Investor Relations Management und Ad-hoc-Publizität, Beck Wirtschaftsverlag 2000

**Einflussnahme auf Renditeansprüche**

geringer seine Risikoeinschätzung sind, desto geringer werden auch seine Renditeansprüche sein.

Daraus folgt, dass eine erfolgreiche Pflege der Beziehungen zu Kapitalgebern die Kosten der Kapitalbeschaffung reduziert und tendenziell ein längeres, auf Vertrauen basierendes Engagement zur Folge hat.

### 2.5.2 Umsetzung des Konzeptes im Unternehmen

Dem Unternehmen soll international

- auf den Kapitalmärkten,
- gegenüber Institutionen und
- sonstigen Dritten

ein einheitliches Erscheinungsbild (Profil, Unternehmensimage) gegeben werden.

**Dies soll zu positiven Effekten auf der Absatz- und Beschaffungsseite führen:**

- Fremd- und Eigenkapitalgeber,
- Kunden,
- Lieferanten,
- Personal,
- Sonstige Dritte.

**Vergleich mit relationsship-banking**

Damit sollen letztendlich die Kosten- und Ertragsseite positiv beeinflusst werden. Die Informationsweitergabe soll ausreichend, offen, schnell und ehrlich erfolgen und damit zur Vertrauensbildung beitragen. Das Ziel kann im weitesten Sinn mit relationsship-banking (vergleiche Kapitel 3, Abschnitt 5 „Bankenpolitik") verglichen werden: Aufbau einer langfristigen und dauerhaften Bindung zwischen Unternehmen und share-holdern beziehungsweise **stake-holdern** (am Unternehmen interessierten Dritten Personen und Institutionen).

## 2 Wertorientierte Unternehmensführung

### 2.5.3 Zuständigkeiten

Die Steuerung und Koordination sollte in größeren Unternehmen/Konzernen zentral vorgenommen werden. Investor relations-Maßnahmen der einzelnen Bereiche müssen mit der übergeordneten Politik übereinstimmen. Das Wohl des Gesamtunternehmens muss auch hier über dem Wohl der Einzelgesellschaft stehen. Gleichwohl sind vom Finanzbereich aktive Beiträge zu leisten.

*Zentrale Koordination*

### 2.5.4 Grundsätze/Ziele

Investor Relations arbeitet nicht an strategischen Unternehmenskonzepten mit, sondern soll vielmehr die Einflüsse der einzelnen Maßnahmen auf die Entwicklung des Unternehmenswertes aufzeigen. Darüber hinaus handelt es sich nicht um eine regelmäßige Pflichtübung gemäß den gesetzlichen Vorgaben/Publikationspflichten. Vielmehr sollen mit den zur Verfügung stehenden Instrumenten Beziehungen gepflegt werden, die zwar kurzfristig nicht zu quantifizieren sind, mittel- und langfristig dem Unternehmen wieder zugute kommen.

*Pflege von Beziehungen*

**Folgende Grundsätze sollten beachtet werden:**

- Investor Relations soll sowohl für Mutter- als auch Tochtergesellschaften einen wichtigen Beitrag zur gesamten Unternehmenskommunikation sowie der internen Informationspolitik leisten.
- Durch Investor Relations soll die für das Gesamtunternehmen bestehende Corporate Identity-Strategie unterstützt werden, nämlich
  - eine transparente Unternehmensphilosophie,
  - eine ausgeprägte Mitarbeiterkultur,
  - einen auf das Mitarbeiterverhalten hin ausgerichteten Führungsstil zu unterstützen und zu verstärken.
- Die Maßnahmen sollen konzernweit international ausgerichtet werden,
- Eine für den Gesamt-Konzern geltende Strategie hat im Hinblick auf das Ausland auf unterschiedliche Mentalitä-

ten und Sprachen sowie kulturelle Unterschiede Rücksicht zu nehmen,

- Die Strategie muss permanent, stetig und kontinuierlich durchgeführt werden.

### 2.5.5 Aufgaben

**Informationen transparent machen**

Eine der wesentlichen Aufgaben besteht darin, die Informationen über die Strategie des Unternehmens, Kennzahlen, die Marktentwicklung sowie zukünftige Potenziale aufzulisten und transparent zu machen.

**Beispiele:**

- Unterstützung der Geschäftsführung bei der Formulierung von Unternehmensstrategien (kritische Überprüfung bezüglich Entwicklungen auf den Shareholder-value),
- Klare und transparente Dokumentation (beispielsweise im Geschäftsbericht),
- Kommunizieren der Strategien im Innenverhältnis (gegenüber den Mitarbeitern) sowie insbesondere im Außenverhältnis gegenüber den Eigenkapitalgebern (shareholdern) sowie Fremdkapitalgebern und sonstigen Dritten (stake-holdern).

Zum letzten Punkt bietet sich eine Palette von Einzelmaßnahmen an.

**Beispielsweise sind zu nennen:**

- Analysten-Veranstaltungen,
- Unternehmenspräsentationen (Road-Shows),
- Round-Table-Gespräche mit Banken,
- Mitgliedschaft in Ausschüssen (Präsenz in der Financial Society),
- Fachvorträge,
- Veröffentlichungen,
- Gezielte Wirtschafts- und Pressearbeit,

- Geschäftsberichte, Zwischenberichte, Produktbeschreibungen, Selbstporträts,
- Home-Page im Internet.

## 2.6 Zusammenfassung

**Check-Liste: In welcher Form kann konkret der Wert eines Unternehmens erhöht werden?**

- **1. Schritt:** Einteilung des Unternehmens in klar abgrenzbare Geschäftseinheiten; Ermittlung des künftigen Netto-Cash-flows (Planperiode zuzüglich Residualwert); keine Berücksichtigung betriebsfremder Elemente.
- **2. Schritt:** Ermittlung der durchschnittlichen Kapitalkosten aus Eigen- und Fremdkapitalkosten (gewichtet mit dem individuellen Risiko der Geschäftseinheiten).
- **3. Schritt:** Berechnung des Shareholder-value für jeden Geschäftsbereich (Profit-Center) durch Abdiskontierung der Netto-Cash-flows mit den Kapitalkosten. Ist die Rendite des eingesetzten Kapitals eines Geschäftsbereiches höher als die Gesamtkapitalkosten, wird zusätzlicher Wert generiert. Ist die Rendite kleiner, wird Wert vernichtet. Wertvernichtende Vermögensgegenstände sollten daher nach einer eingehenden Überprüfung desinvestiert werden und der Erlös ertragreicheren Objekten zugeführt oder ausgeschüttet werden.
- **Schritt 4:** Zur Steuerung der Geschäftsbereiche ist ein Instrumentarium einzusetzen, mit dem die wichtigsten Wert-Treiber (Einflussfaktoren auf die Cash-flows) gesteuert werden können.
- **Schritt 5:** Die Maßnahmen sind durch ein an die Entwicklung des Shareholder-value gekoppeltes Vergütungssystem des Managements sowie eine breite Investor-relations-Tätigkeit zu unterstützen.

## 3 Rentabilitätsorientiertes Bilanzstrukturmanangement

### 3.1 Vorbemerkungen zum Bilanzstrukturmanagement

**Bilanz als Informationsquelle**

Das Informationsbedürfnis von externen und internen Adressaten über das Unternehmen wird größtenteils über die Bilanz abgedeckt. Nachstehend soll die Notwendigkeit aufgezeigt werden, die Bilanz in den Mittelpunkt der Überlegungen zu stellen. Auf dieser aufbauend soll aus finanzwirtschaftlicher Sicht heraus eine Strategie zur Planung, Steuerung und Kontrolle von Aktiv- und Passivpositionen entwickelt werden.

Als Nebenwirkungen treten dabei in den meisten Fällen Kapitalintensitätsreduzierungs- beziehungsweise Cash-Freisetzungseffekte auf. Dadurch können kostspielige Neuverschuldungen vermieden und das Zinsergebnis des Unternehmens verbessert werden. Nachstehend werden hierzu Bedeutung, Ziele, Aufgaben und Instrumente vorgestellt.

Nicht aufgelistet werden handelsrechtliche Maßnahmen (beispielsweise im Rahmen des Jahresabschlusses), die unter dem Oberbegriff „Bilanzpolitik" zusammenzufassen sind. Beispielsweise kann hierzu die Nutzung von Wahlrechten und Spielräumen bei der Bewertung von Vermögensgegenständen aufgeführt werden.

### 3.2 Die Bedeutung der Bilanz

**Vermögen versus Kapital**

Die Bilanz stellt stichtagsbezogen eine kurzgefasste Gegenüberstellung von Vermögen (Aktiva; Mittelverwendung) und Kapital (Passiva; Mittelherkunft) in Kontenform dar. Für die Erstellung gelten einheitliche Richtlinien und Regularien die im Handelsgesetzbuch zu finden sind (HGB §§ 242ff.). Die Bilanz repräsentiert dabei nur einen Teil des Jahresabschlusses, der zusätzlich noch aus den Erläuterungen sowie der Gewinn- und Verlustrechnung besteht. Er dient in erster Linie der finanziellen Rechenschaftslegung sowie der Informationsvermittlung gegenüber dem Management (internen

# 3 Rentabilitätsorientiertes Bilanzstrukturmanangement

Adressaten) sowie interessierten Dritten (externen Adressaten).

**Der Abschluss ist unter anderem ausgerichtet auf:**

- Finanzwirtschaftliche Interessenten (Eigen-/Fremdkapitalgeber, Steuergläubiger),
- Leistungswirtschaftliche Interessenten (Kunden, Lieferanten, Wettbewerber, Mitarbeiter),
- Meinungsbildende Interessenten (Öffentlichkeit, Presse, Analysten).

**Aus dem Jahresabschluss können folgende Schlüsse und Erkenntnisse gezogen werden:**

- Beurteilung der gegenwärtigen Ertragslage mit dem Ziel der Prognose der künftigen Ertragssituation des Unternehmens.
- Beurteilung der finanziellen Stabilität zur Einschätzung der Fähigkeit des Unternehmens, seinen gegenwärtigen und zukünftigen Zahlungsverpflichtungen nachzukommen und mögliches und notwendiges Wachstum und Anpassungsmaßnahmen an veränderte Markt- und Kapitalanforderungen finanzieren zu können.

## 3.3 Negative Auswirkungen unkoordinierter Bilanzentwicklungen

Insbesondere kleine und mittelständische Unternehmen bewegen sich heute in einem Umfeld, das durch permanente Veränderungen geprägt wird. An die gesamte Unternehmenspolitik werden zunehmend höhere Anforderungen gestellt. Die Ressourcen des Managements (hier insbesondere bei kleineren Unternehmen) werden dabei fast vollständig von sich um den Kunden drehende Aktivitäten gebunden. Immer stärker rückt in diesem Zusammenhang auch der Gedanke des „Shareholder value" (wertorientierte Unternehmenssteuerung; vergleiche Kpaitel 4, Abschnitt 2) in den Vordergrund.

*Höhere Anforderungen an Unternehmenspolitik*

Gesucht werden in einem derartigen Umfeld pragmatisch anwendbare, einfache Steuerungs- und Kontrollinstrumente, die einen hohen Wirkungsgrad in Richtung Ergebnisverbesserung und Steigerung der ökonomischen Wertschöpfung aufweisen.

Jede unternehmerische Aktivität und Entscheidung schlägt sich direkt oder indirekt, sofort oder mit Zeitverzug, in der Bilanz nieder. Damit entwickeln sich Aktiv- und Passivpositionen zumeist nach dem Zufallsprinzip „Bottom-up" aus dem operativen Unternehmensgeschehen heraus. Da die Bilanz eines Unternehmens naturgemäß erst mit teilweise erheblicher Zeitverzögerung vorliegt, wird die Unternehmensleitung ex post vor vollendete Tatsachen gestellt.

Unkoordinierte Entwicklungen können so das Erscheinungsbild einer Bilanz, mit der nunmehr externe Interessengruppen über die Geschäftsentwicklung zu informieren sind, negativ beeinflussen. Ein restriktives Verhalten zu externen Geschäftspartner, beispielsweise bei Kreditvergaben, in Verbindung mit entsprechenden finanziellen Nachteilen (erhöhte Kreditmargen) könnte die Folge sein.

**Unkontrollierter Aufbau des gebundenen Vermögens**

Ein weiterer unerwünschter Effekt ergibt sich häufig durch den unkontrollierten Aufbau des gebundenen Vermögens, der über erhöhten Finanzierungsbedarf zu Rentabilitätsnachteilen führt. Für Gegensteuerungsmaßnahmen ist es zu diesem Zeitpunkt bereits zu spät.

### 3.4 Aktives Bilanzstrukturmanagement

**Bilanzpositionen gezielt planen**

Die Grundüberlegungen zu Bilanzstrukturmanagement setzen hier an. Der Ansatz besteht darin, dem umgekehrten Ansatz zu folgenden und sozusagen „Top-down" in gezielter Form Bilanzpositionen in Koordination zur Unternehmensentwicklung für eine Zeitperiode zu planen und zu entwickeln. Ergänzend werden weitere geeignete Steuerungs- und Kontrollinstrumente aus finanzwirtschaftlicher Sicht zur Zielerreichung eingesetzt.

Die Entwicklung von Aktiv- und Passivpositionen stellt sich damit nicht mehr nur als ein Zufallsprodukt bestimmter betriebswirtschaftlicher Aktivitäten dar. Über eine positive Gestaltung von Bilanzpositionen – und daraus abgeleitet Bilanzstrukturen – wird eine positive Informationsvermittlung mit

## 3 Rentabilitätsorientiertes Bilanzstrukturmanangement

entsprechender Beeinflussung der Adressaten betrieben. Reagieren wird durch Agieren ersetzt.

Eine kurz-, mittel- und langfristig ausgerichtete Unternehmensplanung (vergleiche Kapitel 4, Abschnitt 4, „Finanzplanung") gehört heute zum absoluten Muss einer verantwortungsvollen Unternehmensführung. Da darüber hinaus Bilanzdaten bei vielen Unternehmen über das betriebliche Rechnungswesen oftmals auch unterjährig per EDV zur Verfügung stehen, liegen somit alle Voraussetzungen zu einem permanenten Ausgleich Plan versus Ist vor.

### 3.4.1 Bilanzstruktur-Management und Ziele

Auf die Interessenlagen und Bedürfnisse der internen und externen Adressaten ausgerichtet, wird die „optimale Bilanzstruktur" für das Unternehmen angestrebt. Zielsetzung ist hierbei einerseits, die Entscheidungsfindung insbesondere externer Adressaten zu Gunsten des Unternehmens durch eine „gesunde" Bilanzstrukturierung positiv zu beeinflussen. Zu berücksichtigen ist, dass der Jahresabschluss für diesen Personenkreis oftmals die einzig verfügbare Informationsquelle darstellt. Häufig werden auch betriebswirtschaftliche Entscheidungen darauf aufgebaut.

**Anstreben der optimalen Bilanzstruktur**

**Beispiele:**

- Entscheidung eines Lieferanten, ein verlängertes Zahlungsziel zu gewähren,
- Kreditvergabe einer Geschäftsbank,
- Entscheidung eines privaten Investors zum Kauf einer Aktie.

Auf der anderen Seite ist als Parallel-Ziel die optimale Allokation der Unternehmensliquidität durch bewusste Planung, Steuerung und Kontrolle von Bilanzpositionen aufzuführen. Besonders bei jungen, wachstumsorientierten Unternehmen ist die richtige Zusammensetzung der Refinanzierung und damit Kapitalstruktur von größter Bedeutung.

**Optimierung der Kapitalstruktur**

Vor allem im Bereich des Umlaufvermögens werden bei vielen Unternehmen erhebliche liquide Mittel (sinnvoll oder unsinnig) gebunden. Durch die Anwendung von Instrumenten zur Kapitalintensitätsreduzierung sowie Cash-Freisetzung lässt sich das Netto-Umlaufvermögen oftmals nachhaltig reduzieren (vergleiche Absatz 3.7 „Optimierung des Finanzergebnisses"). Dadurch lassen sich oftmals sogar zusätzliche teuere Fremdkapitalaufnahmen vermeiden.

**Optimierung des „Share holder value"**

Bei Erreichen der Ziele ergeben sich somit auf direkten oder indirekten Weg qualitative oder quantitative Vorteile für das Unternehmen. Liquiditätswirksame Bilanzveränderungen führen damit auch zu einer Maximierung der Zinserträge beziehungsweise Minimierung von Finanzierungskosten. Die Zinsbilanz des Unternehmens wird optimiert und damit letztendlich über das Finanzergebnis zu einer Optimierung des Shareholder value beigetragen.

Die Präferierung des Shareholder-value rückt zunehmend stärker in den Vordergrund, weil sich die Unternehmen langsam weg von Privat-, Bank- und Staatsbesitz hin zu einer offenen Aktionärsstruktur entwickeln. Zielsetzung ist die langfristige Steigerung des Unternehmenswertes, den das Unternehmen über seine „Lebensdauer" erwirtschaftet (= Barwert aller zukünftigen Free Cash-flows). Dies kann beispielsweise in der Kursentwicklung einer börsennotierten Gesellschaft direkt abgelesen werden.

**Sensibilisieren der Mitarbeiter**

Der Management-Anatz beruht darauf, dass alle Management-Ebenen eines Unternehmens kapitalmarktorientiert denken. Dies muss auch als eine Grundvoraussetzung für den Erfolg von aktivem Bilanzstrukturmanagement vorausgesetzt werden. Helmut Ruwisch, Vorstand der WGZ-Bank (Westdeutsche Genossenschafts-Zentralbank eG) stellt hierzu fest: „Entscheidend ist es, eine wertorientierte Mentalität in den Köpfen der Mitarbeiter zu verankern".

**Zusammenfassung der Ziele:**

- Anlagevermögen so rentabel wie möglich einsetzen,

- Für eine ausreichende Eigenkapitalquote (Kreditwürdigkeit, finanzielle Stabilität) zu sorgen,

- Working Capital ausreichend bemessen (Anlagevermögen voll, Umlaufvermögen ausreichend mit langfristigen Passiva finanzieren),

## 3 Rentabilitätsorientiertes Bilanzstrukturmanangement

- Die finanziellen Reserven des Unternehmens nicht zu knapp bemessen (Finanzierung von Saisoneinflüssen, Finanzierung von außergewöhnlichen Investitionen).

### 3.4.2 Der Management-Prozess im Gesamtüberblick

Sich verändernde Marktbedingungen und neue Produkte erfordern auch veränderte Steuerungs- und Managementmethoden.

**Gesamtdarstellung:**

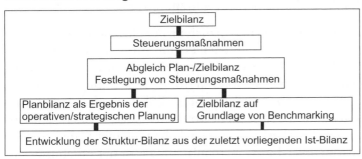

Für nachstehend beschriebene Steuerungszwecke ist Voraussetzung, die handelsrechtliche Bilanz in eine Strukturbilanz zu transformieren.

**Transformation der Handelsbilanz**

#### 3.4.2.1 Darstellung der Bilanzstruktur

Zielsetzung ist die optimale Gestaltung der Bilanzstruktur und damit einzelner Bilanzpositionen. Voraussetzung ist hierzu, dass die Bilanz des Unternehmens in die Grundstruktur zerlegt wird, um eindeutig und transparent den Vermögens- und Kapitalaufbau darzustellen. Der Ansatz sollte bei Konzernen dabei grundsätzlich auf die konsolidierte Gesamtbilanz des Unternehmen ausgerichtet werden.

**Zerlegen in Grundstruktur**

Als Hilfsmittel werden die von der Methodik der Bilanzanalyse her bekannten Gliederungszahlen herangezogen.

**Gegenüber gestellt werden in Kurzform:**

- Vermögensformen und Vermögensquellen,
- Mittelverwendung und Mittelherkunft,
- Investierung und Finanzierung.

**Beispiel für eine strukturierte Bilanz:**

| Aktiva | AV:UV | EK:AV | EK:FK Passiva |
|---|---|---|---|
| Vermögensstruktur in EURO in % | | Kapitalstruktur in EURO in % | |
| Anlagevermögen (AV) _ _ _ _ _ _ | | Eigenkapital (EK) _ _ _ _ _ _ _ | |
| Umlaufvermögen (UV) _ _ _ _ _ _ | | Fremdkapital (FK) _ _ _ _ _ _ _ | |
| Gesamtvermögen _ _ _ _ _ _ | | Gesamtkapital _ _ _ _ _ _ _ | |

### 3.4.2.2 Planung von Bilanzpositionen

Die Planung ist grundsätzlich nicht Selbstzweck, sondern sie hat (neben der strategischen Planung insbesondere die operative Planung), den Kurs vorzugeben, nach dem das Unternehmen in einer Periode zu führen ist. Planungsprozesse im Unternehmen werden dabei üblicherweise bottom-up durchgeführt. Ausgehend von einer Analyse des ist-Zustandes wird das betriebliche Geschehen in einer Planperiode in quantitativer Form in Teilplänen, die in der ergebnisorientierten Unternehmensplanung zusammenlaufen, abgebildet (vergleiche hierzu Kapital 4, Abschnitt 4 „Planung").

**Der Planungsprozess:**

Die Ergebnisse werden in Form einer Finanzplanung zusammengefasst.

**Die Aufgabe besteht nunmehr darin,**

- Den Kapitalbedarf, der sich aus der Zielplanung, Maßnahmenplanung und Ergebnisplanung ergibt, festzustellen,

## 3 Rentabilitätsorientiertes Bilanzstrukturmanangement

- Zu prüfen, ob die zur Finanzierung aller geplanten Objekte und Maßnahmen notwendigen Finanzmittel beschafft werden können,
- Das zu beschaffende Kapital nach Art, Umfang und Verfügungsdauer so auf die finanzierenden Instrumente hin abzustimmen, dass die Liquidität der Unternehmen im Planungszeitraum jederzeit gewährleistet werden kann.

**Die Finanzplanung beinhaltet drei Stufen:**

- Bedarfsplan = Planung der Mittelverwendung,
- Beschaffungsplan = Planung der Mittelherkunft,
- Durchführungsplan.

Auf einfache Weise lässt sich aus dieser, in der indirekten Form (direkte Form = Planung von liquiditätswirksamen Ein- und Auszahlungen) vorliegenden Planbewegungsbilanz durch Zusammenfassung mit der letzten vorliegenden Ist-Bilanz die Planbilanz ableiten.

**Ermittlung der Planbilanz:**

| Wertgröße der Bilanz zu Beginn der Periode |
| --- |
| +/− Wertgrößenveränderung während der Planperiode |
| = Wertgröße der Planbilanz |

Die Ergebnisse lassen wichtige betriebswirtschaftliche Rückschlüsse sowohl in quantitativer als auch in qualitativer Form auf Mittelbedarf und Mittelherkunft in der Betrachtungsperiode zu.

Bilanzstrukturmanagement folgt nunmehr dem umgekehrten Gedankengang. Top-down in Form einer Zielplanung werden die zu erreichenden Bilanzpositionen in Form von so genannten „Wunsch"-Zielen festgelegt. Diese Vorgehensweise bringt zunächst den Vorteil mit sich, dass sie vollkommen wertfrei von individuellen betrieblichen Entwicklungen, ausgerichtet an der „optimalen" Bilanz für das Unternehmen durchgeführt werden kann.

*Zielplanung Top-down*

Diesen Wunsch-Zielen steht die sich aus dem betrieblichen Planungsprozess ergebende Planbilanz gegenüber. Aufgabe des Managements ist es nunmehr, durch die Anwendung von geeigneten Instrumenten mittel- und langfristig für eine Annäherung und, wenn möglich, Übereinstimmung zu sorgen. Die Controlling-Instrumente sind entsprechend auszurichten.

### 3.4.2.3 Bilanzstruktur-Kennzahlen zur Findung der „optimalen" Bilanzstruktur

**Ausrichtung an betriebswirtschaftlichen Rahmenbedingungen**

Unter dem Begriff „optimal" werden von Person zu Person unterschiedliche Sachverhalte (ja nach Empfinden, persönlicher Vorbelastung, Erfahrungen etc.) verstanden. Um der subjektiven Festlegung von Planungspositionen zu entgehen, sollte man sich deshalb an betriebswirtschaftlichen Rahmendaten beziehungsweise Bezugsgrößen orientieren. Es ist jedoch grundsätzlich auf die individuelle (Branchen-)Situation des Unternehmens Rücksicht zu nehmen. So weist die Kapitalstruktur der Unternehmen auf Grund der Größenordnung der geschäftlichen Aktivitäten und der Branchenstruktur erhebliche Unterschiede auf (beispielsweise ist die Chemische Industrie wesentlicher kapitalintensiver als das Baugewerbe).

Bilanzstrukturkennzahlen und Finanzierungsregeln sollen einen Ausdruck für bestimmte Vorstellungen über die Zweckmäßigkeit von Kapitalstrukturen und ihr Verhältnis zu Vermögenspositionen geben. Des Weiteren dienen sie als Orientierungshilfe für externe Kapitalgeber (beispielsweise im Rahmen von Kreditprüfungen). Sie können in der Praxis als Faustregeln, Orientierungshilfen oder Zielvorgaben eingesetzt werden. Die grundsätzliche Fragestellung lautet: „Welche Finanzierungsmittel sind bei gegebenem Kapitalbedarf auszuwählen?"

**Als Maßstäbe stehen allgemeine, branchenübergreifende betriebswirtschaftliche Erfahrungsgrößen zu Verfügung:**

- Die **goldene Finanzierungsregel** (Ausdruck der Solidität der Finanzierung): Zwischen der Bindungsdauer der im Unternehmen investierten Mittel und der entsprechenden Kapitalüberlassungsdauer muss Übereinstimmung herrschen (Fristenkongruenz hinsichtlich der Fi-

## 3 Rentabilitätsorientiertes Bilanzstrukturmanangement

nanzierung). Daraus wird die Sicherstellung der Zahlungsfähigkeit eines Unternehmens abgeleitet.

$$\frac{\text{Langfristiges Vermögen}}{\text{Langfristiges Kapital}} \times 100 \text{ größer/gleich } 100$$

**Anlagevermögen = Eigenkapital + langfristiges Fremdkapital**

$$\frac{\text{Kurzfristiges Vermögen}}{\text{Kurzfristiges Kapital}} \times 100 \text{ kleiner/gleich } 100$$

**Umlaufvermögen = kurzfristiges Fremdkapital**

- Die **goldene Bilanzierungsregel:** Langfristig gebundenes Vermögen (Sach-/Finanzanlagen/Immaterielle Wirtschaftsgüter, Vorräte) muss durch langfristiges Kapital (Eigen- und Fremdkapital), kurzfristig gebundenes Vermögen durch kurzfristiges Kapital finanziert werden.

**Vermögensbindungsdauer = Kapitalbindungsdauer**

Deckungsgrad A: $\frac{\text{Eigenkapital}}{\text{Anlagevermögen}} \times 100$ größer/kleiner 100

**Beispiel:**

Forderungen aus Lieferungen und Leistungen mit kurz- und mittelfristiger Laufzeit sollten durch kurz- und mittelfristige Kredite (beispielsweise Lieferantenverbindlichkeiten, kurzfristige Bankverbindlichkeiten) finanziert werden.

| Aktiva | Passiva |
|---|---|
| Anlagevermögen | Eigenkapital |
|  | Langfristiges Fremdkapital |
| Umlaufvermögen<br>Vorräte<br>Forderungen<br>Flüssige Mittel | Kurzfristiges Fremdkapital |

Grundsätzlich sollte gelten, dass Entscheidungen über Sach- und Finanzmittelbeschaffung (Finanzierung) einerseits sowie Sach- und Finanzmittelbindung (Investition) andererseits nie isoliert getroffen werden dürfen. Immer sind die in den Prinzipien der Betrags- und Fristenkongruenz zum Ausdruck kommenden Wirkungszusammenhänge zu berücksichtigen.

#### 3.4.2.4 Benchmarking und Bilanzstruktur
(vgl. auch Kapital 4, Abschnitt 5)

**Geeigneter: Methode des Benchmarking**

Beide Ansätze berücksichtigen jedoch nicht in vollem Umfang die unternehmensindividuelle Situation. Vor allem den branchenspezifischen Eigenarten des Unternehmens wird mehr durch die Methode des „Benchmarking" entsprochen.

**Festlegung von Messgrößen**

Durch **Benchmarking** gelingt es, relative Größen in Bezug zu einer Messgröße zu setzen und dadurch zu einer objektiveren Wertung eines Sachverhaltes zu gelangen. Damit wird zunächst erreicht, sich von der subjektiven Betrachtung zu lösen. Benchmarking mit Bilanzkennziffern anderer Unternehmen bietet hierzu geradezu ideale Ausgangsvoraussetzungen. Branchenkennzahlen sind in der Regel relativ leicht beispielsweise über die Industrie- und Handelskammern zu beschaffen. Schwieriger ist es, an Bilanzen anderer Unternehmen zu gelangen, wenn diese nicht börsennotiert sind.

**Beispiele für Messgrößen:**

- Der Branchendurchschnitt,
- Der/die Hauptwettbewerber,
- Der Branchenprimus,
- Vergleichbare Unternehmen anderer Branchen.

Durch die Auswahl und Definition des Benchmarks ist sofort eine eigene Standortbestimmung beziehungsweise die Ableitung und Festlegung der Zielvorgaben möglich. Aufgezeigt werden damit auch die möglichen Potenziale des Unternehmens. Im Mittelpunkt steht die Beantwortung der Frage: „Was machen die Besten besser und was kann das Unternehmen von ihnen lernen?".

# 3 Rentabilitätsorientiertes Bilanzstrukturmanangement

Gleichzeitig sollten bei gravierenden Abweichungen Begründungen gesucht werden. Eventuell ergeben sich bereits an dieser Stelle eindeutige Hinweise auf eine Kurskorrektur der eigenen Unternehmenspolitik. Grundsätzlich falsch wäre es, die Grundstruktur des Benchmark-Unternehmens zu kopieren, ohne die eigene Situation zu berücksichtigen.

**Berücksichtigen der individuellen Situation**

Benchmarks, einmal ausgewählt, sollten aus Gründen der Kontinuität und Vergleichbarkeit über einen längeren Zeitraum beibehalten werden. Nebenbei sei bemerkt, dass Benchmarking in allen Bereichen des Unternehmens mithelfen kann, innovative Lösungen durch das Lernen von anderen Unternehmen anzustoßen und zu entwickeln und objektive Zielsetzungen zur Leistungsverbesserung zu erarbeiten.

**Beispiel für einen Benchmark-Vergleich:**

| Bilanzstruktur in % der Bilanzsumme | | | |
|---|---|---|---|
| Bilanzposition | vorr. Ist 2000 | Planbilanz 2001 Grundlage Finanzplanung | Zielbilanz 2001 Grundlage Benchmarking |
| **Aktiva** | | | |
| Anlagevermögen | ............ | ............ | ............ |
| Umlaufvermögen | | | |
| – Vorräte | ............ | ............ | ............ |
| – Forderungen | ............ | ............ | ............ |
| – Flüssige Mittel | ............ | ............ | ............ |
| **Passiva** | | | |
| Eigenkapital | ............ | ............ | ............ |
| Fremdkapital | | | |
| – langfristig | ............ | ............ | ............ |
| – kurzfristig | ............ | ............ | ............ |

## 3.4.2.5 Allgemeine Kennzahlen als Hilfsmittel

Der Einsatz der Instrumente kann durch ein laufendes Kennzahlensystem unterstützt, gesteuert und überwacht werden. Kennzahlen haben hier die Aufgabe, den Tatbestand wahrheitsgemäß, relevant, aktuell und transparent aufzuzeigen und darüber hinaus die Ursache-Wirkung-Zusammenhänge aufzuzeigen. Sie dienen als Zielvorgabe für die Planung und deren Koordination und stellen ein Analyse-Instrumentarium zur Beurteilung von Ergebnissen in Relation zu bestehenden Standards (beispielsweise Abgleich an der eigenen historischen Entwicklung oder der eigenen Branche) dar. Komplexe Sachverhalte und Entwicklungen lassen sich anschaulich darstellen.

**Beispiele für vertikale und horizontale Bilanz- sowie rentabilitätsorientierte Kennzahlen:**

- **Verhältnis von Fremdkapital (FK) zu Eigenkapital (EK)**

$$\text{Verschuldungsgrad} = \frac{\text{Fremdkapital} \times 100}{\text{Eigenkapital}}$$

$$\text{Eigenmittelquote} = \frac{\text{Eigenkapital}}{\text{Bilanzsumme}}$$

Die Kennzahlen hängen stark von der Branche des Unternehmens ab. Anlageintensive Unternehmen (beispielsweise Papierindustrie) sollten im Vergleich zu Handelsunternehmen eine höhere Eigenkapitalausstattung haben. Die Erschließung und Erhaltung von Fremdkapital setzt einen hohen Eigenkapital-Anteil voraus (Haftung, Risikobeteiligung des Unternehmens).

- **Verhältnis von Flüssigen Mitteln zu kurzfristigen Verbindlichkeiten**

$$\text{Liquidität I (Barliquidität)} = \frac{\text{Flüssige Mittel} \times 100}{\text{kurzfristiges Fremdkapital}}$$

$$\text{Liquidität II} = \frac{\text{Flüssige Mittel} + \text{kurzfristig verfügbare Aktiva} \times 100}{\text{kurzfristiges Fremdkapital}}$$

# 3 Rentabilitätsorientiertes Bilanzstrukturmanangement

- **Netto-Umlaufvermögen (Working Capital oder Liquiditätsgrad III)**

$$\text{Working Capital} = \text{Umlaufvermögen} - \text{kurzfristiges Fremdkapital}$$

$$\text{Liquiditätsgrad III} = \frac{\text{Umlaufvermögen} \times 100}{\text{kurzfristige Verbindlichkeiten}}$$

Bei dieser Betrachtung werden die Mittel aus dem Umlaufvermögen, die über die kurzfristige Schuldentilgung hinaus als Liquiditätsreserve zum Ausgleich von Schwankungen im Geschäftsablauf zur Verfügung stehen, dargestellt. Es handelt sich dabei um die Liquiditätsreserve des Unternehmens.

- **Vermögensstruktur-Kennzahlen**

$$\text{Anlagenintensität} = \frac{\text{Anlagevermögen} \times 100}{\text{Gesamtvermögen}}$$

$$\text{Intensität des Umlaufvermögens} = \frac{\text{Umlaufvermögen} \times 100}{\text{Gesamtvermögen}}$$

Diese Kennzahlen werden oftmals bei Unternehmensvergleichen (Konkurrenzunternehmen, Branchenvergleiche) herangezogen.

- **Der Cash flow**

Mit dieser Kenngröße wird die wirtschaftliche Leistungsfähigkeit sowie Wettbewerbsfähigkeit eines Unternehmens ausgedrückt. Er stellt auch einen Maßstab für die Unabhängigkeit von Instrumenten der Außenfinanzierung durch den Zufluss von Liquidität aus den eigenen Umsätzen (Selbstfinanzierungskraft) dar.

Jahresüberschuss/-fehlbetrag
+ nicht ausgabewirksame Aufwendungen (z. B. AfA)
− nicht einnahmewirksame Erträge

Aus dieser Kennzahl lässt sich direkt ableiten, in welchem Ausmaß das Unternehmen aus dem erwirtschafteten Cash flow die Investitionen in das Anlagevermögen finanzieren kann.

$$\text{Selbstfinanzierungsquote} = \frac{\text{Cash flow} \times 100}{\text{Nettosachanlagenzugang}}$$

$$\text{Investitionsintensität} = \frac{\text{Nettozugang Sachanlagen} \times 100}{\text{Abschreibung auf Sachanlagen}}$$

Diese Kennziffer zeigt an, in welchem Umfang die Abschreibungen reinvestiert werden.

$$\text{Verschuldungsfaktor} = \frac{\text{Effektiv-Verschuldung}}{\text{Cash flow}}$$

Als Ergebnis ergibt sich die Jahresanzahl, innerhalb derer mittels des Vorjahres-Cash flow die Effektiv-Verschuldung getilgt werden kann.

**Kurzfristige Verschuldung:**

| |
|---|
| kurz- und mittelfristige Verbindlichkeiten |
| + kurzfristige Rückstellungen |
| − kurzfristige Forderungen |
| − flüssige Mittel |

- Das **rentabilitätsorientierte Kennzahlensystem (ROI)**

Der ROI (Return on Investment) ist ein Indikator für die Unternehmensrentabilität, die Fähigkeit zur Finanzierung der Fremdkapitalkosten sowie zur Steigerung der Eigenkapitalrentabilität (Leverage-Effekt).

$$\text{ROI} \frac{\text{Gewinn}}{\text{Umsatz}} \times \frac{\text{Umsatz}}{\text{invest. Kapital}} = \text{Umsatzrendite} \times \text{Kapitalumschlag}$$

# 3 Rentabilitätsorientiertes Bilanzstrukturmanangement

- **Rentabilitätskennzahlen**

$$\text{Gesamtkapitalrentabilität} = \frac{\text{Jahresgewinn}}{\text{investiertes Kapital}}$$

$$\text{Gesamtkapitalrentabilität} = \frac{\text{Jahresgewinn} + \text{Fremdkapitalzinsen}}{\text{investiertes Kapital}}$$

$$\text{Gesamtkapitalrentabilität} = \frac{\text{Betriebsergebnis} + \text{kalkulatorische Zinsen}}{\text{investiertes Kapital}}$$

$$\text{Eigenkapitalrentabilität} = \frac{\text{Jahresgewinn}}{\text{Eigenkapital}}$$

- **Kennzahlen zur Kapitalbindung**

Mit Hilfe dieser Kennzahlen wird der Einfluss der Kapitalbindung in den verschiedenen Bereichen des Unternehmens im Hinblick auf die Rentabilität sowie die Liquidität beurteilt.

$$\text{Kapitalumschlag} = \frac{\text{Umsatz}}{\text{investiertes Gesamtkapital}}$$

$$\text{Umschlag der Vorräte} = \frac{\text{Umsatz}}{\text{Vorräte}}$$

$$\text{Lagerdauer RHB in Tagen} = \frac{\text{durchschnittlicher Lagerbestand} \times 360}{\text{Materialaufwand}}$$

$$\text{Lagerdauer Fertig-Erz.} = \frac{\text{durchschnittlicher Lagerbestand} \times 360}{\text{Umsatz}}$$

$$\text{Kundenkreditdauer in Tagen} = \frac{\text{durchschnittlicher Forderungsbestand} \times 360}{\text{Umsatz vor Erlösschmälerungen}}$$

$$\text{Lieferantenkreditdauer in Tagen} = \frac{\text{durchsch. Verbindlichkeiten} \times 360}{\text{Wert der Zugänge}}$$

### 3.4.2.6 Exkurs: Der Leverage-Effekt

**Ertragskraft des Unternehmens**

Zwischen dem Verhältnis Eigenkapital und Fremdkapital besteht ein wichtiger Zusammenhang, der sich auf das Verhältnis Eigen- und Gesamtkapitalrentabilität auswirkt. Im Hinblick auf die Beurteilung der Ertragskraft eines Unternehmens durch die Kennzahl Gesamtkapitalrentabilität müssen konsequenterweise zum ausgewiesenen Gewinn (= Ertrag des Eigenkapitals) auch die Fremdkapitalzinsen (= Ertrag des Fremdkapitals) hinzugerechnet werden.

**Diese Überlegung wird durch folgende Formel ausgedrückt:**

$$\text{Gesamtkapitalrentabilität} = \frac{\text{Jahresgewinn} + \text{Fremdkapitalzinsen}}{\text{Gesamtkapital}}$$

Der Kapitalertrag errechnet sich dabei als Summe aus Gewinn und Zinsen für das Fremdkapital. Die **Eigenkapitalrentabilität** ($R_{EK}$) wird aus der Gesamtkapitalrentabilität ($R_{GK}$) weiterentwickelt:

$$R_{EK} = R_{GK} \frac{\text{Fremdkapital}}{\text{Eigenkapital}} \times (R_{GK} - \text{Fremdkapitalzins})$$

Bei positiver Differenz von Gesamtkapitalrentabilität (RGK) und Fremdkapitalzins ergibt sich eine umso größere Rentabilitätssteigerung des Eigenkapitals, je größer der Quotient Eigenkapital zu Fremdkapital ist. Dieser wirkt sich als Multiplikator und damit als Hebel auf die Eigenkapitalrentabilität im Vergleich zur Gesamtkapitalrentabilität.[36]

---

[36] Busse, Grundlagen der betrieblichen Finanzwirtschaft, 1989, S. 232.

## 3 Rentabilitätsorientiertes Bilanzstrukturmanangement

Solange die Gesamtkapitalrentabilität über dem Fremdkapitalzins liegt, wächst die Eigenkapitalrentabilität mit dem wachsenden Verschuldungsgrad. Es gibt demzufolge aus Rentabilitätsgründen keinen Sinn, mit zu viel Eigenkapital zu arbeiten. Vielmehr sollte geprüft werden, sukzessive Eigenkapital durch Fremdkapital zu ersetzen.

**Zuviel Eigenkapital unwirtschaftlich**

Negativ zu bewerten ist in diesem Zusammenhang allerdings, dass Fremdkapitalzinsen auch bei einer Verlustsituation des Unternehmens gezahlt werden müssen. Dividenden können dagegen nur bei einer entsprechenden Gewinnsituation geleistet werden (finanzielle Stabilität).

### 3.5 Bilanzstrukturmanagement und Instrumente

Die Optimierung der Kapitalproduktivität steht im Mittelpunkt. Die Bedeutung dieser Aufgabe wird bei vielen Unternehmen bereits mehr oder weniger ausgeprägt erkannt.

Durch Wechselwirkungen müssen entsprechende Aktivitäten kritisch hinterleuchtet werden. Positiven Effekten stehen auch (unbeabsichtigte) negative Effekte gegenüber:

- **Maßnahmen zur Kostensenkung durch Rationalisierung/Einsparung von Investitionen:** Sofort wirksamen, positiven Auswirkungen auf die Ergebnissituation steht möglicherweise eine langfristige Reduzierung der Kapitalproduktivität gegenüber, da Investitionen nicht gefördert, sondern eher verhindert werden.

- **Unkontrolliertes Wachstum kann zur Reduzierung der Kapitalproduktivität führen:** Häufig tritt dies bei Firmenübernahmen auf.

- **Unterdurchschnittliche Kapitalumschläge in einem Teil der Wertschöpfungskette können nicht durch überproportionale Umschläge in anderen Teilen der Wertschöpfungskette kompensiert werden:** Die Konsequenz besteht darin, dass sich die Unternehmen zunehmend auf ihre Kernkompetenzen und damit auf einzelne Schritte der Wertschöpfungskette beschränken müssen (Trend zum Outsourcen von Leistungen).

**Kapitalproduktivität verbesserungsfähig**

Daraus leitet sich ab, dass viele Aktivitäten zur Verbesserung der Kapitalproduktivität noch verbesserungsfähig sind. Durch folgende Ansätze lassen sich relativ kurzfristig Erfolge erzielen:[37]

- Das Ziel der Steigerung der Kapitalproduktivität muss in die gesamte Zielsetzung der Steigerung des Unternehmenswertes eingebunden werden (Kennzahlen der Kapitalproduktivität sind in Zielvereinbarungen und Incentivregelungen für die Führungsebene einzubauen).

- Gesamtheitliche Betrachtung anstelle der Optimierung einzelner Bilanzposten (Berücksichtigung von Wechselwirkungen zwischen Bilanzpositionen).

- Keine Vorgabe von Detailzielen sondern Festlegung aggregierte Wertgrößen als zu erreichende Wunschziele (aus dem übergeordneten Ziel können Detailziele von den Verantwortlichen abgeleitet werden).

- Optimierung des Prozesses der Mittelverwendung (Investitionen nicht nach dem „Gießkannenprinzip" tätigen, sondern Genehmigungsprozesse in Verbindung mit dem Mitteleinsatz optimieren).

**Bei Organisationsstruktur ansetzen**

Welche Instrumente und Techniken lassen sich einsetzen, um diese Zielvorgaben zu erreichen? Nicht nur klassische und bewährte Instrumente bieten sich hierzu an, sondern Effekte können auch durch den Aufbau geeigneter Organisationsstrukturen erzielt werden. Anschließend wird der Versuch unternommen, die vorhandenen Instrumente, Techniken und Methoden in zwei Gruppen einzuordnen. Als direkter Effekt ergibt sich oftmals zuerst ein Tausch von Bilanzpositionen auf der Aktivseite (beispielsweise beim Forderungsverkauf Reduzierung der Forderungen aus Lieferungen und Leistungen/Erhöhung des Kassenbestandes).

Hier müssen die Überlegungen im Hinblick auf das letztendlich angestrebte Ziel weitergeführt werden. Die Auflistung beinhaltet die wichtigsten Ansatzpunkte und erhebt keinen Anspruch auf Vollständigkeit.

---

[37] The Boston Consulting Groups, Kapitalproduktivität: Werthebel mit Potenzial.

# 3 Rentabilitätsorientiertes Bilanzstrukturmanangement

## 3.5.1 Instrumente der Bestandsplanung

Über die Planung, Steuerung und Kontrolle des Umlaufvermögens können zwei Teilziele verfolgt werden. Einerseits wird die Bilanzstruktur, andererseits das gebundene Vermögen optimiert und damit direkt zur Ergebnisverbesserung beigetragen. Hierzu muss die Betrachtung vom Umlaufvermögen auf das Netto-Umlaufvermögen (Working-Capital) erweitert werden.

*Working Capital steuern*

### Netto-Umlaufvermögen:

+ Vorräte

+ Forderungen aus Lieferungen und Leistungen

+ Geleistete Anzahlungen

− Verbindlichkeiten aus Lieferungen und Leistungen

− Erhaltene Anzahlungen

Forderungen und Verbindlichkeiten gegenüber verbundenen Unternehmen bleiben von der Betrachtung ausgenommen, da der Optimierungsansatz grundsätzlich auf der konsolidierten Gesamt-(Konzern-)Bilanz des Unternehmens aufsetzt. Bevor Steuerungsmaßnahmen ergriffen werden, sollte man sich die Einflüsse, die auf das Netto-Umlaufvermögen einwirken (und die oftmals für ein unkoordiniertes Ansteigen verantwortlich sind) vor Augen halten.

*Netto-Umlaufvermögen und Einflussfaktoren*

### Einflussfaktoren:

- **Vorräte:** Ausgleich von Produktionsintervallen, saisonale Schwankungen, Aufrechterhaltung der Lieferbereitschaft, erwartete Preisveränderungen können zur Bildung von Sicherheitsbeständen führen,

- **Forderungen aus Lieferungen und Leistungen:** Zahlungswilligkeit/-fähigkeit der Kunden beeinflussen die Laufzeit der Außenstände,

- **Verbindlichkeiten aus Lieferungen und Leistungen:** Die Ausrichtung des Zahlungsverhaltens orientiert sich nicht immer an der Leistungserfüllung.

Folgende Instrumente und Techniken bieten sich zur Steuerung an:

- **Budgetierungs- und Kapitalplanungsprozess:** Schaffung von finanziellen Anreizen zur Kapitalreduzierung (beispielsweise erfolgsabhängige variable Vergütung),

- **Verantwortlichkeiten personifizieren:** Festlegung persönlich erreichbarer Ziele und deren Überwachung,

- **Bereichsdenken überwinden:** Bei Entscheidungen „über den Tellerrand hinaus" blicken,

- **Zahlenorientierte und zweifelsfreie Analyse der tatsächlich gebundenen Vermögenswerte:** Transparente Aufbereitung der historischen Entwicklung (beispielsweise mit Kennzahlen) und Abweichungsanalyse mittels Benchmarking,

- **Einsatz von Instrumenten:** Beispielsweise konsequentes Forderungsmanagement durch Einsatz geeigneter Software, effizientes Mahnwesen, Aufbau Debitorenmanagement,

- **Eindeutige Zielüberwachung:** Laufender Soll-/Ist-Vergleich,

- **Qualitäts- und Anspruchsdenken klären:** Beispielsweise für welchen Kunden ist ein strategischer Sicherheitsbestand wirklich notwendig,

- **Laufende Vorratsanalyse (Bestände-Controlling):** Überprüfung des Bestandes an Roh-, Hilfs- und Betriebsstoffen auf Sicherheitslager, des Bestandes an Fertigerzeugnissen auf Ladenhüter (beispielsweise durch das Instrument der Prozessanalyse, Prüfung von Konsignationslagern etc.),

- **Reduktion des Vorratsumschlages durch verbesserte Logistikprozesse:** Integration von Kunden und Lieferanten in die eigene Wertschöpfungskette,

- **Laufende Forderungsanalyse (Forderungs-Controlling):** Transparente Aufbereitung des Forderungsbestandes (mittels Kennzahlen), Untersuchung von überfälligen Forderungen/Forderungen mit überdurchschnittlich langen Zahlungszielen (Instrumente/Maßnahmen: beispielsweise Verbesserung des Mahnwesens, Umgehende Fakturierung, Ausnützung des Lastschrifteinzugsverfahrens, Festlegung von Standardzahlungsbedingungen pro Land/Kundengruppe etc.); vgl. dazu auf ⊛ Forderungsanalyse unter Nr. 36.

### 3.5.2 Instrumente der Entwicklungsplanung

Durch den Einsatz der Instrumente werden direkte Veränderungen auf vorstehend beschriebenen Bilanzrelationen bewirkt. Diese Instrumente haben darüber hinaus auch unmittelbare finanzwirksame Auswirkungen. Geht man von den eingangs beschriebene Bilanzstrukturkennziffern in Gleichungsform aus, kann sowohl durch eine Veränderung des Zählers als auch des Nenners das angestrebte Ziel „Bilanzoptimierung" erreicht werden.

*Optimierung Zähler und/oder Nenner*

#### 3.5.2.1 Optimierung der Anlagendeckung (EK + LFK : AV)

- **Erhöhung des Eigenkapitals:** beispielsweise Thesaurierung von Gewinnen beziehungsweise Nichtausschüttung, Eigenkapitalerhöhung aus Gesellschaftsmitteln/Kapitalerhöhung,

- **Aufnahme langfristiges Fremdkapital:** beispielsweise Bankkredite, Gesellschaftsdarlehen, zinssubventionierte Förderkredite,

- **Reduzierung Anlagevermögen:** beispielsweise Verkauf nicht betriebsnotwendiger Vermögensgegenstände, Mobilien-/Immobilien-Leasing klassisch oder durch Sale-and-lease-back, Miete statt Kauf,

- **Outsourcing:** grundsätzliche Überlegungen zur Eigen- und Fremdherstellung (beispielsweise in den Bereichen Distributionslogistik, Produktion, Forschung und Entwicklung). Outsourcing erfolgskritischer Wertschöpfungsschritte. Wenn der Dienstleister nach Aufwand bezahlt wird, gelingt damit auch eine Umwandlung von fixen in variable Kosten; darüber hinaus wird in den meisten Fällen eine Entlastung des Managements durch Konzentration auf die Kernaufgaben bewirkt.

### 3.5.2.2 Optimierung der Eigenkapital-Quote (EK:BS) beziehungsweise des Verschuldungsgrades

- Erhöhung Eigenkapital (vergleiche Abschnitt 3.5.2.1),
- Reduzierung der Bilanzsumme durch:
  - Cash-Management-Aktivitäten: zentrale Erfassung und Koordination der liquiden Zahlungsmittel durch tägliche Zusammenfassung der Salden von Zahlungsverkehrskonten der Untergesellschaften auf einem Zielkonto (beispielsweise Methoden des Cash-Concentration/Cash-Pooling; vergleiche Kapitel 2, Abschnitt 1 „Cash-Management").
  - Ausnutzung von Netting: Aufrechnungsmöglichkeiten unter Konzerngesellschaften bei gegenseitigen Forderungen und Verbindlichkeiten.
  - Rückzahlung von Verbindlichkeiten aus Lieferungen und Leistungen aus vorhandener Liquidität über den Bilanzstichtag (Zinsvergütung durch Lieferanten).
  - Maßnahmen der Bestandsplanung: Cash-Freisetzung und damit Vermeidung von Bankverbindlichkeiten; insbesondere von Dauerschulden bei gleichzeitiger Optimierung der Gewerbesteuerposition.
  - Leasing: Nutzen statt Eigentum erwerben: Schonung der Kreditlinien und Liquidität (beispielsweise bei nicht direkt für den Betriebsprozess notwendigen Gegenständen wie Kfz).
  - Factoring: Verkauf von Forderungen; durch Substitution unverzinslicher Forderungen durch rentierliche Aktiva lässt sich auch hier wertorientierte Unternehmenssteuerung betreiben.
  - Asset-Backed-Transaktionen: Verbriefung von Forderungen; Aktivtausch Forderungen gegen Liquidität.

# 3 Rentabilitätsorientiertes Bilanzstrukturmanangement

## 3.6 Zusammenfassung

In der betriebswirtschaftlichen Theorie wird der Bilanz des Unternehmens zumeist nur die Rolle der Berichterstattung zugeordnet. Es handelt sich dabei um eine ex-post-Auskunft über Effizienz und Leistungsfähigkeit des Managements. Bewusste Steuerungsansätze, die auf ihr aufbauen, sind dagegen wenig zu beobachten. Da Bilanzmanagement alle Geschäftsbereiche tangiert, können daraus – professionell angewandt – auch für Führungskräfte Ziele, Orientierungsgrößen und Beurteilungsmaßstäbe abgeleitet werden (zusätzliches Motivationssteuerungs-Instrument). Strategische Wettbewerbsvorteile können sich ebenfalls daraus ergeben.

**Ableitung von Zielen für Führungskräfte**

Darüber hinaus kommt der Aktiv- und Passivsteuerung als Informations- und Führungsinstrument für die Leitung eines Unternehmens eine besondere Bedeutung zu. Instrumente, richtig verstanden und eingesetzt, führen über das Ziel Bilanzoptimierung zumeist auch zu Kosten- und Ertragsvorteilen und damit zu der gewünschten Steigerung des Shareholder-value.

**Für kleine und mittelständische Unternehmen lassen sich insgesamt vier Elemente der Zukunftsbewältigung festlegen:**

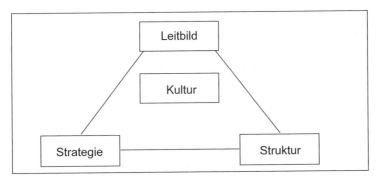

Die Struktur ist dabei das Element der Zukunftssicherung, mit dem die meisten Manager (insbesondere von kleinen und mittelständischen Unternehmen) am besten vertraut sind. Es handelt sich dabei um konkrete Dinge wie beispielsweise die Aufbau- und Ablauforganisation, um Geschäftsprozesse und Kostenstrukturen. In diesem Zusammenhang ist auch der

Blick auf die Bilanzstrukturen des Unternehmens einzuordnen. Relativ schnell und einfach lassen sich Erfolge erzielen.

**Klarheit über Unternehmensziele**

Grundvoraussetzung ist allerdings (dies gilt auch gleich lautend für die gesamte Unternehmenspolitik), dass Klarheit und Transparenz über die strategische Ausrichtung des Unternehmens besteht und entsprechend an die Mitarbeiter weiterkommuniziert wird.

## 3.7 Aktive Planung, Steuerung und Kontrolle des Finanzergebnisses

### 3.7.1 Problemstellung

Die von Globalisierung und Internationalisierung gekennzeichneten Märkte der Zukunft verlangen von den Unternehmen in zunehmenden Maße Flexibilität, Anpassungsbereitschaft und Innovationsfreudigkeit. Chancen und Risiken liegen dicht nebeneinander. Selbstverständlich muss es in diesem Zusammenhang sein, sich auch mit Funktionen im Unternehmen auseinander zu setzen, die nicht dem eigentlichen Kerngeschäft zuzuordnen sind.

**Analyse und Wert der finanziellen Wertschöpfung**

Es existiert eine enge Korrelation zwischen Leistungsprozess, Finanzierungs- und Liquiditätsfragen sowie Wettbewerbsfähigkeit. Optimierungspotenziale müssen insbesondere im betrieblichen Bereich erkannt und genutzt werden. Diese Denkweise trifft jedoch nicht immer auf das Finanzergebnis zu. Nutzen- und Ertragspotenziale werden oftmals, obwohl leicht zugänglich, nicht ausgeschöpft. Nachstehend soll auf die Frage der kritischen Analyse und Wertung der durch den Finanzbereich erbrachten (in Geldeinheiten ausgedrückten) Leistungen, die im Finanzergebnis handelsrechtlich erfasst werden, eingegangen werden.

# 3 Rentabilitätsorientiertes Bilanzstrukturmanangement

## Erfolgsermittlung nach dem Gesamtkostenverfahren

| Erfolgsermittlung nach dem Gesamtkostenverfahren | |
|---|---|
| | Umsatzerlöse |
| +./. | Bestandsveränderungen (Erhöhung oder Verminderung des Bestandes an fertigen und unfertigen Erzeugnissen bewertet zu Herstellkosten |
| + | Aktivierte Eigenleistungen |
| + | Sonstige betriebliche Erträge |
| = | **Gesamtleistung** |
| ./. | Materialaufwand |
| ./. | Personalaufwand |
| ./. | Abschreibungen |
| ./. | Sonstige betriebliche Aufwendungen |
| = | **Betriebsergebnis** |
| + | Finanzerträge    = Finanzergebnis |
| ./. | Finanzaufwendungen |
| = | **Ergebnis der gewöhnlichen Geschäftstätigkeit** |

Abbildung 44: Erfolgsermittlung nach dem Gesamtkostenverfahren

## 3.7.2 Der Inhalt des Finanzergebnisses

Unter dem Finanzergebnis werden für nachstehende Betrachtung alle Erträge und Aufwendungen zusammengefasst, die

- aus Finanzierungsvermögen resultieren, die direkt oder indirekt mit dem betrieblichen Leistungsprozess in Verbindung stehen,
- auf Dienstleistungen von Banken zurück zu führen sind,
- vom Finanzbereich eines Unternehmens beeinflusst und gestaltet werden können,
- entsprechend den handelsrechtlichen Vorschriften zu erfassen sind.

Außer acht gelassen wird der kostenrechnerische Ansatz. Dieser sieht bekanntlich vor, dass statt den tatsächlich gezahlten Zinsen kalkulatorische Zinsen angesetzt und verrechnet werden.

**Keine Betrachtung kalkulatorischer Kosten**

Von Unternehmen zu Unternehmen werden die Ertrags- und Aufwandspositionen unterschiedlich in der G+V erfasst. Das handelsrechtlich ausgewiesene Finanzergebnis bezieht sich meist auf den Saldo aus Zinserträgen und -aufwendungen. Dieser resultiert aus Geldanlagen und Kreditaufnahmen. Erträge aus Zinssicherungsgeschäften mit Derivaten, denen Grundgeschäfte zu Grunde liegen, sind ebenfalls im Zinsergebnis zu erfassen.

Alle übrigen Aufwands- und Ertragspositionen, die im Zusammenhang mit Bankdienstleistungen stehen (beispielsweise Gebühr für die Bearbeitung eines Dokumenten-Akkreditives), werden unter sonstigen betrieblichen Erträgen und Aufwendungen verbucht. Hierunter fallen auch positive oder negative Ergebnisse aus Zinssicherungsgeschäften, die keinen Bezug zu einem Grundgeschäft haben (Spekulationsgeschäfte).

**Voraussetzung einheitliche Begriffsdefinition**

Ein unternehmensübergreifender Vergleich, der Rückschlüsse auf die Effizienz des Finanzmanagements erlauben soll, setzt daher eine einheitliche Begriffsdefinition voraus. Um qualifizierte Betrachtungen anzustellen, bedarf es damit einer tiefer gehenden Analyse und Aufbereitung der zu Grunde liegenden Finanzierungsstrukturen des Unternehmens.

### 3.7.3 Die Bedeutung der Finanzierung für den betrieblichen Leistungsprozess

**Abhängigkeitsverhältnisse**

Die meisten Unternehmen werden mit der Absicht betrieben, auf der Grundlage eines satzungsgemäß definierten Betriebszweckes im Rahmen des betrieblichen Umsatzprozesses Güter und Dienstleistungen herzustellen. Es ist daher verständlich, dass sich Unternehmensentscheidungen schwerpunktmäßig mit diesen Prozessen beschäftigen und Management-Resourcen hier gebunden werden. Außer acht gelassen wird jedoch zumeist, dass finanzwirtschaftliche Überlegungen mit der betrieblichen Leistungserstellung eng verknüpft sind und direkte Abhängigkeitsverhältnisse existieren.

**Im Rahmen des betrieblichen Umsatzprozesses entstehen laufend zwei gegenläufige Austauschprozesse:**

- **Investitionen:** Finanzielle Mittel werden durch Investitionen in Sachgüter und Dienstleistungen getauscht,

## 3 Rentabilitätsorientiertes Bilanzstrukturmanangement

- **Desinvestitionen:** Ertragsgüter und Dienstleistungen werden in finanzielle Mittel transformiert.

Die Austauschvorgänge werden durch Aus- und Einzahlungen vermittelt. Es kommt zu permanenten Veränderungen in der Zusammensetzung der Struktur der Vermögensseite (= Mittelverwendung) sowie des Eigen- und Fremdkapitals (= Mittelherkunft).

Jede in diesem Rahmen getroffene Entscheidung führt unweigerlich sofort oder mit Zeitverzug zu finanziellen Transaktionen beziehungsweise damit verbunden zu Finanzierungsüberlegungen. Die Aufrechterhaltung der Zahlungsbereitschaft stellt dabei als Ergebnis der Einflussfaktoren Liquidität, Rentabilität und Sicherheit ein unverzichtbares Element für die Durchführung des Betriebsprozesses dar.

Diese Ziele konkurrieren ständig mehr oder weniger stark miteinander. Liquiditätssicherung ist in diesem Zusammenhang nicht als Primärziel zu definieren, da kein Unternehmen mit der Absicht betrieben wird, Liquidität zu erzielen. Vielmehr stellt es eine stringente Nebenbedingung dar.

*Liquiditätssicherung stringente Nebenbedingung*

### 3.7.4 Die Ursachen für verschenkte Ergebnispotenziale

Die meisten Unternehmen bewegen sich auf Käufermärkten. Nicht das Unternehmen, sondern der Kunde diktiert die Produktpreise. Da über die Erlösseite keine Ergebnisverbesserung erreicht werden kann, muss der Hebel auf der Kostenseite, allen voran den Beschaffungskosten angesetzt werden. Naheliegend muss es deshalb sein, diese Überlegungen auch analog auf den Finanzierungsbereich zu übertragen.

*Kostenseite optimieren*

**Gründe für Passivität:**

- **Fehlende Zuordnung/Verantwortlichkeiten:** Im Gegensatz zum operativen Ergebnis, das Spartenverantwortlichen zugeordnet wird, ist für das Finanzergebnis in der Regel die Gesamtgeschäftsleitung zuständig. Der Grund liegt darin, dass Unternehmen (insbesondere in Deutschland) infolge ihrer konservativen und defensiven Einstellung bei Finanzierungsüberlegungen mehrheitlich den Finanzbereich nicht als eigenständiges Profit-Center definieren.

- **Nicht erkannte Prioritäten:** Oftmals wird auch Arbeitsüberlastung der Verantwortungsträger (die zumeist mit den betrieblichen Prozessen in Verbindung steht) genannt. Dem Finanzbereich wird eine verwaltende anstelle einer gestaltenden Rolle zugeordnet.

- **Mangelndes Know how/Lernbereitschaft bei Verantwortungsträgern/Mitarbeitern:** Der Umbruch an den Finanzmärkten in den letzten Jahren, gekennzeichnet durch Begriffe wie Deregulierung (zunehmend freier grenzüberschreitender Güter-, Dienstleistungs- und Warenverkehr) Globalisierung (internationale Ausrichtung der Wirtschaftsteilnehmer), Securitisation (Verbriefung von Aktiva zum Zwecke der Finanzmittelbeschaffung) und Disintermediation (die Bank tritt zunehmend in der Rolle des Vermittlers auf) haben zur Erhöhung der Volatilität (Dynamik von Kursen) beigetragen. Eine Flut von Finanzinnovationen überschwemmt die Märkte für Aktien, Zinsen, Devisen und Rohstoffe. Diese Veränderungen verlangen laufend die Bereitschaft der betroffenen Personen im Unternehmen, sich mit den Sachverhalten auseinander zu setzen. Gerade bei der älteren Manager-Generation ist oftmals diese Bereitschaft nicht mehr vorhanden.

- **Fehlende beziehungsweise mangelhafte Finanzkonzeption / Kontrollinstrumente / Systemtechniken:** Die Passivität ist oftmals auch auf das Fehlen eines grundlegenden Finanz-Konzeptes, gravierende Mängel in der Aufbauorganisation und Kontrolle sowie mangelhafte Systemausstattung zurückzuführen.

- **Fehlender Leidensdruck:** Kostenmanagement wird in den meisten Fällen erst vor dem Hintergrund eines plötzlich einsetzenden Ergebnisverfalles betrieben. Ein permanentes Kostenmanagement ist seltener anzutreffen. Unternehmen, die auf Grund stabiler Ertragsverhältnisse (aus dem Betriebsergebnis heraus) diesen Druck nicht ausgesetzt sind, sehen sich deshalb auch nicht veranlasst, nach Einsparungs- und Ertragspotenzialen zu suchen.

# 3 Rentabilitätsorientiertes Bilanzstrukturmanangement

- **Falsche Interpretation negativer Ereignisse an den Finanzmärkten:** So genannte „Derivat-Unfälle" mit Finanzmarktinstrumenten, deren Ursachen weitgehend auf fehlende Kontrollmechanismen sowie schwerwiegende Mängel in der Aufbauorganisation zurückzuführen sind, werden falsch interpretiert. Die eigene konservative Grundeinstellung, sich passiv zu verhalten, wird bestärkt. Insbesondere Derivate, gedacht als Instrumente zur Absicherung von Finanz-Risiken, haben hierzu einen großen Beitrag geleistet und sind zu einem traurigen Ruhm gelangt. Es wird in diesem Zusammenhang gerne das Motto praktiziert: „Wer nichts unternimmt, kann auch nichts falsch machen".

- **Falsche Bankpartner/Berater:** Von externen Partnern wird oftmals ein größerer Einfluss auf die Entscheidungsträger des Unternehmens ausgeübt, als vermutet werden kann. Meinungen von Banken und externen Beratern (Wirtschafts- und Steuerprüfer), die nicht die erforderliche Objektivität aufweisen, werden damit automatisch auf das Unternehmen übertragen.

## 3.7.5 Maßnahmenkatalog zur Steuerung des Finanzergebnisses

Als eine der wichtigsten Voraussetzungen muss eine grundsätzlich positive Einstellung von allen beteiligten Personen zum professionellen Finanzmanagement vorhanden sein. Die grundlegende Vorgabe von Rahmenbedingungen, die Erstellung von Teilbudgets sowie Leistungsmessung und -überwachung stellen die technischen Mindestvoraussetzungen dar. Begleitet und unterstützt werden sollten diese Aktivitäten durch Maßnahmen zur Effizienzsteigerung im operativen Finanzgeschäft wie der Nutzung unternehmensweiter Optimierungspotenziale (Finanzierung, Liquiditäts- und Risikomanagement), einer optimalen Preisstruktur für Bankdienstleistungen sowie der Nutzung von Synergien.

*Optimierungspotenziale nutzen*

### 3.7.5.1 Festlegung der Rahmenbedingungen (1. Schritt)

**Rahmenbedingungen festlegen**

Durch die Unternehmensführung sind in eindeutiger Form in Anlehnung an die übergeordneten Unternehmensziele (falls vorhanden) die grundlegenden Rahmenbedingungen für das Finanzmanagement festzulegen.

**Rahmenbedingungen:**

- **Finanzphilosophie:** Definition der Risikoeinstellung des Unternehmens (beispielsweise aktives Finanzmanagement, ausgerichtet auf Grundgeschäfte, Unterstützung des Kerngeschäftes),

- **Managementziele:** Beispielsweise Aufrechterhaltung der jederzeitigen Zahlungsbereitschaft, kostengünstige Bereitstellung von Finanzdienstleistungen,

- **Finanzgrundsätze:** Beispielsweise „Das Wohl des Gesamtunternehmens geht vor dem Wohl der Einzelgesellschaft",

- **Finanzstrategien:** Beispielsweise Risikoabsicherungsstrategien bei Zinssätzen/Fremdwährungen,

- **Schaffung der aufbauorganisatorischen Voraussetzungen:**
  - Zentralisierungsgrad des Finanzbereiches,
  - Profit- oder Cost-Center-Organisation,
  - Klare und eindeutige Abgrenzung von Zuständigkeiten und Kompetenzen (Stellenbeschreibungen, Arbeitsablaufbeschreibungen),

- **Schaffung der ablauforganisatorischen Voraussetzungen:**
  - Festlegung von Arbeitsabläufen,
  - Definition und Authorisierung von Instrumenten und Techniken,

- **Installation eines internen Kontrollsystems**
  - Legitimation der Kontrahenten (i. d. R. Geschäftsbanken),

# 3 Rentabilitätsorientiertes Bilanzstrukturmanangement

- Installation eines Systems zur Risikoidentifizierung/-messung und -analyse,
- Festlegung eines Systems risikobegrenzender Limite im Außen-/Innenverhältnis,
- Festlegung sinnvoller Kontrolltechniken wie beispielsweise Funktionentrennung, Vieraugenprinzip.
- Die Rahmenbedingungen sollten mit internen (Innenrevision) sowie externen Gremien (Wirtschaftsprüfer/Banken) abgestimmt und dem verantwortlichen Personenkreis in schriftlicher Form zur Kenntnis (verbindliche Arbeitsanweisung) gebracht werden.

### 3.7.5.2 Budgetierung der Aufwands- und Ertragspositionen (2. Schritt)

Durch die Vorgabe von Budgets werden die Entscheidungsträger zu gewünschtem zielorientierten Verhalten gezwungen. Unter der Budgetierung versteht man hierbei „... die Aufstellung eines monetären (insbesondere Kosten-/)Plans, der pro Verantwortungsbereich im Unternehmen für die Planperiode (meist für ein Jahr) (Kosten-)Werte ausweist, an die der jeweilige Verantwortungsträger innerhalb enger Grenzen gebunden ist".[38]

Bevor der Budgetierungsprozess einsetzt, müssen die Finanzbudgets verantwortlichen Personen im Unternehmen zugeordnet werden.

**Hierzu bieten sich zwei Hierarchie-Ebenen an:**

- Das für die Führung der Finanzgeschäfte zuständige Geschäftsleitungsmitglied,
- Der mit der Durchführung der Finanzgeschäfte beauftragte Finanzleiter.

---

[38] Weber, J., Einführung in Controlling, Stuttgart 1990, S. 76.

Der Budgetierungsprozess sollte folgende Funktionen enthalten:[39]

- **Bewilligungsfunktion:** Hier muss geregelt werden, inwieweit dem Budgetverantwortlichen verbindliche Kompetenzen eingeräumt werden,

- **Prognosefunktion:** Die Festlegung der Höhe der Budgets muss mit Hinblick auf die Einschätzung der Finanzmärkte/unternehmensindivuelle Finanzierungsüberlegungen realistisch erfolgen,

- **Koordinationsfunktion:** Die Einzelbudgets müssen auf Plausibilität hin (Erreichung des Gesamtunternehmenszieles) überprüft und durch die Geschäftsleitung zugewiesen werden.

- **Motivationsfunktion:** Zu Beginn müssen Maßstäbe zur Leistungsbewegung und -messung gesetzt werden. Als sinnvoll hat sich die Technik des Benchmarking erwiesen: Budgets (Planwerten) werden als zu erreichende „Wunschziele" für die Planungsperiode vorgegeben. Beispiel: Das Unternehmen möchte einen Mindestzinsertrag auf Geldanlagen in der Planungsperiode (Bestand plus/minus Veränderungen in der Periode) in Höhe des 3-Monats-EURIBOR (Basis bei Festlegung des Budgets) erwirtschaften.

**Zero-Base-Budgeting sinnvoll**

Um zu vermeiden, dass bei der Aufstellung der Budgets Vergangenheitswerte in die Zukunft extrapoliert werden (beispielsweise alter Budgetansatz + Inflationsrate = neuer Budgetansatz) empfiehlt sich die Anwendung des Zero-Base-Budgeting. Alle Zahlen vergangenheitsbezogener Budgets werden von Grund auf in Frage gestellt. Zukünftige Budgetansätze müssen generell neu gerechtfertigt werden.

---

[39] Weber, J., a. a. O.

# 3 Rentabilitätsorientiertes Bilanzstrukturmanangement

## Vereinfachtes praxisbezogenes Beispiel in Anlehnung an die handelsrechtliche Verbuchung:

| Budgetposition | Grundlagen/Parameter für die Planungsperiode | Budget alt | Budget neu |
|---|---|---|---|
| Zinserträge: | Unterstellte/Gegebene Zinssatze<br>Finanzmittelbestand zu Beginn der Planungsperiode<br>Veränderungen in der Planungsperiode<br>Laufende/geplante Zinssicherungsgeschäfte | | |
| Zinsaufwendungen<br>Avalprovisionen<br>Gebühren für<br>Auslandsgeschäfte<br>Kontoführungsgeb.<br>etc. | dto.<br>Vereinbarte Provisionssätze/Bestand/Veränderungen<br>Geplante Anzahl an Transaktionen/Vereinbarte Bankkonditionen<br>Anzahl der Konten/Transaktionen/Vereinbarte Bankkonditionen | | |

Abbildung 45: Budgetbeispiel

### 3.7.5.3 Anwendung strategischer Instrumente auf der Grundlage des Soll-/Ist-Vergleiches (3. Schritt)

Die Messung der Leistungen des Finanzbereiches, abgestellt auf die quantifizierbaren und qualitativen Zielvorgaben, stellt eine unabdingbare Voraussetzung zur Durchführung der Finanz- Geschäftsprozesse dar. Da das Finanzergebnis bei komplexeren Marktbedingungen größeren Schwankungen unterliegt, ist eine effiziente Kontrolle unverzichtbar. Die Leistungsmessung kann anhand mehrerer Methoden vorgenommen werden: Klassischer Soll-/Ist-Vergleich, Kennzahlen, absolute Werte oder Benchmark-Vergleiche (vergleiche Abschnitt 5 „Leistungsmessung").

*Methoden der Leistungsmessung*

Nachstehend wird auf die Methoden **des Soll-Ist-Vergleichs** sowie des Benchmarking näher eingegangen.

Die Budgetansätze (Soll-Werte) werden unterjährig laufend mit den erreichten Ist-Werten abgeglichen, Abweichungen festgestellt sowie die Ursachen für diese Abweichungen ermittelt. Dieses Verfahren ist relativ einfach umsetzbar, da die Budgets entsprechend den Aufwands- und Ertragskonten aufgebaut sind. Zielsetzung ist es, Veränderungen positiver und negativer Art rechtzeitig zu erkennen, um Chancen und Risiken aufzuzeigen und damit die Möglichkeit für Korrekturmaßnahmen oder aber Veränderungen der Zielvorgaben zu schaffen.

*Negative Veränderungen rechtzeitig erkennen*

**Effizienz messen**

Sinnvoll ist auch eine Analyse der Abweichung Ist-Wert zu vorgegebenem **Benchmark**. Dieser Abgleich lässt Rückschlüsse auf die Effizienz des Finanzmanagements zu und beantwortet die Frage, ob innerhalb des vorgegebenen Rahmens sowie mit den zur Verfügung stehenden Instrumenten und Techniken das zu Beginn der Planungsperiode definierte „Wunschziel" erreicht worden ist.

**Entwicklung von Szenarien**

Darüber hinaus können mit Hilfe von **Szenario-Techniken** in systematischer Form Zukunftsbilder entwickelt werden. Ausgehend von einer bestehenden Situation werden zukünftige Konstellationen als Abfolge hypothetischer Ereignisse in der Planperiode durchgespielt. Beispielsweise könnte bei einem Unternehmen, das sich auf der Kreditnehmerseite befindet, ein Zinsanstieg in verschiedenen Stufen mit seinen Auswirkungen auf das Finanzergebnis dargestellt und simuliert werden.

Die Ergebnisse sollten in aufbereiteter Form den Verantwortungsträgern im Unternehmen im Rahmen einer kontinuierlichen Berichterstattung zur Verfügung gestellt werden.

Nachdem die technischen Voraussetzungen geschaffen sind, müssen im Rahmen des operativen Finanzgeschäftes begleitende Optimierungsmaßnahmen eingeleitet werden.

### 3.7.5.4 Nutzung unternehmensweiter Optimierungspotenziale (4. Schritt)

**Nutzung von Skaleneffekten**

Leichter als direkte Ertragsverbesserungen sind Kosteneinsparungen in Unternehmen ab einer bestimmten Größenordnung durch Nutzung von Skaleneffekten zu erzielen. Hierbei werden durch Zentralisierung von Finanzfunktionen kostengünstige Finanzdienstleistungen für Tochtergesellschaften zur Verfügung gestellt. Die Bündelung von Managementfunktionen rentiert sich insbesondere im Bereich der Geld- und Kapitalbeschaffung, dem Liquiditätsmanagement sowie der Steuerung von Risikopositionen. So sollte beispielsweise die Entscheidung über den gruppenweiten Finanzierungsbedarf auf Grund einer integrierten unternehmensübergreifenden Betrachtung unter Nutzung aller finanziellen und steuerlichen Möglichkeiten getroffen werden.

## 3 Rentabilitätsorientiertes Bilanzstrukturmanangement

### 3.7.5.5 Optimale Preisstruktur für Bankdienstleistungen (5. Schritt)

Bonität, Standing, Unternehmensgröße sowie Geschäftsvolumen müssen sich auch in den Preisen für die Inanspruchnahme von Bankdienstleistungen niederschlagen. Die Gebühren-, Konditionen- und Margengestaltung muss überprüft und gegebenenfalls nachverhandelt werden.

Auf der Grundlage des Anforderungsprofils für Bankdienstleistungen werden realistische Konditionen- und Margenziele, die sich am Markt orientieren, festgelegt. Entweder in Form einer offenen Ausschreibung oder im direkten Gespräch mit der Bank werden die Strukturen vereinbart. Auf eine schriftliche Dokumentation ist Wert zu legen. Eine laufende (jährliche) Überarbeitung im Hinblick auf die Qualität der erbrachten Leistung sowie das ursprünglich zu Grunde gelegte Geschäftsvolumen ist sinnvoll. Allerdings sollte auch hier der Grundsatz gelten, dass Qualität angemessen zu entgelten ist. Bei der Zusammenarbeit mit mehreren Banken empfiehlt es sich darüber hinaus, Grundsätze für die Bankenpolitik aufzustellen. Ziel sollte es sein, die für das Unternehmen und seinen Geschäftszyklus passenden Banken auszuwählen und zu pflegen (vergleiche Kapitel 2, Abschnitt 5 „Bankenpolitik").

**Marktgerechte Konditionen vereinbaren**

### 3.7.5.6 Nutzung von Synergien (6. Schritt)

Von Branche zu Branche verschieden kann das eigene Geschäft auch Ansatzpunkte für den Aufbau von zusätzlichen Finanzdienstleistungen bieten. Als einfachste Beispiele sind Kundenforderungen (= Vergabe von Kundenkrediten) und Lieferantenverbindlichkeiten (= Aufnahme von kurzfristigen Krediten) anzuführen. Synergien zwischen Produkt und Finanzierung ergeben sich beispielsweise bei PKW-Herstellern, die eine erfolgreiche Absatzfinanzierung ihrer Produkte über hauseigene Finanzierungsgesellschaften sehr erfolgreich betreiben.

Kostenreduzierung und Erhöhung des Kundennutzens tragen parallel zu einer verbesserten Wettbewerbsfähigkeit bei.

**Wettbewerbsfähigkeit verbessern**

Zielsetzung der kritischen Betrachtung ist es, Synergiepotenziale aufzuspüren. Für bestimmte Finanz-Funktionen kann es sich auch als sinnvoll erweisen, diese an andere Unternehmen zu delegieren um sich besser auf die ursprünglichen Kernkompetenzen konzentrieren zu können. Mittelständische Unternehmen sollten hier die kurzen Entscheidungswege nutzen, die oftmals auch derart unkonventionelle Lösungen ermöglichen.

**Fixe Kosten in variable transformieren**

Diese Methode, besser als „**Outsourcing**" bekannt, sieht vor, zeitlich befristet Aufgaben an andere Unternehmen auf der Grundlage eines Dienstleistungsvertrages zu übertragen, um von deren Kernkompetenz und Leistungsfähigkeit mit zu partizipieren. Flexibilität und Schlagkraft des eigenen Unternehmens werden erhöht. Fixe Kosten können damit größtenteils in variable Kosten transformiert werden.

**Praktische Umsetzung**

Outsourcing von Finanzdienstleistungen steckt im Vergleich zu anderen Ländern in Deutschland noch in den Kinderschuhen. Ansatzpunkte könnten sich im Bereich der Cash-Management-Aktivitäten (Electronic Banking, Kontenclearing, Cash-Pooling), des Zahlungsverkehrs (Abwicklung des dokumentären Auslandsgeschäftes) sowie des Risikomanagements (Zinsen, Fremdwährungen) ergeben.

## 4 Planung

### 4.1 Vorbemerkungen

**Planungssystem notwendig**

Viele Unternehmen sehen sich durch die derzeitigen Marktveränderungen einem bisher nicht gekannten Unsicherheits- und damit Risikofaktor ausgesetzt. Große Bedeutung kommt in diesem Zusammenhang dem Vorhandensein einer zuverlässigen, flexiblen und vorausschauenden Planung zu. Wichtig ist es deshalb für Unternehmen, ein integriertes und ganzheitliches Planungssystem einzurichten und dies auch entsprechend in einem Handbuch zu dokumentieren. Der Vorteil der schriftlichen Dokumentation liegt darin, dass den betroffenen Mitarbeitern eine Übersicht über die notwendigen, anzustellenden Überlegungen, die Vorgehensweise sowie die notwendigen Informationen und Auswertungen gegeben werden soll.

# 4 Planung

Ein derartiges Planungssystem besteht aus einer Anzahl unterschiedlicher Teilpläne, die wegen ihrer Abhängigkeit voneinander in einer logischen Reihenfolge zu erstellen und zusammenzufassen sind. In den jeweiligen Plänen sind Informationen unterschiedlichster Art zu verarbeiten, wobei häufig die Daten vorgelagerter Pläne als Basisinformationen für nachgelagerte Pläne verwendet werden.

*Zusammenführen unterschiedlicher Pläne*

**Entsprechend dem zeitlichen Planungshorizont unterscheidet man:**

- Strategische, langfristig ausgerichtete Planung,
- Operative, mittelfristig ausgerichtetet Planung,
- Operative Planung auf Jahresbasis.

## 4.2 Gesamt-Überblick Planungssystematik

### 4.2.1 Zusammenhang zwischen strategischer und operativer Planung

Unternehmen werden laufend mit der Beantwortung einer Reihe von Fragen konfrontiert, die einerseits mit der Existenzsicherung, andererseits mit neuen Erfolgspotenzialen (Märkte, Kapazitäten, Organisation, Produkte etc) in direktem Zusammenhang stehen.

*Maßnahmen zur Existenzsicherung planen*

**Beispiele:**

- Soll das Produktprogramm geändert oder weiter bestehen bleiben?
- Auf welchen Märkten will das Unternehmen expandieren?
- Bis wann wird welches Umsatzziel angestrebt?
- Wann muss neues Kapital (Eigen-/Fremdkapital) beschafft werden?

**Langfristige Unternehmensentwicklung planen**

Die Erfüllung dieser Kriterien bedarf einer langen Entwicklungs- und Anlaufzeit und muss daher langfristig geplant werden. Damit wird gleichzeitig die Notwendigkeit aufgezeigt, eine strategische Planung einzurichten, auf deren Grundlage die Geschäftsleitung Grundsatzentscheidungen über die langfristige Entwicklung des Unternehmens zu treffen hat.

**Die strategische Planung verfolgt folgende langfristigen Ziele:**

- Sicherung der Existenz des Unternehmens (Produktionsprogramm, Investitionen, Kapazitäten, Organisation),
- Definition von Wachstumsgrößen (beispielsweise Umsatz),
- Sicherung der Arbeitsplätze (soziales Ziel),
- Sicherstellung einer angemessenen Kapitalverzinsung.

**Aufzeigen von Visionen und Trends**

Die strategische Planung umfasst, abhängig vom Unternehmensinhalt (produzierendes Gewerbe, Handel, Dienstleistung) einen Zeitraum von mehreren Jahren (beispielsweise anlage-intensive Unternehmen 10 Jahre). Es geht dabei nicht um Plangenauigkeit, sondern um das Aufzeigen von Visionen und Trends. Die Planung findet ihre Ausgangsposition in der Analyse des Istzustandes des eigenen Unternehmens, der Märkte sowie der Konkurrenten. Sie wird in der Regel nicht jährlich neu erstellt, sondern nur hinsichtlich des Inhaltes überprüft und (bei Bedarf) ergänzt.

**Ziele und Maßnahmen quantifizieren**

Aus der strategischen Planung wird die operative Planung abgeleitet. Diese umfasst in der Regel eine über 3–5 Jahre gehende mittelfristige Planung sowie eine detaillierte Planung des unmittelbar folgenden Jahres. Hier werden die Ziele und Maßnahmen formuliert und quantifiziert, die zur Umsetzung der strategischen Planung notwendig sind. Die mittelfristige Planung wird jährlich um ein Planjahr erweitert und hinsichtlich des Inhaltes überprüft und berichtigt.

Aus der mittelfristigen Planung wird die Jahresplanung abgeleitet. Diese wird jährlich neu im Rahmen einer Detailplanung erstellt. Der zeitliche Ablauf der Planung ist an feste Vorgaben gebunden.

# 4 Planung

**Beispielhafter Planungszyklus für ein Unternehmen (Geschäftsjahr gleich Kalenderjahr):**

- Strategische Planung: Zeitraum Juli bis September,
- Mittelfristige Planung: Zeitraum September bis Oktober,
- Jahresplanung: Zeitraum November.

**Überblick strategische und operative Planung:**

*Unternehmensindividueller Planungszyklus*

## 4.2.2 Operative Planung und Ziel-/Wirtschaftspläne

Es ist zu unterscheiden zwischen der Zielplanung für das gesamte Unternehmen sowie den Wirtschaftsplänen der verschiedenen Bereiche.

**Die Unternehmensziele beinhalten:**

- **Ergebnisziele:** beispielsweise Gesamt- und Eigenkapitalrentabilität,
- **Entwicklungsziele:** beispielsweise Erhöhung Marktanteile, Diversifikation des Produktionsprogrammes,
- **Finanzziele:** beispielsweise Sicherstellung der Liquidität, Minimierung von Risiken.

Grundsätzlich gilt für die Wirtschaftspläne der Bereiche, dass sich diese an der Zielplanung des Gesamtunternehmens auszurichten haben. In den Wirtschaftsplänen werden jeweils die in einer Planungsperiode zu erbringenden Leistungen und Kosten bestimmt.

*Ausrichtung der Wirtschaftspläne an Zielplanung*

**Gesamtplanung und individuelle Wirtschaftspläne:**

```
                    ┌──────────────────┐
              ┌────▶│ Unternehmensziele │◀────┐
              │     └──────────────────┘     │
              │              │               │
              │              ▼               │
    ┌─────────────────┐   ┌──────────────────────┐
    │ Neuformulierung/│──▶│ Wirtschaftspläne der │
    │ Bestätigung der │   │ Unternehmensbereiche │
    │ Unternehmensziele│  └──────────────────────┘
    └─────────────────┘            │
              ▲                    ▼
              │          ┌──────────────────┐
              └──────────│ Ergebnisplanung  │─────┘
                         │ Finanzplanung    │
                         │ Bilanzplanung    │
                         └──────────────────┘
```

**Zielübereinstimmung prüfen**

Durch die Zusammenfassung der Pläne der Unternehmensbereiche im Ergebnisplan sowie im Finanzplan zeigt sich, ob die Ergebnisse der Gesamtplanung mit den gesetzten Zielen übereinstimmen.

**Sollten sich Abweichungen ergeben, bestehen folgende Möglichkeiten:**

- **Beibehaltung der Unternehmensziele:** Überarbeitung der Wirtschaftspläne mit gleichzeitiger (sinnvoller) Heraufsetzung der Anforderungen an die zu planenden Wirtschaftsbereiche,

- **Neuformulierung der Unternehmensziele:** abgeleitet aus den Resultaten der Ergebnis- und Finanzplanung,

- **Kompromiss-Lösung:** Leichte Revidierung der Unternehmensziele nach unten bei gleichzeitiger Erhöhung der Anforderungen an die Wirtschaftsbereiche.

**Grundsätzlich stehen zwei verschiedene Planungsansätze zur Verfügung:**

- Top down: Die Finanzplanung wird im Sinne einer Suzessivplanung aus vorgelagerten erfolgswirtschaftlichen Teilplänen abgeleitet (Methode der indirekten Planung). Sie stellt die gedankliche Vorwegnahme dispositorischer Maßnahmen im Bereich des betrieblichen Managements dar.

# 4 Planung

- **Bottom up:** Im kurzfristigen Planungszeitraum erfolgt auf Basis von Soll-/Ist-Analysen sowie Plandatenprognosen ein laufendes Plandaten-Tuning.

## 4.2.3 Die Teilpläne der operativen Planung

*Leistung und Kosten planen*

Ein Unternehmens wird in verschiedene betriebswirtschaftliche Funktionen unterteilt: Entwicklung, Beschaffung, Produktion, Vertrieb und kaufmännische Funktionen (beispielsweise Personal, Finanzen, Controlling). Jeder Bereich plant für sich die in einer Planperiode zu erbringende Leistung, die zur Erbringung der Leistung notwendigen Kosten sowie die Investitionen.

*Planung als geschlossenes System*

Die Einzelpläne werden in einer bestimmten Reihenfolge erstellt und aufeinander abgestimmt. Sämtliche Pläne werden zu einer Gesamtplanung zusammengefasst und die finanziellen Auswirkungen letztendlich in einer Ergebnis- und Finanzplanung ausgedrückt. Die Planung als **geschlossenes System** umfasst damit alle Teilbereiche eines Unternehmens. Sie erfolgt zahlenmäßig in einem System von Teilplänen, die mit ihren wechselseitigen Beziehungen zu einer Gesamtplanung für das Unternehmen koordiniert werden.

**Hierbei kann unterschieden werden zwischen zwei Basisansätzen:**

- Erarbeitung in Teilsystemen mit schrittweiser Vorgehensweise und Einbindung aller Verantwortlichen (**Bottom-up-Planung**),
- Ausarbeitung eines möglichst perfekten Gesamtsystems und Einführung (**Top-down-Planung**).

**Vorteile eines geschlossenen Systems nach der Bottom-up-Methode (Einbeziehung der Planungsträger):**

- Schnelle und abgestimmte Ergebnisse,
- Effizienter Aufbau eines Informationssystems,
- Effekt des „learning by doing",
- Zunehmendes und wachsendes Planungsverständnis,

- Wachsende Planungsbereitschaft,
- Einbringen eigener Erfahrungen.

**Gesamtüberblick integrierte Unternehmensplanung:**

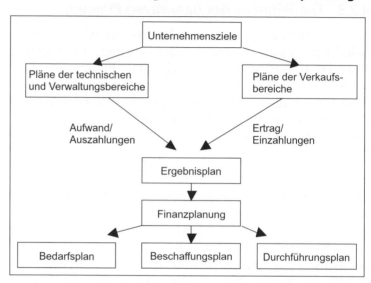

**Strategische Planung Grundlage für operative Planung**

Die operative Planung muss unter Berücksichtigung der Planprämissen auf die strategische Planung sowie auf die Unternehmensziele hin abgestimmt und ausgerichtet werden.

Die Träger der Planung (Aufgabe: planen, entscheiden, ausführen, kontrollieren) sind einerseits die strategischen Geschäftseinheiten sowie andererseits alle Funktionen im Unternehmen, die auf der Basis eines Budgets gesteuert werden.

**Idealerweise gilt:**

- Dezentrale Planerstellung (Fachkompetenz = Planungskompetenz),
- Zentrale Koordination und Überwachung der Planungsaktivitäten (Controlling, Finanzbereich).

**Planungsunterlagen vergeben**

Damit die Planungsträger ihre Aufgabe erfüllen können, sind Planungsformulare, Richtlinien und Terminpläne zur Verfügung zu stellen. Ergänzend bietet sich das Aufstellen eines Planungshandbuches an. Uneingeschränkte Informa-

# 4 Planung

tion, Kommunikation und richtige Einstellung der Mitarbeiter (im Sinne der Motivation) sind Voraussetzungen für eine funktionierende und geschlossene Planung. Die Mitarbeiter müssen sich mit der Planung sowie den Zielen des Unternehmens identifizieren. Wichtig ist in diesem Zusammenhang auch der **Führungsstil.**

**Mitarbeiter vorbereiten**

**Dieser wird gekennzeichnet durch**

- Zukunftsorientiertheit,
- Vorgeben von Zielen,
- Delegation von Verantwortung,
- Prinzip der Teamarbeit,
- Förderung der Eigeninitiative,
- Eindeutigkeit der Entscheidungen,
- Überzeugen statt Befehlen.

## 4.2.4 Abweichungsanalyse und Kontrolle

Die Planung gibt den Kurs vor, nach dem das Unternehmen zu führen ist. Es handelt sich damit um ein Mittel der Vorbereitung zukunftsbezogener Entscheidungen. Trotz aller Bemühungen werden allerdings die Ist-Entwicklungen von den geplanten Entwicklungen und damit die Ist-Daten von den Plan-Daten abweichen.

**Plan-/Ist-Abweichungen unumgänglich**

Würden bei negativen Planabweichungen erst am Ende des Jahres Plan-/Ist-Vergleiche angestellt werden, wäre es für Kurskorrekturen für das laufende Planungsjahr bereits zu spät. Aus diesem Grund gilt es, Planabweichungen bereits rechtzeitig zu erkennen, um noch rechtzeitig gegensteuern zu können. Sinnvoll ist es daher, monatlich einen Abgleich Planwerte mit Istwerten herbeizuführen.

**Die Planung wird deshalb sinnvoll ergänzt um**

- eine ständige Gegenüberstellung von Plan- und Istdaten in den verschiedenen Planungsbereichen,
- eine Analyse der Abweichungen beziehungsweise Klärung der Abweichungsursachen.

Der Jahresplan muss deshalb in unterjährige Perioden (beispielsweise Monatswerte) überführt werden.

**Der Monatsverlauf stellt sich dabei in der Regel nicht linear dar, sondern muss folgende Einflussfaktoren berücksichtigen:**

- Saisonaler Verlauf der Geschäftstätigkeit,
- Betriebsferien beziehungsweise Arbeitstage pro Monat,
- Fertigungsplanung etc.

**Pläne Saisonalisieren**

Sämtliche Teilpläne müssen, ausgehend von der Finanz- und Ergebnisplanung auf Monate herunter gebrochen werden (Absatzplan, Umsatzplan, Beschaffungsplan, Lagerplan etc.).

Im nächsten Schritt werden monatlich die Istwerte den Planwerten gegenübergestellt und die Abweichungen ermittelt. Signifikante Abweichungen müssen hinsichtlich Ursache und Wirkung untersucht und kommentiert werden. Aus Transparenzgründen müssen die Abweichungen monatlich kumuliert werden. Abweichungen können rein zufallsbedingt auftreten oder es kann sich um eine Verschiebung von einem Monat zum nächsten handeln. Abweichungen dieser Art gleichen sich über einen längeren Zeitraum wieder aus.

**Abweichungen nachgehen**

Treten dagegen Abweichungen mit konkreterem Hintergrund auf (beispielsweise Auftreten zusätzlicher Konkurrenz, Preisanstieg bei Rohstoffen, Veränderung des Zinsniveaus) muss bei negativen Planabweichungen umgehend geprüft werden,

- Welche Gegenmaßnahmen ergriffen werden können, um die negativen Abweichungen wieder auszugleichen,
- Welche Konsequenzen sich weiterhin ergeben können und in welchem Umfang diese auftreten werden.

Nachhaltige Planabweichungen müssen grundsätzlich auch zum Anlass genommen werden, die Funktionalität der Planungsmethoden selbst zu überprüfen. Es ist deshalb zweckmäßig, nach Abschluss einer Planungsperiode konstruktive Gespräche zwischen allen Beteiligten zu führen.

## 4 Planung

**Zusammenfassung der Merkmale der Plan-Ist-Kontrolle:**

- Ermittlung von Abweichungen,
- Erkennen von Fehlentwicklungen,
- Auslösen rechtzeitiger Aktivitäten (Maßnahmen zur Anpassung),
- Folgerung für nachfolgende Planungen (Lern- und Planungsprozesse).

### 4.2.5 Jahreshochrechnungen (Forecasts)

Zielsetzung der Planungskontrolle und Abweichungsanalyse ist es, monatlich Folgendes festzustellen:

- Abweichungen der Istwerte von den Planwerten,
- Kumulierte Abweichungen,
- Ursachen für die Abweichungen,
- Auswirkungen auf Ergebnis- und Finanzplan.

Zielsetzung ist es jedoch nicht, die ursprüngliche Planung zu revidieren. Diese bleibt während der gesamten Planperiode unverändert bestehen.

Um dem mit fortschreitenden Planungshorizont immer zuverlässiger werdenden Erkenntnisstand Rechnung zu tragen, wird zusätzlich zu den Jahresplanwerten eine so genannte Hochrechnung (Forecast) abgegeben. Diese beinhaltet die hochgerechneten Auswirkungen der Abweichungen sowie die Ergebnisse eventuell eingeleiteter Gegenmaßnahmen. Um den Arbeitsaufwand hinsichtlich der Hochrechnung möglichst gering zu halten, wird diese nicht auf Monatsbasis, sondern beispielsweise vierteljährlich, immer auf das Restplanungsjahr bezogen, erstellt.

*Zusätzliche Hochrechnung erstellen*

Es handelt sich ausdrücklich nicht um einen revidierten Jahresplan, sondern um eine Jahresprognose. Diesem Tatbestand wird im Formular durch Einfügen einer zusätzlichen Spalte „Forecast" Rechnung getragen.

**Beispiel für zeitlichen Ablauf der Jahresprognosen:**

|  | 1. Jahresprognose | 2. Jahresprognose | 3. Jahresprognose |
|---|---|---|---|
| Zeitpunkt | 31. März | 30. Juni | 30. September |
| Istwerte | Januar bis März | Januar bis Juni | Januar bis September |
| Forecast | April bis Dezember | Juli bis Dezember | Oktober bis Dezember |
| Forecast gesamt | Januar bis Dezember | Januar bis Dezember | Januar bis Dezember |

Daraus folgt, dass am Jahresende die Planabweichung zum Jahresplan und nicht zur Jahresprognose dargestellt wird. Den Mitarbeitern muss die Hochrechnung laufend kommuniziert werden, damit diese zur Planerreichung ihren Beitrag leisten.

**Der Planungsprozess vollzieht sich in verschiedenen Stufen:**

- **1. Schritt:** Analyse der Ist-Situation sowie die voraussichtliche Entwicklung gesamtwirtschaftlicher und branchenspezifischer Daten, Erstellung der Planungsgrundlagen,

- **2. Schritt:** Formulierung und Festsetzung von Zielen,

- **3. Schritt:** Erstellung des Planes, Festlegung der Mittel und Wege zur Erreichung der Zielsetzungen (Abstimmung der Teilpläne, Konsolidierung),

- **4. Schritt:** Realisierung und Umsetzung von Voraussetzungen (Koordination, Durchführung und Überwachung),

- **5. Schritt:** Abweichungs- und Ursachenanalyse (Ableitung geeigneter Maßnahmen), Planrevision.

**Folgende Abhängigkeiten (und damit Risiken) bestehen im Planungsprozess:**

- Eine Vielzahl von Entscheidungsträgern auf unterschiedlichen Hierarchieebenen und in verschiedenen Geschäftseinheiten fungieren als Planungsträger,

## 4 Planung

- Eine Vielzahl von Teilplänen (Planungseinheiten) mit unterschiedlichem Detaillierungsgrad, hohen Interdependenzen und vielen einzelnen Restrisiken sind aufeinander abzustimmen,
- Die einzelnen Teilpläne müssen für das gesamte Unternehmen verdichtet und insgesamt am strategischen Ziel ausgerichtet werden,
- Die jeweiligen Zielwerte für unterschiedlichste Planungshorizonte müssen konsistent sein,
- Der Zielerreichungsgrad ist laufend zu überprüfen.

Daraus resultieren auch mehr oder weniger ausgeprägte system-immanente Risiken aus dem Planungsprozess selbst heraus.

**Risiken aus dem Planungsprozess**

### 4.3 Die strategische Planung

**Die strategische Planung ist durch eine Reihe von Kriterien gekennzeichnet:**

- Langfristiger Charakter,
- Generelle Zielsetzungen,
- Zielorientiert,
- Relativ schwer zu berichtigen,
- Kein zahlenmäßig geschlossenes System,
- Top-Down-Planung.

#### 4.3.1 Ausgangssituation und Aufgaben

**Dem Unternehmen stehen eine Reihe von Erfolgsfaktoren zur Verfügung:**

- Produktgestaltung und Produktportfolio,
- Marktpositionen,
- Produktions- und Vertriebsstandorte, Kapazitäten,
- Fertigungstechniken und -systeme,
- Führungs- und Informationssysteme,

- Organisation, Management und Personal,
- Kapitalstruktur,
- Rechtsform.

**Erfolgspotenziale nutzen**

Die Aufgabe der Unternehmensleitung besteht nunmehr darin, im Rahmen der strategischen Planung Konzeptionen zur Nutzung dieser Erfolgspotenziale zu definieren. Diese hängen in starkem Ausmaß von der Marktposition des Unternehmens und seinen Konkurrenten sowie den verfolgten Zielvorstellungen ab.

**Beispiel:**

Die Geschäftsleitung legt in der strategischen Planung fest, ein neues Produkt in einem Jahr auf den Markt zu bringen, mit dem dann nach Ablauf von weiteren 2 Jahren ein Marktanteil von 25 % erreicht werden soll. In der operativen Planung werden anschließend konkret die notwendigen Investitionen und Kosten (Personal, Materialeinsatz etc.) sowie die Umsatzerlöse geplant.

### 4.3.2 Zeitlicher Ablauf

**Strategische Planung vor operativer Planung**

Die strategische Planung beziehungsweise in den Folgejahren deren Erweiterung, Ergänzung und Revision ist grundsätzlich zeitlich vor der operativen Planung durchzuführen. Im Hinblick auf die erforderlichen Basisinformationen sowie den Kreis der beteiligten Personen sollte zweckmäßigerweise ein Terminplan aufgestellt werden.

Darin könnten beispielsweise folgende Aktivitäten mit dazugehörigem Termin abgearbeitet werden:

- Analyse des Ist-Zustandes von Unternehmen und Markt:
    Termin: bis Mitte Juli
- Beschaffung und Definition der Planungsprämissen:
    Termin: bis Ende Juli
- Überarbeitung oder Neuformulierung der Unternehmensstrategie:
    Termin: bis Mitte August
- Planung der Einzelstrategien:
    Termin: bis Ende August

# 4 Planung

## 4.3.3 Planungsprämissen

Im Zusammenhang mit den Erfolgspotenzialen sind externe oder interne Kriterien zu definieren, die mehr oder weniger starken Einfluss auf die Planung ausüben. Diese müssen konkretisiert und quantifiziert werden, damit sie Eingang in die strategische Planung finden. Man unterscheidet dabei zwischen externen und internen Planungsprämissen.

*Externe/Interne Kriterien definieren*

Der Finanzplan weist Prognosecharacter auf, da er die in der Zukunft liegende Entwicklung der Einnahmen/Ausgaben und damit deren Auswirkungen auf die Bilanz vorwegnehmen soll.

**Es stehen zwei Prognose-Verfahren zur Verfügung:**

- **Pragmatische Prognose:** Die Erfahrung, Meinung und Bildung der Planenden steht im Vordergrund.

- **Extrapolierende Methode:** Von der Entwicklung einer Planungsgröße in der Vergangenheit (Ist) wird auf die Entwicklung in die Zukunft geschlossen. Voraussetzung dafür ist Kontinuität der Planungsgröße über einen längeren Zeitraum hinweg. Diese Methode ist ungeeignet für stark schwankende oder sporadisch eintretende Entwicklungen.

### 4.3.3.1 Externe Planungsprämissen

Es handelt sich dabei um Daten, die einerseits vom Unternehmen nicht beeinflussbar sind, andererseits jedoch einen wesentlichen Einfluss auf die strategische Planung haben können.

**Beispiele:**

- Gesamtwirtschaftliche Entwicklungen (beispielsweise Bruttosozialprodukt, Entwicklung Kapitalmärkte, Konjunkturentwicklung),

- Technologische Entwicklungen (beispielsweise Produkt-, Fertigungstechnologie),

- Entwicklung der Absatzmärkte (beispielsweise Preisentwicklungen, Konkurrenzsituation, Verhaltensveränderungen von Kunden),

- Entwicklung der Energieversorgung (beispielsweise Liberalisierung des Strommarktes),
- Entwicklung der Rohstoffversorgung (beispielsweise Entwicklung der Ölpreise, künstliche Verknappung von Rohstoffen),
- Entwicklung der politischen Grundfaktoren (beispielsweise Wahlen, Änderung in der Steuergesetzgebung).

### 4.3.3.2 Interne Planungsprämissen

**Grundlage Unternehmensleitbild**

Für die strategische Planung wird in der Regel als Grundlage das **Unternehmensleitbild** herangezogen. Mit dieser übergeordneten Zielsetzung definiert das Unternehmen sein Betätigungsgebiet sowie seine wirtschaftliche und soziale Verantwortung (Gesamtheit grundsätzlicher Richtlinien, welche das Verhalten eines Unternehmens auf längere Sicht bestimmen sowie Definition genereller Zielsetzungen und Verhaltensnormen).

**Beispiele:**

- **Betätigungsgebiet des Unternehmens**
  - Was wollen wir auf längere Sicht erreichen?
  - Welche Art von Gütern sollen hergestellt werden?
  - Auf welchem Weg und mit welchen Produkten wollen wir grundsätzlich weiterarbeiten?
  - Welche Qualitätsansprüche sollen erfüllt werden?
  - Auf welchen Märkten möchte man sich betätigen?
  - Welche Stellung wollen wir in den nächsten Jahren am Markt einnehmen?

- **Wirtschaftliche Verantwortung**
  - Existenzsicherung und Wertentwicklung des Unternehmens,
  - Angemessene Eigenkapitalverzinsung,
  - Sicherung der Einkommen der Arbeitnehmer.

# 4 Planung

- **Soziale Verantwortung**
  - Rücksichtnahme auf die Umwelt,
  - Erhaltung und Sicherung menschenwürdiger Arbeitsplätze.

Der Inhalt des Leitbildes wird gegenüber den Mitarbeitern sowie der Öffentlichkeit zur Kenntnis gebracht und findet letztendlich Eingang in die strategische Planung. Ein grundsätzliches Problem ergibt sich oftmals aus dem Fehlen einer formulierten und erkennbaren Unternehmenspolitik.

**Spezielle Probleme ergeben sich dagegen aus**

- der Geschlossenheit der Planung für das Gesamtunternehmen,
- der Verknüpfung der Planungsbereiche und Planungsaktivitäten,
- der langfristigen Ausrichtung von Planungen (Problematik von Prognosen zukünftiger Erwartungsdaten).

## 4.3.4 Definition von Zielen/Analyse der Ist-Situation

Bevor Strategien festgelegt werden, sind erst Ziele zu definieren. Man unterscheidet in diesem Zusammenhang qualitative Strategieziele (beispielsweise Sicherung der langfristigen Ertragskraft der Unternehmung) und quantitative Strategieziele (beispielsweise Mindestverzinsung des eingesetzten Kapitals). Die einzelnen zu entwickelnden Erfolgspotenziale oder Entwicklungsziele sowie die quantifizierten Ergebnisziele müssen in die strategische Planung integriert werden.

*Qualitative/ Quantitative Ziele definieren*

Damit die passenden Strategien gefunden werden können, ist es notwendig, den Ist-Zustand des Unternehmens zu analysieren und am Markt mit den wichtigsten Konkurrenten abzugleichen. Auf dieser Basis sowie unter Einbeziehung der Ziele ist der anzustrebende Soll-Zustand festzulegen. Erst danach können die entsprechenden Strategien geplant werden.

**Stärken-/ Schwächenprofil erarbeiten**

Nach Festlegung der Planungsprämissen sowie der strategischen Zielplanung müssen im nächsten Schritt die Stärken und Schwächen des eigenen Unternehmens aufgelistet werden. Des Weiteren müssen neben drohenden Gefahren auch Ertrags-Potenziale aufgezeigt werden. Grundsätzlich sind dabei alle Überlegungen nicht auf das Gesamtunternehmen, sondern auf die so genannten strategischen Geschäftseinheiten auszurichten.

**Orientierungskriterien aus Sicht der strategischen Geschäftseinheiten:**

- Eigene Wettbewerbsvorteile gegenüber dem Markt (beispielsweise im Hinblick auf Produktgestaltung, Service, Kostenvorteile bei der Fertigung),
- Marktanalyse (Attraktivität eines Marktes),
- Eigenes Stärken-/Schwächenprofil (Ansatzpunkt für Verbesserungen),
- Analyse der Konkurrenz.

### 4.3.5 Die strategische Planung und deren Hilfsinstrumente

**Hilfsmittel zur Analyse des Ist-Zustandes**

Es handelt sich dabei um Instrumente, die zur Analyse des Ist-Zustandes eingesetzt werden können. Nach Beurteilung der Ergebnisse ergibt sich im zweiten Schritt die Möglichkeit, einen durch die Planung zu erarbeitenden Soll-Zustand zu ermitteln. Nachstehend sollen die beiden aktuellsten Verfahren dargestellt werden.

#### 4.3.5.1 Die Produktlebenszyklus-Analyse

**Der Lebenszyklus eines bestimmten Produktes teilt sich folgendermaßen auf:**

- Einführungsphase,
- Wachstumsphase,
- Sättigungsphase,
- Stagnationsphase.

## 4 Planung

Jede dieser Phasen führt zu konkreten Auswirkungen auf Ergebnis und Liquidität. Die einzelnen Phasen können vom Unternehmen durch richtige Maßnahmen (beispielsweise Werbung) verlängert oder durch falsche Maßnahmen verkürzt werden. Aufgabe der strategischen Planung ist es deshalb, auch für ein ausgeglichenes Produktportfolio zu sorgen.

**Ausgeglichenes Produktportfolio wichtig**

Zur Durchführung dieser Aufgabe wird der Bestand an Produkten eines Unternehmens nach den Kriterien

- Relativer Marktanteil und
- Marktwachstum

geordnet.

**Marktwachstums-Portfolio:**

| Relativer Marktanteil | | |
|---|---|---|
| | Hoch | Niedrig |
| Marktwachstums-rate   Hoch | Starprodukte | Nachwuchs-produkte |
| Niedrig | Cash-Lieferanten | Schrott-Produkte |

### 4.3.5.2 Das Wettbewerbsvorteil-Marktattraktivität-Portfolio

Die Aufgabe dieser Produkt-Matrix besteht darin, den Bestand an Produkten oder Produktgruppen eines Unternehmens nach den Kriterien

- Wettbewerbsvorteile und
- Marktattraktivität

darzustellen. Bei den Wettbewerbsvorteilen handelt es sich um unternehmensspezifische Faktoren wie beispielsweise Know-how, Image, Qualität und Kostenvorteile.

**Matrix-Darstellung (eigene/Konkurrenzprodukte):**

|  | Wettbewerbsvorteil | | |
|---|---|---|---|
|  | Niedrig | mittel | hoch |
| **Markt-attraktivität** hoch | | | ○ |
| Mittel | | ○ | eigene Position ○ |
| Niedrig | | ○ | |

**Darstellung des Produkt-Erfolges**

Bei der Bewertung der Wettbewerbsvorteile einer strategischen Geschäftseinheit sind die verschiedenen Erfolgskriterien jeweils unter dem Gesichtspunkt „Vorteil gegenüber den relevanten Konkurrenten" zu beurteilen und zu bewerten. Danach lässt sich in übersichtlicher Weise die Position der strategischen Geschäftseinheiten in Bezug auf die beiden Dimensionen deutlich aufzeigen. Diese Portfolio-Darstellung leistet gute Dienste bei der systematischen Untersuchung der für den Produkterfolg maßgeblichen Kriterien. Des Weiteren erleichtert die Matrix-Darstellung die Übersicht über die strategischen Geschäftseinheiten.

### 4.3.6 Die Kapitalplanung

**Gesamtkapital planen**

Die Kapitalplanung im Rahmen der strategischen Planung umfasst die globale Planung des notwendigen Gesamtkapitals und die grobe Planung der zukünftigen Entwicklung des Eigenkapitals am Gesamtkapital. Die globale Planung des Gesamtkapitalbedarfes ergibt sich aus dem geplanten Größenwachstum des Unternehmens, der Entwicklung der Inflation sowie der Planung möglicher Großinvestitionen (beispielsweise Übernahme von anderen Unternehmen). Ein vermehrter Kapitalbedarf tritt bei Größenwachstum in jedem Fall auf. Dies betrifft einerseits das Umlaufvermögen,

# 4 Planung

andererseits das Anlagevermögen. Hier gibt es Sinn, den Kapitalbedarf einzelnen größeren Objekten direkt zuzuordnen.

Eine zentrale Rolle spielt in diesem Zusammenhang der Cash flow. So weit die verdienten Finanzmittelüberschüsse nicht zur Tilgung von Schulden oder zur Ausschüttung verwendet werden, stehen sie für Finanzierungszwecke zur Verfügung. Je mehr Mittel aus der Selbstfinanzierungskraft des Unternehmens zur Verfügung stehen, desto weniger muss auf Fremdfinanzierung zurückgegriffen werden.

Grundsätzlich ist die Erhöhung des Gesamtkapitals von der Höhe des zur Verfügung stehenden Eigenkapitals abhängig. Die strategische Planung kann darauf ausgerichtet sein, das Verhältnis von Fremdkapital zu Eigenkapital aus Gründen der finanziellen Stabilität zu verbessern (vergleiche hierzu Kapitel 2, Abschnitt 3 „Kapitalbeschaffung").

**Eigenkapitalausstattung maßgeblich**

## 4.4 Die mittelfristige Planung

Die mittelfristige Planung wird aus der strategischen Planung abgeleitet und stellt deren operative Umsetzung dar. Es müssen konkrete, operationale Ziele und Maßnahmen so geplant werden, dass dadurch die festgelegten strategischen Entwicklungen vollzogen und die strategisch angestrebte Position erreicht wird. Im Gegensatz zur sehr viel konkreteren Jahresplanung ist in der mittelfristigen Planung noch Gestaltungsraum für die Unternehmensentwicklung gegeben.

**Konkrete Planung mit Gestaltungsspielraum**

### Kriterien der operativen Planung:

- Kurz- und mittelfristig ausgerichtet,
- Es liegen spezifische Zielvorgaben vor,
- Die Planung ist mittel- und maßnahmenorientiert,
- Es handelt sich um ein zahlenmäßig geschlossenes System,
- Sie ist relativ leicht kontrollierbar und korrigierbar (rollierend, Forecasts),
- Bottom-up-Erstellung.

### 4.4.1 Verbindung mittelfristige Planung/ Jahresplanung

**Ableitung aus mittelfristiger Planung**

Vom Bedarf des Unternehmens abhängig umfasst die mittelfristige Planung einen Zeitraum von 3 bis 5 Jahren. Die Planung ist grober wie die Jahresplanung; jedes Jahr wird für sich geplant. Der Horizont dieser Planung wird jährlich um ein Planjahr erweitert. Dazwischen liegende Jahre werden gegebenenfalls korrigiert und ergänzt. Aus dem ersten Jahr der mittelfristigen Planung wird die Jahresplanung abgeleitet. Es handelt sich um eine operative Planung, da in gleicher Weise Ziele und Maßnahmen geplant werden.

Der Schwerpunkt (= Zielplanung) liegt hier auf den Entwicklungszielen. Damit werden indirekt die Hauptmotive des Unternehmens, nämlich langfristige Gewinnerzielung, erreicht. Denn jede Weiterentwicklung des Unternehmens verbessert die Stärkung der Ertragskraft und trägt damit zur Zielerreichung bei.

Der Ausarbeitungsgrad der einzelnen Wirtschaftspläne ist in der mittelfristigen Planung weniger stark ausgeprägt wie in der Jahresplanung. Dies erklärt sich relativ leicht dadurch, dass mit zunehmendem Planungszeitraum die Qualität der Prognosen abnimmt.

Im Mittelpunkt der Betrachtung steht dabei nicht die Frage, ob ein Ziel erreicht wird, sondern im Vorfeld muss definiert werden, wie es erreicht werden soll.

**Beispiel:**

Ein Unternehmen kann sich zum Ziel setzen, eine Umsatzrendite von 10% im Planungszeitraum zu erreichen. Damit dieses Ziel erreicht wird, kann entweder der Umsatz bei gleichen Kosten vergrößert oder aber die Kosten bei gleich bleibendem Umsatz reduziert werden. Daraus folgert, das sowohl Kosten als auch Erlöse detailliert geplant werden müssen.

### 4.4.2 Die Terminplanung

Die Terminvorgaben sind so zu legen, dass die Teilpläne verschiedener Bereiche, die in der Planungssystematik zusam-

## 4 Planung

mengefasst werden müssen, zu einem einheitlichen Termin abgeliefert werden können. Neben den Ablieferungsterminen sind auch die Genehmigungstermine durch die Geschäftsführung festzulegen.

**Abgestimmte Terminplanung**

**Praxis**

Beispiel für Einzelschritte im Rahmen der mittelfristigen Planung:

- Verabschiedung Planungsprämissen,
- Versendung der Planungsunterlagen,
- Umsatzplanung,
- Genehmigung durch Geschäftsleitung,
- Produktionsplanung, Kapazitätsplanung,
- Rohstoff- und Energieplanung,
- Personalplanung,
- Investitionsplanung,
- Genehmigung Personal- und Investitionsplanung durch Geschäftsleitung,
- Ergebnis- und Finanzplanung, Planbilanz,
- Genehmigung Ergebnis-, Finanzplanung und Planbilanz durch Geschäftsleitung,
- Planungskorrekturen,
- Vorlage und Genehmigung durch Aufsichtsbehörden.

### 4.4.3 Die Planungsprämissen

Es gelten grundsätzlich die gleichen Aussagen wie bei der Jahresplanung.

## Katalog für externe Planungs-Prämissen:

| | Ist 2000 | Plan 2001 | Plan 2002 | Plan 2003 | Plan 2004 | Plan 2005 |
|---|---|---|---|---|---|---|
| Bruttosozialprodukt (Veränderung in % zu Vorjahr) | | | | | | |
| Privater Konsum (Veränderung in % zu Vorjahr) | | | | | | |
| Investitionen (Veränderung in % zu Vorjahr) | | | | | | |
| Tariflohnsteigerungen (Veränderung in % zu Vorjahr) | | | | | | |
| Kreditkosten (in %) | | | | | | |
| Dollarkurs (in USD/EURO) | | | | | | |
| Kupferpreis (in EURO/kg) | | | | | | |

## Katalog interne Prämissen:

| | Ist 2000 | Plan 2001 | Plan 2002 | Plan 2003 | Plan 2004 | Plan 2005 |
|---|---|---|---|---|---|---|
| Absatzmarkt (Veränderung in % zu Vorjahr) | | | | | | |
| Preisniveau (Veränderung in % zu Vorjahr) | | | | | | |
| Marktanteil (in %) | | | | | | |
| Marktanteil Konkurrent (in %) | | | | | | |
| Produktionskapazität in Tonnen | | | | | | |

## 4.4.4 Die Zielplanung

In die Zielplanung sind die drei Bereiche Unternehmensergebnis, Unternehmensentwicklung und Unternehmensliquidität mit einzubeziehen. Die im Rahmen der Strategieplanung geplante Entwicklung des Unternehmens übt dabei einen maßgeblichen Einfluss auf die Ergebnisziele aus.

**Unternehmensentwicklung maßgeblich**

Die Entwicklungsziele nehmen damit im Rahmen der mittelfristigen Planungen einen hohen Stellenwert ein. Werden diese erreicht, ist damit auch die Voraussetzung zum Erreichen der Ergebnisziele geschaffen. Allerdings ist diese Planungsmethode mit Risiken behaftet. Einerseits liegen diese in der Unsicherheit des Eintretens bestimmter Entwicklungen, andererseits im zu planenden Zeithorizont.

**Die Ziele sollten deshalb in zweifacher Hinsicht festgelegt werden:**

- Eine Zielplanung, die das Eintreten bestimmter Entwicklungen voraussetzt,
- Eine Planung von Mindestzielen, die auf jeden Fall erreicht werden müssen, auch wenn bestimmte Erwartungen nicht eintreten.

Neben der Unternehmensentwicklung darf die Finanzkraft des Unternehmens nicht aus den Augen gelassen werden. Bei jedem geplanten Entwicklungsschritt ist deshalb grundsätzlich zu überlegen, ob die finanziellen Mittel in ausreichendem Maß zur Verfügung stehen. Liquiditätsengpässe im laufenden operativen Geschäft sind in jedem Fall auszuschließen.

**Liquiditätsengpässe ausschließen**

## 4.4.5 Die Finanzplanung

Sämtliche Planungsaktivitäten schlagen sich in der Veränderung von Bilanz- sowie G+V-Positionen nieder. Diese lassen sich durch die Methode der indirekten Finanzplanung wie folgt abbilden (vgl. auch ☞ 38):

**Finanzplanung (indirekte Methode)**

| | Ist 1999 | Hochrechn. 2000 | Plan 2001 | Plan 2002 | Plan 2003 | Bemerkungen |
|---|---|---|---|---|---|---|
| **Mittelherkunft** | | | | | | |
| 1.1 U-gewinn nach Steuern | | | | | | |
| 1.2 Abschreibungen | | | | | | |
| 1.3 Rückstellungen | | | | | | |
| **1. Cash-Flow** | 0 | 0 | 0 | 0 | 0 | |
| 2. Desinvestitionen | | | | | | |
| 2.1 Anlagevermögen | | | | | | |
| 2.2 Finanzanlagen | | | | | | |
| 2.3 Umlaufvermögen | | | | | | |
| 3. Eigenkapitalerhöhung | | | | | | |
| 4. Fremdkapitalerhöhung | | | | | | |
| 4.1 Kurzfristige Kredite | | | | | | |
| 4.2 Langfristige Kredite | | | | | | |
| 5. Vermindung Bank/Kasse | | | | | | |
| **Summe 1-5** | 0 | 0 | 0 | 0 | 0 | |
| **Mittelverwendung** | 0 | 0 | 0 | 0 | 0 | |
| 1. Investitionen | | | | | | |
| 1.1 Anlagevermögen | | | | | | |
| 1.2 Finanzanlagen | | | | | | |
| 1.3 Umlaufvermögen | | | | | | |
| 2. Gewinnausschüttung | | | | | | |
| 3. Eigenkapitalreduzierung | | | | | | |
| 4. Fremdkapitalrückzahlung | | | | | | |
| 5.1 Kurzfristige Kredite | | | | | | |
| 5.2 Langfristige Kredite | | | | | | |
| 5. Erhöhung Bank/Kasse | | | | | | |
| **Summe 1-5** | 0 | 0 | 0 | 0 | 0 | |

Datum                                   Unterschrift

Abbildung 46: Mittelfristige indirekte Planung

**Bilanzplanung aus Finanzplanung ableiten**

Aus der Finanzplanung kann die Bilanzplanung abgeleitet werden. Die Aussagekraft wird noch dadurch erhöht, dass Bilanzkennziffern eingefügt werden (vgl. auch auf ⊗ die Nr. 37).

# 4 Planung

**Bilanzplanung**

| | Ist 1999 | Hochrechn. 2000 | Plan 2001 | Plan 2002 | Plan 2003 | Bemerkungen |
|---|---|---|---|---|---|---|
| **I. Aktiva** | | | | | | |
| 1. Ausstehende Einlage | | | | | | |
| 2. Anlagevermögen | | | | | | |
| 2.1 Sachanlagen | | | | | | |
| 2.2 Finanzanlagen | | | | | | |
| 3. Umlaufvermögen | | | | | | |
| 3.1 Vorräte | | | | | | |
| 3.2 Forderungen | | | | | | |
| 3.3 Bank/Kasse | | | | | | |
| 4. Bilanzverlust | | | | | | |
| **Bilanzsumme** | 0 | 0 | 0 | 0 | 0 | |
| **II. Passiva** | | | | | | |
| 1. Eigenkapital | | | | | | |
| 1.1 Grundkapital | | | | | | |
| 1.2 Rücklagen | | | | | | |
| 2. Rückstellungen | | | | | | |
| 2.1 Pensionsrückstellungen | | | | | | |
| 2.2 Sonstige Rückstellung. | | | | | | |
| 3. Langfristiges Fremdkap. | | | | | | |
| 4. Kurzfristiges Fremdkap. | | | | | | |
| 4.1 Warenverbindlichkeiten | | | | | | |
| 4.2 Wechselverbindlichk. | | | | | | |
| 4.3 Bankverbindlichkeiten | | | | | | |
| 5. Bilanzgewinn | | | | | | |
| **Bilanzsumme** | 0 | 0 | 0 | 0 | 0 | |
| **Kennziffern in %** | | | | | | |
| EK : AV | | | | | | |
| EK+PR+LFK:AV | | | | | | |
| KFK+So.Rück:UV | | | | | | |
| EK:Bil.Summe | | | | | | |

Abbildung 47: Mittelfristige Finanzplanung

## 4.5 Die Jahresplanung

### 4.5.1 Verbindung mittelfristige/Jahresplanung

Aus strategischer und mittelfristiger Planung wird die Jahresplanung abgeleitet. Sie zeigt für den Zeitraum des zu planenden Jahres konkrete Maßnahmen und Teilziele auf, die aus der mittelfristigen Planung resultieren. Jährlich wird aus der mittelfristigen Planung heraus das nächste Jahr detailliert dargestellt. Gleichzeitig wird der Planungshorizont der mittelfristigen Planung um ein Jahr ausgedehnt. Es handelt sich dabei um ein rollierendes Planungssystem.

**Aufzeigen konkreter Maßnahmen**

### 4.5.2 Terminplanung

**Ablieferungs- und Genehmigungstermine planen**

Die Terminplanung ist so aufzustellen, dass Teilpläne in verschiedenen Bereichen, die zusammengefasst werden müssen, zu einem einheitlichen Zeitpunkt abgeliefert werden können. Neben Ablieferungsterminen sind ebenfalls wieder Genehmigungstermine zu berücksichtigen.

**Beispiel für Einzelschritte im Rahmen der Jahresplanung:**

- Verabschiedung der Planungsprämissen und Versendung der Planungsunterlagen,
- Absatzplanung, Preisplanung, Umsatzplanung,
- Genehmigung durch Geschäftsleitung,
- Produktionsplanung,
- Rohstoff- und Energieplanung,
- Personalplanung,
- Investitionsplanung,
- Kostenplanung,
- Genehmigung Personal- und Investitionsplanung durch Geschäftsleitung,
- Zusammenfassen und Integrieren aller Teilpläne,
- Erstellung der Ergebnis-, Finanz- und Bilanzplanung,
- Genehmigung von Ergebnis-, Finanz- und Bilanzplanung durch Geschäftsleitung,
- Planungskorrekturen,
- Vorlage und Genehmigung durch Aufsichtsgremien.

# 4 Planung

## 4.5.3 Planungsprämissen

Die Plangenauigkeit steht und fällt mit der Festlegung und Quantifizierung von Planungsprämissen. Durch Prämissen werden die Grenzen und Möglichkeiten für die Entwicklung des Unternehmens vorgegeben. Die Prämissen werden im Rahmen des Planungszyklus bereits bei der strategischen beziehungsweise mittelfristigen Planung festgelegt und zahlenmäßig definiert (Formularhinweis vergleiche Abschnitt 4.3.3).

**Wichtig: Prämissen vorgeben**

**Planungsprämissen:**

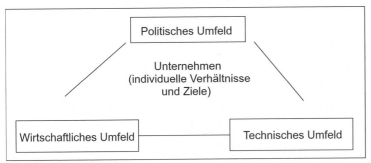

## 4.5.4 Zielplanung

**Die Aufgabe der Unternehmensleitung besteht nunmehr darin, die optimale Abstimmung zwischen den Zielbereichen**

- Ergebnis,
- Unternehmensentwicklung und
- Liquidität

herbei zu führen. Wichtig ist sowohl für Ergebnis- als auch Entwicklungsziele, dass diese operational sein müssen. Die Ziele müssen sich in wirtschaftlichen Zahlen ausdrücken lassen, so dass sie für jeden Beteiligten konkret und vorstellbar werden. Daraus sind die Maßnahmen abzuleiten, die zur Erreichung der Ziele notwendig sind.

**Ergebnis- und Entwicklungsziele operational machen**

**Praxis**

Beispiele:

- **Ergebnisziele:**
  - Gewinn vor Steuern EURO 1 000 000,
  - Eigenkapitalrentabilität 10%,
  - Umsatz EURO 40 000 000,
- **Entwicklungsziele:**
  - Erweiterung des Marktanteils um 10%,
  - Senkung der Verwaltungs- und Vertriebskosten um 10%,
  - Ausbau der Kapazität um 20% mit einem Investitionsvolumen von EURO 1 000 000.

**Ziele umfassen Aufgabe und Kosten**

Die Ziele können auf die verschiedenen Bereiche des Unternehmens herunter gebrochen werden. Die Zielformulierung umfasst dabei immer die zu erbringende Aufgabe in Verbindung mit den damit entstehenden Kosten.

**Praxis**

Beispiele:

- Verwaltungsfunktionen: Gesamtbudget EURO 10 000 000,
- Fertigung: Produktion von 10 000 Einheiten des Produktes A bei 10 000 000 EURO Kosten,
- Vertrieb: Umsatz im Markt Osteuropa 1000 Einheiten bei einem Kostenbudget von 5 000 000 EURO.

**Bereichsziele weiter herunterbrechen**

Die Bereichsziele können weiter auf einzelne Abteilungen herunter gebrochen werden. Die Abteilungsziele werden dabei von den Abteilungsleitern mit dem Bereichsziel abgestimmt und festgelegt sowie von den Bereichsleitern genehmigt.

# 4 Planung

## 4.5.5 Die Finanzplanung

Neben Ertrags- und Entwicklungszielen ist das Ziel der finanziellen Stabilität (Aufrechterhaltung des finanziellen Gleichgewichtes) zu verfolgen. Aus diesem Grund muss neben der ergebnisorientierten Planung auch eine Finanzplanung aufgestellt werden.

### 4.5.5.1 Aufgaben und Ziele der Finanzplanung

**Die Aufgaben der Finanzplanung lassen sich wie folgt skizzieren:**

- Feststellung des Kapitalbedarfes, der sich aus der Zielplanung, Maßnahmenplanung und Ergebnisplanung ergibt, — *Kapitalbedarf feststellen*

- Prüfung, ob die zur Finanzierung aller geplanten Objekte und Maßnahmen notwendigen Finanzmittel auch beschafft werden können, — *Finanzmittel beschaffen*

- Abstimmung des zu beschaffenden Kapitals nach Art, Umfang und Verfügungsdauer auf die zu finanzierenden Objekte dergestalt, dass die Liquidität der Unternehmung im Planungszeitraum jederzeit sichergestellt wird. — *Liquidität sicherstellen*

**Die Finanzplanung gliedert sich demzufolge in drei Stufen:**

- **Der Bedarfsplan:** Darin wird der gesamte finanzielle Bedarf, resultierend aus der Unternehmensplanung, dargestellt. Vom Bedarfsplan geht eine direkte Wirkung auf die einzelnen Teilpläne aus, da das verfügbare Finanzierungspotenzial des Unternehmens oftmals Änderungen der Teilpläne nach sich zieht.

- **Der Beschaffungsplan:** Durch die Kapitalbeschaffung wird direkt die Kapitalstruktur des Unternehmens sowie die Zusammensetzung der Kapitalgeber beeinflusst. Dabei sind wiederum drei unternehmensindividuelle Kriterien zu beachten:
    - **Sicherheit der Finanzierung:** Ausgewogenes Verhältnis von Eigen- zu Fremdkapital sowie kurz- zu langfristigem Fremdkapital (Forderung nach fristenkongruenter Finanzierung); Flexibilität hinsichtlich der Prolongation von Kreditvereinbarungen.

- **Rentabilität:** Die Liquiditätssicherung und -bereitstellung ist mit Kosten verbunden; Liquiditätssicherung ist deshalb nicht unbegrenzt sondern bedarfsorientiert vorzunehmen.

- **Unabhängigkeit:** Eine zu große Abhängigkeit von einem Fremdkapitalgeber (Banken) ist zu vermeiden, da sich ansonsten ein indirektes Mitspracherecht ergibt.

    Die Zusammensetzung der zu beschaffenden Finanzmittel wird in starkem Maß auch durch die Ziele des Unternehmens beeinflusst.

- **Der Durchführungsplan:** Festlegung der technischen Details zu Beschaffung der einzelnen Finanzierungsmittel (Gläubiger, Umfang, Zeitraum).

### 4.5.5.2 Die Methode der direkten Finanzplanung (Liquiditätsplanung)

**Gegenwärtige und zukünftige Zahlungskraft planen**

Unter **Liquidität** versteht man die Fähigkeit des Unternehmens, die zu einem Zeitpunkt zwingend fälligen Zahlungsverpflichtungen uneingeschränkt erfüllen zu können. Bestimmungsfaktoren sind die zukünftigen Ein- und Auszahlungen. Die Ziele der Liquiditätsplanung liegen darin, Auskunft zu geben, wie die gegenwärtige und zukünftige Zahlungskraft des Unternehmens beschaffen ist und ob diese ausreicht, die gegenwärtigen und zukünftigen Verpflichtungen zu decken.

**Die Liquiditätsplanung muss bestimmte Anforderungen erfüllen:**

- Vollständigkeit der Ein- und Auszahlungen,

- Zeitpunktgenauigkeit der Zahlungsströme,

- Betragsgenauigkeit,

- Grundsatz des Bruttoprinzips (kein Aufsaldierung von Ein- und Auszahlungen).

Damit die Daten erfasst werden können, ist es notwendig, die im Finanzplan auszuweisenden Größen an die Gliederung der Finanzbuchhaltung anzulehnen (Verknüpfung von Kontensystem und Finanzplanung). Die Zahlungsgrößen

## 4 Planung

werden teilweise vom Unternehmen selbst, teilweise durch externe Faktoren bestimmt. Hierzu ist es erforderlich, weitere Informationen heranzuziehen.

**Beispiel:**

Einzahlungshöhe und Zeitpunkt von Kundenforderungen errechnen sich aus dem bisherigen durchschnittlichen Zahlungsgebaren des Kunden. Der Ansatz darf sich daher nicht an den eingeräumten Zahlungskonditionen orientieren, da diese häufig nicht eingehalten werden.

Als Ergebnis der einzelnen Teilpläne ergeben sich unmittelbar Einzahlungs- und Auszahlungsströme. In Tabellenform werden alle sich in einem Zeitraum (beispielsweise täglich, wöchentlich, monatlich) ergebenden Einzahlungen den geplanten Auszahlungen gegenüber gestellt. Eine unterjährige Betrachtung ist deshalb sinnvoll, weil der Ausgleich der zur Verfügung stehenden Finanzmittel und der benötigten Finanzmittel über den Zeitraum eines Jahres hinweg nicht automatisch bedeutet, dass sich diese innerhalb der Planungsperiode ausgleichen.

*Ein- und Auszahlungen planen*

Unternehmensindividuell (Branchenabhängig, Abhängigkeit von Saisoneinflüssen) ist deshalb ein unterjähriges Planen (Quartale, Monate, Wochen oder Tage) notwendig (vergleiche hierzu auch Kapitel 2, Abschnitt 1 „Cash-Management").

**Als Saldo ergibt sich entweder**

- eine **Überdeckung** (Finanzüberschuss; Erhöhung des Zahlungsmittelbestandes) oder
- eine **Unterdeckung** (Finanzbedarf; Verminderung des Zahlungsmittelbestandes).

Aus Gründen der Übersichtlichkeit bietet es sich an, die verschiedenen Ein- und Auszahlungspositionen nach dem Verwendungszweck zu ordnen.

**Beispiel:**

- **Position 1:** Betrieblicher Bereich (beispielsweise Einzahlungen aus Umsatzerlösen, Auszahlungen für Material, Personal),

- **Position 2:** Betriebsfremder Bereich (beispielsweise Mieteinnahmen),
- **Position 3:** Investitions-Bereich (beispielsweise Einzahlungen aus dem Verkauf von Gegenständen des Anlagevermögens, Auszahlungen für Sachanlagen und Finanzanlagen),
- **Position 4:** Finanzierungsbereich (beispielsweise Kreditaufnahmen, Kredittilgungen),
- **Position 5:** Steuerbereich (beispielsweise Körperschaftssteuerzahlungen, Steuerrückerstattungen).

**Anfangsbestand minus Veränderungen = Endbestand**

Ausgangsposition ist der Finanzmittelbestand zu Beginn des Jahres. Zieht man davon die Ein- und Auszahlungen während der Planperiode ab, kommt man zum geplanten Finanzmittelbestand nach Ablauf der Planperiode.

### Zeitraster einer einjährigen Liquiditätsplanung:

| 1 Jahr | | | | | | | | | | | |
|---|---|---|---|---|---|---|---|---|---|---|---|
| 1. Quartal | | | | | | | | | 2. Qu | 3. Qu | 4. Qu |
| 1. Monat | | | | | | | | 2. Mo | 3. Mo | | |
| 1. Woche | | | | | 2. Wo | 3. Wo | 4. Wo | | | | |
| Mo | Di | Mi | Do | Fr | | | | | | | |

### Beispiel einer Einzahlungs-/Auszahlungsrechnung:

| Nr. Position | Ist | Plan 2000 | | | | | | | | |
|---|---|---|---|---|---|---|---|---|---|---|
| | Dez | Jan | Feb | Mär | Apr | Mai | Jun | ... | Dez | Σ |
| **Betrieblicher Bereich** | | | | | | | | | | |
| 1. Umsatzerlöse | | | | | | | | | | |
| 2. Materialbezüge | | | | | | | | | | |
| 3. Personalaufwand | | | | | | | | | | |
| 4. Steuerzahlungen | | | | | | | | | | |
| 5. Zinszahlungen | | | | | | | | | | |
| 6. Sonstige Einnahmen | | | | | | | | | | |
| 7. Sonstige Ausgaben | | | | | | | | | | |
| 8. Σ Betr. Bereich (1–7) | | | | | | | | | | |
| **Investiver Bereich** | | | | | | | | | | |
| 9. Sachanlagen | | | | | | | | | | |
| 10. Finanzanlagen | | | | | | | | | | |
| 11. Verkäufe Anlagen | | | | | | | | | | |

# 4 Planung

| Nr. | Position | Ist | Plan 2000 | | | | | | | |
|---|---|---|---|---|---|---|---|---|---|---|
| | | Dez | Jan | Feb | Mär | Apr | Mai | Jun | ... Dez | Σ |
| 12. | Σ Inv. Bereich (9–11) **Investiver Bereich** | | | | | | | | | |
| 13. | Tilgung Bankkredite | | | | | | | | | |
| 14. | Zugang Bankkredite | | | | | | | | | |
| 15. | Tilgung Wechselkred. | | | | | | | | | |
| 16. | Zugang Wechselkred. | | | | | | | | | |
| 17. | Σ Fin. Bereich (13–16) | | | | | | | | | |
| | **Unter-/Überdeckung (8+12+17)** | | | | | | | | | |
| | Deckungsgleich Veränderung flüssige Mittel | | | | | | | | | |

Zum Ausgleich von Unter- beziehungsweise Überdeckungen müssen liquiditätspolitische Anpassungsmaßnahmen eingesetzt werden.

*Unter-/Überdeckungen angleichen*

**Bei Finanzmittel-Überschüssen bieten sich beispielsweise folgende Möglichkeiten an:**

- Maximierung der Rendite durch Auswahl verschiedener Laufzeiten,
- Vorzeitige Rückführung von Krediten (Unter Beachtung von Vorfälligkeitsentschädigungen!),
- Maximale Ausnutzung skontierter Zahlungsmöglichkeiten,
- Einkauf größerer Mengen (Rabatte),
- Durchführung aufgeschobener Investitionsmaßnahmen.

**Zum Ausgleich von Liquiditätsengpässen können beispielsweise folgende Maßnahmen getroffen werden:**

- Diskontierung von Wechseln,
- Verkauf von nicht betriebsnotwendigen Vermögensgegenständen,
- Scheckzahlung statt Überweisung,
- Rasche Auslieferung und Rechnungsstellung,

- Verbesserung des Mahnwesens,
- Schnellere Bearbeitung von Reklamationen,
- Sonderverkäufe vom Lager (Abbau von Ladenhütern),
- Senkung von Sicherheitsbeständen,
- Anzahlungen mit Kunden vereinbaren,
- Verlängerung der Zahlungsfristen bei Lieferanten, Verkürzung bei Kunden,
- Einrichtung von Konsignationslagern.

Der Zahlungsmittelbestand zuzüglich freier Kreditlinien muss immer so hoch geplant werden, dass eine jederzeitige Zahlungsbereitschaft gegeben ist (Einbau einer Liquiditätsreserve). Rentabilitätsgründe sprechen allerdings gegen einen zu hohen Sicherheitsbestand.

**Für kurzfristige Zeiträume geeignet**

Die Methode der direkten Finanzplanung eignet sich besonders für kurzfristige Zeiträume (beispielsweise auf Wochen-, Monats- oder Jahresbasis), da finanzielle Auswirkungen bereits getroffener Entscheidungen aufgezeigt werden. Die Aufrechterhaltung der jederzeitigen Zahlungsbereitschaft kann so exakt verfolgt werden. Desto länger allerdings der Planungshorizont ausgedehnt wird, desto ungenauer wird eine Planung der reinen Zahlungsströme. Die Methode der direkten Planung wird demzufolge am besten durch die Methode der indirekten Planung ersetzt.

### 4.5.5.3 Die Methode der indirekten Finanzplanung

**Planung von Bilanzpositionen**

Im Gegensatz zur Planung von Einzahlungen und Auszahlungen werden hier Änderungen von Bilanzpositionen zweier aufeinander folgender Bilanzen (= Bewegungsbilanz) geplant.

**Es erfolgt eine systematische Ordnung nach den Kriterien**

- **Mittelverwendung** (Erhöhung von Aktiva, Verminderung von Passiva; beispielsweise Einkauf von Material, Zahlung von Lieferantenverbindlichkeiten) und

## 4 Planung

- **Mittelherkunft** (Verminderung von Aktiva, Erhöhung von Passiva; beispielsweise Reduzierung Forderungsbestand durch Zahlung des Kunden, Aufnahme eines Bankkredites).

### Beispiel einer Bewegungsbilanz:

| Nr. Position | Ist 1999 | Plan 2000 | Plan 2001 | Plan 2002 |
|---|---|---|---|---|
| 1. Finanzmittelbestand zu Beginn der Planungsperiode | | | | |
| **Mittelbedarf** | | | | |
| 2. Investitionen<br>    Zugänge Sachanlagen<br>    Zugänge Finanzanlagen<br>3. Erhöhung Umlaufvermögen<br>    Vorräte<br>    Forderungen aus L+L<br>4. Verminderung Verbindlichkeiten<br>    Kredit-Tilgungen<br>    Wechselverbindlichkeiten<br>    Verbindlichkeiten aus L+L<br>5. Gewinnverwendung<br>    Ausschüttung an Gesellschafter<br>    Steuerzahlungen | | | | |
| **6. Mittelbedarf gesamt (2–5)** | | | | |
| **Mittelherkunft** | | | | |
| 7. Cash-Flow<br>    Ergebnis vor Steuern<br>    Abschreibungen<br>    Zuweisung Pensionsrückstell.<br>8. Verminderung Umlaufvermögen<br>    Vorräte<br>    Forderungen aus L+L<br>9. Erhöhung Verbindlichkeiten<br>    Langfristige Kredite<br>    Wechselverbindlichkeiten<br>    Verbindlichkeiten aus L+L | | | | |
| **10. Mittelherkunft gesamt (6–8)** | | | | |
| **11. Über-/Unterdeckung** | | | | |
| Finanzmittelbestand zum Ende der Planperiode (1+11) | | | | |

Der Unterschied zur direkten Planung besteht darin, dass alle Veränderungen von Aktiva und Passiva teilweise sofort (beispielsweise Verminderung des Bestandes an langfristigen Krediten durch planmäßige Kredittilgung), teilweise jedoch erst nach einem längeren Zeitraum (beispielsweise Erhöhung des Bestandes an Roh-, Hilfs- und Betriebsstoffen auf Grund vereinbarter Zahlungsziele mit dem Lieferanten) zu einer Veränderung des Finanzmittelbestandes führen.

**Grundlage: verschiedene Teilpläne**

**Die entsprechenden Wertgrößen müssen in der Regel aus verschiedenen Teilplänen entnommen werden:**

- Investitionsplan,
- Tilgungs- und Annuitätenpläne,
- Ergebnisplan,
- Beschaffungsplan etc.

Ein Teil der Wertgrößen ergibt sich erst nach Fertigstellung der Finanzplanung (beispielsweise Fremdkapitalaufnahme, Ausschüttungen).

Da sich, wie bereits angedeutet, die Zahlungswirksamkeit der einzelnen Bilanzpositionen nicht sofort zeigt, ist die indirekte Methode der Finanzplanung nur für Zeiträume ab einem Jahr geeignet. Über einen längeren Zeitraum dagegen gleichen sich die Ergebnisse von indirekter und direkter Finanzplanung aus.

### 4.6 Die Planbilanz

**Ableitung aus Bewegungsbilanz**

Die Planbilanz lässt sich in einfacher Weise durch Zusammenfassung der letzten Bilanz des Unternehmens sowie der Bewegungsbilanz (Planung nach der indirekten Methode) ermitteln. Liegt diese nicht vor, sind die Werte aus den entsprechenden Teilplänen (beispielsweise Investitions- und Finanzplanung) abzuleiten.

## 4 Planung

**Ermittlung der Werte der Planbilanz:**

Wertgröße der Bilanz zu Beginn der Planperiode
+/− Wertgrößenveränderung während der Planperiode
+ Pauschalwertberichtigungen
= Wertgröße der Planbilanz

Mit der Erstellung einer Planbilanz wird vor allem das Ziel verfolgt, eine Prognose über die Entwicklung der Vermögens- und Kapitalstruktur aufzustellen.

**Inhalt der Prognose:**

- Zusammensetzung des Vermögens,
- Verhältnis von Eigen- zu Fremdkapital,
- Verhältnis Eigenkapital zu Bilanzsumme (Eigenkapitalquote),
- Verhältnis langfristiges Kapital zu Anlagevermögen (Anlagedeckung),
- Verhältnis langfristiges Kapital zu Anlagevermögen und betriebsnotwendigem Umlaufvermögen.

Auf den Erkenntnisse aufbauend können beispielsweise Maßnahmen zu aktiven Steuerung der Bilanz (Bilanzpolitik) eingeleitet werden (vergleiche hierzu Kapitel 4, Abschnitt 3 „Rentabilitätsorientiertes Bilanzstrukturmanagement").

*Einleitung von Maßnahmen*

**Praxis**

Beispiele:

- Reduzierung Vorräte, Forderungen (Working Capital beziehungsweise betriebsnotwendiges Vermögen),
- Umfinanzierung kurzfristige in langfristige Kredite (Anlagedeckung),
- Veränderung der Relation Eigen- zu Fremdkapital (Eigenkapitalaufnahme durch Kapitalerhöhung).

## Muster einer Planbilanz:

|  | Laufendes Jahr Plan Prognose | Plan-jahr 1 | Plan-jahr 2 | Plan-jahr 3 |
|---|---|---|---|---|
| I. Aktiva | | | | |
| 1. Ausstehende Einlagen | | | | |
| 2. Anlagevermögen | | | | |
|    2.1 Sachanlagen | | | | |
|    2.2 Finanzanlagen | | | | |
| 3. Umlaufvermögen | | | | |
|    3.1 Vorräte | | | | |
|    3.2 Forderungen | | | | |
|    3.3 Bank/Kasse | | | | |
| Bilanzsumme | | | | |
| II. Passiva | | | | |
| 1. Eigenkapital | | | | |
|    1.1 Grundkapital | | | | |
|    1.2 Rücklagen | | | | |
| 2. Rückstellungen | | | | |
|    2.1 Pensionsrückstellungen | | | | |
|    2.2 Sonstige Rückstellungen | | | | |
| 3. Langfristiges Fremdkapital | | | | |
| 4. Kurzfristiges Fremdkapital | | | | |
|    4.1 Warenverbindlichkeiten | | | | |
|    4.2 Wechselverbindlichkeiten | | | | |
|    4.3 Bankverbindlichkeiten | | | | |
| Bilanzsumme | | | | |
| Kennziffern in % | | | | |
| Eigenkapitalquote (EK:AV) | | | | |
| Anlagendeckung (AV:EK+LFK) | | | | |

# 4 Planung

## 4.7 Kennzahlen

Die Darstellung absoluter Zahlen sollte auch durch die Darstellungsform in Kennzahlen ergänzt werden. Damit gelingt es, relativ komplexe Zusammenhänge einfach abzubilden. Auch Grafiken können zur Veranschaulichung eingesetzt werden.

**Abbildung komplexer Sachverhalte**

Aus den verschiedenen Größen lassen sich eine Reihe von sinnvollen Kennzahlen ableiten (vergleiche hierzu auch Kapitel 4, Abschnitt 3 „Rentabilitätsorientiertes Bilanzstrukturmanagement").

**Beispiele:**

- Umsatz je Mitarbeiter,
- Wertschöpfung je Mitarbeiter,
- Cash-flow in % des Umsatzes,
- Kapitalumschlag,
- Investitionsgrad.

Der Vorteil der Kennzahlen liegt nicht nur darin, dass dadurch eine Aussage im Hinblick auf das eigene Unternehmen getätigt wird. Vielmehr können diese Kennzahlen auch für Betriebs- oder Branchenvergleiche herangezogen werden. Vergleich auf ⊗ das Formblatt Kennzahlen unter Nr. 37.

**Zusammenfassung:** Eine erfolgreiche Unternehmensführung im Sinne von gewinnorientiert ist Voraussetzung, aber nicht automatisch Garantie für die Aufrechterhaltung des finanziellen Gleichgewichtes des Unternehmens. Daher bedarf es neben der ergebnisorientierten Planung und Steuerung (die in den Aufgabenbereich des zentralen Unternehmens-Controllings fällt) auch einer Finanz- und Bilanzplanung. Die zentrale Steuerung und Koordination dieser Aufgabe fällt dabei dem Finanzwesens zu.

**Finanzwesen verantwortlich für Finanz- und Bilanzplanung**

## 5 Leistungsmessung im Finanzbereich durch die Methode des Benchmarking

Unternehmen stehen eine Reihe von Instrumenten zur Verfügung, um im Wettbewerb bestehen zu können. Neben Reengineering sowie kontinuierlichen Verbesserungsprogrammen wird zunehmend auch auf die Methode des Benchmarking zurückgegriffen. Damit gelingt es, die Kosten besser in den Griff zu bekommen, die Qualität nachhaltig zu steigern und – wichtig für den Finanzbereich – die Dienstleistungen zu verbessern.

### 5.1 Begriffsdefinition

**Vergleich von Dienstleistungen**

Unter **Benchmarking** wird ein kontinuierlicher, systematisch durchgeführter zwischenbetrieblicher Vergleich von Dienstleistungen (beziehungsweise Produkten), Prozessen und Methoden verstanden. Es handelt sich um eine Methode, die es den Unternehmen erlaubt, ihre Verfahren mit denen ähnlich strukturierter Unternehmen oder der Marktführer zu vergleichen. Daraus können objektive Maßstäbe und Ansätze für Verbesserungen abgeleitet werden. Im Mittelpunkt steht die Frage: Was machen die Besten besser und was können wir von ihnen lernen?

**Von den Besten lernen**

**Auf den Finanzbereich hin ausgerichtet lassen sich zwei Ansätze verfolgen:**

- Benchmarking als Instrument zum aktiven Leistungsvergleich (vgl. Abschnitt 5.2),
- Benchmarking als Instrument zum managen der Finanzkosten (vgl. Abschnitt 5.3).

### 5.2 Benchmarking und Performance

**Vergabe von „Wunschgrößen"**

Für Leistungen des Finanzbereiches werden konkrete Ziele für eine Planperiode ausgewählt und als zu erreichende Wunschgrößen vorgegeben. Nach Ablauf der Periode werden die erreichten Ist-Ergebnisse an diesen Zielvorgaben gemessen und die Abweichungen festgestellt. Ein Vorteil besteht darin, dass die Verantwortlichen nicht in den Ver-

# 5 Leistungsmessung durch die Methode des Benchmarking

dacht kommen, sich unrealistische Ziele zu setzen. Durch die Vorgabe einer Benchmark können diese beweisen, dass sie sich an konkreten Vorgaben orientieren.

**Nach Auswertung Plan/Ist können sich folgende drei Zustände ergeben:**

- Planziel exakt erreicht,
- Planziel unterschritten (under-performance)
- Planziel überschritten (over-performance).

Über die letzten Jahre hinweg wurden hierzu Techniken und Instrumente entwickelt, diese Vergleiche professionell anzustellen.

## 5.2.1 Der Benchmark-Prozess

**Der Prozess läuft in mehreren Stufen ab:**

- **1. Stufe:** Planen des Vergleichs (beispielsweise Aufstellung eines Musterportfolios für ein zu erreichendes Geldanlageziel) sowie Festlegen der Maßstäbe/Benchmarks (beispielsweise bei Aktienanlagen DAX-Index oder EURO-STOXX Index),
- **2. Stufe:** Analysieren der eigenen Leistung (Ermittlung von Ergebnissen),
- **3. Stufe:** Gegenüberstellung Plan/Ist und Auswerten der Ergebnisse,
- **4. Stufe:** Permanente Überprüfung von Benchmark und Vorgehensweise.

Für das Finanzmanagement können externe (beispielsweise Aktienindizes) und interne Benchmarks (beispielsweise Plankurs/-zinssatz) festgelegt werden. Nach Ablauf einer Planperiode werden die erzielten Ergebnisse daran gemessen. Diese Auswertungen geben damit Auskunft über die Leistungsfähigkeit der Finanzmanagement-Aktivitäten.

*Externe/Interne Benchmarks festlegen*

## 5.2.2 Anwendungen im Portfolio-Management

**Entscheidung „Make" oder „Buy"**

Unternehmen können bei der Anlage vorhandener Liquidität zwischen dem Eigenmanagement und Outsourcing wählen. Insbesondere kleine und mittelständische Unternehmen ziehen das Eigenmanagement von vorhandener Liquidität oftmals dem Fremdmanagement vor. Dadurch lassen sich Einsparungen durch den Wegfall der Management-Gebühr, die bei Fremdmanagement anfallen würde, erzielen. Andererseits bedeutet dies jedoch auch, dass entsprechend eigenes Know how zur Verfügung stehen muss.

**Eine externe Vergabe der Vermögensanlagen bringt jedoch auch Vorteile mit sich:**

- Organisatorische und personelle Entlastung des Anlegers,
- Realisierung bilanzieller und steuerlicher Vorteile (vergleiche hierzu Kapitel 2, Absatz 2 „Portfoliomanagement"),
- Erzielung von Performance-Vorteilen gegenüber der Eigenanlage,
- Know how-Transfer.

### 5.2.2.1 Die Benchmark als Steuerungsinstrument

**Bewertungsmaßstab definieren**

In der Vergangenheit waren die Anlageziele häufig wenig konkret. Heute werden in der Regel exakt definierte Richtlinien, Handlungsrahmen und insbesondere Anlageziele vorgegeben. Mit der Definition eines Bewertungsmaßstabes zur Nachvollziehung der Handelsergebnisse (einem so genannten neutralen **Benchmark-Portfolio**) kann ein Unternehmen sehr genau seine Vorstellungen hinsichtlich Risikoerwartung, Renditeziele, und Zeithorizont definieren (= Formulierung einer, auf die individuellen Bedürfnisse ausgerichteten, bindenden langfristigen Investitionsstrategie).

Die Festlegung einer Benchmark erweist sich dabei als sinnvoll, da damit eine Kontrolle über die Gesamtvermögensstruktur erreicht wird. Gleichzeitig dient die Performance als Vergleichsmaßstab beispielsweise im Verhältnis zu anderen Anlagestrategien. Wichtig ist in diesem Zusammenhang

## 5 Leistungsmessung durch die Methode des Benchmarking

jedoch, dass sich der Anleger über die Konsequenzen und Eigenschaften der Benchmark im Klaren ist.

**Disziplinierung des „Verwalters"**

Der Finanzbereich als Verwalter des Vermögens (oder im Falle von ausgelagertem Portfoliomanagement eine Kapitalanlagegesellschaft oder Bank) wird hinsichtlich der Anlagestrategien und -instrumente diszipliniert. Des Weiteren werden Restriktionen und Mindestanforderungen laufend kontrolliert. Darüber hinaus trägt die Vorgabe einer Benchmark auch zur Systematisierung im Vermögensanlageprozess bei. Auf Grund der breiten Akzeptanz der gängigen Indizes ist eine standardisierte Performance-Messung möglich.

Nicht zu vergessen ist in diesem Zusammenhang, dass die Benchmark als Messlatte für die Leistung des, die Vermögensanlage verantwortenden, Bereiches dient. Es lässt sich daran relativ leicht messen, ob die zu Beginn einer Planperiode festgelegten Ziele und Erwartungen eingetreten sind. Der Benchmark kommt damit eine wichtige Rolle im Verhältnis des Geldanlegers (des Unternehmens) zum Verwalter (der Finanzbereich) zu. Sie stellt das Bindeglied zwischen der strategischen Asset Allocation (vergleiche hierzu Kapitel 2, Abschnitt 2 „Portfoliomanagement") und dem operativen (taktischen) Management dar.

**Benchmark-Charakteristika:**

- Klare Spezifikation der Benchmark-Inhalte,
- Investierbarkeit,
- Messbarkeit,
- Relevanz,
- Definition vor Beginn der Bewertung.

**Erreichen/Übertreffen der Benchmarks**

Zielsetzung des Finanzbereiches muss es in diesem Zusammenhang grundsätzlich sein, die vorgegebene Benchmark mindestens zu erreichen bzw. „zu schlagen". Wichtig ist es dabei, nur solche Benchmarks festzulegen, die nachvollziehbar sind und laufend mit verfolgt werden können (beispielsweise Anzeige über Wirtschaftszeitungen oder Reuters-System).

> Durch die Festlegung einer Benchmark werden individuelle Präferenzen des Anlegers hinsichtlich Rendite und Risiko festgelegt. Unbefriedigende Ergebnisse auf Grund einer mangelhaft festgelegten Benchmark können vom aktiven Portfolio-Manager nur bedingt berichtigt werden.

#### 5.2.2.2 Welche Benchmarks stehen zur Verfügung?

**Indizes als Benchmarks**

Die hauptsächlich angewendeten Benchmarks entsprechen den bekannten Indizes. Für jedes industrialisierte Land existieren eine Reihe von Indizes, die beispielsweise den nationalen Aktienmarkt charakterisieren. Die Indizes sind aus dem Bedürfnis heraus entstanden, aggregierte Indikatoren für wirtschaftliche Entwicklungen zu bilden. Diese Indizes erfüllen damit die Kriterien der Objektivität sowie der Einheitlichkeit. Sie werden von unabhängigen Institutionen berechnet und laufend veröffentlicht. Sämtliche Kapitalanleger orientieren sich daran.

Durchgesetzt hat sich bis heute die **Kapitalisierungsgewichtung**. Der relative Anteil eines Titels am gesamten Landesindex wird hierbei aus dem Produkt der emittierten Titel und deren Preis errechnet. Als wichtiges Unterscheidungsmerkmal ist auf die Reinvestitionen hinzuweisen. Während die Gewichtung eines konventionellen Preisindex die Dividenden- beziehungsweise Coupon-Zahlungen nicht berücksichtigt, werden sie bei den so genannten **Performance-Indizes** mitaddiert. Entweder wird der Dividendenertrag zur Erhöhung des entsprechenden Titels dazugerechnet, oder aber der Wert des gesamten Index steigt proportional, ohne dass sich die relativen Gewichte verschieben.

Diesem Aspekt kommt eine große Bedeutung zu, da ein effektiv verwaltetes Portfolio diese Zahlungen auch enthält. Als potenzielle Benchmark kommen damit ausschließlich Indizes mit Reinvestitionen in Frage.

**Indizes können nach verschiedenen Kriterien gebildet werden:**

- Nationale Indizes,
- Regionale oder kontinentale Indizes,
- Branchenindizes,

## 5 Leistungsmessung durch die Methode des Benchmarking

- Grösse der Unternehmung,
- Bonität der Unternehmung,
- Maximale Restlaufzeit etc.

Im Hinblick auf die Gestaltung eines Portfolios (Asset Allocation) stehen darüber hinaus eine Reihe von globalen Indizes zur Verfügung.

**Globale Indizes**

**Indizes werden beispielsweise berechnet von**

- Morgan Stanley (Weltaktienindex von Morgan Stanley – MSCI World),
- Financial Times,
- JP Morgan (Welt-Bond-Index JP Morgan – JPM World),
- Salomon Brothers (Salomon Brothers World Government Bond Index – SB WGBI).

### 5.2.3 Anwendungsbeispiele

**Beispiel 1:**

Die Zielvorgabe lautet, mittelfristig mindestens genauso gut abzuschneiden wie 6-Monats-Geld. Entsprechend wird als Benchmark der 6-Monats-EURIBOR (in Frankfurt gehandelter Satz für 6-Monatsgeld unter Banken) abzüglich einer banküblichen Marge von 0,25 % p. a. festgelegt. Dem Portfolio-Manager sind Termingeldanlagen sowie geldmarktnahe Papiere (beispielsweise Commercial Paper) erlaubt.

| Beginn der Anlage | 15. Januar 2000 | 100,00 |
|---|---|---|
| Stichtag | 31. Juli 2000 | 101,90 |
| Benchmark | 31. Juli 2000 | 101,70 |
| Performance | | + 0,20 |

**Beispiel 2:**

Wählt ein Anleger beispielsweise einen internationalen Aktienindex (Morgan Stanley Capital International World-Index; MSCI World), so gilt für das Portfolio-Management, mindestens langfristig denselben Ertrag zu erreichen wie dieser Index beziehungsweise die Benchmark. Der Investor hat mit der Benchmark eine explizite Entscheidung darüber getroffen, welche erwarteten Risiken und Erträge er eingehen will. Nach Ablauf einer Periode kann er überprüfen, welche Erträge gegenüber der Benchmark erreicht wurden und welche Risiken eingegangen worden sind.

| Beginn der Anlage | 15. Januar 2000 | 111,67 |
|---|---|---|
| Stichtag | 31. Juli 2000 | 118,90 |
| Benchmark | 31. Juli 2000 | 119,70 |
| Performance | | – 0,80 |

**Strategie ggf. neu ausrichten**

Im monatlichen Reporting wird einerseits Rechenschaft über das Erreichen der Renditeziele abgelegt; andererseits muss in Abhängigkeit von Marktsituation und Markteinschätzung die gegenwärtige und zukünftige Strategie überprüft und gegebenenfalls neu adjustiert werden. Des Weiteren können Vorschläge hinsichtlich des Einsatz von Instrumenten zur Erreichung der Strategie eingebracht werden.

### 5.2.4 Benchmarking im Risikomanagement

**Im Finanzbereich treten drei klassische Risiken auf:**

- Das Kontrahentenausfallrisiko (Banken, Kunden),
- Das Zinsveränderungsrisiko,
- Das Wechselkursrisiko.

**Subjektiver Erfolg**

Das Unternehmen muss im Hinblick auf diese Risiken Rahmenbedingungen, Managementstrategien (vergleiche Kapitel 3 „Risikomanagement") und Kontrollinstrumente (vergleiche Kapitel 4, Abschnitt 7 „Kontrolle im Unternehmen") einrichten. In diesem Zusammenhang werden verschiedene interne und externe Techniken und Instrumente zur vollständigen Ausschaltung oder Verminderung der Risiken eingesetzt. Mit diesem Instrumentarium wird ein bestimmter, vorerst nur subjektiv zu kommentierender Erfolg (oder Misserfolg im Sinne von „entgangenen Gewinnchancen" beziehungsweise „Opportunitätsverlusten") erzielt.

# 5 Leistungsmessung durch die Methode des Benchmarking

Eine entsprechende Wertung des Ergebnisses kann nur durch einen konsequenten und laufenden Abgleich gegen vorher definierte Benchmarks durchgeführt werden.

**Beispiele für Benchmarks im Währungsbereich:**

- Der zu Beginn der Abrechnungsperiode prognostizierte Plan- oder Budgetkurs,
- Sämtliche Währungsexposure werden nicht gesichert: Benchmark ist der jeweilige Kassakurs zum Zeitpunkt des Zahlungsein- beziehungsweise -ausganges,
- Sämtliche Währungsrisiken werden durch Devisentermingeschäft abgesichert (konservativer Ansatz; „Einfrieren des Wechselkurses"): Benchmark ist der jeweilige Terminkurs.

**Beispiel:**

Ein Unternehmen betreibt hinsichtlich der Absicherung von Devisenerlösen aus Exportgeschäften aktives Devisenmanagement. Erlaubt sind sowohl Devisentermingeschäfte als auch Optionen. Es werden zwei Benchmarks vorgegeben:

- Zielvorgabe 1: Besser abzurechnen, als der Kassa-Kurs (= ungesicherter Zustand),
- Zielvorgabe 2: Mindestens genauso gut abzurechnen, wie der Plankurs, der zu Beginn der Planungsperiode festgelegt wurde.

Aus der Finanzbuchhaltung werden die Ergebnisse für den US-Dollar abgerufen und analysiert:

| | |
|---|---|
| Durchschnittlicher Abrechnungskurs im Berichtsmonat | 0,9800 EURO |
| Durchschnittlicher Kassa-Kurs im Berichtsmonat | 0,9670 EURO |
| Plan-Kurs im Berichtsmonat | 0,9820 EURO |
| Performance 1: + 0,0130 EURO | |
| Performance 2: – 0,0020 EURO | |

## 5.3 Benchmarking und Kostenmanagement

Der Shareholder Value-Ansatz verlangt auch vom Finanzbereich, dass dieser seinen Beitrag im Hinblick auf Erfolg, Effizienz und Kostenmanagement liefert. Insbesondere im Hinblick auf die Kosten ist keine Wertung und Aussage möglich, ohne nicht die eigene Kostenstruktur in Bezug zu einer Messgröße (Benchmark) zu setzen. Benchmarking mit anderen Unternehmen liefert hierzu einen guten Vergleichsansatz, um die eigene Effizienz zu messen.

### 5.3.1 Kostenanalyse im Finanzbereich

**Kosten des Finanzbereiches als Maßstab**

Der Benchmarking-Ansatz beinhaltet dabei die Frage, welche Prozesse sollen untersucht und wie kann die Effizienz dieser Prozesse gemessen werden. Als übergeordnete Maßgröße lassen sich die Kosten des Finanzbereiches im Verhältnis zum Umsatz definieren. So lag beispielsweise der Durchschnittswert in der amerikanischen Industrie 1996 bei 1,4 % (Quelle: The Hackett Group).

Bevor mit dieser Untersuchung begonnen wird, müssen die Gesamtkosten analysiert und in die verschiedenen Kostenblöcke aufgeteilt werden.

**Beispielhafte Zusammensetzung der Finanz-Kosten:**

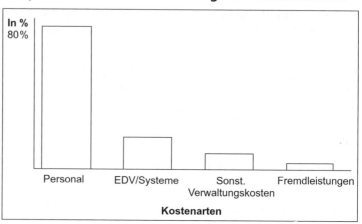

Die Personalkosten verursachen den höchsten Kostenblock. Damit wird gleichzeitig angedeutet, dass Maßnahmen im Personalbereich (im Sinne eines effizienteren Einsatzes) zu

# 5 Leistungsmessung durch die Methode des Benchmarking

Kosteneinsparungen führen können. Der Zweite größere Kostenblock wird durch die EDV-Kosten repräsentiert. Diese können durch entsprechende Systemgestaltung und -entscheidungen positiv beeinflusst werden.

Eine absolute Darstellung der Kostenblöcke (auch wenn diese durch Vergangenheitswerte unterstützt werden) führt zu keiner qualitativen Bewertung. Ideal ist es daher in diesem Zusammenhang für Unternehmen, sich mit externen Benchmark-Partnern zu messen.

*Eigene Kostenstrukturen messen*

## 5.3.2 Der Benchmarking-Prozess

**Der gesamte Benchmarking-Prozess kann wie folgt definiert werden:**

- **1. Schritt:** Definition der Prozesse und Funktionen, die zu analysieren sind,
- **2. Schritt:** Benchmark-Partner extern auswählen,
- **3. Schritt:** Benchmark-Partner persönlich besuchen,
- **4. Schritt:** Auswertung der Benchmark-Ergebnisse und Definition möglichen Handlungsbedarfes.

### 5.3.2.1 Definition von Prozessen und Techniken

Damit Schwachstellen aufgedeckt und konkrete Maßnahmen eingeleitet werden können, ist es notwendig, im **ersten Schritt** einzelne Prozesse (beispielsweise die Abwicklung einer Auslandszahlung) zu untersuchen.

*Untersuchung einzelner Prozesse*

**Die Prozesse im Finanzbereich lassen sich dabei in zwei Teilbereiche zerlegen:**

- **Transaktionsorientierte Prozesse** (beispielsweise Anzahl von vorgenommenen Inlands-/Auslandszahlungen pro Jahr/Mitarbeiter): Es lassen sich quantitative Ziele vorgeben und messen.

- **Informationsorientierte Prozesse** (beispielsweise der Planungsprozess): Die Prozesse sind mehr durch Qualität als Quantität gekennzeichnet. Eine allgemeine Messgröße wäre beispielsweise die Anzahl der Mitarbeiter im Finanzbereich. Ein Vergleich mit anderen Unternehmen ist hier jedoch nur bedingt möglich, da die qualitativen Anforderungen und Aufgaben in der Regel von Unternehmen zu Unternehmen unterschiedlich sind.

**Verbesserungspotenziale erkennen**

Durch die prozessorientierte Sichtweise müssen auch Bearbeitungsschritte von anderen Abteilungen mit einbezogen werden. Bei dieser Gelegenheit ergeben sich bereits erste Erkenntnisse für Verbesserungspotenziale. In Abhängigkeit des Aufgabenbereiches sollte man sich auf Prozesse und Abläufe konzentrieren, die besonders wichtig sind und Optimierungspotenziale erwarten lassen. Neben einer reinen Zahlendarstellung sollte auch auf Rahmenbedingungen eingegangen werden.

### 5.3.2.2 Auswahl Benchmark-Partner

Im **zweiten Schritt** ist es notwendig, den Benchmarking-Partner auszuwählen. Dieser sollte von der Struktur und Größe in etwa dem eigenen Unternehmen (und damit Finanzbereich) entsprechen. Die Auswahl der Benchmarking-Partner kann beispielsweise durch eigene Kontakte, durch Einschaltung eines unabhängigen Beratungsunternehmens oder bei großen Konzernen durch Vergleich mit einem Gruppenunternehmen erfolgen.

**Beratungsunternehmen einschalten**

Insbesondere Beratungsunternehmen bieten oftmals die Möglichkeit eines indirekten Benchmarking an, wobei die teilnehmenden Firmen Fragebögen beantworten und entsprechende Kennzahlen ermitteln müssen. Es erfolgt eine zentrale Auswertung der Fragebögen. Diese werden den Teilnehmern anschließend zur Verfügung gestellt. In Abhängigkeit der Teilnehmerzahl können so die eigenen Kennzahlen einer repräsentativen Anzahl von anderen Unternehmen gegenüber gestellt werden. Das Beratungsunternehmen wird häufig bei der Umsetzung von Verbesserungen eingeschaltet.

Eine weitere Möglichkeit besteht in der Installation eines Arbeitskreises. Damit wird ein noch intensiveres Benchmarking ermöglicht. Die Entwicklung einer so genannten „Best-practice-Lösung" wird dabei allerdings stark von der Zusammensetzung des Arbeitskreises geprägt. Insbesondere brancheninterne Arbeitskreise bergen die Gefahr, dass sich die teilnehmenden Unternehmen eher angleichen als innovativ fortentwickeln. Der Abgleich mit einem branchenfremden, gleich strukturierten Unternehmen sollte deshalb vorgezogen werden.

**Benchmarking:**[40]

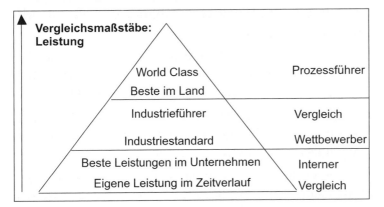

### 5.3.2.3 Datenabgleich

Der **dritte** Schritt wird dadurch gekennzeichnet, dass Informationen über die Prozesse ausgetauscht werden. Die Informationen werden durch eine entsprechende Ist-Aufnahme im eigenen Unternehmen ermittelt. Beispielsweise kann bei SAP die Belegarten-Statistik dafür herangezogen werden. Kosten lassen sich aus der Kostenstellenrechnung ableiten.

*Informationen austauschen*

Anschließend findet ein persönliches Treffen statt, das einen offen gemeinsamen Informationsaustausch zum Inhalt hat. Eine wichtige Voraussetzung, dass der Benchmarking-Prozess ein Erfolg wird, ist ein offener Dialog zwischen den beiden Partnern. Über den reinen Austausch von Informationen hinaus wird damit auch ein Einblick in eine andere Firmenkultur und Unternehmensphilosophie möglich.

### 5.3.2.4 Auswertung und Maßnahmen

Der **vierte** Schritt wird gekennzeichnet durch die Auswertung der Ergebnisse verbunden mit einer Ursachenforschung bei Leistungsunterschieden. Daraus werden Ziele

---
[40] Benchmarking, Schaeffer-Poeschel-Verlag, Stuttgart

und durchzuführende Maßnahmen festgelegt. Allgemeine Zielsetzung sollte eine Effizienzsteigerung im Finanzbereich sein.

**Beispielhafte Darstellung von Maßnahmen bei der Optimierung des Prozesses „Zahlungsverkehr Inland/ Ausland)":**

- Beschleunigung der Abwicklung (beispielsweise Elektronischer Austausch von Daten zwischen Finanzbuchhaltung und Finanzbereich sowie Finanzbereich und Bank),
- Verminderung von Volumina (beispielsweise Zusammenfassung von Zahlungsvorgängen durch Umstellung des Zahlungszeitpunktes).

**Kein Kopieren von Prozessen**

Äußerst wichtig ist eine richtige Interpretation der Vergleichsdaten, damit die richtigen Schlüsse gezogen werden können. Es sollte nicht der Fehler begangen werden, Prozesse des Benchmarking-Partners zu kopieren. Im Mittelpunkt muss immer die individuelle Situation des Unternehmens und die Ausschöpfung zusätzlicher Ergebnispotenziale stehen.

## 6 Reporting und Berichterstattung

Durch die laufende Erfassung, Aufbereitung und Analyse von unternehmensspezifischen und externen finanzwirtschaftlichen Daten in der Form eines Berichts- und Meldewesens soll sichergestellt werden, dass

- die Verantwortungsträger im Unternehmen mit steuerungsrelevanten Informationen versorgt werden,
- Entwicklungen und Trends im Unternehmen aufgezeigt werden, die die angestrebten finanzwirtschaftlichen Ziele Liquiditätserhaltung, Rentabilitätsoptimierung und Risikominimierung gefährden können.

Es handelt sich dabei um ein operatives Informationssystem, das parallel zum übergeordneten Management-Informationssystem (MIS) auf das individuelle finanzwirtschaftliche Informationsbedürfnis des Managements zugeschnitten ist.

# 6 Reporting und Berichterstattung

Es soll der Unternehmensgröße, Besonderheiten der Branche sowie der Führungsaufgabe gerecht werden.

Auf Basis der gewonnenen Erkenntnisse können bei Bedarf rechtzeitig Handlungsweisen entwickelt und umgesetzt werden, um negativen Entwicklungen gegen zu steuern. Das Management wird durch die transparente Informationsweitergabe in die Finanzverantwortung mit eingebunden.

## 6.1 Umfang, Ziele und Grundsätze

Durch das Berichts- und Meldewesen wird einerseits Rechenschaft abgelegt, andererseits werden die Verantwortungsträger im Unternehmen mit steuerungsrelevanten Daten versorgt. Der Finanzbericht muss vom Umfang her so dimensioniert werden, dass sämtliche notwendigen Informationen in kurzer und übersichtlicher Form zu entnehmen sind.

*Rechenschaft ablegen*

Es sollte der Grundsatz gelten, nur Zahlen zu verarbeiten, die auch steuerungsrelevant sind.

**Der Aufbau der Berichterstattung hat sich an den drei übergeordneten Finanzzielen zu orientieren und deren Zielerreichungsgrad darzustellen:**

*An übergeordneten Finanzzielen ausrichten*

- Liquiditätserhaltung,
- Rentabilitätsmaximierung,
- Risikominimierung.

Neben der Darstellung des Ist-Zustandes zum Berichtsstichtag müssen aus Vergleichs- und Orientierungsgründen auch Werte der vergangenen Periode sowie der Planperiode mit erfasst werden.

**Zusammenfassung:**

- Qualität geht vor Quantität (aussagekräftige/übersichtliche Berichterstattung),
- Laufende zeitnahe, auf die Empfängerbedürfnisse hin abgestimmte Erfassung, Aufbereitung und Selektion von finanzrelevanten Informationen,

- Frühzeitiges Aufzeigen von signifikanten Entwicklungen/Trends sowie Abweichungen Plan/Ist und damit Erkennen von Gefährdungen („Frühwarnmechanismus") für das Gesamtunternehmen,

- Risikominimierung, Verbesserung der Liquiditätssteuerung und frühzeitiges Erkennen von Ertragspotenzialen durch zeitnahe Datenerfassung,

- Steuerungs- und Überwachungsinstrument der dezentralen und zentralen finanzwirtschaftlichen Aktivitäten im Gesamtunternehmen auch im Bezug auf die vorgegebenen verbindlichen Richtlinien,

- Durch laufende Berichterstattung der Unternehmensbereiche Zwang zur Einhaltung der vorgegebenen Finanzrichtlinien („erzieherische Maßnahme"),

- Der Umfang der Berichterstattung ist auf das Gesamtmeldewesen hin abzustimmen:

  - Einhaltung des Prinzips der Einmalerfassung und integrierten Datenerfassung (Zusammenführen von Informationen aus allen Unternehmensbereichen; Koordination verschiedener funktionaler Teilsysteme),

  - Vermeidung von Mehrfachmeldungen/unnötigem Mehraufwand,

  - Berücksichtigung von Schnittstellen (Datenaustausch PC/PC beziehungsweise PC/HOST),

  - Berücksichtigung von Datenschutz und Sicherheit (Schutz vor unberechtigtem Zugriff/Verlust),

- Der Aufwand für die Erfassung, Aufbereitung und Meldung der Daten muss im angemessenen Verhältnis zum Ergebnis stehen.

# 6 Reporting und Berichterstattung

## 6.2 Die Datenverarbeitung

### 6.2.1 Plandaten

Plandaten werden in der Regel auf Basis der Jahresplanung festgelegt. Aus Gründen der Kontinuität/Vergleichbarkeit im Zeitablauf sollten Plangrößen über einen längeren Zeitraum beibehalten werden

**Kontinuität der Plandaten**

**Der Plan-/Ist-Vergleich:**

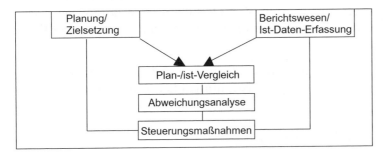

Auf Basis der Jahresplanung festgelegte Plan-Größen werden unterjährig nicht adjustiert. Sie dienen als Grundlage für den Soll-/Ist-Vergleich (aufzeigen von Abweichungen/Negativanalyse). Auf Grund der gewonnenen Erkenntnisse werden Maßnahmen/Reaktionen in die Wege geleitet. Der Ersteller der Plandaten wird in die Managementverantwortung mit eingebunden.

### 6.2.2 Ist-Daten

Ist-Daten beziehen sich auf die laufenden finanzwirtschaftlichen Aktivitäten und geben Zusammenhänge und Sachverhalte wider. Die Datenerfassung erfolgt in der Regel zeitnah und stichtagsbezogen zu festen Terminen. Dezentrale Bereiche bedienen sich hierzu eines fest vorgegebenen Meldewesens. In besonderen Fällen kann hiervon abgewichen und einzelfallbezogen gemeldet werden. Die Erfassung ist einheitlich und standardisiert im Gesamtunternehmen durchzuführen.

**Stichtagsbetrachtung**

> Sämtliche Meldungen sind vor Weiterverarbeitung auf Plausibilität/Vollständigkeit hin zu kontrollieren.

### 6.2.3 Die Datenaufbereitung

**Nur steuerungsrelevante Daten auswerten!**

Die finanzrelevanten Daten und Informationen müssen erfasst, strukturiert und aufbereitet werden. Hierbei muss eine Beschränkung auf die wichtigsten steuerungsrelevanten Daten und Informationen bestehen. Es muss eine maximale Informationsweitergabe sowie eine klare Präsentationsform angestrebt werden. Zur Darstellung von komplexen Sachverhalten bietet sich eine Unterstützung in grafischer Form an.

Zur Erhöhung des Informationsgehaltes umfasst die Berichterstattung Angaben hinsichtlich Abweichungen

- Ist und Plan sowie
- Ist und Vorperiode.

Nach Bedarf und Aussagefähigkeit werden Ist- bzw. Plandaten aufgeführt als

- zeitraumbezogen beziehungsweise
- stichtagsbezogen.

**Daten zeitraumbezogen aufzeigen**

Um Trends und Entwicklungen besser aufzeigen zu können, werden Zahlenreihen bei Bedarf über einen längeren Zeitraum hinweg dargestellt. Ist-Vergleichszahlen beziehen sich immer auf den korrespondierenden Zeitraum des Vorjahres. Planzahlen liegt die jeweilige aktuelle Feinplanung des laufenden Jahres zu Grunde.

### 6.2.4 Zeitraum und Intervalle

Über kurzfristig sich verändernde finanzwirtschaftliche Daten wird monatlich berichtet. Langlebigere Daten können zum Inhalt eines Quartalsberichtes werden. Außergewöhnliche Entwicklungen machen eine gesonderte Berichterstattung notwendig. Der eigentliche Finanzbericht sollte jeweils zum Monatsultimo erstellt werden.

# 6 Reporting und Berichterstattung

Hierzu ist es notwendig, einen Spätest-Termin für die Ablieferung der Daten festzusetzen. Der Abgabetermin ist auf die geeigneten Kommunikationsmittel hin abzustimmen (beispielsweise schriftlich oder elektronisch). Für die Abgabe des Berichtes ist ebenfalls ein Spätest-Termin festzulegen.

## 6.2.5 Die Empfänger

Der Finanzbericht wird in seinem Umfang abgestuft und auf die Informationsbedürfnisse der Empfänger hin ausgerichtet:

- Umfangreich und detailliert für die Fachabteilungen,
- Komprimiert und verdichtet für die Geschäftsführung.

*Informationsbedürfnisse bestimmen Umfang*

Zur Verstärkung der Information bietet es sich an, zeitweise den Finanzbericht mündlich zu präsentieren.

Es werden Bestandsgrößen (beispielsweise Liquidität) sowie Flussgrößen (beispielsweise Finanzergebnis) abgebildet. Zu einigen Sachverhalten wird erst dann berichtet, wenn Veränderungen eingetreten sind (beispielsweise Listen über offene Posten).

Im Hinblick auf den Empfänger muss bedarfsgerecht gesteuert werden. Zu Vermeiden ist aus Gründen der Übersichtlichkeit eine permanente Informationsversorgung. Besser ist es, die relevanten Daten einmal monatlich zu einem Gesamtreport zusammenzufassen. Häufig wird die Finanzberichterstattung in das einheitliche Berichtswesen des Unternehmens (in der Regel Controllingbericht) mit aufgenommen. Der Report muss kurz gehalten, übersichtlich und verständlich aufgebaut sein.

*Zu festen Stichtagen berichten*

Der Zeitpunkt der Erstellung sowie der Kreis der Empfänger sollte vorab festgelegt werden.

**Praxis**

Hierzu bietet sich eine schematische Darstellung an:

| Berichtsum-fang | Erstellung | | Empfänger | | | |
|---|---|---|---|---|---|---|
| | bei Ver-änderung | perio-disch | Vorstand gesamt | Vorstand Finanzen | Leitung Finanzen | Leitung FIBU |
| Status Liquidität | | x | | x | x | |
| Gesamt-Report | | x | x | x | x | x |
| Benchmark-Analysen | | x | x | x | x | |
| Fälligkeits-listen | x | | | | x | |
| Performance Analysen | | x | x | x | x | |
| Etc. | | | | | | |

## Die Erstellung des Finanzberichtes:

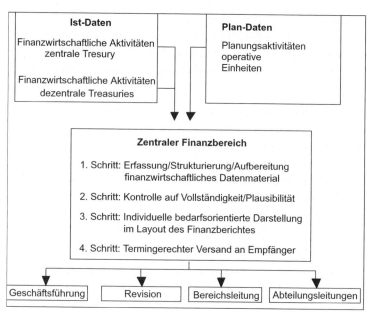

# 6 Reporting und Berichterstattung

## 6.3 Der Inhalt des Finanzberichtes

### 6.3.1 Headlines

Zu Beginn können die wichtigsten Ereignisse sowohl intern als auch extern dargestellt werden.

**Praxis**

**Beispiel:**

**Interne Daten**

| | |
|---|---|
| **Liquidität:** | Die Liquidität hat sich im Berichtszeitraum absolut um 10 Mio EURO verringert, liegt jedoch weitgehend im Plan. Hauptursache: Saisonale Absatz-Einflüsse. |
| **Geldanlagen:** | Schwerpunktmäßig Termingeldanlagen mit Laufzeiten bis zu einem Jahr. |
| **Kreditlinien:** | Es stehen freie Linien in Höhe von EURO 100 Mio zur Verfügung. |
| **Risiko:** | Alle USD-Exporterlöse sind abgesichert; 50% der GBP-Erlöse bleiben ungesichert. |
| **Performance:** | Im Anlagemanagement wurde die gesetzte Benchmark um 0,3% überschritten. |

**Externe Daten**

| | |
|---|---|
| **Zinsmarkt** | EZB erhöht Leitsatz um 0,25%. |
| **Devisen** | USD wertet sich um 3% gegen EURO ab. |

### 6.3.2 Reporting zur Liquidität

Die Liquiditätserhaltung stellt das oberste Ziel des Finanzbereiches dar. Einer laufenden Berichterstattung über diesen Sachverhalt kommt größte Bedeutung zu.

## Folgender Sachverhalt ist aufzubereiten und darzustellen:

- Flüssige Mittel (absoluter Stand und Struktur; konsolidierte Darstellung),
- Kreditaufnahmen (absoluter Stand und Struktur langfristig/kurzfristig),
- Kreditlinien und Inanspruchnahme,
- Nettoliquiditätsposition des Unternehmens.

**Praxis**

**Beispiel:**

| Position | Vorperiode | **Ist** | Plan | Abweichung |
|---|---|---|---|---|
| **Flüssige Mittel** | | | | |
| Kasse/Bank | | | | |
| Termingelder | | | | |
| Wertpapiere | | | | |
| **./. Kreditaufnahmen** | | | | |
| Kurzfristig | | | | |
| Langfristig | | | | |
| **= Netto-Liquidität** | | | | |
| **+ Freie Kreditlinien** | | | | |
| **= Verfügbare Liquidität** | | | | |
| **+ liquiditätsnahe Positionen** | | | | |
| **= Liquiditätsreserve gesamt** | | | | |

## Kreditlinien:

| Kredit-institut | Linien | | | Laufzeit bis | Beansprucht in EURO | freie Linie in EURO |
|---|---|---|---|---|---|---|
| | KK | Avale | Diskont | | | |
| Bank A | | | | | | |
| Bank B | | | | | | |
| Bank C | | | | | | |
| Bank D | | | | | | |

## Kurzfristige Kredite:

| Kredit-institut | Kreditbetrag | | | Laufzeit bis | Zinssatz in % | Plan in EURO |
|---|---|---|---|---|---|---|
| | KK | Avale | Diskont | | | |
| Bank A | | | | | | |
| Bank B | | | | | | |
| Bank C | | | | | | |
| Bank D | | | | | | |

## Langfristige Kredite:

| Kredit-institut | urspr. Kreditbetrag | aktueller Stand | Laufzeit bis | Zinssatz | Plan |
|---|---|---|---|---|---|
| Bank A | | | | | |
| Bank B | | | | | |
| Bank C | | | | | |

### 6.3.3 Rentabilität

Die Leistung des Finanzbereiches schlägt sich einerseits im Zinsergebnis des Unternehmens nieder. Andererseits wird durch konseqentes Benchmarking (Festlegung von zu erreichenden Wunschzielen sowie laufende Messung des Zielerreichungsgrades) eine qualitative Aussage über die Fähigkeiten des Finanz-Managements getroffen.

*Leistungen des Finanzmanagements messen*

**Beispiele:**

**Praxis**

**Zinsergebnis:**

| Gesellschaften | Ist 12/99 | Ist Vormonat | Ist lfd. Monat | Abweichung lfd. Jahr | Plan 12/00 |
|---|---|---|---|---|---|
| A | | | | | |
| B | | | | | |
| C | | | | | |
| D | | | | | |

**Benchmarking:**

|  | Laufzeit | Volumen | Benchmark | Ist-Ergebnis | Abweichung |
|---|---|---|---|---|---|
| Geldmarktanlagen | | | | | |
| Wertpapieranlagen | | | | | |
| Kredite kurzfristig | | | | | |
| Kredite langfristig | | | | | |
| Währungsrisiko USD | | | | | |
| Währungsrisiko GBP | | | | | |
| Etc. | | | | | |

### 6.3.4 Risiko

*Über Risiken und Chancen berichten*

Finanzwirtschaftliche Aktivitäten sind einerseits auf das Minimieren beziehungsweise Ausschalten von Risiken aus Grundgeschäften (beispielsweise Fremdwährungsrisiko bei USD-Fakturierung) ausgerichtet. Andererseits werden neue Risiken (beispielsweise bei innovativen Geldanlagen) geschaffen. Dabei ist das Eingehen von Risiken immer gleichzeitig mit der Öffnung von Chancen zu sehen. Im Finanzreporting muss deshalb sowohl auf Risiken als auch Chancen eingegangen werden.

**Beispiele:**

**Praxis**

**Devisenmanagement:**

| Währung | Volumen | Instrument | mark-to-market-Bewertung | Budgetkurs | Abweichung |
|---|---|---|---|---|---|
| USD | | | | | |
| GBP | | | | | |
| DKK | | | | | |
| AUD | | | | | |
| CAD | | | | | |
| Etc. | | | | | |

**Zinsmanagement:**

| Abgesicherte Periode | Instrument | Volumen | Zinssatz | Prämie | mark-to-Bewertung | Plan | Abweichung |
|---|---|---|---|---|---|---|---|
| 1. 1.–31. 12. | | | | | | | |
| 30. 4.–31. 12. | | | | | | | |
| 31. 7.–31. 12. | | | | | | | |
| etc. | | | | | | | |

**Debitorenmanagement:**

| Gesellschaft | Kunde | Währung | Kreditlimit | Obligo Stichtag | Überschreitung |
|---|---|---|---|---|---|
| A | 1 | | | | |
| | 2 | | | | |
| | 3 | | | | |
| | 4 | | | | |
| B | 1 | | | | |
| | 2 | | | | |
| | 3 | | | | |
| Etc. | | | | | |

# 7 Die Installation eines internen Kontroll-Systems

Effizientes Risikomanagement ist im Rahmen einer ertragsorientierten Unternehmenssteuerung ohne den professionellen Einsatz von Finanzderivaten heute kaum mehr möglich. Zur Steuerung der klassischen finanzwirtschaftlichen Risiken, nämlich dem

- Wechselkursveränderungsrisiko sowie dem
- Zinsveränderungsrisiko

werden dabei häufig Sicherungsinstrumente in Form von Termin- oder Optionsgeschäften verwendet. Diese Instrumente, in Verbindung mit einem Grundgeschäft eingesetzt, führen zu einer weitgehenden Risikobegrenzung oder -ausschaltung. Spekulativ eingesetzt können sich auf Grund der großen Hebelwirkung bei bestimmten Kursverläufen gravierende finanzielle Folgen für das Unternehmen ergeben.

*Einsatz von Finanzderivaten steuern*

*Spekulationen vorbeugen*

Es ist daher zwingend erforderlich, den mit dieser Aufgabe betrauten Personen konkrete Handlungsanweisungen, Richtlinien und Beschränkungen vorzugeben sowie entsprechende Prüf- und Kontrollmechanismen zur Überwachung dieser Vorgaben einzurichten (zu nachstehenden Ausführungen vgl. Verband Deutscher Treasurer).

## 7.1 Aufgaben und Ziele

*Risikobegrenzende Limite einbauen*

Der Bereich des **Risikocontrolling** umfasst neben einer laufenden Überprüfung der risikoorientierten Steuerungsmaßnahmen und einer möglichen Anpassung an veränderte Bedingungen auch das Aufzeigen von Abweichungen gegenüber der vorgegebenen Risikopolitik beziehungsweise den festgelegten Limiten. Damit eine Messung stattfinden kann, ist es erforderlich, vorab ein System risikobegrenzender Limite sowie Sicherheitskriterien im Prozess der Risiko-Steuerung einzubauen.

Der Finanzbereich als verantwortliche Stelle für die Absicherung der Risiken hat die (durch die operativen Einheiten eingegangenen) finanzwirtschaftlichen Risiken in Übereinstimmung mit der Risikostrategie und -einschätzung durch den Abschluss geeigneter Techniken sicherzustellen.

**Um Kompetenz- und Limitüberschreitungen der handelnden Personen zu verhindern, sind eine Reihe von Grundprinzipien einzuhalten:**

- **Funktionentrennung:** Man versteht darunter die funktionale Aufgaben- und Verantwortungstrennung zwischen Handel, Kontrolle und Abwicklung.

- **Vier-Augen-Prinzip:** Keine Entscheidung ohne Kontrolle durch mindestens eine fachkompetente Person.

- **Nachvollziehbarkeit:** Sämtliche Transaktionen müssen so dokumentiert werden, dass eine jederzeitige Nachvollziehbarkeit gegeben ist.

- **Systemsicherheit:** Die Kontrollmechanismen sind durch entsprechenden Systemeinsatz zu unterstützen.

# 7 Die Installation eines internen Kontroll-Systems

**Gesamtüberblick:**

- **1. Schritt** (Schaffung der organisatorischen und strukturellen Rahmenbedingungen unter dem Gesichtspunkt Sicherheit und Kontrolle):
  - Definition zentraler oder dezentraler Organisationsstrukturen,
  - Einrichtung der Struktur unter dem Gesichtspunkt der Funktionentrennung,
- **2. Schritt** (Festlegung der Unternehmenspolitik):
  - Definition und Beschreibung der Strategien im Risikomanagement,
  - Definition von Risiko- und Rentabilitätszielen (beispielsweise durch Profit-Center),
- **3. Schritt** (Verifizierung in eigenständiger schriftlich formulierter Kontrollrichtlinie):
  - Beschreibung der Aufgaben und Zuständigkeiten,
  - Festlegung von Kompetenzen und risikobegrenzenden Limiten,
  - Genaue Beschreibung von Prozessabläufen.

## 7.2 Das interne Kontrollsystem

Infolge der in den letzten Jahren bei einigen Unternehmen eingetretenen großen Verluste, die mangels Kontrolle mit Finanzinstrumenten entstanden sind, wurden Bestimmungen der Aufsichtsbehörden erlassen, die eindeutige Empfehlungen beinhalten. Das Gerüst stammt aus den „**Basler Richtlinien für das Risikomanagement im Derivatgeschäft**" von 1994. Die Umsetzung erfolgte 1997 durch die „**Mindestanforderungen an das Betreiben von Handelsgeschäften**".

*Bestimmungen der Aufsichtsbehörden*

Diese fordern eine einheitliche Methodik zur täglichen Messung (Risiko-Controlling) und Steuerung (Risikomanagement) der Handelsgeschäftsrisiken. Diese Vorgehensweise ist primär auf den Derivathandel von Banken ausgerichtet, gilt jedoch von der Grundstruktur her auch für den

Aufbau eines internen Kontrollsystems im Industrieunternehmen im Sinne einer „best-practice".

Diese Grundlagen wurden 1999 vom „Verband deutscher Treasurer" in Richtung Industrieunternehmen hin weiterentwickelt. Hierzu wurde ein Leitfaden zur Einrichtung eines Internen Kontrollsystems erarbeitet, an dem sich Industrieunternehmen zukünftig ausrichten können.

**Risiko-Controlling vom Handel getrennt**

Die Aufgaben des Risiko-Controllings sind einer vom Handel unabhängigen Stelle zuzuordnen. Zweckmäßig ist es hierbei, eine eigenständige schriftliche Richtlinie zu erlassen. Um die Bedeutung dieses Kontrollsystems besonders hervorzuheben, werden die Kontrollfunktionen nachstehend in einer Gesamtkonzeption dargestellt und auf deren Inhalt näher eingegangen.

**Gesamtüberblick Sicherungssysteme im Unternehmen:**

**Kontrollsystem intern**

- Durch die geschaffene Organisation selbst:
  - Instanzgliederung,
  - Funktionentrennung,
  - Stellenbeschreibungen,
  - Regelung der Arbeitsabläufe,
  - Systematisch eingebaute Kontrollen.
- Durch die Anwendung technischer Mittel:
  - Formulare,
  - Abschließvorrichtungen,
  - Zugangsberechtigungen,
  - EDV-Einsatz.

**Überwachung**

- Durch die Geschäftsführung:
  - Laufende Berichterstattung,
  - Vorgabe von Leitlinien,

# 7 Die Installation eines internen Kontroll-Systems

- Limitüberwachungen,
- Vollständigkeitsprüfungen.
- Durch die Revision:
  - Stichprobenhafte Einzelkontrolle,
  - Systemprüfungen.

## 7.3 Inhalt und Aufbau der Kontrollrichtlinie

### 7.3.1 Wichtigster Grundsatz: Die Funktionentrennung

Eine wesentliche Rolle spielt vor dem Hintergrund der Kontroll- und Revisionssicherheit der Grundsatz der Funktionstrennung. Zu gewährleisten ist eine weitestgehende Trennung zwischen ausführenden, verwaltenden, verbuchenden und kontrollierenden Funktionen. Gleichzeitig sollen Risiken- und Interessenkonflikte ausgeschlossen werden. Den Prüf-Funktionen muss ein uneingeschränktes Informationsrecht zustehen.

*Trennung zwischen betroffenen Funktionen*

Zur Durchführung dieser Aufgaben bieten sich eine Reihe von Techniken und Systemen an. Der Abschluss von Geschäften, deren Verwaltung, Verbuchung und Kontrolle werden funktional auf verschiedene Abteilungen/Bereiche im Unternehmen aufgeteilt.

**Organisationsaufbau:**

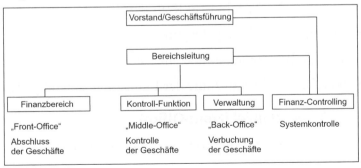

**Beispielsweise:**

- Finanzbereich:  Initiierung/Verwaltung (front-office)
- Rechnungswesen:  Verbuchung/Kontrolle (back-office)
- Interne Revision:  Kontrolle
- Währungsgremium:  Kontrolle

### 7.3.2 Beispielhafter Aufbau einer Richtlinie

**Der Aufbau der Richtlinie orientiert sich an dem Grundprinzip der Funktionentrennung:**

- Einleitung/Präambel: Geltungsbereich, Gültigkeit, Zuständigkeiten etc,
- Der Handel,
- Die Kontrollstelle,
- Die Abwicklung.

#### 7.3.2.1 Präambel

**In der Präambel sollte festgelegt werden,**

- Welche Ziele verfolgt werden sollen,
- Für welche organisatorischen Einheiten die Richtlinie Gültigkeit hat (Geltungsbereich),
- Ab wann die Richtlinie in Kraft tritt,
- Wer für Ausnahmeregelungen zuständig ist,
- Wer die Richtlinienkompetenz hat,
- Wer für die Überwachung der Einhaltung zuständig ist.

#### 7.3.2.2 Der Handel (Front-Office)

Der Handel umfasst die Kontrahierung von Finanztransaktionen.

# 7 Die Installation eines internen Kontroll-Systems

## Organisation

Handelsgeschäfte sollten ausschließlich in den dafür vorbestimmten Geschäftsräumen getätigt werden (Ausnahmeregelung ist zu definieren). Den zum Handel berechtigten Personen sind die Risikopolitik sowie die operativen Richtlinien des Unternehmens kenntlich zu machen. Die Kenntnisnahme ist schriftlich zu dokumentieren.

## Autorisierung zum Handel

Entsprechend qualifizierte Mitarbeiter sind im Rahmen der Limite und Gremienvorbehalte gegenüber den Kontrahenten berechtigt, telefonisch oder schriftlich Sicherungsgeschäfte abzuschließen. Es ist zweckmäßig, den Kontrahenten die autorisierten Personen im Unternehmen schriftlich anzuzeigen.

*Mitarbeiter autorisieren*

## Definition der Kontrahenten

Sicherungsgeschäfte dürfen nur mit vom Unternehmen legitimierten Kontrahenten durchgeführt werden. Die Kontrahenten werden in Übereinstimmung mit der Bankenpolitik schriftlich festgelegt. Es sollte sich um bonitätsmäßig erstklassige Adressen handeln.

## Ausfallrisiko des Kontrahenten/Kontrahentenlimite

Zur Begrenzung des Risikos, dass der Kontrahent seinen Verpflichtungen aus dem Geschäftsabschluss aus wirtschaftlichen oder sonstigen Gründen nicht nachkommen kann, sollten betragsmäßige Kontrahentenlimite schriftlich festgelegt werden. Die Anrechnung von Geschäftsabschlüssen auf die Limite (in Anlehnung an die Praktiken von Kreditinstituten) wird für Devisen- oder Zinssicherungsgeschäfte in Abhängigkeit zur Volatilität der entsprechenden Währung/Zinssatz (z. B. USD mit einem Anteil von 15 %) vorgenommen.

*Limite festlegen*

## Handelslimite

Handelslimite dienen zur Begrenzung der Risiken und können je nach Bedarf definiert werden.

**Beispielsweise:**

- Händlerlimite pro Einzelabschluss,
- Händlerlimite kumuliert (pro Woche/Monat),
- Währungslimite,
- Limite pro Sicherungsinstrument.

Es ist zu definieren, wer die Limite festlegt, verändert beziehungsweise Limitüberschreitungen in Ausnahmefällen zu genehmigen hat.

### Bezug zum kommerziellen Grundgeschäft

**Spekulation ausschließen**

Bei jedem Geschäftsabschluss ist der Nachweis über den Bezug zum Basisgeschäft schriftlich herzustellen. Ein Geschäftsabschluss kann durch folgende Motivation initiiert werden:

- Einzelauftrag der operativen Einheit auf Grundlage der durch die Richtlinien vorgegebenen Meldepflicht
- im Finanzgremium herbeigeführte Entscheidung

Der Nachweis ist auf der Händlerschlussnote zu dokumentieren. Bei Prolongationsgeschäften ist die laufende Nummer des Vorgängergeschäftes anzugeben.

### Zugelassene Geschäftsarten/Sicherungsinstrumente

**Instrumente definieren**

In schriftlicher Form sind die zugelassenen Sicherungsgeschäfte bzw. Strategien/Techniken zu definieren. Des Weiteren muss festgelegt werden, ob grundgeschäftsbezogene oder/und spekulative Handelsgeschäfte abgeschlossen werden dürfen.

### Händlerschlussnote

Nachdem die Kenntnis über das Vorhandensein eines Grundgeschäftes vorliegt, werden Konditionen bei den legitimierten Kontrahenten (= Banken) abgefragt. Die Vorbereitung sowie der Abschluss erfolgt innerhalb der genehmigten Abschlusslimite. Der Nachweis über den marktgerechten Preis kann durch Ausdruck der entsprechenden Seite aus dem Info-System und durch Einholung mindestens eines Alternativpreises erfolgen.

# 7 Die Installation eines internen Kontroll-Systems

**Schriftliche Dokumentation**

Der Geschäftsabschluss ist unverzüglich auf einem so genannten „**Händlerzettel**" schriftlich zu dokumentieren. Zweckmäßigerweise werden diese Händlerzettel fortlaufend nummeriert. Zur Wahrung des Vier-Augen-Prinzipes ist der Händlerzettel gegenzuzeichnen. Der Geschäftsabschluss ist zeitnah im EDV-System verwaltungstechnisch zu erfassen. Hierzu steht eine Einzelauflistung sämtlicher schwebenden Absicherungsgeschäfte (sortiert nach Devisentermin- und Optionsgeschäften sowie nach Fälligkeiten) zur Verfügung.

Kopien des Händlerzettels sind der Kontrollstelle sowie der Abwicklung zuzuleiten. Durch die Kontrollstelle findet der Abgleich mit der parallel von der Bank erstellten und an das Unternehmen geleiteten Geschäftsbestätigung statt. Die personellen Zuständigkeiten im Falle von Abweichungen sind zu regeln.

**Die Verwaltungsaufgaben des Devisenhändlers können wie folgt zusammengefasst werden:**

- Verwaltung und Disposition schwebender Devisenkontrakte,
- Disposition der Fremdwährungskonten,
- Vorgabe von Kalkulationskursen,
- Endabrechnung von Kurssicherungsaufträgen,
- Information/Berichtswesen,
- Mitarbeit im Währungsgremium,
- Beratung der Tochtergesellschaften in Währungsangelegenheiten,
- Fortschreibung der Kontrahentenliste,
- Erfassung der Hauswährungs-Planumsätze.

Geschäftsabschlüsse sind vor Initiierung mit der Abteilungsleitung/Vertretung abzustimmen. Die Händlerschlussnote ist unmittelbar nach der telefonischen/schriftlichen Initiierung des Geschäftes zu erstellen. Es sind die wesentlichen Rahmendaten des Geschäftes festzuhalten. Für die einzelnen Geschäftsarten sind getrennte Schlussnoten zu verwenden. Für jeden Geschäftsabschluss muss eine fortlaufende

Nummer vergeben werden. Der Händler sowie die Kontrollstelle müssen die Schlussnote zeitnah unterzeichnen. Die Händlerschlussnote ist nach fortlaufenden Nummern zu archivieren.

### Positionsführung

**Abschlüsse gegen Markt bewerten**

Jede kontrahierte Transaktion muss in eine **Positionsliste** eingestellt werden. Die Positionen werden nach dem aktuellen Fälligkeitstermin geordnet. Sie dient neben der Informationsbereitstellung der Vorbereitung und Überwachung der Gelddisposition und Zahlungsabwicklung. Die Positionsliste muss laufend gegen den Markt und die Limite bewertet und zur Berichterstattung an die Geschäftsführung weitergeleitet werden. Eine Plausibilitätsprüfung ist sinnvoll.

#### 7.3.2.3 Die Kontrollstelle (Risikocontrolling)

**Überprüfung der abgeschlossenen Geschäfte**

Es handelt sich um eine vom Handel funktional getrennte Stelle im Unternehmen, deren Hauptaufgabe darin besteht, die vom Handel getätigten dokumentierten Geschäfte mit den Kontrahentenbestätigungen abzugleichen. Darüber hinaus werden die eingeräumten Limite überprüft.

### Organisatorische Gestaltung

Die Kontrolle sollte von Mitarbeitern ausgeübt werden, die funktional vom Handel getrennt sind. Die Mitarbeiter müssen das Risiko-Controlling sowie die operativen Richtlinien kennen (entsprechende schriftliche Dokumentation). Die Mitarbeiter sind nicht handelsberechtigt.

### Kontrahentenbestätigung

Sämtliche Abschlüsse sind durch den Kontrahenten gegen zu bestätigen. Alle Handelsbelege werden bis zum Eintreffen dieser Gegenbestätigung evident gehalten (Evidenzliste; Anmahnen bei Überfälligkeiten). Durch den Weg des Posteinganges ist sichergestellt, dass die Bestätigung an das Risiko-Controlling gesandt wird. Damit wird ein objektiver Abgleich intern dokumentierter und extern bestätigter Geschäfte ermöglicht. Der Prüfvorgang ist zu dokumentieren. Fehlende und abweichende Bestätigungen müssen unverzüglich reklamiert werden.

# 7 Die Installation eines internen Kontroll-Systems

## Fälligkeits- Positionsliste

In Listenform müssen sämtliche laufenden Geschäfte nach dem Fälligkeitstermin geordnet dargestellt werden. Ausgerichtet nach individuellen Bedürfnissen können andere Selektionskriterien dargestellt werden (z. B. Bank/Währung etc.). Diese Liste dient neben der Informationsbereitstellung der Vorbereitung und Überwachung der Gelddisposition und Zahlungsabwicklung.

*Alle Geschäfte erfassen*

## Bewertung von schwebenden Devisengeschäften

Basis jeder Dispositionsentscheidung mit dem Ziel der Risikosteuerung ist eine korrekte Bewertung aller Devisensicherungsgeschäfte auf Basis aktueller Marktdaten. Dies bedeutet, dass alle Fremdwährungsgeschäfte mit ihrem am Markt erzielbaren Veräußerungserlös oder dem vom Markt verlangten Rückkaufpreis bewertet werden (**mark-to-market-Methode**).

*Sicherungsgeschäfte laufend bewerten*

Die Bestandsbewertungen sind von einer vom Handel getrennten Stelle (in diesem Fall der Kontrollstelle) durchzuführen. Über die Ergebnisse ist laufend und regelmäßig zu berichten (Empfänger: Finanzgremium, Bereichsleitung, Fachabteilungen, Geschäftsführung). Zielsetzung ist die Feststellung von unrealisierten Gewinnen und Verlusten im Rahmen der monatlichen Finanzberichterstattung und des Jahresabschlusses. Auf Grundlage dieser Informationen werden bei Bedarf Rückstellungen für offenen Geschäfte gebildet.

## Limitkontrolle und -überwachung

Durch das Risiko-Controlling erfolgt eine formale Kontrolle und Überwachung der Limite pro Einzelabschluss. Zusätzlich ist auch eine ständige Überwachung der eingeräumten Parameter und Verfahren notwendig. Zu definieren ist, wer für den Einsatz neuer Instrumente sowie bei Limitüberschreitungen zuständig ist.

Durch die Vergabe von Limiten wird eine Begrenzung der Netto-Devisenposition in einer Währung bezweckt, das heißt

- keine/mögliche Einschränkung hinsichtlich Währung/Laufzeit,
- pro Einzelabschluss in Fremdwährung wird für die authorisierten Personen ein Maximallimit festgelegt,
- der Bezug zum Grundgeschäft muss nachweisbar sein,
- als kumuliertes Limit über alle Fremdwährungen darf maximal pro Zeitraum von jeder authorisierten Person ein bestimmter Gegenwert gehandelt werden,
- aus der laufenden Bewertung der gesamten Devisenposition kann ein maximales Verlustrisiko festgelegt werden.

**Limitüberwachung/-Festlegung/Abweichungen**

Kontrahenten- und Handelslimite sind vom Finanzgremium ohne Mitsprache der Fachabteilung unter Beachtung von Bonitätsgesichtspunkten festzulegen. Transaktionen dürfen nur mit Vertragspartnern getätigt werden, für die Kontrahentenlimite eingeräumt wurden. Die von den Banken abgegebenen Bestätigungen über Geschäftsabschlüsse dienen als Grundlage für die laufende bzw. stichprobenhafte Überprüfung, ob die dem Handel vorgebenen Restriktionen und Limite eingehalten werden (Betrag, Währung, Kontrahent, Fälligkeit). Jede Transaktion ist bei Initiierung unverzüglich in der Kontrahenten-Liste zur Überwachung des gegenwärtigen Kreditrisikos zu erfassen. Die Erfassung erfolgt hierbei aggregiert unter Berücksichtigung von Nettingpositionen.

**Limite lfd. überwachen und anpassen**

Eine jährliche Überarbeitung und Anpassung der Limite ist erforderlich. Zur Vermeidung des juristischen Risikos sind Rahmenverträge über den Handel mit Derivaten mit den Kontrahenten abzuschließen. Als zusätzliches Sicherheitskriterium ist zu berücksichtigen, dass sämtliche Geschäftsabschlüsse von Seiten der Bank anteilig der externen Kontokorrent-Kreditlinie zugerechnet werden. Die betragliche Obergrenze der Geschäftsabschlüsse wird demzufolge durch die vorhandene Kreditlinie bei der Bank begrenzt (= externe Kontrolle).

# 7 Die Installation eines internen Kontroll-Systems

**Bezüglich der Überwachung der einzelnen Limite sind Personen/Funktionen zu benennen:**

- Kontrahentenlimit: Finanzabteilung (PC-Programm),
- Händler-Limite: Kontroll-Stelle,
- Stichprobenhafte Einzelkontrolle: Revision.

Ohne Zustimmung des verantwortlichen Geschäftsführungsmitgliedes oder des Finanzgremiums (ohne Mitsprache der Fachabteilung) darf keine Transaktion getätigt werden, für die kein Limit existiert beziehungsweise das zu einer Limitüberschreitung führen würde.

*Zuständigkeiten definieren*

### Vollständigkeitskontrollen

Die **Händlerschlussnote** ist hinsichtlich Vollständigkeit/Richtigkeit und fortlaufender Nummerierung zu überprüfen. Die Ordnungsmäßigkeit ist unter Anwendung des 4-Augen-Prinzipes durch Handzeichen zu dokumentieren. Auf Grundlage der **Kontrahentenbestätigung** erfolgt durch das Back-office ein Abgleich mit der Gegenbestätigung durch die Bank. Der fristgerechte Eingang der Gegenbestätigung ist zu überwachen. Eventuell muss der Kontrahent beim Auftreten von Unstimmigkeiten angesprochen werden. Können Unstimmigkeiten nicht geklärt werden, muss die interne Revision eingeschaltet werden.

### 7.3.2.4 Die Finanzbuchhaltung (Abwicklung)

Die Abwicklung umfasst die operative Durchführung der vom Handel abgeschlossenen Geschäfte.

### Organisation

Die Mitarbeiter der Abwicklung kennen die Risikopolitik sowie die operativen Richtlinien. Sie haben dies schriftlich zu dokumentieren. Die Mitarbeiter der Abwicklung sind nicht handelsberechtigt.

### Bearbeitung von Handelsbelegen

Die Handelsbelege sind laufend vom Handel zu übernehmen. Handelsbelege werden bis zum Eintreffen der vom Risiko-Controlling geprüften und gegen gezeichneten Be-

**Zusätzliche Kontrolle durch Buchhaltung**

lege evident gehalten. Das Original der Bestätigung ist von der Abwicklung mit Datum und Firmenstempel zu versehen, von zwei gegenüber der Bank legitimierten Personen zu unterschreiben und zeitnah an die Bank auf dem Postweg zurückzusenden. Die Belege dienen anschließend als Dokumentation der Geldbuchung.

### Zahlungserfüllung

Die Zahlungserfüllung ist auf Grund der Kontrahentenbestätigung vorzunehmen und durch die verbuchende Stelle zu überwachen. Es sollten die üblichen Sicherheitsstandards gelten (4-Augen-Prinzip). Ausstehende Zahlungen sind im Rahmen der Kontoabstimmung durch die Finanzbuchhaltung zu überwachen. Sämtliche Transaktionen sind gemäß den Grundsätzen ordnungsgemäßer Buchführung zu erfassen.

### Systemunterstützung

Maximale Systemunterstützung ist, wenn wirtschaftlich sinnvoll, anzustreben (Experten-/Händlersysteme). Systemtechnisch bedingt können weitere Kontroll-Funktionen eingebaut werden (beispielsweise Zugangsberechtigungen).

### Administration

**Auffinden von Belegen sicherstellen**

Durch das Ablagesystem muss ein rasches Auffinden von Geschäftsvorfällen ermöglicht werden. Die Kopie der Kontrahentenbestätigung ist zusammen mit dem Handelsbeleg als Anlage zum Kontoauszug zu nehmen. Die gesetzlichen Aufbewahrungsfristen sind zu beachten.

# Stichwortregister

## A

Abbuchungsauftrag 130
Abschreibung 239
– kalkulatorische 239
Advance Purchase 270
Afrikanische Entwicklungsbank 271
Agio 148
Akkreditiv 133
Aktie 156
– Berichtigungsaktie 156
– Inhaberaktie 156
– Namensaktie 156
– Namensaktie, vinkulierte 156
– Stammaktie 156
– Vorzugsaktie 157
– Zusatzaktie 156
aktive Rechnungsabgrenzungsposten 566
Aktiv-Management 583
Aktivseite 533
Aktivtausch 241
Akzeptkredit 222
akzessorisch 272
american style 165
Amerikanische Option 188
Analyseverfahren 427
– Fundamentalanalyse 427
– Parzialanalyse 428
– Strukturanalyse 428
– technische 428
Anbietungsgrenze 398
Andienungspflicht 292, 398
Andienungsrecht 292
Angebotsphase 511
Anlagegrundsatz 196
Anlagekriterien 143
Anlagerichtlinie 195
Anlagestrategie 143

Anleihe 148
Annuitäten-Anleihen 152
Annuitätendarlehen 230
Anschaffungskostenprinzip 513
Anschaffungswert 375
Anteilspapiere 155
antizyklische Liquiditätspolitik 571
Antragstellungsverfahren 254
Anzahlung 220
Asiatische Entwicklungsbank 271
Asset Allocation 180
Asset Backed Securies 242
Asset Management 318
Asset-Deal 345
asymmetrisches Chance-/Risikoprofil 537
at the arms-length-principle 97, 291
at the money 166
at the money option 455
A-typische stille Beteiligung 217
Aufgeld 167
Ausgabeaufschlag 163
Ausgabekaufkurs 159
Ausgang 80
Ausländische Investmentgesellschaft 160
Auslandszahlungsverkehr 112
Auslosungsanleihen 152
Ausschüttungspolitik 287
Ausschüttungs-Strategie 288
Außenhandelsfinanzierung 265
Ausstellerhaftung 129
Auszahlungsrechnung 61
Avalkredit 225, 272

## B

Back-Office 496
Baisse 212
Bank 12

– Kosten 19
Bankakzepte 88
Bankauskunft 385
Bankgarantie 272
Bankschuldverschreibung 149
Bartertrade 270
Basispreis 188, 190, 454
Bear-Anleihe 155
Beauty Contest 346
Bedarfsplan 657
bedingte Kapitalerhöhung 212
bedingte Kassageschäfte 439
Beherrschungsübernahmeverträge 301
Benchmark 184
Benchmarking 561, 602, 624, 625, 668
Benchmark-Portfolio 670
benefit 292
benefit-of-the best offer-principle 292
Berater 344
Bereitstellungsprovision 75, 221
Beschaffungsplan 657
Best-practice-Lösung 678
Beta-Faktor 577
Beteiligung, stille 217
Beteiligungsportfolio 342
betriebsnotwendiges Vermögen 585
betriebswirtschaftliches Risiko 548
Bewegungsbilanz 64, 65
Beweisfunktion 132
Bewertung 144
Bewertungsansatz 513
Bewertungseinheit 10, 461, 565
Bewertungsgrundsatz 513
Bewertungsmatrix 340
Bewilligungsfunktion 624
Bezugsrecht 156
Bezugsverhältnis 165
Bietungsverfahren 347
Bilanz
– Liquiditätsplanung 63
Bilanzpolitik 592
Bilanzposition 63, 64
Bilanzstrukturmanagement 289, 594
Bilanzwirksamkeit 558
Blockfloating 411

BOBL-Future 189
Bodensatzverzinsung 84
Bonds 148
Bonität 74, 383
– Bonitätsprüfung 384
Bonitätsbeurteilung 335
Bonitätsrisiko 170
Bonus-Malus-System 385
Bottom-up 59, 190, 598, 633
Bridge-Finanzierung 200
Briefkurs 173, 408
buchmäßiges Risiko 548
Buchungsdatum 79
Budgetierung 473, 623
Budgetierungsprozess 612
Bulk-Zahlung 108
Bull-Anleihe 155
Bundesanleihe 149
Bundesförderung 257
Bundesobligation 149
Bundesschatzbrief 149
Bund-Future 189, 535
Bürgschaft 251, 268, 308
– Ausfallbürgschaft 251
– Realsicherheit 251
– selbstschuldnerische 251
Business plan 213
Buy-Back 270


C

Call-Money 88
Cap-Floater 152
Capital Cash-flow 575
Capital-Asset-Pricing-Modell 364, 577
Caps 537
Cash-Concentrating 91
Cash-Controlling 569
Cash-Flow 62, 68, 305, 352, 647
Cash-Freisetzungseffekte 592
Cash-Management 48, 66, 289, 293
– Liquiditäts-Spitzenausgleich 293
Cash-Management-System 19, 40
Cash-Manager 19
Cash-Pooling 91

cash-settlement 445, 531
casualty loss risk 263
Chartanalyse 176
Charts 429
– bar-Charts 429
– Candlestick-Chart 429
– close-only Charts 429
– Liniencharts 429
– Point-and-Figure-Charts 429
clean-payments 121
Clearing-Bank 85
Collar 540
Collared Floater 153
Commercial Paper 88
Commodity Trade Finance 270
completion risk 263
Controlling 567
Convenants 217
Core-banks 325
corporate Bank 12
corporate finance 22, 279
cost overrun risk 263
Counter-Trade 270
Covered Warrants 167
Crash-Szenarien 480
Cross border interest optimization 105
Cross Rates 408
Cross-Currency-Pooling 92
Cross-Currency-Swap 534
Cross-Selling 323
currency risk 264
Cut-off-time 112
CyberCash Internet Wallet 132
Cyber-Coins 132

**D**

Damnum 228
Dauerschulden 614
Dauerschuldzins 249
DAX 187
Debitor 379
– Debitorenmanagement 379
Debitorenanalyse 81
Debitoren-Stammsatz 386

debt-equity-ratios 293
Delkredere-Funktion 241
Deport 441
Deregulierung 318, 620
Derivate 11, 526, 547
derivative Finanzinstrumente 412
Desinvestition 619
Deutsche Investmentgesellschaft 160
Devisen 408
Devisenintervention 410
Devisenkassageschäft 438
Devisenkassamarkt 409
Devisenmarkt 409
Devisenoptionsanleihe 154
Devisentermingeschäft 440
Devisenterminmarkt 409
Dezentralisierung 23
Direktbank 317
Disagio 148
discount broker 317
Discounted Cash-flow-Analyse 70
Discounted Cash-flow-Methode 346, 350
Discounted Cash-flow-Modell 578
Discounted Cash-flows 576
Discounted Dividend Verfahren 350
Disintermediation 317, 620
Diskontierungsfaktor 577
Diskontsatz 128
disorderly markets 144
Dispositive (= kurzfristige) Planung 58
Diversifizierung 143
Dividende 156
Dokument 132
Dokumentationsfunktion 132
Dokumentenstrenge 134
Doppelbesteuerungsabkommen 96
Doppelwährungsanleihe 154, 233
Drohverlust 514
Drohverlustrückstellung 566
Due Diligence 217, 346
– Business-Due Diligence 218
– Financial-Due Diligence 218
– Legal-Due Diligence 218
– Tax-Due Diligence 218

Duration 150, 554
Duration, modifizierte 179
Durationsanalyse 554
Durchführungsplan 658

E

early-stage-financing 214
EBIT 353
EBITDA 353
ec-Cash 123
Economic Added Value 363
Economic Value Added 578
EDIFACT 119
Effektivverzinsung 144, 145, 228
Eigenkapital 64
Eigenkapitalausstattung 285, 286
Eigenkapitalgeber 248
Eigenkapitalkosten 363
Eigenkapitalrentabilität 608
Eigentümer, wirtschaftliche 246
Eigentumsvorbehalt 137, 252
Einheitliche Richtlinien und Gebräuche
  für Dokumenten-Akkreditive 134
Einlagensicherungsfond 335
Einlagensicherungssystem 196
Einlagenzertifikat 88
Eintrittswahrscheinlichkeit 368
Einzahlungsrechnung 61
Einzelbewertung 514, 565
Einzel-Cash-flows 548
Einzugsverfahren 130
Electronic-Banking 48, 82, 118
Electronic-Banking-System 19, 40
elektronische Unterschrift 118
Elektronisches Geld 130
Emittenten 149
Endfällige Darlehen 230
Entwicklungsziel 631, 651
environmental risk 264
Ergebnisübernahmeverträge 301
Ergebnisverbesserung 459
Ergebnisziel 631
ERP-Sondervermögen 257
Ertrag 144

Ertragsvolatilität 181
Ertragswert 346
Ertragswertverfahren 350
Ertragswirksamkeit 558
Erwartungswert 358
EURIBOR 88, 152, 673
EURO-DM-Future 535
Euro-Methode 224
Europäische Investitionsbank 271
Europäische Option 188
Europäisches Währungssystem 411
Europäische Union 257
european style 165
Euroscheck 126
Eventualverbindlichkeit 305, 309
Evidenzbuchhaltung 564
Evidenzliste 700
existenzgefährdende Risiken 366
expansion-stage-financing 214
Exposure-Management 471, 545
extrapolierende Methode 641

F

Factoring 241, 401, 452
Fairness Opinion 347
Faksimile-Unterschrift 126
Fakturierungswährung 432
Fertigungsgemeinkosten 207
Fertigungslohn 206
Fertigungsmaterial 206
Financial Future 188, 535
Financial Society 322
Financial Times 673
Finanz-Controlling 567
Finanz-Konzept 3
Finanz-Philosophie 3
Finanzergebnis 617
Finanzgremium 33
Finanzhilfe 256
Finanzierung
– Außenfinanzierung 211
– Beteiligungsfinanzierung 211
– Einlagenfinanzierung 211
– fristenkongruent 274

# Stichwortregister

Finanzierungsfunktion 132, 379
Finanzierungsgesellschaft 96
Finanzierungspolitik 287
Finanzierungsschatz 149
Finanzinstrument, derivatives 187
Finanzorganisation 39
Finanzplanung 657
Finanzreserveplan 75
Finanzrichtlinie 66
Finanzstatus 89
Finanzstrategie 4
Finanzziel 631
Firmenkreditgeschäft 317
first-stage-financing 214
Float 79
floaten 410
floating rate notes 152, 233
Floor-Floater 153
Floors 537
Follow-up-Gespräch 334
force majeure risk 264
Förderart 255
Forderungsabtretung 252
Forderungsausfallrisiko 241
Forecast 637
Forfaitierung 241, 453
Forward 440
Forwards 557
fourth-stage-financing 214
free Cash-Flow 70, 362, 576
Fremdkapital 64
Fremdkapitalzinssatz 363
Fremdwährungsanlage 450
Fremdwährungs-Kreditaufnahme 451
Fremdwährungsrisiko 172, 292
Fristenkongruenz 73, 305
– Finanzplanung 73
Fristentransformation 194
Frühwarnsystem 57, 370
Führungsstil 635
Fundamentalanalyse 176
Fungibilität 144
Funktionentrennung 381, 401, 692
Funktionstrennung 695

## G

Garantie 268, 285
– Anzahlungsgarantie 273
– Bestätigte Garantie 273
– Bietungsgarantie 272
– Direkte Garantie 273
– Gewährleistungsgarantie 273
– Indirekte Garantie 273
– Lieferungsgarantie 273
– Vertragserfüllungsgarantie 273
gebundenes Vermögen 399
Gegengeschäft 270
Geldbörsensystem 131
Gelddisposition 78, 84
Geldkarte 124
Geldkurs 173, 408
Geldleihe 280, 290
Gemeinschaftsrahmen der EU 254
Genehmigte Kapitalerhöhung 212
Genossenschaftsbank 314
Genussschein 157, 234
Gerichtsstandklausel 137
Gesamtkostenverfahren 617
Gesamtverschuldung 305
Geschäftsbank 315
Geschäftsbesorgungsvertrag 133
geschlossene Fonds 160
geschlossene Bewertungseinheit 485
Gesellschafterdarlehen 97
Gesetz über Kapitalanlagegesellschaft 160
Gesetz zur Kontrolle und Transparenz im Unternehmensbereich 357, 360
Gestaltungs-System 332
Gewährleistungsverpflichtung 309
Gewerbeertragssteuer 249
Gewerbesteuerposition 614
Girosammelverwahrung 145
Glattstellungsfiktion 514
Globalisierung 620
going-public 214
goldene Bilanzierungsregel 601
goldene Finanzierungsregel 600
Grundentgelt 268

Grundgeschäft 483, 484
Grundmietzeit 244, 245, 246
Grundpfandrecht 252
Grundsätze 5, 7
Grundschulddarlehen 228

## H

Handelsauskunft 384
Händlerschlussnote 500, 703
Händlerzettel 496, 699
Hartwährung 292
– Hartwährungskredit 292
Hausbank 325
Hausse 212
Hedge-Ratio 536
Hermes Kreditversicherungs Aktiengesellschaft 267
Hermes-Deckung 268
hostile Takeover 345
Hypothek 252
Hypothekendarlehen 228

## I

Illiquidität 53
Immunisierungszeitpunkt 151
Imparitätsprinzip 424, 514
implizite Volatilitäten 478
in the money 166
in the money option 455
INCO-Terms 137, 403
Indexanleihe 155, 233
Index-Kontrakt 190
indirekte Finanzplanung 662
industrial revenue bonds 275
Industrieanleihe 150
Industrieclearing 196
Industrieobligation 232
Informationsmemorandum 345
informationsorientierter Prozess 677
Informationspolitik 586
Inhouse-Bank 12
Initial Margin 190, 536

Inkasso 133
Inlandsmethode 224
Inlandszahlungsverkehr 112
Innenfinanzierung 236
Innerer Wert 166, 454
Insolvenzordnung 56
Insourcing 25, 282
Intercompany-Darlehen 534
Intercompany-loan 290
Interest Optimization 105
International Bank Account Number 115
Internationale Bank für Wiederaufbau und Entwicklung 271
Internationale Entwicklungsorganisation 271
Internationale Finanz-Corporation 271
inverse Zinsstrukturkurve 522
Investition 618
Investitionsdarlehen 227
Investmentanteilschein 158
Investment-Banker 355
Investment Banking 317
Investmentfonds 158, 164
– Aktienfonds 164
– Ausschüttungsfonds 164
– Geldmarktfonds 164
– gemischte Fonds 164
– Offene Immobilienfonds 164
– Offene Wertpapierfonds 164
– Publikumsfonds 164
– Rentenfonds 164
– Spezialitätenfonds 164
– Thesaurierende Fonds 164
Investmentzertifikat 158
Investor Relations 587

## J

Jahresabschluss 592
JP Morgan 673
Junk-Bonds 141

# Stichwortregister

## K

Kalkulationszinsfuß 206
Kapital 201
– Beschaffungsmöglichkeiten 19
– Struktur 7
Kapitalagglomeration 324
Kapitalanlagegesellschaft 158
Kapitalausstattung 65
Kapitalausstattungspolitik 287
Kapitalbedarf 201
Kapitalbeschaffungskosten 587
Kapitalbindung 585
Kapitalbindungsdauer 554
Kapitaldeckung 71
Kapitalerhöhung 212
Kapitalintensitätsreduzierungseffekt 592
Kapitalisierungsgewichtung 672
Kapitalplanung 646
Kapitalplanungsprozess 612
Kapitalproduktivität 610
Kapitalrücklagen 239
Kapitalwert 205
Käufer 537
Kaufkraftparität 410
Kennzahlen 667
Kennzahlensystem 603
Kernbank 325
Kernkompetenz 582
Kleine Unternehmen 253
Kleine AG 211
knock-in 457
knock-out 457
Kofinanzierung 271
Kombizins-Anleihe 154
Kommunikationsstrategie 348
Kompetenz 30
Konfidenzintervall 478, 479
Konkurs 1
Konsens-Regelung 268
Konsistenz 373
Kontokorrentkredit 221
KONTRAG 2, 15, 56, 462
Kontrahent 499

Kontrahentenausfallrisiko 143, 170
Kontrahierungswährung 491
Konvertibilität 406
Konzept 17, 18
– dezentrales 18
– gemischtes 17
– zentrales 17
Konzernrevers 301
Koordinationsfunktion 624
Korridor 540
Kosten 28
– indirekte 28
– Verantwortung 28
Kostenführerschaft 343
Kostenvorteil, komparative 253
Kreditauftrag 308
Kreditbedarf 382
Kredit-Controlling 570
Kreditentscheidung 385
Kreditfähigkeitsprüfung 219
Kreditfunktion 132
Kredithilfe 285
Kreditkarte 123
Kreditkontroll-Liste 387
Kreditleihe 222, 225, 280, 301
Kreditlimitüberschreitung 382, 393
Kreditlinie 95, 382, 386
Kreditplafonds 269
Kreditprotokoll 386
Kreditrahmen 382
Kreditsperre 394
Kreditüberwachung 387
Kreditunfähigkeit 394
Kreditwürdigkeit 74
Kreditwürdigkeitsprüfung 219
Kundenforderungen 77
Kundenzufriedenheit 395
Kündigungsrecht 230
Kupon 145
Kursgewinn 148
Kurssicherungskosten 441
Kursveränderungsrisiko 143
Kurswert 155

## L

Lagging 114, 433
Länderratings 170
Lastschrift 130
Lastschrifteinzug 81
Lastschriftverfahren 123
Leading 114, 433
Leasing 244
- Crossboarder-Leasing 244, 270
- Finance Leasing 244
- Internationales Leasing 270
- Operate Leasing 244
Leverage-Effekt 78, 584, 608
Lieferantenkredit 220, 374
Liefersperre 394
Lieferverbot 394
Limit 502
- Händler-Limit 502
- Kontrahentenlimit 502
Limit-Order 439
Liquidationsperiode 478
Liquidierbarkeit 144
Liquidität 1, 48, 67, 144, 147, 658
- Illiquidität 1
- Liquiditätsausgleich 79, 91
- Liquiditätsbereitstellung 1
- Liquiditätserhalt 2
- Liquiditätssicherung 1, 65
- Primärliquidität 48
- Sekundärliquidität 48
- Überliquidität 78, 198
- Unterliquidität 78, 198
- Zahlungsbereitschaft 78
Liquiditätsengpass, struktureller 71
Liquiditätsfonds 88
Liquiditätsplanung 57, 658
Liquiditätsproblem 71
Liquiditätsrisiko 173
Liquiditätssicherstellung 142
Liquiditätsstatus 59
Lombardkredit 226
long put 456

## M

M&A-Berater 355
Mahnwesen 396
Makro-Hedge 486, 555, 565
Management-buy-out 214
Management-Consultants 356
Management-Informationssystem 680
Management-Philosophie 3
Margin Compensation 105
mark-to-market-Methode 501
Marktpreis-Risiko 42
Markt-Risiko-Bewertung 477
Matching 92
Materialgemeinkosten 207
Maximal- beziehungsweise Minimalzinsvereinbarung 537
Mehraugenprinzip 562
Mengennotierung 408
Mergers & Akqisitions 317
Mezzanin-Finanzierung 200
Mikro-Hedge 485, 555, 565
Mindesteinschuss 536
mittelfristige Planung 647
Mittelherkunft 70
Mittelständische Unternehmen 253
Mittelverwendung 70, 662
Momentum 431
Monte-Carlo-Simulation 368
Moody's 171
Morgan Stanley 673
Motivationsfunktion 624
Moving Average 430
MultiCash 82

## N

Nachkalkulation 506
Nachrangdarlehen 215
Nachvollziehbarkeit 692
Naked Warrants 167
Negativerklärung 310
Negoziationskredit 224
Nennwert 155

# Stichwortregister

Netting 92, 93, 113, 296, 435
– multilateral 296
Netto Cash-flow 70, 576
Nettokapitalbedarf 204
Netto-Umlaufvermögen 611
Neuer Markt 211
Neuronale Netze 431
non deliverable forwards 300, 444
Non-Binding Bid 347
Notional-Pooling 92
Null-Kupon-Anleihe 153
Nutzungsdauer, betriebsgewöhnliche 244, 246

## O

Obligation 148
off-balance financing 265
Offene Fonds 160
Offene Posten 382
Operating Cash-Flow 69
operating performance risk 263
Operative (= mittelfristige) Planung 58
Opportunitätsergebnis 476
Opportunitätskosten 220
Option 454, 537
– amerikanische Option 454
– Average-Rate-Option 457
– Bandbreitenoption 509
– Barrieroption 457
– Call-Option 454
– Compound-Option 457
– europäische Option 454
– exotische Option 456
– Put-Option 454
Optionsanleihe 154, 167, 232
Optionsgeschäft 541
Optionsprämie 538
Optionsschein
– Call-Optionsschein 165, 166
– Put-Optionsschein 165, 166
Optionsscheine (warrants) 165
Ordentliche Kapitalerhöhung 212
Orderscheck 126
Oszillator 430

Out of the money 166
Out of the money option 455
Outright-Geschäft 440
Outsourcing 25, 139, 613, 628
over-banked 338
overlay-Struktur 294
over-performance 669
over-the-counter 519

## P

PAngV 229
Parallelgeschäft/Counterpurchase 270
passive Rechnungsabgrenzungsposten 566
Passivierung 306
Passiv-Management 584
Passivseite 533
Patron 312
Patronatserklärung 285, 302, 311
Pauschalwertberichtigung 375
Payer-Swap 528, 542
Payer-Swaption 542
Pensionsverpflichtung 139
Performance 148, 560
Performance-Indizes 672
Personalsicherheit 216, 251
Pfandrecht 252
Pflichtenheft 44
Plain-Vanilla-Option 489
Planbilanz 664
Planungssystem 57
Planvolumina 485
political risk 264
Politik 239
politisches Ausfallrisiko 392
Pönalen 229
Portfoliomanagement 139, 141
Portfoliotheorie 181
Positionierung 461, 555
Post-Merger 347
Pragmatische Prognose 641
Prämisse 655
Preisangabenverordnung 228, 229
Preisempfindlichkeit 150

Preisnotierung 408
Preisveränderungsrisiko 478
Primärhaftung 256
Prinzip der Funktionentrennung 469
Produktlebenszyklus-Analyse 644
Profit-Center 28
Prognose 426
Prognosefunktion 624
Prognosemodell 176
Projektfinanzierung 260
Projektfinanzierungsvertrag 261
Projektträgergesellschaft 261
Publikumsfonds 161
Punkte-System 385
Put-Option 188, 189

## Q

Quantil der Standardverteilung 479
Quantitative Analyse 431
Quellensteuer 96, 293
Quellensteuerabzug 96

## R

Rahmenbedingung 622
Rahmenvertrag 562
Rating 171
– Rating-Agentur 392
– Rating-Symbol 171
Ratingorganisationen 170
Rationalisierung 240
Realisationsprinzip 513
Realverzinsung 169
Receiver-Swap 528, 542
Receiver-Swaption 542
Rechtsform, emissionsfähige 211
Refinanzierungspotenzial 323
Relationsship-Banking 320, 342
Relationsship-Manager 330
Relative Stärke Index 431
Rembourskredit 224
Rendite 144
Renditeanspruch 588
Renditeerwartung 587

Rentabilität 144, 147, 377, 584
Rentabilitätsmaximierung 142
Rente 148
Report 441
Reproduktionswertverfahren 351
Residualwert 578
Retail Banking 316
Reverse-Floater 153
Richtlinie 298
Risiko 15, 174, 181, 358, 377, 412, 413, 584
– Adressenausfallrisiko 358
– Auslosungsrisiko 174
– Bestandsrisiko 56
– Betriebsrisiko 358, 519
– betriebswirtschaftliches Risiko 520
– Bonitätsrisiko 426
– Bruttorisiken 360
– buchmäßiges Risiko 520
– Dividendenrisiko 175
– Erfüllungsrisiko 421
– Fabrikationsrisiko 414
– Insolvenzrisiko 175
– Konkursrisiko 175
– Kontrahentenausfallrisiko 174
– Konvertierungsrisiko 415, 420
– Kreditrisiko 414, 426, 519
– Kündigungsrisiko 174
– Kursänderungsrisiko 175
– Leistungsrisiko 421
– Liquiditätsrisiko 56, 358, 426
– Management-System 15
– Marktpreisrisiko 358
– Marktrisiko 175, 426
– Marktveränderungsrisiko 426
– Moratoriumsrisiko 415
– ökonomisches Risiko 414, 424, 483
– politisches Risiko 414
– Preisrisiko 413
– psychologisches Risiko 175
– Rechtsrisiko 358
– Restrisiken 360
– Risikoabwälzung 481
– Risikoakzeptanz 481
– Risikoausgleich 481

## Stichwortregister

- Risikobeeinflussung 481
- Risikobegrenzung 481
- Risikostreuung 481
- Risikoteilung 481
- Risikotragung 481
- Risikoverhütung 481
- Risikovermeidung 371, 481
- Risikovorsorge 481
- Settlementrisiko 426
- spezifisches Ausfallrisiko 479
- spezifisches Bonitätsänderungsrisiko 479
- spezifisches Marktpreisrisiko 479
- Spotrisiko 426
- Transaktionsrisiko 422, 482
- Transferrisiko 415, 421, 426
- Translationsrisiko 424, 482
- Transportrisiko 414
- Valutarisiko 419
- Verkaufsrisiko 413
- Währungseventualrisiko 421
- Währungsrisiko 415
- Warenabnahmerisiko 414
- Wechselkursrisiko 415
- Wertminderungsrisiko 413
- Zahlungsverbotsrisiko 415
- Zinsänderungsrisiko 174

Risikoanalyse 365, 366, 470
Risikobeurteilung 361
Risiko-Controlling 365, 571, 692, 693
Risikodeckungsposition 371
Risikodiversifizierungsgedanke 393
Risikofrüherkennungs-System 360
Risikoinhaber 367
Risikokapital 213
Risikokompensation 371
Risikomanagement 463
Risikominderung 371
Risikoplanung 365
Risikoprämie 410
Risikoreduzierung 459
Risikosimulationsverfahren 368
Risikosplitting 263
Risikosteuerung 289, 365
Risikotoleranz 556

Risikoüberwälzung 371
Risikozuschlag 410
risk allocation 263
Risk-Exposure 368
Risk-Mapping 368
risk-owner 359, 367
Rückkaufkurs 159
Rücknahmewert 163
Rückstellung 240
- Pensionsrückstellung 240

## S

Saison-Cap 543
Saldenliste 375
Sale-and-lease-back 241
sales risk 263
Salomon Brothers 673
Salvatorische Klausel 137
Schadensfreiheitsrabatt 398
Schatzwechsel 88
Scheck 124
- Zahlung 80
Scheckeinlösung 125
Scheckrücklauf-Statistik 80
Scheckverfahren 129
Schichtenbilanz 551
Schnittstelle 38
Schriftform 137
SCHUFA 385
Schuldscheindarlehen 231
Schuldverschreibung 148
Schütt-aus-und-hol-zurück-Politik 239, 288
Scoring 390
- Bonitätskategorie 390
second-stage-financing 214
Securitisation 620
seed-financing 214
Selbstfinanzierung 64, 236, 238
- offene 238
- stille 238
selektive Hedges 459
Sensitivitätsanalyse 480
- multiple Sensitivitätsanalyse 480

Service 21
- Bereich 21
- Center 21
SET-Standard 131
Settlement-Bank 109
settlement-day 165, 188
Shared Service Center 23
Shared Services 17
Share-Deal 345
Shareholder Value 2, 140, 362, 573, 596
short call 455
Sicherheit 143, 147, 218, 251
- dingliche 228
Sicherheitsniveau 478
Sicherungsfunktion 132
Sicherungsübereignung 252
Simulationsanalyse 548
Simulationsrechnung 551
Skaleneffekt 626
Solawechsel 241
Solidaritätsprinzip 274, 283
Soll-Ist-Vergleich 625
Sonderposten mit Rücklageanteil 239
Sorten 408
Sparkasse 314
special purpose company 261
Spezialfonds 161
Spezialkreditinstitut 315
Spezialversicherungsmakler 371
spezifisches Risiko 577
Spin-offs 214
Sponsor 261
stake-holder 588
Stand-alone-Planung 346
Standard & Poor's 171
Standardabweichung 181
Standardszenarien 480
start-up-financing 214
Stellenbeschreibung 29
Stepp-up-Anleihe 154
Steuerpolitik 287
Steuerungs-System 332
Steuervorteil 256
Stillhalter 454, 488, 537, 539

Stochastik-Indikator 431
stock picking 140, 180
Stopp-Loss-Order 439
STOXX 187
straight bonds 152
strategische Asset Allocation 191
strategische Geschäftseinheit 644
strategische (= langfristige) Planung 58
strategische Planung 639
Streifbandverwahrung 145
Striking 188
striking price 454
stripped bonds 153
Strukturbilanz 597
Substanzwertverfahren 351
supply risk 263
Swapsatz 441
Swaption 541
SWIFT 117
switchen 179
systematisches Risiko 363
Systemsicherheit 692
Szenario 549
Szenarioanalyse 480
Szenario-Technik 626

T

Tagegeld 87
taktische Asset Allocation 191
TARGET 116
technical production risk 263
Teilamortisationsvertrag 245
Teilhaberpapier 155
Termingeld 87
Terminkredit 224
Terminkurs 441
Terminzinssatz 557
Theorie 522
- Liquiditätspräferenztheorie 522
- Marktsegmentierungstheorie 523
thesauriert 238
thin-capitalisation-rules 97, 293
third-stage-financing 214

**Stichwortregister**

Tilgungsdarlehen 230
Top-down 58, 191, 599, 632
Tradingsystem 425
transaction-banking 320
Transaktionskosten 145
transaktionsorientierter Prozess 677
Transaktionsrisiko 548
Transferrisiko 170
Translationsrisiko 548
Treasury-/Risk-Management-System 40
Treasury-Management-System 19, 40
Treuarbeit Aktiengesellschaft 267
Turn-key-Vertrag 262
typische stille Beteiligung 217

**U**

über pari 148
Überdeckung 659
Übergangszinssatz 128
Überweisung 127
Überweisungsgesetz 127
Überziehungsprovision 221
Umsatzprovision 221
under-performance 669
UN-Kaufrecht 136
Unsicherheit 358
unter pari 148
Unterdeckung 659
Unternehmensleitbild 642
Unternehmensleitlinie 66
Unternehmensplanung 57

**V**

Validität 373
Value at Risk 478, 551
Venture-Capital-Finanzierung 213
Verbindlichkeitsprinzip 513
Vergleich
– gerichtlicher 1
Vergleichswertverfahren 354
Vermögensgegenstand 241
Vermögensgegenstandsprinzip 513

Vermögenssteuerung 184
Verpflichtungserklärung 301
Verrechnungskonto 295
Verrechnungsscheck 126
Versicherungsprämie 398
Vertriebsgemeinkosten 207
Verwaltungsgemeinkosten 207
Verwaltungskosten 145
Vier-Augen-Prinzip 692
virtuelles Geld 132
Volatilität 150, 181, 454, 478, 620
– Duration, modifizierte 150
Vollamortisationsvertrag 245
Vorratsanalyse 612

**W**

Wagniskapital 213
Währung 404
Währungsgleitklausel 437
Währungsrisiko 299
Währungsstabilität 407
Währungsstrategie 463
Währungs-Swap 446, 447
– Cross-Currency-Swap 448
– Fixed-to fixed-Währungsswaps 447
– Fixed-to floating-Währungsswaps 447
– Floating-to floating-Währungsswaps 447
Währungssystem 406
Wandelanleihe 154, 232
Wandelschuldverschreibung 232
Warenkreditversicherung 397
Wechsel 128
– Handelswechsel 128
Wechselkredit 222
Wechselkurs 408
– Devisenkurs 408
Wechselkursrisiko 404
Wechselkurssystem 409
– festes 409
– flexibles 410
Wechselkursveränderungsrisiko 143
Wechselobligo 308

Wechselstrenge 129, 223
Wechselverfahren 129
weighted average cost of capital 363, 576
wertorientierte Unternehmensführung 574
Wertpapier 148
– festverzinslich 148
Wertstellung 79
Wertstellungstag 111
Wirtschaftsplan 631
Working Capital 611, 77

## Y

yield-picking 179

## Z

Zahlung
– Ausgang 107
– Bargeld 121
– Bereitschaft 7
– Eingang 107
– Gehalt 107
– Lohn 107
– Verkehr 107
Zahlungsavise 81
Zahlungsbedingung 403
Zahlungseingang 80
Zahlungsfähigkeit 54
Zahlungsfunktion 132
Zahlungsunfähigkeit 374
Zahlungswilligkeit 374
Zeitentgelt 268
Zeitwert 167, 454
Zentralbank 405

Zentralisierung 23
Zentralisierungsgrad 17
Zero-Balancing 91, 99
Zero-Base-Budgeting 624
Zerobond 146, 153, 233
Zero-Cost-Cap 540
Zession 252
– Globalzession 252
– Mantelzession 252
Ziele 5, 7
Zielkonto (Master-Account) 96
Zielplanung 631
Zinsänderungsbilanz 548
Zinsänderungsfaktor 550
Zinsberechnung 224
Zinsertrag 148
Zinserwartungstheorie 522
Zinskompensation 104
Zinskurve 520
– impliziter Zinsterminsatz 521
– Zinsstrukturkurve 520
– Zinsterminkurve 520, 521
Zinsobergrenze 537
Zinsoptionsanleihe 154
Zinsphasen-Anleihe 154
Zinssensitivität 179, 554
Zinsstruktur, inverse 153
Zinsswap 541
Zinstauschvereinbarung 527
Zinsuntergrenze 537
Zinsveränderungsrisiko 143
Zins-Warrants 233
zu pari 148
Zulage 256
Zuschlagskalkulation 208
Zuschuss 256
Zwischenzahlung 220

# Hinweise zur CD-Rom

## Finanzmanagement in der Unternehmenspraxis©
## C. H. Beck WirtschaftsVerlag 2000

Nutzung, Weitergabe und Verkauf der CD-ROM und der auf ihr gespeicherten Daten sind nur in Verbindung mit dem gedruckten Buch zulässig.

## 1. Technische Hinweise

Mustertexte, Formeln und Checklisten sind als Dateien im PdF-Format auf dieser CD-ROM gespeichert. Sie können mit Hilfe des Acrobat Reader, der auf der CD mitgeliefert wird, von jedermann genutzt werden.

## 2. Inhaltliche Hinweise

Folgende Formulare und Muster finden Sie auf der ⊛ unter folgender Nr.:

lfd. Nr.

| | |
|---|---|
| 1 | Muster Stellenbeschreibungen |
| 2 | Informationsbeschaffung via Internet |
| 3 | Dokumentation Geldmarktgeschäfte |
| 4 | Muster von Zahlungsbedingungen |
| 5 | Effektivverzinsung Anleihe |
| 6 | Ermittlung der Duration |
| 7 | Dokumentation Wertpapiergeschäfte |
| 8 | Effektivzinssatz von Darlehen |
| 9 | Checkliste Investitionen |
| 10 | Anfrage Exportfinanzierung/Fortfaitierung |
| 11 | Muster Hermes-Antrag/Länderliste |
| 12 | Standard Texte Garantien |
| 13 | Geldgeschäfte im Konzern |
| 14 | Muster Darlehensvertrag |
| 15 | Muster Patronatserklärung |

lfd. Nr.

16  Muster Zahlungsgarantie
17  Banken-Controlling
18  Antrag Kundenkreditlimit
19  Fragenkatalog Kundenkreditüberwachung
20  Bilanz-/G+V-Gliederung
21  Kreditprotokoll
22  Muster Erinnerungs-/Mahnschreiben
23  Meldung über Fremdwährungskontrakte
24  Kursbestätigung über Offerten
25  Kusbestätigung über gemeldete Volumina
26  Händlerbestätigung
27  Positionsliste
28  Nachkalkulation
29  Rahmenvertrag für Finanztermingeschäfte
30  Betriebswirtschaftliche Zinsrisikostruktur
31  Buchmäßige Zinsrisikostruktur
32  Geldmarkt-/Zinsergebnis-Prognose
33  Händler-/Bankenbestätigung
34  Positionsliste (Beispiel FRA)
35  Bestandsanalyse
36  Forderungsanalyse
37  Kennzahlen
38  Erstellen mittelfristige Finanzplanung

# BUCHANZEIGEN

# Der Schlüssel zum Börsenerfolg

**So sichern Sie das dauerhafte Interesse der Finanzmärkte**
Die wachsende Konkurrenz um das Anlegergeld macht Investor-Relations-Arbeit für jedes börsennotierte Unternehmen unverzichtbar. Mit einer Fülle Checklisten und Praxisbeispielen hilft Ihnen dieses neue Buch, Ihre IR-Arbeit perfekt zu organisieren und Ihre **Botschaft ganz gezielt an den Investor** zu bringen.

**Ad-hoc-Meldung: Aber richtig!**
Ausführliche Checklisten geben genau Aufschluss, ob ein Ereignis „ad-hoc-pflichtig" ist. Und mit den „**6 goldenen Regeln der Formulierung**" sorgen Sie dafür, dass Ihre Ad-hoc-Meldung auch ihre positive Wirkung nicht verfehlt.

*Schumacher/Schwartz/Lüke*
**Investor Relations Management und Ad-hoc-Publiziät**
So erfüllen Sie die gesetzlichen Vorgaben und die Forderungen der Kapitalgeber
2001. 238 Seiten. Gebunden DM 98,–
ISBN 3-406-46859-4
Erscheinungstermin: Januar 2001

**Aus dem Inhalt:**
- Kern jeder IR-Arbeit: Die Equity-Story
- Das Ziel der Arbeit: Steigende Kurse
- Die Herren des Geldes: Die Zielgruppe der Investor Relations
- Wo Multiplikatoren zuhören: Die Möglichkeiten persönlicher Kommunikation
- Was Multiplikatoren lesen: Der Geschäftsbericht
- Der kleine Bruder: Der Quartalsbericht
- Eine Mitteilung für alle: Die Ad-hoc-Meldung
- Informationen für die financial community: Was sie noch liest
- Organisation der IR-Arbeit
- Ab an die Börse: IR-Arbeit vor dem Börsengang

- Vermittelt das Handwerkszeug der IR-Arbeit: Die richtige Information zum richtigen Zeitpunkt an die richtige Zielgruppe.
- So geht es in der Praxis: Mit vielen Beispielen und Checklisten
- Zeigt die Möglichkeiten guter IR-Arbeit auf und gibt Führungskräften wertvolle Orientierungshilfen.
- Klar und verständlich geschrieben von drei Topautoren.

80791 München
Telefax: (0 89) 3 81 89-4 02
Internet: www.beck-wirtschaftsverlag.de
E-Mail: bestellung@beck.de

# Unternehmens-steuerreform 2001:
## So verpassen Sie keine Steuersparmöglichkeit

**Die Unternehmenssteuerreform** bringt für die Wirtschaft ganz gravierende Steueränderungen mit Vor- und Nachteilen.

Nutzen Sie kurzfristig die noch bis zum Jahresende bestehenden Steuersparmöglichkeiten und stellen Sie sich frühzeitig auf die künftigen Gestaltungsmöglichkeiten ein.

*Scheipers/Schulz*
**Das bringt die Unternehmenssteuerreform 2001 für mittelständische Unternehmen**
Inhalt – Auswirkungen – Gestaltungsansätze

Von Dr. Thomas Scheipers, Steuerberater, München, und Andreas Schulz, Rechtsanwalt/Steuerberater, München
2000. 176 Seiten. Kartoniert DM 39,80
ISBN 3-406-46948-5

### Dieser Leitfaden für kaufmännische Abteilungen und das Management mittelständischer Unternehmen

- → stellt die Steueränderungen für alle Unternehmensformen im Vergleich zum bisherigen Recht dar
- → verdeutlicht die steuerlichen Auswirkungen auf der Ebene der Unternehmen und ihrer Gesellschafter/Eigentümer
- → zeigt Ihnen, wie Sie jetzt kurzfristig Steuernachteile vermeiden und wo Sie künftig grundsätzlichen Steuerspielraum nutzen können
- → gibt für die besonders betroffenen Kapitalgesellschaften Handlungsempfehlungen zur 15-jährigen Übergangsregelung zum Systemwechsel
- → ist besonders anschaulich, z.B. durch zahlreiche Grafiken und Vergleichsberechnungen

**Jetzt profitieren Sie:**
Das Buch ist besonders empfehlenswert für Unternehmer, Geschäftsführer und kaufmännische Abteilungsleiter vor allem in Mittelbetrieben

80791 München
Telefax: (089) 3 81 89-4 02
Internet: www.beck-wirtschaftsverlag.de
E-Mail: bestellung@beck.de